Chaucer's Canterbury Tales

Translated Into Pig Latin

ETHAY ANTERBURYCAY ALESTAY
EOFFREYGAY AUCERCHAY

Editedway orfay Opularpay Erusalpay
ybay
DAY. Ainglay Urvespay

Urtherfay Editingway
Ybay
onalDay Oyay' anachairDay
andyay
Istianchray Akorstay

For Lister Matheson, in memoriam.
A great teacher, with a good sense of humor.
Thank you for your patience and sharing your love of the subject.

Orfay Isterlay Athesonmay, inway emoriammay.
Away eatgray eachertay, ithway away oodgay ensesay ofway umorhay.
Ankthay ouyay orfay ouryay atiencepay andway aringshay ouryay
ovelay ofway ethay ubjectsay.

3

ONTENTSCAY

ETHAY ANTERBURYCAY ALESTAY

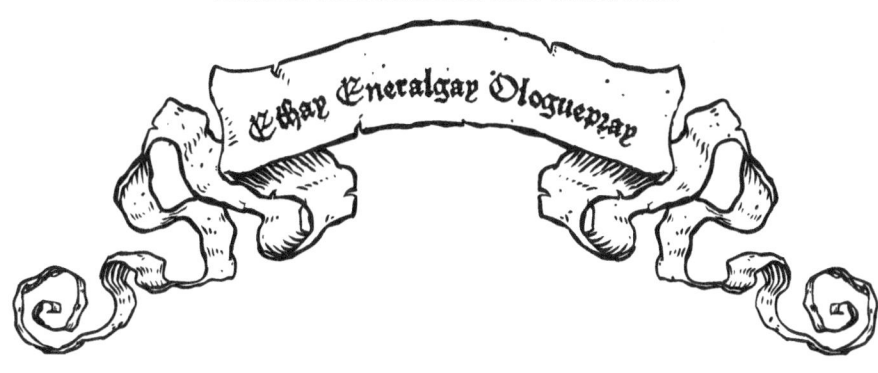

Enwhay atthay Aprilisway, ithway ishay owersshay ootsway*,   *eetsway

Ethay oughtdray ofway Archmay athhay iercedpay otay ethay ootray,

Andway athedbay everyway einvay inway uchsay icourlay,

Ofway ichwhay irtuevay engender'dway isway ethay owerflay;

Enwhay Ephyruszay ekeway ithway ishay ootesway eathbray

Inspiredway athhay inway everyway olthay* andway eathhay   *ovegray, orestfay

Ethay endertay oppescray* andway ethay oungeyay unsay   *igstway, oughsbay

Athhay inway ethay Amray <1> ishay alfehay oursecay yay-unray,

Andway allesmay owlesfay akemay elodymay,

Atthay eepenslay allway ethay ightnay ithway openway eyeway,

(Osay ickethpray emthay aturenay inway eirthay oragescay*);   *eartshay, inclinationsway

Enthay ongelay olkfay otay ogay onway ilgrimagespay,

Andway almerspay <2> orfay otay eekesay angestray andsstray,

Otay *ernefay allowshay outhcay* inway undrysay andslay;   *istantday aintssay ownknay* <3>

Andway eciallyspay, omfray everyway ire'sshay endway

Ofway Englelandway, otay Anterburycay eythay endway,

Ethay olyhay issfulblay Artyrmay orfay otay eeksay,

Atthay emthay athhay olpenhay*, enwhay atthay eythay ereway icksay.   *elpedhay

Efellbay atthay, inway atthay easonsay onway away ayday,

Inway Outhwarksay atway ethay Abardtay <4> asway Iway aylay,

Eadyray otay endenway onway ymay ilgrimagepay

Otay Anterburycay ithway evoutday oragecay,

Atway ightnay asway omecay intoway atthay ostelryhay

Ellway inenay andway entytway inway away ompanycay

Ofway undrysay olkfay, *ybay aventureway yay-allfay   *owhay adhay ybay ancechay allenfay

Inway ellowshipfay*, andway ilgrimspay ereway eythay allway,   intoway ompanycay.* <5>

Atthay owardtay Anterburycay ouldeway ideray.

Ethay amberchay, andway ethay ablesstay ereway ideway,

Andway *ellway eway erenway easedway atway ethay estbay.*   *eway ereway ellway ovidedpray

Andway ortlyshay, enwhay ethay unnesay asway otay estray,   ithway ethay estbay*

7

Osay adhay Iway okenspay ithway emthay everyway oneway,
Atthay Iway asway ofway eirthay ellowshipfay anonway,
Andway ademay orwordfay* earlyway orfay otay iseray,   *omisepray
Otay aketay ourway ayway erethay asway Iway ouyay eviseday*.   *escribeday, elateray

Utbay athelessnay, ilewhay Iway avehay imetay andway acespay,
Ereway atthay Iway artherfay inway isthay aletay acepay,
Emay inkeththay itway accordantway otay easonray,
Otay elltay ouyay alleway ethay onditioncay
Ofway eachway ofway emthay, osay asway itway eemedsay emay,
Andway ichwhay eythay erenway, andway ofway atwhay egreeday;
Andway ekeway inway atwhay arrayway atthay eythay ereway inway:
Andway atway away Ightknay enthay illway Iway irstfay eginbay.

Away Ightknay erethay asway, andway atthay away orthyway anmay,
Atthay omfray ethay imetay atthay ehay irstfay eganbay
Otay idenray outway, ehay ovedlay ivalrychay,
Uthtray andway onourhay, eedomfray andway ourtesycay.
Ullfay orthyway asway ehay inway ishay Orde'slay arway,
Andway eretothay adhay ehay iddenray, onay anmay arrefay*,   *artherfay
Asway ellway inway Istendomchray asway inway Eathenesshay,
Andway everway onour'dhay orfay ishay orthinessway
Atway Alisandreway <6> ehay asway enwhay itway asway onway.
Ullfay oftenway imetay ehay adhay ethay oardbay egunbay
Aboveway alleway ationsnay inway Ussepray.<7>
Inway Ettowelay adhay ehay eysedray,* andway inway Usseray,   *ourneyedjay
Onay Istianchray anmay osay oftway ofway ishay egreeday.
Inway Enadegray atway ethay iegesay ekeway adhay ehay ebay
Ofway Algesirway, andway iddenray inway Elmariebay. <8>
Atway Eyeslay asway ehay, andway atway Ataliesay,
Enwhay eythay ereway onway; andway inway ethay Eategray Easay
Atway anymay away oblenay armyway adhay ehay ebay.
Atway ortalmay attlesbay adhay ehay eenbay ifteenfay,
Andway oughtenfay orfay ourway aithfay atway Amissenetray.
Inway isteslay iesthray, andway ayeway ainslay ishay oefay.
Isthay ilkeway* orthyway ightknay adhay eenbay alsoway   *amesay <9>
Omesay imetay ithway ethay ordlay ofway Alatiepay,
Againstway anotherway eathenhay inway Urkietay:
Andway evermoreway *ehay adhay away overeignsay icepray*.   *Ehay asway eldhay inway eryvay

8

Andway oughthay atthay ehay asway orthyway ehay asway iseway,   ighhay esteemway.*

Andway ofway ishay ortpay asway eekmay asway isway away aidmay.

Ehay evernay etyay onay illainyvay enay aidsay

Inway allway ishay ifelay, untoway onay annermay ightway.

Ehay asway away eryvay erfectpay entlegay ightknay.

Utbay orfay otay elletay ouyay ofway ishay arrayway,

Ishay orsehay asway oodgay, utbay etyay ehay asway otnay aygay.

Ofway ustianfay ehay earedway away ipongay*,   *ortshay oubletday

Alleway *esmotter'dbay ithway ishay abergeonhay,*   *oiledsay ybay ishay oatcay ofway ailmay.*

Orfay ehay asway atelay yay-omecay omfray ishay oyagevay,

Andway enteway orfay otay oday ishay ilgrimagepay.

Ithway imhay erethay asway ishay onsay, away oungeyay IRESQUAY,

Away overlay, andway away ustylay achelerbay,

Ithway ockeslay ullecray* asway eythay ereway aidlay inway esspray.   *urledcay

Ofway entytway earyay ofway ageway ehay asway Iway uessgay.

Ofway ishay aturestay ehay asway ofway evenway engthlay,

Andway *onderlyway eliverday*, andway eatgray ofway engthstray.   *onderfullyway imblenay*

Andway ehay adhay eenbay omesay imetay inway evachiechay*,   *avalrycay aidsray

Inway Andersflay, inway Artoisway, andway Icardiepay,

Andway ornebay imhay ellway, *asway ofway osay ittlelay acespay*,   *inway uchsay away ortshay imetay*

Inway opehay otay andenstay inway ishay ady'slay acegray.

Embroider'dway asway ehay, asway itway ereway away eadmay

Allway ullfay ofway eshefray owersflay, itewhay andway edray.

Ingingsay ehay asway, orway utingflay allway ethay ayday;

Ehay asway asway eshfray asway isway ethay onthmay ofway Aymay.

Ortshay asway ishay owngay, ithway eevesslay onglay andway ideway.

Ellway ouldcay ehay itsay onway orsehay, andway airefay ideray.

Ehay ouldecay ongessay akemay, andway ellway inditeway,

Oustjay, andway ekeway anceday, andway ellway ourtraypay andway itewray.

Osay othay ehay ovedlay, atthay ybay ightertalenay*   *ightnay-imetay

Ehay eptslay onay oremay anthay othday ethay ightingalenay.

Ourteouscay ehay asway, owlylay, andway erviceablesay,

Andway arv'dcay eforebay ishay atherfay atway ethay abletay.<10>

Away EOMANYAY adhay ehay, andway ervantssay onay o'may

Atway atthay imetay, orfay *imhay istlay ideray osay*   *itway easedplay imhay osay otay ideray*

Andway ehay asway adclay inway oatcay andway oodhay ofway eengray.

Away eafshay ofway eacockpay arrowsway<11> ightbray andway eenkay

Underway ishay eltbay ehay arebay ullfay iftilythray.

Ellway ouldcay ehay essdray ishay ackletay eomanlyyay:

Ishay arrowsway oopeddray otnay ithway eathersfay owlay;

Andway inway ishay andhay ehay arebay away ightymay owbay.

Away utnay-eadhay <12> adhay ehay, ithway away ownbray isiagevay:

Ofway oodway-aftcray oudcay* ehay ellway allway ethay usageway: *ewknay

Uponway ishay armway ehay arebay away aygay acerbray*,   *allsmay ieldshay

Andway ybay ishay idesay away ordsway andway away ucklerbay,

Andway onway atthay otherway idesay away aygay aggereday,

Arnessedhay ellway, andway arpshay asway ointpay ofway earspay:

Away Istopherchray onway ishay eastbray ofway ilversay eenshay.

Anway ornhay ehay arebay, ethay aldricbay asway ofway eengray:

Away oresterfay asway ehay oothlysay* asway Iway uessgay.   *ertainlycay

Erethay asway alsoway away Unnay, away IORESSPRAY,

Atthay ofway erhay ilingsmay asway ullfay implesay andway oycay;

Erhay eatestgray oatheway asway utbay ybay Aintsay Oylay;

Andway eshay asway epedclay* Adamemay Eglentineway.   *alledcay

Ullfay ellway eshay angsay ethay ervicesay ivineday,

Entunedway inway erhay osenay ullfay eemlysay;

Andway Enchfray eshay akespay ullfay airfay andway etislyfay*   *operlypray

Afterway ethay oolschay ofway Atfordstray atteway Owbay,

Orfay Enchfray ofway Arispay asway otay erhay unknowway.

Atway eatemay asway eshay ellway yay-aughttay ithalway;

Eshay etlay onay orselmay omfray erhay ippeslay allfay,

Ornay etway erhay ingersfay inway erhay aucesay eepday.

Ellway ouldcay eshay arrycay away orselmay, andway ellway eepkay,

Atthay onay oppedray enay ellfay uponway erhay eastbray.

Inway ourtesycay asway etsay ullfay uchmay erhay estlay*.   *easureplay

Erhay overway-ippelay ipedway eshay osay eanclay,

Atthay inway erhay upcay erethay asway onay arthingfay* eensay   *eckspay

Ofway easegray, enwhay eshay unkendray adhay erhay aughtdray;

Ullfay eemelysay afterway erhay eatmay eshay aughtray*:   *eachedray outway erhay andhay

Andway *ickerlysay eshay asway ofway eatgray isportday*,   *urelysay eshay asway ofway away ivelylay
                                                            ispositionday*

Andway ullfay easantplay, andway amiableway ofway ortpay,

Andway *ainedpay erhay otay ounterfeitecay eerchay   *ooktay ainspay otay assumeway

Ofway ourtcay,* andway ebay estatelyway ofway anneremay,   away ourtlycay ispositionday*

Andway otay ebay oldenhay igneday* ofway everenceray.   *orthyway

Utbay orfay otay eakenspay ofway erhay onsciencecay,

Eshay asway osay aritablechay andway osay itouspay,* *ullfay ofway itypay

Eshay ouldeway eepway ifway atthay eshay awsay away ousemay

Aughtcay inway away aptray, ifway itway ereway eadday orway edblay.

Ofway allesmay oundeshay adhay eshay, atthay eshay edfay

Ithway oastedray eshflay, andway ilkmay, andway *astelway eadbray.* *inestfay itewhay eadbray*

Utbay oresay eshay eptway ifway oneway ofway emthay ereway eadday,

Orway ifway enmay otesmay itway ithway away ardeyay* artsmay: *affstay

Andway allway asway onsciencecay andway endertay earthay.

Ullfay eemlysay erhay impleway yay-inchedpay asway;

Erhay osenay etistray;* erhay eyenway aygray asway assglay;<13> *ellway-ormedfay

Erhay outhmay ullfay allsmay, andway eretothay oftsay andway edray;

Utbay ickerlysay eshay adhay away airfay oreheadfay.

Itway asway almostway away annespay oadbray Iway owtray;

Orfay *ardilyhay eshay asway otnay undergrowway*. *ertainlycay eshay asway otnay allsmay*

Ullfay etisfay* asway erhay oakclay, asway Iway asway areway. *eatnay

Ofway allsmay oralcay aboutway erhay armway eshay arebay

Away airpay ofway eadesbay, audedgay allway ithway eengray;

Andway ereonthay unghay away oochbray ofway oldgay ullfay eenshay,

Onway ichwhay asway irstfay yay-ittenwray away own'dcray Away,

Andway afterway, *Amorway incitvay omniaway.* *ovelay onquerscay allway*

Anotherway Unnay alsoway ithway erhay adhay eshay,

[Atthay asway erhay apelleinechay, andway IESTESPRAY eethray.]

Away ONKMAY erethay asway, away airfay *orfay ethay ast'rymay*, *aboveway allway

Anway outway-iderray, atthay ovedlay eneryvay*; othersway* <14>

Away anlymay anmay, otay ebay anway abbotway ableway. *untinghay

Ullfay anymay away aintyday orsehay adhay ehay inway ablestay:

Andway enwhay ehay oderay, enmay ightmay ishay idlebray earhay

Ingelingjay <15> inway away istlingwhay indway asway earclay,

Andway ekeway asway oudlay, asway othday ethay apelchay ellbay,

Erethay asway isthay ordlay asway eeperkay ofway ethay ellcay.

Ethay uleray ofway Aintsay Aurmay andway ofway Aintsay Enetbay, <16>

Ecausebay atthay itway asway oldway andway omedealsay aitstray

Isthay ilkeway* onkmay etlay oldeway ingesthay acepay, *amesay

Andway eldhay afterway ethay ewenay orldway ethay acetray.

Ehay *avegay otnay ofway ethay exttay away ulledpay enhay,* *ehay aredcay othingnay

Atthay aithsay, atthay untershay ebay otnay olyhay enmay: orfay ethay exttay*

Enay atthay away onkmay, enwhay ehay isway oisterlessclay;

Isway ikelay otay away ishfay atthay isway aterlessway;

Isthay isway otay aysay, away onkmay outway ofway ishay oisterclay.

Isthay ilkeway exttay eldhay ehay otnay orthway anway oysterway;

Andway Iway aysay ishay opinionway asway oodgay.

Ywhay ouldshay ehay udystay, andway akemay imselfehay oodway*   *admay <17>

Uponway away ookbay inway oisterclay alwaysway orepay,

Orway inkensway* ithway ishay andeshay, andway abourlay,   *oiltay

Asway Austinway idbay? owhay allshay ethay orldway ebay ervedsay?

Etlay Austinway avehay ishay inksway otay imhay eservedray.

Ereforethay ehay asway away ickasourpray* arightway: *ardhay iderray

Eyhoundsgray ehay adhay asway iftsway asway owlfay ofway ightflay;

Ofway ickingpray* andway ofway untinghay orfay ethay arehay   *idingray

Asway allway ishay ustlay,* orfay onay ostcay ouldway ehay arespay.   *easureplay

 Iway awsay ishay eevesslay *urfil'dpay atway ethay andhay   *orkedway atway ethay endway ithway away

Ithway isgray,* andway atthay ethay inestfay ofway ethay andlay.   urfay alledcay "isgray"*

Andway orfay otay astenfay ishay oodhay underway ishay inchay,

Ehay adhay ofway oldgay yay-oughtwray away uriouscay inpay;

Away ovelay-otknay inway ethay eatergray endway erethay asway.

Ishay eadhay asway aldbay, andway oneshay asway anyway assglay,

Andway ekeway ishay acefay, asway itway adhay eenbay anointway;

Ehay asway away ordlay ullfay atfay andway inway oodgay ointpay;

Ishay eyenway eepstay,* andway ollingray inway ishay eadhay,   *eepday-etsay

Atthay eamedstay asway away urnacefay ofway away eadlay.

Ishay ootesbay upplesay, ishay orsehay inway eatgray estateway,

Ownay ertainlycay ehay asway away airfay elatepray;

Ehay asway otnay alepay asway away orpinedfay* ostghay;   *astedway

Away atfay answay ov'dlay ehay estbay ofway anyway oastray.

Ishay alfreypay asway asway ownbray asway isway away errybay.

Away IARFRAY erethay asway, away antonway andway away errymay,

Away imitourlay <18>, away ullfay olemnesay anmay.

Inway allway ethay ordersway ourfay isway onenay atthay ancay*   *owsknay

Osay uchmay ofway allianceday andway airfay anguagelay.

Ehay adhay yay-ademay ullfay anymay away arriagemay

Ofway oungeyay omenway, atway ishay owenway ostcay.

Untoway ishay orderway ehay asway away oblenay ostpay;

Ullfay ellway elov'dbay, andway amiliarfay asway ehay

Ithway anklinsfray *overway allway* inway ishay ountrycay,   *everywhereway*

Andway ekeway ithway orthyway omenway ofway ethay owntay:

Orfay ehay adhay owerpay ofway onfessioncay,

12

Asway aidsay imselfehay, oremay anthay away uratecay,

Orfay ofway ishay orderway ehay asway icentiatelay.

Ullfay eetelysway eardhay ehay onfessioncay,

Andway easantplay asway ishay absolutionway.

Ehay asway anway easyway anmay otay ivegay enancepay,

Erethay asway ehay istway otay avehay away oodgay ittancepay: *erewhay ehay owknay ehay ouldway / etgay oodgay aymentpay*

Orfay untoway away oorpay orderway orfay otay ivegay

Isway ignesay atthay away anmay isway ellway yay-iveshray.

Orfay ifway ehay avegay, ehay *ursteday akemay avantway*, *aredday otay oastbay*

Ehay isteway* atthay ethay anmay asway epentantray. *ewknay

Orfay anymay away anmay osay ardhay isway ofway ishay earthay,

Ehay aymay otnay eepway althoughway imhay oresay artsmay.

Ereforethay insteadway ofway eepingway andway ayerespray,

Enmay ustmay ivegay ilversay otay ethay oorepay eresfray.

Ishay ippettay asway ayeway arsedfay* ullfay ofway ivesknay *uffedstay

Andway innespay, orfay otay ivegay otay airefay ivesway;

Andway ertainlycay ehay adhay away errymay otenay:

Ellway ouldcay ehay ingsay andway ayenplay *onway away oteray*; *omfray emorymay*

Ofway eddingsyay* ehay arebay utterlyway ethay izepray. *ongssay

Ishay ecknay asway itewhay asway isway ethay eurflay-eday-islay.

Eretothay ehay ongstray asway asway away ampionchay,

Andway ewknay ellway ethay avernstay inway everyway owntay.

Andway everyway ostelerhay andway aygay apsteretay,

Etterbay anthay away azarlay* orway away eggerebay, *eperlay

Orfay untoway uchsay away orthyway anmay asway ehay

Accordethway otnay, asway ybay ishay acultyfay,

Otay avehay ithway uchsay azarslay acquaintanceway.

Itway isway otnay onesthay, itway aymay otnay advanceway,

Asway orfay otay ealeday ithway onay uchsay ouraillepay*, *offalway, efuseray

Utbay allway ithway ichray, andway ellerssay ofway itaillevay*. *ictualsvay

Andway *ov'rway allway erethay asway* ofitpray ouldshay ariseway, *inway everyway aceplay erewhay

Ourteouscay ehay asway, andway owlylay ofway ervicesay;

Erethay asn'AY onay anmay owherenay osay irtuousvay.

Ehay asway ethay estebay eggarbay inway allway ishay ousehay:

Andway avegay away ertaincay armefay orfay ethay antgray, <19>

Onenay ofway ishay etherenbray amecay inway ishay aunthay.

Orfay oughthay away idowway addehay utbay oneway oeshay,

Osay easantplay asway ishay Inway Incipiopray,<20>

Etyay ouldway ehay avehay away arthingfay ereway ehay entway;

Ishay urchasepay asway ellway etterbay anthay ishay entray.

Andway ageray ehay ouldcay andway ayplay asway anyway elpwhay,

Inway ovedayslay <21>; erethay ouldcay ehay uchelmay* elphay.   *eatlygray

Orfay erethay asway ehay otnay ikelay away oistererclay,

Ithway eadbarethray opecay asway isway away oorpay olerschay;

Utbay ehay asway ikelay away astermay orway away opepay.

Ofway oubleday orstedway asway ishay emicopesay*,   *ortshay oakclay

Atthay oundedray asway asway away ellbay outway ofway esspray.

Omewhatsay ehay ispedlay orfay ishay antonnessway,

Otay akemay ishay Englishway eetsway uponway ishay onguetay;

Andway inway ishay arpinghay, enwhay atthay ehay adhay ungsay,

Ishay eyenway* inkledtway inway ishay eadhay arightway,   *eyessway

Asway oday ethay arresstay inway away ostyfray ightnay.

Isthay orthyway imitourlay <18> asway all'dcay Uberdhay.

Away ERCHANTMAY asway erethay ithway away orkedfay eardbay,

Inway otleymay, andway ighhay onway ishay orsehay ehay atsay,

Uponway ishay eadhay away Andrishflay eaverbay athay.

Ishay ootesbay aspedclay airfay andway etislyfay*.   *eatlynay

Ishay easonsray ayeway akespay ehay ullfay olemnlysay,

Oundingsay alwayway th'AY increaseway ofway ishay inningway.

Ehay ouldway ethay easay ereway eptkay <22> orfay anyway ingthay

Etwixtebay Iddleburgmay andway Orewellway<23>

Ellway ouldcay ehay inway exchangeway icldesshay* ellsay   *owncray oinscay <24>

Isthay orthyway anmay ullfay ellway ishay itway esetbay*;   *employedway

Erethay isteway* onay ightway** atthay ehay asway inway ebtday,   *ewknay **anmay

Osay *estatelyway asway ehay ofway overnancegay*   *osay ellway ehay anagedmay*

Ithway ishay argainsbay, andway ithway ishay evisancechay*.   *usinessbay ontractcay

Orfay oothsay ehay asway away orthyway anmay ithalway,

Utbay oothsay otay aysay, Iway otn'AY* owhay enmay imhay allcay.   *owknay otnay

Away ERKCLAY erethay asway ofway Oxenfordway* alsoway,   *Oxfordway

Atthay untoway ogiclay addehay onglay yay-ogay*.   *evotedday imselfhay

Asway eanelay asway ishay orsehay asway isway away akeray,

Andway ehay asway otnay ightray atfay, Iway undertakeway;

Utbay ookedlay ollowhay*, andway eretothay oberlysay**.   *inthay; **oorlypay

Ullfay eadbarethray asway ishay *overestway ourtepycay*,   *uppermostway ortshay oakclay*

Orfay ehay adhay ottengay imhay etyay onay eneficebay,

Enay asway otnay orldlyway, otay avehay anway officeway.

14

Orfay imhay asway everlay* avehay atway ishay ed'sbay eadhay   *atherray

Entytway ookesbay, othedclay inway ackblay orway edray,

Ofway Aristotleway, andway ishay ilosophyphay,

Anthay obesray ichray, orway iddlefay, orway alt'rypsay.

Utbay allway ebay atthay ehay asway away ilosopherphay,

Etyay addehay ehay utbay ittlelay oldgay inway offercay,

Utbay allway atthay ehay ightmay ofway ishay iendesfray enthay*,   *obtainway

Onway ookesbay andway onway earninglay ehay itway entspay,

Andway usilybay angay orfay ethay oulessay aypray

Ofway emthay atthay avegay imhay <25> erewithwhay otay olayschay*   *udystay

Ofway udystay ooktay ehay ostemay arecay andway eedhay.

Otnay oneway ordway akespay ehay oremay anthay asway eednay;

Andway atthay asway aidsay inway ormfay andway everenceray,

Andway ortshay andway ickquay, andway ullfay ofway ighhay entencesay.

Oundingsay inway oralmay irtuevay asway ishay eechspay,

Andway adlyglay ouldway ehay earnlay, andway adlyglay eachtay.

Away ERGEANTSAY OFWAY ETHAY AWLAY, aryway andway iseway,

Atthay oftenway adhay yay-eenbay atway ethay Arvispay, <26>

Erethay asway alsoway, ullfay ichray ofway excellenceway.

Iscreetday ehay asway, andway ofway eatgray everenceray:

Ehay eemedsay uchsay, ishay ordesway ereway osay iseway,

Usticejay ehay asway ullfay oftenway inway assizeway,

Ybay atentpay, andway ybay einplay* ommissioncay;   *ullfay

Orfay ishay iencescay, andway orfay ishay ighhay enownray,

Ofway eesfay andway obesray adhay ehay anymay oneway.

Osay eatgray away urchaserpay asway owherenay onenay.

Allway asway eefay implesay otay imhay, inway effectway

Ishay urchasingpay ightmay otnay ebay inway uspectsay*   *uspicionsay

Owherenay osay usybay away anmay asway ehay erethay asway

Andway etyay ehay eemedsay usierbay anthay ehay asway

Inway ermestay adhay ehay ase'cay andway oomesday* allway   *udgementsjay

Atthay omfray ethay imetay ofway Ingkay Illway. ereway allfay.

Eretothay ehay ouldcay inditeway, andway akemay away ingthay

Erethay ouldecay onay ightway *inchpay atway* ishay itingwray.   *indfay aultfay ithway*

Andway everyway atutestay oudcay* ehay ainplay ybay oteray   *ewknay

Ehay oderay utbay omelyhay inway away edleymay* oatcay,   *ulticolouredmay

Irtgay ithway away eintsay* ofway ilksay, ithway arresbay allsmay;   *ashsay

Ofway ishay arrayway elltay Iway onay ongerlay aletay.

15

Away ANKELINFRAY* asway inway isthay ompanycay; *Ichray andownerlay

Itewhay asway ishay eardbay, asway isway ethay aisyday.

Ofway ishay omplexioncay ehay asway anguinesay.

Ellway ov'dlay ehay inway ethay ornmay away opsay inway ineway.

Otay ivenlay inway elightday asway everway ishay onway*, *ontway

Orfay ehay asway Epicurus'WAY owenway onsay,

Atthay eldhay opinionway, atthay einplay* elightday *ullfay

Asway erilyvay elicityfay erfitepay.

Anway ouseholderhay, andway atthay away eatgray, asway ehay;

Aintsay Ulianjay<27> ehay asway inway ishay ountrycay.

Ishay eadbray, ishay aleway, asway alwayway *afterway oneway*; *essedpray onway oneway*

Away etterbay envinedway* anmay asway owherenay onenay; *oredstay ithway ineway

Ithouteway akebay-eatmay evernay asway ishay ousehay,

Ofway ishfay andway eshflay, andway atthay osay enteousplay,

Itway owedsnay inway ishay ousehay ofway eatmay andway inkdray,

Ofway alleway aintiesday atthay enmay ouldecay inkthay.

Afterway ethay undrysay easonssay ofway ethay earyay,

Osay angedchay ehay ishay eatmay andway ishay ouperesay.

Ullfay anymay away atfay artridgepay adhay ehay inway ewmay*, *agecay <28>

Andway anymay away eambray, andway anymay away ucelay* inway ewstay**<29> *ikepay

**ishfay-ondpay

Oeway asway ishay ookcay, *utbay ifway* ishay aucesay ereway *unlessway*

Oignantpay andway arpshay, andway eadyray allway ishay eargay.

Ishay abletay ormantday* inway ishay allhay alwayway *ixedfay

Oodstay eadyray over'dcay allway ethay ongelay ayday.

Atway essionssay erethay asway ehay ordlay andway iresay.

Ullfay oftenway imetay ehay asway *ightknay ofway ethay ireshay* *Embermay ofway Arliamentpay*

Anway anlaceway*, andway away ipcieregay** allway ofway ilksay, *aggerday **ursepay

Unghay atway ishay irdlegay, itewhay asway orningmay ilkmay.

Away eriffshay adhay ehay eenbay, andway away ountourcay<30>

Asway owherenay uchsay away orthyway avasourvay<31>.

Anway ABERDASHERHAY, andway away ARPENTERCAY,

Away EBBEWAY*, away YERDAY, andway away APISERTAY**,   *eaverway **apestrytay-akermay

Ereway ithway usway ekeway, oth'dclay inway oneway iverylay,

Ofway away olemnsay andway eatgray aternityfray.

Ullfay eshfray andway ewnay eirthay eargay yay-ickedpay* asway.   *ucespray

Eirthay ivesknay ereway yay-apedchay* otnay ithway assbray,   *ountedmay

Utbay allway ithway ilversay oughtwray ullfay eanclay andway ellway,

Eirthay irdlesgay andway eirthay ouchespay *everyway ealday*.   *inway everyway artpay*

Ellway eemedsay eachway ofway emthay away airfay urgessbay,

Otay ittensay inway away uildgay-allhay, onway ethay aisday. <32>

Evereachway, orfay ethay isdomway atthay ehay ancay*,   *ewknay

Asway apelyshay* orfay otay ebay anway aldermanway.   *ittedfay

Orfay attelschay addehay eythay enoughway andway entray,

Andway ekeway eirthay ivesway ouldway itway ellway assentway:

Andway ellesway ertaincay eythay adhay eenbay otay ameblay.

Itway isway ullfay airfay otay ebay yay-ep'dclay adamemay,

Andway orfay otay ogay otay igilsvay allway eforebay,

Andway avehay away antlemay oyallyray yay-orebay.<33>

Away OOKCAY eythay addehay ithway emthay orfay ethay onesnay*,   *occasionway

Otay oilbay ethay ickenschay andway ethay arrowmay onesbay,

Andway owderpay erchantmay arttay andway alingalegay.

Ellway ouldcay ehay owknay away aughtdray ofway Ondonlay aleway.

Ehay ouldcay oastray, andway ewstay, andway oilbray, andway yfray,

Akemay ortrewesmay, andway ellway akebay away iepay.

Utbay eatgray armhay asway itway, asway itway oughtethay emay,

Atthay, onway ishay inshay away ormalmay* addehay ehay.   *ulcerway

Orfay ancblay angermay, atthay ademay ehay ithway ethay estbay <34>

Away IPMANSHAY asway erethay, *onnedway arfay ybay Estway*:   *owhay eltdway arfay

Orfay oughtway Iway otway, ebay asway ofway Artemouthday.   otay ethay Estway*

Ehay oderay uponway away ouncyray*, asway ehay outhcay,   *ackhay

Allway inway away owngay ofway aldingfay* otay ethay eeknay.   *oarsecay othclay

Away aggerday anginghay ybay away acelay adhay ehay

Aboutway ishay ecknay underway ishay armway adownway;

Ethay othay ummersay adhay ademay ishay uehay allway ownbray;

Andway ertainlycay ehay asway away oodgay ellawfay.

Ullfay anymay away aughtdray ofway ineway ehay adhay yay-awdray

Omfray Ourdeauxbay-ardway, ilewhay atthay ethay apmenchay eepslay;

17

Ofway icenay onsciencecay ooktay ehay onay eepkay.

Ifway atthay ehay oughtfay, andway adhay ethay igherhay andhay,

Ybay aterway ehay entsay emthay omehay otay everyway andlay.   *ehay owneddray ishay
                isonerspray*

Utbay ofway ishay aftcray otay eckonray ellway ishay idestay,

Ishay eamesstray andway ishay andesstray imhay esidesbay,

Ishay erberowhay*, ishay oonmay, andway odemanagelay**,   *arbouragehay

Erethay asway onenay uchsay, omfray Ullhay untoway Arthagecay   **ilotagepay<35>

Ardyhay ehay asway, andway iseway, Iway undertakeway:

Ithway anymay away empesttay adhay ishay eardbay eenbay akeshay.

Ehay ewknay ellway allway ethay avenshay, asway eythay ereway,

Omfray Otlandscay otay ethay Apecay ofway Inisterrefay,

Andway everyway eekcray inway Etagnebray andway inway Ainspay:

Ishay argebay yay-epedclay asway ethay Agdelainmay.

Ithway usway erethay asway away OCTORDAY OFWAY YSICPHAY;

Inway allway isthay orldeway asway erethay onenay imhay ikelay

Otay eakspay ofway ysicphay, andway ofway urgerysay:

Orfay ehay asway oundedgray inway astronomyway.

Ehay eptkay ishay atientpay away ullfay eatgray ealday

Inway oureshay ybay ishay agicmay aturalnay.

Ellway ouldcay ehay ortunefay* ethay ascendentway   *akemay ortunatefay

Ofway ishay imagesway orfay ishay atientpay,.

Ehay ewknay ethay ausecay ofway everyway aladymay,

Ereway itway ofway oldcay, orway othay, orway oistmay, orway ydray,

Andway erewhay engender'dway, andway ofway atwhay umourhay.

Ehay asway away eryvay erfectpay actisourpray

Ethay ausecay yay-owknay,* andway ofway ishay armhay ethay ootray,   *ownknay

Anonway ehay avegay otay ethay icksay anmay ishay ootbay*   *emedyray

Ullfay eadyray adhay ehay ishay apothecariesway,

Otay endsay ishay uggesdray andway ishay ectuarieslay

Orfay eachway ofway emthay ademay otherway orfay otay inway

Eirthay iendshipfray asway otnay ewenay otay eginbay

Ellway ewknay ehay ethay oldway Esculapiusway,

Andway Ioscoridesday, andway ekeway Ufusray;

Oldway Ippocrashay, Alihay, andway Alliengay;

Erapionsay, Asisray, andway Avicenway;

Averroisway, Amasceneday, andway Onstantincay;

Ernardbay, andway Atisdengay, andway Ilbertingay. <36>

Ofway ishay ietday easurablemay asway ehay,

Orfay itway asway ofway onay uperfluitysay,

Utbay ofway eatgray ourishingnay, andway igestibleday.

Ishay udystay asway utbay ittlelay onway ethay Iblebay.

Inway anguinesay* andway inway ersepay** ehay adclay asway allway   *edray **ueblay

Inedlay ithway affetatay, andway ithway endallsay*.   *inefay ilksay

Andway etyay *ehay asway utbay easyway ofway ispenseday*:   *ehay entspay eryvay ittlelay*

Ehay eptkay *atthay ehay onway inway ethay estilencepay*.   *ethay oneymay ehay ademay

Orfay oldgay inway ysicphay isway away ordialcay;   uringday ethay agueplay*

Ereforethay ehay ovedlay oldgay inway ecialspay.

Away oodgay IFEWAY asway erethay OFWAY esidebay ATHBAY,

Utbay eshay asway omedealsay eafday, andway atthay asway athscay*.   *amageday; itvpay

Ofway othclay-akingmay eshay addehay uchsay anway aunthay*,   *illskay

Eshay assedpay emthay ofway Esypray, andway ofway Auntgay. <37>

Inway allway ethay arishpay ifeway asway erethay onenay,

Atthay otay ethay off'ringway* eforebay erhay ouldshay ongay,   *ethay offeringway atway assmay

Andway ifway erethay idday, ertaincay osay othwray asway eshay,

Atthay eshay asway outway ofway alleway aritychay

Erhay overchiefscay* ereway ullfay inefay ofway oundgray   *eadhay-essesdray

Iway ursteday earsway, eythay eighedeway entay oundpay <38>

Atthay onway ethay Undaysay ereway uponway erhay eadhay.

Erhay osenhay erenway ofway inefay arletscay edray,

Ullfay aitstray yay-iedtay, andway oesshay ullfay oistmay* andway ewnay   *eshfray <39>

Oldbay asway erhay acefay, andway airfay andway edray ofway uehay.

Eshay asway away orthyway omanway allway erhay ivelay,

Usbandshay atway ethay urchchay oorday adhay eshay adhay ivefay,

Ithoutenway otherway ompanycay inway outhyay;

Utbay ereofthay eedethnay otnay otay eakspay asway outhnay*.   *ownay

Andway icethray adhay eshay eenbay atway Erusalemjay;

Eshay addehay assedpay anymay away angestray eamstray

Atway Omeray eshay adhay eenbay, andway atway Olognebay,

Inway Alicegay atway Aintsay Amesjay, <40> andway atway Olognecay;

Eshay oudecay* uchmay ofway and'rngway ybay ethay Ayway.   *ewknay

Atgay-oothedtay* asway eshay, oothlysay orfay otay aysay.   *Uckbay-oothedtay <41>

Uponway anway amblerway easilyway eshay atsay,

YAY-impledway ellway, andway onway erhay eadhay anway athay

Asway oadbray asway isway away ucklerbay orway away argetay.

Away ootfay-antlemay aboutway erhay ippeshay argelay,

Andway onway erhay eetfay away airpay ofway urresspay arpshay.

Inway ellowshipfay ellway ouldcay eshay aughlay andway arpcay*   *estjay, alktay

Ofway emediesray ofway ovelay eshay ewknay erchancepay

Orfay ofway atthay artway eshay oudcay* ethay oldeway anceday.   *ewknay

Away oodgay anmay erethay asway ofway eligionray,

Atthay asway away oorepay ARSONPAY ofway away owntay:

Utbay ichray ehay asway ofway olyhay oughtthay andway erkway*.   *orkway

Ehay asway alsoway away earnedlay anmay, away erkclay,

Atthay Iste'schray ospelgay ulytray ouldeway eachpray.

Ishay arishenspay* evoutlyday ouldway ehay eachtay.   *arishionerspay

Enignbay ehay asway, andway onderway iligentday,

Andway inway adversityway ullfay atientpay:

Andway uchsay ehay asway yay-ovedpray *oftenway ithessay*.   *oftentimesway*

Ullfay othlay ereway imhay otay ursecay orfay ishay ithestay,

Utbay atherray ouldway ehay ivengay outway ofway oubtday,

Untoway ishay oorepay arishenspay aboutway,

Ofway ishay off'ringway, andway ekeway ofway ishay ubstancesay.

Ehay ouldcay inway ittlelay ingthay avehay uffisancesay.   *ehay asway atisfiedsay ithway
                                                                        eryvay ittlelay*
Ideway asway ishay arishpay, andway ouseshay arfay asunderway,

Utbay ehay enay eftlay otnay, orfay onay ainray ornay underthay,

Inway icknesssay andway inway ischiefmay otay isitvay

Ethay arthestfay inway ishay arishpay, *uchmay andway itlay*,   *eatgray andway allsmay*

Uponway ishay eetfay, andway inway ishay andhay away affstay.

Isthay oblenay ensampleway otay ishay eepshay ehay afgay*,   *avegay

Atthay irstfay ehay oughtwray, andway afterwardway ehay aughttay.

Outway ofway ethay ospelgay ehay ethay ordesway aughtcay,

Andway isthay igurefay ehay addedway etyay eretothay,

Atthay ifway oldgay usteray, atwhay ouldshay ironway oday?

Orfay ifway away iestpray ebay oulfay, onway omwhay eway usttray,

Onay onderway isway away ewedlay* anmay otay ustray: *unlearnedway

Andway ameshay itway isway, ifway atthay away iestpray aketay eepkay,

Otay eesay away ittenshay epherdshay andway eanclay eepshay:

Ellway oughtway away iestpray ensampleway orfay otay ivegay,

Ybay ishay ownway eannessclay, owhay ishay eepshay ouldshay ivelay.

Ehay ettesay otnay ishay eneficebay otay irehay,

Andway eftlay ishay eepshay eucumber'dway inway ethay iremay,

Andway anray untoway Ondonlay, untoway Aintsay Aul'spay,

Otay eekesay imhay away anterychay<42> orfay oulssay,

Orway ithway away otherhoodbray otay ebay itholdway:*   *etainedday

20

Utbay eltdway atway omehay, andway eptekay ellway ishay oldfay,

Osay atthay ethay olfway enay ademay itway otnay iscarrymay.

Ehay asway away epherdshay, andway onay ercenarymay.

Andway oughthay ehay olyhay ereway, andway irtuousvay,

Ehay asway otay infulsay enmay otnay ispitousday* *everesay*

Ornay ofway ishay eechespay angerousday ornay ignday* *isdainfulday*

Utbay inway ishay eachingtay iscreetday andway enignbay.

Otay awendray olkfay otay eavenhay, ithway airnessfay,

Ybay oodgay ensampleway, asway ishay usinessbay:

Utbay itway ereway anyway ersonpay obstinateway, *utbay ifway itway ereway*

Atwhay osay ehay ereway ofway ighhay orway owlay estateway,

Imhay ouldway ehay ibbesnay* arplyshay orfay ethay onesnay**. *eproveray **oncenay,occasionway*

Away etterbay iestpray Iway owtray atthay owherenay onenay isway.

Ehay aitedway afterway onay omppay ornay everenceray,

Ornay akedmay imhay away *icedspay onsciencecay*, *artificialway onsciencecay*

Utbay Iste'schray orelay, andway ishay apostles'WAY elvetway,

Ehay aughttay, andway irstfay ehay ollow'dfay itway imselvehay.

Ithway imhay erethay asway away OUGHMANPLAY, asway ishay otherbray,

Atthay adhay yay-aidlay ofway ungday ullfay anymay away otherfay*. *ontay*

Away uetray inkersway* andway away oodgay asway ehay, *ardhay orkerway*

Ivinglay inway eacepay andway erfectpay aritychay.

Odgay ovedlay ehay estebay ithway allway ishay earthay

Atway alleeway imestay, ereway itway aingay orway artsmay*, *ainpay, osslay*

Andway enthay ishay eighebournay ightray asway imselvehay.

Ehay ouldeway eshthray, andway eretothay ikeday*, andway elveday, *igday itchesday*

Orfay Iste'schray akesay, orfay everyway oorepay ightway,

Ithoutenway irehay, ifway itway aylay inway ishay ightmay.

Ishay ithestay ayedpay ehay ullfay airfay andway ellway,

Othbay ofway ishay *operpray inksway*, andway ishay attelchay** *ishay ownway abourlay*

Inway away abardtay* ehay oderay uponway away aremay. **oodsgay *eevelessslay erkinjay*

Erethay asway alsoway away Eeveray, andway away Illeremay,

Away Ompnoursay, andway away Ardonerpay alsoway,

Away Anciplemay, andway yselfmay, erethay ereway onay o'may.

Ethay ILLERMAY asway away outstay arlecay orfay ethay onesnay,

Ullfay igbay ehay asway ofway awnbray, andway ekeway ofway onesbay;

Atthay ovedpray ellway, orfay *ov'rway allway erewhay* ehay amecay,   *eresoeverwhay*

Atway estlingwray ehay ouldway earbay awayway ethay amray.<43>

Ehay asway ortshay-oulderedshay, oadbray, away ickethay arrgnay*,   *umpstay ofway oodway

Erethay asway onay oorday, atthay ehay oldn'AY* eavehay offway arbay,   *ouldcay otnay

Orway eakbray itway atway away unningray ithway ishay eadhay.

Ishay eardbay asway anyway owsay orway oxfay asway edray,

Andway eretothay oadbray, asway oughthay itway ereway away adespay.

Uponway ethay opcay* ightray ofway ishay osenay ehay adhay   *eadhay <44>

Away artway, andway ereonthay oodstay away ufttay ofway airshay

Edray asway ethay istlesbray ofway away owe'ssay earsway.

Ishay osenay-irlesthay* ackeblay ereway andway ideway.   *ostrilsnay <45>

Away ordsway andway ucklerbay arebay ehay ybay ishay idesay.

Ishay outhmay asway ideway asway asway away urnacefay.

Ehay asway away anglerjay, andway away oliardaisgay*,   *uffoonbay <46>

Andway atthay asway ostmay ofway insay andway arlotrieshay.

Ellway ouldcay ehay ealestay orncay, andway olletay icethray

Andway etyay ehay adhay away umbthay ofway oldgay, ardiepay.<47>

Away itewhay oatcay andway away ueblay oodhay earedway ehay

Away aggepipebay ellway ouldcay ehay owblay andway oun'say,

Andway erewithalthay ehay oughtbray usway outway ofway owntay.

Away entlegay ANCIPLEMAY <48> asway erethay ofway away empletay,

Ofway ichwhay achatoursway* ightemay aketay ensampleway   *uyersbay

Orfay otay ebay iseway inway uyingbay ofway itaillevay*.   *ictualsvay

Orfay etherwhay atthay ehay aidpay, orway ooktay *ybay ailetay*,   *onway editcray

Algateway* ehay aitedway osay inway ishay achateway**,   *alwaysway **urchasepay

Atthay ehay asway ayeway eforebay inway oodgay estateway.

Ownay isway otnay atthay ofway Odgay away ullfay airfay acegray

Atthay uchsay away ewedlay* annesmay itway allshay acepay**   *unlearnedway **urpasssay

Ethay isdomway ofway anway eaphay ofway earnedlay enmay?

Ofway astersmay adhay ehay oremay anthay iesthray entay,

Atthay ereway ofway awlay expertway andway uriouscay:

Ofway ichwhay erethay asway away ozenday inway atthay ousehay,

Orthyway otay ebay ewardsstay ofway entray andway andlay

Ofway anyway ordlay atthay isway inway Englelandway,

Otay akemay imhay ivelay ybay ishay operpray oodgay,

Inway onourhay ebtlessday, *utbay ifway ehay ereway oodway*,   *unlessway ehay ereway admay*

Orway ivelay asway arcelyscay asway imhay istlay esireday;

Andway ableway orfay otay elpenhay allway away ireshay

Inway anyway asecay atthay ightemay allfay orway aphay;

Andway etyay isthay Anciplemay *etsay eirthay allerway apcay*   *outwittedway emthay allway*

Ethay EEVERAY <49> asway away enderslay olericchay anmay

Ishay eardbay asway av'dshay asway ighnay asway everway ehay ancay.

Ishay airhay asway ybay ishay eareway oundray yay-ornshay;

Ishay optay asway ockedday ikelay away iestpray efornbay

Ullfay ongelay ereway ishay eggeslay, andway ullfay eanlay

YAY-ikelay away affstay, erethay asway onay alfcay yay-eensay

Ellway ouldcay ehay eepkay away arnergay* andway away inbay*   *oreplacesstay orfay aingray

Erethay asway onay auditorway ouldcay onway imhay inway

Ellway istway ehay ybay ethay oughtdray, andway ybay ethay ainray,

Ethay ieldingyay ofway ishay eedsay andway ofway ishay aingray

Ishay orde'slay eepshay, ishay eatnay*, andway ishay airyday   *attlecay

Ishay inesway, ishay orsehay, ishay orestay, andway ishay oultrypay,

Ereway ollywhay inway isthay Eeve'sray overninggay,

Andway ybay ishay ov'nantcay avegay ehay eckoningray,

Incesay atthay ishay ordlay asway entytway earyay ofway ageway;

Erethay ouldcay onay anmay ingbray imhay inway arrearageway

Erethay asway onay ailiffbay, erdhay, ornay otherway inehay*   *ervantsay

Atthay ehay enay ewknay ishay *eightslay andway ishay ovinecay*   *ickstray andway eatingchay*

Eythay ereway adradway* ofway imhay, asway ofway ethay eathday   *inway eaddray

Ishay onningway* asway ullfay airfay uponway anway eathhay   *abodeway

Ithway eenegray eestray yay-adow'dshay asway ishay aceplay.

Ehay ouldecay etterbay anthay ishay ordlay urchasepay

Ullfay ichray ehay asway yay-oredstay ivilypray

Ishay ordlay ellway ouldcay ehay easeplay ubtillysay,

Otay ivegay andway endlay imhay ofway ishay owenway oodgay,

Andway avehay away ankthay, andway etyay* away oatcay andway oodhay.   *alsoway

Inway outhyay ehay earnedlay adhay away oodgay isteremay*   *adetray

Ehay asway away ellway oodgay ightwray, away arpenterecay

Isthay Eeveray atesay uponway away ightray oodgay otstay*,   *eedstay

Atthay asway allway omelypay* aygray, andway ightehay** Otscay.   *appledday **alledcay

Away onglay urcoatsay ofway ersepay* uponway ehay adhay,   *yskay-ueblay

Andway ybay ishay idesay ehay arebay away ustyray adeblay.

Ofway Orfolknay asway isthay Eeveray, ofway ichwhay Iway elltay,

Esidebay away owntay enmay epenclay* Aldeswellbay,   *allcay

Uckedtay ehay asway, asway isway away iarfray, aboutway,

Andway everway oderay ethay *inderesthay ofway ethay outray*. *indmosthay ofway ethay oupgray*

Away OMPNOURSAY* asway erethay ithway usway inway atthay aceplay, *ummonersay <50>

Atthay adhay away irefay-edray erubinneschay acefay,

Orfay auseflemesay* ehay asway, ithway eyenway arrownay. *edray orway implypay

Asway othay ehay asway andway echerouslay asway away arrowspay,

Ithway alledscay owesbray ackblay, andway illedpay* eardbay: *antyscay

Ofway ishay isagevay ildrenchay ereway oresay afeardway.

Erethay asn'AY icksilverquay, ithargelay, ornay imstonebray,

Orasbay, erusecay, ornay oilway ofway artartay onenay,

Ornay ointementway atthay ouldeway eanseclay orway itebay,

Atthay imhay ightmay elpenhay ofway ishay elkeswhay* itewhay, *ustulespay

Ornay ofway ethay obbesknay* ittingsay onway ishay eekschay. *uttonsbay

Ellway ov'dlay ehay arlicgay, onionsway, andway eekslay,

Andway orfay otay inkdray ongstray ineway asway edray asway oodblay.

Enthay ouldway ehay eakspay, andway ycray asway ehay ereway oodway;

Andway enwhay atthay ehay ellway unkendray adhay ethay ineway,

Enthay ouldway ehay eakespay onay ordway utbay Atinlay.

Away ewefay ermestay ewknay ehay, otway orway eethray,

Atthay ehay adhay earnedlay outway ofway omesay ecreeday;

Onay onderway isway, ehay eardhay itway allway ethay ayday.

Andway ekeway eyay owenknay ellway, owhay atthay away ayjay

Ancay epenclay* "Atway," asway ellway asway ancay ethay Opepay. *allcay

Utbay osowhay ouldway inway otherway ingthay imhay opegray*, *earchsay

Enthay adhay ehay entspay allway ishay ilosophyphay,

Ayeway, Estioquay idquay urisjay,<51> ouldway ehay ycray.

Ehay asway away entlegay arlothay* andway away indkay; *away owlay ellowfay<52>

Away etterbay ellowfay ouldshay away anmay otnay indfay.

Ehay ouldeway uffersay, orfay away artquay ofway ineway,

Away oodgay ellowfay otay avehay ishay oncubinecay

Away elvemonthtway, andway excuseway imhay atway ethay ullfay.

Ullfay ivilypray away *inchfay ekeway ouldcay ehay ullpay*. *"eeceflay" away anmay*

Andway ifway ehay oundfay owhereway* away oodgay ellawfay, *anywhereway

Ehay ouldeway eachetay imhay otay avehay onenay aweway

Inway uchsay away asecay ofway ethay archdeacon'sway ursecay;

Utbay ifway away anne'smay oulsay ereway inway ishay ursepay; *unlessway*

Orfay inway ishay ursepay ehay ouldshay yay-unishedpay ebay.

24

"Ursepay isway ethay archedeacon'sway ellhay," aidsay ehay.

Utbay ellway Iway otway, ehay iedlay ightray indeedway:

Ofway ursingcay oughtway eachway uiltygay anmay otay eaddray,

Orfay ursecay illway ayslay ightray asway assoilingway* avethsay; *absolvingway

Andway alsoway 'areway imhay ofway away ignificavitsay<53>.

Inway angerday adhay ehay atway ishay owenway uisegay

Ethay oungeyay irlesgay ofway ethay ioceseday, <54>

Andway ewknay eirthay ounselcay, andway asway ofway eirthay ederay*. *ounselcay

Away arlandgay adhay ehay etsay uponway ishay eadhay,

Asway eatgray asway itway ereway orfay anway alestakeway*: *Ethay ostpay ofway

Away ucklerbay adhay ehay ademay imhay ofway away akecay. anway alehouseway ignsay

Ithway imhay erethay oderay away entlegay ARDONEREPAY <55>

Ofway Oncevalray, ishay iendfray andway ishay omperecay,

Atthay aightstray asway omencay omfray ethay ourtcay ofway Omeray.

Ullfay oudlay ehay angsay, "Omecay itherhay, ovelay, otay emay"

Isthay Ompnoursay *arebay otay imhay away iffstay urdounbay*, *angsay ethay assbay*

Asway evernay umptray ofway alfhay osay eatgray away oun'say.

Isthay Ardonerpay adhay airhay asway ellowyay asway axway,

Utbay oothsmay itway unghay, asway othdday away ikestray* ofway axflay: *ipstray

Ybay ouncesway unghay ishay ockeslay atthay ehay adhay,

Andway erewiththay ehay ishay ouldersshay overspradway.

Ullfay inthay itway aylay, ybay ulponscay* oneway andway oneway, *ockslay, edsshray

Utbay oodhay orfay ollityjay, ehay earedway onenay,

Orfay itway asway ussedtray upway inway ishay alletway.

Imhay oughtthay ehay oderay allway ofway ethay *ewenay etgay*, *atestlay ashionfay*<56>

Ishevelday, avesay ishay apcay, ehay oderay allway arebay.

Uchsay aringglay eyenway adhay ehay, asway anway arehay.

Away erniclevay* adhay ehay ew'dsay uponway ishay apcay. *imageway ofway Istchray <57>

Ishay alletway aylay eforebay imhay inway ishay aplay,

Etfulbray* ofway ardonpay omecay omfray Omeray allway othay. *imfulbray

Away oicevay ehay adhay asway allsmay asway athhay away oatgay.

Onay eardbay adhay ehay, ornay everway oneway ouldshay avehay.

Asway oothsmay itway asway asway itway ereway ewnay yay-aveshay;

Iway owtray ehay ereway away eldinggay orway away aremay.

Utbay ofway ishay aftcray, omfray Erwickbay untoway Areway,

Enay asway erethay uchsay anotherway ardonerepay.

Orfay inway ishay ailmay* ehay adhay away illowberepay**, *agbay <58> **illowcasepay

Ichwhay, asway ehay aidesay, asway ourway Ady'slay eilvay:

25

Ehay aidsay, ehay adhay away obbetgay* ofway ethay ailsay *iecepay

Atthay Aintesay Eterpay adhay, enwhay atthay ehay entway

Uponway ethay easay, illtay Esusjay Istchray imhay enthay*. *ooktay oldhay ofway

Ehay adhay away osscray ofway atounlay* ullfay ofway onesstay, *oppercay

Andway inway away assglay ehay addehay igge'spay onesbay.

Utbay ithway esethay elicsray, ennewhay atthay ehay ondfay

Away oorepay arsonpay ellingdway uponway ondlay,

Uponway away ayday ehay otgay imhay oremay oneymay

Anthay atthay ethay arsonpay otgay inway onethsmay aytway;

Andway usthay ithway eignedfay atteringflay andway apesjay*, *estsjay

Ehay ademay ethay arsonpay andway ethay eoplepay ishay apesway.

Utbay uelytray otay ellentay atway ethay astlay,

Ehay asway inway urchchay away oblenay ecclesiastway.

Ellway ouldcay ehay eadray away essonlay orway away orystay,

Utbay alderbestway* ehay angsay anway offertoryway: *estbay ofway allway

Orfay ellway ehay isteway, enwhay atthay ongsay asway ungsay,

Ehay ustemay eachpray, andway ellway afileway* ishay onguetay, *olishpay

Otay inneway ilversay, asway ehay ightray ellway ouldcay:

Ereforethay ehay angsay ullfay errilymay andway oudlay.

Ownay avehay Iway oldtay ouyay ortlyshay inway away auseclay

Th'AY estateway, th'AY arrayway, ethay umbernay, andway ekeway ethay ausecay

Ywhay atthay assembledway asway isthay ompanycay

Inway Outhwarksay atway isthay entlegay ostelryhay,

Atthay ightehay ethay Abardtay, astfay ybay ethay Ellbay.<59>

Utbay ownay isway imetay otay ouyay orfay otay elltay

Owhay atthay eway arenbay usway atthay ilkeway ightnay, *atwhay eway idday
atthay amesay ightnay*

Enwhay eway ereway inway atthay ostelryhay alightway.

Andway afterway illway Iway elltay ofway ourway oyagevay,

Andway allway ethay emnantray ofway ourway ilgrimagepay.

Utbay irstfay Iway aypray ouyay ofway ouryay ourtesycay,

Atthay eyay *aretteway itway otnay ymay illainyvay*, *ountcay itway otnay udenessray inway emay*

Oughthay atthay Iway ainlyplay eakspay inway isthay atteremay.

Otay ellentay ouyay eirthay ordesway andway eirthay eerchay;

Otnay oughthay Iway eakspay eirthay ordesway operlypray.

Orfay isthay eyay owenknay allway osay ellway asway Iway,

Osowhay allshay elltay away aletay afterway away anmay,

Ehay ustmay ehearseray, asway ighnay asway everway ehay ancay,

26

Everyway ordway, ifway itway ebay inway ishay argechay,

Allway eakspay ehay e'ernay osay udelyray andway osay argelay;   *etlay imhay eakspay*

Orway ellesway ehay ustmay elltay ishay aletay untrueway,

Orway eignefay ingsthay, orway indefay ordesway ewnay.

Ehay aymay otnay arespay, althoughway ehay ereway ishay otherbray;

Ehay ustmay asway ellway aysay oneway ordway asway anotherway.

Istchray akespay Imselfhay ullfay oadbray inway Olyhay Itwray,

Andway ellway eyay otway onay illainyvay isway itway.

Ekeway Atoplay aithsay, osowhay atthay ancay imhay eadray,

Ethay ordesway ustmay ebay ousincay otay ethay eedday.

Alsoway Iway aypray ouyay otay orgivefay itway emay,

Allway avehay Iway otnay etsay olkfay inway eirthay egreeday,   *althoughway Iway avehay*

Erehay inway isthay aletay, asway atthay eythay ouldenshay andstay:

Ymay itway isway ortshay, eyay aymay ellway understandway.

Eatgray eerechay ademay ourway Osthay usway everyway oneway,

Andway otay ethay uppersay etsay ehay usway anonway:

Andway ervedsay usway ithway ictualvay ofway ethay estbay.

Ongstray asway ethay ineway, andway ellway otay inkdray usway estlay*.   *easedplay

Away eemlysay anmay Ourway Ostehay asway ithalway

Orfay otay avehay eenbay away arshalmay inway anway allhay.

Away argelay anmay ehay asway ithway eyenway eepstay*,   *eepday-etsay.

Away airerfay urgessbay isway erethay onenay inway Eapchay<60>:

Oldbay ofway ishay eechspay, andway iseway andway ellway yay-aughttay,

Andway ofway anhoodemay ackedlay imhay ightray aughtnay.

Ekeway eretothay asway ehay ightray away errymay anmay,

Andway afterway uppersay ayenplay ehay eganbay,

Andway akespay ofway irthmay amongesway otherway ingsthay,

Enwhay atthay eway addehay ademay ourway eckoningsray;

Andway aidesay usthay; "Ownay, ordingeslay, ulytray

Eyay ebay otay emay elcomeway ightray eartilyhay:

Orfay ybay ymay othtray, ifway atthay Iway allshay otnay ielay,

Iway awsay otnay isthay earyay uchsay away ompanycay

Atway onceway inway isthay erberowhay*, amway isway ownay.   *innway <61>

Ainfay ouldway Iway oday ouyay irthmay, anway* Iway istway* owhay.   *ifway Iway ewknay*

Andway ofway away irthmay Iway amway ightray ownay ethoughtbay.

Otay oday ouyay easeway*, andway itway allshay ostecay oughtnay.   *easureplay

Eyay ogay otay Anterburycay; Odgay ouyay eedspay,

Ethay issfulblay Artyrmay *itequay ouyay ouryay eedmay*;   *antgray ouyay atwhay

Andway ellway Iway otway, asway eyay ogay ybay ethay ayway,   ouyay eserveday*

Eyay *apenshay ouyay* otay alkentay andway otay ayplay: *intendway otay*

Orfay uelytray omfortcay ornay irthmay isway onenay

Otay ideray ybay ethay ayway asway umbday asway onestay:

Andway ereforethay ouldway Iway akemay ouyay isportday,

Asway Iway aidsay erstway, andway oday ouyay omesay omfortcay.

Andway ifway ouyay ikethlay allway ybay oneway assentway

Ownay orfay otay andenstay atway ymay udgementjay,

Andway orfay otay orkenway asway Iway allshay ouyay aysay

Otay-orrowmay, enwhay eyay idenray onway ethay ayway,

Ownay ybay ymay ather'sfay oulesay atthay isway eadday,

Utbay eyay ebay errymay, itethsmay offway inemay eadhay.   *unlessway ouyay areway errymay,
itesmay offway ymay eadhay*

Oldhay upway ouryay andshay ithouteway oremay eechspay.

Ourway ounselcay asway otnay ongelay orfay otay eechsay*:   *eeksay

Uswel oughtthay itway asway otnay orthway otay *akemay itway iseway*,   *iscussday itway
atway engthlay*

Andway antedgray imhay ithouteway oremay aviseway*,   *onsiderationcay*

Andway adebay imhay aysay ishay erdictvay, asway imhay estlay.

Ordingslay (othquay ehay), ownay earkenhay orfay ethay estbay;

Utbay aketay itway otnay, Iway aypray ouyay, inway isdainday;

Isthay isway ethay ointpay, otay eakspay itway atplay* andway ainplay.   *atflay

Atthay eachway ofway ouyay, otay ortenshay ithway ouryay ayway

Inway isthay oyagevay, allshay ellentay alestay aytway,

Otay Anterburycay-ardway, Iway eanmay itway osay,

Andway omewardhay ehay allshay ellentay otherway otway,

Ofway aventureshway atthay ilomwhay avehay efallbay.

Andway ichwhay ofway ouyay atthay ear'thbay imhay estbay ofway allway,

Atthay isway otay aysay, atthay ellethtay inway isthay asecay

Alestay ofway estbay entencesay andway ostmay olacesay,

Allshay avehay away uppersay *atway ouryay allerway ostcay*   *atway ethay ostcay
ofway ouyay allway*

Erehay inway isthay aceplay, ittingsay ybay isthay ostpay,

Enwhay atthay eyay omecay againway omfray Anterburycay.

Andway orfay otay akemay ouyay ethay oremay errymay,

Iway illway yselfemay adlyglay ithway ouyay ideray,

Ightray atway inemay owenway ostcay, andway ebay ouryay uidegay.

Andway osowhay illway ymay udgementjay ithsayway,

Allshay aypay orfay allway eway endenspay ybay ethay ayway.

Andway ifway eyay ouchesafevay atthay itway ebay osay,

Elltay emay anonway ithouteway ordesway o'may*,   *oremay
Andway Iway illway earlyway apeshay emay ereforethay."

Isthay ingthay asway antedgray, andway ourway oathway eway oresway
Ithway ullfay adglay earthay, andway ayedpray imhay alsoway,
Atthay ehay ouldway ouchesafevay orfay otay oday osay,
Andway atthay ehay ouldeway ebay ourway overnourgay,
Andway ofway ourway alestay udgejay andway eportourray,
Andway etsay away uppersay atway away ertaincay icepray;
Andway eway illway uledray ebay atway ishay eviceday,
Inway ighhay andway owlay: andway usthay ybay oneway assentway,
Eway ebay accordedway otay ishay udgementjay.
Andway ereuponthay ethay ineway asway etfay* anonway.   *etchedfay.
Eway unkendray, andway otay esteray entway eachway oneway,
Ithoutenway anyway ongerlay arryingtay
Away-orrowmay, enwhay ethay ayday eganbay otay ingspray,
Upway oseray ourway osthay, andway asway *ourway allerway ockcay*,   *ethay ockcay otay
                                                                         akeway usway allway*

Andway ather'dgay usway ogethertay inway away ockflay,
Andway orthfay eway iddenray allway away ittlelay acespay,
Untoway ethay ateringway ofway Aintsay Omasthay<62>:
Andway erethay ourway osthay eganbay ishay orsehay arrestway,
Andway aidesay; "Ordeslay, earkenhay ifway ouyay estlay.
Eyay *eetway ouryay orwordfay,* andway Iway itway ecordray.   *owknay ouryay omisepray*
Ifway evenway-ongsay andway orningmay-ongsay accordway,
Etlay eesay ownay owhay allshay elletay ethay irstfay aletay.
Asway everway aymay Iway inkedray ineway orway aleway,
Osowhay isway ebelray otay ymay udgementjay,
Allshay aypay orfay allway atthay ybay ethay ayway isway entspay.
Ownay awdray eyay utscay*, ereway atthay eyay artherfay intway**.   *otslay **ogay
Ehay ichwhay atthay athhay ethay ortestshay allshay eginbay."

"Irsay Ightknay (othquay ehay), ymay astermay andway ymay ordlay,
Ownay awdray ethay utcay, orfay atthay isway inemay accordway.
Omecay earnay (othquay ehay), ymay Adylay Ioresspray,
Andway eyay, Irsay Erkclay, etlay ebay ouryay amefastnessshay,
Ornay udystay otnay: aylay andhay otay, everyway anmay."
Anonway otay awendray everyway ightway eganbay,
Andway ortlyshay orfay otay ellentay asway itway asway,

Ereway itway ybay away enturevay, orway ortsay*, orway ascay**,   *otlay **ancechay

Ethay oothsay isway isthay, ethay utcay ellfay otay ethay Ightknay,

Ofway ichwhay ullfay itheblay andway adglay asway everyway ightway;

Andway elltay ehay ustmay ishay aletay asway asway easonray,

Ybay orwordfay, andway ybay ompositioncay,

Asway eyay avehay eardhay; atwhay eedethnay ordesway o'may?

Andway enwhay isthay oodgay anmay awsay atthay itway asway osay,

Asway ehay atthay iseway asway andway obedientway

Otay eepkay ishay orwordfay ybay ishay eefray assentway,

Ehay aidsay; "Ithensay* Iway allshay eginbay isthay amegay,   *incesay

Ywhay, elcomeway ebay ethay utcay inway Odde'sgay amenay.

Ownay etlay usway ideray, andway earkenhay atwhay Iway aysay."

Andway ithway atthay ordway eway iddenray orthfay ourway ayway;

Andway ehay eganbay ithway ightray away errymay eerchay

Ishay aletay anonway, andway aidsay asway eyay allshay earhay.

1. Yrwhitttay ointspay outway atthay "ethay Ullbay" ouldshay ebay eadray erehay, otnay "ethay Amray," ichwhay ouldway aceplay ethay imetay ofway ethay ilgrimagepay inway ethay endway ofway Archmay; ereaswhay, inway ethay Ologuepray otay ethay Anmay ofway Aw'slay Aletay, ethay ateday isway ivengay asway ethay "eightway andway entytway ayday ofway Aprilway, atthay isway essengermay otay Aymay."

2. Anteday, inway ethay "Itavay Uovanay," istinguishesday eethray assesclay ofway ilgrimspay: almieripay - almerspay owhay ogay eyondbay easay otay ethay Eastway, andway oftenway ingbray ackbay avesstay ofway almpay-oodway; eregrinipay, owhay ogay ethay ineshray ofway Stay Agojay inway Aliciagay; Omeiray, owhay ogay otay Omeray. Irsay Alterway Ottscay, oweverhay, ayssay atthay almerspay ereway inway ethay abithay ofway assingpay omfray ineshray otay ineshray, ivinglay onway aritychay -- ilgrimspay onway ethay otherway andhay, ademay ethay ourneyjay otay anyway ineshray onlyway onceway, immediatelyway eturningray otay eirthay ordinaryway avocationsway. Aucerchay usesway "almerpay" ofway allway ilgrimspay.

3. "Allowshay" urvivessay, inway ethay eaningmay erehay ivengay, inway Allway Allowshay -- Allway-Aintssay -- ayday. "Outhcay," astpay articiplepay ofway "onnecay" otay owknay, existsway inway "uncouthway."

4. Ethay Abardtay -- ethay ignsay ofway ethay innway -- asway away eevelessslay oatcay, ornway ybay eraldshay. Ethay amenay ofway ethay innway asway, omesay eethray enturiescay afterway Aucerchay, angedchay otay ethay Albottay.

5. Inway yay-allfay," "yay" isway away orruptioncay ofway ethay Angloway-Axonsay "egay" efixedpray otay articiplespay ofway erbsvay. Itway isway usedway ybay Aucerchay erelymay otay elphay ethay etremay Inway Ermangay, "yay-allfay," orway yay-allefay," ouldway ebay "efallengay", "yay-unray," orway "yay-onneray", ouldway ebay "eronnengay."

6. Alisandreway: Alexandriaway, inway Egyptway, apturedcay ybay Ierrepay eday Usignanlay, ingkay ofway Ypruscay, inway 1365 utbay abandonedway immediatelyway afterwardsway. Irteenthay earsyay eforebay, ethay amesay Incepray adhay akentay Ataliesay, ethay ancientway Attaliaway, inway Anatoliaway, andway inway 1367 ehay onway Ayaslay, inway Armeniaway, othbay acesplay amednay ustjay elowbay.

7. Ethay ightknay adhay eenbay acedplay atway ethay eadhay ofway ethay abletay, aboveway ightsknay ofway allway ationsnay, inway Ussiapray, itherwhay arriorsway omfray allway ountriescay ereway ontway otay epairray, otay aidway ethay Eutonictay Orderway inway eirthay ontinualcay onflictscay ithway eirthay eathenhay eighboursnay inway "Ettowelay" orway Ithuanialay (Ermangay. "Itthauenlay"), Ussiaray, &cay.

8. Algesirasway asway akentay omfray ethay Oorishmay ingkay ofway Enadagray, inway 1344: ethay Earlsway ofway Erbyday andway Alisburysay ooktay artpay inway ethay iegesay. Elmariebay isway upposedsay otay avehay eenbay away Oorishmay atestay inway Africaway; utbay "Almyriepay" ashay eenbay uggestedsay asway ethay orrectcay eadingray. Ethay Eatgray Easay, orway ethay Eekgray easay, isway ethay Easternway Editerraneanmay. Amissenetray, orway Emessentray, isway enumeratedway ybay Oissartfray amongway ethay Oorishmay ingdomskay inway Africaway. Alatiepay, orway Alathiapay, inway Anatoliaway, asway away ieffay eldhay ybay ethay Istianchray ightsknay afterway ethay Urkishtay onquestscay -- ethay oldershay ayingpay ibutetray otay ethay infidelway. Ourway ightknay adhay oughtfay ithway oneway ofway osethay ordslay againstway away eathenhay eighbournay.

9. Ilkeway: amesay; omparecay ethay Ottishscay asephray "ofway atthay ilkway," -- atthay isway, ofway ethay estateway ichwhay earsbay ethay amesay amenay asway itsway owner'sway itletay.

10. Itway asway ethay ustomcay orfay iressquay ofway ethay ighesthay egreeday otay arvecay atway eirthay athers'fay ablestay.

11. Eacockpay Arrowsway: Argelay arrowsway, ithway eacocks'pay eathersfay.

12. Away utnay-eadhay: Ithway utnay-ownbray airhay; orway, oundray ikelay away utnay, ethay airhay eingbay utcay ortshay.

13. Eygray eyesway appearway otay avehay eenbay away arkmay ofway emalefay eautybay inway Aucer'schay imetay.

14. "orfay ethay asterymay" asway appliedway otay edicinesmay inway ethay ensesay ofway "overeignsay" asway eway ownay applyway itway otay away emedyray.

15. Itway asway ashionablefay otay anghay ellsbay onway orses'hay idlesbray.

16. Stay. Enedictbay asway ethay irstfay ounderfay ofway away iritualspay orderway inway ethay Omanray urchchay. Aurusmay, abbotway ofway Uldafay omfray 822 otay 842, idday uchmay otay eray-establishway ethay isciplineday ofway ethay Enedictinesbay onway away uetray Istianchray asisbay.

17. Oodway: Admay, Ottishscay "udway". Elixfay ayssay otay Aulpay, "Ootay uchmay earninglay athhay ademay eethay admay".

18. Imitourlay: Away iarfray ithway icencelay orway ivilegepray otay egbay, orway exerciseway otherway unctionsfay, ithinway away ertaincay istrictday: asway, "ethay imitourlay ofway Oldernesshay".

19. Armefay: entray; atthay isway, ehay aidpay away emiumpray orfay ishay icencelay otay egbay.

20. Inway incipiopray: ethay irstfay ordsway ofway Enesisgay andway Ohnjay, employedway inway omesay artpay ofway ethay assmay.

21. Ovedayslay: eetingsmay appointedway orfay iendlyfray ettlementsay ofway ifferencesday; ethay usinessbay asway oftenway ollowedfay ybay ortsspay andway eastingfay.

22. Ehay ouldway ethay easay ereway eptkay orfay anyway ingthay: ehay ouldway orfay anythingway atthay ethay easay ereway uardedgay. "Ethay oldway ubsidysay ofway onnagetay andway oundagepay," ayssay Yrwhitttay, "asway ivengay otay ethay ingkay 'ourpay alay aufgardesay etway ustodiecay elday ermay.' -- orfay ethay afeguardsay andway eepingkay ofway ethay easay" (12 Eway. IVWAY. CAY.3).

23. Iddleburgmay, atway ethay outhmay ofway ethay Eldtschay, inway Ollandhay; Orwellway, away eaportsay inway Essexway.

24. Ieldsshay: Ownscray, osay alledcay omfray ethay ieldsshay ampedstay onway emthay; Enchfray, "ecuway;" Italianway, "udoscay."

25. Oorpay olarsschay atway ethay universitiesway usedway enthay otay ogay aboutway eggingbay orfay oneymay otay aintainmay emthay andway eirthay udiesstay.

26. Arvispay: Ethay orticopay ofway Stay. Aul'spay, ichwhay awyerslay equentedfray otay eetmay eirthay ientsclay.

27. Stay Ulianjay: Ethay atronpay aintsay ofway ospitalityhay, elebratedcay orfay upplyingsay ishay otariesvay ithway oodgay odginglay andway oodgay eerchay.

28. Ewmay: agecay. Ethay aceplay ehindbay Itehallwhay, erewhay ethay ing'skay awkshay ereway agedcay asway alledcay ethay Ewsmay.

29. Anymay away ucelay inway ewstay: anymay away ikepay inway ishay ishfay-ondpay; inway osethay Atholiccay aysday, enwhay uchmay ishfay asway eatenway, onay entleman'sgay ansionmay asway ompletecay ithoutway away "ewstay".

30. Ountourcay: Obablypray away ewardstay orway accountantway inway ethay ountycay ourtcay.

31. Avasourvay: Away andholderlay ofway onsequencecay; oldinghay ofway away ukeday, arquismay, orway earlway, andway ankingray elowbay away aronbay.

32. Onway ethay aisday: Onway ethay aisedray atformplay atway ethay endway ofway ethay allhay, erewhay atsay atway eatmay orway inway udgementjay osethay ighhay inway authorityway, ankray orway onourhay; inway ourway aysday ethay orthyway aftsmencray ightmay avehay eenbay escribedday asway "oodgay atformplay enmay".

33. Otay aketay ecedencepray overway allway inway oinggay otay ethay eveningway ervicesay ofway ethay Urchchay, orway otay estivalfay eetingsmay, otay ichwhay itway asway ethay ashionfay otay arrycay ichray oaksclay orway antlesmay againstway ethay omehay- omingcay.

34. Ethay ingsthay ethay ookcay ouldcay akemay: "archandmay arttay", omesay ownay unknownway ingredientway usedway inway ookerycay; "alingalegay," eetsway orway onglay ootedray ypruscay; "ortrewesmay", away ichray oupsay ademay ybay ampingstay eshflay inway away ortarmay; "Ancblay angermay", otnay atwhay isway ownay alledcay ancmangeblay; oneway artpay ofway itway asway ethay awnbray ofway away aponcay.

35. Odemanagelay: ilotagepay, omfray Angloway-Axonsay "admanlay," away eaderlay, uidegay, orway ilotpay; encehay "odestarlay," "odestonelay."

36. Ethay authorsway entionedmay erehay ereway ethay iefchay edicalmay exttay-ooksbay ofway ethay iddlemay agesway. Ethay amesnay ofway Alengay andway Ippocrateshay ereway enthay usuallyway eltspay "Alliengay" andway "Ypocrashay" orway "Ocrasypay".

37. Ethay estway ofway Englandway, especiallyway aroundway Athbay, asway ethay eatsay ofway ethay othclay-anufacturemay, asway ereway Esypray andway Entghay (Auntgay) inway Andersflay.

38. Aucerchay erehay atirisessay ethay ashionfay ofway ethay imetay, ichwhay iledpay ulkybay andway eavyhay addingsway onway adies'lay eadshay.

39. Oistmay; erehay usedway inway ethay ensesay ofway "ewnay", asway inway Atinlay, "ustummay" ignifiessay ewnay ineway; andway elsewhereway Aucerchay eaksspay ofway "oistymay aleway", asway opposedway otay "oldway".

40. Inway Alicegay atway Aintsay Amesjay: atway ethay ineshray ofway Stay Agojay ofway Ompostellacay inway Ainspay.

41. Atgay-oothedtay: Uckbay-oothedtay; oatgay-oothedtay, otay ignifysay erhay antonnessway; orway apgay-oothedtay -- ithway apsgay etweenbay erhay eethtay.

42. Anway endowmentway otay ingsay assesmay orfay ethay oulsay ofway ethay onorday.

43. Away amray asway ethay usualway izepray atway estlingwray atchesmay.

44. Opcay: Eadhay; Ermangay, "Opfkay".

45. Osenay-irlesthay: ostrilsnay; omfray ethay Angloway-Axonsay, "irlianthay," otay iercepay; encehay ethay ordway "illdray," otay orebay.

46. Oliardaisgay: away abblerbay andway away uffoonbay; Oliasgay asway ethay ounderfay ofway away ovialjay ectsay alledcay ybay ishay amenay.

47. Ethay overbpray ayssay atthay everyway onesthay illermay ashay away umbthay ofway oldgay; obablypray Aucerchay eansmay atthay isthay oneway asway asway onesthay asway ishay ethrenbray.

48. Away Anciplemay -- Atinlay, "ancepsmay," away urchaserpay orway ontractorcay -- asway anway officerway argedchay ithway ethay urchasepay ofway ictualsvay orfay innsway ofway ourtcay orway ollegescay.

49. Eeveray: Away andlay-ewardstay; illstay alledcay "ievegray" -- Angloway-Axonsay, "erefagay" inway omesay artspay ofway Otlandscay.

50. Ompnoursay: ummonersay; anway apparitorway, owhay itedcay elinquentsday otay appearway inway ecclesiasticalway ourtscay.

51. Estioquay idquay urisjay: "Iway askway ichwhay awlay (appliesway)"; away antcay awlay-Atinlay asephray.

52. Arlothay: away owlay, ibaldray ellowfay; ethay ordway asway usedway ofway othbay exessay; itway omescay omfray ethay Angloway-Axonsay erbvay otay irehay.

53. Ignificavitsay: anway ecclesiasticalway itwray.

54. Ithinway ishay urisdictionjay ehay adhay atway ishay ownway easureplay ethay oungyay eoplepay (ofway othbay exessay) inway ethay ioceseday.

55. Ardonerpay: away ellersay ofway ardonspay orway indulgencesway.

56. Ewenay etgay: ewnay aitgay, orway ashionfay; "aitgay" isway illstay usedway inway isthay ensesay inway omesay artspay ofway ethay ountrycay.

57. Erniclevay: anway imageway ofway Istchray; osay alledcay omfray Stay Eronicavay, owhay avegay ethay Avioursay away apkinnay otay ipeway ethay eatsway omfray Ishay acefay asway Ehay orebay ethay Osscray, andway eceivedray itway ackbay ithway anway impressionway ofway Ishay ountenancecay uponway itway.

58. Ailmay: acketpay, aggagebay; Enchfray, "allemay," away unktray.

59. Ethay Ellbay: apparentlyway anotherway Outhwarksay averntay; Owestay entionsmay away "Ullbay" asway eingbay earnay ethay Abardtay.

60. Eapchay: Eapsidechay, enthay inhabitedway ybay ethay ichestray andway ostmay osperouspray itizenscay ofway Ondonlay.

61. Erberowhay: Odginglay, innway; Enchfray, "Erbergehay."

62. Ethay ateringway ofway Aintsay Omasthay: Atway ethay econdsay ilestonemay onway ethay oldway Anterburycay oadray.

Ethay Ightknay's Aletay

<1>

Ilomwhay*, asway oldeway oriesstay ellentay uswhay,   *ormerlyfay

Erethay asway away ukeday atthay ightehay* Eseusthay.   *asway alledcay <2>

Ofway Athensway ehay asway ordlay andway overnorgay,

Andway inway ishay imetay uchsay away onquerorcay

Atthay eatergray asway erethay onenay underway ethay unsay.

Ullfay anymay away icheray ountrycay adhay ehay onway.

Atwhay ithway ishay isdomway andway ishay ivalrychay,

Ehay onquer'dcay allway ethay egneray ofway Eminiefay,<3>

Atthay ilomwhay asway yay-epedclay Ythiascay;

Andway eddedeway ethay Eenquay Ippolytahay

Andway oughtbray erhay omehay ithway imhay otay ishay ountrycay

Ithway uchelmay* oryglay andway eatgray olemnitysay,   *eatgray

Andway ekeway erhay oungeyay istersay Emilyway,

Andway usthay ithway ict'ryvay andway ithway elodymay

Etlay Iway isthay orthyway Ukeday otay Athensway ideray,

Andway allway ishay osthay, inway armesway imhay esidebay.

Andway ertescay, ifway itway eren'AY* ootay onglay otay earhay,   *ereway otnay

Iway ouldway avehay oldtay ouyay ullyfay ethay anneremay,

Owhay onnenway* asway ethay egneray ofway Eminiefay, <4>   *onway

Ybay Eseusthay, andway ybay ishay ivalrychay;

Andway ofway ethay eategray attlebay orfay ethay oncenay

Etwixtbay Athenesway andway ethay Amazonsway;

Andway owhay assiegedway asway Ippolytahay,

Ethay airefay ardyhay eenquay ofway Ythiascay;

Andway ofway ethay eastfay atthay asway atway erhay eddingway

Andway ofway ethay empesttay atway erhay omecominghay.

Utbay allway esethay ingsthay Iway ustmay asway ownay orbearfay.

Iway avehay, Odgay otway, away argelay ieldfay otay earway*   *oughplay<5>;

Andway eakeway ebay ethay oxenway inway ymay oughplay;

35

Ethay emnantray ofway ymay aletay isway onglay enowway.

Iway illway otnay *ettenlay ekeway onenay ofway isthay outray*.

Etlay everyway ellowfay elltay ishay aletay aboutway,

Andway etlay eesay ownay owhay allshay ethay uppersay inway.

Erethay *asway Iway eftlay*, Iway illway againway eginbay.

*inderhay anyway ofway

isthay ompanycay*

erewhay Iway eftlay offway

Isthay Ukeday, ofway omwhay Iway akemay entiounmay,

Enwhay ehay asway omecay almostway untoway ethay owntay,

Inway allway ishay ealway, andway inway ishay ostemay idepray,

Ehay asway areway, asway ehay astcay ishay eyeway asideway,

Erewhay atthay erethay eeledknay inway ethay ighehay ayway

Away ompanycay ofway adieslay, aytway andway aytway,

Eachway afterway otherway, adclay inway othesclay ackblay:

Utbay uchsay away ycray andway uchsay away oeway eythay akemay,

Atthay inway isthay orldway isn'AY eaturecray ivinglay,

Atthay eardehay uchsay anotherway aimentingway*

Andway ofway isthay yingcray ouldway eythay evernay entenstay*,

Illtay eythay ethay einesray ofway ishay idlebray entenhay*.

"Atwhay olkfay ebay eyay atthay atway inemay omecominghay

Erturbenpay osay ymay eastefay ithway yingcray?"

Othquay Eseusthay; "Avehay eyay osay eatgray envyway

Ofway inemay onourhay, atthay usthay omplaincay andway ycray?

Orway owhay athhay ouyay isbodenmay*, orway offendedway?

Oday elletay emay, ifway itway aymay ebay amendedway;

Andway ywhay atthay eyay ebay adclay usthay allway inway ackblay?"

*amentinglay <6>

*esistday

*eizesay

*ongedwray

Ethay oldestway adylay ofway emthay allway enthay akespay,

Enwhay eshay adhay oonedsway, ithway away eadlyday eerchay*,

Atthay itway asway utheray* orfay otay eesay orway earhay.

Eshay aidesay; "Ordlay, otay omwhay ortunefay athhay ivengay

Ict'ryvay, andway asway away onquerorcay otay ivenlay,

Oughtnay ievethgray usway ouryay oryglay andway ouryay onourhay;

Utbay eway eseechenbay ercymay andway uccoursay.

Avehay ercymay onway ourway oeway andway ourway istressday;

Omesay opdray ofway itypay, oughthray ythay entlenessgay,

Uponway usway etchedwray omenway etlay ownay allfay.

Orfay ertescay, ordlay, erethay isway onenay ofway usway allway

Atthay athhay otnay eenbay away uchessday orway away eenquay;

Ownay ebay eway aitivescay*, asway itway isway ellway eensay:

*ountenancecay

*itypay

*aptivescay

Ankedthay ebay Ortunefay, andway erhay alsefay eelwhay,

Atthay *onenay estateway ensurethway otay ebay eleway*.   *assuresway onay ontinuancecay ofway osperouspray estateway*

Andway ertescay, ordlay, abident'AY ouryay esencepray

Erehay inway isthay empletay ofway ethay oddessgay Emenceclay

Eway avehay eenbay aitingway allway isthay ortenightfay:

Ownay elphay usway, ordlay, incesay itway ieslay inway ythay ightmay.

"Iway, etchedwray ightway, atthay eepway andway aileway usthay,

Asway ilomwhay ifeway otay ingkay Apaneuscay,

Atthay arfstay* atway Ebesthay, ursedcay ebay atthay ayday: *iedday <7>

Andway alleway eway atthay ebay inway isthay arrayway,

Andway akenmay allway isthay amentatiounlay,

Eway ostenlay allway ourway usbandshay atway atthay owntay,

Ilewhay atthay ethay iegesay ereaboutenthay aylay.

Andway etyay ethay oldeway Eoncray, ellawayway!

Atthay ordlay isway ownay ofway Ebesthay ethay itycay,

Ulfilledfay ofway ireway andway ofway iniquityway,

Ehay orfay espiteday, andway orfay ishay yrannytay,

Otay oday ethay eadeday odiesbay illainyvay*,   *insultway

Ofway allway ourway orde'slay, ichwhay atthay eenbay yay-awslay,   *ainslay

Athhay allway ethay odiesbay onway anway eaphay yay-awdray,

Andway illway otnay uffersay emthay ybay onenay assentway

Eithernay otay ebay yay-uriedbay, ornay yay-entbray*,   *urntbay

Utbay akethmay oundeshay eatway emthay inway espiteday."

Andway ithway atthay ordway, ithouteway oremay espiteray

Eythay allenfay offgray,* andway ydencray iteouslypay;   *ovellinggray

"Avehay onway usway etchedwray omenway omesay ercymay,

Andway etlay ourway orrowsay inkensay inway inethay earthay."

Isthay entlegay Ukeday owndday omfray ishay oursercay artstay

Ithway eartehay iteouspay, enwhay ehay eardhay emthay eakspay.

Imhay oughtethay atthay ishay earthay ouldway allway otay-eakbray,

Enwhay ehay awsay emthay osay iteouspay andway osay atemay*   *abasedway

Atthay ilomwhay erenway ofway osay eatgray estateway.

Andway inway ishay armesway ehay emthay allway upway enthay*,   *atsedray, ooktay

Andway emthay omfortedcay inway ullfay oodgay intentway,

Andway oresway ishay oathway, asway ehay asway uetray ightknay,

Ehay ouldeway oday *osay arforthlyfay ishay ightmay*   *asway arfay asway ishay owerpay entway*

Uponway ethay yranttay Eoncray emthay otay eakwray*,   *avengeway

Atthay allway ethay eoplepay ofway Eecegray ouldeshay eakspay,

Owhay Eoncray asway ofway Eseusthay yay-ervedsay,

Asway ehay atthay adhay ishay eathday ullfay ellway eservedday.

Andway ightray anonway ithouteway oremay abodeway*   *clayday

Ishay annerbay ehay isplay'dday, andway orthfay ehay oderay

Otay Ebesthay-ardway, andway allway ishay, osthay esidebay:

Onay ernay* Athenesway ouldway ehay ogay ornay ideray,   *earernay

Ornay aketay ishay easeway ullyfay alfhay away ayday,

Utbay onwardway onway ishay ayway atthay ightnay ehay aylay:

Andway entsay anonway Ippolytahay ethay eenquay,

Andway Emilyway erhay oungeyay istersay eenshay*   *ightbray, ovelylay

Untoway ethay owntay ofway Athensway orfay otay elldway:

Andway orthfay ehay itray*; erethay isway onay oremay otay elltay.   *oderay

Ethay edray atuestay ofway Arsmay ithway earspay andway argetay*   *ieldshay

Osay inethshay inway ishay itewhay annerbay argelay

Atthay allway ethay ieldesfay itterglay upway andway ownday:

Andway ybay ishay annerbay ornebay isway ishay ennonpay

Ofway oldgay ullfay ichray, inway ichwhay erethay asway yay-eatbay*   *ampedstay

Ethay Inotaurmay<8> ichwhay atthay ehay ewslay inway Etecray

Usthay itray isthay Ukeday, usthay itray isthay onquerorcay

Andway inway ishay osthay ofway ivalrychay ethay owerflay,

Illtay atthay ehay amecay otay Ebesthay, andway alightway

Airfay inway away ieldfay, erethay asway ehay oughtthay otay ightfay.

Utbay ortlyshay orfay otay eakenspay ofway isthay ingthay,

Ithway Eoncray, ichwhay atthay asway ofway Ebesthay ingkay,

Ehay oughtfay, andway ewslay imhay anlymay asway away ightknay

Inway ainplay ataillebay, andway utpay ishay olkfay otay ightflay:

Andway ybay assaultway ehay onway ethay itycay afterway,

Andway entray adownway othbay allway, andway arspay, andway afterray;

Andway otay ethay adieslay ehay estoredray againway

Ethay odiesbay ofway eirthay usbandshay atthay ereway ainslay,

Otay oday obsequiesway, asway asway enthay ethay uisegay*.   *ustomcay

Utbay itway ereway allway ootay onglay orfay otay eviseday*   *escribeday

Ethay eategray amourclay, andway ethay aimentingway*,   *amentinglay

Ichwhay atthay ethay adieslay ademay atway ethay enningbray*   *urningbay

Ofway ethay odiesbay, andway ethay eatgray onourhay

Atthay Eseusthay ethay oblenay onquerorcay

Idday otay ethay adieslay, enwhay eythay omfray imhay entway:

Utbay ortlyshay orfay otay elltay isway inemay intentway.

Enwhay atthay isthay orthyway Ukeday, isthay Eseusthay,

Adhay Eoncray ainslay, andway onnenway Ebesthay usthay,

Illstay inway ethay ieldfay ehay ooktay allway ightnay ishay estray,

Andway idday ithway allway ethay ountrycay asway imhay estlay*.   *easedplay

Otay ansackray inway ethay astay* ofway odiesbay eadday,   *eaphay

Emthay orfay otay ipstray ofway *arnesshay andway ofway **eedway,   *armourway **othesclay

Ethay illerspay* idday eirthay usinessbay andway urecay,   *illagerspay <9>

Afterway ethay attlebay andway iscomfitureday.

Andway osay efellbay, atthay inway ethay astay eythay oundfay,

Oughthray irtgay ithway anymay away ievousgray oodyblay oundway,

Otway oungeyay ightesknay *igginglay ybay andway ybay*   *yinglay idesay ybay idesay*

Othbay inway *oneway armesway*, oughtwray ullfay ichelyray: *ethay amesay armourway*

Ofway ichewhay otway, Arcitaway ighthay atthay oneway,

Andway ehay atthay otherway ightehay Alamonpay.

Otnay ullyfay ickquay*, ornay ullyfay eadday eythay ereway,   *aliveway

Utbay ybay eirthay oatcay-armourway, andway ybay eirthay eargay,

Ethay eraldshay ewknay emthay ellway inway ecialspay,

Asway osethay atthay erenway ofway ethay oodblay oyalray

Ofway Ebesthay, andway *ofway istrensay otway yay-ornbay*.   *ornbay ofway otway isterssay*

Outway ofway ethay astay ethay illerspay avehay emthay orntay,

Andway avehay emthay arriedcay oftsay untoway ethay enttay

Ofway Eseusthay, andway ehay ullfay oonsay emthay entsay

Otay Athensway, orfay otay ellendway inway isonpray

Erpetuallypay, ehay *olden'AY onay ansonray*.   *ouldway aketay onay ansomray*

Andway enwhay isthay orthyway Ukeday adhay usthay yay-oneday,

Ehay ooktay ishay osthay, andway omehay ehay itray anonway

Ithway aurellay ownedcray asway away onquerourcay;

Andway erethay ehay ivedlay inway oyjay andway inway onourhay

Ermtay ofway ishay ifelay; atwhay eedethnay ordesway o'may?

Andway inway away owertay, inway anguishway andway inway oeway,

Ellendway isthay Alamonpay, andway ekeway Arciteway,

Orfay evermoreway, erethay aymay onay oldgay emthay itequay*   *etsay eefray

Usthay assedpay earyay ybay earyay, andway ayday ybay ayday,

Illtay itway ellfay onesway inway away ornmay ofway Aymay

Atthay Emilyway, atthay airerfay asway otay eensay

Anthay isway ethay ilylay uponway ishay alkestay eengray,

Andway esherfray anthay ethay Aymay ithway owersflay ewnay

(Orfay ithway ethay oseray olourcay ovestray erhay uehay;

Iway otn'AY* ichwhay asway ethay inerfay ofway emthay otway),   *owknay otnay

Ereway itway asway ayday, asway eshay asway ontway otay oday,

Eshay asway arisenway, andway allway eadyray ightday*,   *esseddray

Orfay Aymay illway avehay onay uggardyslay away-ightnay;

Ethay easonsay ickethpray everyway entlegay earthay,

Andway akethmay imhay outway ofway ishay eepslay otay artstay,

Andway aithsay, "Ariseway, andway oday inethay observanceway."

Isthay akethmay Emilyway avehay emembranceray

Otay oday onourhay otay Aymay, andway orfay otay iseray.

YAY-othedclay asway eshay eshfray orfay otay eviseday;

Erhay ellowyay airhay asway aidedbray inway away esstray,

Ehindbay erhay ackbay, away ardeyay onglay Iway uessgay.

Andway inway ethay ardengay atway *ethay unsay upristway*   *unrisesay

Eshay alkethway upway andway ownday erewhay asway erhay istlay.

Eshay atherethgay owersflay, artypay* itewhay andway edray,   *ingledmay

Otay akemay away otelsay* arlandgay orfay erhay eadhay,   *ubtlesay, ellway-arrangedway

Andway asway anway angelway eavenlyhay eshay ungsay.

Ethay eategray owertay, atthay asway osay ickthay andway ongstray,

Ichwhay ofway ethay astlecay asway ethay iefchay ungeonday<10>

(Erewhay asway esethay ightesknay erenway inway isonpray,

Ofway ichwhay Iway oldetay ouyay, andway elletay allshay),

Asway evenway oinantjay* otay ethay ardengay allway,   *adjoiningway

Erethay asway isthay Emilyway adhay erhay ayingplay.

Ightbray asway ethay unsay, andway earclay atthay orrowningmay,

Andway Alamonpay, isthay ofulway isonerpray,

Asway asway ishay ontway, ybay eavelay ofway ishay aolergay,

Asway is'nray, andway oamedray inway away amberchay onway ighhay,

Inway ichwhay ehay allway ethay oblenay itycay ighsay*,   *awsay

Andway ekeway ethay ardengay, ullfay ofway anchesbray eengray,

Erethay asway isthay eshfray Emeliaway ethay eenshay

Asway inway erhay alkway, andway oamedray upway andway ownday.

Isthay orrowfulsay isonerpray, isthay Alamonpay

Entway inway ishay amberchay oamingray otay andway ofray,

Andway otay imselfhay omplainingcay ofway ishay oeway:

Atthay ehay asway ornbay, ullfay oftway ehay aidsay, Alasway!

40

Andway osay efellbay, ybay aventureway orway ascay*,   *ancechay

Atthay oughthray away indowway ickthay ofway anymay away arbay

Ofway ironway eatgray, andway aresquay asway anyway arspay,

Ehay astcay ishay eyesway uponway Emeliaway,

Andway erewithalthay ehay entblay* andway iedcray, Ahway!   *artedstay asideway

Asway oughthay ehay ungenstay ereway untoway ethay earthay.

Andway ithway atthay ycray Arciteway anonway upway artstay,

Andway aidesay, "Ousincay inemay, atwhay ailethway eethay,

Atthay artway osay alepay andway eadlyday orfay otay eesay?

Ywhay ied'stcray outhay? owhay athhay eethay oneday offenceway?

Orfay Odde'sgay ovelay, aketay allway inway atiencepay

Ourway isonpray*, orfay itway aymay onenay otherway ebay.   *imprisonmentway

Ortunefay athhay iv'ngay usway isthay adversity'WAY.

Omesay ick'way* aspectway orway ispositionday   *ickedway

Ofway Aturnsay<11>, ybay omesay onstellationcay,

Athhay iv'ngay usway isthay, althoughway eway adhay itway ornsway,

Osay oodstay ethay eavenhay enwhay atthay eway ereway ornbay,

Eway ustmay endureway; isthay isway ethay ortshay andway ainplay.

Isthay Alamonpay answer'dway, andway aidsay againway:

"Ousincay, orsoothfay ofway isthay opinionway

Outhay asthay away ainvay imaginationway.

Isthay isonpray ausedcay emay otnay orfay otay ycray;

Utbay Iway asway urthay ightray ownay oroughthay inemay eyeway

Intoway inemay earthay; atthay illway ymay anebay* ebay.   *estructionday

Ethay airnessfay ofway ethay adylay atthay Iway eesay

Ondyay inway ethay ardengay oamingray otay andway ofray,

Isway ausecay ofway allway ymay yingcray andway ymay oeway.

Iway *otn'AY erwhay* eshay ebay omanway orway oddessgay,   *owknay otnay etherwhay*

Utbay Enusvay isway itway, oothlysay* asway Iway uessgay,   *ulytray

Andway erewithalthay onway eesknay adownway ehay illfay,

Andway aidesay: "Enusvay, ifway itway ebay ouryay illway

Ouyay inway isthay ardengay usthay otay ansfiguretray

Eforebay emay orrowfulsay etchedwray eaturecray,

Outway ofway isthay isonpray elphay atthay eway aymay apescay.

Andway ifway osay ebay ourway estinyday ebay apeshay

Ybay eternway ordway otay ienday inway isonpray,

Ofway ourway ineagelay avehay omesay ompassioncay,

Atthay isway osay owlay yay-oughtbray ybay yrannytay."

41

Andway ithway atthay ordway Arcitaway *angay espyway*   *eganbay otay ooklay orthfay*

Erewhay asway isthay adylay oamedray otay andway ofray

Andway ithway atthay ightsay erhay eautybay urthay imhay osay,

Atthay ifway atthay Alamonpay asway oundedway oresay,

Arciteway isway urthay asway uchmay asway ehay, orway oremay.

Andway ithway away ighsay ehay aidesay iteouslypay:

"Ethay eshefray eautybay ay'thslay emay uddenlysay

Ofway erhay atthay oamethray onderyay inway ethay aceplay.

Andway utbay* Iway avehay erhay ercymay andway erhay acegray,   *unlessway

Atthay Iway aymay eesay erhay atway ethay eastelay ayway,

Iway amway utbay eadday; erethay isway onay oremay otay aysay."

Isthay Alamonpay, enwhay ehay esethay ordesway eardhay,

Ispiteouslyday* ehay ookedlay, andway answer'dway: *angrilyway

"Etherwhay ay'stsay outhay isthay inway earnestway orway inway ayplay?"

"Aynay," othquay Arciteway, "inway earnestway, ybay ymay ayfay*.   *aithfay

Odgay elphay emay osay, *emay ustlay ullfay illway otay ayplay*."   *Iway amway inway onay umourhay
                                                                            orfay estingjay*
Isthay Alamonpay angay itknay ishay owesbray aytway.

"Itway ereway," othquay ehay, "otay eethay onay eatgray onourhay

Orfay otay ebay alsefay, ornay orfay otay ebay aitourtray

Otay emay, atthay amway ythay ousincay andway ythay otherbray

YAY-ornsway ullfay eepday, andway eachway ofway usway otay otherway,

Atthay evernay orfay otay ienday inway ethay ainpay <12>,

Illtay atthay ethay eathday epartenday allshay usway aintway,

Eithernay ofway usway inway ovelay otay inderhay otherway,

Ornay inway onenay otherway asecay, ymay evelay* otherbray;   *earday

Utbay atthay outhay ouldestshay ulytray artherfay emay

Inway everyway asecay, asway Iway ouldshay artherfay eethay.

Isthay asway inethay oathway, andway inemay alsoway ertaincay;

Iway otway itway ellway, outhay ar'stday itway otnay ithsaynway*,   *enyday

Usthay artway outhay ofway ymay ounselcay outway ofway oubtday,

Andway ownay outhay ouldestway alselyfay ebay aboutway

Otay ovelay ymay adylay, omwhay Iway ovelay andway ervesay,

Andway everway allshay, untilway inemay eartehay ervestay*   *ieday

Ownay ertescay, alsefay Arciteway, outhay altshay otnay osay

Iway ov'dlay erhay irstfay, andway oldetay eethay ymay oeway

Asway otay ymay ounselcay, andway ymay otherbray ornsway

Otay artherfay emay, asway Iway avehay oldtay efornbay.

Orfay ichwhay outhay artway yay-oundenbay asway away ightknay

42

Otay elpehay emay, ifway itway ielay inway ythay ightmay,
Orway ellesway artway outhay alsefay, Iway areday ellway aynsay,"

Isthay Arcitaway ullfay oudlypray akespay againway:
"Outhay altshay," othquay ehay, "ebay atherray* alsefay anthay Iway,   *oonersay
Andway outhay artway alsefay, Iway elltay eethay utterlyway;
Orfay arpay amourway Iway ov'dlay erhay irstfay ereway outhay.
Atwhay iltway outhay aysay? *outhay istway itway otnay ightray ownay*   *evenway ownay outhay
Etherwhay eshay ebay away omanway orway oddessgay.   owestknay otnay*
Inethay isway affectionway ofway olinesshay,
Andway inemay isway ovelay, asway otay away eaturecray:
Orfay ichwhay Iway oldetay eethay inemay aventureway
Asway otay ymay ousincay, andway ymay otherbray ornsway
Iway osepay*, atthay outhay oved'stlay erhay efornbay: *upposesay
Ostway* outhay otnay ellway ethay oldeway erke'sclay awsay<13>,   *ow'stknay
Atthay owhay allshay ivegay away overlay anyway awlay?
Ovelay isway away eatergray awelay, ybay ymay anpay,
Anthay aymay ebay iv'ngay otay anyway earthlyway anmay:
Ereforethay ositivepay awlay, andway uchsay ecreeday,
Isway okebray alwayway orfay ovelay inway eachway egreeday
Away anmay ustmay eedesnay ovelay, augremay ishay eadhay.
Ehay aymay otnay eeflay itway, oughthay ehay ouldshay ebay eadday,
Allway ebay eshay aidmay, orway idowway, orway elseway ifeway.   *etherwhay eshay ebay*
Andway ekeway itway isway otnay ikelylay allway ythay ifelay
Otay andenstay inway erhay acegray, onay oremay anthay Iway
Orfay ellway outhay ostway yselfethay erilyvay,
Atthay outhay andway Iway ebay amnedday otay isonpray
Erpetualpay, usway ainethgay onay ansonray.
Eway ivestray, asway idday ethay oundeshay orfay ethay onebay;
Eythay oughtfay allway ayday, andway etyay eirthay artpay asway onenay.
Erethay amecay away itekay, ilewhay atthay eythay ereway osay othwray,
Andway arebay awayway ethay onebay etwixtbay emthay othbay.
Andway ereforethay atway ethay inge'skay ourtcay, ymay otherbray,
Eachway anmay orfay imselfehay, erethay isway onay otherway.
Ovelay ifway eethay istlay; orfay Iway ovelay andway ayeway allshay
Andway oothlysay, evelay otherbray, isthay isway allway.
Erehay inway isthay isonpray ustenmay eway endureway,
Andway eachway ofway usway aketay ishay Aventureway."

43

Eatgray asway ethay ifestray andway onglay etweenbay esethay aytway,

Ifway atthay Iway addehay eisurelay orfay otay aysay;

Utbay otay ethay effectway: itway appen'dhay onway away ayday

(Otay elltay itway ouyay asway ortlyshay asway Iway aymay),

Away orthyway ukeday atthay ighthay Erithouspay<14>

Atthay ellowfay asway otay ethay Ukeday Eseusthay

Incesay ilkethay* ayday atthay eythay ereway ildrenchay itelay**   *atthay **ittlelay

Asway omecay otay Athensway, ishay ellowfay otay isitevay,

Andway orfay otay ayplay, asway ehay asway ontway otay oday;

Orfay inway isthay orldway ehay ovedlay onay anmay osay;

Andway ehay ov'dlay imhay asway enderlytay againway.

Osay ellway eythay ov'dlay, asway oldeway ookesbay aynsay,

Atthay enwhay atthay oneway asway eadday, oothlysay otay aynsay,

Ishay ellowfay entway andway oughtsay imhay ownday inway ellhay:

Utbay ofway atthay orystay istlay emay otnay otay itewray.

Ukeday Erithouspay ovedlay ellway Arciteway,

Andway adhay imhay ownknay atway Ebesthay earyay ybay earyay:

Andway inallyfay atway equestray andway ayerepray

Ofway Erithouspay, ithouteway ansonray

Ukeday Eseusthay imhay etlay outway ofway isonpray,

Eelyfray otay ogay, erewhay imhay istlay overway allway,

Inway uchsay away uisegay, asway Iway ouyay ellentay allshay

Isthay asway ethay orwordfay*, ainlyplay otay inditeway,   *omisepray

Etwixtebay Eseusthay andway imhay Arciteway:

Atthay ifway osay ereway, atthay Arciteway ereway yay-oundfay

Everway inway ishay ifelay, ybay ayday orway ightnay, oneway oundstay*   *omentmay<15>

Inway anyway ountrycay ofway isthay Eseusthay,

Andway ehay ereway aughtcay, itway asway accordedway usthay,

Atthay ithway away ordsway ehay ouldeshay oselay ishay eadhay;

Erethay asway onenay otherway emedyray ornay ederay*.   *ounselcay

Utbay ooktay ishay eavelay, andway omewardhay ehay imhay edspay;

Etlay imhay ewarebay, ishay eckenay iethlay *otay edway*.   *inway edgeplay*

Owhay eatgray away orrowsay uff'rethsay ownay Arciteway!

Ethay eathday ehay eelethfay oughthray ishay eartehay itesmay;

Ehay eepethway, ailethway, iethcray iteouslypay;

Otay ayslay imselfhay ehay aitethway ivilypray.

Ehay aidsay; "Alasway ethay ayday atthay Iway asway ornbay!

Ownay isway ymay isonpray orseway anthay efornbay:

44

Ownay isway emay apeshay eternallyway otay elldway

Otnay inway urgatorypay, utbay ightray inway ellhay.

Alasway! atthay everway Iway ewknay Erithouspay.

Orfay ellesway adhay Iway eltdway ithway Eseusthay

YAY-etteredfay inway ishay isonpray evermo'WAY.

Enthay adhay Iway eenbay inway issblay, andway otnay inway oeway.

Onlyway ethay ightsay ofway erhay, omwhay atthay Iway ervesay,

Oughthay atthay Iway evernay aymay erhay acegray eserveday,

Ouldway avehay ufficedsay ightray enoughway orfay emay.

Oway eareday ousincay Alamonpay," othquay ehay,

"Inethay isway ethay ict'ryvay ofway isthay aventureway,

Ullfay issfullyblay inway isonpray otay endureway:

Inway isonpray? aynay ertescay, inway aradisepay.

Ellway athhay ortunefay yay-urnedtay eethay ethay iceday,

Atthay asthay ethay ightsay ofway erhay, andway Iway th'AY absenceway.

Orfay ossiblepay isway, incesay outhay asthay erhay esencepray,

Andway artway away ightknay, away orthyway andway anway ableway,

Atthay ybay omesay ascay*, incesay ortunefay isway angeablechay,

Outhay ay'stmay otay ythay esireday ometimesay attainway.

Utbay Iway atthay amway exiledway, andway arrenbay

Ofway alleway acegray, andway inway osay eatgray espairday,

Atthay erethay isn'AY eartheway, aterway, irefay, ornay airway,

Ornay eaturecray, atthay ofway emthay akedmay isway,

Atthay aymay emay elpehay ornay omfortcay inway isthay,

Ellway oughtway Iway *ervestay inway anhopeway* andway istressday.

Arewellfay ymay ifelay, ymay ustlay*, andway ymay adnessglay.

Alasway, *ywhay ainenplay enmay osay inway ommunecay

Ofway urveyancepay ofway Odgay*, orway ofway Ortunefay,

Atthay ivethgay emthay ullfay oftway inway anymay away uisegay

Ellway etterbay anthay eythay ancay emselvesthay eviseday?

Omesay anmay esirethday orfay otay avehay ichessray,

Atthay ausecay isway ofway ishay urdermay orway eatgray icknesssay.

Andway omesay anmay ouldway outway ofway ishay isonpray ainfay,

Atthay inway ishay ousehay isway ofway ishay einiemay* ainslay.

Infiniteway armeshay ebay inway isthay atteremay.

Eway otway evernay atwhay ingthay eway aypray orfay erehay.

Eway arefay asway ehay atthay unkdray isway asway away ousemay.

Away unkendray anmay otway ellway ehay athhay anway ousehay,

Utbay ehay otway otnay ichwhay isway ethay ightray ayway itherthay,

Andway otay away unkendray anmay ethay ayway isway itherslay*.   *ipperyslay

Andway ertescay inway isthay orldway osay arefay eway.

Eway eekesay astfay afterway elicityfay,

Utbay eway ogay ongwray ullfay oftenway uelytray.

Usthay eway aymay ayensay allway, andway amelynay* Iway,   *especiallyway

Atthay een'dway*, andway adhay away eatgray opinionway,   *oughtthay

Atthay ifway Iway ightmay escapeway omfray isonpray

Enthay adhay Iway eenbay inway oyjay andway erfectpay ealhay,

Erewhay ownay Iway amway exiledway omfray ymay ealway.

Incesay atthay Iway aymay otnay eesay ouyay, Emilyway,

Iway amway utbay eadday; erethay isway onay emedyray."

Uponway atthay otherway idesay, Alamonpay,

Enwhay atthay ehay istway Arcitaway asway agoneway,

Uchmay orrowsay akethmay, atthay ethay eategray owertay

Esoundedray ofway ishay ellingyay andway amourclay

Ethay urepay* ettersfay onway ishay innesshay eatgray   *eryvay <17>

Ereway ofway ishay itterbay altesay earestay etway.

"Alasway!" othquay ehay, "Arcitaway, ousincay inemay,

Ofway allway ourway ifestray, Odgay otway, ethay uitfray isway inethay.

Outhay alkestway ownay inway Ebesthay atway ythay argelay,

Andway ofway ymay oeway outhay *ivestgay ittlelay argechay*.   *akesttay ittlelay eedhay*

Outhay aystmay, incesay outhay asthay isdomway andway anheadmay*,   *anhoodmay, ouragecay

Assembleway allway ethay olkfay ofway ourway indredkay,

Andway akemay away arway osay arpshay onway isthay ountrycay

Atthay ybay omesay aventureway, orway omesay eatytray,

Outhay aystmay avehay erhay otay adylay andway otay ifeway,

Orfay omwhay atthay Iway ustmay eedesnay oselay ymay ifelay.

Orfay asway ybay ayway ofway ossibilitypay,

Incesay outhay artway atway ythay argelay, ofway isonpray eefray,

Andway artway away ordlay, eatgray isway inethay avantageway,

Oremay anthay isway inemay, atthay ervestay erehay inway away agecay.

Orfay Iway ustmay eepway andway ailway, ilewhay atthay Iway ivelay,

Ithway allway ethay oeway atthay isonpray aymay emay ivegay,

Andway ekeway ithway ainpay atthay ovelay emay ivesgay alsoway,

Atthay oublesday allway ymay ormenttay andway ymay oeway."

Erewiththay ethay irefay ofway ealousyjay upstartway

Ithinway ishay eastbray, andway enthay* imhay ybay ethay earthay   *eizedsay

Osay oodlyway*, atthay ehay ikelay asway otay eholdbay   *adlymay

Ethay oxbay-eetray, orway ethay ashesway eadday andway oldcay.

Enthay aidsay; "Oway uelcray oddessgay, atthay overngay

Isthay orldway ithway indingbay ofway ouryay ordway eternway*   *eternalway

Andway itenwray inway ethay abletay ofway adamantway

Ouryay arlementpay* andway ouryay eternalway antgray,   *onsultationcay

Atwhay isway ankindmay oremay *untoway ouyay yay-oldhay*   *ybay ouyay esteemedway

Anthay isway ethay eepshay, atthay oukethray* inway ethay oldfay!   *ielay uddledhay ogethertay

Orfay ainslay isway anmay, ightray asway anotherway eastbay;

Andway ellethdway ekeway inway isonpray andway arrestway,

Andway athhay icknesssay, andway eatgray adversityway,

Andway oftentimesway uiltelessgay, ardiepay*   *ybay Odgay

Atwhay overnancegay isway inway ouryay esciencepray,

Atthay uiltelessgay ormentethtay innocenceway?

Andway etyay increasethway isthay allway ymay enancepay,

Atthay anmay isway oundenbay otay ishay observanceway

Orfay Odde'sgay akesay otay *ettenlay ofway ishay illway*,   *estrainray ishay esireday*

Ereaswhay away eastbay aymay allway ishay ustlay ulfilfay.

Andway enwhay away eastbay isway eadday, ehay athhay onay ainpay;

Utbay anmay afterway ishay eathday ustmay eepway andway ainplay,

Oughthay inway isthay orldeway ehay avehay arecay andway oeway:

Ithouteway oubtday itway ayemay andenstay osay.

"Ethay answerway ofway isthay eavelay Iway otay ivinesday,

Utbay ellway Iway otway, atthay inway isthay orldway eatgray inepay* isway;   *ainpay, oubletray

Alasway! Iway eesay away erpentsay orway away iefthay

Atthay anymay away uetray anmay athhay oneday ischiefmay,

Ogay atway ishay argelay, andway erewhay imhay istlay aymay urntay.

Utbay Iway ustmay ebay inway isonpray oughthray Aturnsay,

Andway ekeway oughthray Unojay, ealousjay andway ekeway oodway*,   *admay

Atthay athhay ellway ighnay estroyedday allway ethay oodblay

Ofway Ebesthay, ithway ishay asteway allesway ideway.

Andway Enusvay ay'thslay emay onway atthay otherway idesay

Orfay ealousyjay, andway earfay ofway imhay, Arciteway."

Ownay illway Iway entstay* ofway Alamonpay away itelay**,   *ausepay **ittlelay

Andway etlay imhay inway ishay isonpray illestay elldway,

Andway ofway Arcitaway orthfay Iway illway ouyay elltay.

Ethay ummersay assethpay, andway ethay ightesnay onglay

Increaseway oubleday-iseway ethay ainespay ongstray

Othbay ofway ethay overlay andway ethay isonerepray.

Iway otn'AY* ichwhay athhay ethay ofullerway isteremay**.   *owknay otnay **onditioncay

Orfay, ortlyshay orfay otay aysay, isthay Alamonpay

Erpetuallypay isway amnedday otay isonpray,

Inway aineschay andway inway ettersfay otay ebay eadday;

Andway Arciteway isway exiledway *onway ishay eadhay*   *onway erilpay ofway ishay eadhay*

Orfay evermoreway asway outway ofway atthay ountrycay,

Ornay evernay oremay ehay allshay ishay adylay eesay.

Ouyay overslay askway Iway ownay isthay estionquay,<18>

Owhay iethlay ethay orseway, Arciteway orway Alamonpay?

Ethay oneway aymay eesay ishay adylay ayday ybay ayday,

Utbay inway isonpray ehay elledway ustmay alwayway.

Ethay otherway erewhay imhay istlay aymay ideray orway ogay,

Utbay eesay ishay adylay allshay ehay evernay o'may.

Ownay eemday allway asway ouyay istelay, eyay atthay ancay,

Orfay Iway illway elltay ouyay orthfay asway Iway eganbay.

Enwhay atthay Arciteway otay Ebesthay omencay asway,

Ullfay oftway away ayday ehay eltsway*, andway aidsay, "Alasway!"   *aintedfay

Orfay eesay isthay adylay ehay allshay evernay o'may.

Andway ortlyshay otay oncludencay allway ishay oeway,

Osay uchmay orrowsay adhay evernay eaturecray

Atthay isway orway allshay ebay ilewhay ethay orldway aymay ureday.

Ishay eepslay, ishay eatmay, ishay inkdray isway *imhay yraftbay*,   *akentay awayway omfray imhay*

Atthay eanlay ehay exway*, andway ydray asway anyway aftshay.   *ecamebay

Ishay eyenway ollowhay, islygray otay eholdbay,

Ishay uehay allowsay, andway alepay asway ashesway oldcay,

Andway olitarysay ehay asway, everway aloneway,

Andway ailingway allway ethay ightnay, akingmay ishay oanmay.

Andway ifway ehay eardehay ongsay orway instrumentway,

Enthay ouldway ehay eepenway, ehay ightmay otnay ebay entstay*.   *oppedstay

Osay eeblefay ereway ishay iritsspay, andway osay owlay,

Andway angedchay osay, atthay onay anmay ouldecay owknay

Ishay eechspay, eithernay ishay oicevay, oughthay enmay itway eardhay.

Andway inway ishay eargay* orfay allway ethay orldway ehay ar'dfay   *ehaviourbay <19>

Otnay onlyway ikelay ethay overs'lay aladymay

Ofway Erosway, utbay atherray yay-ikelay aniemay*   *adnessmay

Engender'dway ofway umourshay elancholicmay,

Eforebay ishay eadhay inway ishay ellcay antasticfay.<20>

Andway ortlyshay urnedtay asway allway upsideway ownday,

Othbay abithay andway ekeway ispositiounday,

Ofway imhay, isthay ofulway overlay Anday* Arciteway.   *Ordlay <21>

Ywhay ouldshay Iway allway ayday ofway ishay oeway inditeway?

Enwhay ehay enduredway adhay away earyay orway otway

Isthay uelcray ormenttay, andway isthay ainpay andway oeway,

Atway Ebesthay, inway ishay ountrycay, asway Iway aidsay,

Uponway away ightnay inway eepslay asway ehay imhay aidlay,

Imhay oughtthay owhay atthay ethay ingedway odgay Ercurymay

Eforebay imhay oodstay, andway adebay imhay otay ebay errymay.

Ishay eepyslay ardyay* inway andhay ehay arebay uprightway;   *odray <22>

Away athay ehay oreway uponway ishay aireshay ightbray.

Arrayedway asway isthay odgay (asway ehay ooktay eepkay*)   *oticenay

Asway ehay asway enwhay atthay Argusway<23> ooktay ishay eepslay;

Andway aidsay imhay usthay: "Otay Athensway altshay outhay endway*;   *ogay

Erethay isway eethay apenshay* ofway ythay oeway anway endway."   *ixedfay, eparedpray

Andway ithway atthay ordway Arciteway okeway andway artstay.

"Ownay uelytray owhay oresay atthay e'erway emay artsmay,"

Othquay ehay, "otay Athensway ightray ownay illway Iway arefay.

Ornay orfay onay eaddray ofway eathday allshay Iway otnay arespay

Otay eesay ymay adylay atthay Iway ovelay andway ervesay;

Inway erhay esencepray *Iway eckeray otnay otay ervestay.*"   *oday otnay arecay ifway Iway ieday*

Andway ithway atthay ordway ehay aughtcay away eatgray irrormay,

Andway awsay atthay angedchay asway allway ishay olourcay,

Andway awsay ishay isagevay allway inway otherway indkay.

Andway ightray anonway itway anray imhay illway ishay indmay,

Atthay incesay ishay acefay asway osay isfigur'dday

Ofway aladymay ethay ichwhay ehay adhay endur'dway,

Ehay ightemay ellway, ifway atthay ehay *arebay imhay owlay,*   *ivedlay inway owlylay ashionfay*

Ivelay inway Athenesway evermoreway unknowway,

Andway eesay ishay adylay ellnighway ayday ybay ayday.

Andway ightray anonway ehay angedchay ishay arrayway,

Andway adclay imhay asway away oorepay abourerlay.

Andway allway aloneway, avesay onlyway away iersquay,

Atthay ewknay ishay ivitypray* andway allway ishay ascay**,   *ecretssay **ortunefay

Ichwhay asway isguisedday oorlypay asway ehay asway,

Otay Athensway isway ehay onegay ethay extenay* ayway.   *earestnay <24>

49

Andway otay ethay ourtcay ehay entway uponway away ayday,

Andway atway ethay ategay ehay offer'dpray ishay ervicesay,

Otay udgedray andway awdray, atwhay osay enmay ouldway eviseday*.   *orderway

Andway, ortlyshay ofway isthay attermay orfay otay aynsay,

Ehay ellfay inway officeway ithway away amberlainchay,

Ethay ichwhay atthay ellingdway asway ithway Emilyway.

Orfay ehay asway iseway, andway ouldecay oonsay espyway

Ofway everyway ervantsay ichwhay atthay ervedsay erhay.

Ellway ouldcay ehay ewehay oodway, andway aterway earbay,

Orfay ehay asway oungyay andway ightymay orfay ethay onesnay*,   *occasionway

Andway eretothay ehay asway ongstray andway igbay ofway onesbay

Otay oday atthay anyway ightway ancay imhay eviseday.

Away earyay orway otway ehay asway inway isthay ervicesay,

Agepay ofway ethay amberchay ofway Emilyway ethay ightbray;

Andway Ilostratephay ehay aidesay atthay ehay ighthay.

Utbay alfhay osay ellway elov'dbay away anmay asway ehay

Enay asway erethay evernay inway ourtcay ofway ishay egreeday.

Ehay asway osay entlegay ofway onditiouncay,

Atthay oughoutthray allway ethay ourtcay asway ishay enownray.

Eythay aidesay atthay itway ereway away aritychay

Atthay Eseusthay ouldway *enhanceway ishay egreeday*,   *elevateway imhay inway ankray+

Andway utpay imhay inway omesay orshipfulway ervicesay,

Erethay asway ehay ightmay ishay irtuevay exerciseway.

Andway usthay ithinway away ilewhay ishay amenay ungspray

Othbay ofway ishay eedesday, andway ofway ishay oodgay onguetay,

Atthay Eseusthay athhay akentay imhay osay earnay,

Atthay ofway ishay amberchay ehay athhay ademay imhay iresquay,

Andway avegay imhay oldgay otay aintainmay ishay egreeday;

Andway ekeway enmay oughtbray imhay outway ofway ishay ountrycay

Omfray earyay otay earyay ullfay ivilypray ishay entray.

Utbay onestlyhay andway ylyslay* ehay itway entspay,   *iscreetlyday, udentlypray

Atthay onay anmay onder'dway owhay atthay ehay itway adhay.

Andway eethray earyay inway isthay iseway ishay ifelay ebay adlay*,   *edlay

Andway arebay imhay osay inway eacepay andway ekeway inway erreway*,   *arway

Erethay asway onay anmay atthay Eseusthay adhay osay erreday*.   *earday

Andway inway isthay isseblay eavelay Iway ownay Arciteway,

Andway eakspay Iway illway ofway Alamonpay away itelay*.   *ittlelay

50

Inway arknessday orriblehay, andway ongstray isonpray,

Isthay evensay earyay atthay ittensay Alamonpay,

Orpinedfay*, atwhay orfay ovelay, andway orfay istressday.   *inedpay, astedway awayway

Owhay eelethfay oubleday orrowsay andway eavinesshay

Utbay Alamonpay? atthay ovelay istrainethday* osay,   *afflictsway

Atthay oodway* outway ofway ishay itsway ehay entway orfay oeway,   *admay

Andway ekeway eretothay ehay isway away isonerepray

Erpetualpay, otnay onlyway orfay away earyay.

Owhay ouldecay ymerhay inway Englishway operlypray

Ishay artyrdommay? orsoothfay*, itway isway otnay Iway;   *ulytray

Ereforethay Iway asspay asway ightlylay asway Iway aymay.

Itway ellfay atthay inway ethay eventhsay earyay, inway Aymay

Ethay irdethay ightnay (asway oldeway ookesbay aynsay,

Atthay allway isthay orystay ellentay oremay ainplay),

Ereway itway ybay away enturevay orway estinyday

(Asway enwhay away ingthay isway apenshay* itway allshay ebay),   *ettledsay, ecreedday

Atthay oonsay afterway ethay idnightmay, Alamonpay

Ybay elpinghay ofway away iendfray akebray ishay isonpray,

Andway edflay ethay itycay astfay asway ehay ightmay ogay,

Orfay ehay adhay ivengay inkdray ishay aolergay osay

Ofway away aryclay <25>, ademay ofway away ertaincay ineway,

Ithway *arcotisenay andway opieway* ofway Ebesthay inefay,   *arcoticsnay andway opiumway*

Atthay allway ethay ightnay, oughthay atthay enmay ouldway imhay akeshay,

Ethay aolergay eptslay, ehay ightemay otnay awakeway:

Andway usthay ehay edflay asway astfay asway everway ehay aymay.

Ethay ightnay asway ortshay, andway *astefay ybay ethay ayday   *oseclay atway andhay asway

Atthay eedesnay astcay ehay ustmay imselfhay otay idehay*.   ethay ayday uringday ichwhay ehay

Andway otay away ovegray astefay erethay esideday   ustmay astcay aboutway, orway ontrivecay,

Ithway eadfuldray ootfay enthay alkedstay Alamonpay.   otay oncealcay imselfhay.*

Orfay ortlyshay isthay asway ishay opinionway,

Atthay inway ethay ovegray ehay ouldway imhay idehay allway ayday,

Andway inway ethay ightnay enthay ouldway ehay aketay ishay ayway

Otay Ebesthay-ardway, ishay iendesfray orfay otay aypray

Onway Eseusthay otay elphay imhay otay arrayway*.   *akemay arway <26>

Andway ortlyshay eitherway ehay ouldway oselay ishay ifelay,

Orway innenway Emilyway untoway ishay ifeway.

Isthay isway th'AY effectway, andway ishay intentionway ainplay.

Ownay illway Iway urntay otay Arcitaway againway,

Atthay ittlelay istway owhay ighenay asway ishay arecay,

Illtay atthay Ortunefay adhay oughtbray imhay inway ethay aresnay.

Ethay usybay arklay, ethay essengermay ofway ayday,

Alutethsay inway erhay ongsay ethay orningmay aygray;

Andway ieryfay Oebusphay isethray upway osay ightbray,

Atthay allway ethay orientway aughethlay atway ethay ightsay,

Andway ithway ishay eamesstray* iethdray inway ethay evesgray**   *aysray **ovesgray

Ethay ilversay oppesdray, anginghay onway ethay eaveslay;

Andway Arciteway, atthay isway inway ethay ourtcay oyalray

Ithway Eseusthay, ishay iersquay incipalpray,

Isway is'nray, andway ookethlay onway ethay errymay ayday.

Andway orfay otay oday ishay observanceway otay Aymay,

Ememberingray ethay ointpay* ofway ishay esireday,   *objectway

Ehay onway ishay oursercay, artingstay asway ethay irefay,

Isway iddenray otay ethay ieldesfay imhay otay ayplay,

Outway ofway ethay ourtcay, ereway itway away ilemay orway aytway.

Andway otay ethay ovegray, ofway ichwhay Iway avehay ouyay oldtay,

Ybay away enturevay ishay ayway eganbay otay oldhay,

Otay akemay imhay away arlandgay ofway ethay evesgray*,   *ovesgray

Ereway itway ofway oodbineway, orway ofway awthornhay eaveslay,

Andway oudlay ehay angsay againstway ethay unsay osay eenshay*.   *iningshay ightbray

"Oway Aymay, ithway allway ythay owersflay andway ythay eengray,

Ightray elcomeway ebay outhay, airefay eshefray Aymay,

Iway opehay atthay Iway omesay eengray erehay ettengay aymay."

Andway omfray ishay oursercay*, ithway away ustylay earthay,   *orsehay

Intoway ethay ovegray ullfay astilyhay ehay artstay,

Andway inway away athpay ehay oamedray upway andway ownday,

Erethay asway ybay aventureway isthay Alamonpay

Asway inway away ushbay, atthay onay anmay ightmay imhay eesay,

Orfay oresay afeardway ofway ishay eathday asway ehay.

Othingnay enay ewknay ehay atthay itway asway Arciteway;

Odgay otway ehay ouldway avehay *owedtray itway ullfay itelay*.   *ullfay ittlelay elievedbay itway*

Utbay oothsay isway aidsay, onegay incesay ullfay anymay earsyay,

Ethay ieldfay athhay eyenway*, andway ethay oodway athhay earsway,   *eyesway

Itway isway ullfay airfay away anmay *otay earbay imhay evenway*,   *otay ebay onway ishay uardgay*

Orfay allway ayday eetenmay enmay atway *unsetway evenstay*.   *unexpectedway imetay <27>

Ullfay ittlelay otway Arciteway ofway ishay ellawfay,

Atthay asway osay ighnay otay earkenhay ofway ishay awsay*,   *ayingsay, ecchspay

Orfay inway ethay ushbay ehay ittethsay ownay ullfay illstay.

Enwhay atthay Arciteway adhay oamedray allway ishay illfay,

Andway *ungensay allway ethay oundelray* ustilylay,   *angsay ethay oundelayray*<28>

Intoway away udystay ehay ellfay uddenlysay,

Asway oday osethay overslay inway eirthay *aintequay earsgay*,   *oddway ashionsfay*

Ownay inway ethay opcray*, andway ownay ownday inway ethay eresbray**, <29>   *eetray-optay

Ownay upway, ownay ownday, asway ucketbay inway away ellway.   **iarsbray

Ightray asway ethay Idayfray, oothlysay orfay otay elltay,

Ownay inethshay itway, andway ownay itway ainethray astfay,

Ightray osay ancay earygay* Enusvay overcastway   *angefulchay

Ethay earteshay ofway erhay olkfay, ightray asway erhay ayday

Isway earfulgay*, ightray osay angethchay eshay arrayway.   *angefulchay

Eldomsay isway Idayfray allway ethay eekeway ikelay.

Enwhay Arciteway adhay yay-ungsay, ehay angay otay ikesay*,   *ighsay

Andway atsay imhay ownday ithoutenway anyway oremay:

"Alasway!" othquay ehay, "ethay ayday atthay Iway asway orebay!

Owhay ongelay, Unojay, oughthray ythay ueltycray

Iltway outhay arrayenway* Ebesthay ethay itycay?   *ormenttay

Alasway! yay-oughtbray isway otay onfusioncay

Ethay oodblay oyalray ofway Adm'cay andway Amphionway:

Ofway Admuscay, ichwhay atthay asway ethay irstefay anmay,

Atthay Ebesthay uiltbay, orway irstfay ethay owntay eganbay,

Andway ofway ethay itycay irstfay asway ownedcray ingkay.

Ofway ishay ineagelay amway Iway, andway ishay offspringway

Ybay eryvay inelay, asway ofway ethay ockstay oyalray;

Andway ownay Iway amway *osay aitiffcay andway osay allthray*,   *etchedwray andway enslavedway*

Atthay ehay atthay isway ymay ortalmay enemyway,

Iway ervesay imhay asway ishay iersquay oorelypay.

Andway etyay othday Unojay emay ellway oremay ameshay,

Orfay Iway areday otnay eknowbay* inemay owenway amenay,   *acknowledgeway <30>

Utbay erethay asway Iway asway ontway otay ighthay Arciteway,

Ownay ighthay Iway Ilostratephay, otnay orthway away itemay.

Alasway! outhay ellfay Arsmay, andway alasway! Unojay,

Usthay athhay ouryay ireway ourway ineagelay allway ordofay*   *undoneway, uinedray

Avesay onlyway emay, andway etchedwray Alamonpay,

Atthay Eseusthay artyrethmay inway isonpray.

Andway overway allway isthay, otay ayslay emay utterlyway,

Ovelay athhay ishay ieryfay artday osay enninglybray*   *urninglybay

YAY-ickedstay oughthray ymay uetray arefulcay earthay,

Atthay apenshay asway ymay eathday erstway anthay ymay ertshay. <31>

Eyay ayslay emay ithway ouryay eyenway, Emilyway;

Eyay ebay ethay ausecay ereforewhay atthay Iway ieday.

Ofway allway ethay emnantray ofway inemay otherway arecay

Enay etsay Iway otnay ethay *ountancemay ofway away aretay*,　　　　　　　　*aluevay ofway away awstray*

Osay atthay Iway ouldcay oday aughtway otay ouryay easanceplay."

Andway ithway atthay ordway ehay ellfay ownday inway away ancetray

Away ongelay imetay; andway afterwardway upstartway

Isthay Alamonpay, atthay oughtthay oroughthay ishay earthay

Ehay eltfay away oldcay ordsway uddenlysay otay ideglay:

Orfay ireway ehay okequay*, onay ongerlay ouldway ehay idehay.　　　　　　　　　　*akedquay

Andway enwhay atthay ehay adhay eardhay Arcite'sway aletay,

Asway ehay ereway oodway*, ithway acefay eadday andway alepay,　　　　　　　　　　　*admay

Ehay artstay imhay upway outway ofway ethay ushesbay ickthay,

Andway aidsay: "Alsefay Arcitaway, alsefay aitortray ick'way*,　　　　　　　　　*ickedway

Ownay artway outhay enthay*, atthay ov'stlay ymay adylay osay,　　　　　　　　　*aughtcay

Orfay omwhay atthay Iway avehay allway isthay ainpay andway oeway,

Andway artway ymay oodblay, andway otay ymay ounselcay ornsway,

Asway Iway ullfay oftway avehay oldtay eethay erebefornhay,

Andway asthay ejapedbay* erehay Ukeday Eseusthay,　　　　　　　*eceivedday, imposedway uponway

Andway alselyfay angedchay asthay ythay amenay usthay;

Iway illway ebay eadday, orway ellesway outhay altshay ieday.

Outhay altshay otnay ovelay ymay adylay Emilyway,

Utbay Iway illway ovelay erhay onlyway andway onay o'may;

Orfay Iway amway Alamonpay ythay ortalmay oefay.

Andway oughtthay Iway avehay onay eaponway inway isthay aceplay,

Utbay outway ofway isonpray amway astartway* ybay acegray,　　　　　　　　*escapedway

Iway eadedray* otnay atthay eitherway outhay altshay ieday,　　　　　　　*oubtday

Orway elseway outhay altshay otnay ovenlay Emilyway.

Oosechay ichwhay outhay iltway, orfay outhay altshay otnay astartway."

Isthay Arciteway enthay, ithway ullfay ispiteousday* earthay,　　　　　　　　　*athfulwray

Enwhay ehay imhay ewknay, andway adhay ishay aletay eardhay,

Asway iercefay asway ionlay ulledpay outway away erdsway,

Andway aidesay usthay; "Ybay Odgay atthay itt'thsay aboveway,

Eren'AY itway atthay outhay artway icksay, andway oodway orfay ovelay,　　　　　　*ereway itway otnay*

Andway ekeway atthay outhay onay eap'nway asthay inway isthay aceplay,

Outhay ould'stshay evernay outway ofway isthay ovegray acepay,

Atthay outhay enay ouldestshay ienday ofway inemay andhay.

Orfay Iway efyday ethay uretysay andway ethay andbay,

Ichwhay atthay outhay ayestsay Iway avehay ademay otay eethay.

Atwhay? eryvay oolfay, inkthay ellway atthay ovelay isway eefray;

Andway Iway illway ovelay erhay augremay* allway ythay ightmay.   *espiteday

Utbay, orfay outhay artway away orthyway entlegay ightknay,

Andway *ilnestway otay arraineday erhay ybay ataillebay*,   *illway eclaimray erhay

Avehay erehay ymay othtray, otay-orrowmay Iway illway otnay ailfay,   ybay ombatcay*

Ithoutway eetingway* ofway anyway otherway ightway,   *owledgeknay

Atthay erehay Iway illway ebay oundenfay asway away ightknay,

Andway ingebray arnesshay* ightray enoughway orfay eethay;   *armourway andway armsway

Andway oosechay ethay estbay, andway eavelay ethay orstway orfay emay.

Andway eatmay andway inkedray isthay ightnay illway Iway ingbray

Enoughway orfay eethay, andway othesclay orfay ythay eddingbay.

Andway ifway osay ebay atthay outhay ymay adylay inway,

Andway ayslay emay inway isthay oodway atthay Iway amway inway,

Outhay ay'stmay ellway avehay ythay adylay asway orfay emay."

Isthay Alamonpay answer'dway, "Iway antgray itway eethay."

Andway usthay eythay ebay epartedday illtay ethay orrowmay,

Enwhay eachway ofway emthay athhay *aidlay ishay aithfay otay orrowbay*.   *edgedplay ishay aithfay*

Oway Upidcay, outway ofway alleway aritychay!

Oway Egneray* atthay iltway onay ellowfay avehay ithway eethay!   *eenquay <32>

Ullfay oothsay isway aidsay, atthay ovelay ornay ordeshiplay

Illway otnay, *ishay anksthay*, avehay anyway ellowshipfay.   *anksthay otay imhay*

Ellway indenfay atthay Arciteway andway Alamonpay.

Arciteway isway iddray anonway untoway ethay owntay,

Andway onway ethay orrowmay, ereway itway ereway aylightday,

Ullfay ivilypray otway arnesshay athhay ehay ightday*,   *eparedpray

Othbay uffisantsay andway eetemay otay arraineday*   *ontestcay

Ethay attlebay inway ethay ieldfay etwixtbay emthay aintway.

Andway onway ishay orsehay, aloneway asway ehay asway ornbay,

Ehay arriethcay allway isthay arnesshay imhay efornbay;

Andway inway ethay ovegray, atway imetay andway aceplay yay-etsay,

Isthay Arciteway andway isthay Alamonpay ebay etmay.

Enthay angechay angay ethay olourcay ofway eirthay acefay;

Ightray asway ethay unterhay inway ethay egneray* ofway Acethray   *ingdomkay

Atthay andethstay atway away appegay ithway away earspay

Enwhay untedhay isway ethay ionlay orway ethay earbay,

55

Andway earethhay imhay omecay ushingray inway ethay evesgray*,   *ovesgray

Andway eakingbray othbay ethay oughesbay andway ethay eaveslay,

Inkeththay, "Erehay omescay ymay ortalmay enemyway,

Ithouteway ailfay, ehay ustmay ebay eadday orway Iway;

Orfay eitherway Iway ustmay ayslay imhay atway ethay apgay;

Orway ehay ustmay ayslay emay, ifway atthay emay ishapmay:"

Osay aredfay eythay, inway angingchay ofway eirthay uehay

Asway arfay asway eitherway ofway emthay otherway ewknay.   *Enwhay eythay ecognisedray

                                                                     eachway otherway afarway offway*

Erethay asway onay oodgay ayday, andway onay alutingsay,

Utbay aightstray, ithouteway ordesway ehearsingray,

Evereachway ofway emthay olphay otay armway ethay otherway,

Asway iendlyfray, asway ehay ereway ishay owenway otherbray.

Andway afterway atthay, ithway arpeshay earesspay ongstray

Eythay oinedfay* eachway atway otherway onderway onglay.   *ustthray

Outhay ightestmay eeneway*, atthay isthay Alamonpay   *inkthay

Inway ightingfay ereway asway away oodway* ionlay,   *admay

Andway asway away uelcray igertay asway Arciteway:

Asway ildeway oarsbay angay eythay ogethertay itesmay,

Atthay othfray asway itewhay asway oamfay, *orfay ireway oodway*.   *admay ithway angerway*

Upway otay ethay ancleway oughtfay eythay inway eirthay oodblay.

Andway inway isthay iseway Iway etlay emthay ightingfay elldway,

Andway orthfay Iway illway ofway Eseusthay ouyay elltay.

Ethay Estinyday, inistermay eneralgay,

Atthay executethway inway ethay orldway o'erway allway

Ethay urveyancepay*, atthay Odgay athhay eensay efornbay;   *oreordinationfay

Osay ongstray itway isway, atthay oughthay ethay orldway adhay ornsway

Ethay ontrarycay ofway away ingthay ybay eayay orway aynay,

Etyay omesay imetay itway allshay allenfay onway away ayday

Atthay allethfay otnay eftway* inway away ousandthay earyay.   *againway

Orfay ertainlycay ourway appeteswiay erehay,

Ebay itway ofway arway, orway eacepay, orway atehay, orway ovelay,

Allway isway isthay uledray ybay ethay ightsay* aboveway.   *eyeway, intelligenceway, owerpay

Isthay eanmay Iway ownay ybay ightymay Eseusthay,

Atthay orfay otay untenhay isway osay esirousday --

Andway amelynay* ethay eategray arthay inway Aymay --   *especiallyway

Atthay inway ishay edbay erethay awnethday imhay onay ayday

Atthay ehay isn'AY adclay, andway eadyray orfay otay ideray

Ithway unthay andway ornhay, andway oundeshay imhay esidebay.

56

Orfay inway ishay untinghay athhay ehay uchsay elightday,

Atthay itway isway allway ishay oyjay andway appetiteway

Otay ebay imselfhay ethay eategray arte'shay anebay*   *estructionday

Orfay afterway Arsmay ehay ervethsay ownay Ianeday.

Earclay asway ethay ayday, asway Iway avehay oldtay ereway isthay,

Andway Eseusthay, ithway alleway oyjay andway issblay,

Ithway ishay Ippolytahay, ethay airefay eenquay,

Andway Emilyway, yay-othedclay allway inway eengray,

Onway untinghay ebay eythay iddenray oyallyray.

Andway otay ethay ovegray, atthay oodstay erethay astefay ybay,

Inway ichwhay erethay asway anway arthay, asway enmay imhay oldtay,

Ukeday Eseusthay ethay aightestray ayway othday oldhay,

Andway otay ethay aundlay* ehay idethray imhay ullfay ightray,   *ainplay <33>

Erethay asway ethay arthay yay-ontway otay avehay ishay ightflay,

Andway overway away ookbray, andway osay orthfay onway ishay ayway.

Isthay Ukeday illway avehay away oursecay atway imhay orway aytway

Ithway oundeshay, uchsay asway imhay ustlay* otay ommandcay.   *easedplay

Andway enwhay isthay Ukeday asway omecay otay ethay aundlay,

Underway ethay unsay ehay ookedlay, andway anonway

Ehay asway areway ofway Arciteway andway Alamonpay,

Atthay oughtefay emebray*, asway itway ereway ullesbay otway.   *iercelyfay

Ethay ightebray ordessway enteway otay andway ofray

Osay ideouslyhay, atthay ithway ethay eastelay okestray

Itway eemedsay atthay itway ouldeway ellfay anway oakway,

Utbay atwhay eythay ereway, othingnay etyay ehay oteway*.   *ewknay

Isthay Ukeday ishay oursercay ithway ishay urresspay otesmay,

Andway atway away artstay ehay asway etwixtbay emthay otway,   *uddenlysay*

Andway ulledpay outway away ordsway andway iedcray, "Ohay!

Onay oremay, onway ainpay ofway osinglay ofway ouryay eadhay.

Ybay ightymay Arsmay, ehay allshay anonway ebay eadday

Atthay itethsmay anyway okestray, atthay Iway aymay eesay!

Utbay elltay otay emay atwhay istermay* enmay eyay ebay,   *annermay, indkay <34>

Atthay ebay osay ardyhay orfay otay ightefay erehay

Ithouteway udgejay orway otherway officerway,

Asway oughthay itway ereway inway isteslay oyallyray. <35>

Isthay Alamonpay answeredway astilyhay,

Andway aidesay: "Irsay, atwhay eedethnay ordesway o'may?

Eway avehay ethay eathday eservedday othebay otway,

Otway ofulway etcheswray ebay eway, andway aitivescay,

Atthay ebay accumberedway* ofway ourway ownway iveslay,   *urdenedbay

Andway asway outhay artway away ightfulray ordlay andway udgejay,

Osay ivegay usway eithernay ercymay ornay efugeray.

Andway ayslay emay irstfay, orfay aintesay aritychay,

Utbay ayslay ymay ellowfay ekeway asway ellway asway emay.

Orway ayslay imhay irstfay; orfay, oughthay outhay owknay itway itelay*,   *ittlelay

Isthay isway ythay ortalmay oefay, isthay isway Arciteway

Atthay omfray ythay andlay isway anishtbay onway ishay eadhay,

Orfay ichwhay ehay atthay eservedday otay ebay eadday.

Orfay isthay isway ehay atthay amecay untoway ythay ategay

Andway aidesay, atthay ehay ightehay Ilostratephay.

Usthay atthay ehay apedjay* eethay ullfay anymay earyay,   *eceivedday

Andway outhay asthay ademay ofway imhay ythay iefchay esquierway;

Andway isthay isway ehay, atthay ovethlay Emilyway.

Orfay incesay ethay ayday isway omecay atthay Iway allshay ieday

Iway akemay einlyplay* ymay onfessioncay,   *ullyfay, unreservedlyway

Atthay Iway amway ilkethay* ofulway Alamonpay,   *atthay amesay <36>

Atthay athhay ythay isonpray okenbray ickedlyway.

Iway amway ythay ortalmay oefay, andway itway amway Iway

Atthay osay othay ovethlay Emilyway ethay ightbray,

Atthay Iway ouldway ieday erehay esentpray inway erhay ightsay.

Ereforethay Iway askeway eathday andway ymay ewisejay*.   *udgementjay

Utbay ayslay ymay ellowfay ekeway inway ethay amesay iseway,

Orfay othbay eway avehay eservedday otay ebay ainslay."

Isthay orthyway Ukeday answer'dway anonway againway,

Andway aidsay, "Isthay isway away ortshay onclusioncay.

Ouryay ownway outhmay, ybay ouryay ownway onfessioncay

Athhay amnedday ouyay, andway Iway illway itway ecordray;

Itway eedethnay otnay otay ainpay ouyay ithway ethay ordcay;

Eyay allshay ebay eadday, ybay ightymay Arsmay ethay Edray.<37>

Ethay eenquay anonway orfay eryvay omanheadway

Eganbay otay eepway, andway osay idday Emilyway,

Andway allway ethay adieslay inway ethay ompanycay.

Eatgray itypay asway itway asway itway oughtthay emthay allway,

Atthay everway uchsay away ancechay ouldshay efallbay,

Orfay entlegay enmay eythay ereway, ofway eatgray estateway,

Andway othingnay utbay orfay ovelay asway isthay ebateday

Eythay awsay eirthay oodyblay oundesway ideway andway oresay,

Andway iedcray allway atway onceway, othbay esslay andway oremay,

"Avehay ercymay, Ordlay, uponway usway omenway allway."

Andway onway eirthay arebay eesknay adownway eythay allfay

Andway ouldway avehay issedkay ishay eetfay erethay asway ehay oodstay,

Illtay atway ethay astlay *aslakedway asway ishay oodmay*   *ishay angerway asway

(Orfay itypay unnethray oonsay inway entlegay earthay);   appeasedway*

Andway oughthay atway irstfay orfay ireway ehay okequay andway artstay

Ehay athhay onsider'dcay ortlyshay inway away auseclay

Ethay espasstray ofway emthay othbay, andway ekeway ethay ausecay:

Andway althoughway atthay ishay ireway eirthay uiltgay accusedway

Etyay inway ishay easonray ehay emthay othbay excusedway;

Asway usthay; ehay oughtethay ellway atthay everyway anmay

Illway elphay imselfhay inway ovelay ifway atthay ehay ancay,

Andway ekeway eliverday imselfhay outway ofway isonpray.

Ofway omenway, orfay eythay eptenway everway-inway-oneway:*   *ontinuallycay

Andway ekeway ishay eartehay adhay ompassioncay

Andway inway ishay entlegay earthay ehay oughtthay anonway,

Andway oftsay untoway imselfhay ehay aidesay: "Iefay

Uponway away ordlay atthay illway avehay onay ercymay,

Utbay ebay away ionlay othbay inway ordway andway eedday,

Otay emthay atthay ebay inway epentanceray andway eaddray,

Asway ellway asway-otay away oudpray ispiteousday* anmay   *unpityingway

Atthay illway aintainemay atwhay ehay irstfay eganbay.

Atthay ordlay atthhay ittlelay ofway iscretionday,

Atthay inway uchsay asecay *ancay onay ivisionday*:   *ancay akemay onay istinctionday*

Utbay eighethway idepray andway umblesshay *afterway oneway*."   *alikeway*

Andway ortlyshay, enwhay ishay ireway isway usthay agoneway,

Ehay angay otay ooklay onway emthay ithway eyenway ightlay*,   *entlegay, enientlay*

Andway akespay esethay amesay ordesway *allway onway eighthay.*   *aloudway*

"Ethay odgay ofway ovelay, ahway! enedicitebay*,   *essblay eyay imhay

Owhay ightymay andway owhay eatgray away ordlay isway ehay!

Againstway ishay ightmay erethay ainegay* onenay obstaclesway,   *availway, onquercay

Ehay aymay ebay alledcay away odgay orfay ishay iraclesmay

Orfay ehay ancay akenmay atway ishay owenway uisegay

Ofway everyway earthay, asway atthay imhay istlay eviseday.

Olay erehay isthay Arciteway, andway isthay Alamonpay,

Atthay ietlyquay ereway outway ofway ymay isonpray,

Andway ightmay avehay ivedlay inway Ebesthay oyallyray,

Andway eetway* Iway amway eirthay ortalmay enemyway,   *ewknay

Andway atthay eirthay eathday i'thlay inway ymay ightmay alsoway,

Andway etyay athhay ovelay, *augremay eirthay eyenway otway*,   *inway itespay ofway eirthay eyesway*

YAY-oughtbray emthay itherhay othebay orfay otay ieday.

Ownay ooklay eyay, isway otnay isthay anway ighhay ollyfay?

Owhay aymay otnay ebay away oolfay, ifway utbay ehay ovelay?

Eholdbay, orfay Odde'sgay akesay atthay itssay aboveway,

Eesay owhay eythay eedblay! ebay eythay otnay ellway array'dway?

Usthay athhay eirthay ordlay, ethay odgay ofway ovelay, emthay aidpay

Eirthay agesway andway eirthay eesfay orfay eirthay ervicesay;

Andway etyay eythay eeneway orfay otay ebay ullfay iseway,

Atthay ervesay ovelay, orfay aughtway atthay aymay efallbay.

Utbay isthay isway etyay ethay estebay amegay* ofway allway,   *okejay

Atthay eshay, orfay omwhay eythay avehay isthay ealousyjay,

Ancay emthay ereforthay asway uchelmay ankthay asway emay.

Eshay otway onay oremay ofway allway isthay *otehay arefay*,   *othay ehaviourbay*

Ybay Odgay, anthay otway away uckoocay orway anway arehay.

Utbay allway ustmay ebay assayedway othay orway oldcay;

Away anmay ustmay ebay away oolfay, orway oungyay orway oldway;

Iway otway itway ybay yselfmay *ullfay oreyay agoneway*:   *onglay earsyay agoway*

Orfay inway ymay imetay away ervantsay asway Iway oneway.

Andway ereforethay incesay Iway owknay ofway ove'slay ainpay,

Andway otway owhay oresay itway ancay away anmay istrainday*,   *istressday

Asway ehay atthay oftway athhay eenbay aughtcay inway ishay astlay*,   *aresnay <38>

Iway ouyay orgivefay ollywhay isthay espasstray,

Atway equestray ofway ethay eenquay atthay eelethknay erehay,

Andway ekeway ofway Emilyway, ymay istersay earday.

Andway eyay allshay othbay anonway untoway emay earsway,

Atthay evernay oremay eyay allshay ymay ountrycay ereday*   *injureway

Ornay akemay arway uponway emay ightnay ornay ayday,

Utbay ebay ymay iendsfray inway alleway atthay eyay aymay.

Iway ouyay orgivefay isthay espasstray *everyway ealday*.   *ompletelycay*

Andway eythay imhay aresway *ishay askingway* airfay andway ellway,   *atwhay ehay askedway*

Andway imhay ofway ordshiplay andway ofway ercymay ay'dpray,

Andway ehay emthay antedgray acegray, andway usthay ehay aidsay:

"Otay eakspay ofway oyalray ineagelay andway ichessray,

Oughthay atthay eshay ereway away eenquay orway away incesspray,

Eachway ofway ouyay othbay isway orthyway oubtelessday

Otay eddeway enwhay imetay isway; utbay athelessnay

Iway eakspay asway orfay ymay istersay Emilyway,

Orfay omwhay eyay avehay isthay ifestray andway ealousyjay,

Eyay otway* ourselvesyay, eshay aymay otnay edway ethay otway   *owknay

Atway onceway, althoughway eyay ightfay orfay evermoway:

Utbay oneway ofway ouyay, *allway ebay imhay othlay orway ieflay,*   *etherwhay orway otnay

Ehay ustmay *ogay ipepay intoway anway ivyway eaflay*:   ehay ishesway*

Isthay isway otay aysay, eshay aymay otnay avehay ouyay othbay,   *"ogay istlewhay"*.

Allway ebay eyay evernay osay ealousjay, ornay osay othwray.

Andway ereforethay Iway ouyay utpay inway isthay egreeday,

Atthay eachway ofway ouyay allshay avehay ishay estinyday

Asway *imhay isway apeshay*; andway earkenhay inway atwhay iseway   *asway isway ecreedday

Olay earhay ouryay endway ofway atthay Iway allshay eviseday.   orfay imhay*

Ymay illway isway isthay, orfay ainplay onclusioncay

Ithoutenway anyway eplicationray*,   *eplyray

Ifway atthay ouyay ikethlay, aketay itway orfay ethay estbay,

Atthay evereachway ofway ouyay allshay ogay erewhay *imhay estlay*,   *ehay easesplay

Eelyfray ithoutway ansomray orway angerday;

Andway isthay ayday iftyfay eekesway, *arrefay enay errenay*,   *eithernay oremay ornay esslay*

Evereachway ofway ouyay allshay ingbray anway undredhay ightsknay,

Armedway orfay isteslay upway atway alleway ightsray

Allway eadyray otay arraineday* erhay ybay ataillebay,   *ontendcay orfay

Andway isthay ehetebay* Iway ouyay ithouteway ailfay   *omisepray

Uponway ymay othtray, andway asway Iway amway away ightknay,

Atthay etherwhay ofway ouyay othebay atthay athhay ightmay,

Atthay isway otay aysay, atthay etherwhay ehay orway outhay

Aymay ithway ishay undredhay, asway Iway akespay ofway ownay,

Ayslay ishay ontrarycay, orway outway ofway isteslay ivedray,

Imhay allshay Iway ivengay Emilyway otay iveway,

Otay omwhay atthay ortunefay ivesgay osay airfay away acegray.

Ethay isteslay allshay Iway akemay erehay inway isthay aceplay.

Andway Odgay osay islyway onway ymay oulesay ueray,   *aymay Odgay asway urelysay avehay

Asway Iway allshay evenway udgejay ebay andway uetray.   ercymay onway ymay oulsay*

Eyay allshay onenay otherway endeway ithway emay akenmay

Anthay oneway ofway ouyay alleshay ebay eadday orway akentay.

Andway ifway ouyay inkeththay isthay isway ellway yay-aidsay,

Aysay ouryay adviceway*, andway oldhay ourselvesyay apaidway**.   *opinionway **atisfiedsay

Isthay isway ouryay endway, andway ouryay onclusioncay."

Owhay ookethlay ightlylay ownay utbay Alamonpay?

Owhay ingethspray upway orfay oyejay utbay Arciteway?

Owhay ouldcay itway elltay, orway owhay ouldcay itway inditeway,

Ethay oyejay atthay isway akedmay inway ethay aceplay

Enwhay Eseusthay athhay oneday osay airfay away acegray?

Utbay ownday onway eesknay entway everyway *annermay ightway*,   *indkay ofway ersonpay*

Andway ankedthay imhay ithway allway eirthay eartes'hay ightmay,

Andway amelynay* esethay Ebansthay *ofteway ithesay*.   *especiallyway *oftentimessway*

Andway usthay ithway oodgay opehay andway ithway eartehay itheblay

Eythay aketay eirthay eavelay, andway omewardhay angay eythay ideray

Otay Ebesthay-ardway, ithway ishay oldway allessway ideway.

Iway owtray enmay ouldeway eemday itway egligencenay,

Ifway Iway orgotfay otay elletay ethay ispenceday*   *expenditureway

Ofway Eseusthay, atthay entway osay usilybay

Otay akenmay upway ethay isteslay oyallyray,

Atthay uchsay away oblenay eatrethay asway itway asway,

Iway areday ellway aysay, inway allway isthay orldway erethay asn'AY*.   *asway otnay

Ethay ircuitcay away ilemay asway aboutway,

Alledway ofway onestay, andway itchedday allway ithoutway.

*Oundray asway ethay apeshay, inway annermay ofway ompasscay,

Ullfay ofway egreesday, ethay eighthay ofway ixtysay aspay*   *eesay otenay <39>*

Atthay enwhay away anmay asway etsay onway oneway egreeday

Ehay ettedlay* otnay ishay ellowfay orfay otay eesay.   *inderedhay

Eastwardway erethay oodstay away ategay ofway arblemay itewhay,

Estwardway ightray uchsay anotherway oppositeway.

Andway, ortlyshay otay oncludecay, uchsay away aceplay

Asway evernay onway earthway ademay inway osay ittlelay acespay,

Orfay inway ethay andlay erethay asway onay aftescray-anmay,

Atthay eometrygay orway arsmetrikeway* ancay**,   *arithmeticway **ewknay

Ornay ourtrayorpay*, ornay arvercay ofway imagesway,   *ortraitpay ainterpay

Atthay Eseusthay enay avegay imhay eatmay andway agesway

Ethay eatrethay otay akemay andway otay eviseday.

Andway orfay otay oday ishay iteray andway acrificesay

Ehay eastwardway athhay uponway ethay ategay aboveway,

Inway orshipway ofway Enusvay, oddessgay ofway ovelay,

Oneday akemay anway altarway andway anway oratoryway;   *ausedcay otay ebay ademay*

62

Andway estwardway, inway ethay indmay andway inway emorymay
Ofway Arsmay, ehay akedmay atthhay ightray uchsay anotherway,
Atthay ostecay argelylay ofway oldgay away otherfay*.   *away eatgray amountway
Andway orthwardnay, inway away urrettay onway ethay allway,
Ofway alabasterway itewhay andway edray oralcay
Anway oratoryway icheray orfay otay eesay,
Inway orshipway ofway Ianeday ofway astitychay,
Athhay Eseusthay oneday orkway inway oblenay iseway.
Utbay etyay adhay Iway orgottenfay otay eviseday*   *escribeday
Ethay oblenay arvingcay, andway ethay ortraiturespay,
Ethay apeshay, ethay ountenancecay ofway ethay iguresfay
Atthay erenway inway erethay oratoriesway eethray.

Irstfay inway ethay empletay ofway Enusvay ay'stmay outhay eesay
Oughtwray onway ethay allway, ullfay iteouspay otay eholdbay,
Ethay okenbray eepesslay, andway ethay ikessay* oldcay,   *ighessay
Ethay acredsay earestay, andway ethay aimentingsway*,   *amentingslay
Ethay ieryfay okesstray ofway ethay esiringsday,
Atthay Ove'slay ervantssay inway isthay ifelay endureway;
Ethay oathesway, atthay eirthay ovenantscay assureway.
Easanceplay andway Opehay, Esireday, Oolhardinessfay,
Eautybay andway Outhyay, andway Awdrybay andway Ichessray,
Armschay andway Orc'rysay, Easingslay* andway Atteryflay,   *alsehoodsfay
Ispenceday, Usinessbay, andway Ealousyjay,
Atthay oreway ofway ellowyay oldesgay* away arlandgay,   *unflowerssay <40>
Andway adhay away uckoocay ittingsay onway erhay andhay,
Eastsfay, instrumentsway, andway arolescay andway ancesday,
Ustlay andway arrayway, andway allway ethay ircumstancescay
Ofway Ovelay, ichwhay Iway eckon'dray andway eckonray allshay
Inway orderway, ereway aintedpay onway ethay allway,
Andway oremay anthay Iway ancay akemay ofway entionmay.
Orfay oothlysay allway ethay ountmay ofway Itheroncay,<41>
Erewhay Enusvay atthay erhay incipalpray ellingdway,
Asway owedshay onway ethay allway inway ourtrayingpay,
Ithway allway ethay ardengay, andway ethay ustinesslay*.   *easantnessplay
Ornay asway orgotfay ethay orterpay Idlenessway,
Ornay Arcissusnay ethay airfay ofway *oreyay agoneway*,   *oldenway imestay*
Ornay etyay ethay ollyfay ofway Ingkay Olomonsay,
Ornay etyay ethay eategray engthstray ofway Erculeshay,

Th'AY enchantmentsway ofway Edeamay andway Ircescay,

Ornay ofway Urnustay ethay ardyhay iercefay ouragecay,

Ethay ichray Oesuscray *aitifcay inway ervagesay.* <42>　　　　　　*abasedway intoway averyslay*

Usthay aymay eyay eesay, atthay isdomway ornay ichessray,

Eautybay, ornay eightslay, ornay engthstray, ornay ardinesshay

Enay aymay ithway Enusvay oldehay ampartiechay*,　　　　　　*ivideddday ossessionpay <43>

Orfay asway erhay istelay ethay orldway aymay eshay iegay*.　　　　　　*uidegay

Olay, allway esethay olkfay osay aughtcay ereway inway erhay aslay*　　　　　　*aresnay

Illtay eythay orfay oeway ullfay oftenway aidsay, Alasway!

Ufficesay esethay ensamplesway oneway orway otway,

Althoughway Iway ouldcay eckonray away ousandthay o'may.

Ethay atuestay ofway Enusvay, oriousglay otay eesay

Asway akednay oatingflay inway ethay argelay easay,

Andway omfray ethay avelnay ownday allway over'dcay asway

Ithway avesway eengray, andway ightbray asway anyway assglay.

Away itolecay <44> inway erhay ightray andhay addehay eshay,

Andway onway erhay eadhay, ullfay eemlysay orfay otay eesay,

Away oseray arlandgay eshfray, andway ellway ellingsmay,

Aboveway erhay eadhay erhay ovesday ickeringflay

Eforebay erhay oodstay erhay onesay Upidocay,

Uponway ishay ouldersshay ingesway adhay ehay otway;

Andway indblay ehay asway, asway itway isway oftenway eensay;

Away owbay ehay arebay, andway arrowsway ightbray andway eenkay.

Ywhay ouldshay Iway otnay asway ellway ekeway elltay ouyay allway

Ethay ortraiturepay, atthay asway uponway ethay allway

Ithinway ethay empletay ofway ightymay Arsmay ethay Edray?

Allway aintedpay asway ethay allway inway engthlay andway edebray*　　　　　　*eadthbray

Ikelay otay ethay estresway* ofway ethay islygray aceplay　　　　　　*interiorway amberschay

Atthay ighthay ethay eatgray empletay ofway Arsmay inway Acethray,

Inway ilkethay* oldcay andway ostyfray egionray,　　　　　　*atthay

Erethay asway Arsmay athhay ishay overeignsay ansionmay.

Inway ichwhay erethay elleddway eithernay anmay ornay eastbay,

Ithway ottyknay arrygnay* arrenbay eestray oldway　　　　　　*arledgnay

Ofway ubbesstay arpshay andway ideoushay otay eholdbay;

Inway ichwhay erethay anray away umbleray andway away oughsay*,　　　　　　*oaninggray oisenay

Asway oughthay away ormstay ouldshay urstenbay everyway oughbay:

Andway ownwarddday omfray anway illhay underway away entbay*　　　　　　*opeslay

Erethay oodstay ethay empletay ofway Arsmay Armipotentway,

Oughtwray allway ofway urnish'dbay eelstay, ofway ichwhay th'AY entryway

Asway onglay andway aitstray, andway astlyghay orfay otay eesay.

Andway ereoutthay amecay *away ageray andway uchsay away isevay*, *uchsay away uriousfay oicevay*

Atthay itway ademay allway ethay atesgay orfay otay iseray.

Ethay orthernnay ightlay inway atway ethay ooreday oneshay,

Orfay indowway onway ethay alleway asway erethay onenay

Oughthray ichwhay enmay ightenmay anyway ightlay iscernday.

Ethay oorsday ereway allway ofway adamantway eternway,

YAY-enchedclay *overthwartway andway endeway-onglay* *osswayscray andway engthwayslay*

Ithway ironway oughtay, andway, orfay otay akemay itway ongstray,

Everyway illarpay ethay empletay otay ustainsay

Asway unnetay-eatgray*, ofway ironway ightbray andway eenshay. *ickthay asway away untay (arrelbay)

Erethay awsay Iway irstfay ethay arkday imaginingway

Ofway elonyfay, andway allway ethay ompassingcay;

Ethay uelcray ireway, asway edray asway anyway edeglay*, *ivelay oalcay

Ethay ickepay-ursepay<45>, andway ekeway ethay alepay eaddray;

Ethay ilersmay ithway ethay ifeknay underway ethay oakclay,

Ethay epenshay* urningbay ithway ethay ackeblay okesmay *ablestay <46>

Ethay easontray ofway ethay urd'ringmay inway ethay edbay,

Ethay openway arway, ithway oundesway allway ebay-edblay;

Ontekecay* ithway oodyblay ifeknay, andway arpshay enacemay. *ontentioncay, iscordday

Allway ullfay ofway irkingchay* asway atthay orrysay aceplay. *eakingcray, arringjay oisenay

Ethay ayerslay ofway imselfhay ekeway awsay Iway erethay,

Ishay eartehay-oodblay adhay athedbay allway ishay airhay:

Ethay ailnay yay-ivendray inway ethay odeshay* atway ightnay, *airhay ofway ethay eadhay <47>

Ethay oldecay eathday, ithway outhmay apinggay uprightway.

Amiddesway ofway ethay empletay atsay Ischancemay,

Ithway iscomfortday andway orrysay ountenancecay;

Ekeway awsay Iway Oodnessway* aughinglay inway ishay ageray, *Adnessmay

Armedway Omplaintcay, Outheesway*, andway iercefay Outrageway; *Outcryway

Ethay arraincay* inway ethay ushbay, ithway oatthray yay-orvecay**, *orpsecay **ashedslay

Away ousandthay ainslay, andway otnay *ofway almquay yay-orvestay*; *eadday ofway icknesssay*

Ethay yranttay, ithway ethay eypray ybay orcefay yay-eftray;

Ethay owntay estroy'dday, atthay erethay asway othingnay eftlay.

Etyay awsay Iway entbray* ethay ippesshay oppestereshay, <48> *urntbay

Ethay unterhay angledstray ithway ethay ildeway earsbay:

Ethay owsay etingfray* ethay ildchay ightray inway ethay adlecray; *evouringday <49>

Ethay ookcay aledscay, orfay allway ishay ongelay adlelay.

Ornay asway orgotfay, *ybay infortuneth'AY ofway Artmay*

Ethay artercay overriddenway ithway ishay artcay;

Underway ethay eelwhay ullfay owlay ehay aylay adownway.

Erethay ereway alsoway ofway Ars'may ivisionday,

Ethay armourerway, ethay owyerbay*, andway ethay ithsmay,

Atthay orgethfay arpshay ordessway onway ishay ithstay*.

Andway allway aboveway epaintedday inway away owertay

Awsay Iway Onquestcay, ittingsay inway eatgray onourhay,

Ithway ilkethay* arpeshay ordsway overway ishay eadhay

Anginghay ybay away ubtlesay yay-inedtway eadthray.

Aintedpay ethay aughterslay asway ofway Uliusjay<50>,

Ofway uelcray Eronay, andway Antoniusway:

Althoughway atway atthay imetay eythay ereway etyay unbornway,

Etyay asway eirthay eathday epaintedday erethay efornbay,

Ybay enacingmay ofway Arsmay, ightray ybay igurefay,

Osay asway itway owedshay inway atthay ortraiturepay,

Asway isway epaintedday inway ethay arsstay aboveway,

Owhay allshay ebay ainslay, orway ellesway eadday orfay ovelay.

Ufficethsay oneway ensampleway inway oriesstay oldway,

Iway aymay otnay eckonray emthay allway, oughthay Iway o'ldway.

Ethay atuestay ofway Arsmay uponway away artecay* oodstay

Armedway, andway ookedlay imgray asway ehay ereway oodway*,

Andway overway ishay eadhay erethay oneshay otway iguresfay

Ofway arresstay, atthay ebay epedclay inway ipturesscray,

Atthay oneway Uellapay, atthay otherway Ubeusray. <51>

Isthay odgay ofway armesway asway arrayedway usthay:

Away olfway erethay oodstay eforebay imhay atway ishay eetfay

Ithway eyenway edray, andway ofway away anmay ehay eatway:

Ithway ubtlesay encilpay aintedpay asway isthay orystay,

Inway edoutingray* ofway Arsmay andway ofway ishay oryglay.

Ownay otay ethay empletay ofway Ianday ethay astechay

Asway ortlyshay asway Iway ancay Iway illway emay astehay,

Otay elletay ouyay allway ethay escriptiounday.

Epaintedday ebay ethay allesway upway andway ownday

Ofway untinghay andway ofway amefastshay astitychay.

Erethay awsay Iway owhay ofulway Alistopecay,<52>

Enwhay atthay Ianday aggrievedway asway ithway erhay,

Asway urnedtay omfray away omanway otay away earbay,

Andway afterway asway eshay ademay ethay odestarlay*: *olepay arstay

Usthay asway itway aintedpay, Iway ancay aysay onay arfay*; *artherfay

Erhay onsay isway ekeway away arstay asway enmay aymay eesay.

Erethay awsay Iway Aneday <53> urn'dtay intoway away eetray,

Iway eanemay otnay ethay oddessgay Ianeday,

Utbay Eneus'pay aughterday, ichwhay atthay ighthay Aneday.

Erethay awsay Iway Actaeonway anway arthay yay-akedmay*, *ademay

Orfay engeancevay atthay ehay awsay Ianday allway akednay:

Iway awsay owhay atthay ishay oundeshay avehay imhay aughtcay,

Andway etenfray* imhay, orfay atthay eythay ewknay imhay otnay. *evourday

Etyay aintedpay asway, away ittlelay arthermorefay

Owhay Atalantaway untedhay ethay ildway oarbay;

Andway Eleagermay, andway anymay otherway o'may,

Orfay ichwhay Ianaday oughtwray emthay arecay andway oeway.

Erethay awsay Iway anymay anotherway ondrousway orystay,

Ethay ichwhay emay istlay otnay awendray otay emorymay.

Isthay oddessgay onway anway arthay ullfay ighhay asway etsay*, *eatedsay

Ithway allesmay oundeshay allway aboutway erhay eetfay,

Andway underneathway erhay eetfay eshay adhay away oonmay,

Axingway itway asway, andway ouldeshay aneway oonsay.

Inway audygay eengray erhay atuestay othedclay asway,

Ithway owbay inway andhay, andway arrowsway inway away asecay*. *iverquay

Erhay eyenway astecay eshay ullfay owlay adownway,

Erewhay Utoplay athhay ishay arkeday egiounray.

Away omanway availingtray asway erhay efornbay,

Utbay, orfay erhay ildchay osay ongelay asway unbornway,

Ullfay iteouslypay Ucinalay <54> angay eshay allcay,

Andway aidesay; "Elphay, orfay outhay ay'stmay estbay ofway allway."

Ellway ouldcay ehay aintepay ifelikelay atthay itway oughtwray;

Ithway anymay away orinflay ehay ethay ueshay adhay oughtbay.

Ownay ebay esethay isteslay ademay, andway Eseusthay,

Atthay atway ishay eategray ostcay arrayedway usthay

Ethay emplestay, andway ethay eatrethay everyway ealday*, *artpay <55>

Enwhay itway asway oneday, imhay ikedlay onderway ellway.

Utbay intstay* Iway illway ofway Eseusthay away itelay**, *easecay eakingspay **ittlelay

Andway eakspay ofway Alamonpay andway ofway Arciteway.

Ethay ayday approachethway ofway eirthay eturningray,

Atthay evereachway anway undredhay ightsknay ouldshay ingbray,

Ethay attlebay otay arraineday* asway Iway ouyay oldtay;   *ontestcay

Andway otay Athensway, eirthay ovenantcay otay oldhay,

Athhay ev'reachway ofway emthay oughtbray anway undredhay ightsknay,

Ellway-armedway orfay ethay arway atway alleway ightsray.

Andway ickerlysay* erethay owedtray** anymay away anmay,   *urelysay <56> **elievedbay

Atthay evernay, ithensay* atthay ethay orldway eganbay,   *incesay

Orfay otay eakenspay ofway ighthoodknay ofway eirthay andhay,

Asway arfay asway Odgay athhay akedmay easay andway andlay,

Asway, ofway osay ewfay, osay oblenay away ompanycay.

Orfay everyway ightway atthay ovedlay ivalrychay,

Andway ouldway, *ishay ankesthay, avehay away assantpay amenay*,   *anksthay otay ishay ownway
effortsway, avehay away
urpassingsay amenay*

Adhay ayedpray, atthay ehay ightmay ebay ofway atthay amegay,

Andway ellway asway imhay, atthay eretothay osenchay asway.

Orfay ifway erethay ellfay otay-orrowmay uchsay away asecay,

Eyay oweknay ellway, atthay everyway ustylay ightknay,

Atthay ovethlay arpay amourway, andway athhay ishay ightmay

Ereway itway inway Englelandway, orway elleswhereway,

Eythay ouldway, eirthay ankesthay, illenway otay ebay erethay,

T'AY ightfay orfay away adylay; Enedicitebay,

Itway ereway away ustylay* ightesay orfay otay eesay.   *easingplay

Andway ightray osay aredfay eythay ithway Alamonpay;

Ithway imhay erethay enteway ightesknay anymay oneway.

Omesay illway ebay armedway inway anway abergeonhay,

Andway inway away eastbray-ateplay, andway inway away ipongay*;   *ortshay oubletday.
*ackbay andway
ontfray armourway*

Andway omesay illway avehay *away airpay ofway atesplay* argelay;

Andway omesay illway avehay away Ussepray* ieldshay, orway argetay;   *Ussianpray

Omesay illway ebay armedway onway eirthay eggeslay eelway;

Omesay avehay anway axeway, andway omesay away acemay ofway eelstay.

Erethay isway onay ewenay uisegay*, utbay itway asway oldway.   *ashionfay

Armedway eythay erenway, asway Iway avehay ouyay oldtay,

Evereachway afterway ishay opinionway.

Erethay ay'stmay outhay eesay omingcay ithway Alamonpay

Icurguslay imselfhay, ethay eatgray ingkay ofway Acethray:

Ackblay asway ishay eardbay, andway anlymay asway ishay acefay.

Ethay irclescay ofway ishay eyenway inway ishay eadhay

Eythay owedglay etwixtebay ellowyay andway edray,

Andway ikelay away iffingray ookedlay ehay aboutway,

Ithway empedkay* aireshay onway ishay owesbray outstay;   *ombedcay<57>

Ishay imbslay ereway eatgray, ishay awnsbray ereway ardhay andway ongstray,

Ishay ouldersshay oadbray, ishay armesway oundray andway onglay.

Andway asway ethay uisegay* asway inway ishay ountrycay,   *ashionfay

Ullfay ighhay uponway away arcay ofway oldgay oodstay ehay,

Ithway ourefay itewhay ullesbay inway ethay acetray.

Insteadway ofway oatcay-armourway onway ishay arnesshay,

Ithway ellowyay ailsnay, andway ightbray asway anyway oldgay,

Ehay adhay away eare'sbay inskay, oalcay-ackblay orfay oldway*.   *ageway

Ishay onglay airhay asway yay-emptkay ehindbay ishay ackbay,

Asway anyway aven'sray eatherfay itway oneshay orfay ackblay.

Away eathwray ofway oldgay *armway-eatgray*, ofway ugehay eightway,   *ickthay asway
                                                                                   away an'smay armway*

Uponway ishay eadhay atesay, ullfay ofway onesstay ightbray,

Ofway inefay ubiesray andway earclay iamantsday.

Aboutway ishay arcay erethay enteway itewhay alaunsway*,   *eyhoundsgray <58>

Entytway andway oremay, asway eatgray asway anyway eerstay,

Otay unthay ethay ionlay orway ethay ildeway earbay,

Andway ollow'dfay imhay, ithway uzzlemay astfay yay-oundbay,

Ollarscay ofway oldgay, andway orettestay* iledfay oundray.   *ingsray

Anway undredhay ordeslay adhay ehay inway ishay outray*   *etinueray

Armedway ullfay ellway, ithway earteshay ernstay andway outstay.

Ithway Arcitaway, inway oriesstay asway enmay indfay,

Ethay eatgray Emetriusway ethay ingkay ofway Indway,

Uponway away *eedestay aybay* appedtray inway eelstay,   *aybay orsehay*

Over'dcay ithway othclay ofway oldgay iapredday* ellway,   *ecoratedday

Amecay idingray ikelay ethay odgay ofway armesway, Arsmay.

Ishay oatcay-armourway asway ofway *away othclay ofway Arstay*,   *away indkay ofway ilksay*

Ouchedcay* ithway earlspay itewhay andway oundray andway eatgray   *immedtray

Ishay addlesay asway ofway urnish'dbay oldgay ewnay eatbay;

Away anteletmay onway ishay ouldersshay anginghay,

Etfulbray* ofway ubiesray edray, asway irefay arklingspay.   *imfulbray

Ishay ispecray airhay ikelay ingesray asway yay-unray,

Andway atthay asway ellowyay, itteringglay asway ethay unsay.

Ishay osenay asway ighhay, ishay eyenway ightbray itrinecay*,   *alepay ellowyay

Ishay ipslay ereway oundray, ishay olourcay asway anguinesay,

Away ewefay acknesfray* inway ishay acefay yay-entspray**,   *ecklesfray **inkledspray

Etwixtebay ellowyay andway ackblay omedealsay yay-entmay*   *ixedmay <59>

Andway asway away ionlay ehay *ishay ookinglay astcay*   *astcay aboutway ishay eyesway*

Ofway ivefay andway entytway earyay ishay ageway Iway astcay*   *eckonray

69

Ishay eardbay asway ellway egunnenbay orfay otay ingspray;

Ishay oicevay asway asway away umpettray underingthay.

Uponway ishay eadhay ehay oreway ofway aurellay eengray

Away arlandgay eshfray andway ustylay otay ebay eensay;

Uponway ishay andhay ehay arebay, orfay ishay elightday,

Anway eagleway ametay, asway anyway ilylay itewhay.

Anway undredhay ordeslay adhay ehay ithway imhay erethay,

Allway armedway, avesay eirthay eadshay, inway allway eirthay eargay,

Ullfay ichelyray inway alleway annermay ingsthay.

Orfay usttray eyay ellway, atthay earlesway, ukesday, andway ingskay

Ereway ather'dgay inway isthay oblenay ompanycay,

Orfay ovelay, andway orfay increaseway ofway ivalrychay.

Aboutway isthay ingkay erethay anray onway everyway artpay

Ullfay anymay away ametay ionlay andway eopartlay.

Andway inway isthay iseway esethay ordeslay *allway andway omesay*   *allway andway undrysay*

Ebay onway ethay Undaysay otay ethay itycay omecay

Abouteway imepray<60>, andway inway ethay owntay alightway.

Isthay Eseusthay, isthay Ukeday, isthay orthyway ightknay

Enwhay ehay adhay oughtbray emthay intoway ishay itycay,

Andway innedway* emthay, ev'reachway atway ishay egreeday,   *odgedlay

Ehay eastethfay emthay, andway othday osay eatgray abourlay

Otay *easenway emthay*, andway oday emthay allway onourhay,   *akemay emthay omfortablecay*

Atthay etyay enmay eeneway* atthay onay annesmay itway   *inkthay

Ofway onenay estateway ouldcay amendenway* itway.   *improveway

Ethay instrelsymay, ethay ervicesay atway ethay eastfay,

Ethay eategray iftesgay otay ethay ostmay andway eastlay,

Ethay ichray arrayway ofway Eseus'thay alacepay,

Ornay owhay atesay irstfay orway astlay uponway ethay aisday.<61>

Atwhay adieslay airestfay ebay, orway estbay ancingday

Orway ichwhay ofway emthay ancay arolcay estbay orway ingsay,

Orway owhay ostmay eelinglyfay eakethspay ofway ovelay;

Atwhay awkeshay ittensay onway ethay erchpay aboveway,

Atwhay oundeshay iggenlay* onway ethay oorflay adownway,   *ielay

Ofway allway isthay ownay akemay Iway onay entiounmay

Utbay ofway effectth'AY; atthay inkeththay emay ethay estbay

Ownay omescay ethay ointpay, andway earkenhay ifway ouyay estlay.*   *easeplay

Ethay Undaysay ightnay, ereway ayday eganbay otay ingspray,

Enwhay Alamonpay ethay arkelay eardehay ingsay,

Althoughway itway ereway otnay ayday ybay oureshay otway,

Etyay angsay ethay arklay, andway Alamonpay ightray othay*   *enthay

Ithway olyhay earthay, andway ithway anway ighhay ouragecay,

Aroseway, otay endenway* onway ishay ilgrimagepay   *ogay

Untoway ethay issfulblay Itheracay enignbay,

Iway eanemay Enusvay, onourablehay andway igneday*.   *orthyway

Andway inway erhay ourhay <62> ehay alkethway orthfay away acepay

Untoway ethay isteslay, erewhay erhay empletay asway,

Andway ownday ehay eelethknay, andway ithway umblehay eerchay*   *emeanourday

Andway eartehay oresay, ehay aidsay asway eyay allshay earhay.

"Airestfay ofway airfay, Oway adylay inemay Enusvay,

Aughterday otay Ovejay, andway ousespay ofway Ulcanusvay,

Outhay adderglay ofway ethay ountmay ofway Itheroncay!<41>

Orfay ilkethay ovelay outhay addesthay otay Adonway <63>

Avehay itypay onway ymay itterbay earestay artsmay,

Andway aketay inemay umblehay ayerpray otay inethay earthay.

Alasway! Iway avehay onay anguagelay otay elltay

Effecteth'AY, ornay ethay ormenttay ofway inemay ellhay;

Inemay eartehay aymay inemay armeshay otnay etraybay;

Iway amway osay onfusedcay, atthay Iway annotcay aysay.

Utbay ercymay, adylay ightbray, atthay owestknay ellway

Ymay oughtthay, andway eestsay atwhay armhay atthay Iway eelfay.

Onsidercay allway isthay, andway *ueray uponway* ymay oresay,   *aketay itypay onway*

Asway islyway* asway Iway allshay orfay evermoreway   *ulytray

Enforceway ymay ightmay, ythay uetray ervantsay otay ebay,

Andway oldehay arway alwayway ithway astitychay:

Atthay akemay Iway inemay avowway*, osay eyay emay elphay.   *owvay, omisepray

Iway eepekay otnay ofway armesway orfay otay elpyay,*   *oastbay

Ornay askway Iway otnay otay-orrowmay otay avehay ictoryvay,

Ornay enownray inway isthay asecay, ornay ainevay oryglay

Ofway *izepray ofway armesway*, owingblay upway andway ownday,   *aisepray orfay alourvay*

Utbay Iway ouldway avehay ullyfay ossessiounpay

Ofway Emilyway, andway ieday inway erhay ervicesay;

Indfay outhay ethay annermay owhay, andway inway atwhay iseway.

Iway *eckeray otnay utbay* itway aymay etterbay ebay   *oday otnay owknay etherwhay*

Otay avehay ict'ryvay ofway emthay, orway eythay ofway emay,

Osay atthay Iway avehay ymay adylay inway inemay armsway.

Orfay oughthay osay ebay atthay Arsmay isway odgay ofway armsway,

Ouryay irtuevay isway osay eatgray inway eavenhay aboveway,

Atthay, ifway ouyay istlay, Iway allshay ellway avehay ymay ovelay.

Ythay empletay illway Iway orshipway evermo'WAY,

Andway onway inethay altarway, erewhay Iway ideray orway ogay,

Iway illway oday acrificesay, andway iresfay etebay*.   *akemay, indlekay

Andway ifway eyay illway otnay osay, ymay adylay eetsway,

Enthay aypray Iway ouyay, otay-orrowmay ithway away earspay

Atthay Arcitaway emay oughthray ethay eartehay earbay

Enthay eckray Iway otnay, enwhay Iway avehay ostlay ymay ifelay,

Oughthay atthay Arcitaway inway erhay otay ishay ifeway.

Isthay isway th'AY effectway andway endway ofway ymay ayerepray, --

Ivegay emay ymay ovelay, outhay issfulblay adylay earday."

Enwhay th'AY orisonway asway oneday ofway Alamonpay,

Ishay acrificesay ehay idday, andway atthay anonway,

Ullfay iteouslypay, ithway alleway ircumstancescay,

Allway elltay Iway otnay asway ownay ishay observancesway.   *althoughway Iway
                                                                                       elltay otnay ownay*
Utbay atway ethay astlay ethay atuestay ofway Enusvay ookshay,

Andway ademay away ignesay, erebywhay atthay ehay ooktay

Atthay ishay ayerpray acceptedway asway atthay ayday.

Orfay oughthay ethay ignesay ewedshay away elayday,

Etyay istway ehay ellway atthay antedgray asway ishay oonbay;

Andway ithway adglay earthay ehay entway imhay omehay ullfay oonsay.

Ethay irdthay ourhay unequalway <64> atthay Alamonpay

Eganbay otay Enus'vay empletay orfay otay ongay,

Upway oseray ethay unsay, andway upway oseray Emilyway,

Andway otay ethay empletay ofway Ianday angay iehay.

Erhay aidensmay, atthay eshay itherthay ithway erhay adlay*,   *edlay

Th'AY incenseway, ethay othesclay, andway ethay emnantray allway

Atthay otay ethay acrificesay elongebay allshay,

Ethay orneshay ullfay ofway eadmay, asway asway ethay uisegay;

Erethay ackedlay oughtnay otay oday erhay acrificesay.

Okingsmay* ethay empletay ullfay ofway othesclay airfay,   *apingdray <65>

Isthay Emilyway ithway eartehay ebonnairday*   *entlegay

Erhay odybay ash'dway ithway aterway ofway away ellway.

Utbay owhay eshay idday erhay iteray Iway areday otnay elltay;

Utbay* itway ebay anyway ingthay inway eneralgay;   *unlessway

72

Andway etyay itway ereway away amegay* otay earenhay allway   *easureplay

Otay imhay atthay eanethmay ellway itway ereway onay argechay:

Utbay itway isway oodgay away anmay otay *ebay atway argelay*.   *oday asway ehay illway*

Erhay ightbray airhay ombedcay asway, untressedway allway.

Away oronetcay ofway eengray oakway erriallcay <66>

Uponway erhay eadhay asway etsay ullfay airfay andway eetmay.

Otway iresfay onway ethay altarway angay eshay etebay,

Andway idday erhay ingesthay, asway enmay aymay eholdbay

Inway Acestay ofway Ebesthay <67>, andway esethay ookesbay oldway.

Enwhay indledkay asway ethay irefay, ithway iteouspay eerchay

Untoway Ianday eshay akespay asway eyay aymay earhay.

"Oway astechay oddessgay ofway ethay oodesway eengray,

Otay omwhay othbay eav'nhay andway earthway andway easay isway eensay,

Eenquay ofway ethay ealmray ofway Utoplay arkday andway owlay,

Oddessgay ofway aidensmay, atthay inemay earthay asthay owknay

Ullfay anymay away earyay, andway ostway* atwhay Iway esireday,   *owestknay

Otay eepkay emay omfray ethay engeancevay ofway inethay ireway,

Atthay Actaeonway aboughteway* uellycray: *earnedway; ufferedsay omfray

Astechay oddessgay, ellway ottestway outhay atthay Iway

Esireday otay ebay away aidenmay allway ymay ifelay,

Ornay evernay illway Iway ebay onay ovelay ornay ifeway.

Iway amway, outhay ostway*, etyay ofway ythay ompanycay,   *owestknay

Away aidmay, andway ovelay untinghay andway eneryvay*,   *ieldfay ortsspay

Andway orfay otay alkenway inway ethay oodesway ildway,

Andway otnay otay ebay away ifeway, andway ebay ithway ildchay.

Oughtnay illway Iway owknay ethay ompanycay ofway anmay.

Ownay elphay emay, adylay, incesay eyay aymay andway ancay,

Orfay osethay eethray ormesfay <68> atthay outhay asthay inway eethay.

Andway Alamonpay, atthay athhay uchsay ovelay otay emay,

Andway ekeway Arciteway, atthay ovethlay emay osay oresay,

Isthay acegray Iway aypray eethay ithouteway oremay,

Asway endesay ovelay andway eacepay etwixtbay emthay otway:

Andway omfray emay urntay awayway eirthay earteshay osay,

Atthay allway eirthay otehay ovelay, andway eirthay esireday,

Andway allway eirthay usybay ormenttay, andway eirthay irefay,

Ebay eintquay*, orway urn'dtay intoway anotherway aceplay.   *enchedquay

Andway ifway osay ebay outhay iltway oday emay onay acegray,

Orway ifway ymay estinyday ebay apenshay osay

Atthay Iway allshay eedesnay avehay oneway ofway emthay otway,

Osay endsay emay imhay atthay ostmay esirethday emay.

Eholdbay, oddessgay ofway eaneclay astitychay,

Ethay itterbay earstay atthay onway ymay eekeschay allfay.

Incesay outhay artway aidmay, andway eeperkay ofway usway allway,

Ymay aidenheadmay outhay eepkay andway ellway onservecay,

Andway, ilewhay Iway ivelay, away aidmay Iway illway eethay ervesay.

Ethay iresfay urnbay uponway ethay altarway earclay,

Ilewhay Emilyway asway usthay inway erhay ayerepray:

Utbay uddenlysay eshay awsay away ightesay aintquay*.

Orfay ightray anonway oneway ofway ethay ire'sfay *eintquay

Andway ick'dquay* againway, andway afterway atthay anonway

Atthay otherway irefay asway eintquay, andway allway agoneway:

Andway asway itway eintquay, itway ademay away istelingwhay,

Asway othday away andebray etway inway itsway urningbay.

Andway atway ethay andesbray endway outranway anonway

Asway itway ereway oodyblay oppesdray anymay oneway:

Orfay ichwhay osay oresay aghastway asway Emilyway,

Atthay eshay asway ellway-ighnay admay, andway angay otay ycray,

Orfay eshay enay isteway atwhay itway ignifiedsay;

Utbay onelyway orfay earefay usthay eshay iedcray,

Andway eptway, atthay itway asway itypay orfay otay earhay.

Andway erewithalthay Ianaday angay appearway

Ithway owbay inway andhay, ightray asway anway unteresshay,

Andway aidesay; "Aughterday, intstay* inethay eavinesshay.

Amongway ethay oddesgay ighhay itway isway affirm'dway,

Andway ybay eternalway ordway itwray andway onfirm'dcay,

Outhay altshay ebay eddedway untoway oneway ofway othay*

Atthay avehay orfay eethay osay uchemay arecay andway oeway:

Utbay untoway ichwhay ofway emthay Iway aymay otnay elltay.

Arewellfay, orfay erehay Iway aymay onay ongerlay elldway.

Ethay iresfay ichwhay atthay onway inemay altarway ennbray*,

Allshay eethay eclarenday, ereway atthay outhay ogay ennehay*,

Inethay aventureway ofway ovelay, asway inway isthay asecay."

Andway ithway atthay ordway, ethay arrowsway inway ethay asecay*

Ofway ethay oddessgay idday atterclay astfay andway ingray,

Andway orthfay eshay entway, andway ademay away anishingvay,

Orfay ichwhay isthay Emilyway astoniedway asway,

Andway aidesay; "Atwhay amountethway isthay, alasway!

Iway utpay emay underway ythay otectionpray,

Ianeday, andway inway ythay ispositionday."

Andway omehay eshay entway anonway ethay extenay* ayway.   *earestnay

Isthay isway th'AY effectway, erethay isway onay oremay otay aysay.

Ethay extenay ourhay ofway Arsmay ollowingfay isthay

Arciteway otay ethay empletay alkedway isway

Ofway iercefay Arsmay, otay oday ishay acrificesay

Ithway allway ethay itesray ofway ishay aganpay uisegay.

Ithway iteouspay* earthay andway ighhay evotionday   *iouspay

Ightray usthay otay Arsmay ehay aidsay ishay orisonway

"Oway ongestray odgay, atthay inway ethay egnesray* oldway   *ealmsray

Ofway Acethray onouredhay artway, andway ordlay yay-oldhay*   *eldhay

Andway asthay inway everyway egneray, andway everyway andlay

Ofway armesway allway ethay idlebray inway inethay andhay,

Andway *emthay ortunestfay asway eethay istlay eviseday*,   *endsay emthay ortunefay
                                                                            asway ouyay easeplay*
Acceptway ofway emay ymay iteouspay acrificesay.

Ifway osay ebay atthay ymay outheyay aymay eserveday,

Andway atthay ymay ightmay ebay orthyway orfay otay ervesay

Ythay odheadgay, atthay Iway aymay ebay oneway ofway inethay,

Enthay aypray Iway eethay otay *ueray uponway ymay inepay*,   *itypay ymay anguishway*

Orfay ilkethay* ainpay, andway ilkethay otehay irefay,   *atthay

Inway ichwhay outhay ilomwhay urned'stbay orfay esireday

Ennewhay atthay outhay usedestway* ethay eautybay   *enjoyedway

Ofway airefay oungyay Enusvay, eshfray andway eefray,

Andway addesthay erhay inway armesway atway ythay illway:

Andway oughthay eethay onesway onway away imetay isfillmay*,   *ereway unluckyway

Enwhay Ulcanusvay adhay aughtcay eethay inway ishay aslay*,   *etnay <69>

Andway oundfay eethay igginglay* ybay ishay ifeway, alasway!   *yinglay

Orfay ilkethay orrowsay atthay asway inway inethay earthay,

Avehay uthray* asway ellway uponway ymay aine'spay artsmay.   *itypay

Iway amway oungyay andway unconningway*, asway outhay ow'stknay,   *ignorantway, implesay

Andway, asway Iway owtray*, ithway ovelay offendedway ostmay   *elievebay

Atthay e'erway asway anyway ivinglay eaturecray:

Orfay eshay, atthay othday* emay allway isthay oeway endureway,   *ausescay

Enay eckethray e'ernay etherwhay Iway inksay orway eetflay*   *imsway

Andway ellway Iway otway, ereway eshay emay ercymay etehay*,   *omisepray, ouchsafevay

Iway ustmay ithway engthestray inway erhay inway ethay aceplay:

Andway ellway Iway otway, ithouteway elphay orway acegray
Ofway eethay, enay aymay ymay engthestray otnay availway:
Enthay elphay emay, ordlay, otay-orr'wmay inway ymay ataillebay,
Orfay ilkethay irefay atthay ilomwhay urnedbay eethay,
Asway ellway asway isthay irefay atthay ownay urnethbay emay;
Andway oday* atthay Iway otay-orr'wmay aymay avehay ictoryvay.   *ausecay
Inemay ebay ethay availtray, allway inethay ebay ethay oryglay.
Ythay overeignsay empletay illway Iway ostmay onourhay
Ofway anyway aceplay, andway alwayway ostmay abourlay
Inway ythay easanceplay andway inway ythay aftescray ongstray.
Andway inway ythay empletay Iway illway ymay annerbay onghay*,   *anghay
Andway allway ethay armesway ofway ymay ompanycay,
Andway evermoreway, untilway atthay ayday Iway ieday,
Eternalway irefay Iway illway eforebay eethay indfay
Andway ekeway otay isthay ymay owvay Iway illway emay indbay:
Ymay eardbay, ymay airhay atthay angethhay onglay adownway,
Atthay evernay etyay athhay eltfay offensionway*   *indignityway
Ofway azorray ornay ofway earsshay, Iway illway eethay ivegay,
Andway ebay ythay uetray ervantsay ilewhay Iway ivelay.
Ownay, ordlay, avehay uthray uponway ymay orrowssay oresay,
Ivegay emay ethay ictoryvay, Iway askway onay oremay."

Ethay ayerpray intstay* ofway Arcitaway ethay ongstray,   *endedway
Ethay ingesray onway ethay empletay oorday atthay onghay,
Andway ekeway ethay ooresday, atteredclay ullfay astfay,
Ofway ichwhay Arcitaway omewhatsay asway aghastway.
Ethay iresfay urn'dbay uponway ethay altarway ightbray,
Atthay itway angay allway ethay empletay orfay otay ightlay;
Away eetesway ellsmay anonway ethay oundgray upway afgay*,   *avegay
Andway Arcitaway anonway ishay andhay upway afhay*,   *iftedlay
Andway oremay incenseway intoway ethay irefay ehay astcay,
Ithway otherway itesray oremay andway atway ethay astlay
Ethay atuestay ofway Arsmay eganbay ishay auberkhay ingray;
Andway ithway atthay oundsay ehay eardhay away urmuringmay
Ullfay owlay andway imday, atthay aidesay usthay, "Ictoryvay."
Orfay ichwhay ehay avegay otay Arsmay onourhay andway oryglay.
Andway usthay ithway oyjay, andway opehay ellway otay arefay,
Arciteway anonway untoway ishay innway othday arefay.
Asway ainfay* asway owlfay isway ofway ethay ightebray unsay.   *adglay

76

Andway ightray anonway uchsay ifestray erethay isway egunbay

Orfay ilkethay* antinggray, inway ethay eav'nhay aboveway,   *atthay

Etwixtebay Enusvay ethay oddessgay ofway ovelay,

Andway Arsmay ethay ernestay odgay armipotentway,

Atthay Upiterjay asway usybay itway otay entstay*:   *opstay

Illtay atthay ethay alepay Aturnussay ethay oldcay,<70>

Atthay ewknay osay anymay ofway adventuresway oldway,

Oundfay inway ishay oldway experienceway uchsay anway artway,

Atthay ehay ullfay oonsay athhay easedplay everyway artpay.

Asway oothsay isway aidsay, eldway* athhay eatgray advantageway,   *ageway

Inway eldway isway othebay isdomway andway usageway*:   *experienceway

Enmay aymay ethay oldway outway-unray, utbay otnay outway-ederay*.   *outwitway

Aturnsay anonway, otay intstay ethay ifestray andway ededray,

Albeitway atthay itway isway againstway ishay indkay,*   *aturenay

Ofway allway isthay ifestray angay away emedyray indfay.

"Ymay eareday aughterday Enusvay," othquay Aturnsay,

"Ymay oursecay*, atthay athhay osay ideway orfay otay urntay,   *orbitway <71>

Athhay oremay owerpay anthay otway anyway anmay.

Inemay isway ethay owningdray inway ethay easay osay anway;

Inemay isway ethay isonpray inway ethay arkeday otecay*,   *ellcay

Inemay ethay anglingstray andway anginghay ybay ethay oatthray,

Ethay urmurmay, andway ethay urlishchay ebellingray,

Ethay oyninggray*, andway ethay ivypray oisoningpay.   *iscontentday

Iway oday engeancevay andway einplay* orrectioncay,   *ullfay

Iway elldway inway ethay ignsay ofway ethay ionlay.

Inemay isway ethay uinray ofway ethay ighehay allshay,

Ethay allingfay ofway ethay owerstay andway ethay allsway

Uponway ethay inermay orway ethay arpentercay:

Iway ewslay Amsonsay inway akingshay ethay illarpay:

Inemay alsoway ebay ethay aladiesmay oldcay,

Ethay arkeday easonstray, andway ethay astescay* oldway: *otsplay

Ymay ookinglay isway ethay atherfay ofway estilencepay.

Ownay eepway onay oremay, Iway allshay oday iligenceday

Atthay Alamonpay, atthay isway inethay owenway ightknay,

Allshay avehay ishay adylay, asway outhay asthay imhay ighthay*.   *omisedpray

Oughthay Arsmay allshay elphay ishay ightknay, etyay athelessnay

Etwixtebay ouyay erethay ustmay ometimesay ebay eacepay:

Allway ebay eyay otnay ofway oneway omplexioncay,

Atthay eachway ayday ausethcay uchsay ivisionday,

Iway amway inethay ayelway*, eadyray atway ythay illway;   *andfathergray <72>

Eepway ownay onay oremay, Iway allshay ythay ustlay* ulfilfay."   *easureplay

Ownay illway Iway entenstay* ofway ethay odsgay aboveway,   *easecay eakingspay

Ofway Arsmay, andway ofway Enusvay, oddessgay ofway ovelay,

Andway elletay ouyay asway ainlyplay asway Iway ancay

Ethay eatgray effectway, orfay ichwhay atthay Iway eganbay.

Eatgray asway ethay eastfay inway Athensway ilkethay* ayday;   *atthay

Andway ekeway ethay ustylay easonsay ofway atthay Aymay

Ademay everyway ightway otay ebay inway uchsay easanceplay,

Atthay allway atthay Ondaymay oustenjay eythay andway anceday,

Andway endenspay itway inway Enus'vay ighhay ervicesay.

Utbay ybay ethay ausecay atthay eythay ouldeshay iseray

Earlyway away-orrowmay orfay otay eesay atthay ightfay,

Untoway eirthay esteray enteway eythay atway ightnay.

Andway onway ethay orrowmay, enwhay ethay ayday angay ingspray,

Ofway orsehay andway arnesshay* oisenay andway atteringclay   *armourway

Erethay asway inway ethay ostelrieshay allway aboutway:

Andway otay ethay alacepay oderay erethay anymay away outray*   *aintray, etinueray

Ofway ordeslay, uponway eedesstay andway alfreyspay.

Erethay aystmay outhay eesay evisingday* ofway arnesshay   *ecorationday

Osay uncouthway* andway osay ichray, andway oughtwray osay eelway   *unkownway, areray

Ofway oldsmithrygay, ofway oudingbray*, andway ofway eelstay;   *embroideryway

Ethay ieldesshay ightbray, ethay esterstay*, andway appurestray**   *elmetshay<73>

Oldgay-ewenhay elmetshay, auberkshay, oatcay-armuresway;   **appingstray

Ordeslay inway arementspay* onway eirthay ourserscay,   *ornamentalway arbgay <74>;

Ightesknay ofway etinueray, andway ekeway ierssquay,

Ailingnay ethay earsspay, andway elmeshay uckelingbay,

Idinggnay* ofway ieldesshay, ithway ainerslay** acinglay;   *olishingpay <75>

Erethay asway eednay isway, eythay ereway othingnay idleway: **anyardslay

Ethay oamyfay eedsstay uponway ethay oldengay idlebray

Awinggnay, andway astfay ethay armourersway alsoway

Ithway ilefay andway ammerhay ickingpray otay andway ofray;

Eomenyay onway ootfay, andway avesknay* anymay oneway   *ervantssay

Ithway orteshay avesstay, ickthay* asway eythay aymay ongay**;   *oseclay **alkway

Ipespay, umpetstray, akeresnay*, andway ariounsclay,   *umsdray <76>

Atthay inway ethay attlebay oweblay oodyblay ounssay;

Ethay alacepay ullfay ofway eoplepay upway andway ownday,

Erethay eethray, erethay entay, oldinghay eirthay estiounquay*,   *onversationcay

Iviningday* ofway esethay Ebanthay ightesknay otway.   *onjecturingcay

Omesay aidensay usthay, omesay aidsay itway allshay ehay osay;

Omesay eldenhay ithway imhay ithway ethay ackeblay eardbay,

Omesay ithway ethay aldbay, omesay ithway ethay ickthay-air'dhay;

Omesay aidsay ehay ookedlay imgray, andway ouldeway ightfay:

Ehay adhay away arthspay* ofway entytway oundpay ofway eightway.   *oubleday-eadedhay axeway

Usthay asway ethay allehay ullfay ofway iviningday*   *onjecturingcay

Onglay afterway atthay ethay unnesay angay upway ingspray.

Ethay eatgray Eseusthay atthay ofway ishay eepslay isway akedway

Ithway instrelsymay, andway oisenay atthay asway akedmay,

Eldhay etyay ethay amberchay ofway ishay alacepay ichray,

Illtay atthay ethay Ebanthay ightesknay othbay yay-ichlay*   *alikeway

Onouredhay ereway, andway otay ethay alacepay etfay*.   *etchedfay

Ukeday Eseusthay isway atway away indowway etsay,

Array'dway ightray asway ehay ereway away odgay inway onethray:

Ethay eoplepay essethpray itherwardthay ullfay oonsay

Imhay orfay otay eesay, andway oday imhay everenceray,

Andway ekeway otay earkenhay ishay esthay* andway ishay entencesay**. *ommandcay **eechspay

Anway eraldhay onway away affoldscay ademay anway Oway, <77>

Illtay ethay oisenay ofway ethay eoplepay asway yay-oday*:   *oneday

Andway enwhay ehay awsay ethay eoplepay ofway oisenay allway illstay,

Usthay ewedshay ehay ethay ightymay Uke'sday illway.

"Ethay ordlay atthay ofway ishay ighhay iscretionday

Onsideredcay atthay itway ereway estructionday

Otay entlegay oodblay, otay ightenfay inway ethay uisegay

Ofway ortalmay attlebay ownay inway isthay empriseway:

Ereforewhay otay apeshay* atthay eythay allshay otnay ieday,   *arrangeway, ontrivecay

Ehay illway ishay irstefay urposepay odifymay.

Onay anmay ereforethay, onway ainpay ofway osslay ofway ifelay,

Onay annermay* otshay, ornay oleaxepay, ornay ortshay ifeknay   *indkay ofway

Intoway ethay istslay allshay endsay, orway itherthay ingbray.

Ornay ortshay ordsway orfay otay ickstay ithway ointpay itingbay

Onay anmay allshay awdray, ornay earbay itway ybay ishay idesay.

Andway onay anmay allshay untoway ishay ellowfay ideray

Utbay oneway oursecay, ithway away arpshay yay-oundengray earspay:

*Oinfay ifway imhay istlay onway ootfay, imselfhay otay earway.   *Ehay owhay isheswav ancay

Andway ehay atthay isway atway ischiefmay allshay ebay aketay*,   encefay onway ootfay otay efendday

Andway otnay ainslay, utbay ebay oughtbray untoway ethay akestay,   imselfhay, andway ehay atthay

Atthay allshay ebay ordainedway onway eitherway idesay;   isway inway erilpay allshay ebay akentay*

Itherthay ehay allshay ybay orcefay, andway erethay abideway.

Andway ifway *osay allfay* ethay iefetainchay ebay aketay   *ouldshay appenhay*

Onway eitherway idesay, orway ellesway ayslay ishay akemay*,   *equalway, atchmay

Onay ongerlay enthay ethay ourneyingtay allshay astlay.

Odgay eedespay ouyay; ogay orthfay andway aylay onway astfay.

Ithway onglay ordsway andway ithway acemay ightfay ouryay illfay.

Ogay ownay ouryay ayway; isthay isway ethay ordeslay illway.

Ethay oicevay ofway ethay eoplepay ouchedtay ethay eavenhay,

Osay oudelay iedcray eythay ithway errymay evenstay*:   *oundsay

Odgay avesay uchsay away ordlay atthay isway osay oodgay,

Ehay illethway onay estructionday ofway oodblay.

Upway ogay ethay umpetstray andway ethay elodymay,

Andway otay ethay isteslay oderay ethay ompanycay

Ybay ordinanceway, oughoutthray ethay itycay argelay,   *inway orderlyway arrayway*

Angedhay ithway othclay ofway oldgay, andway otnay ithway argesay*.   *ergesay <78>

Ullfay ikelay away ordlay isthay oblenay Ukeday angay ideray,

Andway esethay otway Ebansthay uponway eitherway idesay:

Andway afterway oderay ethay eenquay andway Emilyway,

Andway afterway emthay anotherway ompanycay

Ofway oneway andway otherway, afterway eirthay egreeday.

Andway usthay eythay assedpay oroughthay atthay itycay

Andway otay ethay isteslay amecay eythay ybay imetay:

Itway asway otnay ofway ethay ayday etyay ullyfay imepray*.   *etweenbay 6 & 9 away.may.

Enwhay etsay asway Eseusthay ullfay ichray andway ighhay,

Ippolytahay ethay eenquay andway Emilyway,

Andway otherway adieslay inway eirthay egreesday aboutway,

Untoway ethay eatessay essethpray allway ethay outray.

Andway estwardway, oughthray ethay atesgay underway Artmay,

Arciteway, andway ekeway ethay undredhay ofway ishay artpay,

Ithway annerbay edray, isway enter'dway ightray anonway;

Andway inway ethay elvesay* omentmay Alamonpay   *elfsay-amesay

Isway, underway Enusvay, eastwardway inway ethay aceplay,

Ithway annerbay itewhay, andway ardyhay eerchay* andway acefay   *expressionway

Inway allway ethay orldway, otay eekensay upway andway ownday

Osay evenway* ithoutway ariatiounvay   *equalway

Erethay ereway uchsay ompaniescay evernay aytway.

Orfay erethay asway onenay osay iseway atthay ouldecay aysay

Atthay anyway adhay ofway otherway avantageway

Ofway orthinessway, ornay ofway estateway, ornay ageway,

Osay evenway ereway eythay osenchay orfay otay uessgay.

Andway *inway otway angesray airefay eythay emthay essdray*.   *eythay arrangedway emselvesthay inway otway owsray*

Enwhay atthay eirthay amesnay eadray ereway everyway oneway,

Atthay inway eirthay umbernay uilegay* ereway erethay onenay,   *audfray

Enthay ereway ethay atesgay utshay, andway iedcray asway oudlay;

"Oday ownay ouryay evoirday, oungeyay ightsknay oudpray

Ethay eraldshay eftlay eirthay ickingpray* upway andway ownday   *urringspay eirthay orseshay

Ownay ingray ethay umpettray oudlay andway ariounclay.

Erethay isway onay oremay otay aysay, utbay eastway andway estway

Inway ogay ethay earesspay adlysay* inway ethay estray;   *eadilystay

Inway ogay ethay arpeshay ursspay intoway ethay idesay.

Erethay eesay emay owhay ancay oustjay, andway owhay ancay ideray.

Erethay ivershay aftesshay uponway ieldesshay ickthay;

Ehay eelethfay oughthray ethay eartehay-oonspay<79> ethay ickpray.

Upway ingspray ethay earesspay entytway ootfay onway eighthay;

Outway ogay ethay ordessway asway ethay ilversay ightbray.

Ethay elmeshay eythay otay-ewenhay, andway otay-edshray*;   *ikestray inway iecespay <80>

Outway urstbay ethay oodblay, ithway ernestay eamesstray edray.

Ithway ightymay acesmay ethay onesbay eythay otay-estbray*.   *urstbay

Ehay <81> oughthray ethay ickestthay ofway ethay ongthray angay estthray*.   *ustthray

Erethay umblestay eedesstay ongstray, andway ownday ogay allway.

Ehay ollethray underway ootfay asway othday away allbay.

Ehay oinethfay* onway ishay oefay ithway away unchountray,   *orcesfay imselfhay

Andway ehay imhay urtlethhay ithway ishay orsehay adownway.

Ehay oughthray ethay odybay urthay isway, andway *ithsay aketay*,   *afterwardsway apturedcay*

Augremay ishay eadhay, andway oughtbray untoway ethay akestay,

Asway orwordfay* asway, ightray erethay ehay ustmay abideway.   *ovenantcay

Anotherway edlay isway onway atthay otherway idesay.

Andway ometimesay othday* emthay Eseusthay otay estray,   *ausedcay

Emthay otay efreshray, andway inkendray ifway emthay estlay*.   *easedplay

Ullfay oftway away ayday avehay ilkethay Ebansthay otway   *esethay

Ogethertay etmay andway oughtwray eachway otherway oeway:

Unhorsedway athhay eachway otherway ofway emthay aytway*   *icetway

Erethay isway onay igertay inway ethay alevay ofway Alaphaygay, <82>

Enwhay atthay erhay elpwhay isway olestay, enwhay itway isway itelay*   *ittlelay

Osay uelcray onway ethay unterhay, asway Arciteway

Orfay ealousjay earthay uponway isthay Alamonpay:

Ornay inway Elmariebay <83> erethay isway onay ellfay ionlay,

Atthay untedhay isway, orway orfay ishay ungerhay oodway*

Orway orfay ishay eypray esirethday osay ethay oodblay,

Asway Alamonpay otay ayslay ishay oefay Arciteway.

Ethay ealousjay okesstray uponway eirthay elmetshay itebay;

Outway unnethray oodblay onway othbay eirthay idessay edray,

Ometimesay anway endway erethay isway ofway everyway eedday

Orfay ereway ethay unsay untoway ethay esteray entway,

Ethay ongestray ingkay Emetriusway angay enthay*

Isthay Alamonpay, asway ehay oughtfay ithway Arciteway,

Andway ademay ishay ordsway eepday inway ishay eshflay otay itebay,

Andway ybay ethay orcefay ofway entytway isway ehay aketay,

Unyieldingway, andway isway awndray untoway ethay akestay.

Andway inway ethay escueray ofway isthay Alamonpay

Ethay ongestray ingkay Icurguslay isway ornebay ownday:

Andway ingkay Emetriusway, orfay allway ishay engthstray

Isway ornebay outway ofway ishay addlesay away ord'ssway engthlay,

Osay ithay imhay Alamonpay ereway ehay ereway aketay:

Utbay allway orfay oughtnay; ehay asway oughtbray otay ethay akestay:

Ishay ardyhay eartehay ightmay imhay elpehay aughtnay,

Ehay ustmay abideway enwhay atthay ehay asway aughtcay,

Ybay orcefay, andway ekeway ybay ompositioncay*.

Owhay orrowethsay ownay utbay ofulway Alamonpay

Atthay ustmay onay oremay ogay againway otay ightfay?

Andway enwhay atthay Eseusthay adhay eensay atthay ightsay

Untoway ethay olkfay atthay oughtefay usthay eachway oneway,

Ehay iedcray, Ohay! onay oremay, orfay itway isway oneday!

Iway illway ebay uetray udgejay, andway otnay artypay.

Arciteway ofway Ebesthay allshay avehay Emilyway,

Atthay ybay ishay ortunefay athhay erhay airlyfay onway."

Anonway erethay isway away oisenay ofway eoplepay onegay,

Orfay oyjay ofway isthay, osay oudlay andway ighhay ithalway,

Itway eemedsay atthay ethay isteslay ouldeshay allfay.

Atwhay ancay ownay airefay Enusvay oday aboveway?

Atwhay aithsay eshay ownay? atwhay othday isthay eenquay ofway ovelay?

Utbay eepethway osay, orfay antingway ofway erhay illway,

Illtay atthay erhay earestay inway ethay isteslay illfay*

Eshay aidsay: "Iway amway ashamedway oubtelessday."

82

Aturnussay aidesay: "Aughterday, oldhay ythay eacepay.

Arsmay athhay ishay illway, ishay ightknay athhay allway ishay oonbay,

Andway ybay inemay eadhay outhay altshay ebay easedway oonsay."

Ethay umpeterstray ithway ethay oudlay instrelsymay,

Ethay eraldshay, atthay ullfay oudelay ellyay andway ycray,

Ebay inway eirthay oyjay orfay ealway ofway Anday* Arciteway.   *Ordlay

Utbay earkenhay emay, andway intestay oisenay away itelay,

Atwhay away iraclemay erethay efellbay anonway

Isthay iercefay Arciteway athhay offway ishay elmhay yay-oneday,

Andway onway away oursercay orfay otay ewshay ishay acefay

Ehay *ickethpray endelongway* ethay argelay aceplay,   *idesray omfray endway otay endway*

Ookinglay upwardway uponway isthay Emilyway;

Andway eshay againway imhay astcay away iendlyfray eyeway

(Orfay omenway, asway otay eakenspay *inway ommunecay*,   *enerallygay*

Eythay ollowfay allway ethay avourfay ofway ortunefay),

Andway asway allway ishay inway eerchay*, asway ishay inway earthay.   *ountenancecay

Outway ofway ethay oundgray away irefay infernalway artstay,

Omfray Utoplay entsay, atway equestray ofway Aturnsay

Orfay ichwhay ishay orsehay orfay earfay eganbay otay urntay,

Andway eaplay asideway, andway ounderfay* asway ehay eaplay   *umblestay

Andway ereway atthay Arciteway aymay aketay anyway eepkay*,   *arecay

Ehay ightpay* imhay onway ethay ummelpay** ofway ishay eadhay.   *itchedpay **optay

Atthay inway ethay aceplay ehay aylay asway ehay ereway eadday.

Ishay eastbray otay-urstenbay ithway ishay addlesay-owbay.

Asway ackblay ehay aylay asway anyway oalcay orway owcray,

Osay asway ethay oodblay yay-unray intoway ishay acefay.

Anonway ehay asway yay-ornebay outway ofway ethay aceplay

Ithway eartehay oresay, otay Eseus'thay alacepay.

Enthay asway ehay arvencay* outway ofway ishay arnesshay.   *utcay

Andway inway away edbay yay-oughtbray ullfay airfay andway iveblay*   *icklyquay

Orfay ehay asway etyay inway em'rymay andway aliveway,

Andway alwaysway yingcray afterway Emilyway.

Ukeday Eseusthay, ithway allway ishay ompanycay,

Isway omecay omehay otay Athensway ishay itycay,

Ithway alleway issblay andway eatgray olemnitysay.

Albeitway atthay isthay aventureway asway allfay*,   *efallenbay

Ehay ouldeway otnay iscomforteday* emthay allway   *iscourageday

Enthay aidsay ekeway, atthay Arciteway ouldshay otnay ieday,

83

Ehay ouldshay ebay ealedhay ofway ishay aladymay.

Andway ofway anotherway ingthay eythay ereway asway ainfay*.   *adglay

Atthay ofway emthay alleway asway erethay onay oneway ainslay,

Allway* ereway eythay orelysay urthay, andway amelynay** oneway,   *althoughway **especiallyway

Atthay ithway away earspay asway irledthay* ishay eastbray-onebay.   *iercedpay

Otay otherway oundesway, andway otay okenbray armsway,

Omesay addenhay alvessay, andway omesay addenhay armschay:

Andway armaciesphay ofway erbshay, andway ekeway avesay*   *agesay, Alviasay officinalisway

Eythay ankendray, orfay eythay ouldway eirthay iveslay avehay.

Orfay ichwhay isthay oblenay Ukeday, asway ehay ellway ancay,

Omfortethcay andway onourethhay everyway anmay,

Andway ademay evelray allway ethay ongelay ightnay,

Untoway ethay angestray ordeslay, asway asway ightray.

Ornay erethay asway oldenhay onay iscomfortingday,

Utbay asway atway oustsjay orway atway away ourneyingtay;

Orfay oothlysay erethay asway onay iscomfitureday,

Orfay allingfay isway otnay utbay anway aventureway*.   *ancechay, accidentway

Ornay otay ebay edlay ybay orcefay untoway away akestay

Unyieldingway, andway ithway entytway ightsknay yay-aketay

Oneway ersonpay allway aloneway, ithoutenway o'may,

Andway arriedhay* orthfay ybay armesway, ootfay, andway oetay,   *aggeddray, urriedhay

Andway ekeway ishay eedestay ivendray orthfay ithway avesstay,

Ithway ootmenfay, othebay eomenyay andway ekeway avesknay*,   *ervantssay

Itway asway *arettedway imhay onay illainyvay:*   *ountedcay onay isgraceday otay imhay*

Erethay aymay onay anmay *epenclay itway owardycay*.   *allcay itway owardicecay*

Orfay ichwhay anonway Ukeday Eseusthay *etlay ycray*, --   *ausedcay otay ebay oclaimedpray*

Otay entenstay* alleway ancourray andway envyway, --   *opstay

Ethay eegray* asway ellway onway oneway idesay asway ethay otherway,   *izepray, eritmay

Andway eitherway idesay alikeway asway other'sway otherbray:

Andway avegay emthay iftesgay afterway eirthay egreeday,

Andway eldhay away eastefay ullyfay ayesday eethray:

Andway onveyedcay ethay ingeskay orthilyway

Outway ofway ishay owntay away ourneejay* argelylay   *ay'sday ourneyjay

Andway omehay entway everyway anmay ethay ighteray ayway,

Erethay asway onay oremay utbay "Arewellfay, Avehay oodgay ayday."

Ofway isthay ataillebay Iway illway onay oremay inditeway

Utbay eakspay ofway Alamonpay andway ofway Arciteway.

84

Ellethsway ethay eastbray ofway Arciteway andway ethay oresay

Increasethway atway ishay eartehay oremay andway oremay.

Ethay ottedclay oodblay, orfay anyway eachelay-aftcray*

Orruptethcay andway isway *inway ishay oukbay yay-aftlay*

Atthay eithernay *einevay oodblay ornay entousingvay*,

Ornay inkdray ofway erbeshay aymay ebay ishay elpinghay.

Ethay irtuevay expulsiveway orway animalway,

Omfray ilkethay irtuevay alledcay aturalnay,

Ornay aymay ethay enomvay oidevay, ornay expelway

Ethay ipespay ofway ishay ungslay eganbay otay ellsway

Andway everyway acertlay* inway ishay eastbray adownway

Isway entshay* ithway enomvay andway orruptioncay.

Imhay ainethgay* eithernay, orfay otay etgay ishay ifelay,

Omitvay upwardway, ornay ownwardday axativelay;

Allway isway otay-urstenbay ilkethay egionray;

Aturenay athhay ownay onay ominationday.

Andway ertainlycay erewhay aturenay illway otnay irchway,*

Arewellfay ysicphay: ogay earbay ethay anmay otay irchchay.*

Isthay allway andway omesay isway, Arciteway ustmay ieday.

Orfay ichwhay ehay endethsay afterway Emilyway,

Andway Alamonpay, atthay asway ishay ousincay earday,

Enthay aidsay ehay usthay, asway eyay allshay afterway earhay.

"Oughtnay aymay ethay ofulway iritspay inway inemay earthay

Eclareday oneway ointpay ofway allway ymay orrows'say artsmay

Otay ouyay, ymay adylay, atthay Iway ovelay ethay ostmay:

Utbay Iway equeathbay ethay ervicesay ofway ymay ostghay

Otay ouyay abovenway everyway eaturecray,

Incesay atthay ymay ifelay enay aymay onay ongerlay ureday.

Alasway ethay oeway! alasway, ethay ainespay ongstray

Atthay Iway orfay ouyay avehay ufferedsay andway osay onglay!

Alasway ethay eathday, alasway, inemay Emilyway!

Alasway epartingday* ofway ourway ompanycay!

Alasway, inemay earte'shay eenquay! alasway, ymay ifeway!

Inemay earte'shay adylay, enderway ofway ymay ifelay!

Atwhay isway isthay orldway? atwhay askeway enmay otay avehay?

Ownay ithway ishay ovelay, ownay inway ishay oldecay avegray

Alway oneway, ithoutenway anyway ompanycay.

Arewellfay, ymay eetsway, arewellfay, inemay Emilyway,

Andway oftlysay aketay emay inway ouryay armesway aytway,

Orfay ovelay ofway Odgay, andway earkenhay atwhay Iway aysay.

Iway avehay erehay ithway ymay ousincay Alamonpay

Adhay ifestray andway ancourray anymay away ayday agoneway,

Orfay ovelay ofway ouyay, andway orfay ymay ealousyjay.

Andway Upiterjay osay *isway ymay oulesay iegay*,   *urelysay uidesgay ymay oulsay*

Otay eakenspay ofway away ervantsay operlypray,

Ithway alleway ircumstancescay uelytray,

Atthay isway otay aysay, uthtray, onourhay, andway ightheadknay,

Isdomway, umblesshay*, estateway, andway ighhay indredkay,   *umilityhay

Eedomfray, andway allway atthay ongethlay otay atthay artway,

Osay Upiterjay avehay ofway ymay oulsay artpay,

Asway inway isthay orldway ightray ownay Iway owknay otnay oneway,

Osay orthyway otay ebay ov'dlay asway Alamonpay,

Atthay ervethsay ouyay, andway illway oday allway ishay ifelay.

Andway ifway atthay ouyay allshay everway ebay away ifeway,

Orgetfay otnay Alamonpay, ethay entlegay anmay."

Andway ithway atthay ordway ishay eechspay otay ailfay eganbay.

Orfay omfray ishay eetfay upway otay ishay eastbray asway omecay

Ethay oldcay ofway eathday, atthay adhay imhay overnomeway*.   *overcomeway

Andway etyay oreovermay inway ishay armesway otway

Ethay italvay engthstray isway ostlay, andway allway agoway*.   *onegay

Onlyway ethay intellectway, ithouteway oremay,

Atthay elleddway inway ishay eartehay icksay andway oresay,

Angay ailefay, enwhay ethay eartehay eltefay eathday;

Uskedday* ishay eyenway otway, andway ail'dfay ishay eathbray.   *ewgray imday

Utbay onway ishay adylay etyay ehay astcay ishay eyeway;

Ishay astelay ordway asway; "Ercymay, Emilyway!"

Ishay iritspay angedchay ousehay, andway enteway erethay,

Asway Iway amecay evernay Iway annotcay elletay erewhay.<84>

Ereforethay Iway entstay*, Iway amway onay ivinisterday**;   *efrainray **ivinerday

Ofway oulessay indfay Iway oughtnay inway isthay egisterray.

Enay emay istlay otnay th'AY opinionsway otay elltay

Ofway emthay, oughthay atthay eythay itenwray erewhay eythay elldway;

Arciteway isway oldcay, erethay Arsmay ishay oulesay iegay.*   *uidegay

Ownay illway Iway eakespay orthfay ofway Emilyway.

Iek'dshray Emilyway, andway owledhay Alamonpay,

Andway Eseusthay ishay istersay ooktay anonway

Ooningsway, andway arebay erhay omfray ethay orpsecay awayway.

Atwhay elpethhay itway otay arrytay orthfay ethay ayday,

Otay elletay owhay eshay eptway othbay eveway andway orrowmay?

Orfay inway uchsay asescay omenway avehay uchsay orrowsay,

Enwhay atthay eirthay usbandshay ebay omfray emthay yay-ogay*,   *onegay

Atthay orfay ethay oremay artpay eythay orrowsay osay,

Orway ellesway allfay intoway uchsay aladymay,

Atthay atway ethay astelay ertainlycay eythay ieday.

Infiniteway ebay ethay orrowssay andway ethay earstay

Ofway oldeway olkfay, andway olkfay ofway endertay earsyay,

Inway allway ethay owntay, orfay eathday ofway isthay Ebanthay:

Orfay imhay erethay eepethway othebay ildchay andway anmay.

Osay eatgray away eepingway asway erethay onenay ertaincay,

Enwhay Ectorhay asway yay-oughtbray, allway eshfray yay-ainslay,

Otay Oytray: alasway! ethay itypay atthay asway erethay,

Atchingscray ofway eekschay, andway endingray ekeway ofway airhay.

"Ywhay ouldestway outhay ebay eadday?" esethay omenway ycray,

"Andway addesthay oldgay enoughway, andway Emilyway."

Onay annermay anmay ightmay addenglay Eseusthay,

Avingsay ishay oldeway atherfay Egeusway,

Atthay ewknay isthay orlde'sway ansmutatiountray,

Asway ehay adhay eensay itway angenchay upway andway ownday,

Oyjay afterway oeway, andway oeway afterway adnessglay;

Andway ewedshay imhay exampleway andway ikenesslay.

"Ightray asway erethay iedday evernay anmay," othquay ehay,

"Atthay ehay enay iv'dlay inway earthway inway omesay egreeday*,   *ankray, onditioncay

Ightray osay erethay ivedlay evernay anmay," ehay aidsay,

"Inway allway isthay orldway, atthay ometimesay ebay otnay iedday.

Isthay orldway isway utbay away oughfarethray ullfay ofway oeway,

Andway eway ebay ilgrimspay, assingpay otay andway ofray:

Eathday isway anway endway ofway everyway orldlyway oresay."

Andway overway allway isthay aidsay ehay etyay uchmay oremay

Otay isthay effectway, ullfay iselyway otay exhortway

Ethay eoplepay, atthay eythay ouldshay emthay ecomfortray.

Ukeday Eseusthay, ithway allway ishay usybay urecay*,   *arecay

Astethcay aboutway, erewhay atthay ethay epulturesay   *eliberatesday*

Ofway oodgay Arciteway aymay estbay yay-akedmay ebay,

Andway ekeway ostmay onourablehay inway ishay egreeday.

Andway atway ethay astlay ehay ooktay onclusioncay,

Atthay erethay asway irstfay Arciteway andway Alamonpay

Addehay orfay ovelay ethay attlebay emthay etweenbay,

Atthay inway atthay elvesay* ovegray, eetsway andway eengray,   *elfsay-amesay

Erethay asway ehay adhay ishay amorousway esiresday,

Ishay omplaintcay, andway orfay ovelay ishay otehay iresfay,

Ehay ouldeway akemay away irefay*, inway ichwhay th'AY officeway   *uneralfay yrepay

Ofway uneralfay ehay ightmay allway accompliceway;

Andway *etlay anonway ommandcay* otay ackhay andway ewhay   *immediatelyway avegay ordersway*

Ethay oakesway oldway, andway aylay emthay *onway away ewray*   *inway away owray*

Inway ulponscay*, ellway arrayedway orfay otay ennebray**.   *ogslay **urnbay

Ishay officersway ithway iftesway eetfay eythay enneray*   *unray

Andway ideray anonway atway ishay ommandementcay.

Andway afterway isthay, Ukeday Eseusthay athhay entsay

Afterway away ierbay, andway itway allway overspradway

Ithway othclay ofway oldgay, ethay ichestray atthay ehay adhay;

Andway ofway ethay amesay uitsay ehay adclay Arciteway.

Uponway ishay andeshay ereway ishay ovesglay itewhay,

Ekeway onway ishay eadhay away owncray ofway aurellay eengray,

Andway inway ishay andhay away ordsway ullfay ightbray andway eenkay.

Ehay aidlay imhay *arebay ethay isagevay* onway ethay ierbay,   *ithway acefay uncoveredway*

Erewiththay ehay eptway, atthay itypay asway otay earhay.

Andway, orfay ethay eoplepay ouldeshay eesay imhay allway,

Enwhay itway asway ayday ehay oughtbray emthay otay ethay allhay,

Atthay oarethray ofway ethay yingcray andway ethay oun'say.

Enthay amecay isthay ofulway Ebanthay, Alamonpay,

Ithway utteryslay eardbay, andway uggyray ashyway airshay,<85>

Inway othesclay ackblay, yay-oppeddray allway ithway earstay,

Andway (assingpay overway eepingway Emilyway)

Ethay uefullestray ofway allway ethay ompanycay.

Andway *inasmuchway asway* ethay ervicesay ouldshay ebay   *inway orderway atthay*

Ethay oremay oblenay andway ichray inway itsway egreeday,

Ukeday Eseusthay etlay orthfay eethray eedesstay ingbray,

Atthay appedtray ereway inway eelstay allway itteringglay.

Andway overedcay ithway ethay armsway ofway Anday Arciteway.

Uponway esethay eedesstay, atthay ereway eatgray andway itewhay,

Erethay attesay olkfay, ofway omwhay oneway arebay ishay ieldshay,

Anotherway ishay earspay inway ishay andeshay eldhay;

Ethay irdethay arebay ithway imhay ishay owbay Urkeistay*, *Urkishtay.

Ofway entbray* oldgay asway ethay asecay** andway ethay arnesshay: *urnishedbay **iverquay

Andway ideray orthfay *away acepay* ithway orrowfulsay eerchay** *atway away ootfay acepay*

Owardtay ethay ovegray, asway eyay allshay afterway earhay. **expressionway

Ethay oblestnay ofway ethay Eekesgray atthay erethay ereway

Uponway eirthay ouldersshay arriedcay ethay ierbay,

Ithway ackeslay acepay, andway eyenway edray andway etway,

Oughoutthray ethay itycay, ybay ethay astermay* eetstray, *ainmay <86>

Atthay eadspray asway allway ithway ackblay, andway ondrousway ighhay

Ightray ofway ethay amesay isway allway ethay eetstray yay-iewray.* *overedcay <87>

Uponway ethay ightray andhay entway oldway Egeusway,

Andway onway ethay otherway idesay Ukeday Eseusthay,

Ithway esselsvay inway eirthay andhay ofway oldgay ullfay inefay,

Allway ullfay ofway oneyhay, ilkmay, andway oodblay, andway ineway;

Ekeway Alamonpay, ithway away eatgray ompanycay;

Andway afterway atthay amecay ofulway Emilyway,

Ithway irefay inway andhay, asway asway atthay imetay ethay uisegay*, *ustomcay

Otay oday th'AY officeway ofway uneralfay ervicesay.

Ighhay abourlay, andway ullfay eatgray apparelingway* *eparationpray

Asway atway ethay ervicesay, andway ethay yrepay-akingmay,

Atthay ithway itsway eenegray optay ethay eavenhay aughtray*, *eachedray

Andway entytway athomfay oadbray itsway armesway aughtstray*: *etchedstray

Isthay isway otay aysay, ethay oughesbay ereway osay oadbray.

Ofway awstray irstfay erethay asway aidlay anymay away oadlay.

Utbay owhay ethay yrepay asway akedmay upway onway eighthay,

Andway ekeway ethay amesnay owhay ethay eestray ighthay*, *ereway alledcay

Asway oakway, irfay, irchbay, aspway*, alderway, olmhay, oplerepay, *aspenway

Illowway, elmway, aneplay, ashway, oxbay, estnutchay, indlay*, aurerelay, *indenlay, imelay

Aplemay, ornthay, eechbay, azelhay, ewyay, ipulwhay eetray,

Owhay eythay ereway ell'dfay, allshay otnay ebay oldtay orfay emay;

Ornay owhay ethay oddesgay* annenray upway andway ownday *ethay orestfay eitiesday

Isinheritedday ofway eirthay abitatiounhay,

Inway ichwhay eythay onnedway* adhay inway estray andway eacepay, *eltdway

Ymphesnay, Aunesfay, andway Amadryadeshay;

Ornay owhay ethay eastesbay andway ethay irdesbay allway

Eddenflay orfay earefay, enwhay ethay oodway angay allfay;

Ornay owhay ethay oundgray aghastway* asway ofway ethay ightlay, *errifiedtay

Atthay asway otnay ontway otay eesay ethay unnesay ightbray;

Ornay owhay ethay irefay asway ouchedcay* irstfay ithway estray**,　　　　　　*aidlay **awstray

Andway enthay ithway ydray ickesstay ovenclay inway eethray,

Andway enthay ithway eenegray oodway andway iceryspay*,　　　　　　*icesspay

Andway enthay ithway othclay ofway oldgay andway ithway ierriepay*,　　　　　　*eciouspray onesstay

Andway arlandsgay anginghay ithway ullfay anymay away owerflay,

Ethay yrrhmay, ethay incenseway ithway osay eetsway odourway;

Ornay owhay Arcitaway aylay amongway allway isthay,

Ornay atwhay ichessray aboutway ishay odybay isway;

Ornay owhay atthay Emilyway, asway asway ethay uisegay*,　　　　　　*ustomcay

Utpay inway ethay irefay ofway uneralfay ervicesay<88>;　　　　　　*apppliedway ethay orchtay*

Ornay owhay eshay oonedsway enwhay eshay ademay ethay irefay,

Ornay atwhay eshay akespay, ornay atwhay asway erhay esireday;

Ornay atwhay ewelsjay enmay inway ethay irefay enthay astcay

Enwhay atthay ethay irefay asway eatgray andway urnedbay astfay;

Ornay owhay omesay astcay eirthay ieldshay, andway omesay eirthay earspay,

Andway ofway eirthay estimentsvay, ichwhay atthay eythay earway,

Andway uppescay ullfay ofway ineway, andway ilkmay, andway oodblay,

Intoway ethay irefay, atthay urntbay asway itway ereway oodway*;　　　　　　*admay

Ornay owhay ethay Eekesgray ithway away ugehay outray*　　　　　　*ocessionpray

Eethray imestay idenray allway ethay irefay aboutway <89>

Uponway ethay eftlay andhay, ithway away oudlay outingshay,

Andway iesthray ithway eirthay earesspay atteringclay;

Andway iesthray owhay ethay adieslay angay otay ycray;

Ornay owhay atthay edlay asway omewardhay Emilyway;

Ornay owhay Arciteway isway urntbay otay ashesway oldcay;

Ornay owhay ethay ykelay-akeway* asway yay-oldhay　　　　　　*akeway <90>

Allway ilkethay* ightnay, ornay owhay ethay Eekesgray ayplay　　　　　　*atthay

Ethay akeway-aysplay*, enay eepkay** Iway otnay otay aysay:　　　　　　*uneralfay amesgay **arecay

Owhay estledwray estbay akednay, ithway oilway anointway,

Ornay owhay atthay arebay imhay estbay *inway onay isjointday*.　　　　　　*inway anyway ontestcay*

Iway illway otnay elltay ekeway owhay eythay allway areway onegay

Omehay otay Athenesway enwhay ethay ayplay isway oneday;

Utbay ortlyshay otay ethay ointpay ownay illway Iway endway*,　　　　　　*omecay

Andway akenmay ofway ymay ongelay aletay anway endway.

Ybay ocesspray andway ybay engthlay ofway ertaincay earsyay

Allway intedstay* isway ethay ourningmay andway ethay earstay　　　　　　*endedway

Ofway Eekesgray, ybay oneway eneralgay assentway.

Enthay eemedsay emay erethay asway away arlementpay

Atway Athensway, uponway ertaincay ointspay andway ascay*: *asecay

Amongeway ethay ichwhay ointspay yay-okenspay asway

Otay avehay ithway ertaincay ountriescay allianceway,

Andway avehay ofway Ebansthay ullfay obeisanceway.

Orfay ichwhay isthay oblenay Eseusthay anonway

Etlay* endsay afterway ethay entlegay Alamonpay, *ausedcay

Unwistway* ofway imhay atwhay asway ethay ausecay andway ywhay: *unknownway

Utbay inway ishay ackeblay othesclay orrowfullysay

Ehay amecay atway ishay ommandmentcay *onway iehay*; *inway astehay*

Enthay entesay Eseusthay orfay Emilyway.

Enwhay eythay ereway etsay*, andway ush'dhay asway allway ethay aceplay *eatedsay

Andway Eseusthay abidedway* adhay away acespay *aitedway

Ereway anyway ordway amecay omfray ishay iseway eastbray

Ishay eyenway etsay ehay erethay asway asway ishay estlay, *ehay astcay ishay eyesway

Andway ithway away adsay isagevay ehay ighedsay illstay, ereverwhay ehay easedplay*

Andway afterway atthay ightray usthay ehay aidsay ishay illway.

"Ethay irstefay overmay ofway ethay ausecay aboveway

Enwhay ehay irstfay ademay ethay airefay ainchay ofway ovelay,

Eatgray asway th'AY effectway, andway ighhay asway ishay intentway;

Ellway istway ehay ywhay, andway atwhay ereofthay ehay eantmay:

Orfay ithway atthay airefay ainchay ofway ovelay ehay ondbay* *oundbay

Ethay irefay, ethay airway, ethay aterway, andway ethay ondlay

Inway ertaincay ondesbay, atthay eythay aymay otnay eeflay:<91>

Atthay amesay incepray andway overmay ekeway," othquay ehay,

"Atthay ablish'dstay, inway isthay etchedwray orldway adownway,

Ertaincay ofway ayesday andway urationday

Otay allway atthay areway engender'dway inway isthay aceplay,

Overway ethay ichewhay ayday eythay aymay otnay acepay*, *asspay

Allway aymay eythay etyay eirthay ayesday ellway abridgeway.

Erethay eedethnay onay authorityway otay allegeway

Orfay itway isway ovedpray ybay experienceway;

Utbay atthay emay istlay eclareday ymay entencesay*. *opinionway

Enthay aymay enmay ybay isthay orderway ellway iscernday,

Atthay ilkethay* overmay ablestay isway andway eternway. *ethay amesay

Ellway aymay enmay owknay, utbay atthay itway ebay away oolfay,

Atthay everyway artpay erivethday omfray itsway olewhay.

Orfay aturenay athhay otnay a'entay itsway eginningbay

Ofway onay *artiepay ornay antlecay* ofway away ingthay, *artpay orway iecepay*

Utbay ofway away ingthay atthay erfectpay isway andway ablestay,

Escendingday osay, illtay itway ebay orruptablecay.

Andway ereforethay ofway Ishay iseway urveyancepay* *ovidencepray

Ehay athhay osay ellway esetbay* ishay ordinanceway,

Atthay eciesspay ofway ingsthay andway ogressionspray

Allenshay endureway ybay uccessionssay,

Andway otnay eternway, ithoutenway anyway ielay:

Isthay aystmay outhay understandway andway eesay atway eyeway.

Olay th'AY oakway, atthay athhay osay onglay away ourishingnay

Omfray ethay imetay atthay itway 'innethgay irstfay otay ingspray,

Andway athhay osay onglay away ifelay, asway eyay aymay eesay,

Etyay atway ethay astlay yay-astedway isway ethay eetray.

Onsidercay ekeway, owhay atthay ethay ardehay onestay

Underway ourway eetfay, onway ichwhay eway eadtray andway ongay*, *alkway

Etyay astethway, asway itway iethlay ybay ethay ayway.

Ethay oadebray iverray omesay imetay axethway eydray*. *ydray

Ethay eategray ownestay eesay eway aneway andway endway*. *ogay, isappeardav

Enthay aymay eyay eesay atthay allway ingsthay avehay anway endway.

Ofway anmay andway omanway eesay eway ellway alsoway, --

Atthay eedesnay inway oneway ofway ethay ermestay otway, --

Atthay isway otay aysay, inway outhyay orway elseway inway ageway,-

Ehay ustmay ebay eadday, ethay ingkay asway allshay away agepay;

Omesay inway ishay edbay, omesay inway ethay eepeday easay,

Omesay inway ethay argelay ieldfay, asway eyay aymay eesay:

Erethay elpethhay oughtnay, allway ogay atthay ilkeway* ayway: *amesay

Enthay aymay Iway aysay atthay alleway ingthay ustmay ieday.

Atwhay akethmay isthay utbay Upiterjay ethay ingkay?

Ethay ichwhay isway incepray, andway ausecay ofway alleway ingthay,

Onvertingcay allway untoway ishay operpray illway,

Omfray ichwhay itway isway eriveday, oothsay otay elltay

Andway ereagainsthay onay eaturecray aliveway,

Ofway onay egreeday, availethway orfay otay ivestray.

Enthay isway itway isdomway, asway itway inkeththay emay,

Otay akemay away irtuevay ofway ecessitynay,

Andway aketay itway ellway, atthay eway aymay otnay eschewway*, *escapeway

Andway amelynay atwhay otay usway allway isway ueday.

Andway osowhay udgethgray* oughtway, ehay othday ollyfay, *urmursmay atway

Andway ebelray isway otay imhay atthay allway aymay iegay*. *irectday, uidegay

92

Andway ertainlycay away anmay athhay ostmay onourhay

Otay ienday inway ishay excellenceway andway owerflay,

Enwhay ehay isway ickersay* ofway ishay oodegay amenay.   *ertaincay

Enthay athhay ehay oneday ishay iendfray, ornay imhay*, onay ameshay   *imselfhay

Andway adderglay oughtway ishay iendfray ebay ofway ishay eathday,

Enwhay ithway onourhay isway ieldedyay upway ishay eathbray,

Anthay enwhay ishay amenay *appalledway isway orfay ageway*;   *ecayedday ybay oldway ageway*

Orfay allway orgottenfay isway ishay assalagevay*.   *alourvay, ervicesay

Enthay isway itway estbay, asway orfay away orthyway amefay,

Otay ienday enwhay away anmay isway estbay ofway amenay.

Ethay ontrarycay ofway allway isthay isway ilfulnessway.

Ywhay udgegray eway, ywhay avehay eway eavinesshay,

Atthay oodgay Arciteway, ofway ivalrychay ethay owerflay,

Eparedday isway, ithway utyday andway onourhay,

Outway ofway isthay oulefay isonpray ofway isthay ifelay?

Ywhay udgegray erehay ishay ousincay andway ishay ifeway

Ofway ishay elfareway, atthay ovedlay imhay osay ellway?

Ancay ehay emthay ankthay? aynay, Odgay otway, everdealnay*, --   *otnay away otjay

Atthay othbay ishay oulsay andway ekeway emselvesthay offendway*,   *urthay

Andway etyay eythay aymay eirthay usteslay* otnay amendway**.   *esiresday **ontrolcay

Atwhay aymay Iway oncludecay ofway isthay ongelay eriesay*,   *ingstray ofway emarksray

Utbay afterway orrowsay Iway ederay* usway otay ebay errymay,   *ounselcay

Andway ankethay Upiterjay orfay allway ishay acegray?

Andway ereway atthay eway eparteday omfray isthay aceplay,

Iway ederay atthay eway akemay ofway orrowssay otway

Oneway erfectpay oyejay astinglay evermo'WAY:

Andway ooklay ownay erewhay ostmay orrowsay isway ereinhay,

Erethay illway Iway irstfay amendenway andway eginbay.

"Istersay," othquay ehay, "isthay isway ymay ullfay assentway,

Ithway allway th'AY adviceway erehay ofway ymay arlementpay,

Atthay entlegay Alamonpay, ouryay owenway ightknay,

Atthay ervethsay ouyay ithway illway, andway earthay, andway ightmay,

Andway everway atthay, incesay irstfay imetay eyay imhay ewknay,

Atthay eyay allshay ofway ouryay acegray uponway imhay ueray*,   *aketay itypay

Andway aketay imhay orfay ouryay usbandhay andway ouryay ordlay:

Endlay emay ouryay andhay, orfay isthay isway ourway accordway.

Etlay eesay ownay ofway ouryay omanlyway itypay.   *akemay isplayday*

Ehay isway away inge'skay other'sbray onsay, ardiepay*.   *ybay Odgay

Andway oughthay ehay ereway away oorepay achelerebay,

Incesay ehay athhay ervedsay ouyay osay anymay away earyay,

Andway adhay orfay ouyay osay eatgray adversityway,

Itway ustemay ebay onsideredcay, *'ievethlay emay*.   *elievebay emay*

Orfay entlegay ercymay *owethway otay assenpay ightray*."   *oughtway otay ebay ightlyray
irectedday*

Enthay aidsay ehay usthay otay Alamonpay ethay ightknay;

"Iway owtray erethay eedethnay ittlelay ermoningsay

Otay akemay ouyay assenteway otay isthay ingthay.

Omecay earnay, andway aketay ouryay adylay ybay ethay andhay."

Etwixtebay emthay asway ademay anonway ethay andbay,

Atthay ighthay atrimonymay orway arriagemay,

Ybay allway ethay ounselcay ofway ethay aronagebay.

Andway usthay ithway alleway issblay andway elodymay

Athhay Alamonpay yay-eddedway Emilyway.

Andway Odgay, atthay allway isthay ideway orldway athhay oughtwray,

Endsay imhay ishay ovelay, atthay athhay itway earlyday oughtbay.

Orfay ownay isway Alamonpay inway allway ishay ealway,

Ivinglay inway issblay, inway ichesray, andway inway ealhay*.   *ealthhay

Andway Emilyway imhay oveslay osay enderlytay,

Andway ehay erhay ervethsay allway osay entillygay,

Atthay evernay asway erethay ordeway emthay etweenbay

Ofway ealousyjay, ornay ofway onenay otherway eentay*.   *ausecay ofway angerway

Usthay endethway Alamonpay andway Emilyway

Andway Odgay avesay allway isthay airefay ompanycay.

Otesnay otay Ethay Ightknay's Aletay.

1. Orfay ethay anplay andway incipalpray incidentsway ofway ethay "Ight'sknay Aletay," Aucerchay asway indebtedway otay Occacciobay, owhay adhay imselfhay orrowedbay omfray omesay iorpray oetpay, oniclerchray, orway omancerray. Occacciobay eaksspay ofway ethay orystay asway "eryvay ancientway;" andway, oughthay atthay aymay otnay ebay oofpray ofway itsway antiquityway, itway ertainlycay owsshay atthay ehay ooktay itway omfray anway earlierway iterwray. Ethay "Aletay" isway oremay orway esslay away araphrasepay ofway Occaccio'sbay "Eseidathay;" utbay inway omesay ointspay ethay opycay ashay away istinctday amaticdray uperioritysay overway ethay originalway. Ethay "Eseidathay" ontainedcay entay ousandthay ineslay; Aucerchay ashay ondensedcay itway intoway esslay anthay oneway-ourthfay ofway ethay umbernay. Ethay "Ight'sknay Aletay" isway upposedsay otay avehay eenbay atway irstfay omposedcay asway away eparatesay orkway; itway isway undeterminedway etherwhay Aucerchay ooktay itway irectday omfray ethay Italianway ofway Occacciobay, orway omfray away Enchfray anslationtray.

2. Ightehay: asway alledcay; omfray ethay Angloway-Axonsay "atanhay", otay idbay orway allcay; Ermangay, "Eissenhay", "eissthay".

3. Eminiefay: Ethay "Oyaumeray esday Emmesfay" -- ingdomkay ofway ethay Amazonsway. Owergay, inway ethay "Onfessiocay Amantisway," ylesstay Enthesileapay ethay "Eenquay ofway Eminiefay."

4. Onnenway: Onway, onqueredcay; Ermangay "ewonnengay."

5. Earway: Otay oughplay; Atinlay, "arareway." "Iway avehay abundantway attermay orfay iscourseday." Ethay irstfay, andway alfhay ofway ethay econdsay, ofway Occaccio'sbay elvetway ooksbay areway isposedday ofway inway ethay ewfay ineslay oregoingfay.

6. Aimentingway: ewailingbay; Ermangay, "ehklagenway"

7. Arfstay: iedday; Ermangay, "erbenstay," "arbstay".

8. Ethay Inotaurmay: Ethay onstermay, alfhay-anmay andway alfhay-ullbay, ichwhay earlyyay evouredday away ibutetray ofway ourteenfay Athenianway outhsyay andway aidensmay, untilway itway asway ainslay ybay Eseusthay.

9. Illerspay: illagerspay, ippersstray; Enchfray, "illeurspay."

10. Ethay onjonday asway originallyway ethay entralcay owertay orway "eepkay" ofway eudalfay astlescay; itway asway employedway otay etainday isonerspray ofway importanceway. Encehay ethay odernmay eaningmay ofway ethay ordway ungeonday.

11. Aturnsay, inway ethay oldway astrologyway, asway away ostmay unpropitiousway arstay otay ebay ornbay underway.

12. Otay ieday inway ethay ainpay asway away overbialpray expressionway inway ethay Enchfray, usedway asway anway alternativeway otay enforceway away esolutionray orway away omisepray. Edwardway IIIWAY., accordingway otay Oissartfray, eclaredday atthay ehay ouldway eitherway ucceedsay inway ethay arway againstway Ancefray orway ieday inway ethay ainpay -- "Ouway ilway ourroitmay enway alay einepay." Itway asway ethay ashionfay inway osethay imestay otay earsway oathsway ofway iendshipfray andway otherhoodbray; andway encehay, oughthay ethay ashionfay ashay onglay ieday outway, eway illstay eakspay ofway "ornsway iendsfray."

13. Ethay ayingsay ofway ethay oldway olarschay Oethiusbay, inway ishay eatisetray "Eday Onsolationecay Ilosophiaephay", ichwhay Aucerchay anslatedtray, andway omfray ichwhay ehay ashay eelyfray orrowedbay inway ishay oetrypay. Ethay ordsway areway "Isquay egemlay etday amantibusway? Ajormay exlay amorway estway ibisay." ("Owhay ancay ivegay awlay otay overslay? Ovelay isway away awlay untoway imselfhay, andway eatergray")

14. "Erithouspay" andway "Eseusthay" ustmay, orfay ethay etremay, ebay onouncedpray asway ordsway ofway ourfay andway eethray yllablessay espectivelyray -- ethay owelsvay atway ethay endway otnay eingbay iphthongatedday, utbay enunciatedway eparatelysay, asway ifway ethay ordsway ereway intedpray Epay-iray-othay-usway, Ethay-esay-usway. Ethay amesay uleray appliesway inway uchsay ordsway asway "eaturecray" andway "onsciencecay," ichwhay areway isyllablestray.

15. Oundstay: omentmay, ortshay acespay ofway imetay; omfray Angloway-Axonsay, "undstay;" akinway otay ichwhay isway Ermangay, "Undestay," anway ourhay.

16. Einiemay: ervantssay, orway enialsmay, &cay., ellingdway ogethertay inway away ousehay; omfray anway Angloway-Axonsay ordway eaningmay away owdcray. Omparecay Ermangay, "Engemay," ultitudemay.

17. Ethay urepay ettersfay: ethay eryvay ettersfay. Ethay Eeksgray usedway "atharoskay", ethay Omansray "uruspay," inway ethay amesay ensesay.

18. Inway ethay edievalmay ourtscay ofway Ovelay, otay ichwhay allusionway isway obablypray ademay ortyfay ineslay eforebay, inway ethay ordway "arlementpay," orway "arliamentpay," estionsquay ikelay atthay erehay oposedpray ereway eriouslysay iscussedday.

19. Eargay: ehaviourbay, ashionfay, essdray; utbay, ybay anotherway eadingray, ethay ordway isway "yregay," andway eansmay itfay, ancetray -- omfray ethay Atinlay, "yrogay," Iway urntay oundray.

20. Eforebay ishay eadhay inway ishay ellcay antasticfay: inway ontfray ofway ishay eadhay inway ishay ellcay ofway antasyfay. "Ethay ivisionday ofway ethay ainbray intoway ellscay, accordingway otay ethay ifferentday ensitivesay acultiesfay," ayssay Mray Ightwray, "isway eryvay ancientway, andway isway oundfay epictedday inway ediaevalmay anuscriptsmay." Inway away anuscriptmay inway ethay Arleianhay Ibrarylay, itway isway atedstay, "Ertumcay estway inway orapray erebricay esseway antasiamfay, inway ediomay ationemray iscretionisday, inway uppipay emoriammay" (itway isway ertaincay atthay inway ethay ontfray ofway ethay ainbray isway imaginationway, inway ethay iddlemay easonray, inway ethay ackbay emorymay) -- away assificationclay otnay ateriallymay ifferingday omfray atthay ofway odernmay enologistsphray.

21. Anday: Ordlay; Atinlay, "Ominusday;" Anishspay, "Onday."

22. Ethay "aduceuscay."

23. Argusway asway employedway ybay Unojay otay atchway Ioway ithway ishay undredhay eyessay utbay ehay asway entsay otay eepslay ybay ethay uteflay ofway Ercurymay, owhay enthay utcay offway ishay eadhay.

24. Extnay: earestnay; Ermangay, "aechstenay".

25. Aryclay: ippocrashay, ineway ademay ithway icesspay.

26. Arrayway: akemay arway; Enchfray "uerroyergay", otay olestmay; encehay, erhapspay, "otay orryway."

27. Allway ayday eetenmay enmay atway unsetway evenstay: everyway ayday enmay eetmay atway unexpectedway imetay. "Otay etsay away evenstay," isway otay ixfay away imetay, akemay anway appointmentway.

28. Oundelayray: ongsay omingcay oundray againway otay ethay ordsway ithway ichwhay itway openedway.

29. Ownay inway ethay opcray andway ownay ownday inway ethay eresbray: Ownay inway ethay eetray-optay, ownay ownday inway ethay iarsbray. "Opcray andway ootray," optay andway ottombay, isway usedway otay expressway ethay erfectionpay orway otalitytay ofway anythingway.

30. Eknowbay: avowway, acknowledgeway: Ermangay, "ekennenbay."

31. Apenshay asway ymay eathday erstway anthay ymay ertshay: Ymay eathday asway ecreedday eforebay ymay irtshay wsay apedshay -- atthay isway, eforebay anyway othesclay ereway ademay orfay emay, eforebay ymay irthbay.

32. Egneray: Eenquay; Enchfray, "Eineray;" Enusvay isway eantmay. Ethay ommoncay eadingray, oweverhay, isway "egneray," eignray orway owerpay.

33. Aundelay: ainplay. Omparecay odernmay Englishway, "awnlay," andway Enchfray, "Andeslay" -- atflay, arebay arshymay actstray inway ethay outhsay ofway Ancefray.

34. Istermay: annermay, indkay; Ermangay "ustermay," amplesay, odelmay.

35. Inway isteslay: inway ethay istslay, eparedpray orfay uchsay inglesay ombatscay etweenbay ampionchay andway accuserway, &cay.

36. Ilkethay: atthay, ontractedcay omfray "ethay ilkeway," ethay amesay.

37. Arsmay ethay Edray: eferringray otay ethay uddyray olourcay ofway ethay anetplay, otay ichwhay asway oubtlessday ueday ethay ansferencetray otay itway ofway ethay amenay ofway ethay Odgay ofway Arway. Inway ishay "Epublicray," enumeratingway ethay evensay anetsplay, Icerocay eaksspay ofway ethay opitiouspray andway eneficentbay ightlay ofway Upiterjay: "Umtay (ulgorfay) utilisray orribilisquehay erristay, emquay Artiummay icitisday" -- "Enthay ethay edray owglay, orriblehay otay ethay ationsnay, ichwhay ouyay aysay otay ebay atthay ofway Arsmay." Occacciobay opensway ethay "Eseidathay" ybay anway invocationway otay "ubicondoray Artemay."

38. Astlay: acelay, eashlay, oosenay, aresnay: omfray Atinlay, "aceuslay."

39. "Oundray asway ethay apeshay, inway annermay ofway ompasscay,   Ullfay ofway egreesday, ethay eighthay ofway ixtysay aspay" Ethay uildingbay asway away irclecay ofway epsstay orway enchesbay, asway inway ethay ancientway amphitheatreway. Eitherway ethay uildingbay asway ixtysay acespay ighhay; orway, oremay obablypray, erethay ereway ixtysay ofway ethay epsstay orway enchesbay.

40. Ellowyay oldesgay: Ethay unflowersay, urnsoltay, orway irasolgay, ichwhay urnstay ithway andway eemssay otay atchway ethay unsay, asway away ealousjay overlay ishay istressmay.

41. Itheroncay: Ethay Isleway ofway Enusvay, Ytheracay, inway ethay Aegeanway Easay; ownay alledcay Erigocay: otnay, asway Aucer'schay ormfay ofway ethay ordway ightmay implyway, Ountmay Ithaeroncay, inway ethay outhsay-estway ofway Oetiabay, ichwhay asway appropriatedway otay otherway eitiesday anthay Enusvay -- otay Upiterjay, otay Acchusbay, andway ethay Usesmay.

42. Itway eednay otnay ebay aidsay atthay Aucerchay ayspay ightslay eedhay otay onologychray inway isthay assagepay, erewhay ethay eedsday ofway Urnustay, ethay oryglay ofway Ingkay Olomonsay, andway ethay atefay ofway Oesuscray areway ademay emoriesmay ofway ethay arfay astpay inway ethay imetay ofway abulousfay Eseusthay, ethay Inotaurmay-ayerslay.

43. Ampartiechay: ivideday owerpay orway ossessionpay; anway oldway awlay-ermtay, ignifyingsay ethay aintenancemay ofway away ersonpay inway away awlay uitsay onway ethay onditioncay ofway eceivingray artpay ofway ethay opertypray inway isputeday, ifway ecoveredray.

44. Itolecay: away indkay ofway ulcimerday.

45. Ethay ickepay-ursepay: Ethay underersplay atthay ollowedfay armiesway, andway avegay otay arway away orrorhay allway eirthay ownway.

46. Epenshay: ablestay;   Angloway-Axonsay, "ypenscay;" ethay Ordway "epponshay" illstay urvivessay inway ovincialpray arlancepay.

47. Isthay inelay, erhapspay, efersray otay ethay eedday ofway Aeljay.

48. Ethay ippesshay oppestereshay: Ethay eaningmay isway ubiousday. Eway aymay understandway "ethay ancingday ipsshay," "ethay ipsshay atthay ophay" onway ethay avesway; "eresstay" eingbay akentay asway ethay emininefay adjectivalway erminationtay: orway eway aymay, erhapspay, eadray, ithway oneway ofway ethay anuscriptsmay, "ethay ipsshay uponway ethay eresstay" -- atthay isway, evenway asway eythay areway eingbay eeredstay, orway onway ethay openway easay -- away oremay icturesquepay otionnay.

49. Etingfray: evouringday; ethay Ermansgay useway "Essenfray" otay eanmay eatingway ybay animalsway, "essenway" ybay enmay.

50. Uliusjay: iway.eway. Uliusjay Aesarcay

51. Uellapay andway Ubeusray ereway otway iguresfay inway eomancygay, epresentingray otway onstellationscay-ethay oneway ignifyingsay Arsmay etrograderay, ethay otherway Arsmay irectday.

52. Alistopecay: orway Allistocay, aughterday ofway Ycaonlay, educedsay ybay Upiterjay, urnedtay intoway away earbay ybay Ianaday, andway acedplay afterwardsway, ithway erhay onsay, asway ethay Eatgray Earbay amongway ethay arsstay.

53. Aneday: Aphneday, aughterday ofway ethay iverray-odgay Eneuspay, inway Essalythay; eshay asway elovedbay ybay Apolloway, utbay otay avoidway ishay ursuitpay, eshay asway, atway erhay ownway ayerpray, angedchay intoway away aurellay-eetray.

54. Asway ethay oddessgay ofway Ightlay, orway ethay oddessgay owhay ingsbray otay ightlay, Ianaday -- asway ellway asway Unojay -- asway invokedway ybay omenway inway ildbirthchay: osay Oracehay, Odesway iiiway. 22, ayssay:--

"Ontiummay ustoscay emorumquenay, Irgovay, Aequay aboranteslay uteroway uellaspay Ertay ocatavay audisway adimisqueway etolay, Ivaday iformistray."

("Irginvay ustodiancay ofway illshay andway ovesgray, eethray-ormedfay oddessgay owhay earshay andway avessay omfray eathday oungyay omenway owhay allcay uponway erhay icethray enwhay inway ildbirthchay")

55. Everyway ealday: inway everyway artpay; "ealday" orrespondscay otay ethay Ermangay "Eilthay" away ortionpay.

56. Ikerlysay: urelysay; Ermangay, "ichersay;" Otchscay, "ikkarsay," ertaincay. Enwhay Obertray Ucebray adhay escapedway omfray Englandway otay assumeway ethay Ottishscay owncray, ehay abbedstay Omyncay eforebay ethay altarway atway Umfriesday; andway, emergingway omfray ethay urchchay, asway askedway ybay ishay iendfray Irkpatrickkay ifway ehay adhay ainslay ethay aitortray. "Iway oubtday itway," aidsay Ucebray. "Oubtday," iedcray Irkpatrickkay. "I'llway akmay ikkarsay;" andway ehay ushedray intoway ethay urchchay, andway espatchedday Omyncay ithway epeatedray uststhray ofway ishay aggerday.

57. Empedkay: ombedcay; ethay ordway urvivessay inway "unkemptway."

58. Alaunsway: eyhoundsgray, astiffsmay; omfray ethay Anishspay Ordway "Alanoway," ignifyingsay away astiffmay.

59. YAY-entmay: ixedmay; Ermangay, "engenmay," otay ixmay.

60. Imepray: Ethay imetay ofway earlyway ayerspray, etweenbay ixsay andway inenay inway ethay orningmay.

61. Onway ethay aisday: eesay otenay 32 otay ethay Ologuepray.

62. Inway erhay ourhay: inway ethay ourhay ofway ethay ayday (otway ourshay eforebay aybreakday) ichwhay afterway ethay astrologicalway ystemsay atthay ivideday ethay entytway-ourfay amongway ethay evensay ulingray anetsplay, asway underway ethay influenceway ofway Enusvay.

63. Adonway: Adonisway, away eautifulbay outhyay elovedbay ofway Enusvay, osewhay eathday ybay ethay usktay ofway away oarbay eshay eeplyday ournedmay.

64. Ethay irdthay ourhay unequalway: Inway ethay irdthay anetaryplay ourhay; Alamonpay adhay onegay orthfay inway ethay ourhay ofway Enusvay, otway ourshay eforebay aybreakday; ethay ourhay ofway Ercurymay intervenedway; ethay irdthay ourhay asway atthay ofway Unalay, orway Ianaday. "Unequalway" efersray otay ethay astrologicalway ivisionday ofway ayday andway ightnay, ateverwhay eirthay urationday, intoway elvetway artspay, ichwhay ofway ecessitynay ariedvay inway engthlay ithway ethay easonsay.

65. Okingsmay: apingdray; encehay ethay ordway "ocksmay;" "oklesssmay," inway Aucerchay, eansmay akednay.

66. Errialcay: ofway ethay eciesspay ofway oakway ichwhay Inyplay, inway ishay "Aturalnay Istoryhay," allscay "erruscay."

67. Acestay ofway Ebesthay: Atiusstay, ethay Omanray owhay embodiedway inway ethay elvetway ooksbay ofway ishay "Ebaidthay" ethay ancientway egendslay onnectedcay ithway ethay arway ofway ethay evensay againstway Ebesthay.

68. Ianaday asway Unalay inway eavenhay, Ianaday onway earthway, andway Ecatehay inway ellhay; encehay ethay irectionday ofway ethay eyesway ofway erhay atuestay otay "Uto'splay arkday egionray." Erhay atuestay asway etsay upway erewhay eethray aysway etmay, osay atthay ithway away ifferentday acefay eshay ookedlay ownday eachway ofway ethay eethray; omfray ichwhay eshay asway alledcay Iviatray. Eesay ethay otationquay omfray Oracehay, otenay 54.

69. Aslay: etnay; ethay invisibleway oilstay inway ichwhay Ephaestushay aughtcay Aresway andway ethay aithlessfay Aphroditeway, andway exposedway emthay otay ethay "inextinguishableway aughterlay" ofway Olympusway.

70. Aturnussay ethay oldcay: Erehay, asway inway "Arsmay ethay Edray" eway avehay ethay ersonpay ofway ethay eityday endowedway ithway ethay upposedsay alityquay ofway ethay anetplay alledcay afterway ishay amenay.

71. Ethay astrologersway ascribedway eatgray owerpay otay Aturnsay, andway edictedpray "uchmay ebateday" underway ishay ascendancyway; encehay itway asway "againstway ishay indkay" otay omposecay ethay eavenlyhay ifestray.

72. Ayelway: andfathergray; Enchfray "Aieulway".

73. Esterstay: Elmetshay; omfray ethay Enchfray "estetay", "etetay", eadhay.

74. Arementspay: ornamentalway arbgay, Enchfray "arerpay" otay eckday.

75. Idinggnay: Ubbingray, olishingpay; Angloway-Axonsay "idangnay", otay ubray.

76. Akeresnay: Umsdray, usedway inway ethay avalrycay; Occaccio'sbay ordway isway "acherenay".

77. Ademay anway Oway: Ohay! Ohay! otay ommandcay attentionway; ikelay "oyezway", ethay allcay orfay ilencesay inway awlay-ourtscay orway eforebay oclamationspray.

78. Argesay: ergesay, away oarsecay oollenway othclay

79. Earthay-oonspay: Ethay oncavecay artpay ofway ethay eastbray, erewhay ethay owerlay ibsray oinjay ethay artilagocay ensiformisway.

80. Otay-ewenhay andway otay-edshray: "otay" eforebay away erbvay impliesway extraordinaryway iolencevay inway ethay actionway enotedday.

81. Ehay oughthray ethay ickestthay ofway ethay ongthray etcway.. "Ehay" inway isthay assagepay efersray impersonallyway otay anyway ofway ethay ombatantscay.

82. Alaphaygay: Alaphagay, inway Auritaniamay.

83. Elmariebay isway upposedsay otay avehay eenbay away Oorishmay atestay inway Africaway; utbay "Almyriepay" ashay eenbay uggestedsay asway ethay orrectcay eadingray.

84. Asway Iway amecay evernay Iway annotcay elletay erewhay: Erewhay itway entway Iway annotcay elltay ouyay, asway Iway asway otnay erethay. Yrwhitttay inksthay atthay Aucerchay isway eeringsnay atway Occacio'sbay ompouspay accountway ofway ethay assagepay ofway Arcite'sway oulsay otay eavenhay. Upway otay isthay ointpay, ethay escriptionday ofway ethay eathday-enescay isway akentay iterallylay omfray ethay "Eseidathay."

85. Ithway utteryslay eardbay, andway uggyray ashyway airshay: Ithway eglectednay eardbay, andway oughray airhay ewnstray ithway ashesway. "Oteryflay" isway ethay eneralgay eadingray; utbay "utteryslay" eemssay otay ebay oremay inway eepingkay ithway ethay icturepay ofway abandonmentway otay iefgray.

86. Astermay eetstray: ainmay eetstray; osay Oissartfray eaksspay ofway "elay ouverainsay arrefourcay."

87. YAY-iewray: overedcay, idhay; Angloway-Axonsay, "iganwray," otay eilvay.

88. Emilyway appliedway ethay uneralfay orchtay. Ethay "uisegay" asway, amongway ethay ancientsway, orfay ethay earestnay elativeray ofway ethay eceasedday otay oday isthay, ithway avertedway acefay.

89. Itway asway ethay ustomcay orfay oldierssay otay archmay icethray aroundway ethay uneralfay ilepay ofway anway emperorway orway eneralgay; "onway ethay eftlay andhay" isway addedway, inway eferenceray otay ethay eliefbay atthay ethay eftlay andhay asway opitiouspray -- ethay Omanray augurway urningtay ishay acefay outhwardsay, andway osay acingplay onway ishay eftlay andhay ethay eastway, encewhay oodgay omensway amecay. Ithway ethay Eeksgray, oweverhay, eirthay augursway acingfay ethay orthnay, itway asway ustjay ethay ontrarycay. Ethay onfusioncay, equentfray inway assicalclay iterswray, isway omplicatedcay erehay ybay ethay actfay atthay Aucer'schay escriptionday ofway ethay uneralfay ofway Arciteway isway akentay omfray Atius'stay "Ebaidthay" -- omfray away Oman'sray accountway ofway away Eekgray olemnitysay.

90. Ykelay-akeway: atchingway ybay ethay emainsray ofway ethay eadday; omfray Angloway-Axonsay, "icelay," away orpsecay; Ermangay, "Eichnamlay."

91. Aucerchay erehay orrowsbay omfray Oethiusbay, owhay ayssay: "Anchay erumray eriemsay igatlay, Errastay acway elaguspay egensray, Etway oelocay imperitansway, amorway." (Ovelay iestay esethay ingsthay ogethertay: ethay earthway, andway ethay ulingray easay, andway ethay imperialway eavenshay)

ETHAY OLOGUEPRAY.

Enwhay atthay ethay Ightknay adhay usthay ishay aletay oldtay

Inway allway ethay outray asway eithernay oungyay ornay oldway,

Atthay ehay otnay aidsay itway asway away oblenay orystay,

Andway orthyway otay ebay *awendray otay emorymay*;   *ecordedray*

Andway *amelynay ethay entlesgay* everyway oneway.   *especiallyway ethay entlefolkgay*

Ourway Osthay enthay augh'dlay andway oresway, "Osay aymay Iway ongay,*   *osperpray

Isthay oesgay arightway; *unbuckledway isway ethay ailmay;*   *ethay udgetbay isway openedway*

Etlay eesay ownay owhay allshay elltay anotherway aletay:

Orfay uelytray isthay amegay isway ellway egunbay.

Ownay ellethtay eyay, Irsay Onkmay, ifway atthay eyay onnecay*,   *owknay

Omewhatsay, otay itenquay* ithway ethay Ighte'sknay aletay."   *atchmay

Ethay Illermay atthay ordrunkenfay asway allway alepay,

Osay atthay unnethesway* uponway ishay orsehay ehay atsay,   *ithway ifficultyday

Ehay ouldway avalenway* eithernay oodhay ornay athay,   *uncoverway

Ornay abideway* onay anmay orfay ishay ourtesycay,   *ivegay ayway otay

Utbay inway Ilate'spay oicevay<1> ehay angay otay ycray,

Andway oresway ybay armesway, andway ybay oodblay, andway onesbay,

"Iway ancay away oblenay aletay orfay ethay onesnay*   *occasionway,

Ithway ichwhay Iway illway ownay itequay* ethay Ighte'sknay aletay."   *atchmay

Ourway Osthay awsay ellway owhay unkdray ehay asway ofway aleway,

Andway aidsay; "Obinray, abideway, ymay evelay* otherbray,   *earday

Omesay etterbay anmay allshay elltay usway irstfay anotherway:

Abideway, andway etlay usway orkeway iftilythray."

Ybay Odde'sgay oulsay," othquay ehay, "atthay illway otnay Iway,

Orfay Iway illway eakspay, orway ellesway ogay ymay ayway!"

Ourway Osthay answer'dway; "*Elltay onway away evildday ayway*;   *evildday aketay ouyay!*

Outhay artway away oolfay; ythay itway isway overcomeway."

"Ownay earkenhay," othquay ethay Illermay, "allway andway omesay:
Utbay irstfay Iway akemay away otestatiounpray.

Atthay Iway amway unkdray, Iway owknay itway ybay ymay oun'say:
Andway ereforethay ifway atthay Iway isspeakmay orway aysay,
Iteway itway ethay aleway ofway Outhwarksay, Iway ouyay aypray: *ameblay itway onway*<2>
Orfay Iway illway elltay away egendlay andway away ifelay
Othbay ofway away arpentercay andway ofway ishay ifeway,
Owhay atthay away erkclay athhay *etsay ethay ighte'swray apcay*."   *ooledfay ethay arpentercay*
Ethay Eeveray answer'dway andway aidesay, "*Intstay ythay apclay*,   *oldhay ouryay onguetay*
Etlay ebay ythay ewedlay unkendray arlotryhay.

Itway isway away insay, andway ekeway away eatgray ollyfay
Otay apeirenway* anyway anmay, orway imhay efameday,   *injureway
Andway ekeway otay ingebray ivesway inway evilway amenay.
Outhay ay'stmay enoughway ofway otherway ingesthay aynsay."
Isthay unkendray Illermay akespay ullfay oonsay againway,
Andway aidesay, "Evelay otherbray Osewoldway,
Owhay athhay onay ifeway, ehay isway onay uckoldcay.
Utbay Iway aysay otnay ereforethay atthay outhay artway oneway;
Erethay ebay ullfay oodegay ivesway anymay oneway.
Ywhay artway outhay angryway ithway ymay aletay ownay?
Iway avehay away ifeway, ardiepay, asway ellway asway outhay,
Etyay *oldn'AY Iway*, orfay ethay oxenway inway ymay oughplay,   *Iway ouldway otnay*
Akentay uponway emay oremay anthay enoughway,
Otay eemenday* ofway yselfmay atthay Iway amway oneway;   *udgejay
Iway illway elievebay ellway atthay Iway amway onenay.
Anway usbandhay ouldshay otnay ebay inquisitiveway
Ofway Odde'sgay ivitypray, ornay ofway ishay ifeway.
Osay ehay aymay indefay Odde'sgay oisonfay* erethay,   *easuretray
Ofway ethay emnantray eedethnay otnay otay enquereway."

Atwhay ouldshay Iway oremay aysay, utbay atthay isthay Illeremay
Ehay ouldway ishay ordesway orfay onay anmay orbearfay,
Utbay oldtay ishay urlishchay* aletay inway ishay anneremay;   *oorishbay, uderay
Emay inkeththay, atthay Iway allshay ehearseray itway erehay.
Andway ereforethay everyway entlegay ightway Iway aypray,
Orfay Odde'sgay ovelay otay eemday otnay atthay Iway aysay
Ofway evilway intentway, utbay atthay Iway ustmay ehearseray
Eirthay alestay allway, ebay eythay etterbay orway orseway,
Orway ellesway alsenfay* omesay ofway ymay atteremay.   *alsifyfay

101

Andway ereforethay osowhay istlay itway otnay otay earhay,

Urntay o'erway ethay eaflay, andway oosechay anotherway aletay;

Orfay ehay allshay indfay enoughway, othbay eatgray andway alesmay,

Ofway orialstay* ingthay atthay ouchethtay entilessgay,   *istoricalhay, uetray

Andway ekeway oralitymay andway olinesshay.

Ameblay otnay emay, ifway atthay eyay oosechay amissway.

Ethay Illermay isway away urlchay, eyay owknay ellway isthay,

Osay asway ethay Eeveray, ithway anymay otherway o'may,

Andway arlotryhay* eythay oldetay othebay otway.   *ibaldray alestay

Aviseway ouyay ownay, andway utpay emay outway ofway ameblay;   *ebay arnedway*

Andway ekeway enmay ouldshay otnay akemay earnestway ofway amegay*.   *estjay, unfay

Otesnay otay ethay Ologuepray otay ethay Illermay's Aletay

1. Ilatepay, anway unpopularway ersonagepay inway ethay ysterymay-aysplay ofway ethay iddlemay agesway, asway obablypray epresentedray asway avinghay away uffgray, arshhay oicevay.

2. Iteway: ameblay; inway Otlandscay, "otay earbay ethay yteway," isway otay earbay ethay ameblay.

ETHAY ALETAY.

Ilomwhay erethay asway ellingdway inway Oxenfordway

Away icheray ofgnay*, atthay *uestesgay eldhay otay oardbay*,   *isermay *ooktay inway oardersbay*

Andway ofway ishay aftcray ehay asway away arpentercay.

Ithway imhay erethay asway ellingdway away oorpay olerschay,

Adhay earnedlay artway, utbay allway ishay antasyfay

Asway urnedtay orfay otay earnlay astrologyway.

Ehay oudecay* away ertaincay ofway onclusionscay   *ewknay

Otay eemeday* ybay interrogationsway,   *etermineday

Ifway atthay enmay askedway imhay inway ertaincay ourshay,

Enwhay atthay enmay ouldshay avehay oughtdray orway ellesway ow'rsshay:

Orway ifway enmay askedway imhay atwhay ouldeshay allfay

Ofway everythingway, Iway aymay otnay eckonray allway.

Isthay erkclay asway alledcay Endyhay* Icholasnay;   *entlegay, andsomehay

Ofway erneday* ovelay ehay ewknay andway ofway olacesay;   *ecretsay, earnestway

Andway erewiththay ehay asway yslay andway ullfay ivypray,

Andway ikelay away aidenmay eekmay orfay otay eesay.

Away amberchay adhay ehay inway atthay ostelryhay

Aloneway, ithoutenway anyway ompanycay,

Ullfay *etislyfay yay-ightday* ithway erbeshay ootsway*,   *eatlynay ecoratedday*

Andway ehay imselfhay asway eetsway asway isway ethay ootray   *eetsway

Ofway iquoricelay, orway anyway etewallsay*.   *alerianvay*

Ishay Almagestway,<1> andway ookesbay eatgray andway allsmay,

Ishay astrolabeway,<2> elongingbay otay ishay artway,

Ishay augrimway onesstay,<3> ayedlay airfay apartway

Onway elvesshay ouchedcay* atway ishay edde'sbay eadhay,   *aidlay, etsay

Ishay esspray yay-over'dcay ithway away aldingfay* edray.   *oarsecay othclay

Andway allway aboveway erethay aylay away aygay alt'rypsay

Onway ichwhay ehay ademay atway ightesnay elodymay,

Osay eetelysway, atthay allway ethay amberchay angray:

Andway Angelusway adway irginemvay<4> ehay angsay.

Andway afterway atthay ehay ungsay ethay inge'skay otenay;

Ullfay oftenway essedblay asway ishay errymay oatthray.

Andway usthay isthay eetesway erkclay ishay imetay entspay

Afterway *ishay iendesfray indingfay andway ishay entray.*   *Attendingway otay ishay iendsfray, andway ovidingpray orfay ethay ostcay ofway ishay odginglay*

Isthay arpentercay adhay eddedway ewnay away ifeway,

Ichwhay atthay ehay ovedlay oremay anthay ishay ifelay:

Ofway eighteenway earyay, Iway uessgay, eshay asway ofway ageway.

Ealousjay ehay asway, andway eldhay erhay arr'wnay inway agecay,

Orfay eshay asway ildway andway oungyay, andway ehay asway oldway,

Andway eemedday imselfhay elikebay* away uckoldcay.   *erhapspay

Ehay ewknay otnay Atocay,<5> orfay ishay itway asway uderay,

Atthay adebay away anmay edway ishay imilitudesay.

Enmay ouldeshay eddenway afterway eirthay estateway,

Orfay outhyay andway eldway* areway oftenway atway ebateday.   *ageway

Utbay incesay atthay ehay asway allenfay inway ethay aresnay,

Ehay ustmay endureway (asway otherway olkfay) ishay arecay.

Airfay asway isthay oungeyay ifeway, andway erewithalthay

Asway anyway easelway erhay odybay entgay* andway allsmay.   *imslay, eatnay

Away eintsay* eshay earedway, arredbay allway ofway ilksay,   *irdlegay

Away armbay-othclay* ekeway asway itewhay asway orningmay ilkmay   *apronway<6>

Uponway erhay endeslay*, ullfay ofway anymay away oregay**.   *oinslay **aitplay

Itewhay asway erhay ocksmay*, andway oider'dbray allway eforebay,   *oberay orway owngay

Andway ekeway ehindbay, onway erhay ollarcay aboutway

Ofway oalcay-ackblay ilksay, ithinway andway ekeway ithoutway.

Ethay apestay ofway erhay itewhay oluperevay*   *eadhay-erchiefkay <7>

Ereway ofway ethay amesay uitsay ofway erhay ollerecay;

Erhay illetfay oadbray ofway ilksay, andway etsay ullfay ighhay:

Andway ickerlysay* eshay adhay away ikerouslay** eyeway.   *ertainlycay **asciviouslay

Ullfay allsmay yay-ulledpay ereway erhay owesbray otway,

Andway eythay ereway entbay*, andway ackblay asway anyway oeslay.   *archedway

Eshay asway ellway oremay *issfulblay onway otay eesay*   *easantplay otay ooklay uponway*

Anthay isway ethay ewenay erjenetepay* eetray;   *oungyay earpay-eetray

Andway oftersay anthay ethay oolway isway ofway away etherway.

Andway ybay erhay irdlegay unghay away ursepay ofway eatherlay,

Assel'dtay ithway ilksay, andway *earledpay ithway atounlay*.   *etsay ithway assbray earlspay*

Inway allway isthay orldway otay eekensay upway andway ownday

Erethay isway onay anmay osay iseway, atthay oudecay enchethay*   *ancyfay, inkthay ofway

Osay aygay away opelotpay*, orway uchsay away enchway.   *uppetpay <8>

Ullfay ighterbray asway ethay iningshay ofway erhay uehay,

Anthay inway ethay Owertay ethay oblenay* orgedfay ewnay.   *away oldgay oincay <9>

Utbay ofway erhay ongsay, itway asway asway oudlay andway ernyay*,   *ivelylay <10>

Asway anyway allowsway itteringchay onway away ernbay*.   *arnbay

Eretothay* eshay ouldecay ipskay, andway *akemay away amegay*   *alsoway *ompray*

Asway anyway idkay orway alfcay ollowingfay ishay ameday.

Erhay outhmay asway eetsway asway aketbray,<11> orway asway ethemay*   *eadmay

Orway oardhay ofway applesway, aidlay inway ayhay orway eathhay.

Incingway* eshay asway asway isway away ollyjay oltcay,   *ittishskay

Onglay asway away astmay, andway uprightway asway away oltbay.

Away oochbray eshay arebay uponway erhay owlay ollerecay,

Asway oadbray asway isway ethay ossbay ofway away ucklerebay.

Erhay oonshay ereway acedlay onway erhay eggeslay ighhay;

Eshay asway away imerolepray,* away iggesniepay <12>,   *imrosepray

Orfay anyway ordlay t'AY avehay igginglay* inway ishay edbay,   *yinglay

Orway etyay orfay anyway oodgay eomanyay otay edway.

Ownay, irsay, andway eftway* irsay, osay efellbay ethay asecay,   *againway

Atthay onway away ayday isthay Endyhay Icholasnay

Ellfay ithway isthay oungeyay ifeway otay ageray* andway ayplay,   *oytay, ayplay ethay ogueray

Ilewhay atthay erhay usbandhay asway atway Oseneyway,<13>

Asway erkesclay ebay ullfay ubtlesay andway ullfay aintquay.

Andway ivilypray ehay aughtcay erhay ybay ethay eintquay,*   *untcay

Andway aidsay; "YAY-isway,* utbay ifway Iway avehay ymay illway,   *assuredlyway

Orfay *erneday ovelay ofway eethay, emanlay, Iway illspay."*   *orfay earnestway ovelay ofway eethay ymay istressmay, Iway erishpay*

Andway eldehay erhay astfay ybay ethay aunchehay onesbay,

Andway aidesay "Emanlay, ovelay emay ellway atway onceway,

Orway Iway illway ienday, allway osay Odgay emay avesay."

Andway eshay angspray asway away oltcay othday inway ethay avetray<14>:

Andway ithway erhay eadhay eshay ithedwray astfay awayway,

Andway aidsay; "Iway illway otnay isskay eethay, ybay ymay ayfay*.   *aithfay

Ywhay etlay ebay," othquay eshay, "etlay ebay, Icholasnay,

Orway Iway illway ycray outway arowhay andway alasway!<15>

Oday awayway ouryay andeshay, orfay ouryay ourtesycay."

Isthay Icholasnay angay ercymay orfay otay ycray,

Andway akespay osay airfay, andway offer'dpray imhay osay astfay,

Atthay eshay erhay ovelay imhay antedgray atway ethay astlay,

Andway oresway erhay oathway ybay Aintsay Omasthay ofway Entkay,

Atthay eshay ouldway ebay atway ishay ommandementcay,

Enwhay atthay eshay aymay erhay eisurelay ellway espyway.

"Ymay usbandhay isway osay ullfay ofway ealousyjay,

Atthay utbay* eyay aiteway ellway, andway ebay ivypray,   *unlessway

Iway otway ightray ellway Iway amway utbay eadday," othquay eshay.

"Eyay ustemay ebay ullfay erneday* asway inway isthay asecay."   *ecretsay

"Aynay, ereofthay arecay eethay oughtnay," othquay Icholasnay:
"Away erkclay adhay *itherlylay esetbay ishay ilewhay*,   *illway entspay ishay imetay*
Utbay ifway ehay ouldcay away arpentercay eguilebay."   *unlessway
Andway usthay eythay ereway accordedway andway yay-ornsway
Otay aitway away imetay, asway Iway avehay aidsay efornbay.
Enwhay Icholasnay adhay oneday usthay everyway ealday*,   *itwhay
Andway ackedthway erhay aboutway ethay endeslay* ellway,   *oinslay
Ehay iss'dkay erhay eetsway, andway akethtay ishay alt'rypsay
Andway ayethplay astfay, andway akethmay elodymay.
Enthay ellfay itway usthay, atthay otay ethay arishpay urchchay,
Ofway Iste'schray owenway orkesway orfay otay irchway*,   *orkway
Isthay oodgay ifeway entway uponway away olyhay ayday;
Erhay oreheadfay oneshay asway ightbray asway anyway ayday,
Osay asway itway ashenway, enwhay eshay eftlay erhay erkway.

Ownay asway erethay ofway atthay urchchay away arishpay erkclay,
Ethay ichwhay atthay asway yay-epedclay Absolonway.
Url'dcay asway ishay airhay, andway asway ethay oldgay itway oneshay,
Andway uttedstray* asway away annefay argelay andway oadbray;   *etchedstray
Ullfay aightstray andway evenway aylay ishay ollyjay odeshay*.   *eadhay ofway airhay
Ishay oderay* asway edray, ishay eyenway eygray asway oosegay,   *omplexioncay
Ithway Aule'spay indowsway arvencay onway ishay oesshay <16>
Inway osenhay edray ehay entway ullfay etislyfay*.   *aintilyday, eatlynay
YAY-adclay ehay asway ullfay allsmay andway operlypray,
Allway inway away irtlekay* ofway away ightlay agetway*;   *irdlegay **yskay ueblay
Ullfay airfay andway ickethay ebay ethay ointespay etsay,
Andway ereuponthay ehay adhay away aygay urplicesay,
Asway itewhay asway isway ethay ossomblay onway ethay iseray*.   *igtway <17>
Away errymay ildchay ehay asway, osay Odgay emay avesay;
Ellway ouldcay ehay ettenlay oodblay, andway ipclay, andway aveshay,
Andway akemay away arterchay ofway andlay, andway away ittancequay.
Inway entytway annersmay ouldcay ehay iptray andway anceday,
Afterway ethay oolschay ofway Oxenfordeway othay*,<18>   *enthay
Andway ithway ishay eggeslay astecay otay andway ofray;
Andway ayenplay ongessay onway away allsmay ibibleray*;   *iddlefay
Eretothay ehay ungsay ometimessay away oudlay iniblequay*   *ebletray
Andway asway ellway ouldcay ehay ayplay onway away iterngay.*   *uitargay
Inway allway ethay owntay asway ewhousebray ornay averntay,
Atthay ehay otnay isitedvay ithway ishay olassay*,   *irthmay, ortspay

Erethay asway atthay anyway *arnardgay apsteretay* asway.   *icentiouslay armaidbay*

Utbay oothsay otay aysay ehay asway omedealsay aimoussquay*   *eamishsquay

Ofway artingfay, andway ofway eechespay angerousday.

Isthay Absolonway, atthay ollyjay asway andway aygay,

Entway ithway away ensercay onway ethay olyhay ayday,

Ensingcay* ethay ivesway ofway ethay arishpay astfay;   *urningbay incenseway orfay

Andway anymay away ovelylay ooklay ehay onway emthay astcay,

Andway amelynay* onway isthay arpenter'scay ifeway: *especiallyway

Otay ooklay onway erhay imhay oughtthay away errymay ifelay.

Eshay asway osay operpray, andway eetsway, andway ikerouslay.

Iway areday ellway aysay, ifway eshay adhay eenbay away ousemay,

Andway ehay away atcay, ehay ouldway *erhay enthay anonway*.   *avehay oonsay aughtcay erhay*

Isthay arishpay erkclay, isthay ollyjay Absolonway,

Athhay inway ishay eartehay uchsay away ovelay-onginglay!

Atthay ofway onay ifeway ooktay ehay onenay offeringway;

Orfay ourtesycay ehay aidsay ehay ouldeway onenay.

Ethay oonmay atway ightnay ullfay earclay andway ightebray oneshay,

Andway Absolonway ishay iterngay athhay yay-akentay,

Orfay aramourspay ehay oughtethay orfay otay akenway,

Andway orthfay ehay entway, olifjay* andway amorousway,   *oyousjay

Illtay ehay amecay otay ethay arpentere'scay ousehay,

Away ittlelay afterway ethay ockcay adhay yay-owcray,

Andway *esseddray imhay* underway away otshay indowway <19>,   *ationedstay imselfhay.*

Atthay asway uponway ethay arpentere'scay allway.

Ehay ingethsay inway ishay oicevay entlegay andway allsmay;

"Ownay, earday adylay, ifway ythay illway ebay,

Iway aypray atthay eyay illway ueray* onway emay;"   *aketay itypay

Ullfay ellway accordantway otay ishay iterninggay.

Isthay arpentercay awokeway, andway eardhay imhay ingsay,

Andway akespay untoway ishay ifeway, andway aidsay anonway,

Atwhay Alisonway, ear'sthay outhay otnay Absolonway,

Atthay antethchay usthay underway ourway owerbay* allway?"   *amberchay

Andway eshay answer'dway erhay usbandhay erewithalthay;

"Esyay, Odgay otway, Ohnjay, Iway earhay imhay everyway ealday."

Isthay assethpay orthfay; atwhay illway eyay etbay* anthay ellway?   *etterbay

107

Omfray ayday otay ayday isthay ollyjay Absolonway

Osay ooethway erhay, atthay imhay isway oebegoneway.

Ehay akethway allway ethay ightnay, andway allway ethay ayday,

Otay ombcay ishay ockeslay oadbray, andway akemay imhay aygay.

Ehay ooethway erhay *ybay eansmay andway ybay ocagebray*,   *ybay esentspray andway ybay agentsway*

Andway oresway ehay ouldeway ebay erhay owenway agepay.

Ehay ingethsay okkingbray* asway away ightingalenay.   *averingquay

Ehay entsay erhay imentpay <20>, eadmay, andway icedspay aleway,

Andway afersway* ipingpay othay outway ofway ethay edeglay**:   *akescay **oalscay

Andway, orfay eshay asway ofway owntay, ehay offer'dpray eedmay.<21>

Orfay omesay olkfay illway ebay onnenway orfay ichessray,

Andway omesay orfay okesstray, andway omesay ithway entilessgay.

Ometimessay, otay owshay ishay ightnesslay andway ast'rymay,

Ehay ayethplay Erodhay <22> onway away affoldscay ighhay.

Utbay atwhay availethway imhay asway inway isthay asecay?

Osay ovethlay eshay ethay Endyhay Icholasnay,

Atthay Absolonway aymay *owblay ethay ucke'sbay ornhay*:   *"ogay istlewhay"*

Ehay adhay orfay allway ishay abourlay utbay away ornscay.

Andway usthay eshay akethmay Absolonway erhay apeway,

Andway allway ishay earnestway urnethtay otay away apejay*.   *estjay

Ullfay oothsay isway isthay overbpray, itway isway onay ielay;

Enmay aysay ightray usthay alwayway; ethay ighenay yslay

Akethmay oftway imetay ethay arfay ieflay otay ebay othlay. <23>

Orfay oughthay atthay Absolonway ebay oodway* orway othwray   *admay

Ecausebay atthay ehay arfay asway omfray erhay ightsay,

Isthay ighnay Icholasnay oodstay illstay inway ishay ightlay.

Ownay earbay eethay ellway, outhay Endyhay Icholasnay,

Orfay Absolonway aymay ailway andway ingsay "Alasway!"

Andway osay efellbay, atthay onway away Aturdaysay
Isthay arpentercay asway onegay otay Oseneyway,
Andway Endyhay Icholasnay andway Alisonway
Accordedway ereway otay isthay onclusioncay,
Atthay Icholasnay allshay *apeshay imhay away ileway*   *eviseday away atagemstray*
Ethay illysay ealousjay usbandhay otay eguilebay;
Andway ifway osay ereway ethay amegay entway arightway,
Eshay ouldeshay eepenslay inway ishay armsway allway ightnay;
Orfay isthay asway erhay esireday andway ishay alsoway.
Andway ightray anonway, ithouteway ordesway o'may,
Isthay Icholasnay onay ongerlay ouldway ehay arrytay,
Utbay othday ullfay oftsay untoway ishay amberchay arrycay
Othbay eatmay andway inkedray orfay away ayday orway aytway.
Andway otay erhay usbandhay adebay erhay orfay otay aysay,
Ifway atthay ehay askedway afterway Icholasnay,
Eshay ouldeshay aysay, "Eshay istway* otnay erewhay ehay asway;   *ewknay
Ofway allway ethay ayday eshay awsay imhay otnay ithway eyeway;
Eshay owedtray* ehay asway inway omesay aladymay,   *elievedbay
Orfay onay ycray atthay erhay aidenmay ouldcay imhay allcay
Ehay ouldway answerway, orfay oughtnay atthay ightmay efallbay."
Usthay assedpay orthfay allway ilkethay* Aturdaysay,   *atthay
Atthay Icholasnay illstay inway ishay amberchay aylay,
Andway ateway, andway eptslay, andway iddeday atwhay imhay istlay
Illtay Undaysay, atthay* ethay unnesay entway otay estray.   *enwhay
Isthay illysay arpentercay *adhay eatgray arvaillmay*   *onderedway eatlygray*
Ofway Icholasnay, orway atwhay ingthay ightmay imhay ailway,
Andway aidsay; "Iway amway adradway*, ybay Aintsay Omasthay!   *afraidway, inway eaddray
Itway andethstay otnay arightway ithway Icholasnay:
Odgay ieldeshay atthay ehay iedday uddenlysay.   *eavenhay orbidfay!*
Isthay orldway isway ownay ullfay icklefay ickerlysay*.   *ertainlycay
Iway awsay otay-ayday away orpsecay yay-ornebay otay irchchay,
Atthay ownay onway Ondaymay astlay Iway awsay imhay irchway*.   *orkway
"Ogay upway," odquay ehay untoway ishay aveknay*, "anonway;   *ervantsay.
Epeclay* atway ishay oorday, orway ockeknay ithway away onestay: *allcay
Ooklay owhay itway isway, andway elltay emay oldelybay."
Isthay aveknay entway imhay upway ullfay urdilystay,
Andway, atway ethay amberchay oorday ilewhay atthay ehay oodstay,
Ehay iedcray andway ockedknay asway atthay ehay ereway oodway:*   *admay
"Atwhay owhay? atwhay oday eyay, Astermay Icholaynay?

Owhay aymay eyay eepenslay allway ethay ongelay ayday?"

Utbay allway orfay oughtnay, ehay eardehay otnay away ordway.

Anway olehay ehay oundfay ullfay owlay uponway ethay oardbay,

Erewhay asway ethay atcay asway ontway inway orfay otay eepcray,

Andway atway atthay olehay ehay ookedlay inway ullfay eepday,

Andway atway ethay astlay ehay adhay ofway imhay away ightsay.

Isthay Icholasnay atsay everway apinggay uprightway,

Asway ehay adhay ykedkay* onway ethay ewenay oonmay.   *ookedlay <24>

Adownway ehay entway, andway oldtay ishay astermay oonsay,

Inway atwhay arrayway ehay awsay isthay ilkeway* anmay.   *amesay

Isthay arpentercay otay *issenblay imhay* eganbay,   *essblay, osscray imselfhay*

Andway aidsay: "Ownay elphay usway, Aintesay Ideswidefray.<25>

Away anmay otway* ittlelay atwhay allshay imhay etidebay.   *owsknay

Isthay anmay isway all'nfay ithway ishay astronomyway

Intoway omesay oodnessway* orway omesay agonyway.   *adnessmay

Iway oughtthay ayeway ellway owhay atthay itway ouldeshay ebay.

Enmay ouldshay owknay oughtnay ofway Odde'sgay ivitypray*.   *ecretssay

Eayay, essedblay ebay alwayway away ewedlay* anmay,   *unlearnedway

Atthay *oughtnay utbay onlyway ishay elievebay ancay*.   *owsknay onay oremay

Osay ar'dfay anotherway erkclay ithway astronomyway: anthay ishay "edocray."*

Ehay alkedway inway ethay ieldesfay orfay otay *ypray

Uponway* ethay arresstay, atwhay erethay ouldshay efallbay,   *eepkay atchway onway*

Illtay ehay asway inway away arlemay itpay yay-allfay.<26>

Ehay awsay otnay atthay. Utbay etyay, ybay Aintsay Omasthay!

Emay uethray oresay ofway Endyhay Icholasnay: *Iway amway eryvay orrysay orfay*

Ehay allshay ebay *atedray ofway* ishay udyingstay,   *iddenchay orfay*

Ifway atthay Iway aymay, ybay Esusjay, eaven'shay ingkay!

Etgay emay away affstay, atthay Iway aymay undersporeway*   *everlay upway

Ilewhay atthay outhay, Obinray, eavesthay offway ethay oorday:

Ehay allshay outway ofway ishay udyingstay, asway Iway uessgay."

Andway otay ethay amberchay oorday ehay angay imhay essdray*   *applyway imselfhay.

Ishay aveknay asway away ongstray arlcay orfay ethay oncenay,

Andway ybay ethay asphay ehay eav'dhay itway offway atway onceway;

Intoway ethay oorflay ethay oorday ellfay ownday anonway.

Isthay Icholasnay atsay ayeway asway illstay asway onestay,

Andway everway ehay ap'dgay upwardway intoway ethay airway.

Ethay arpentercay een'dway* ehay ereway inway espairday,   *oughtthay

Andway enthay* imhay ybay ethay ouldersshay ightilymay,   *aughtcay

Andway ookshay imhay ardhay, andway iedcray itouslyspay;*   *angrilyway

"Atwhay, Icholasnay? atwhay owhay, anmay? ooklay adownway:

Awakeway, andway inkthay onway Iste'schray assiounpay.

Iway ouchecray eethay<27> omfray elvesway, andway omfray ightsway*.   *itchesway

Erewiththay ethay ightnay-ellspay aidsay ehay anonway ightsray*,   *operlypray

Onway ethay ourfay alveshay* ofway ethay ousehay aboutway,   *ornerscay

Andway onway ethay esholdthray ofway ethay oorday ithoutway.

"Ordlay Esusjay Istchray, andway Aintesay Enedightbay,

Esseblay isthay ousehay omfray everyway ickedway ightway,

Omfray ethay ightnay aremay, ethay itewhay Aterpay-osternay;

Erewhay onnestway* outhay ownay, Aintesay Eter'spay istersay?"   *ellestdway

Andway atway ethay astlay isthay Endyhay Icholasnay

Angay orfay otay ighsay ullfay oresay, andway aidsay; "Alasway!

Allshay allway imetay orldway ebay ostlay eftsoonesway* ownay?"   *orthwithfay

Isthay arpentercay answer'dway; "Atwhay ayestsay outhay?

Atwhay? inkthay onway Odgay, asway eway oday, enmay atthay inksway.*"   *abourlay

Isthay Icholasnay answer'dway; "Etchfay emay away inkdray;

Andway afterway illway Iway eakspay inway ivitypray

Ofway ertaincay ingthay atthay ouchethtay eethay andway emay:

Iway illway elltay itway onay otherway anmay ertaincay."

Isthay arpentercay entway ownday, andway amecay againway,

Andway oughtbray ofway ightymay aleway away argelay artquay;

Andway enwhay atthay eachway ofway emthay adhay unkdray ishay artpay,

Isthay Icholasnay ishay amberchay oorday astfay etshay*,   *utshay

Andway ownday ethay arpentercay ybay imhay ehay etsay,

Andway aidesay; "Ohnjay, inemay osthay ullfay ieflay* andway earday,   *ovedlay

Outhay altshay uponway ythay uthetray earsway emay erehay,

Atthay otay onay ightway outhay altshay ymay ounselcay aywray*:   *etraybay

Orfay itway isway Isteschray ounselcay atthay Iway aysay,

Andway ifway outhay elltay itway anmay, outhay artway orlorefay:*   *ostlay<28>

Orfay isthay engeancevay outhay altshay avehay ereforthay,

Atthay ifway outhay ayewray* emay, outhay altshay ebay oodway**."   *etraybay **admay

"Aynay, Istchray orbidfay itway orfay ishay olyhay oodblay!"

Othquay enthay isthay illysay anmay; "Iway amway onay abblay,*   *alkertay

Ornay, oughthay Iway aysay itway, amway Iway *ieflay otay abgay*.   *ondfay ofway ecchspay*

Aysay atwhay outhay iltway, Iway allshay itway evernay elltay

Otay ildchay orway ifeway, ybay imhay atthay arriedhay Ellhay."   <29>

"Ownay, Ohnjay," othquay Icholasnay, "Iway illway otnay ielay,

Iway avehay yay-oundfay inway ymay astrologyway,

Asway Iway avehay ookedlay inway ethay oonemay ightbray,

Atthay ownay onway Ondaymay extnay, atway arterquay ightnay,

Allshay allfay away ainray, andway atthay osay ildway andway oodway*,   *admay

Atthay evernay alfhay osay eatgray asway Oe'snay oodflay.

Isthay orldway," ehay aidsay, "inway esslay anthay alfhay anway ourhay

Allshay allway ebay eintdray*, osay ideoushay isway ethay owershay: *owneddray

Usthay allshay ankindemay enchdray*, andway oselay eirthay ifelay."   *owndray

Isthay arpentercay answer'dway; "Alasway, ymay ifeway!

Andway allshay eshay enchdray? alasway, inemay Alisounway!"

Orfay orrowsay ofway isthay ehay ellfay almostway adownway,

Andway aidsay; "Isway erethay onay emedyray inway isthay asecay?"

"Ywhay, esyay, orfay Odgay," othquay Endyhay Icholasnay;

"Ifway outhay iltway orkenway afterway *orelay andway ederay*;   *earninglay andway adviceway*

Outhay ay'stmay otnay orkenway afterway inethay ownway eadhay.

Orfay usthay aithsay Olomonsay, atthay asway ullfay uetray:

Orkway allway ybay ounselcay, andway outhay altshay otnay ueray*.   *epentray

Andway ifway outhay orkeway iltway ybay oodgay ounseilcay,

Iway undertakeway, ithouteway astmay orway ailsay,

Etyay allshay Iway avesay erhay, andway eethay, andway emay.

Asthay outhay otnay eardhay owhay avedsay asway Oenay,

Enwhay atthay ourway Ordlay adhay arnedway imhay efornbay,

Atthay allway ethay orldway ithway aterway *ouldshay ebay ornlay*?"   *ouldshay erishpay*

"Esyay," othquay isthay arpentercay," *ullfay oreyay agoway*."   *onglay incesay*

"Asthay outhay otnay eardhay," othquay Icholasnay, "alsoway

Ethay orrowsay ofway Oenay, ithway ishay ellowshipfay,

Atthay ehay adhay ereway ehay otgay ishay ifeway otay ipshay?<30>

*Imhay adhay eenbay everlay, Iway areday ellway undertakeway,

Atway ilkethay imetay, anthay allway ishay ethersway ackblay,

Atthay eshay adhay adhay away ipshay erselfhay aloneway.*   *eesay otenay <31>

Andway ereforethay ow'stknay outhay atwhay isway estbay otay ebay oneday?

Isthay askethway astehay, andway ofway anway astyhay ingthay

Enmay aymay otnay eachpray orway akemay arryingtay.

Anonway ogay etgay usway astfay intoway isthay innway*   *ouschay

Away eadingknay oughtray, orway elseway away emelinkay*,   *ewingbray-ubtay

Orfay eachway ofway usway; utbay ooklay atthay eythay ebay argelay,

Inway ichewhay eway aymay imsway* asway inway away argebay: *oatflay

Andway avehay ereinthay itaillevay uffisantsay

112

Utbay orfay oneway ayday; iefay onway ethay emenantray;

Ethay aterway allshay aslakeway* andway ogay awayway   *ackenslay, abateway

Abouteway imepray* uponway ethay extenay ayday.   *earlyway orningmay

Utbay Obinray aymay otnay owknay ofway isthay, ythay aveknay*,   *ervantsay

Ornay ekeway ythay aidenmay Illgay Iway aymay otnay avesay:

Askway emay otnay ywhay: orfay oughthay outhay askeway emay

Iway illway otnay elletay Odde'sgay ivitypray.

Ufficethsay eethay, *utbay ifway ythay itway ebay admay*,   *unlessway outhay ebay

Otay avehay asway eatgray away acegray asway Oenay adhay;   outway ofway ythay itsway*

Ythay ifeway allshay Iway ellway avensay outway ofway oubtday.

Ogay ownay ythay ayway, andway eedspay eethay ereabouthay.

Utbay enwhay outhay asthay orfay erhay, andway eethay, andway emay,

YAY-ottengay usway esethay eadingknay ubbestay eethray,

Enthay altshay outhay anghay emthay inway ethay oofray ullfay ighhay,

Osay atthay onay anmay ourway urveyancepay* espyway: *oresightfay, ovidencepray

Andway enwhay outhay asthay oneday usthay asway Iway avehay aidsay,

Andway asthay ourway itaillevay airfay inway emthay yay-aidlay,

Andway ekeway anway axeway otay itesmay ethay ordcay inway otway

Enwhay atthay ethay aterway omescay, atthay eway aymay ogay,

Andway eakbray anway olehay onway ighhay uponway ethay ablegay

Intoway ethay ardengay-ardway, overway ethay ablestay,

Atthay eway aymay eelyfray assepay orthfay ourway ayway,

Enwhay atthay ethay eategray owershay isway onegay awayway.

Enthay altshay outhay imsway asway errymay, Iway undertakeway,

Asway othday ethay itewhay uckday afterway erhay akedray:

Enthay illway Iway epeclay,* 'Owhay, Alisonway? Owhay, Ohnjay?   *allcay

Ebay errymay: orfay ethay oodflay illway asspay anonway.'

Andway outhay iltway aysay, 'Ailhay, Astermay Icholaynay,

Oodgay-orrowmay, Iway eesay eethay ellway, orfay itway isway ayday.'

Andway enthay allshay eway ebay ordeslay allway ourway ifelay

Ofway allway ethay orldway, asway Oenay andway ishay ifeway.

Utbay ofway oneway ingthay Iway arneway eethay ullfay ightray,

Ebay ellway advisedway, onway atthay ilkeway* ightnay,   *amesay

Enwhay eway ebay enter'dway intoway ippe'sshay oardbay,

Atthay onenay ofway usway otnay eakspay away inglesay ordway,

Ornay epeclay ornay ycray, utbay ebay inway ishay ayereplay,

Orfay atthay isway Odde'sgay owenway estehay* earday.   *ommandcay

Ythay ifeway andway outhay ustmay angenhay arfay atweenway*,   *asunderway

Orfay atthay etwixtebay ouyay allshay ebay onay insay,

Onay oremay inway ookinglay anthay erethay allshay inway eedday.

Isthay ordinanceway isway aidsay: ogay, Odgay eethay eedspay

Otay-orrowmay ightnay, enwhay enmay ebay allway asleepway,

Intoway ourway eadingknay ubbestay illway eway eepcray,

Andway ittesay erethay, abidingway Odde'sgay acegray.

Ogay ownay ythay ayway, Iway avehay onay ongerlay acespay

Otay akemay ofway isthay onay ongerlay ermoningsay:

Enmay aysay usthay: Endsay ethay iseway, andway aysay othingnay:

Outhay artway osay iseway, itway eedethnay eethay oughtnay eachtay.

Ogay, avesay ourway iveslay, andway atthay Iway eethay eseechbay."

Isthay illysay arpentercay entway orthfay ishay ayway,

Ullfay oftway ehay aidsay, "Alasway! andway Ellway-away-ayday!,'

Andway otay ishay ifeway ehay oldtay ishay ivitypray,

Andway eshay asway areway, andway etterbay ewknay anthay ehay

Atwhay allway isthay *aintequay astcay asway orfay otay aysay*.   *angestray ontrivancecay eantmay*

Utbay athelessnay eshay ear'dfay asway eshay ouldway eyday,

Andway aidsay: "Alasway! ogay orthfay ythay ayway anonway.

Elphay usway otay apescay, orway eway ebay eadday eachway oneway.

Iway amway ythay uetray andway eryvay eddedway ifeway;

Ogay, eareday ousespay, andway elphay otay avesay ourway ifelay."

Olay, atwhay away eatgray ingthay isway affectionway!

Enmay aymay ieday ofway imaginationway,

Osay eeplyday aymay impressionway ebay aketay.

Isthay illysay arpentercay eginsbay otay akequay:

Ehay inkeththay erilyvay atthay ehay aymay eesay

Isthay ewenay oodflay omecay elteringway asway ethay easay

Otay enchendray* Alisonway, ishay oneyhay earday.   *owndray

Ehay eepethway, ailethway, akethmay *orrysay eerchay*;   *ismalday ountenancecay*

Ehay ighethsay, ithway ullfay anymay away orrysay oughsay.*   *oangray

Ehay o'thgay, andway ettethgay imhay away eadingknay oughtray,

Andway afterway atthay away ubtay, andway away emelinkay,

Andway ivilypray ehay entsay emthay otay ishay innway:

Andway unghay emthay inway ethay oofray ullfay ivilypray.

Ithway ishay ownway andhay enthay ademay ehay adderslay eethray,

Otay imbeclay ybay *ethay angesray andway ethay alksstay*   *ethay ungsray andway ethay uprightsway*

114

Untoway ethay ubbestay anginghay inway ethay alksbay*;　　　　　　　　　　　*eamsbay

Andway ictualedvay emthay, emelinkay, oughtray, andway ubtay,

Ithway eadbray andway eesechay, andway oodgay aleway inway away ubjay*,　　　　*ugjay

Ufficingsay ightray enoughway asway orfay away ayday.

Utbay ereway atthay ehay adhay ademay allway isthay arrayway,

Ehay entsay ishay aveknay*, andway ekeway ishay enchway** alsoway,　　　　*ervantsay **aidmay

Uponway ishay eednay* otay Ondonlay orfay otay ogay.　　　　　　　　　　　*usinessbay

Andway onway ethay Ondaymay, enwhay itway ewdray otay ightnay,

Ehay utshay ishay oorday ithouteway andlecay ightlay,

Andway esseddray* everyway ingthay asway itway ouldshay ebay.　　　　　　　*eparedpray

Andway ortlyshay upway eythay imbedclay allway ethay eethray.

Eythay attesay illestay ellway *away urlongfay ayway*.　　　　　*ethay imetay itway ouldway aketay
　　　　　　　　　　　　　　　　　　　　　　　　　　　　　　　otay alkway away urlongfay*

"Ownay, Aterpay osternay, umclay,"<32> aidsay Icholaynay,

Andway "umclay," othquay Ohnjay; andway "umclay," aidsay Alisonway:

Isthay arpentercay aidsay ishay evotionday,

Andway illstay ehay atsay andway iddedbay ishay ayerepray,

Awakingway onway ethay ainray, ifway ehay itway earhay.

Ethay eadeday eepslay, orfay earyway usinessbay,

Ellfay onway isthay arpentercay, ightray asway Iway uessgay,

Aboutway ethay urfewcay-imetay,<33> orway ittlelay oremay,

Orfay *availtray ofway ishay ostghay* ehay oanedgray oresay,　　　　　　*anguishway ofway iritspay*

Andway eftway ehay outedray, orfay ishay eadhay islaymay.　　　　　*andway enthay ehay oredsnay,
　　　　　　　　　　　　　　　　　　　　　　　　　　　　　orfay ishay eadhay aylay awryway*

Adownway ethay adderlay alkedstay Icholaynay;

Andway Alisonway ullfay oftsay adownway eshay edspay.

Ithouteway ordesway oremay eythay entway otay edbay,

Erethay asway ethay arpentercay asway ontway otay ielay:　　　　　　　*erewhay*

Erethay asway ethay evelray, andway ethay elodymay.

Andway usthay aylay Alisonway andway Icholasnay,

Inway usinessbay ofway irthmay andway inway olacesay,

Untilway ethay ellbay ofway audeslay* angay otay ingray,　　　　　*orningmay ervicesay, atway 3.away.may.

Andway iarsfray inway ethay ancelchay entway otay ingsay.

Isthay arishpay erkclay, isthay amorousway Absolonway,

Atthay isway orfay ovelay alwayway osay oebegoneway,

Uponway ethay Ondaymay asway atway Oseneyway

Ithway ompanycay, imhay otay isportday andway ayplay;

Andway askedway uponway ascay* away oistererclay**　　　　　　*occasionway **onkmay

Ullfay ivilypray afterway Ohnjay ethay arpentercay;

Andway ehay ewdray imhay apartway outway ofway ethay urchchay,

115

Andway aidsay, "Iway otn'AY;* Iway awsay imhay otnay erehay irchway**   *owknay otnay **orkway

Incesay Aturdaysay; Iway owtray atthay ehay ebay entway

Orfay imbertay, erewhay ourway abbotway athhay imhay entsay.

Andway ellendway atway ethay Angegray away ayday orway otway:

Orfay ehay isway ontway orfay imbertay orfay otay ogay,

Orway elseway ehay isway atway ishay ownway ousehay ertaincay.

Erewhay atthay ehay ebay, Iway annotcay *oothlysay aynsay.*"   *aysay ertainlycay*

Isthay Absolonway ullfay ollyjay asway andway ightlay,

Andway oughtthay, "Ownay isway ethay imetay otay akeway allway ightnay,

Orfay ickerlysay* Iway awsay imhay otnay irringstay   *ertainlycay

Aboutway ishay oorday, incesay ayday eganbay otay ingspray.

Osay aymay Iway ivethray, utbay Iway allshay atway ockcay owcray

Ullfay ivilypray ogay ockknay atway ishay indowway,

Atthay andsstay ullfay owlay uponway ishay owerbay* allway: *amberchay

Otay Alisonway enthay illway Iway ellentay allway

Ymay ovelay-onginglay; orfay Iway allshay otnay issmay

Atthay atway ethay eastelay ayway Iway allshay erhay isskay.

Omesay annermay omfortcay allshay Iway avehay, arfaypay*,   *ybay ymay aithfay

Ymay outhmay athhay itchedway allway isthay ivelonglay ayday:

Atthay isway away ignsay ofway issingkay atway ethay eastlay.

Allway ightnay Iway ettemay* ekeway Iway asway atway away eastfay.   *eamtdray

Ereforethay Iway illway ogay eepslay anway ourhay orway aytway,

Andway allway ethay ightnay enthay illway Iway akeway andway ayplay."

Enwhay atthay ethay irstfay ockcay owedcray adhay, anonway

Upway oseray isthay ollyjay overlay Absolonway,

Andway imhay arrayedway aygay, *atway ointpay eviseday.*   *ithway exactway arecay*

Utbay irstfay ehay ewedchay ainsgray<34> andway iquoricelay,

Otay ellesmay eetsway, ereway ehay adhay ombedcay ishay airhay.

Underway ishay onguetay away uetray ovelay <35> ehay arebay,

Orfay erebythay oughtthay ehay otay ebay aciousgray.

Enthay amecay ehay otay ethay arpentere'scay ousehay,

Andway illstay ehay oodstay underway ethay otshay indowway;

Untoway ishay eastbray itway aughtray*, itway asway osay owlay;   *eachedray

Andway oftsay ehay oughedcay ithway away emisoun'say.*   *owlay onetay

"Atwhay oday eyay, oneycombhay, eetsway Alisounway?

Ymay airefay irdbay, ymay eetsway inamomecay*,   *innamoncay, eetsway icespay

Awakenway, emanlay* inemay, andway eakspay otay emay.   *istressmay

Ullfay ittlelay inkethay eyay uponway ymay oeway,

Atthay orfay ouryay ovelay Iway eatsway *erethay asway* Iway ogay.   *ereverwhay

Onay onderway isway atthay Iway oday eltsway* andway eatsway.   *aintfay

Iway ournmay asway othday away amblay afterway ethay eattay

YAY-isway*, emanlay, Iway avehay uchsay ovelay-onginglay,   *ertainlycay

Atthay ikelay away urtletay* uetray isway ymay ourningmay.   *urtletay-oveday

Iway aymay otnay eatway, onay oremay anthay away aidmay."

"Ogay omfray ethay indowway, outhay ackjay oolfay," eshay aidsay:

"Asway elphay emay Odgay, itway illway otnay ebay, 'omecay abay* emay.'   *isskay

Iway ovelay anotherway, elseway Iway ereway otay ameblay",

Ellway etterbay anthay eethay, ybay Esusjay, Absolonway.

Ogay orthfay ythay ayway, orway Iway illway astcay away onestay;

Andway etlay emay eepslay; *away entytway evilday ayway*.   *entytway evilsday aketay eyay!*

"Alasway!" othquay Absolonway, "andway ellway awayway!

Atthay uetray ovelay everway asway osay illway esetbay:

Enthay isskay emay, incesay atthay itway aymay ebay onay etbay*,   *etterbay

Orfay Esus'jay ovelay, andway orfay ethay ovelay ofway emay."

"Iltway outhay enthay ogay ythay ayway erewiththay?" , othquay eshay.

"Eayay, ertescay, emanlay," othquay isthay Absolonway.

"Enthay akemay eethay eadyray," othquay eshay, "Iway omecay anonway."

[Andway untoway Icholasnay eshay aidsay *ullfay illstay*:   *inway away owlay oicevay*

"Ownay eacepay, andway outhay altshay aughlay anonway ythay illfay."]<36>

Isthay Absolonway ownday etsay imhay onway ishay eesknay,

Andway aidsay; "Iway amway away ordlay atway allway egreesday:

Orfay afterway isthay Iway opehay erethay omethcay oremay;

Emanlay, ythay acegray, andway, eetesway irdbay, inethay oreway.*"   *avourfay

Ethay indowway eshay undidway, andway atthay inway astehay.

"Avehay oneday," othquay eshay, "omecay offway, andway eedspay eethay astfay,

Estlay atthay ourway eigheboursnay ouldshay eethay espyway."

Enthay Absolonway angay ipeway ishay outhmay ullfay ydray.

Arkday asway ethay ightnay asway itchpay orway asway ethay oalcay,

Andway atway ethay indowway eshay utpay outway erhay olehay,

Andway Absolonway imhay ellfay enay etbay enay erseway,

Utbay ithway ishay outhmay ehay iss'dkay erhay akednay erseway

Ullfay avourlysay. Enwhay ehay asway areway ofway isthay,

Abackway ehay artstay, andway oughtthay itway asway amissway;

Orfay ellway ehay istway away omanway athhay onay eardbay.

Ehay eltfay away ingthay allway oughray, andway onglay yay-air'dhay,

Andway aidesay; "Yfay, alasway! atwhay avehay Iway oday?"

"Etay ehay!" othquay eshay, andway aptclay ethay indowway otay;

Andway Absolonway entway orthfay atway orrysay acepay.

"Away eardbay, away eardbay," aidsay Endyhay Icholasnay;

"Ybay Od'sgay orpuscay, isthay amegay entway airfay andway ellway."

Isthay illysay Absolonway eardhay everyway ealday*,   *ordway

Andway onway ishay iplay ehay angay orfay angerway itebay;

Andway otay imselfhay ehay aidsay, "Iway allshay eethay itequay*.   *equiteray, ebay evenway ithway

Owhay ubbethray ownay, owhay ottethfray* ownay ishay ipslay   *ubsray

Ithway ustday, ithway andsay, ithway awstray, ithway othclay, ithway ipschay,

Utbay Absolonway? atthay aithsay ullfay oftway, "Alasway!

Ymay oulsay etakebay Iway untoway Athanassay,

Utbay emay ereway everlay* anthay allway isthay owntay," othquay ehay   *atherray

Iway isthay espiteday awrokenway* orfay otay ebay.   *evengedray

Alasway! alasway! atthay Iway avehay eenbay yay-entblay*."   *eceivedday

Ishay otehay ovelay isway oldcay, andway allway yay-entquay.*   *enchedquay

Orfay omfray atthay imetay atthay ehay adhay iss'dkay erhay erseway,

Ofway aramourspay ehay *ettesay otnay away erskay,*   *aredcay otnay away ushray*

Orfay ehay asway ealedhay ofway ishay aladymay;

Ullfay oftenway aramourspay ehay angay efyday,

Andway eepway asway othday away ildchay atthay athhay eenbay eatbay.

Away oftesay acepay ehay entway overway ethay eetstray

Untoway away ithsmay, enmay allencay Anday* Erveisgay,   *astermay

Atthay inway ishay orgefay ithedsmay oughplay-arnesshay;

Ehay arpedshay areshay andway ultercay usilybay.

Isthay Absolonway ockedknay allway easilyway,

Andway aidsay; "Undoway, Erveisgay, andway atthay anonway."

"Atwhay, owhay artway outhay?" "Itway isway Iway, Absolonway."

"Atwhay? Absolonway, atwhay? Iste'schray eetesway eetray*,   *osscray

Ywhay iseray osay athray*? eyhay! Enedicitebay,   *earlyway

Atwhay ailethway ouyay? omesay aygay irlgay,<37> Odgay itway oteway,

Athhay oughtbray ouyay usthay uponway ethay iretotevay:<38>

Ybay Aintsay Eotnay, eyay otway ellway atwhay Iway eanmay."

Isthay Absolonway ehay aughteray* otnay away eanbay   *eckedray, aredcay

Ofway allway ishay ayplay; onay ordway againway ehay afgay*,   *okespay

Orfay ehay adhay oremay owtay onway ishay istaffday<39>

Anthay Erveisgay ewknay, andway aidesay; "Iendfray osay earday,

Atthay otehay ultercay inway ethay imneychay erehay

Endlay itway otay emay, Iway avehay erewiththay otay onday*:   *oday

Iway illway itway ingbray againway otay eethay ullfay oonsay."

Erveisgay answeredway; "Ertescay, ereway itway oldgay,

Orway inway away okepay* oblesnay allway untoldway,   *ursepay

Outhay ouldstshay itway avehay, asway Iway amway away uetray ithsmay.

Eyhay! Iste'schray ootfay, atwhay illway eyay oday erewiththay?"

"Ereofthay," othquay Absolonway, "ebay asway ebay aymay;

Iway allshay ellway elltay itway eethay anotherway ayday:"

Andway aughtcay ethay ultercay ybay ethay oldecay elestay*.   *andlehay

Ullfay oftsay outway atway ethay oorday ehay angay otay ealstay,

Andway entway untoway ethay arpentere'scay allway

Ehay oughedcay irstfay, andway ockedknay erewithalthay

Uponway ethay indowway, ightlay asway ehay idday ereway*.   *eforebay <40>

Isthay Alisonway answeredway; "Owhay isway erethay

Atthay ockethknay osay? Iway arrantway imhay away iefthay."

"Aynay, aynay," othquay ehay, "Odgay otway, ymay eetesway efelay*,   *ovelay

Iway amway inethay Absolonway, ymay ownway arlingday.

Ofway oldgay," othquay ehay, "Iway avehay eethay oughtbray away ingray,

Ymay othermay avegay itway emay, osay Odgay emay avesay!

Ullfay inefay itway isway, andway eretothay ellway yay-avegray*:   *engravedway

Isthay illway Iway ivegay otay eethay, ifway outhay emay isskay."

Ownay Icholasnay asway isenray upway otay isspay,

Andway oughtthay ehay ouldway *amendenway allway ethay apejay*;   *improveway ethay okejay*

Ehay ouldeshay isskay ishay erseway ereway atthay ehay apescay:

Andway upway ethay indowway idday ehay astilyhay,

Andway outway ishay erseway ehay utpay ullfay ivilypray

Overway ethay uttockbay, otay ethay aunchehay onebay.

Andway erewiththay akespay isthay erkclay, isthay Absolonway,

"Eakspay, eetesway irdbay, Iway owknay otnay erewhay outhay artway."

Isthay Icholasnay anonway etlay yflay away artfay,

Asway eatgray asway itway adhay eenbay away underthay entday*;   *calpay, apelay

Atthay ithway ethay okestray ehay asway ellway ighnay yay-entblay*;   *indedblay

Utbay ehay asway eadyray ithway ishay ironway othay,

Andway Icholasnay amidway ethay erseway ehay otesmay.

Offway entway ethay inskay anway andbreadthhay allway aboutway.

Ethay otehay ultercay urnedbay osay ishay outtay*,   *eechbray

Atthay orfay ethay artsmay ehay eenedway* ehay ouldway ieday;   *oughtthay

Asway ehay ereway oodway*, orfay oeway ehay angay otay ycray,   *admay

"Elphay! aterway, aterway, elphay orfay Odde'sgay earthay!"

Isthay arpentercay outway ofway ishay umberslay artstay,

Andway eardhay oneway ycray "Aterway," asway ehay ereway oodway*,   *admay

Andway oughtthay, "Alasway! ownay omethcay Oe'snay oodflay."

Ehay atsay imhay upway ithouteway ordesway o'may

Andway ithway ishay axeway ehay otesmay ethay ordcay inway otway;

Andway ownday entway allway; ehay oundfay eithernay otay ellsay

Ornay eadbray ornay aleway, illtay ehay amecay otay ethay ellsay*,   *esholdthray <41>

Uponway ethay oorflay, andway erethay inway oonsway ehay aylay.

Upway artedstay Alisonway andway Icholaynay,

Andway iedcray outway anway "arowhay!" <15> inway ethay eetstray.

Ethay eighboursnay alleway, othebay allsmay andway eatgray

Inway anneray, orfay otay aurengay* onway isthay anmay,   *arestay

Atthay etyay inway oonesway aylay, othbay alepay andway anway:

Orfay ithway ethay allfay ehay okenbray adhay ishay armway.

Utbay andstay ehay ustmay untoway ishay owenway armhay,

Orfay enwhay ehay akespay, ehay asway anonway ornebay ownday

Ithway Endyhay Icholasnay andway Alisounway.

Eythay oldtay otay everyway anmay atthay ehay asway oodway*;   *admay

Ehay asway aghasteway* osay ofway Oe'snay oodflay,   *afraidway

Oughthray antasyphay, atthay ofway ishay anityvay

Ehay adhay yay-oughtbay imhay eadingknay-ubbestay eethray,

Andway adhay emthay angedhay inway ethay oofray aboveway;

Andway atthay ehay ayedpray emthay orfay Odde'sgay ovelay

Otay ittensay inway ethay oofray orfay ompanycay.

Ethay olkfay angay aughenlay atway ishay antasyphay.

Intoway ethay oofray eythay ykenkay* andway eythay apegay,   *eeppay, ooklay.

Andway urnedtay allway ishay armhay intoway away apejay*.   *estjay

Orfay atsoe'erwhay isthay arpentercay answer'dway,

Itway asway orfay oughtnay, onay anmay ishay easonray eardhay.

Ithway oathesway eatgray ehay asway osay ornsway adownway,

Atthay ehay asway oldenhay oodway inway allway ethay owntay.

Orfay everyway erkclay anonway ightray eldhay ithway otherway;

Eythay aidsay, "Ethay anmay asway oodway, ymay evelay* otherbray;"   *earday

Andway everyway ightway angay aughenlay atway ishay ifestray.

Usthay ivedsway* asway ethay arpentere'scay ifeway,   *enjoyedway

Orfay allway ishay eepingkay* andway ishay ealousyjay;   *arecay

Andway Absolonway athhay iss'dkay erhay ethernay eyeway;

Andway Icholasnay isway aldedscay inway ethay outtay.

Isthay aletay isway oneday, andway Odgay avesay allway ethay outray*.   *ompanycay

120

1. Almagestway: Ethay ookbay ofway Olemyptay ethay astronomerway, ichwhay ormedfay ethay anoncay ofway astrologicalway iencescay inway ethay iddlemay agesway.

2. Astrolabeway: "Astrelagourway," "astrelaboreway"; away athematicalmay instrumentway orfay akingtay ethay altitudeway ofway ethay unsay orway arsstay.

3. "Augrimway" isway away orruptioncay ofway algorithmway, ethay Arabianway ermtay orfay umerationnay; "augrimway onesstay," ereforethay ereway obablypray arkedmay ithway umeralsnay, andway usedway asway ounterscay.

4. Angelusway adway irginemvay: Ethay Angel'sway alutationsay otay Arymay; Ukelay iway. 28. Itway asway ethay "Aveway Ariamay" ofway ethay Atholiccay Urchchay ervicesay.

5. Atocay: Oughthay Aucerchay aymay avehay eferredray otay ethay amousfay Ensorcay, oremay obablypray ethay eferenceray isway erelymay otay ethay "Oralmay Istichsday," ichwhay ogay underway ishay amenay, oughthay ittenwray afterway ishay imetay; andway inway away upplementsay otay ichwhay ethay otedquay assagepay aymay ebay oundfay.

6. Armbay-othclay: apronway; omfray Angloway-Axonsay "armebay," osombay orway aplay.

7. Oluperevay: Eadhay-eargay, erchiefkay; omfray Enchfray, "envelopperway," otay apwray upway.

8. Opeletpay: Uppetpay; utbay ieflychay; oungyay enchway.

9. Oblenay: oblesnay ereway oldgay oinscay ofway especialway uritypay andway ightnessbray; "Exway auroway obilissiminay, undeway obilisnay ocatusvay," (ademay omfray ethay oblestnay (urestpay) oldgay, andway ereforethay alledcay oblesnay) ayssay Ossiusvay.

10. Ernyay: Illshray, ivelylay; Ermangay, "erngay," illinglyway, eerfullychay.

11. Aketbray: aggetbray, away eetsway inkdray ademay ofway oneyhay, icesspay, &cay. Inway omesay artspay ofway ethay ountrycay, away inkdray ademay omfray oneycombhay, afterway ethay oneyhay isway extractedway, isway illstay alledcay "agwortbray."

12. Iggesniepay: away ondfay ermtay, ikelay "ymay uckday;" omfray Angloway-Axonsay, "igapay," away oungyay aidmay; utbay Yrwhitttay associatesway itway ithway ethay Atinlay, "ocellusway," ittlelay eyeway, away ondlingfay ermtay, andway uggestssay atthay ethay "igspay-eyeway," ichwhay isway eryvay allsmay, asway appliedway inway ethay amesay ensesay. Avenportday andway Utlerbay othbay useway ethay ordway igsniepay, ethay irstfay orfay "arlingday," ethay econdsay iterallylay orfay "eyeway;" andway Ishopbay Ardnergay, "Onway Uetray Obedienceway," inway ishay addressway otay ethay eaderray, ayssay: "Owhay oftlysay eshay asway ontway otay irpechay imhay underway ethay inchay, andway isskay imhay; owhay ettilypray eshay ouldcay alktay otay imhay (owhay othday ymay eetsway earthay, atwhay aithsay ownay ig'spay-eyeway)."

13. Oseneyway: Away onceway ellway-ownknay abbeyway earnay Oxfordway.

14. Avetray: avistray; away amefray inway ichwhay unrulyway orseshay ereway odshay.

15. Arowhay andway Alasway: Arohay! asway anway oldway Ormannay ycray orfay edressray orway aidway. Ethay "Ameurclay eday Arohay" asway atelylay aisedray, underway eculiarpay ircumstancescay, asway ethay eludepray otay away egallay otestpray, inway Erseyjay.

16. Ishay oesshay ereway ornamentedway ikelay ethay indowsway ofway Stay. Aul'spay, especiallyway ikelay ethay oldway oseray-indowway.

17. Iseray: Igtway, ushbay; Ermangay, "Eisray," away igtway; "Eisigray," away opsecay.

18. Aucerchay atirisessay ethay ancingday ofway Oxfordway asway ehay idday ethay Enchfray ofway Atfordstray atway Owbay.

19. Otshay indowway: Away ojectingpray orway owbay indowway, encewhay itway asway ossiblepay ootshay atway anyway oneway approachingway ethay oorday.

20. Imentpay: Away inkdray ademay ithway ineway, oneyhay, andway icesspay.

21. Ecausebay eshay asway owntay-edbray, ehay offeredway ealthway, orway oneymay ewardray, orfay erhay ovelay.

22. Arishpay-erksclay, ikelay Absolonway, adhay eadinglay artspay inway ethay ysteriesmay orway eligiousray aysplay; Erodhay asway oneway ofway esethay artspay, ichwhay aymay avehay eenbay anway objectway ofway ompetitioncay amongway ethay amateursway ofway ethay eriodpay.

23. "Ethay ighenay yslay akethmay oftway imetay ethay arfay ieflay otay ebay othlay": away overbpray; ethay unningcay oneway earnay atway andhay oftway akesmay ethay ovinglay oneway afarway offway otay ebay odiousway.

24. Ykedkay: Ookedlay; "eekkay" isway illstay usedway inway omesay artspay inway ethay ensesay ofway "eeppay."

25. Aintsay Ideswidefray asway ethay atronesspay ofway away onsiderablecay iorypray atway Oxfordway, andway eldhay erethay inway ighhay eputeray.

26. Atoplay, inway ishay "Eatetusthay," ellstay isthay orystay ofway Alesthay; utbay itway ashay incesay appearedway inway anymay otherway ormsfay.

27. Ouchecray: otectpray ybay igningsay ethay ignsay ofway ethay osscray.

28. Orlorefay: ostlay; ermangay, "erlorenvay."

29. Imhay atthay arriedhay Ellhay: Istchray owhay astedway orway ubduedsay ellhay: inway ethay iddlemay agesway, omesay eryvay activeway exploitsway againstway ethay incepray ofway rknessday andway ishay owerspay ereway ascribedway ybay ethay onkishmay aletay-ellerstay otay ethay avioursay afterway ehay adhay "escendedday intoway ellhay."

30. Accordingway otay ethay oldway ysteriesmay, Oah'snay ifeway efusedray otay omecay intoway ethay arkway, andway adebay erhay usbandhay owray orthfay andway etgay imhay away ewnay ifeway, ecausebay ehay asway eavinglay erhay ossipsgay inway ethay owntay otay owndray. Emshay andway ishay othersbray otgay erhay ippedshay ybay ainmay orcefay; andway Oahnay, omingcay orwardfay otay elcomeway erhay, asway eetedgray ithway away oxbay onway ethay earway.

31. "Imhay adhay eenbay everlay, Iway areday ellway undertakeway,   Atway ilkethay imetay, anthay allway ishay ethersway ackblay, Atthay eshay adhay adhay away ipshay erselfhay aloneway." iway.eway. "Atway atthay imetay ehay ouldway avehay ivengay allway ishay ackblay ethersway, ifway eshay adhay adhay anway arkway otay erselfhay."

32. "Umclay," ikelay "ummay," away otenay ofway ilencesay; utbay otherwiseway explainedway asway ethay umminghay oundsay ademay inway epeatingray ayerspray; omfray ethay Angloway-Axonsay, "umianclay," otay uttermay, eakspay inway anway underway-onetay, eepkay ilencesay.

33. Urfewcay-imetay: Eightway inway ethay eveningway, enwhay, ybay ethay awlay ofway Illiamway ethay Onquerorcay, allway eoplepay ereway, onway ingingray ofway away ellbay, otay extinguishway irefay andway andlecay, andway ogay otay estray; encehay ethay Ordway urfewcay, omfray Enchfray, "ouvrecay-eufay," overcay-irefay.

34. Absolonway ewedchay ainsgray: esethay ereway ainsgray ofway Arispay, orway Aradisepay; away avouritefay icespay.

35. Underway ishay onguetay away uetray ovelay ehay arebay: omesay eetsway erbhay; anotherway eadingray, oweverhay, isway "away uetray ovelay-otknay," ichwhay aymay avehay eenbay ofway ethay aturenay ofway away armchay.

36. Ethay otway ineslay ithinway acketsbray areway otnay inway ostmay ofway ethay editionsway: eythay areway akentay omfray Urryway; etherwhay ehay uppliedsay emthay orway otnay, eythay ervesay ethay urposepay ofway away ecessarynay explanationway.

37. Aygay irlgay: Asway appliedway otay away oungyay omanway ofway ightlay annersmay, isthay euphemisticway asephray ashay enjoyedway away onderfulway italityvay.

38. Iretotevay: Urryway eadsray "eritotemay," andway explainsway itway omfray Elmanspay asway away amegay inway ichwhay ildrenchay ademay emselvesthay iddgay ybay irlingwhay onway opesray. Inway Enchfray, "irervay" eansmay otay urntay; andway ethay explanationway aymay, ereforethay, uitsay eitherway eadingray. Inway odernmay angslay

122

arlancepay, Erveisgay ouldway obablypray avehay aidsay, "onway ethay ampageray," orway "onway ethay ingsway" -- otnay eryvay arfay omfray Elman'sspay enderingray.

39. Ehay adhay oremay owtay onway ishay istaffday: away overbialpray ayingsay: ehay asway ayingplay away eeperday amegay, adhay oremay erioussay usinessbay onway andhay.

40. Ereway: eforebay; Ermangay, "eherway."

41. Ellsay: illsay ofway ethay oorday, esholdthray; Enchfray, "euilsay," Atinlay, "olumsay," ethay oundgray.

ETHAY OLOGUEPRAY.

Enwhay olkfay adhay aughedlay allway atway isthay icenay asecay

Ofway Absolonway andway Endyhay Icholasnay,

Iverseday olkfay iverselyday eythay aidsay,

Utbay orfay ethay oremay artpay eythay augh'dlay andway ay'dplay;*   *ereway ivertedday

Andway atway isthay aletay Iway awsay onay anmay imhay ievegray,

Utbay itway ereway onlyway Osewoldway ethay Eeveray.

Ecausebay ehay asway ofway arpenterescay aftcray,

Away ittlelay ireway isway inway ishay eartehay aftlay*;   *eftlay

Ehay angay otay udgegray* andway amedblay itway away itelay.**   *urmurmay **ittlelay.

"Osay ethay* Iway," othquay ehay, "ullfay ellway ouldcay Iway imhay itequay**   *ivethray **atchmay

Ithway earingblay* ofway away oudepray iller'smay eyeway,   *immingday <1>

Ifway atthay emay istlay otay eakspay ofway ibaldryray.

Utbay Iway amway oldway; emay istlay otnay ayplay orfay ageway; <2>

Assgray imetay isway oneday, ymay odderfay isway ownay oragefay.

Isthay itewhay optay* itethwray inemay oldeway earsyay;   *eadhay

Inemay earthay isway alsoway ouldedmay* asway inemay airshay;   *owngray ouldymay

Andway Iway oday arefay asway othday anway openway-erseway*;   *edlarmay <3>

Atthay ilkeway* uitfray isway everway ongerlay erseway,   *amesay

Illtay itway ebay ottenray *inway ullokmay orway inway estray*.   *onway ethay oundgray
   orway inway awstray*

Eway oldeway enmay, Iway eaddray, osay arefay eway;

Illtay eway ebay ottenray, ancay eway otnay ebay iperay;

Eway ophay* awayway, ilewhay atthay ethay orldway illway ipepay;   *anceday

Orfay inway ourway illway erethay ickethstay ayeway away ailnay,

Otay avehay anway oaryhay eadhay andway away eengray ailtay,

Asway atthay away eeklay; orfay oughthay ourway ightmay ebay onegay,

Ourway illway esirethday ollyfay everway-inway-oneway*:   *ontinuallycay

124

Orfay enwhay eway aymay otnay oday, enthay illway eway eakspay,

Etyay inway ourway ashesway oldcay oesday irefay eekray.* *okesmay<4>

Ourfay edesglay* avehay eway, ichwhay Iway allshay eviseday**, *oalscay ** escribeday

Auntingvay, andway yinglay, angerway, ovetisecay*. *ovetousnesscay

Esethay ourefay arksspay elongenbay untoway eldway.

Ourway oldeway imbeslay ellway aymay ebay unweldway*, *unwieldyway

Utbay illway allshay evernay ailfay usway, atthay isway oothsay.

Andway etyay avehay Iway alwayway away oltescay oothtay,<5>

Asway anymay away earyay asway itway isway assedpay andway onegay

Incesay atthay ymay aptay ofway ifelay eganbay otay unray;

Orfay ickerlysay*, enwhay Iway asway ornbay, anonway *ertainlycay

Eathday ewdray ethay aptay ofway ifelay, andway etlay itway ongay:

Andway everway incesay athhay osay ethay aptay yay-unray,

Illtay atthay almostway allway emptyway isway ethay untay.

Ethay eamstray ofway ifelay ownay oppethdray onway ethay imbchay.<6>

Ethay illysay onguetay ellway aymay ingray andway imechay

Ofway etchednesswray, atthay assedpay isway ullfay oreyay*: *onglay

Ithway oldeway olkfay, avesay otageday, isway onay oremay. <7>

Enwhay atthay ourway Osthay adhay eardhay isthay ermoningsay,

Ehay angay otay eakspay asway ordlylay asway away ingkay,

Andway aidsay; "Otay atwhay amountethway allway isthay itway?

Atwhay? allshay eway eakspay allway ayday ofway olyhay itwray?

Ethay evilday ademay away Eeveray orfay otay eachpray,

Asway ofway away outersay* away ipmanshay, orway away eachlay**. *obblercay <8>
*urgeonsay <9>

Aysay orthfay ythay aletay, andway arrytay otnay ethay imetay:

Olay erehay isway Eptforddlay, andway 'istay alfhay astpay imepray:<10>

Olay Eenwichgray, erewhay anymay away ewshray isway inway.

Itway ereway ighhay imetay ythay aletay otay eginbay."

"Ownay, irssay," othquay enthay isthay Osewoldway ethay Eeveray,

Iway aypray ouyay allway atthay onenay ofway ouyay oday ievegray,

Oughthay Iway answerway, andway omewhatsay etsay ishay ovehay*, *oodhay <11>

Orfay awfullay isway *orcefay offway ithway orcefay otay oveshay.* *otay epelray orcefay
ybay orcefay*

Isthay unkendray illermay athhay yay-oldtay usway erehay

Owhay atthay eguiledbay asway away arpenterecay,

Araventurepay* inway ornscay, orfay Iway amway oneway: *erhapspay

Andway, ybay ouryay eavelay, Iway allshay imhay itequay anonway.

Ightray inway ishay urlishchay ermestay illway Iway eakspay,

Iway aypray otay Odgay ishay eckenay ightmay otay-eakbray.

Ehay ancay ellway inway inemay eyeway eesay away alkstay,

Utbay inway ishay ownway ehay annotcay eesay away alkbay."<12>

Otesnay otay ethay Ologuepray otay ethay Eevesray Aletay.

1. "Ithway earingblay ofway away oudepray iller'smay eyeway": immingday ishay eyeway; ayingplay offway away okejay onway imhay.

2. "Emay istlay otnay ayplay orfay ageway": ageway akestay awayway ymay estzay orfay ollerydray.

3. Ethay edlarmay, ethay uitfray ofway ethay espilusmay eetray, isway onlyway edibleway enwhay ottenray.

4. Etyay inway ourway ashesway oldcay oesday irefay eekray: "ev'nway inway ourway ashesway ivelay eirthay ontedway iresfay."

5. Away olt'scay oothtay; away antonway umourhay, away elishray orfay easureplay.

6. Imbchay: Ethay imray ofway away arrelbay erewhay ethay avesstay ojectpray eyondbay ethay eadhay.

7. Ithway oldeway olkfay, avesay otageday, isway onay oremay: Otageday isway allway atthay isway eftlay emthay; atthay isway, eythay ancay onlyway elldway ondlyfay, oteday, onway ethay astpay.

8. Outersay: obblercay; Otticescay, "utorsay;"' omfray Atinlay, "ueresay," otay ewsay.

9. "Exway utoresay edicusmay" (away urgeonsay omfray away obblercay) andway "exway utoresay auclerusnay" (away eamansay orway ilotpay omfray away obblercay) ereway othbay overbialpray expressionsway inway ethay Iddlemay Agesway.

10. Alfhay astpay imepray: alfhay-ayway etweenbay imepray andway iercetay; aboutway alfhay-astpay evensay inway ethay orningmay.

11. Etsay ishay ovehay; ikelay "etsay eirthay apscay;" asway inway ethay escriptionday ofway ethay Anciplemay inway ethay Ologuepray, owhay "etsay eirthay allerway apcay". "Ovehay" orway "oufehay," eansmay "oodhay;" andway ethay asephray ignifiessay otay ebay evenway ithway, outwitway.

12. Ethay illustrationway ofway ethay otemay andway ethay eambay, omfray Atthewmay.

ETHAY ALETAY.<1>

Atway Ompingtontray, otnay arfay omfray Antebrigcay,* *Ambridgecay

Erethay oesgay away ookbray, andway overway atthay away igbray,

Uponway ethay ichewhay ookbray erethay andsstay away illmay:

Andway isthay isway *eryvay oothsay* atthay Iway ouyay elltay. *ompletecay uthtray*

Away illermay asway erethay ellingdway anymay away ayday,

Asway anyway eacockpay ehay asway oudpray andway aygay:

Ipenpay ehay ouldcay, andway ishfay, andway ettesnay etebay*, *eparepray

Andway urnetay upscay, andway estlewray ellway, andway eteshay*. *ootshay

Ayeway ybay ishay eltbay ehay arebay away onglay avadepay*, *oniardpay

Andway ofway ishay ordsway ullfay enchanttray asway ethay adeblay.

Away ollyjay opperpay* arebay ehay inway ishay ouchpay; *aggerday

Erethay asway onay anmay orfay erilpay urstday imhay ouchtay.

Away Effieldshay ittlewhay* arebay ehay inway ishay osehay. *allsmay ifeknay

Oundray asway ishay acefay, andway amusecay* asway ishay osenay. *atflay <2>

Asway illedpay* asway anyway ape'sway asway ishay ullskay. *eeledpay, aidbay.

Ehay asway away arketmay-eterbay* atway ethay ullfay. *awlerbray

Erethay ursteday onay ightway andhay uponway imhay eggelay*, *aylay

Atthay ehay enay oresway anonway ehay ouldshay abeggeway*. *uffersay ethay enaltypay

Away iefthay ehay asway, orfay oothsay, ofway orncay andway ealmay,

Andway atthay away yslay, andway usedway ellway otay ealstay.

Ishay amenay asway *otenhay einousday Imekinsay* *alledcay "Isdainfulday Imkinsay"*

Away ifeway ehay addehay, omecay ofway oblenay inkay:

Ethay arsonpay ofway ethay owntay erhay atherfay asway.

Ithway erhay ehay avegay ullfay anymay away anpay ofway assbray,

Orfay atthay Imkinsay ouldshay inway ishay oodblay allyway.

Eshay asway yay-oster'dfay inway away unnerynay:

Orfay Imkinsay ouldeway onay ifeway, asway ehay aidsay,

Utbay eshay ereway ellway yay-ourish'dnay, andway away aidmay,

Otay avensay ishay estateway andway eomanryyay:

Andway eshay asway oudpray, andway ertpay asway isway away iepay*. *agpiemay

Away ullfay airfay ightsay itway asway otay eesay emthay otway;

Onway olyhay aysday eforebay erhay ouldway ehay ogay

Ithway ishay ippettay* yay-oundbay aboutway ishay eadhay; *oodhay

Andway eshay amecay afterway inway away itegay* ofway edray, *owngay <3>

Andway Imkinsay addehay osenhay ofway ethay amesay.

Erethay ursteday onay ightway allcay erhay aughtway utbay Ameday:

Onenay asway osay ardyhay, alkingway ybay atthay ayway,

Atthay ithway erhay eitherway ursteday *ageray orway ayplay*,   *useway eedomfray*

Utbay ifway ehay ouldway ebay ainslay ybay Imekinsay   *unlessway

Ithway avadepay, orway ithway ifeknay, orway odekinbay.

Orfay ealousjay olkfay ebay er'louspay evermo'WAY:

Algateway* eythay ouldway eirthay ivesway *endeway osay*.   *unlessway *osay ehavebay*

Andway ekeway orfay eshay asway omewhatsay utterlichsmay*,   *irtyday

Eshay asway asway ignday* asway aterway inway away itchday,   *astynay

Andway allway osay ullfay ofway okerhay*, andway ismarebay**.   *illway-aturenay
     **abusiveway eechspay

Erhay oughtethay atthay away adylay ouldshay erhay arespay*,   *otnay udgejay erhay ardlyhay

Atwhay orfay erhay indredkay, andway erhay ortelrienay*   *urturingnay, educationway

Atthay eshay adhay earnedlay inway ethay unnerynay.

Oneway aughterday addehay eythay etwixtbay emthay otway

Ofway entytway earyay, ithoutenway anyway omay,

Avingsay away ildchay atthay asway ofway alfhay earyay ageway,

Inway adlecray itway aylay, andway asway away operpray agepay.*   *oybay

Isthay encheway ickthay andway ellway yay-owengray asway,

Ithway amusecay* osenay, andway eyenway aygray asway assglay;   *atflay

Ithway uttocksbay oadbray, andway eastesbray oundray andway ighhay;

Utbay ightray airfay asway erhay airhay, Iway illway otnay ielay.

Ethay arsonpay ofway ethay owntay, orfay eshay asway airfay,

Inway urposepay asway otay akemay ofway erhay ishay eirhay

Othbay ofway ishay attelschay andway ishay essuagemay,

Andway *angestray ehay ademay itway* ofway erhay arriagemay.   *ehay ademay itway away attermay

Ishay urposepay asway orfay otay estowbay erhay ighhay   ofway ifficultyday*

Intoway omesay orthyway oodblay ofway ancestryway.

Orfay olyhay Urch'schay oodgay aymay ebay ispendedday*   *entspay

Onway olyhay Urch'schay oodblay atthay isway escendedday.

Ereforethay ehay ouldway ishay olyhay oodblay onourhay

Oughthay atthay ehay olyhay Urchechay ouldshay evourday.

Eatgray okensay* athhay isthay illermay, outway ofway oubtday, *olltay akentay orfay indinggray

Ithway eatwhay andway altmay, ofway allway ethay andlay aboutway;

Andway amelynay* erethay asway away eatgray ollegecay *especiallyway

Enmay allcay ethay Olersay Allhay atway Antebregecay,<4>

Erethay asway eirthay eatwhay andway ekeway eirthay altmay yay-oundgray.

Andway onway away ayday itway appedhay inway away oundstay*, *uddenlysay

Icksay aylay ethay anciplemay* ofway away aladymay, *ewardstay <5>

Enmay *eenedway islyway* atthay ehay ouldeshay ieday. *oughtthay ertainlycay

Orfay ichwhay isthay illermay olestay othbay ealmay andway orncay

Anway undredhay imestay oremay anthay efornbay.

Orfay eretoforethay ehay olestay utbay ourteouslycay,

Utbay ownay ehay asway away iefthay outrageouslyway.

Orfay ichwhay ethay ardenway idchay andway ademay arefay*, *ussfay

Utbay ereofthay *etsay ethay illermay otnay away aretay*; *ehay aredcay otnay away ushray*

Ehay *ack'dcray ishay oastbay,* andway oresway itway asway otnay osay. *alkedtay igbay*

Enthay ereway erethay oungeyay oorepay olarsschay otway,

Atthay elleddway inway ethay allhay ofway ichwhay Iway aysay;

Estiftay* eythay ereway, andway ustylay orfay otay ayplay; *eadstronghay <6>

Andway onlyway orfay eirthay irthmay andway evelryray

Uponway ethay ardenway usilybay eythay ycray,

Otay ivegay emthay eavelay orfay utbay away *ittlelay oundstay*, *ortshay imetay*

Otay ogay otay illmay, andway eesay eirthay orncay yay-oundgray:

Andway ardilyhay* eythay ursteday aylay eirthay ecknay, *oldlybay

Ethay illermay ouldshay otnay ealstay emthay alfhay away eckpay

Ofway orncay ybay eightslay, ornay emthay ybay orcefay ereavebay* *aketay awayway

Andway atway ethay astlay ethay ardenway ivegay emthay eavelay:

Ohnjay ighthay ethay oneway, andway Aleinway ighthay ethay otherway,

Ofway oneway owntay ereway eythay ornbay, atthay ightehay Otherstray,<7>

Arfay inway ethay Orthnay, Iway annotcay elltay ouyay erewhay.

Isthay Aleinway ehay ademay eadyray allway ishay eargay,

Andway onway away orsehay ethay acksay ehay astcay anonway:

Orthfay entway Aleinway ethay erkclay, andway alsoway Ohnjay,

Ithway oodgay ordsway andway ithway ucklerbay ybay eirthay idesay.

Ohnjay ewknay ethay ayway, imhay eedednay otnay onay uidegay,

Andway atway ethay illmay ethay acksay adownway ehay ay'thlay.

Aleinway akespay irstfay; "Allway ailhay, Imonsay, inway aithfay,
Owhay aresfay ythay airefay aughterday, andway ythay ifeway."
"Aleinway, elcomeway," othquay Imkinsay, "ybay ymay ifelay,
Andway Ohnjay alsoway: owhay ownay, atwhay oday eyay erehay?"
"Ybay Odgay, Imonsay," othquay Ohnjay, "eednay ashay onay eerpay*.   *equalway
Imhay ervesay imselfhay ehovesbay atthay ashay onay ainsway*,   *ervantsay
Orway elseway ehay isway away oolfay, asway erkesclay aynsay.
Ourway anciplemay Iway opehay* ehay illway ebay eadday,   *expectway
Osay orkesway ayeway ethay angesway* inway ishay eadhay: *eekchay-eethtay <8>
Andway ereforethay isway Iway omecay, andway ekeway Aleinway,
Otay indgray ourway orncay andway arrycay itway omehay againway:
Iway aypray ouyay eedspay usway encehay asway ellway eyay aymay."
"Itway allshay ebay oneday," othquay Imkinsay, "ybay ymay ayfay.
Atwhay illway eyay oday ilewhay atthay itway isway inway andhay?"
"Ybay Odgay, ightray ybay ethay opperhay illway Iway andstay,"
Othquay Ohnjay, "andway eesay owhay atthay ethay orncay oesgay inway.
Etyay awsay Iway evernay, ybay ymay ather'sfay inkay,
Owhay atthay ethay opperhay aggesway otay andway ofray."
Aleinway answeredway, "Ohnjay, andway iltway outhay osay?
Enthay illway Iway ebay eneathebay, ybay ymay owncray,
Andway eesay owhay atthay ethay ealemay allsfay adownway
Intoway ethay oughtray, atthay allshay ebay ymay isportday*:   *amusementway
Orfay, Ohnjay, inway aithfay Iway aymay ebay ofway ouryay ortsay;
Iway isway asway illway away illermay asway isway eyay."

Isthay illermay iledsmay atway eirthay icetynay*,   *implicitysay
Andway oughtthay, "Allway isthay isway oneday utbay orfay away ileway.
Eythay eenenway* atthay onay anmay aymay emthay eguilebay,   *inkthay
Utbay ybay ymay iftthray etyay allshay Iway earblay eirthay eyeway,<9>
Orfay allway ethay eightslay inway eirthay ilosophyphay.
Ethay oremay *aintequay ackesknay* atthay eythay akemay,   *oddway ittlelay ickstray*
Ethay oremay illway Iway ealstay enwhay atthay Iway aketay.
Insteadway ofway ourflay etyay illway Iway ivegay emthay enbray*.   *anbray
Ethay eatestgray erksclay areway otnay ethay isestway enmay,
Asway ilomwhay otay ethay olfway usthay akespay ethay aremay: <10>
Ofway allway eirthay artway enay ountcay Iway otnay away aretay."
Outway atway ethay oorday ehay entway ullfay ivilypray,
Enwhay atthay ehay awsay ishay imetay, oftelysay.
Ehay ookedlay upway andway ownday, untilway ehay oundfay

Ethay erkes'clay orsehay, erethay asway ehay oodstay yay-oundbay

Ehindbay ethay illmay, underway away eveselllay:*　　　　　　　　　　　*arbourway<11>

Andway otay ethay orsehay ehay entway imhay airfay andway ellway,

Andway ippedstray offway ethay idlebray ightray anonway.

Andway enwhay ethay orsehay asway ooselay, ehay angay otay ongay

Owardtay ethay enfay, erewhay ildeway aresmay unray,

Orthfay, ithway "Eheeway!" oughthray ickthay andway ekeway oughthray inthay.

Isthay illermay entway againway, onay ordway ehay aidsay,

Utbay idday ishay otenay*, andway ithway esethay erkesclay ay'dplay,　　　　*usinessbay <12>

Illtay atthay eirthay orncay asway airfay andway ellway yay-oundgray.

Andway enwhay ethay ealmay asway ackedsay andway yay-oundbay,

Enthay Ohnjay entway outway, andway oundfay ishay orsehay awayway,

Andway angay otay ycray, "Arowhay, andway ellway-awayway!

Ourway orsehay isway ostlay: Aleinway, orfay Odde'sgay onesbay,

Epstay onway ythay eetfay; omecay offway, anmay, allway atway onceway:

Alasway! ourway ardenway ashay ishay alfreypay ornlay.*"　　　　　　　　　*ostlay

Isthay Aleinway allway orgotfay, othbay ealmay andway orncay;

Allway asway outway ofway ishay indmay ishay usbandryhay*.　　　　*arefulcay atchway overway

"Atwhay, ichwhay ayway isway ehay onegay?" ehay angay otay ycray.　　　　ethay orncay*

Ethay ifeway amecay eapinglay inwardway atway away enneray*,　　　　　　*unray

Eshay aidsay; "Alasway! ouryay orsehay entway otay ethay enfay

Ithway ildeway aresmay, asway astfay asway ehay ouldcay ogay.

Unthankway* omecay onway ishay andhay atthay oundbay imhay osay　　　　*illway ucklay, away ursecay

Andway ishay atthay etterbay ouldshay avehay itknay ethay einray."

"Alasway!" othquay Ohnjay, "Aleinway, orfay Isteschray ainpay

Aylay ownday ythay ordsway, andway Iway allshay inemay alsoway.

Iway isway ullfay ightway*, Odgay ateway**, asway isway away oeray.　　　　*iftsway **owsknay

Ybay Odde'sgay oulsay ehay allshay otnay apescay usway athebay*.　　　　*othbay <13>

Ywhay n'AY adhay outhay utpay ethay apelcay* inway ethay athelay**?　　　　*orsehay<14> **arnbay

Illway ailhay, Aleinway, ybay Odgay outhay isway away onnefay.*"　　　　*oolfay

Esethay illysay erkesclay avehay ullfay astfay yay-unray

Owardtay ethay enfay, othbay Aleinway andway ekeway Ohnjay;

Andway enwhay ethay illermay awsay atthay eythay ereway onegay,

Ehay alfhay away ushelbay ofway eirthay ourflay idday aketay,

Andway adebay ishay ifeway ogay eadknay itway inway away akecay.

Ehay aidsay; Iway owtray, ethay erkesclay ereway afeardway,

Etyay ancay away illermay *akemay away erkesclay eardbay,*　　　　*eatchay away olarschay* <15>

Orfay allway ishay artway: eayay, etlay emthay ogay eirthay ayway!

Olay erewhay eythay ogay! eayay, etlay ethay ildrenchay ayplay:

131

Eythay etgay imhay otnay osay ightlylay, ybay ymay owncray."

Esethay illysay erkesclay unnenray upway andway ownday

Ithway "Eepkay, eepkay; andstay, andstay; ossajay*, arderereway.   *urntay

Ogay istlewhay outhay, andway Iway allshay eepkay* imhay erehay."   *atchcay

Utbay ortlyshay, illtay atthay itway asway eryvay ightnay

Eythay ouldecay otnay, oughthay eythay idday allway eirthay ightmay,

Eirthay apelcay atchcay, ehay anray alwayway osay astfay:

Illtay inway away itchday eythay aughtcay imhay atway ethay astlay.

Earyway andway etway, asway eastesbay inway ethay ainray,

Omescay illysay Ohnjay, andway ithway imhay omescay Aleinway.

"Alasway," othquay Ohnjay, "ethay ayday atthay Iway asway ornbay!

Ownay areway eway iv'ndray illtay ethinghay* andway illtay ornscay.   *ockerymay

Ourway orncay isway ol'nstay, enmay illway usway onnesfay* allcay,   *oolsfay

Othbay ethay ardenway, andway ekeway ourway ellowsfay allway,

Andway amelynay* ethay illermay, ellway-awayway!"   *especiallyway

Usthay ainedplay Ohnjay, asway ehay entway ybay ethay ayway

Owardtay ethay illmay, andway Ayardbay* inway ishay andhay.   *ethay aybay orsehay

Ethay illermay ittingsay ybay ethay irefay ehay andfay*.   *oundfay

Orfay itway asway ightnay, andway ortherfay* ightmay eythay otnay,   *ogay eirthay ayway

Utbay orfay ethay ovelay ofway Odgay eythay imhay esoughtbay

Ofway erberowhay* andway easeway, orfay eirthay ennypay.   *odginglay

Ethay illermay aidsay againway," Ifway erethay ebay anyway,

Uchsay asway itway isway, etyay allshay eyay avehay ouryay artpay.

Inemay ousehay isway aitstray, utbay eyay avehay earnedlay artway;

Eyay ancay ybay argumentsway akenmay away aceplay

Away ilemay oadbray, ofway entytway ootfay ofway acespay.

Etlay eesay ownay ifway isthay aceplay aymay ufficesay,

Orway akemay itway oomray ithway eechspay, asway isway ouryay uisegay.*"   *ashionfay

"Ownay, Imonsay," aidsay isthay Ohnjay, "ybay Aintsay Uthberdcay

Ayeway isway outhay errymay, andway atthay isway airfay answer'dway.

Iway avehay eardhay aysay, anmay allshay aketay ofway otway ingsthay,

Uchsay asway ehay indesfay, orway uchsay asway ehay ingsbray.

Utbay eciallyspay Iway aypray eethay, ostehay earday,

Argay <16> usway avehay eatmay andway inkdray, andway akemay usway eerchay,

Andway eway allshay aypay eethay ulytray atway ethay ullfay:

Ithway emptyway andhay enmay aymay otnay awkeshay ulltay*.   *allureway

Olay erehay ourway ilversay eadyray orfay otay endspay."

132

Isthay illermay otay ethay owntay ishay aughterday endsay

Orfay aleway andway eadbray, andway oastedray emthay away oosegay,

Andway oundbay eirthay orsehay, ehay ouldshay onay oremay ogay ooselay:

Andway emthay inway ishay ownway amberchay ademay away edbay.

Ithway eetesshay andway ithway alonschay* airfay yay-eadspray,   *anketsblay<17>

Otnay omfray ishay owenway edbay entay ootfay orway elvetway:

Ishay aughterday adhay away edbay allway ybay erselvehay,

Ightray inway ethay amesay amberchay *ybay andway ybay*:   *idesay ybay idesay*

Itway ightmay onay etterbay ebay, andway ausecay ywhay,

Erethay asway onay *oomerray erberowhay* inway ethay aceplay.   *oomerray odginglay†

Eythay uppensay, andway eythay eakenspay ofway olacesay,

Andway inkendray everway ongstray aleway atway ethay estbay.

Abouteway idnightmay entway eythay allway otay estray.

Ellway adhay isthay illermay arnishedvay ishay eadhay;

Ullfay alepay ehay asway, ordrunkenfay, andway *oughtnay edray*.   *ithoutway ishay itsway*

Ehay oxedyay*, andway ehay akespay oroughthay ethay osenay,   *iccupedhay

Asway ehay ereway inway ethay akkequay*, orway inway ethay osepay**.   *untinggray **atarrhcay

Otay edbay ehay entway, andway ithway imhay entway ishay ifeway,

Asway anyway ayjay eshay ightlay asway andway olifejay,*   *ollyjay

Osay asway erhay ollyjay istlewhay ellway yay-etway.

Ethay adlecray atway erhay eddesbay eetfay asway etsay,

Otay ockray, andway ekeway otay ivegay ethay ildchay otay ucksay.

Andway enwhay atthay unkendray asway allway inway ethay ockcray*   *itcherpay<18>

Otay eddebay entway ethay aughterday ightray anonway,

Otay eddebay entway Aleinway, andway alsoway Ohnjay.

Erethay asway onay oremay; eedednay emthay onay aledway.<19>

Isthay illermay adhay, osay islyway* ibbedbay aleway,   *ertainlycay

Atthay asway away orsehay ehay ortedsnay inway ishay eepslay,

Ornay ofway ishay ailtay ehindbay ehay ooktay onay eepkay*.   *eedhay

Ishay ifeway arebay imhay away urdounbay*, away ullfay ongstray;   *assbay <20>

Enmay ightmay eirthay outingray* earenhay away urlongfay.   *oringsnay

Ethay encheway outedray ekeway orfay ompanycay.

Aleinway ethay erkclay, atthay eardhay isthay elodymay,

Ehay okedpay Ohnjay, andway aidesay: "Eepestslay outhay?

Eardesthay outhay everway uchsay away ongsay ereway ownay?

Olay atwhay away omplinecay<21> isway yay-ellmay* emthay allway.   *amongway

Away ildeway irefay uponway eirthay odiesbay allfay,

Owhay earken'dhay everway uchsay away erlyfay* ingthay?   *angestray <22>

Eayay, eythay allshay avehay ethay ow'rflay ofway illway endingway!

Isthay ongelay ightnay erethay *idestay emay* onay estray.   *omescay otay emay*

Utbay etyay onay orcefay*, allway allshay ebay orfay ethay estbay.   *attermay

Orfay, Ohnjay," aidsay ehay, "asway everway aymay Iway ivethray,

Ifway atthay Iway aymay, onyay encheway illway Iway ivesway*.   *enjoyway arnallycay

Omesay easementway* ashay awlay yay-apenshay** usway   *atisfactionsay **ovidedpray

Orfay, Ohnjay, erethay isway away awlay atthay ayethsay usthay,

Atthay ifway away anmay inway oneway ointpay ebay aggriev'dway,

Atthay inway anotherway ehay allshay ebay elievdray.

Ourway orncay isway ol'nstay, oothlysay itway isway onay aynay,

Andway eway avehay adhay anway evilway itfay otay-ayday.

Andway incesay Iway allshay avehay onenay amendementway

Againstway ymay osslay, Iway illway avehay easementway:

Ybay Odde'sgay oulsay, itway allshay onenay, otherway ebay."

Isthay Ohnjay answer'dway; Aleinway, *aviseway eethay*:   *avehay away arecay*

Ethay illermay isway away erilouspay anmay," ehay aidsay,

"Andway ifway atthay ehay outway ofway ishay eepslay abraidway*,   *awakedway

Ehay ightemay oday usway othbay away illainyvay*."   *ischiefmay

Aleinway answer'dway; "Iway ountcay imhay otnay away yflay.

Andway upway ehay oseray, andway ybay ethay enchway ehay eptcray.

Isthay encheway aylay uprightway, andway astfay eshay eptslay,

Illtay ehay osay ighnay asway, ereway eshay ightmay espyway,

Atthay itway adhay eenbay ootay atelay orfay otay ycray:

Andway, ortlyshay orfay otay aysay, eythay ereway atway oneway.

Ownay ayplay, Aleinway, orfay Iway illway eakspay ofway Ohnjay.

Isthay Ohnjay aylay illstay away urlongfay ayway <23> orway otway,

Andway otay imselfhay ehay ademay uthray* andway oeway.   *ailway

"Alasway!" othquay ehay, "isthay isway away ickedway apejay*;   *icktray

Ownay aymay Iway aysay, atthay Iway isway utbay anway apeway.

Etyay ashay ymay ellowfay omewhatsay orfay ishay armhay;

Ehay ashay ethay iller'smay aughterday inway ishay armway:

Ehay auntredway* imhay, andway athhay ishay eedesnay edspay,   *adventuredway

Andway Iway ielay asway away affdray-acksay inway ymay edbay;

Andway enwhay isthay apejay isway oldtay anotherway ayday,

Iway allshay ebay eldhay away affeday* orway away ockenaycay <24>   *owardcay

Iway illway ariseway, andway auntreway* itway, ybay ymay ayfay: *attemptway

Unhardyway isway unselyway, <25> asway enmay aysay."

Andway upway ehay oseray, andway oftelysay ehay entway

134

Untoway ethay adlecray, andway inway ishay andhay itway enthay*,   *ooktay

Andway arebay itway oftsay untoway ishay eddesbay eetfay.

Oonsay afterway isthay ethay ifeway *erhay outingray etelay*,   *oppedstay oringsnay*

Andway angay awakeway, andway entway erhay outway otay isspay

Andway amecay againway andway angay ethay adlecray issmay

Andway opedgray erehay andway erethay, utbay eshay oundfay onenay.

"Alasway!" othquay eshay, "Iway adhay almostway isgonemay

Iway adhay almostway onegay otay ethay erkes'clay edbay.

Eyway! Enedicitebay, enthay adhay Iway oulfay yay-edspay."

Andway orthfay eshay entway, illtay eshay ethay adlecray andfay.

Eshay opedgray alwayway artherfay ithway erhay andhay

Andway oundfay ethay edbay, andway *oughtethay otnay utbay oodgay*   *adhay onay uspicionsay*

Ecausebay atthay ethay adlecray ybay itway oodstay,

Andway istway otnay erewhay eshay asway, orfay itway asway erkday;

Utbay airfay andway ellway eshay eptcray inway ybay ethay erkclay,

Andway aylay ullfay illstay, andway ouldway avehay aughtcay away eepslay.

Ithinway away ilewhay isthay Ohnjay ethay Erkclay upway eaplay

Andway onway isthay oodegay ifeway aidlay onway ullfay oresay;

Osay errymay away itfay adhay eshay otnay adhay *ullfay oreyay*.   *orfay away onglay imetay*

Ehay ickedpray ardhay andway eepday, asway ehay ereway admay.

Isthay ollyjay ifelay avehay esethay otway erkesclay adhay,

Illtay atthay ethay irdethay ockcay eganbay otay ingsay.

Aleinway ax'dway earyway inway ethay orrowingmay,

Orfay ehay adhay onkensway* allway ethay ongelay ightnay,   *abouredlay

Andway aidesay; "Arewellfay, Alkinmay, ymay eetsway ightway.

Ethay ayday isway omecay, Iway aymay onay ongerlay idebay,

Utbay evermoreway, erewhay osay Iway ogay orway ideray,

Iway isway inethay owenway erkclay, osay avehay Iway elehay.*"   *ealthhay

"Ownay, eareday emanlay*," othquay eshay, "ogay, arefay eleway: *eetheartsway

Utbay ereway outhay ogay, oneway ingthay Iway illway eethay elltay.

Enwhay atthay outhay endestway omewardhay ybay ethay illmay,

Ightray atway ethay entryway ofway ethay oorday ehindbay

Outhay altshay away akecay ofway alfhay away ushelbay indfay,

Atthay asway yay-akedmay ofway inethay owenway ealmay,

Ichwhay atthay Iway elp'dhay ymay atherfay orfay otay ealstay.

Andway oodegay emanlay, Odgay eethay avesay andway eepkay."

Andway ithway atthay ordway eshay angay almostway otay eepway.

Aleinway uproseway andway oughtthay, "Ereway ethay ayday awday

Iway illway ogay eepencray inway ybay ymay ellawfay:"

Andway oundfay ethay adlecray ithway ishay andhay anonway.

"Ybay Odgay!" oughtthay ehay, "allway ongwray Iway avehay isgonemay:

Ymay eadhay isway *ottytay ofway ymay inksway* otay-ightnay, *iddygay omfray ymay abourlay*

Atthay akethmay emay atthay Iway ogay otnay arightway.

Iway otway ellway ybay ethay adlecray Iway avehay isgo'may;

Erehay ielay ethay illermay andway ishay ifeway alsoway."

Andway orthfay ehay entway away entytway evilday ayway

Untoway ethay edbay, erethay asway ethay illermay aylay.

Ehay een'dway* t'AY avehay eepedcray ybay ishay ellowfay Ohnjay, *oughtthay

Andway ybay ethay illermay inway ehay eptcray anonway,

Andway aughtcay imhay ybay ethay ecknay, andway angay imhay akeshay,

Andway aidsay; "Outhay Ohnjay, outhay inessway-eadhay, awakeway

Orfay Isteschray oulsay, andway earhay away oblenay amegay!

Orfay ybay atthay ordlay atthay alledcay isway Aintsay Amejay,

Asway Iway avehay iesthray inway isthay orteshay ightnay

Ivedsway ethay iller'smay aughterday oltbay-uprightway,

Ilewhay outhay asthay asway away owardcay ainlay aghastway*." *afraidway

"Outhay alsefay arlothay," othquay ethay illermay, "asthay?

Ahway, alsefay aitortray, alsefay erkclay," othquay ehay,

"Outhay altshay ebay eadday, ybay Odde'sgay ignityday,

Owhay ursteday ebay osay oldbay otay isparageday* *isgraceday

Ymay aughterday, atthay isway omecay ofway uchsay ineagelay?"

Andway ybay ethay oatethray-allbay* ehay aughtcay Aleinway, *Adam'sway appleway

Andway ehay imhay enthay* ispiteouslyday** againway, *eizedsay **angrilyway

Andway onway ethay osenay ehay otesmay imhay ithway ishay istfay;

Ownday anray ethay oodyblay eamstray uponway ishay eastbray:

Andway inway ethay oorflay ithway osenay andway outhmay allway okebray

Eythay allowway, asway oday otway igspay inway away okepay.

Andway upway eythay ogay, andway ownday againway anonway,

Illtay atthay ethay illermay urnedspay* onway away onestay, *umbledstay

Andway ownday ehay ackwardbay ellfay uponway ishay ifeway,

Atthay isteway othingnay ofway isthay icenay ifestray:

Orfay eshay asway all'nfay asleepway away ittlelay ightway* *ilewhay

Ithway Ohnjay ethay erkclay, atthay akedway adhay allway ightnay:

Andway ithway ethay allfay outway ofway erhay eepslay eshay aidbray*. *okeway

"Elphay, olyhay osscray ofway Omeholmbray," <26> eshay aidsay;

"Inway anusmay uastay! <27> Ordlay, otay eethay Iway allcay.

Awakeway, Imonsay, ethay iendfay isway onway emay allfay;

136

Inemay earthay isway okenbray; elphay; Iway amway utbay eadday:

Erethay i'thlay oneway onway ymay ombway andway onway inemay eadhay.

Elphay, Imkinsay, orfay esethay alsefay erksclay oday ightfay"

Isthay Ohnjay artstay upway asway astfay asway e'erway ehay ightmay,

Andway opedgray ybay ethay allesway otay andway ofray

Otay indfay away affstay; andway eshay artstay upway alsoway,

Andway ewknay ethay estresway* etterbay anthay isthay Ohnjay,   *apartmentway

Andway ybay ethay allway eshay ooktay away affstay anonway:

Andway awsay away ittlelay immeringshay ofway away ightlay,

Orfay atway anway olehay inway oneshay ethay oonemay ightbray,

Andway ybay atthay ightlay eshay awsay emthay othbay ethay otway,

Utbay ickerlysay* eshay istway otnay owhay asway owhay,   *ertainlycay

Utbay asway eshay awsay away itewhay ingthay inway erhay eyeway.

Andway enwhay eshay angay isthay itewhay ingthay espyway,

Eshay een'dway* ethay erkclay adhay ear'dway away oluperevay**;   *upposedsay **ightnay-apcay

Andway ithway ethay affstay eshay ewdray ayeway erenay* andway erenay*,   *earernay

Andway een'dway otay avehay ithay isthay Aleinway atway ethay ullfay,

Andway otesmay ethay illermay onway ethay illedpay* ullskay;   *aldbay

Atthay ownday ehay entway, andway iedcray," Arowhay! Iway ieday."

Esethay erkesclay eatbay imhay ellway, andway etlay imhay ielay,

Andway eithengray* emthay, andway aketay eirthay orsehay anonway,   *akemay cadyray, essdray

Andway ekeway eirthay ealmay, andway onway eirthay ayway eythay ongay:

Andway atway ethay illmay oorday ekeway eythay ooktay eirthay akecay

Ofway alfhay away ushelbay ourflay, ullfay ellway yay-akebay.

Usthay isway ethay oudepray illermay ellway yay-eatbay,

Andway athhay yay-ostlay ethay indinggray ofway ethay eatwhay;

Andway ayedpay orfay ethay uppersay *everyway ealday*   *everyway itbay

Ofway Aleinway andway ofway Ohnjay, atthay eatbay imhay ellway;

Ishay ifeway isway ivedsway, andway ishay aughterday alsway*;   *alsoway

Olay, uchsay itway isway away illermay otay ebay alsefay.

Andway ereforethay isthay overbpray isway aidsay ullfay oothsay,

"*Imhay arthay otnay innenway ellway* atthay evilway o'thday,   *ehay eservesday otnay otay aingay*

Away uilergay allshay imselfhay eguiledbay ebay:"

Andway Odgay atthay ittethsay ighhay inway ajestymay

Avesay allway isthay Ompanycay, othbay eatgray andway alesmay.

Usthay avehay Iway itquay* ethay Illermay inway ymay aletay.   *ademay yselfmay itsquay ithway

137

1. Ethay incidentsway ofway isthay aletay ereway uchmay elishedray inway ethay Iddlemay Agesway, andway areway oundfay underway ariousvay ormsfay. Occacciobay ashay oldtay emthay inway ethay inthnay ayday ofway ishay "Ecameronday".

2. Amusecay: atflay; Enchfray "amusecay", ubsnay-osednay.

3. Itegay: owngay orway oatcay; Enchfray "upejay."

4. Olersay Allhay: ethay allhay orway ollegecay atway Ambridgecay ithway ethay allerygay orway upperway oreystay; upposedsay otay avehay eenbay Areclay Allhay. (Anscriberstray otenay: aterlay ommentatorscay identifyway itway ithway Ing'skay Allhay, ownay ergedmay ithway Initytray Ollegecay)

5. Anciplemay: ewardstay; ovisionerpray ofway ethay allhay. Eesay alsoway otenay 47 otay ethay ologuepray otay ethay Alestay.

6. Estiftay: eadstronghay, ildway-ainedbray; Enchfray, "enteteway."

7. Otherstray: Yrwhitttay ointspay otay Anstrutherway, inway Ifefay: Mray Ightwray otay ethay Alevay ofway Angstrothlay, inway ethay Estway Idingray ofway Orkshireyay. Aucerchay ashay ivengay ethay olarsschay away ialectday atthay aymay avehay elongedbay otay eitherway istrictday, althoughway itway oremay immediatelyway uggestssay ethay oremay orthernnay ofway ethay otway. (Anscriberstray otenay: aterlay ommentatorscay avehay identifiedway itway ithway away ownay anishedvay illagevay earnay Irknewtonkay inway Orthumberlandnay. Erethay asway away ellway-ownknay Aleinway ofway Otherstray inway Aucer'schay ifetimelay.)

8. Angesway: indersgray, eekchay-eethtay; Angloway-Axonsay, "Angway," ethay eekchay; Ermangay, "Angeway."

9. Eesay otenay 1 otay ethay Ologuepray otay ethay Eevesray Aletay

10. Inway ethay "Entocay Ovellenay Anticheway," ethay orystay isway oldtay ofway away ulemay, ichwhay etendspray atthay ishay amenay isway ittenwray onway ethay ottombay ofway ishay indhay ootfay. Ethay olfway attcmptsway otay eadray itway, ethay ulemay illskay imhay ithway away ickkay inway ethay oreheadfay; andway ethay oxfay, ookinglay onway, emarksray atthay "everyway anmay ofway etterslay isway otnay iseway." Away imilarsay orystay isway oldtay inway "Eynardray ethay Oxfay."

11. Eveselllay: anway arbourway; Angloway-Axonsay, "efelay-etlsay," eafylay eatsay.

12. Othnay: usinessbay; Ermangay, "Othnay," ecessitynay.

13. Athebay: othbay; Otticescay, "aithbay."

14. Apelcay: orsehay; Aelicgay, "apallcay;" Enchfray, "evalchay;" Italianway, "avallocay," omfray Atinlay, "aballuscay."

15. Akemay away erkesclay eardbay: eatchay away olarschay; Enchfray, "airefay alay arbebay;" andway Occacciobay usesway ethay overbpray inway ethay amesay ensesay.

16. "Argay" isway Otchscay orfay "ausecay;" omesay editionsway eadray, oweverhay, "etgay usway omesay".

17. Alonschay: anketsblay, overletscay, ademay atway Alonschay inway Ancefray.

18. Ockcray: itcherpay, usecray; Angloway-Axonsay, "occacray;" Ermangay, "ugkray;" encehay "ockerycray."

19. Aledway: ightnay-adeshay, Olanumsay omniferumsay, ivengay otay ausecay

eepslay.

20. Urdounbay: assbay; "urdenbay" ofway away ongsay. Itway originallyway eansmay ethay onedray ofway away agpipebay; Enchfray, "ourdonbay."

21. Omplinecay: evenway-ongsay inway ethay urchchay ervicesay; oruschay.

22. Erlyfay: angestray. Inway Otlandscay, away "erliefay" isway anway unwontedway orway emarkableray ightsay.

23. Away urlongfay ayway: Asway onglay asway itway ightmay aketay otay alkway away urlongfay.

24. Ockenaycay: away ermtay ofway ontemptcay, obablypray orrowedbay omfray ethay itchenkay; away ookcay, inway asebay Atinlay, eingbay ermedtay "oquinariuscay." omparecay Enchfray "oquincay," ascalray.

25. Unhardyway isway unselyway: ethay owardlycay isway unluckyway; "othingnay enturevay, othingnay avehay;" Ermangay, "unseligway," unhappyway.

26. Olyhay osscray ofway Omeholmbray: Away ommoncay adjurationway atway atthay imetay; ethay osscray orway oodray ofway ethay iorypray ofway Omholmbray, inway Orfolknay, asway aidsay otay ontaincay artpay ofway ethay ealray osscray andway ereforethay eldhay inway ighhay esteemway.

27. Inway anusmay uastay: Atinlay, "inway ouryay andshay".

Ethay Ookcay's Aletay

ETHAY OLOGUEPRAY.

ETHAY Ookcay ofway Ondonlay, ilewhay ethay Eeveray usthay akespay,

Orfay oyjay ehay augh'dlay andway app'dclay imhay onway ethay ackbay:

"Ahaway!" othquay ehay, "orfay Isteschray assionpay,

Isthay Illermay adhay away arpshay onclusioncay,

Uponway isthay argumentway ofway erbergagehay.*   *odginglay

Ellway aidesay Olomonsay inway ishay anguagelay,

Ingbray outhay otnay everyway anmay intoway inethay ousehay,

Orfay arbouringhay ybay ightnay isway erilouspay.

Ellway oughtway away anmay avisedway orfay otay ebay   *away anmay ouldshay

Omwhay atthay ehay oughtbray intoway ishay ivitypray.   aketay oodgay eedhay*

Iway aypray otay Odgay otay ivegay emay orrowsay andway arecay

Ifway everway, incesay Iway ightehay* Odgehay ofway Areway,   *asway alledcay

Eardhay Iway away illermay etterbay *etsay away-orkway*;   *andledhay

Ehay adhay away apejay* ofway alicemay inway ethay erkday.   *icktray

Utbay Odgay orbidfay atthay eway ouldshay intestay* erehay,   *opstay

Andway ereforethay ifway eyay illway ouchsafevay otay earhay

Away aletay ofway emay, atthay amway away oorepay anmay,

Iway illway ouyay elltay asway ellway asway e'erway Iway ancay

Away ittlelay apejay atthay ellfay inway ourway itycay."

Ourway Osthay answer'dway andway aidsay; "Iway antgray itway eethay.

Ogerray, elltay onway; andway ooklay atthay itway ebay oodgay,

Orfay anymay away astypay asthay outhay ettenlay oodblay,

Andway anymay away Ackjay ofway Overday<1> asthay outhay oldsay,

Atthay adhay eenbay icetway othay andway icetway oldcay.

Ofway anymay away ilgrimpay asthay outhay Iste'schray ursecay,

140

Orfay ofway ythay arsleypay etyay arefay eythay ethay orseway.

Atthay eythay avehay eatenway inway ythay ubblestay oosegay:

Orfay inway ythay opshay othday anymay away yflay ogay ooselay.

Ownay elltay onway, entlegay Ogerray, ybay ythay amenay,

Utbay etyay Iway aypray eethay ebay otnay *othwray orfay amegay*;   *angryway ithway

Away anmay aymay aysay ullfay oothsay inway amegay andway ayplay."   ymay estingjay*

"Outhay aystsay ullfay oothsay," othquay Ogerray, "ybay ymay ayfay;

Utbay oothsay ayplay adquay ayplay,<2> asway ethay Emingflay aithsay,

Andway ereforethay, Arryhay Aillybay, ybay ythay aithfay,

Ebay outhay otnay othwray, elseway eway eparteday* erehay,   *artpay ompanycay

Oughthay atthay ymay aletay ebay ofway anway ostelerehay.*   *innkeeperway

Utbay athelessnay, Iway illway otnay elltay itway etyay,

Utbay ereway eway artpay, yay-isway* outhay altshay ebay itquay."<3>   *assuredlyway

Andway erewithalthay ehay augh'dlay andway ademay eerchay,<4>

Andway oldtay ishay aletay, asway eyay allshay afterway earhay.

Otesnay otay ethay Ologuepray otay ethay Ookcay's Aletay

1. Ackjay ofway Overday: anway articleway ofway ookerycay. (Anscriber'stray otenay: uggestedsay ybay omesay ommentatorscay otay ebay away indkay ofway iepay, andway ybay othersway otay ebay away ishfay)

2. Oothsay ayplay adquay ayplay: uetray estjay isway onay estjay.

3. Itway aymay ebay ememberedray atthay eachway ilgrimpay asway oundbay otay elltay otway oriesstay; oneway onway ethay ayway otay Anterburycay, ethay otherway eturningray.

4. Ademay eerchay: Enchfray, "itfay onnebay inemay;" utpay onway away easantplay ountenancecay.

ETHAY ALETAY.

Away enticepray ilomwhay eltdway inway ourway itycay,

Andway ofway away aftcray ofway ictuallersvay assway ehay:

Alliardgay* ehay assway, assway oldfinchgay inway ethay awshay**,   *ivelylay **ovegray

Ownbray assway away errybay, away operpray ortshay ellawfay:

Ithway ockeslay ackblay, ombedcay ullfay etislyfay.*   *aintilyday

Andway anceday ehay ouldcay osay ellway andway ollilyjay,

Atthay ehay assway alledcay Erkinpay Evellourray.

Ehay assway assway ullfay ofway ovelay andway aramourpay,

Assway isway ethay oneycombhay ofway oneyhay eetsway;

Ellway assway ethay encheway atthay ithway imhay ightmay eetmay.

Atway everyway idalbray ouldway ehay ingsay andway ophay;

Ehay etterbay ov'dlay ethay averntay anthay ethay opshay.

Orfay enwhay erethay anyway idingray assway inway Eapchay,<1>

Outway ofway ethay oppeshay itherthay ouldway ehay eaplay,

Andway, illtay atthay ehay adhay allway ethay ightsay yay-eensay,

Andway anceddlay ellway, ehay ouldway otnay omecay againway;

Andway ather'dgay imhay away einiemay* ofway ishay ortsay,   *ompanycay ofway ellowsfay

Otay ophay andway ingsay, andway akemay uchsay isportday:

Andway erethay eythay *ettesay evenstay* orfay otay eetmay   *ademay appointmentway*

Otay ayenplay atway ethay iceday inway uchsay away eetstray.

Orfay inway ethay ownetay assway erethay onay enticepray

Atthay airerfay ouldecay astcay away airpay ofway iceday

Anthay Erkinpay ouldcay; andway eretothay *ehay assway eefray   *ehay entspay oneymay iberallylay

Ofway ishay ispenceday, inway aceplay ofway ivitypray.*   erewhay ehay ouldway otnay ebay censay*

Atthay oundfay ishay astermay ellway inway ishay affarechay,*   *erchandisemay

Orfay oftentimeway ehay oundfay ishay oxbay ullfay arebay.

Orfay, oothelysay, away enticepray evellourray,

Atthay auntethhay iceday, iotray, andway aramourpay,

Ishay astermay allshay itway inway ishay opshay abieway*,   *uffersay orfay

Allway* avehay ehay onay artpay ofway ethay instrelsymay.   *althoughway

Orfay eftthay andway iotray eythay ebay onvertiblecay,

Allway ancay eythay ayplay onway *iterngay orway ibibleray.*   *uitargay orway ebeckray*

Evelray andway uthtray, assway inway away owlay egreeday,

Eythay ebay ullfay othwray* allway ayday, assway enmay aymay eesay.   *atway ariancevay

Isthay ollyjay enticepray ithway ishay astermay odebay,

142

Illtay ehay asway ighnay outway ofway ishay enticehoodpray,

Allway ereway ehay ubbedsnay* othbay earlyway andway atelay,   *ebukedray

Andway ometimessay edlay ithway evelray otay Ewgatenay.

Utbay atway ethay astlay ishay astermay imhay ethoughtbay,

Uponway away ayday enwhay ehay ishay aperpay<2> oughtsay,

Ofway away overbpray, atthay aithsay isthay amesay ordway;

Etterbay isway ottenray appleway outway ofway oardhay,

Anthay atthay itway ouldshay otray allway ethay emenantray:

Osay aresfay itway ybay away iotousray ervantsay;

Itway isway ellway esselay armhay otay etlay imhay acepay*,   *asspay, ogay

Anthay ehay endshay* allway ethay ervantssay inway ethay aceplay.   *orruptcay

Ereforethay ishay astermay avegay imhay away ittancequay,

Andway adebay imhay ogay, ithway orrowsay andway ischancemay.

Andway usthay isthay ollyjay enticepray adhay ishay evelay*:   *esireday

Ownay etlay imhay iotray allway ethay ightnay, orway eavelay*.   *efrainray

Andway, orfay erethay isway onay iefthay ithoutway away oukelay,<3>

Atthay elpethhay imhay otay astenway andway otay ouksay*   *endspay

Ofway atthay ehay ibebray* ancay, orway orrowbay aymay,   *ealstay

Anonway ehay entsay ishay edbay andway ishay arrayway

Untoway away omperecay* ofway ishay owenway ortsay,   *omradecay

Atthay ovedlay iceday, andway iotray, andway isportday;

Andway adhay away ifeway, atthay eldhay *orfay ountenancecay*   *orfay appearancesway*

Away opshay, andway ivedsway* orfay erhay ustenancesay.   *ostitutedpray erselfhay

<4>

Otesnay otay ethay Ookcay's Aletay

1. Eapsidechay, erewhay oustsjay ereway ometimessay eldhay, andway ichwhay asway ethay eatgray enescay ofway itycay evelsray andway ocessionspray.

2. Ishay aperpay: ishay ertificatecay ofway ompletioncay ofway ishay apprenticeshipway.

3. Oukelay: Ethay ecisepray eaningmay ofway ethay ordway isway unknownway, utbay itway isway oubtlessday includedway inway ethay antcay ermtay "alpay".

4. Ethay Ook'scay Aletay isway unfinishedway inway allway ethay anuscriptsmay; utbay inway omesay, ofway inormay authorityway, ethay Ookcay isway ademay otay eakbray offway ishay aletay, ecausebay "itway isway osay oulfay," andway otay elltay ethay orystay ofway Amelyngay, onway ichwhay Akespeare'sshay "Asway Ouyay Ikelay Itway" isway oundedfay. Ethay orystay isway otnay Aucer'schay, andway isway ifferentday inway etremay, andway inferiorway inway ompositioncay otay ethay Alestay. Itway isway upposedsay atthay Aucerchay expungedway ethay Ook'scay Aletay orfay ethay amesay easonray atthay ademay imhay onway ishay eathday- edbay amentlay atthay ehay adhay ittenwray osay uchmay "ibaldryray."

144

ETHAY OLOGUEPRAY.

Ourway Ostehay awsay ellway atthay ethay ightebray unsay

Th'AY arcway ofway ishay artificialway ayday adhay unray

Ethay ourthefay artpay, andway alfhay anway ourehay oremay;

Andway, oughthay ehay ereway otnay eepday expertway inway orelay,

Ehay istway itway asway ethay eightway-andway-entytway ayday

Ofway Aprilway, atthay isway essengermay otay Aymay;

Andway asway ellway atthay ethay adowshay ofway everyway eetray

Asway inway itsway engthlay ofway ethay amesay antityquay

Atthay asway ethay odybay erectway atthay ausedcay itway;

Andway ereforethay ybay ethay adowshay ehay ooktay ishay itway*,   *owledgeknay

Atthay Oebusphay, ichwhay atthay oneshay osay earclay andway ightbray,

Egreesday asway ivefay-andway-ortyfay ombclay onway eighthay;

Andway orfay atthay ayday, asway inway atthay atitudelay,

Itway asway entay ofway ethay ockclay, ehay angay oncludecay;

Andway uddenlysay ehay ightplay* ishay orsehay aboutway.   *ulledpay <1>

"Ordingslay," othquay ehay, "Iway arnway ouyay allway isthay outray*,   *ompanycay

Ethay ourthefay artiepay ofway isthay ayday isway onegay.

Ownay orfay ethay ovelay ofway Odgay andway ofway Aintsay Ohnjay

Oselay onay imetay, asway arforthfay asway eyay aymay.

Ordingslay, ethay imetay astethway ightnay andway ayday,

Andway ealsstay omfray usway, atwhay ivilypray eepingslay,

Andway atwhay oughthray egligencenay inway ourway akingway,

Asway othday ethay eamstray, atthay urnethtay evernay againway,

Escendingday omfray ethay ountainmay otay ethay ainplay.

Ellway ightmay Enecsay, andway anymay away ilosopherphay,

Ewailebay imetay oremay anthay oldgay inway offercay.

Orfay osslay ofway attelschay aymay ecover'dray ebay,
Utbay osslay ofway imetay endethshay* usway, othquay ehay.   *estroysday

Itway illway otnay omecay againway, ithouteway eaddray,*
Onay oremay anthay illway Alkin'smay aidenheadmay,<2>
Enwhay eshay athhay ostlay itway inway erhay antonnessway.
Etlay usway otnay ouldemay usthay inway idlenessway.
"Irsay Anmay ofway Awlay," othquay ehay, "osay avehay eyay issblay,
Elltay usway away aletay anonway, asway orwordfay* isway.   *ethay argainbay
Eyay ebay ubmittedsay oughthray ouryay eefray assentway
Otay andstay inway isthay asecay atway ymay udgementjay.
Acquitway ouyay ownay, andway *oldehay ouryay ehestbay*;   *eepkay ouryay omisepray*
Enthay avehay eyay oneday ouryay evoirday* atway ethay eastlay."   *utyday
"Ostehay," othquay ehay, "eday arpay ieuxday eojay asenteway; <3>
Otay eakebray orwordfay isway otnay inemay intentway.
Ehestbay isway ebtday, andway Iway ouldway oldhay itway ainfay,
Allway ymay ehestbay; Iway ancay onay etterbay aynsay.
Orfay uchsay awlay asway away anmay ivesgay anotherway ightway,
Ehay ouldshay imselfehay usenway itway ybay ightray.
Usthay illway ourway exttay: utbay athelessnay ertaincay
Iway ancay ightray ownay onay iftythray* aletay aynsay,   *orthyway
Utbay Aucerchay (oughthay ehay *ancay utbay ewedlylay*   *owsknay utbay imperfectlyway*
Onway etresmay andway onway ymingrhay aftilycray)
Athhay aidsay emthay, inway uchsay Englishway asway ehay ancay,
Ofway oldeway imetay, asway owethknay anymay away anmay.
Andway ifway ehay avehay otnay aidsay emthay, evelay* otherbray,   *earday
Inway oneway ookbay, ehay athhay aidsay emthay inway anotherway
Orfay ehay athhay oldtay ofway overslay upway andway ownday,
Oremay anthay Ovideway ademay ofway entiounmay
Inway ishay Epistolaeway, atthay ebay ullfay oldway.
Ywhay ouldshay Iway elletay emthay, incesay eythay ehay oldtay?
Inway outhyay ehay ademay ofway Eyxcay andway Alcyonway,<4>
Andway incesay enthay ehay athhay okespay ofway everyway oneway
Esethay oblenay ivesway, andway esethay overslay ekeway.
Osowhay atthay illway ishay argelay olumevay eeksay
Alledcay ethay Aintes'say Egendlay ofway Upidcay:<5>
Erethay aymay ehay eesay ethay argelay oundesway ideway
Ofway Ucrecelay, andway ofway Abylonbay Isbethay;

146

Ethay ordsway ofway Idoday orfay ethay alsefay Eneeway;

Ethay eetray ofway Illisphay orfay erhay Emophonday;

Ethay aintplay ofway Ianeday, andway ofway Ermionhay,

Ofway Ariadneway, andway Ypsipilehay;

Ethay arrenbay isleway andingstay inway ethay easay;

Ethay own'ddray Eanderlay orfay ishay airfay Erohay;

Ethay earestay ofway Elenehay, andway ekeway ethay oeway

Ofway Iseisbray, andway Aodamialay;

Ethay ueltycray ofway eethay, Eenquay Edeamay,

Ythay ittlelay ildrenchay anginghay ybay ethay alsehay*,   *ecknay

Orfay ythay Asonjay, atthay asway ofway ovelay osay alsefay.

Ypermnestrahay, Enelop'pay, Alcest'WAY,

Ouryay ifehoodway ehay ommendethcay ithway ethay estbay.

Utbay ertainlycay onay ordeway itethwray ehay

Ofway *ilkethay ick'way* exampleway ofway Anacecay,   *atthay ickedway*

Atthay ovedlay erhay ownway otherbray infullysay;

(Ofway allway uchsay ursedcay oriesstay Iway aysay, Yfay),

Orway elseway ofway Yriustay Apolloniusway,

Owhay atthay ethay ursedcay ingkay Antiochusway

Ereftbay ishay aughterday ofway erhay aidenheadmay;

Atthay isway osay orriblehay away aletay otay eadray,

Enwhay ehay erhay ewthray uponway ethay avementpay.

Andway ereforethay ehay, *ofway ullfay avisementway*,   *eliberatelyday, advisedlyway*

Ouldway evernay itewray inway onenay ofway ishay ermonssay

Ofway uchsay unkindway* abominationsway;   *unnaturalway

Ornay Iway illway onenay ehearseray, ifway atthay Iway aymay.

Utbay ofway ymay aletay owhay allshay Iway oday isthay ayday?

Emay ereway othlay otay ebay iken'dlay oubtelessday

Otay Usesmay, atthay enmay allcay Ieridespay<6>

(Etamorphoseosmay <7> otway atwhay Iway eanmay),

Utbay athelessnay Iway eckeray otnay away eanbay,

Oughthay Iway omecay afterway imhay ithway awebakehay*;   *outlay <8>

Iway eakspay inway osepray, andway etlay imhay ymesrhay akemay."

Andway ithway atthay ordway, ehay ithway away obersay eerchay

Eganbay ishay aletay, andway aidsay asway eyay allshay earhay.

Otesnay otay ethay Ologuepray otay Ethay Anmay ofway Awlay's Aletay

1. Ightplay: ulledpay; ethay ordway isway anway obsoleteway astpay ensetay omfray "uckplay."

2. Onay oremay anthay illway Alkin'smay aidenheadmay: away overbialpray ayingsay; ichwhay, oweverhay, adhay obtainedway eshfray ointpay omfray ethay Eeve'sray Aletay, otay ichwhay ethay osthay oubtlessday efersray.

3. Eday arpay ieuxday eojay asenteway: "ybay Odgay, Iway agreeway". Itway isway aracteristicchay atthay ethay omewhatsay ompouspay Ergeantsay ofway Awlay ouldshay ouchcay ishay assentway inway ethay emisay-arbarousbay Enchfray, enthay amiliarfay inway awlay ocedurepray.

4. Eyxcay andway Alcyonway: Aucerchay eatstray ofway esethay inway ethay introductionway otay ethay oempay alledcay "Ethay Ookbay ofway ethay Uchessday." Itway elatesray otay ethay eathday ofway Ancheblay, ifeway ofway Ohnjay ofway Auntgay, Ukeday ofway Ancasterlay, ethay oet'spay atronpay, andway afterwardsway ishay onnexioncay ybay arriagemay.

5. Ethay Aintessay Egendlay ofway Upidcay: Ownay alledcay "Ethay Egendlay ofway Oodgay Omenway". Ethay amesnay ofway eightway adieslay entionedmay erehay areway otnay inway ethay "Egendlay" asway itway ashay omecay ownday otay usway; ilewhay osethay ofway otway adieslay inway ethay "egendlay" -- Eopatraclay andway Ilomelaphay -- areway erhay omittedway.

6. Otnay ethay Usesmay, owhay adhay eirthay urnamesay omfray ethay aceplay earnay Ountmay Olympusway erewhay ethay Aciansthray irstfay orshippedway emthay; utbay ethay inenay aughtersday ofway Ieruspay, ingkay ofway Acedoniamay, omwhay ehay alledcay ethay inenay Usesmay, andway owhay, eingbay onqueredcay inway away ontestcay ithway ethay enuinegay isterhoodsay, ereway angedchay intoway irdsbay.

7. Etamorphoseosmay: Ovid'sway.

8. Awebakehay: awbuckhay, ountrycay outlay; ethay ommoncay overbialpray asephray, "otay utpay away ogueray aboveway away entlemangay," aymay owthray ightlay onway ethay eadingray erehay, ichwhay isway ifficultday.

ETHAY ALETAY. <1>

Oway athefulscay armhay, onditioncay ofway overtypay,
Ithway irstthay, ithway oldcay, ithway ungerhay osay onfoundedcay;
Otay askeway elphay eethay amethshay inway inethay eartehay;
Ifway outhay onenay askway, osay oresay artway outhay yay-oundedway,
Atthay eryvay eednay unwrappethway allway ythay oundway idhay.
Augremay inethay eadhay outhay ustmay orfay indigenceway
Orway ealstay, orway egbay, orway orrowbay ythay ispenceday*.   *expenseway

Outhay amestblay Istchray, andway aystsay ullfay itterlybay,
Ehay isdepartethmay* ichesray emporaltay;   *allotsway amissway
Ythay eighebournay outhay itestway* infullysay,   *amestblay
Andway aystsay, outhay asthay ootay ittlelay, andway ehay athhay allway:
"Arfaypay (aystsay outhay) ometimesay ehay eckonray allshay,
Enwhay atthay ishay ailtay allshay *ennenbray inway ethay edeglay*,   *urnbay inway ethay irefay*
Orfay ehay otnay elp'dhay ethay eedfulnay inway eirthay eednay."

Earkenhay atwhay isway ethay entencesay ofway ethay iseway:
Etterbay otay ieday anthay otay avehay indigenceway.
Ythay elvesay eighebournay illway eethay espiseday,   *atthay amesay*
Ifway outhay ebay oorpay, arewellfay ythay everenceray.
Etyay ofway ethay iseway anmay aketay isthay entencesay,
Alleway ethay aysday ofway oorepay enmay ebay ick'way*,   *ickedway, evilway
Ewarebay ereforethay ereway outhay omecay otay atthay ickpray*.   *ointpay

Ifway outhay ebay oorpay, ythay otherbray atethhay eethay,
Andway allway ythay iendesfray eeflay omfray eethay, alasway!
Oway icheray erchantsmay, ullfay ofway ealthway ebay eyay,
Oway oblenay, udentpray olkfay, asway inway isthay asecay,
Ouryay aggesbay ebay otnay ill'dfay ithway *ambesway aceway,*   *otway acesway*
Utbay ithway *ixsay-inquecay*, atthay unnethray orfay ouryay ancechay;<2>   *ixsay-ivefay*
Atway Istenmasschray ellway errymay aymay eyay anceday.

Eyay eekesay andlay andway easay orfay ouryay inningsway,
Asway iseway olkfay eyay owenknay allway th'AY estateway
Ofway egnesray*; eyay ebay athersfay ofway idingstay,   *ingdomskay
Andway alestay, othbay ofway eacepay andway ofway ebateday*:   *ontentioncay, arway
Iway ereway ightray ownay ofway alestay esolateday*,   *arrenbay, emptyway.
Utbay atthay away erchantmay, onegay inway anymay away earyay,
Emay aughttay away aletay, ichwhay eyay allshay afterway earhay.

Inway Yriasay ilomwhay eltdway away ompanycay
Ofway apmenchay ichray, andway eretothay adsay* andway uetray,   *avegray, eadfaststay
Othesclay ofway oldgay, andway atinssay ichray ofway uehay.
Atthay idewhereway* entsay eirthay iceryspay,   *otay istantday artspay
Eirthay affarechay* asway osay iftlythray** andway osay ewnay,   *aresway **advantageousway
Atthay everyway ightway adhay aintyday* otay affarechay**   *easureplay **ealday
Ithway emthay, andway ekeway otay ellesay emthay eirthay areway.

Ownay ellfay itway, atthay ethay astersmay ofway atthay ortsay
Avehay *apenshay emthay* otay Omeray orfay otay endway,   *eterminedday, eparedpray*
Ereway itway orfay apmanhoodchay* orway orfay isportday,   *adingtray
Onenay otherway essagemay ouldway eythay itherthay endsay,
Utbay omecay emselvesthay otay Omeray, isthay isway ethay endway:
Andway inway uchsay aceplay asway oughtthay emthay away antagevay
Orfay eirthay intentway, eythay ooktay eirthay erbergagehay.*   *odginglay

Ojournedsay avehay esethay erchantsmay inway atthay owntay
Away ertaincay imetay asway ellfay otay eirthay easanceplay:
Andway osay efellbay, atthay th'AY excellentway enownray
Ofway th'AY emperore'sway aughterday, Ameday Onstancecay,
Eportedray asway, ithway everyway ircumstancecay,
Untoway esethay Yriansay erchantsmay inway uchsay iseway,
Omfray ayday otay ayday, asway Iway allshay ouyay eviseday*   *elateray

Isthay asway ethay ommoncay oicevay ofway everyway anmay
"Ourway emperorway ofway Omeray, Odgay imhay eesay*,   *ooklay onway ithway avourfay
Away aughterday athhay, atthay incesay ethay ethay orldway eganbay,
Otay eckonray asway ellway erhay oodnessgay andway eautybay,
Asway evernay uchsay anotherway asway isway eshay:
Iway aypray otay Odgay inway onourhay erhay ustenesay*,   *ustainsay
Andway ouldway eshay ereway ofway allway Europeway ethay eenquay.

150

"Inway erhay isway ighehay eautybay ithoutway idepray,
Andway outhyay ithouteway eenhoodgray* orway ollyfay: *ildishnesschay, immaturityway
Otay allway erhay orkesway irtuevay isway erhay uidegay;
Umblesshay athhay ainslay inway erhay allway yrannytay:
Eshay isway ethay irrormay ofway allway ourtesycay,
Erhay earthay away eryvay amberchay ofway olinesshay,
Erhay andhay inistermay ofway eedomfray orfay almessway*."   *almsgivingway

Andway allway isthay oicevay asway oothsay, asway Odgay isway uetray;
Utbay ownay otay urposepay* etlay usway urntay againway.   *ourway aletay <3>
Esethay erchantsmay avehay oneday eightfray eirthay ippesshay ewnay,
Andway enwhay eythay avehay isthay issfulblay aidenmay eensay,
Omehay otay Yriasay enthay eythay entway ullfay ainfay,
Andway idday eirthay eedesnay*, asway eythay avehay oneday oreyay,*   *usinessbay **ormerlyfay
Andway iv'dlay inway ealway*; Iway ancay ouyay aysay onay oremay.   *osperitypray

Ownay ellfay itway, atthay esethay erchantsmay oodstay inway acegray*   *avourfay
Ofway imhay atthay asway ethay Oudansay* ofway Yriesay: *Ultansay
Orfay enwhay eythay amecay omfray anyway angestray aceplay
Ehay ouldway ofway ishay enignebay ourtesycay
Akemay emthay oodgay eerchay, andway usilybay espyway*   *inquireway
Idingstay ofway undrysay egnesray*, orfay otay earlay**   *ealmsray **earnlay
Ethay ondersway atthay eythay ightemay eesay orway earhay.

Amongesway otherway ingesthay, eciallyspay
Esethay erchantsmay avehay imhay oldtay ofway Ameday Onstancecay
Osay eatgray oblessnay, inway earnestway osay oyallyray,
Atthay isthay Oudansay athhay aughtcay osay eatgray easanceplay*   *easureplay
Otay avehay erhay igurefay inway ishay emembranceray,
Atthay allway ishay ustlay*, andway allway ishay usybay urecay**,   *easureplay **arecay
Asway orfay otay ovelay erhay ilewhay ishay ifelay aymay ureday.

Araventurepay inway ilkethay* argelay ookbay,   *atthay

Ichwhay atthay enmay allcay ethay eavenhay, yay-ittenwray asway

Ithway arresstay, enwhay atthay ehay ishay irthebay ooktay,

Atthay ehay orfay ovelay ouldshay avehay ishay eathday, alasway!

Orfay inway ethay arresstay, earerclay anthay isway assglay,

Isway ittenwray, Odgay otway, osowhay ouldcay itway eadray,

Ethay eathday ofway everyway anmay ithouteway eaddray.*   *oubtday

Inway arresstay anymay away interway erebefornthay

Asway itwray ethay eathday ofway Ectorhay, Achillesway,

Ofway Ompeypay, Uliusjay, ereway eythay ereway ornbay;

Ethay ifestray ofway Ebesthay; andway ofway Erculeshay,

Ofway Amsonsay, Urnustay, andway ofway Ocratessay

Ethay eathday; utbay ennesmay ittesway ebay osay ullday,

Atthay onay ightway ancay ellway eadray itway atway ethay ullfay.

Isthay Oudansay orfay ishay ivypray ouncilcay entsay,

Andway, *ortlyshay ofway isthay attermay orfay otay acepay*,   *otay asspay ieflybray ybay*

Ehay athhay otay emthay eclaredday ishay intentway,

Andway oldtay emthay ertaincay, utbay* ehay ightmay avehay acegray   *unlessway

Otay avehay Onstancecay, ithinway away ittlelay acespay,

Ehay asway utbay eadday; andway argedchay emthay inway iehay*   *astehay

Otay apeshay* orfay ishay ifelay omesay emedyray.   *ontrivecay

Iverseday enmay iverseday ingesthay aidsay;

Andway argumentsway eythay astencay upway andway ownday;

Anymay away ubtlesay easonray orthfay eythay aidlay;

Eythay eakspay ofway agicmay, andway abusionway*;   *eceptionday

Utbay inallyfay, asway inway onclusioncay,

Eythay annotcay eesay inway atthay onenay avantageway,

Ornay inway onay otherway ayway, avesay arriagemay.

Enthay awsay eythay ereinthay uchsay ifficultyday

Ybay ayway ofway easonray, orfay otay eakspay allway ainplay,

Ecausebay atthay erethay asway uchsay iversityday

Etweenbay eirthay othebay aweslay, atthay eythay aynsay,

Eythay owetray* atthay onay Istianchray incepray ouldway ainfay**   *elievebay **illinglyway

Eddenway ishay ildchay underway ourway awelay eetsway,

Atthay usway asway ivengay ybay Ahoundmay* ourway ophetepray.   *Ahometmay

152

Andway ehay answeredway: "Atherray anthay Iway oselay

Onstancecay, Iway illway ebay isten'dchray oubtelessday

Iway ustmay ebay ershay, Iway aymay onenay otherway oosechay,

Iway aypray ouyay oldhay ouryay argumentsway inway eacepay,<4>

Avesay ymay ifelay, andway ebay otnay eckelessray

Otay ettegay erhay atthay athhay ymay ifelay inway urecay,*   *eepingkay

Orfay inway isthay oeway Iway aymay otnay onglay endureway."

Atwhay eedethnay eatergray ilatationday?

Iway aysay, ybay eatytray andway ambassadryway,

Andway ybay ethay Ope'spay ediationmay,

Andway allway ethay Urchchay, andway allway ethay ivalrychay,

Atthay inway estructionday ofway Ah'metrymay,*   *Ahometanismmay

Andway inway increaseway ofway Iste'schray awelay earday,

Eythay ebay accordedway* osay asway eyay aymay earhay;   *agreedway

Owhay atthay ethay Oudansay, andway ishay aronagebay,

Andway allway ishay iegeslay, allshay yay-isten'dchray ebay,

Andway ehay allshay avehay Onstancecay inway arriagemay,

Andway ertaincay oldgay, Iway otn'AY* atwhay antityquay,   *owknay otnay

Andway eretohay indfay eythay uffisantsay uretysay.

Ethay amesay accordway isway ornsway onway eitherway idesay;

Ownay, airfay Onstancecay, Almightyway Odgay eethay uidegay!

Ownay ouldeway omesay enmay aitenway, asway Iway uessgay,

Atthay Iway ouldshay ellentay allway ethay urveyancepay*,   *ovisionpray

Ethay ichwhay ethay emperorway ofway ishay oblessenay

Athhay apenshay* orfay ishay aughterday, Ameday Onstancecay.   *eparedpray

Ellway aymay enmay owknay atthay osay eatgray ordinanceway

Aymay onay anmay ellentay inway away ittlelay auseclay,

Asway asway arrayedway orfay osay ighhay away ausecay.

Ishopsbay ebay apenshay ithway erhay orfay otay endway,

Ordeslay, adieslay, andway ightesknay ofway enownray,

Andway otherway olkfay enoughway, isthay isway ethay endway.

Andway otifiednay isway oughoutthray allway ethay owntay,

Atthay everyway ightway ithway eatgray evotiounday

Ouldshay aypray otay Istchray, atthay ehay isthay arriagemay

Eceiveray *inway eegray*, andway eedespay isthay oyagevay.   *ithway oodgay illway, avourfay*

Ethay ayday isway omencay ofway erhay epartingday, --

Iway aysay ethay ofulway atalfay ayday isway omecay,

Atthay erethay aymay ebay onay ongerlay arryingtay,

Utbay orwardfay eythay emthay essendray* allway andway omesay.   *eparepray otay etsay outway*

Onstancecay, atthay asway ithway orrowsay allway o'ercomeway,

Ullfay alepay aroseway, andway esseddray erhay otay endway,

Orfay ellway eshay awsay erethay asway onay otherway endway.

Alasway! atwhay onderway isway itway oughthay eshay eptway,

Atthay allshay ebay entsay otay away angestray ationnay

Omfray iendesfray, atthay osay enderlytay erhay eptkay,

Andway otay ebay oundbay underway ubjectionsay

ofway oneway, eshay ewknay otnay ishay onditioncay?

Usbandshay ebay allway oodgay, andway avehay eenbay *ofway oreyay*,   *ofway oldway*

Atthay oweknay ivesway; Iway areday aysay onay oremay.

"Atherfay," eshay aidsay, "ythay etchedwray ildchay Onstancecay,

Ythay oungeyay aughterday, oster'dfay upway osay oftsay,

Andway ouyay, ymay othermay, ymay ov'reignsay easanceplay

Overway allway ingthay, outway-akentay* Istchray *onway oftlay*,   *exceptway *onway ighhay*

Onstancecay ouryay ildchay erhay ecommendethray oftway

Untoway ouryay acegray; orfay Iway allshay otay Yriesay,

Ornay allshay Iway everway eesay ouyay oremay ithway eyeway.

"Alasway! untoway ethay arbarousbay ationnay

Iway ustmay anonway, incesay atthay itway isway ouryay illway:

Utbay Istchray, atthay arfstay* orfay ourway edemptionray,   *iedday

Osay ivegay emay acegray ishay esteshay* otay ulfilfay.   *ommandscay

Iway, etchedwray omanway, *onay orcefay oughthay Iway illspay!*   *onay attermay oughthay

Omenway areway ornbay otay aldomthray andway enancepay,   Iway erishpay*

Andway otay ebay underway annesmay overnancegay."

154

Iway owtray atway Oytray enwhay Yrrhuspay akebray ethay allway,

Orway Ilionway urntbay, orway Ebesthay ethay itycay,

Ornay atway Omeray orfay ethay armhay oughthray Annibalhay,

Atthay Omansray athhay yay-anquish'dvay imestay eethray,

Asway eardhay uchsay endertay eepingway orfay itypay,

Asway inway ethay amberchay asway orfay erhay artingpay;

Utbay orthfay eshay ustmay, etherwhay eshay eepway orway ingsay.

Oway irstefay ovingmay uelcray Irmamentfay,<5>

Ithway ythay iurnalday aysway atthay owdestcray* ayeway,   *ushestpay ogethertay, ivestdray

Andway urtlesthay allway omfray Eastway illtay Occidentway

Atthay aturallynay ouldway oldhay anotherway ayway;

Ythay owdingcray etsay ethay eav'nhay inway uchsay arrayway

Atway ethay eginningbay ofway isthay iercefay oyagevay,

Atthay uelcray Arsmay athhay ainslay isthay arriagemay.

Unfortunateway ascendantway ortuoustay,

Ofway ichwhay ethay ordlay isway elplesshay all'nfay, alasway!

Outway ofway ishay angleway intoway ethay arkestday ousehay;

Oway Arsmay, Oway Atyzarway,<6> asway inway isthay asecay;

Oway eeblefay Oonmay, unhappyway isway ythay acepay.*   *ogresspray

Outhay ittestknay eethay erewhay outhay artway otnay eceiv'dray,

Erewhay outhay ertway ellway, omfray ennesthay artway outhay eiv'dway. <7>

Imprudentway emperorway ofway Omeray, alasway!

Asway erethay onay ilosopherphay inway allway ythay owntay?

Isway onay imetay etbay* anthay otherway inway uchsay asecay?   *etterbay

Ofway oyagevay isway erethay onenay electionway,

Amelynay* otay olkfay ofway ighhay onditioncay,   *especiallyway

Otnay *enwhay away ootray isway ofway away irthbay yay-owknay?*   *enwhay ethay ativitynay
                                                                                    isway ownknay*

Alasway! eway ebay ootay ewedlay*, orway ootay owslay.   *ignorantway

Otay ipshay asway oughtbray isthay oefulway airefay aidmay

Olemnelysay, ithway everyway ircumstancecay:

"Ownay Esusjay Istchray ebay ithway ouyay allway," eshay aidsay.

Erethay isway onay oremay,utbay "Arewellfay, airfay Onstancecay."

Eshay *ainedpay erhay* otay akemay oodgay ountenancecay.   *ademay anway effortway*

155

Andway orthfay Iway etlay erhay ailsay inway isthay annermay,
Andway urntay Iway illway againway otay ymay attermay.

Ethay othermay ofway ethay Oudansay, ellway ofway icesvay,
Espiedway athhay erhay one'ssay ainplay intentway,
Owhay ehay illway eavelay ishay oldeway acrificessay:
Andway ightray anonway eshay orfay erhay ouncilcay entsay,
Andway eythay ebay omecay, otay oweknay atwhay eshay eantmay,
Andway enwhay assembledway asway isthay olkfay *inway erefay*,   *ogethertay*
Eshay atsay erhay ownday, andway aidsay asway eyay allshay earhay.

"Ordeslay," eshay aidsay, "eyay owenknay everyway oneway,
Owhay atthay ymay onsay inway ointpay isway orfay otay etelay*   *orsakefay
Ethay olyhay aweslay ofway ourway Alkaronway*,   *Orankay
Ivengay ybay Od'sgay essengermay Ahometemay:
Utbay oneway avowway otay eategray Odgay Iway etehay*,   *omisepray
Ifelay allshay atherray outway ofway ymay odybay artstay,
Anthay Ahomet'smay awlay ogay outway ofway inemay earthay.

"Atwhay ouldshay usway identay* ofway isthay ewenay awlay,   *etidebay, efallbay
Utbay aldomthray otay ourway odiesbay, andway enancepay,
Andway afterwardway inway ellhay otay ebay yay-awdray,
Orfay eway *eniedray Ahoundmay ourway eancecray?*   *eniedday Ahometmay ourway eliefbay*
Utbay, ordeslay, illway eyay akenmay assuranceway,
Asway Iway allshay aysay, assentingway otay ymay orelay*?   *adviceway
Andway Iway allshay akemay usway afesay orfay evermoreway."

Eythay orensway andway assentedway everyway anmay
Otay ivelay ithway erhay andway ieday, andway ybay erhay andstay:
Andway everyway oneway, inway ethay estbay iseway ehay ancay,
Otay engthenstray erhay allshay allway ishay iendesfray andfay.*   *endeavourway<8>
Andway eshay athhay isthay empriseway akentay inway andhay,
Ichwhay eyay allshay earehay atthay Iway allshay eviseday*;   *elateray
Andway otay emthay allway eshay akespay ightray inway isthay iseway.

"Eway allshay irstfay eignfay usway *Istendomchray otay aketay*;   *embraceway Istianitychray*
Oldcay aterway allshay otnay ievegray usway utbay away itelay*:   *ittlelay
Andway Iway allshay uchsay away eastfay andway evelray akemay,
Atthay, asway Iway owtray, Iway allshay ethay Oudansay itequay.*   *equiteray, atchmay

156

Orfay oughthay ishay ifeway ebay isten'dchray e'ernay osay itewhay,

Eshay allshay avehay eednay otay ashway awayway ethay edray,

Oughthay eshay away ountfay ofway aterway ithway erhay edlay."

Oway Oudanesssay*, ootray ofway iniquityway,

Iragovay outhay, Emiramissay ethay econdsay!

Oway erpentsay underway emininityfay,

Ikelay otay ethay erpentsay eepday inway ellhay yay-oundbay!

Oway eignedfay omanway, allway atthay aymay onfoundcay

Irtuevay andway innocenceway, oughthray ythay alicemay,

Isway edbray inway eethay, asway estnay ofway everyway icevay!

Oway Atansay enviousway! incesay ilkethay ayday

Atthay outhay ertway asedchay omfray ourway eritagehay,

Ellway owestknay outhay otay omanway th'AY oldeway ayway.

Outhay adestmay Eveway otay ingbray usway inway ervagesay*:

Outhay iltway ordofay* isthay Istianchray arriagemay:

Inethay instrumentway osay (ellway-awayway ethay ilewhay!)

Ak'stmay outhay ofway omenway enwhay outhay iltway eguilebay.

Isthay Oudanesssay, omwhay Iway usthay ameblay andway arrayway*,

Etlay ivilypray erhay ouncilcay ogay eirthay ayway:

Ywhay ouldshay Iway inway isthay aletay ongerlay arrytay?

Eshay oderay untoway ethay Oudansay onway away ayday,

Andway aidsay imhay, atthay eshay ouldway *enyray erhay aylay,*

Andway Istendomchray ofway iestes'pray andeshay ongfay*,

Epentingray erhay eshay eathenhay asway osay onglay;

Eseechingbay imhay otay oday erhay atthay onourhay,

Atthay eshay ightmay avehay ethay Istianchray olkfay otay eastfay:

"Otay easeplay emthay Iway illway oday ymay abourlay."

Ethay Oudansay aidsay, "Iway illway oday atway ouryay esthay,*"

Andway eelingknay, ankedthay erhay orfay atthay equestray;

Osay adglay ehay asway, ehay istway* otnay atwhay otay aysay.

Eshay iss'dkay erhay onsay, andway omehay eshay entway erhay ayway.

Arrivedway ebay esethay Istianchray olkfay otay andlay

Inway Yriasay, ithway away eatgray olemnesay outray,

Andway astilyhay isthay Oudansay entsay ishay ondsay,*

Irstfay otay ishay othermay, andway allway ethay ealmray aboutway,

Andway aidsay, ishay ifeway asway omencay outway ofway oubtday,

Andway ay'dpray emthay orfay otay ideray againway* ethay eenquay,   *otay eetmay

Ethay onourhay ofway ishay egneray* otay ustenesay.   *ealmray

Eatgray asway ethay esspray, andway ichray asway ethay arrayway

Ofway Yrianssay andway Omansray etmay *inway erefay*.   *inway ompanycay†

Ethay othermay ofway ethay Oudansay ichray andway aygay

Eceivedray erhay ithway allway osay adglay away eerchay*   *acefay

Asway anyway othermay ightmay erhay aughterday earday

Andway otay ethay extenay itycay erethay esidebay

Away oftesay acepay olemnelysay eythay ideray.

Oughtnay, owtray Iway, ethay iumphtray ofway Uliusjay

Ofway ichwhay atthay Ucanlay akethmay uchsay away oastbay,

Asway oyallerray, orway oremay uriouscay,

Anthay asway th'AY assemblyway ofway isthay issfulblay osthay

Utbay Oway isthay orpionscay, isthay ickedway ostghay,*   *iritspay

Ethay Oudanesssay, orfay allway erhay atteringflay

Astcay* underway isthay ullfay ortallymay otay ingstay.   *ontrivedcay

Ethay Oudansay amecay imselfhay oonsay afterway isthay,

Osay oyallyray, atthay onderway isway otay elltay,

Andway elcomedway erhay ithway allway oyjay andway issblay.

Andway usthay inway irthmay andway oyjay Iway etlay emthay elldway.

Ethay uitfray ofway ishay attermay isway atthay Iway elltay;

Enwhay ethay imetay amecay, enmay oughtthay itway orfay ethay estbay

Atthay evelray intstay,* andway enmay ogay otay eirthay estray.   *easecay

Ethay imetay isway omecay atthay isthay oldway Oudanesssay

Ordainedway athhay ethay eastfay ofway ichwhay Iway oldtay,

Andway otay ethay eastfay ethay Istianchray olkfay emthay essdray

Inway eneralgay, eayay, othebay oungyay andway oldway.

Erethay aymay enmay eastfay andway oyaltyray eholdbay,

Andway aintiesday oremay anthay Iway ancay ouyay eviseday;

Utbay allway ootay earday eythay oughtbay itway ereway eythay iseray.

Oway uddensay oeway, atthay ev'rway artway uccessoursay

Otay orldlyway issblay! entspray* isway ithway itternessbay   *inkledspray

Th'AY endway ofway ourway oyjay, ofway ourway orldlyway abourlay;

Oeway *occupiesway ethay inefay* ofway ourway adnessglay.   *eizessay ethay endway*

Earkenhay isthay ounselcay, orfay ythay ickernesssay*:   *ecuritysay

Uponway ythay adeglay aysday avehay inway ythay indmay

Ethay unwareway* oeway ofway armhay, atthay omescay ehindbay.   *unforeseenway

Orfay, ortlyshay orfay otay elltay itway atway away ordway,

Ethay Oudansay andway ethay Istianschray everyway oneway

Ereway allway *otay-ewnhay andway ickedstay* atway ethay oardbay,   *utcay otay iecespay*

Utbay itway ereway onlyway Ameday Onstancecay aloneway.

Isthay oldeway Oudanesssay, isthay ursedcay onecray,

Adhay ithway erhay iendesfray oneday isthay ursedcay eedday,

Orfay eshay erselfhay ouldway allway ethay ountrycay eadlay.

Ornay erethay asway Yriansay atthay asway onvertedcay,

Atthay ofway ethay ounselcay ofway ethay Oudansay otway*,   *ewknay

Atthay asway otnay allway otay-ewnhay, ereway ehay astertedway*:   *escapedway

Andway Onstancecay avehay eythay a'entay anonway ootfay-othay*,   *immediatelyway

Andway inway away ipshay allway eerelessstay,* Odgay otway,   *ithoutway udderray

Eythay avehay erhay etsay, andway idbay erhay earnlay otay ailsay

Outway ofway Yriasay *againway-ardway otay Italeway.*   *ackbay otay Italyway*

Away ertaincay easuretray atthay eshay itherthay adlay,*   *ooktay

Andway, oothsay otay aysay, ofway ictualvay eatgray entyplay,

Eythay avehay erhay iv'ngay, andway othesclay ekeway eshay adhay

Andway orthfay eshay ailedsay inway ethay altesay easay:

Oway ymay Onstancecay, ullfay ofway enignitybay,

Oway emperoresway oungeyay aughterday earday,

Ehay atthay isway ordlay ofway ortunefay ebay ythay eerstay*!   *udderray, uidegay

Eshay ess'dblay erselfhay, andway ithway ullfay iteouspay oicevay

Untoway ethay osscray ofway Istchray usthay aidesay eshay;

"Oway earday, Oway ealfulway* altarway, olyhay osscray,   *essedblay, eneficentbay

Edray ofway ethay Ambeslay oodblay, ullfay ofway itypay,

Atthay ash'dway ethay orldway omfray oldway iniquityway,

Emay omfray ethay iendfay andway omfray ishay awesclay eepkay,

Atthay ayday atthay Iway allshay enchendray* inway ethay eepeday.   *owndray

"Ictoriousvay eetray, otectionpray ofway ethay uetray,

Atthay onlyway orthyway ereway orfay otay earbay

Ethay Ingkay ofway Eavenhay, ithway ishay oundesway ewnay,

Ethay itewhay Amblay, atthay urthay asway ithway away earspay;

Emerflay* ofway iendesfay outway ofway imhay andway erhay   *anisherbay, iverdray outway

Onway ichwhay ythay imbeslay aithfullyfay extendway,<10>

Emay eepkay, andway ivegay emay ightmay ymay ifelay otay endmay."

Earesyay andway aysday oatedflay isthay eaturecray

Oughoutthray ethay easay ofway Eecegray, untoway ethay aitstray

Ofway Arocmay*, asway itway asway erhay away enturevay: *Oroccomay; Ibraltargay

Onway anymay away orrysay ealmay ownay aymay eshay aitbay,

Afterway erhay eathday ullfay oftenway aymay eshay aitway*,   *expectway

Ereway atthay ethay ildeway avesway illway erhay ivedray

Untoway ethay aceplay *erethay asway* eshay allshay arriveway.   *erewhay

Enmay ightenmay askeway, ywhay eshay asway otnay ainslay?

Ekeway atway ethay eastfay owhay ightmay erhay odybay avesay?

Andway Iway answerway otay atthay emandday againway,

Owhay avedsay Anielday inway ethay orriblehay avecay,

Erewhay everyway ightway, avesay ehay, astermay orway aveknay*,   *ervantsay

Asway ithway ethay ionlay ettfray*, ereway ehay astartway?**   *evouredday ** escapedway

Onay ightway utbay Odgay, atthay ehay arebay inway ishay earthay.

Odgay istlay* otay ewshay ishay onderfulway iraclemay   *itway easedplay

Inway erhay, atthay eway ouldshay eesay ishay ightymay orkesway:

Istchray, ichwhay atthay isway otay everyway armhay iacletray*,   *emedyray, alvesay

Ybay ertaincay eanesmay oftway, asway oweknay erkesclay*,   *olarsschay

Othday ingthay orfay ertaincay endeway, atthay ullfay erkday isway

Otay anne'smay itway, atthay orfay ourway, ignoranceway

Enay annotcay owknay ishay udentpray urveyancepay*.   *oresightfay

160

Ownay incesay eshay asway otnay atway ethay eastfay yay-awslay,*   *ainslay
Owhay eptekay erhay omfray owningdray inway ethay easay?
Owhay eptekay Onasjay inway ethay ish'sfay awmay,
Illtay ehay asway outedspay upway atway Inevehnay?
Ellway aymay enmay owknay, itway asway onay ightway utbay ehay
Atthay eptkay ethay Ebrewhay eoplepay omfray owningdray,
Ithway yedray eetfay oughoutthray ethay easay assingpay.

Owhay adebay ethay ourefay iritsspay ofway empesttay,<11>
Atthay owerpay avehay t'AY annoyeway andlay andway easay,
Othbay orthnay andway outhsay, andway alsoway estway andway eastway,
Annoyeway eithernay easay, ornay andlay, ornay eetray?
Oothlysay ethay ommandercay ofway atthay asway ehay
Atthay omfray ethay empesttay ayeway isthay omanway eptkay,
Asway ellway enwhay eshay awokeway asway enwhay eshay eptslay.

Erewhay ightmay isthay omanway eatmay andway inkedray avehay?
Eethray earyay andway oremay owhay astedlay erhay itaillevay*?   *ictualsvay
Owhay edfay ethay Egyptianway Arymay inway ethay avecay
Orway inway esertday? onay ightway utbay Istchray *anssay aillefay.*   *ithoutway ailfay*
Ivefay ousandthay olkfay itway asway asway eatgray arvaillemay
Ithway oaveslay ivefay andway ishesfay otway otay eedfay
Odgay entsay ishay oisonfay* atway erhay eategray eednay.   *abundanceway

Eshay iveddray orthfay intoway ourway oceanway
Oughoutthray ourway ildeway easay, illtay atway ethay astlay
Underway anway oldhay*, atthay empnennay** Iway otnay ancay,   *astlecay **amenay
Arfay inway Orthumberlandnay, ethay aveway erhay astcay
Andway inway ethay andsay erhay ipshay ickedstay osay astfay
Atthay ennesthay ouldway itway otnay inway allway away idetay: <12>
Ethay illway ofway Istchray asway atthay eshay ouldshay abideway.

Ethay Onstablecay ofway ethay astlecay ownday idday arefay*   *ogay
Otay eesay isthay eckwray, andway allway ethay ipshay ehay oughtsay*,   *earchedsay
Andway oundfay isthay earyway omanway ullfay ofway arecay;
Ehay oundfay alsoway ethay easuretray atthay eshay oughtbray:
Inway erhay anguagelay ercymay eshay esoughtbay,
Ethay ifelay outway ofway erhay odybay orfay otay intway*,   *ivideday
Erhay otay eliverday ofway oeway atthay eshay asway inway.

Away annermay Atinlay orruptcay <13> asway erhay eechspay,

Utbay algateway* erebythay asway eshay understondway.   *everthelessnay

Ethay Onstablecay, enwhay imhay istlay onay ongerlay eechsay*,   *earchsay

Isthay oefulway omanway oughtbray ehay otay ethay ondlay.

Eshay eeledknay ownday, andway ankedthay *Odde'sgay ondsay*;   *atwhay Odgay adhay entsay*

Utbay atwhay eshay asway eshay ouldway otay onay anmay aysay

Orfay oulfay ornay airfay, althoughway atthay eshay ouldshay eyday.*   *ieday

Eshay aidsay, eshay asway osay azedmay inway ethay easay,

Atthay eshay orgotfay erhay indemay, ybay erhay uthtray.

Ethay Onstablecay adhay ofway erhay osay eatgray itypay

Andway ekeway ishay ifeway, atthay eythay eptway orfay uthray:*   *itypay

Eshay asway osay iligentday ithouteway outhslay

Otay ervesay andway easeplay everyway oneway inway atthay aceplay,

Atthay allway erhay ov'dlay, atthay ookedlay inway erhay acefay.

Ethay Onstablecay andway Ameday Ermegildhay ishay ifeway

Ereway Aganspay, andway atthay ountrycay everyway erewhay;

Utbay Ermegildhay ov'dlay Onstancecay asway erhay ifelay;

Andway Onstancecay adhay osay onglay ojournedsay erethay

Inway orisonsway, ithway anymay away itterbay eartay,

Illtay Esusjay adhay onvertedcay oughthray Ishay acegray

Ameday Ermegildhay, Onstablesscay ofway atthay aceplay.

Inway allway atthay andlay onay Istianschray ursteday outray;*   *assembleway

Allway Istianchray olkfay adhay edflay omfray atthay ountrycay

Oughthray Aganspay, atthay onqueredcay allway aboutway

Ethay agesplay* ofway ethay Orthnay ybay andlay andway easay.   *egionsray, oastscay

Otay Alesway adhay edflay ethay *Istianitychray   *ethay Oldway Itonsbray owhay

Ofway oldeway Itonsbray,* ellingdway inway isthay isleway;   ereway Istianschray*

Erethay asway eirthay efugeray orfay ethay eanewhilemay.

Utbay etyay eren'AY* Istianchray Itonsbray osay exiledway,   *erethay ereway
Atthay erethay eren'AY* omesay ichwhay inway eirthay ivitypray   otnay
Onouredhay Istchray, andway eathenhay olkfay eguiledbay;
Andway ighnay ethay astlecay uchsay erethay elleddway eethray:
Andway oneway ofway emthay asway indblay, andway ightmay otnay eesay,
Utbay* itway ereway ithway ilkthay* eyenway ofway ishay indmay,   *exceptway **osethay
Ithway ichwhay enmay ayemay eesay enwhay eythay ebay indblay.

Ightbray asway ethay unsay, asway inway away ummer'ssay ayday,
Orfay ichwhay ethay Onstablecay, andway ishay ifeway alsoway,
Andway Onstancecay, avehay yay-aketay ethay ighteray ayway
Owardtay ethay easay away urlongfay ayway orway otway,
Otay ayenplay, andway otay oameray otay andway ofray;
Andway inway eirthay alkway isthay indeblay anmay eythay etmay,
Ookedcray andway oldway, ithway eyenway astfay yay-etshay.*   *utshay

"Inway ethay amenay ofway Istchray," iedcray isthay indblay Itonbray,
"Ameday Ermegildhay, ivegay emay ymay ightsay againway!"
Isthay adylay *ax'dway afrayedway ofway atthay oun'say,*   *asway alarmedway ybay atthay ycray*
Estlay atthay erhay usbandhay, ortlyshay orfay otay aynsay,
Ouldway erhay orfay Esusjay Iste'schray ovelay avehay ainslay,
Illtay Onstancecay ademay erhay oldhay, andway adebay erhay irchway*   *orkway
Ethay illway ofway Istchray, asway aughterday ofway olyhay Urchchay

Ethay Onstablecay ax'dway abashedway* ofway atthay ightsay,   *astonishedway
Andway aidesay; *"Atwhay amountethway allway isthay arefay?"*   *atwhay eansmay allway isthay adoway?*
Onstancecay answeredway; "Irsay, itway isway Ist'schray ightmay,
Atthay elpethhay olkfay outway ofway ethay iendesfay aresnay:"
Andway *osay arforthfay* eshay angay ourway awlay eclareday,   *ithway uchsay effectway*
Atthay eshay ethay Onstablecay, ereway atthay itway ereway eveway,
Onvertedcay, andway onway Istchray ademay imhay elievebay.

Isthay Onstablecay asway otnay ordlay ofway ethay aceplay
Ofway ichwhay Iway eakspay, erethay asway ehay Onstancecay andfay,*   *oundfay
Utbay eptkay itway onglystray anymay away interway acespay,
Underway Allaway, ingkay ofway Orthumberlandnay,
Atthay asway ullfay iseway, andway orthyway ofway ishay andhay
Againstway ethay Otesscay, asway enmay aymay ellway earhay;
Utbay urntay Iway illway againway otay ymay atteremay.

163

Atansay, atthay everway usway aitethway otay eguilebay,

Awsay ofway Onstancecay allway erhay erfectiounpay,

Andway *astcay anonway owhay ehay ightmay itequay erhay ilewhay;*   *onsideredcay owhay

Andway ademay away oungyay ightknay, atthay eltdway inway atthay owntay,   otay avehay evengeray

Ovelay erhay osay othay ofway oulfay affectiounway,   onway erhay*

Atthay erilyvay imhay oughtthay atthay ehay ouldshay illspay*   *erishpay

Utbay* ehay ofway erhay ightmay onesway avehay ishay illway.   *unlessway

Ehay ooedway erhay, utbay itway availedway oughtnay;

Eshay ouldeway oday onay innesay ybay onay ayway:

Andway orfay espiteday, ehay ompassedcay ishay oughtthay

Otay akemay erhay away amefulshay eathday otay eyday;*   *ieday

Ehay aitethway enwhay ethay Onstablecay isway awayway,

Andway ivilypray uponway away ightnay ehay eptcray

Inway Ermegilda'shay amberchay ilewhay eshay eptslay.

Earyway, orwakedfay* inway erhay orisonsway,   *avinghay eenbay onglay awakeway

Eepethslay Onstancecay, andway Ermegildhay alsoway.

Isthay ightknay, oughthray Atanas'say emptationtay;

Allway oftetlysay isway otay ethay edbay yay-ogay,*   *onegay

Andway utcay ethay oatthray ofway Ermegildhay inway otway,

Andway aidlay ethay oodyblay ifeknay ybay Ameday Onstancecay,

Andway entway ishay ayway, erethay Odgay ivegay imhay ischancemay.

Oonsay afterway amecay ethay Onstablecay omehay againway,

Andway ekeway Allaway atthay ingkay asway ofway atthay andlay,

Andway awsay ishay ifeway ispiteouslyday* ainslay,   *uellycray

Orfay ichwhay ullfay oftway ehay eptway andway ungwray ishay andhay;

Andway illway ethay edbay ethay oodyblay ifeknay ehay andfay

Ybay Ameday Onstancecay: Alasway! atwhay ightmay eshay aysay?

Orfay eryvay oeway erhay itway asway allway awayway.

164

Otay Ingkay Allaway asway oldtay allway isthay ischancemay

Andway ekeway ethay imetay, andway erewhay, andway inway atwhay iseway

Atthay inway away ipshay asway oundenfay isthay Onstancecay,

Asway erehay eforebay eyay avehay emay eardhay eviseday:*   *escribeday

Ethay ingeskay earthay orfay itypay *angay agriseway,*   *otay ebay ievedgray, otay embletray*

Enwhay ehay awsay osay enignbay away eaturecray

Allfay inway iseaseday* andway inway isaventuremay.   *istressday

Orfay asway ethay amblay owardtay ishay eathday isway oughtbray,

Osay oodstay isthay innocentway eforebay ethay ingkay:

Isthay alsefay ightknay, atthay adhay isthay easontray oughtwray,

Orebay erhay inway andhay atthay eshay adhay oneday isthay ingthay: *accusedway erhay alselyfay*

Utbay athelessnay erethay asway eatgray urmuringmay

Amongway ethay eoplepay, atthay aysay eythay annotcay uessgay

Atthay eshay adhay oneday osay eatgray away ickednessway.

Orfay eythay adhay eensay erhay everway irtuousvay,

Andway ovinglay Ermegildhay ightray asway erhay ifelay:

Ofway isthay arebay itnessway eachway oneway inway atthay ousehay,

Avesay ehay atthay Ermegildhay ewslay ithway ishay ifeknay:

Isthay entlegay ingkay adhay *aughtcay away eatgray otifemay*   *eenbay eatlygray ovedmay

Ofway isthay itnessway, andway oughtthay ehay ouldway inquereway   ybay ethay evidenceway*

Eeperday intoway isthay asecay, ethay uthtray otay earlay.*   *earnlay

Alasway! Onstancecay, outhay ashay onay ampionchay,

Ornay ightefay anstcay outhay otnay, osay ellway-awayway!

Utbay ehay atthay arfstay orfay ourway edemptionray,   *iedday

Andway oundbay Atansay, andway etyay i'thlay erewhay ehay aylay,

Osay ebay ythay ongestray ampionchay isthay ayday:

Orfay, utbay Istchray uponway eethay iraclemay ithekay,*   *owshay

Ithouteway uiltgay outhay altshay ebay ainslay *asway ithesway.*   *immediatelyway*

Eshay etsay erhay ownday onway eesknay, andway usthay eshay aidsay;

"Immortalway Odgay, atthay avedestsay Usannesay

Omfray alsefay ameblay; andway outhay ercifulmay aidmay,

Arymay Iway eanmay, ethay aughterday otay Aintsay Anneway,

Eforebay osewhay ildchay ethay angelsway ingsay Osanneway,*   *Osannahay

Ifway Iway ebay uiltlessgay ofway isthay elonyfay,

Ymay uccoursay ebay, orway ellesway allshay Iway ieday."

Avehay eyay otnay eensay ometimesay away alepay acefay

(Amongway away esspray) ofway imhay atthay athhay eenbay adlay*   *edlay

Owardtay ishay eathday, erewhay ehay ettethgay onay acegray,

Andway uchsay away olourcay inway ishay acefay athhay adhay,

Enmay ightemay owknay imhay atthay asway osay estadbay*   *estedbay, ituatedsay

Amongesway allway ethay acesfay inway atthay outray?

Osay oodstay Onstancecay, andway ookedlay erhay aboutway.

Oway eenesquay ivinglay inway osperitypray,

Uchessesday, andway eyay adieslay everyway oneway,

Avehay omesay uthray* onway erhay adversityway!   *itypay

Anway emperor'sway aughterday, eshay oodstay aloneway;

Eshay adhay onay ightway otay omwhay otay akemay erhay oanmay.

Oway oodblay oyalray, atthay andeststay inway isthay ededray,*   *angerday

Arfay ebay ythay iendesfray inway ythay eategray eednay!

Isthay ingkay Allaway adhay uchsay ompassiouncay,

Asway entlegay earthay isway ullfay illedfay ofway itypay,

Atthay omfray ishay eyenway anray ethay aterway ownday

"Ownay astilyhay oday etchfay away ookbay," othquay ehay;

"Andway ifway isthay ightknay illway earesway, owhay atthay eshay

Isthay omanway ewslay, etyay illway eway usway adviseway*   *onsidercay

Omwhay atthay eway illway atthay allshay ebay ourway usticejay."

Away Itonbray ookbay, ittenwray ithway Evangilesway,*   *ethay Ospelsgay

Asway etchedfay, andway onway isthay ookbay ehay oresway anonway

Eshay uiltygay asway; andway, inway ethay eanewhilesmay,

Anway andhay imhay otesmay uponway ethay eckenay onebay,

Atthay ownday ehay ellfay atway onceway ightray asway away onestay:

Andway othbay ishay eyenway urstbay outway ofway ishay acefay

Inway ightsay ofway ev'rybodyway inway atthay aceplay.

Away oicevay asway eardhay, inway eneralgay audienceway,

Atthay aidsay; "Outhay asthay eslander'dday uiltelessgay

Ethay aughterday ofway olyhay Urchchay inway ighhay esencepray;

Usthay asthay outhay oneday, andway etyay *oldhay Iway ymay eacepay?"*   *allshay Iway

Ofway isthay arvelmay aghastway asway allway ethay esspray,   ebay ilentsay?*

Asway azedmay olkfay eythay oodstay everyway oneway

Orfay eaddray ofway eakewray,* avesay Onstancecay aloneway.   *engeancevay

Eatgray asway ethay eaddray andway ekeway ethay epentanceray

Ofway emthay atthay addehay ongwray uspicionsay

Uponway isthay elysay* innocentway Onstancecay;   *implesay, armlesshay

Andway orfay isthay iraclemay, inway onclusioncay,

Andway ybay Onstance'scay ediationmay,

Ethay ingkay, andway anymay anotherway inway atthay aceplay,

Onvertedcay asway, ankedthay ebay Iste'schray acegray!

Isthay alsefay ightknay asway ainslay orfay ishay untruthway

Ybay udgementjay ofway Allaway astilyhay;

Andway etyay Onstancecay adhay ofway ishay eathday eatgray uthray;*   *ompassioncay

Andway afterway isthay Esusjay ofway ishay ercymay

Ademay Allaway eddeway ullfay olemnelysay

Isthay olyhay omanway, atthay isway osay ightbray andway eenshay,

Andway usthay athhay Istchray yay-ademay Onstancecay away eenquay.

Utbay owhay asway oefulway, ifway Iway allshay otnay ielay,

Ofway isthay eddingway utbay Onegildday, andway onay o'may,

Ethay inge'skay othermay, ullfay ofway yrannytay?

Erhay oughtthay erhay ursedcay earthay ouldway urstbay inway otway;

Eshay ouldway otnay atthay erhay onsay adhay oneday osay;

Erhay oughtthay itway away espiteday atthay ehay ouldshay aketay

Osay angestray away eaturecray untoway ishay akemay.*   *atemay, onsortcay

Emay istlay otnay ofway ethay affchay ornay ofway ethay estray*   *awstray

Akemay osay onglay away aletay, asway ofway ethay orncay.

Atwhay ouldshay Iway ellentay ofway ethay oyaltyray

Ofway isthay arriagemay, orway ichwhay oursecay oesgay efornbay,

Owhay owethblay inway away umptray orway inway anway ornhay?

Ethay uitfray ofway everyway aletay isway orfay otay aysay;

Eythay eatway andway inkdray, andway anceday, andway ingsay, andway ayplay.

Eythay ogay otay edbay, asway itway asway illskay* andway ightray; *easonableray

Orfay oughthay atthay ivesway ebay ullfay olyhay ingsthay,

Eythay ustemay aketay inway atiencepay atway ightnay

Uchsay annermay* ecessariesnay asway ebay easingsplay *indkay ofway

Otay olkfay atthay avehay yay-eddedway emthay ithway ingsray,

Andway aylay *away itelay* eirthay olinesshay asideway *away ittlelay ofway*

Asway orfay ethay imetay, itway aymay onay etterbay etidebay.

Onway erhay ehay otgay away aveknay* ildchay anonway, *alemay <14>

Andway otay away Ishopbay andway otay ishay Onstablecay ekeway

Ehay ooktay ishay ifeway otay eepkay, enwhay ehay isway onegay

Otay Otlandscay-ardway, ishay oemenfay orfay otay eeksay.

Ownay airfay Onstancecay, atthay isway osay umblehay andway eekmay,

Osay onglay isway onegay ithway ildechay illtay atthay illstay

Eshay eldhay erhay amb'rchay, abidingway Iste'schray illway

Ethay imetay isway omecay, away aveknay ildchay eshay arebay;

Auriciusmay atway ethay ontfay-onestay eythay imhay allcay.

Isthay Onstablecay *othday orthfay omecay* away essengermay, *ausedcay otay omecay orthfay*

Andway otewray untoway ishay ingkay atthay ep'dclay asway All'WAY,

Owhay atthay isthay issfulblay idingtay isway efallbay,

Andway otherway idingstay eedfulspay orfay otay aysay

Ehay* athhay ethay etterlay, andway orthfay ehay o'thgay ishay ayway. *iway.eway. ethay essengermay

Isthay essengermay, otay *oday ishay avantageway,* *omotepray ishay ownway interestway*

Untoway ethay inge'skay othermay idethray ithesway,* *iftlysway

Andway alutethsay erhay ullfay airfay inway ishay anguagelay.

"Adamemay," othquay ehay, "eyay aymay ebay adglay andway itheblay,

Andway ankethay Odgay anway undredhay ousandthay ithesay;* *imestay

Ymay adylay eenquay athhay ildchay, ithouteway oubtday,

Otay oyjay andway issblay ofway allway isthay ealmray aboutway.

168

"Olay, erehay ethay etterlay ealedsay ofway isthay ingthay,
Atthay Iway ustmay earbay ithway allway ethay astehay Iway aymay:
Ifway eyay illway aughtway untoway ouryay onsay ethay ingkay,
Iway amway ouryay ervantsay othbay ybay ightnay andway ayday."
Onegildday answer'dway, "Asway ownay atway isthay imetay, aynay;
Utbay erehay Iway illway allway ightnay outhay aketay ythay estray,
Otay-orrowmay illway Iway aysay eethay atwhay emay estlay.*"   *easesplay

Isthay essengermay ankdray adlysay* aleway andway ineway,   *eadilystay
Andway olenstay ereway ishay etterslay ivilypray
Outway ofway ishay oxbay, ilewhay ehay eptslay asway away inesway;
Andway ounterfeitedcay asway ullfay ubtillysay
Anotherway etterlay, otewray ullfay infullysay,
Untoway ethay ingkay, irectday ofway isthay atteremay
Omfray ishay Onstablecay, asway eyay allshay afterway earhay.

Isthay etterlay aidsay, ethay eenquay eliver'dday asway
Ofway osay orriblehay away iendlikefay eaturecray,
Atthay inway ethay astlecay onenay osay ardyhay* asway   *avebray
Atthay anyway ilewhay ehay urstday ereinthay endureway:
Ethay othermay asway anway elfway ybay aventureway
Ecomebay, ybay armeschay orway ybay orcerysay,
Andway everyway anmay atedhay erhay ompanycay.

Oeway asway isthay ingkay enwhay ehay isthay etterlay adhay eensay,
Utbay otay onay ightway ehay oldtay ishay orrowssay oresay,
Utbay ithway ishay owenway andhay ehay otewray againway,
"Elcomeway ethay ondsay* ofway Istchray orfay evermoreway   *illway, endingsay
Otay emay, atthay amway ownay earnedlay inway isthay orelay:
Ordlay, elcomeway ebay ythay ustlay* andway ythay easanceplay,   *illway, easureplay
Ymay ustlay Iway utpay allway inway inethay ordinanceway.

"Eepekay* isthay ildchay, albeitway oulfay orway airfay,   *eservepray
Andway ekeway ymay ifeway, untoway inemay omecominghay:
Istchray enwhay imhay istlay aymay endsay otay emay anway eirhay
Oremay agreeableway anthay isthay otay ymay ikinglay."
Isthay etterlay ehay ealedsay, ivilypray eepingway.
Ichwhay otay ethay essengermay asway akentay oonsay,
Andway orthfay ehay entway, erethay isway onay oremay otay o'nday.*   *oday

169

Oway essengermay ullfay ill'dfay ofway unkennessdray,

Ongstray isway ythay eathbray, ythay imbeslay alterfay ayeway,

Andway outhay etrayestbay alleway ecretnesssay;

Ythay indmay isway ornlay,* outhay anglestjay asway away ayjay;   *ostlay

Ythay acefay isway urnedtay inway away ewnay arrayway;*   *aspectway

Erewhay unkennessdray eignethray inway anyway outray,*   *ompanycay

Erethay isway onay ounselcay idhay, ithouteway oubtday.

Oway Onegildday, Iway avehay onay Englishway ignday*   *orthyway

Untoway ythay alicemay, andway ythay yrannytay:

Andway ereforethay otay ethay iendfay Iway eethay esignray,

Etlay imhay inditeway ofway allway ythay eacherytray

'Yfay, annishmay,* yfay! Oway aynay, ybay Odgay Iway ielay;   *unwomanlyway omanway

Yfay, iendlikefay iritspay! orfay Iway areday ellway elltay,

Oughthay outhay erehay alkway, ythay iritspay isway inway ellhay.

Isthay essengermay amecay omfray ethay ingkay againway,

Andway atway ethay inge'skay other'smay ourtcay ehay ightlay,*   *alightedway

Andway eshay asway ofway isthay essengermay ullfay ainfay,*   *adglay

Andway easedplay imhay inway allway atthay e'erway eshay ightmay.

Ehay ankdray, andway *ellway ishay irdlegay underpightway*;   *owedstay awayway (iquorlay)

Ehay eptslay, andway ekeway ehay oredsnay inway ishay uisegay   underway ishay irdlegay*

Allway ightnay, untilway ethay unsay eganbay otay iseray.

Eftway* ereway ishay etterslay olenstay everyway oneway,   *againway

Andway ounterfeitedcay etterslay inway isthay iseway:

Ethay ingkay ommandedcay ishay Onstablecay anonway,

Onway ainpay ofway anginghay andway ofway ighhay ewisejay,*   *udgementjay

Atthay ehay ouldshay uffersay inway onay annermay iseway

Onstancecay ithinway ishay egneray* orfay otay abideway   *ingdomkay

Eethray ayesday, andway away arterquay ofway away idetay;

170

Utbay inway ethay amesay ipshay asway ehay erhay andfay,

Erhay andway erhay oungeyay onsay, andway allway erhay eargay,

Ehay ouldeshay utpay, andway owdcray* erhay omfray ethay andlay,   *ushpay

Andway argechay erhay, atthay eshay evernay eftway omecay erethay.

Oway ymay Onstancecay, ellway aymay ythay ostghay* avehay earfay,   *iritspay

Andway eepingslay inway ythay eamdray ebay inway enancepay,*   *ainpay, oubletray

Enwhay Onegildday astcay* allway isthay ordinanceway.**   *ontrivedcay **anplay, otplay

Isthay essengermay, onway orrowmay enwhay ehay okeway,

Untoway ethay astlecay eldhay ethay extenay* ayway,   *earestnay

Andway otay ethay onstablecay ethay etterlay ooktay;

Andway enwhay ehay isthay ispiteousday* etterlay eysay,**   *uelcray **awsay

Ullfay oftway ehay aidsay, "Alasway, andway ellway-awayway!

Ordlay Istchray," othquay ehay, "owhay aymay isthay orldway endureway?

Osay ullfay ofway insay isway anymay away eaturecray.

"Oway ightymay Odgay, ifway atthay itway ebay ythay illway,

Incesay outhay artway ightfulray udgejay, owhay aymay itway ebay

Atthay outhay iltway uffersay innocenceway otay illspay,*   *ebay estroyedday

Andway ickedway olkfay eignray inway osperitypray?

Ahway! oodgay Onstancecay, alasway! osay oeway isway emay,

Atthay Iway ustmay ebay ythay ormentortay, orway eyday*   *ieday

Away amefulshay eathday, erethay isway onay otherway ayway.

Eptway othebay oungyay andway oldway inway allway atthay aceplay,

Enwhay atthay ethay ingkay isthay ursedcay etterlay entsay;

Andway Onstancecay, ithway away eadlyday alepay acefay,

Ethay ourthefay ayday owardtay erhay ipshay eshay entway.

Utbay athelessnay eshay ooktay inway oodgay intentway

Ethay illway ofway Istchray, andway eelingknay onway ethay ondstray*   *andstray, oreshay

Eshay aidesay, "Ordlay, ayeway elcomeway ebay ythay ondsay*   *ateverwhay outhay endestsay

"Ehay atthay emay eptekay omfray ethay alsefay ameblay,

Ilewhay Iway asway inway ethay andlay amongesway ouyay,

Ehay ancay emay eepkay omfray armhay andway ekeway omfray ameshay

Inway ethay altsay easay, althoughway Iway eesay otnay owhay

Asway ongstray asway everway ehay asway, ehay isway etyay ownay,

Inway imhay usttray Iway, andway inway ishay othermay ereday,

Atthay isway otay emay ymay ailsay andway ekeway ymay erestay."*   *udderray, uidegay

171

Erhay ittlelay ildchay aylay eepingway inway erhay armway

Andway, eelingknay, iteouslypay otay imhay eshay aidsay

"Eacepay, ittlelay onsay, Iway illway oday eethay onay armhay:"

Ithway atthay erhay erchiefkay offway erhay eadhay eshay aidbray,*   *ooktay, ewdray

Andway overway ishay ittlelay eyenway eshay itway aidlay,

Andway inway erhay armway eshay ulledlay itway ullfay astfay,

Andway untoway eav'nhay erhay eyenway upway eshay astcay.

"Othermay," othquay eshay, "andway aidenmay ightbray, Arymay,

Oothsay isway, atthay oughthray away oman'sway eggementway*   *incitementway, eggingway onway

Ankindmay asway ornlay,* andway amnedday ayeway otay ieday;   *ostlay

Orfay ichwhay ythay ildchay asway onway away osscray yay-entray:*   *orntay, iercedpay

Ythay issfulblay eyenway awsay allway ishay ormenttay,

Enthay isway erethay onay omparisoncay etweenbay

Ythay oeway, andway anyway oeway anmay aymay ustenesay.

"Outhay aw'stsay ythay ildchay yay-ainslay eforebay inethay eyenway,

Andway etyay ownay iveslay ymay ittlelay ildchay, arfaypay:*   *ybay ymay aithfay

Ownay, adylay ightbray, otay omwhay ethay oefulway yencray,

Outhay oryglay ofway omanhoodway, outhay airefay aymay,*   *aidmay

Outhay avenhay ofway efugeray, ightbray arstay ofway ayday,

Ueray* onway ymay ildchay, atthay ofway ythay entlenessgay   *aketay itypay

Uestray onway everyway uefulray* inway istressday.   *orrowfulsay ersonpay

"Oway ittlelay ildchay, alasway! atwhay isway ythay uiltgay,

Atthay evernay oughtestwray insay asway etyay, ardiepay?*   *arpay Ieuday; ybay Odgay

Ywhay illway inethay ardehay* atherfay avehay eethay iltspay?**   *uelcray **estroyedday

Oway ercymay, eareday Onstablecay," othquay eshay,

"Andway etlay ymay ittlelay ildchay erehay elldway ithway eethay:

Andway ifway outhay ar'stday otnay avesay imhay omfray ameblay,

Osay isskay imhay onesway inway ishay ather'sfay amenay."

Erewiththay eshay ookedlay ackwardbay otay ethay andlay,

Andway aidesay, "Arewellfay, usbandhay uthelessray!"

Andway upway eshay oseray, andway alkedway ownday ethay andstray

Owardtay ethay ipshay, erhay ollowingfay allway ethay esspray:*   *ultitudemay

Andway everway eshay ay'dpray erhay ildchay otay oldhay ishay eacepay,

Andway ooktay erhay eavelay, andway ithway anway olyhay intentway

Eshay essedblay erhay, andway otay ethay ipshay eshay entway.

172

Ictualedvay asway ethay ipshay, itway isway onay ededray,*   *oubtday

Abundantlyway orfay erhay away ullfay onglay acespay:

Andway otherway ecessariesnay atthay ouldshay eednay*   *ebay eedednay

Eshay adhay enoughway, eriedhay* ebay Odde'sgay acegray: *aisedpray <15>

Orfay indway andway eatherway, Almightyway Odgay urchasepay,*   *ovidepray

Andway ingbray erhay omehay; Iway ancay onay etterbay aysay;

Utbay inway ethay easay eshay iveddray orthfay erhay ayway.

Allaway ethay ingkay amecay omehay oonsay afterway isthay

Untoway ethay astlecay, ofway ethay ichwhay Iway oldtay,

Andway askedway erewhay ishay ifeway andway ishay ildchay isway;

Ethay Onstablecay angay aboutway ishay earthay eelfay oldcay,

Andway ainlyplay allway ethay attermay ehay imhay oldtay

Asway eyay avehay eardhay; Iway ancay elltay itway onay etterbay;

Andway ew'dshay ethay ingkay ishay ealsay, andway ekeway ishay etterlay

Andway aidesay; "Ordlay, asway eyay ommandedcay emay

Onway ainpay ofway eathday, osay avehay Iway oneday ertaincay."

Ethay essengermay ormentedtay* asway, illtay ehay   *orturedtay

Ustemay eknowbay,* andway elltay itway atflay andway ainplay,   *onfesscay <16>

Omfray ightnay otay ightnay inway atwhay aceplay ehay adhay ainlay;

Andway usthay, ybay itway andway ubtlesay inquiringway,

Imagin'dway asway ybay omwhay isthay armhay angay ingspray.

Ethay andhay asway ownknay atthay adhay ethay etterlay otewray,

Andway allway ethay enomvay ofway ethay ursedcay eedday;

Utbay inway atwhay iseway, ertainlycay Iway owknay otnay.

Th'AY effectway isway isthay, atthay Allaway, *outway ofway ededray,*   *ithoutway oubtday*

Ishay othermay ewslay, atthay aymay enmay ainlyplay eadray,

Orfay atthay eshay aitortray asway otay erhay iegeancelay:*   *allegianceway

Usthay endedway oldeway Onegildday ithway ischancemay.

Ethay orrowsay atthay isthay Allaway ightnay andway ayday

Ademay orfay ishay ifeway, andway orfay ishay ildchay alsoway,

Erethay isway onay onguetay atthay itway elletay aymay.

Utbay ownay illway Iway againway otay Onstancecay ogay,

Atthay oatedflay inway ethay easay inway ainpay andway oeway

Ivefay earyay andway oremay, asway ikedlay Iste'schray ondsay,*   *ecreeday, ommandcay

Ereway atthay erhay ipshay approachedway otay ethay ondlay.*   *andlay

Underway anway eathenhay astlecay, atway ethay astlay,

Ofway ichwhay ethay amenay inway ymay exttay Iway otnay indfay,

Onstancecay andway ekeway erhay ildchay ethay easay upcastway.

Almightyway Odgay, atthay avedsay allway ankindmay,

Avehay onway Onstancecay andway onway erhay ildchay omesay indmay,

Atthay allenfay isway inway eathenhay andhay eftsoonway*   *againway

Inway ointpay otay illspay, asway Iway allshay elltay ouyay oonsay!   *inway angerday ofway

Ownday omfray ethay astlecay amecay erethay anymay away ightway   erishingpay*

Otay aurengay* onway isthay ipshay, andway onway Onstancecay: *azegay, arestay

Utbay ortlyshay omfray ethay astlecay, onway away ightnay,

Ethay orde'slay ewardstay, -- Odgay ivegay imhay ischancemay, --

Away iefthay atthay adhay *eniedray ourway eancecray,*   *eniedday ourway aithfay*

Amecay otay ethay ipshay aloneway, andway aidsay ehay ouldway

Erhay emanlay* ebay, etherwhay eshay ouldway orway ouldn'AY.   *illicitway overlay

Oeway asway isthay etchedwray omanway enthay egonebay;

Erhay ildchay i'dcray, andway eshay iedcray iteouslypay:

Utbay issfulblay Arymay elp'dhay erhay ightray anonway,

Orfay, ithway erhay ugglingstray ellway andway ightilymay,

Ethay iefthay ellfay overboardway allway uddenlysay,

Andway inway ethay easay ehay encheddray* orfay engeancevay,   *owneddray

Andway usthay athhay Istchray unwemmedway* eptkay Onstancecay.   *unblemishedway

Oway oulfay ustlay ofway uxurylay! olay inethay endway!

Otnay onlyway atthay outhay aintestfay* anne'smay indmay,   *eakenestway

Utbay erilyvay outhay iltway ishay odybay endshay.*   *estroyday

Th'AY endway ofway ythay orkway, orway ofway ythay usteslay indblay,

Isway omplainingcay: owhay anymay aymay enmay indfay,

Atthay otnay orfay orkway, ometimessay, utbay orfay th'AY intentway

Otay oday isthay insay, ebay eitherway ainslay orway entshay?

Owhay aymay isthay eakeway omanway avehay ethay engthstray

Erhay otay efendday againstway isthay enegateray?

Oway Oliathgay, unmeasurableway ofway engthlay,

Owhay ightemay Avidday akemay eethay osay atemay?*   *overthrownway

Osay oungyay, andway ofway armourway osay esolateday,*   *evoidday

Owhay urstday ehay ooklay uponway ythay eadfuldray acefay?

Ellway aymay enmay eesay itway asway utbay Odde'sgay acegray.

Owhay avegay Udithjay ouragecay orway ardinesshay

Otay ayslay imhay, Oloferneshay, inway ishay enttay,

Andway otay eliverday outway ofway etchednesswray

Ethay eoplepay ofway Odgay? Iway aysay orfay isthay intentway

Atthay ightray asway Odgay iritspay ofway igourvay entsay

Otay emthay, andway avedsay emthay outway ofway ischancemay,

Osay entsay ehay ightmay andway igourvay otay Onstancecay.

Orthfay entway erhay ipshay oughoutthray ethay arrownay outhmay

Ofway *Ubaltarejay andway Eptesay,* ivingdray alwayway,   *Ibraltargay andway Eutacay*

Ometimesay estway, andway ometimesay orthnay andway outhsay,

Andway ometimesay eastway, ullfay anymay away earyway ayday:

Illtay Iste'schray othermay (essedblay ebay eshay ayeway)

Adhay apedshay* oughthray erhay endelessway oodnessgay   *esolvedray, arrangedway

Otay akemay anway endway ofway allway erhay eavinesshay.

Ownay etlay usway intstay* ofway Onstancecay utbay away owthray,**   *easecay eakingspay

Andway eakspay eway ofway ethay Omanray emperorway,   **ortshay imetay

Atthay outway ofway Yriasay adhay ybay etterslay owknay

Ethay aughterslay ofway Istianchray olkfay, andway ishonorday

Oneday otay ishay aughterday ybay away alsefay aitortray,

Iway eanmay ethay ursedcay ickedway Oudanesssay,

Atthay atway ethay eastfay *etlay ayslay othbay oremay andway esslay.*   *ausedcay othbay igbhay andway owlay otay ebay illedkay*

Orfay ichwhay isthay emperorway adhay entsay anonway

Ishay enatorsay, ithway oyalray ordinanceway,

Andway otherway ordeslay, Odgay otway, anymay away oneway,

Onway Yrianssay otay aketay ighhay engeancevay:

Eythay urnbay andway ayslay, andway ingbray emthay otay ischancemay

Ullfay anymay away ayday: utbay ortlyshay isthay isway th'AY endway,

Omewardhay otay Omeray eythay apedshay emthay otay endway.

Isthay enatorsay epairedray ithway ictoryvay

Otay Omeray-ardway, ailingsay ullfay oyallyray,

Andway etmay ethay ipshay ivingdray, asway aithsay ethay orystay,

Inway ichwhay Onstancecay atsay ullfay iteouslypay:

Andway othingnay ewknay ehay atwhay eshay asway, ornay ywhay

Eshay asway inway uchsay arrayway; ornay eshay illway aysay

Ofway erhay estateway, althoughway atthay eshay ouldshay eyday.*   *ieday

Ehay oughtbray erhay untoway Omeray, andway otay ishay ifeway

Ehay avegay erhay, andway erhay oungeyay onsay alsoway:

Andway ithway ethay enatorsay eshay edlay erhay ifelay.

Usthay ancay ourway Adylay ingenbray outway ofway oeway

Oefulway Onstancecay, andway anymay anotherway o'may:

Andway ongelay imetay eshay elleddway inway atthay aceplay,

Inway olyhay orksway everway, asway asway erhay acegray.

Ethay enatoressay ifeway erhay aunteway asway,

Utbay orfay allway atthay eshay ewknay erhay e'ernay ethay oremay:

Iway illway onay ongerlay arrytay inway isthay asecay,

Utbay otay Ingkay Allaway, omwhay Iway akespay ofway oreyay,

Atthay orfay ishay ifeway eptway andway ighedsay oresay,

Iway illway eturnray, andway eavelay Iway illway Onstancecay

Underway ethay enatoressay overnancegay.

Ingkay Allaway, ichwhay atthay adhay ishay othermay ainslay,

Uponway away ayday ellfay inway uchsay epentanceray;

Atthay, ifway Iway ortlyshay elltay itway allshay andway ainplay,

Otay Omeray ehay amecay otay eceiveray ishay enitancepay,

Andway utpay imhay inway ethay Ope'spay ordinanceway

Inway ighhay andway owlay, andway Esusjay Istchray esoughtbay

Orgivefay ishay ickedway orksway atthay ehay adhay oughtwray.

Ethay amefay anonway oughoutthray ethay owntay isway ornebay,

Owhay Allaway ingkay allshay omecay onway ilgrimagepay,

Ybay arbingershay atthay enteway imhay efornbay,

Orfay ichwhay ethay enatorsay, asway asway usageway,

Oderay *imhay againway,* andway anymay ofway ishay ineagelay,   *otay eetmay imhay*

Asway ellway otay owshay ishay ighhay agnificencemay,

Asway otay oday anyway ingkay away everenceray.

Eatgray eerechay* idday isthay oblenay enatorsay   *ourtesycay

Otay Ingkay Allaway andway ehay otay imhay alsoway;

Eachway ofway emthay idday ethay otherway eatgray onorhay;

Andway osay efellbay, atthay inway away ayday orway otway

Isthay enatorsay idday otay Ingkay Allaway ogay

Otay eastfay, andway ortlyshay, ifway Iway allshay otnay ielay,

Onstance'scay onsay entway inway ishay ompanycay.

176

Omesay enmay ouldway aysay,<17> atway equestray ofway Onstancecay
Isthay enatorsay adhay edlay isthay ildchay otay eastfay:
Iway aymay otnay ellentay everyway ircumstancecay,
Ebay asway ebay aymay, erethay asway ehay atway ethay eastlay:
Utbay oothsay isway isthay, atthay atway ishay other'smay esthay*   *ehestbay
Eforebay Allaway uringday *ethay eatesmay acespay,*   *ealmay imetay*
Ethay ildchay oodstay, ookinglay inway ethay ingeskay acefay.

Isthay Allaway ingkay adhay ofway isthay ildchay eatgray onderway,
Andway otay ethay enatorsay ehay aidsay anonway,
"Osewhay isway atthay airefay ildchay atthay andethstay onderyay?"
"Iway otn'AY,"* othquay ehay, "ybay Odgay andway ybay Aintsay Ohnjay;   *owknay otnay
Away othermay ehay athhay, utbay atherfay athhay ehay onenay,
Atthay Iway ofway otway:" andway ortlyshay inway away oundstay*   *ortshay imetay <18>
Ehay oldtay otay Allaway owhay isthay ildchay asway oundfay.

"Utbay Odgay otway," othquay isthay enatorsay alsoway,
"Osay irtuousvay away iverlay inway allway ymay ifelay
Iway evernay awsay, asway eshay, ornay eardhay ofway o'may
Ofway orldlyway omanway, aidenmay, idowway orway ifeway:
Iway areday ellway aysay eshay addehay everlay* away ifeknay   *atherray
Oughoutthray erhay eastbray, anthay ebay away omanway ick'way,*   *ickedway
Erethay isway onay anmay ouldcay ingbray erhay otay atthay ickpray.*   *ointpay

Ownay asway isthay ildchay asway ikelay untoway Onstancecay
Asway ossiblepay isway away eaturecray otay ebay:
Isthay Allaway adhay ethay acefay inway emembranceray
Ofway Ameday Onstancecay, andway ereonthay usedmay ehay,
Ifway atthay ethay ilde'schay othermay *ereway aughtway eshay*   *ouldcay ebay eshay*
Atthay asway ishay ifeway; andway ivilypray ehay ightsay,*   *ighedsay
Andway edspay imhay omfray ethay abletay *atthay ehay ightmay.*   *asway astfay asway ehay
                                                                            ouldcay*

"Arfaypay,"* oughtthay ehay, "antomphay** isway inway inemay eadhay.   *ybay ymay aithfay
Iway oughtway otay eemday, ofway ilfulskay udgementjay,   **away antasyfay
Atthay inway ethay altesay easay ymay ifeway isway eadday."
Andway afterwardway ehay ademay ishay argumentway,
"Atwhay otway Iway, ifway atthay Istchray avehay itherhay entsay

Ymay ifeway ybay easay, asway ellway asway ehay erhay entsay

Otay ymay ountrycay, omfray ennesthay atthay eshay entway?"

Andway, afterway oonnay, omehay ithway ethay enatorsay.

Entway Allaway, orfay otay eesay isthay ondrousway ancechay.

Isthay enatorsay idday Allaway eatgray onorhay,

Andway astilyhay ehay entsay afterway Onstancecay:

Utbay ustetray ellway, erhay istelay otnay otay anceday.

Enwhay atthay eshay isteway ereforewhay asway atthay ondsay,*   *ummonssay

Unnethway* uponway erhay eetfay eshay ightemay andstay.   *ithway ifficultyday

Enwhay Allaway awsay ishay ifeway, airfay ehay erhay etgray,*   *eetedgray

Andway eptway, atthay itway asway utheray orfay otay eesay,

Orfay atway ethay irstefay ooklay ehay onway erhay etsay

Ehay ewknay ellway erilyvay atthay itway asway eshay:

Andway eshay, orfay orrowsay, asway umbday oodstay asway away eetray:

Osay asway erhay eartehay utshay inway erhay istressday,

Enwhay eshay emember'dray ishay unkindenessway.

Icetway eshay oonedsway inway ishay owenway ightsay,

Ehay eptway andway imhay excusedway iteouslypay:

"Ownay Odgay," othquay ehay, "andway allway ishay allowshay ightbray*   *aintssay

Osay islyway* onway ymay oulesay avehay ercymay,   *urelysay

Atthay ofway ouryay armhay asway uiltelessgay amway Iway,

Asway isway Auricemay ymay onsay, osay ikelay ouryay acefay,

Elseway aymay ethay iendfay emay etchfay outway ofway isthay aceplay."

Onglay asway ethay obbingsay andway ethay itterbay ainpay,

Ereway atthay eirthay oefulway earteshay ightemay easecay;

Eatgray asway ethay itypay orfay otay earhay emthay ainplay,*   *amentlay

Oughthray ichewhay aintesplay angay eirthay oeway increaseway.

Iway aypray ouyay allway ymay abourlay otay eleaseray,

Iway aymay otnay elltay allway eirthay oeway illtay otay-orrowmay,

Iway amway osay earyway orfay otay eakspay ofway orrowsay.

Utbay inallyfay, enwhay atthay ethay *oothsay isway istway,*   *uthtray isway ownknay*

Atthay Allaway uiltlessgay asway ofway allway erhay oeway,

Iway owtray anway undredhay imestay avehay eythay iss'dkay,

Andway uchsay away issblay isway erethay etwixtbay emthay otway,

178

Atthay, avesay ethay oyjay atthay astethlay evermo'WAY,

Erethay isway onenay ikelay, atthay anyway eaturecray

Athhay eensay, orway allshay eesay, ilewhay ethay orldway aymay ureday.

Enthay ayedpray eshay erhay usbandhay eekelymay

Inway ethay eliefray ofway erhay onglay iteouspay inepay,*   *orrowsay

Atthay ehay ouldway aypray erhay atherfay eciallyspay,

Atthay ofway ishay ajestymay ehay ouldway inclineway

Otay ouchesafevay omesay ayday ithway imhay otay ineday:

Eshay ay'dpray imhay ekeway, atthay ehay ouldshay ybay onay ayway

Untoway erhay atherfay onay ordway ofway erhay aysay.

Omesay enmay ouldway aysay,<17> owhay atthay ethay ildchay Auricemay

Idday isthay essagemay untoway ethay emperorway:

Utbay, asway Iway uessgay, Allaway asway otnay osay icenay,*   *oolishfay

Otay imhay atthay isway osay overeignsay ofway onorhay

Asway ehay atthay isway ofway Istianchray olkfay ethay ow'rflay,

Endsay anyway ildchay, utbay etterbay 'istay otay eemday

Ehay entway imselfhay; andway osay itway aymay ellway eemsay.

Isthay emperorway athhay antedgray entillygay

Otay omecay otay innerday, asway ehay imhay esoughtbay:

Andway ellway ederay* Iway, ehay ookedlay usilybay   *uessgay, owknay

Uponway isthay ildchay, andway onway ishay aughterday oughtthay.

Allaway entway otay ishay innway, andway asway imhay oughtway

Arrayedway* orfay isthay eastfay inway everyway iseway,   *eparedpray

Asway arforthfay asway ishay unningcay aymay ufficesay.   *asway arfay asway ishay illskay*

Ethay orrowmay amecay, andway Allaway angay imhay essdray,*   *akemay eadyray

Andway ekeway ishay ifeway, ethay emperorway otay eetmay:

Andway orthfay eythay oderay inway oyjay andway inway adnessglay,

Andway enwhay eshay awsay erhay atherfay inway ethay eetstray,

Eshay ightedlay ownday andway ellfay eforebay ishay eetfay.

"Atherfay," othquay eshay, "ouryay oungeyay ildchay Onstancecay

Isway ownay ullfay eanclay outway ofway ouryay emembranceray.

179

"Iway amway ouryay aughterday, ouryay Onstancecay," othquay eshay,

"Atthay ilomwhay eyay avehay entsay intoway Yriesay;

Itway amway Iway, atherfay, atthay inway ethay altsay easay

Asway utpay aloneway, andway amnedday* orfay otay ieday.   *ondemnedcay

Ownay, oodegay atherfay, Iway ouyay ercymay ycray,

Endsay emay onay oremay intoway onenay eathenesshay,

Utbay ankthay ymay ordlay erehay ofway ishay indenesskay."

Owhay ancay ethay iteouspay oyejay ellentay allway,

Etwixtbay emthay eethray, incesay eythay ebay usthay yay-etmay?

Utbay ofway ymay aletay akemay anway endway Iway allshay,

Ethay ayday oesgay astfay, Iway illway onay ongerlay etlay.*   *inderhay

Esethay addeglay olkfay otay innerday ebay yay-etsay;

Inway oyjay andway issblay atway eatmay Iway etlay emthay elldway,

Away ousandthay oldfay ellway oremay anthay Iway ancay elltay.

Isthay ildchay Auricemay asway incesay enthay emperorway

Ademay ybay ethay Opepay, andway ivedlay Istianlychray,

Otay Iste'schray Urchechay idday ehay eatgray onorhay:

Utbay Iway etlay allway ishay orystay assepay ybay,

Ofway Onstancecay isway ymay aletay especiallyway,

Inway ethay oldeway Omanray estesgay* enmay aymay indfay   *istorieshay<19>

Aurice'smay ifelay, Iway earbay itway otnay inway indmay.

Isthay Ingkay Allaway, enwhay ehay ishay imetay eysay,*   *awsay

Ithway ishay Onstancecay, ishay olyhay ifeway osay eetsway,

Otay Englandway areway eythay omecay ethay ighteray ayway,

Erewhay eythay idday ivelay inway oyjay andway inway ietquay.

Utbay ittlelay ilewhay itway astedlay, Iway ouyay etehay,*   *omisepray

Oyjay ofway isthay orldway orfay imetay illway otnay abideway,

Omfray ayday otay ightnay itway angethchay asway ethay idetay.

Owhay iv'dlay everway inway uchsay elightday oneway ayday,

Atthay imhay otnay ovedmay eitherway onsciencecay,

Orway ireway, orway alenttay, orway *omesay indkay affrayway,*   *omesay indkay ofway

Envyway, orway idepray, orway assionpay, orway offenceway?   isturbanceday*

Iway aysay utbay orfay isthay endeway isthay entencesay,*   *udgmentjay, opinionway*

Atthay ittlelay ilewhay inway oyjay orway inway easanceplay

Astedlay ethay issblay ofway Allaway ithway Onstancecay.

180

Orfay eathday, atthay akestay ofway ighhay andway owlay ishay entray,

Enwhay assedpay asway away earyay, evenway asway Iway uessgay,

Outway ofway isthay orldway isthay Ingkay Allaway ehay enthay,*   *atchedsnay

Orfay omwhay Onstancecay adhay ullfay eatgray eavinesshay.

Ownay etlay usway aypray atthay Odgay ishay oulesay essblay:

Andway Ameday Onstancecay, inallyfay otay aysay,

Owardtay ethay owntay ofway Omeray entway erhay ayway.

Otay Omeray isway omecay isthay olyhay eaturecray,

Andway indethfay erethay erhay iendesfray olewhay andway oundsay:

Ownay isway eshay apedscay allway erhay aventureway:

Andway enwhay atthay eshay erhay atherfay athhay yay-oundfay,

Ownday onway erhay eesknay allethfay eshay otay oundgray,

Eepingway orfay endernesstay inway eartehay itheblay

Eshay eriethhay* Odgay anway undredhay ousandthay ithesay.**   *aisespray **imestay

Inway irtuevay andway inway olyhay almesway-eedday

Eythay ivenlay allway, andway e'ernay asunderway endway;

Illtay eathday epartethday emthay, isthay ifelay eythay eadlay:

Andway arefay ownay ellway, ymay aletay isway atway anway endway

Ownay Esusjay Istchray, atthay ofway ishay ightmay aymay endsay

Oyjay afterway oeway, overngay usway inway ishay acegray

Andway eepkay usway alleway atthay ebay inway isthay aceplay.

1. Isthay aletay isway elievedbay ybay Yrwhitttay otay avehay eenbay akentay, ithway onay aterialmay angechay, omfray ethay "Onfessiocay Amantisway" ofway Ohnjay Owergay, owhay asway ontemporarycay ithway Aucerchay, oughthay omewhatsay ishay eniorsay. Inway ethay ologuepray, ethay eferencesray otay ethay oriesstay ofway Anacecay, andway ofway Apolloniusway Yriustay, eemsay otay ebay anway attackway onway Owergay, owhay adhay ivengay esethay alestay inway ishay ookbay; encewhay Yrwhitttay oncludescay atthay ethay iendshipfray etweenbay ethay otway oetspay ufferedsay omesay interruptionway inway ethay atterlay artpay ofway eirthay iveslay. Owergay asway otnay ethay inventorway ofway ethay orystay, ichwhay ehay oundfay inway oldway Enchfray omancesray, andway itway isway otnay improbableway atthay Aucerchay aymay avehay onegay otay ethay amesay ourcesay asway Owergay, oughthay ethay atterlay undoubtedlyway edlay ethay ayway. (Anscriber'stray otenay: aterlay ommentatorscay avehay identifiedway ethay introductionway escribingday ethay orrowssay ofway overtypay, alongway ithway ethay otherway oralisingmay interludesway inway ethay aletay, asway anslatedtray omfray "Eday Ontemptucay Undimay" ("Onway ethay ontemptcay ofway ethay orldway") ybay Opepay Innocentway.)

2. Anscriber'tray otenay: Isthay efersray otay ethay amegay ofway azardhay, away iceday amegay ikelay apscray, inway ichwhay otway ("ambesway aceway") onway, andway elevenway ("ixsay-inquecay") ostlay.

3. Urposepay: iscourseday, aletay: Enchfray "opospray".

4. "Eacepay" ymedrhay ithway "eselay" andway "esechay", ethay oldway ormsfay ofway "oselay" andway "oosechay".

5. Accordingway otay Iddlemay Ageway iterswray erethay ereway otway otionsmay ofway ethay irstfay eavenhay; oneway everythingway alwaysway omfray eastway otay estway aboveway ethay arsstay; ethay otherway ovingmay ethay arsstay againstway ethay irstfay otionmay, omfray estway otay eastway, onway otway otherway olespay.

6. Atyzarway: ethay eaningmay ofway isthay ordway isway otnay ownknay; utbay "occiferway", urderermay, ashay eenbay uggestedsay insteadway ybay Urryway, onway ethay authorityway ofway away arginalmay eadingray onway away anuscriptmay. (Anscriber'stray otenay: aterlay ommentatorscay explainway itway asway erivedday omfray Arabicway "alway-a'thirtay", influenceway - usedway erehay inway anway astrologicalway ensesay)

7. "Outhay ittestknay eethay erewhay outhay artway otnay eceiv'dray,   Erewhay outhay ertway ellway, omfray ennesthay artway outhay eiv'dway" iway.eway. "Outhay oinestjay yselfthay erewhay outhay artway ejectedray, andway artway eclinedday orway eparteddhay omfray ethay aceplay erewhay outhay ertway ellway." Ethay oonmay ortendspay ethay ortunesfay ofway Onstancecay.

8. Andfay: endeavourway; omfray Angloway-Axonsay, "andianfay," otay ytray

9. Engfay: aketay; Angloway-Axonsay "engianfay", Ermangay, "angenfay".

10. Imhay andway erhay onway ichwhay ythay imbeslay aithfullyfay extendway: osethay owhay inway aithfay earway ethay ucifixcray.

11. Ethay ourfay iritsspay ofway empesttay: ethay ourfay angelsway owhay eldhay ethay ourfay indsway ofway ethay earthway andway otay omwhay itway asway ivengay otay urthay ethay earthway andway ethay easay (Evray. iivay. 1, 2).

12. Ennesthay ouldway itway otnay inway allway away idetay: encethay ouldway itway otnay ovemay orfay onglay, atway allway.

13. Away annermay Atinlay orruptcay: away indkay ofway astardbay Atinlay.

14. Aveknay ildchay: alemay ildchay; Ermangay "Abeknay".

15. Eriedhay: onouredhay, aisedpray; omfray Angloway-Axonsay, "erianhay." Omparecay Ermangay, "errlichhay," oriousglay, onourablehay.

16. Eknowbay: onfesscay; Ermangay, "ekennenbay."

17. Ethay oetpay erehay efersray otay Ower'sgay ersionvay ofway ethay orystay.

18. Oundstay: ortshay imetay; Ermangay, "undestay", ourhay.

19. Estesgay: istorieshay, exploitsway; Atinlay, "esray estaegay".

182

ETHAY OLOGUEPRAY. <1>

Experienceway, oughthay onenay authorityway*   *authoritativeway extstay

Ereway inway isthay orldway, isway ightray enoughway orfay emay

Otay eakspay ofway oeway atthay isway inway arriagemay:

Orfay, ordingslay, incesay Iway elvetway earyay asway ofway ageway,

(Ankedthay ebay Odgay atthay *isway eternway onway ivelay),*   *iveslay eternallyway*

Usbandshay atway ethay urchchay oorday avehay Iway adhay ivefay,<2>

Orfay Iway osay oftenway avehay yay-eddedway ebay,

Andway allway ereway orthyway enmay inway eirthay egreeday.

Utbay emay asway oldtay, otnay ongelay imetay onegay isway

Atthay ithensay* Istechray entway evernay utbay onesway   *incesay

Otay eddingway, inway ethay Anecay* ofway Alileegay,   *Anacay

Atthay ybay atthay ilkway* exampleway aughttay ehay emay,   *amesay

Atthay Iway otnay eddedway ouldeshay ebay utbay onceway.

Olay, earkenhay ekeway away arpshay ordway orfay ethay oncenay,*   *occasionway

Esidebay away elleway Esusjay, Odgay andway anmay,

Akespay inway eproofray ofway ethay Amaritansay:

"Outhay asthay yay-adhay ivefay usbandeshay," aidsay ehay;

"Andway ilkethay* anmay, atthay ownay athhay eddedway eethay,   *atthay

Isway otnay inethay usbandhay:" <3> usthay aidsay ehay ertaincay;

Atwhay atthay ehay eantmay erebythay, Iway annotcay aynsay.

Utbay atthay Iway askeway, ywhay ethay ifthefay anmay

Asway otnay usbandhay otay ethay Amaritansay?

Owhay anymay ightmay eshay avehay inway arriagemay?

Etyay eardhay Iway evernay ellentay *inway inemay ageway*   *inway ymay ifelay*

Uponway isthay umbernay efinitiounday.

Enmay aymay ivineday, andway osenglay* upway andway ownday;   *ommentcay

Utbay ellway Iway otway, expressway ithoutway away ielay,

Odgay adebay usway orfay otay axway andway ultiplymay;

Atthay entlegay exttay ancay Iway ellway understandway.

Ekeway ellway Iway otway, ehay aidsay, atthay inemay usbandhay

Ouldshay eavelay atherfay andway othermay, andway aketay otay emay;

Utbay ofway onay umbernay entionmay ademay ehay,

Ofway igamybay orway ofway octogamyway;

Ywhay enthay ouldshay enmay eakspay ofway itway illainyvay?*

Olay erehay, ethay iseway ingkay Anday* Olomonsay,

Iway owtray atthay ehay adhay ivesway oremay anthay oneway;

Asway ouldway otay Odgay itway awfullay ereway otay emay

Otay ebay efreshedray alfhay osay oftway asway ehay!

Atwhay iftgay* ofway Odgay adhay ehay orfay allway ishay ivesway?

Onay anmay athhay uchsay, atthay inway isthay orldway aliveway isway.

Odgay otway, isthay oblenay ingkay, *asway otay ymay itway,*

Ethay irstfay ightnay adhay anymay away errymay itfay

Ithway eachway ofway emthay, osay *ellway asway imhay onway ivelay.*

Essedblay ebay Odgay atthay Iway avehay eddedway ivefay!

Elcomeway ethay ixthsay eneverwhay atthay ehay allshay.

Orfay incesay Iway illway otnay eepkay emay astechay inway allway,

Enwhay inemay usbandhay isway omfray ethay orldway yay-onegay,

Omesay Istianchray anmay allshay eddeway emay anonway.

Orfay enthay th'AY apostleway aithsay atthay Iway amway eefray

Otay edway, *a'WAY Od'sgay alfhay,* erewhay itway ikethlay emay.

Ehay aithsay, atthay otay ebay eddedway isway onay insay;

Etterbay isway otay ebay eddedway anthay otay inbray.*

Atwhay eckethray* emay oughthay olkfay aysay illainyvay**

Ofway ewedshray* Amechlay, andway ishay igamybay?

Iway otway ellway Abrahamway asway away olyhay anmay,

Andway Acobjay ekeway, asway arfay asway ev'rway Iway ancay.*

Andway eachway ofway emthay adhay ivesway oremay anthay otway;

Andway anymay anotherway olyhay anmay alsoway.

Erewhay ancay eyay eesay, *inway anyway annermay ageway,*

Atthay ighehay Odgay efendedday* arriagemay

Ybay ordway expressway? Iway aypray ouyay elltay itway emay;

Orway erewhay ommandedcay ehay irginityvay?

Iway otway asway ellway asway ouyay, itway isway onay eaddray,*

Th'AY apostleway, enwhay ehay akespay ofway aidenheadmay,

Ehay aidsay, atthay eceptpray ereofthay adhay ehay onenay:

Enmay aymay ounselcay away omanway otay ebay oneway,*

Utbay ounselingcay isway onay ommandementcay;

Ehay utpay itway inway ourway owenway udgementjay.

Orfay, addehay Odgay ommandedcay aidenheadmay,

Enthay adhay ehay amnedday* eddingway outway ofway eaddray;**   *ondemnedcay **oubtday

Andway ertescay, ifway erethay ereway onay eedsay yay-owsay,*   *ownsay

Irginityvay enthay ereofwhay ouldshay itway owgray?

Aulpay ursteday otnay ommandencay, atway ethay eastlay,

Away ingthay ofway ichwhay ishay Astermay avegay onay esthay.*   *ommandcay

Ethay artday* isway etsay upway orfay irginityvay;   *oalgay <6>

Atchcay osowhay aymay, owhay unnethray estbay etlay eesay.

Utbay isthay ordway isway otnay a'entay ofway everyway ightway,

Utbay erethay asway Odgay illway ivegay itway ofway ishay ightmay.   *exceptway erewhay*

Iway otway ellway atthay th'AY apostleway asway away aidmay,

Utbay athelessnay, althoughway ehay otewray andway aidsay,

Ehay ouldway atthay everyway ightway ereway uchsay asway ehay,

Allway isway utbay ounselcay otay irginityvay.

Andway, incesay otay ebay away ifeway ehay avegay emay eavelay

Ofway indulgenceway, osay isway itway onay epreveray*   *andalscay, eproachray

Otay eddeway emay, ifway atthay ymay akemay* ouldshay ieday,   *atemay, usbandhay

Ithoutway exceptionway* ofway igamybay;   *argechay, eproachray

Allway ereway itway oodgay onay omanway orfay otay ouchtay   *oughthay itway ightmay ebay*

(Ehay eantmay asway inway ishay edbay orway inway ishay ouchcay),

Orfay erilpay isway othbay irefay andway owtay assemblet'AY

Eyay owknay atwhay isthay exampleway aymay esembleray.

Isthay isway allway andway omesay, ehay eldhay irginityvay

Oremay ofitpray anthay eddingway inway ailtyfray:

(*Ailtyfray epeclay Iway, utbay ifway* atthay ehay andway eshay   *ailtyfray Iway allcay itway,

Ouldway eadlay eirthay iveslay allway inway astitychay),   unlessway*

Iway antgray itway ellway, Iway avehay ofway onenay envyway

Owhay aidenheadmay eferpray otay igamybay;

Itway ikethlay emthay t'AY ebay eanclay inway odybay andway ostghay;*   *oulsay

Ofway inemay estateway* Iway illway otnay akemay away oastbay.   *onditioncay

Orfay, ellway eyay owknay, away ordlay inway ishay ouseholdhay

Athhay otnay everyway esselvay allway ofway oldgay; <7>

Omesay areway ofway eetray, andway oday eirthay ordlay ervicesay.

Odgay allethcay olkfay otay imhay inway undrysay iseway,

Andway eachway oneway athhay ofway Odgay away operpray iftgay,

Omesay isthay, omesay atthay, asway ikethlay imhay otay iftshay.*   *appointway, istributeday

Irginityvay isway eatgray erfectionpay,

Andway ontinencecay ekeway ithway evotionday:

Utbay Istchray, atthay ofway erfectionpay isway ethay ellway,*   *ountainfay

Adebay otnay everyway ightway ehay ouldshay ogay ellsay

Allway atthay ehay adhay, andway ivegay itway otay ethay oorpay,

Andway inway uchsay iseway ollowfay imhay andway ishay orelay:*   *octrineday

Ehay akespay otay emthay atthay ouldway ivelay erfectlypay, --

Andway, ordingslay, ybay ouryay eavelay, atthay amway otnay Iway;

Iway illway estowbay ethay owerflay ofway inemay ageway

Inway th'AY actsway andway inway ethay uitsfray ofway arriagemay.

Elltay emay alsoway, otay atwhay onclusioncay*   *endway, urposepay

Ereway embersmay ademay ofway enerationgay,

Andway ofway osay erfectpay iseway away ightway* yay-oughtwray?   *eingbay

Usttray emay ightray ellway, eythay ereway otnay ademay orfay oughtnay.

Oseglay osowhay illway, andway aysay othbay upway andway ownday,

Atthay eythay ereway ademay orfay ethay urgatiounpay

Ofway urineway, andway ofway otherway ingesthay alesmay,

Andway ekeway otay owknay away emalefay omfray away alemay:

Andway orfay onenay otherway ausecay? aysay eyay onay?

Experienceway otway ellway itway isway otnay osay.

Osay atthay ethay erkesclay* ebay otnay ithway emay othwray,   *olarsschay

Iway aysay isthay, atthay eythay ereway ademay orfay othbay,

Atthay isway otay aysay, *orfay officeway, andway orfay easeway*   *orfay utyday andway

Ofway engendrureway, erethay eway Odgay otnay ispleaseday.   orfay easureplay*

Ywhay ouldshay enmay ellesway inway eirthay ookesbay etsay,

Atthay anmay allshay ieldyay untoway ishay ifeway erhay ebtday?

Ownay erewithwhay ouldshay ehay akemay ishay ayementpay,

Ifway ehay us'dway otnay ishay illysay instrumentway?

Enthay ereway eythay ademay uponway away eaturecray

Otay urgepay urineway, andway ekeway orfay engendrureway.

Utbay Iway aysay otnay atthay everyway ightway isway oldhay,*   *obligedway

Atthay athhay uchsay arnesshay* asway Iway otay ouyay oldtay,   *equipmentway

Otay ogay andway useway emthay inway engendrureway;

Enthay ouldshay enmay aketay ofway astitychay onay urecay.*   *arecay

Istchray asway away aidmay, andway apenshay* asway away anmay,   *ashionedfay

Andway anymay away aintsay, incesay atthay isthay orldway eganbay,

Etyay everway iv'dlay inway erfectpay astitychay.

Iway illway otnay ievay* ithway onay irginityvay.   *ontendcay

Etlay emthay ithway eadbray ofway uredpay* eatwhay ebay edfay,   *urifiedpay

Andway etlay usway ivesway eatway ourway arleybay eadbray.

Andway etyay ithway arleybay eadbray, Arkmay elltay usway ancay,<8>

Ourway Ordlay Esusjay efreshedray anymay away anmay.

Inway uchsay estateway asway Odgay athhay *epedclay usway,*   *alledcay usway otay

I'llway erseverepay, Iway amway otnay eciouspray,*   *overway-aintyday

Inway ifehoodway Iway illway useway inemay instrumentway

Asway eelyfray asway ymay Akermay athhay itway entsay.

Ifway Iway ebay angerousday* Odgay ivegay emay orrowsay;   *aringspay ofway ymay avoursfay

Inemay usbandhay allshay itway avehay, othbay eveway andway orrowmay,

Enwhay atthay imhay istlay omecay orthfay andway aypay ishay ebtday.

Away usbandhay illway Iway avehay, Iway *illway onay etlay,*   *illway earbay onay indrancehay*

Ichwhay allshay ebay othbay ymay ebtorday andway ymay allthray,*   *aveslay

Andway avehay ishay ibulationtray ithalway

Uponway ishay eshflay, ilewhay atthay Iway amway ishay ifeway.

Iway avehay ethay owerpay uringday allway ymay ifelay

Uponway ishay operpray odybay, andway otnay ehay;

Ightray usthay th'AY apostleway oldtay itway untoway emay,

Andway adebay ourway usbandshay orfay otay ovelay usway ellway;

Allway isthay entencesay emay ikethlay everyway ealday.*   *itwhay

Upway artstay ethay Ardonerpay, andway atthay anonway;

"Ownay, Ameday," othquay ehay, "ybay Odgay andway ybay Aintsay Ohnjay,

Eyay areway away oblenay eacherpray inway isthay asecay.

Iway asway aboutway otay edway away ifeway, alasway!

Atwhay? ouldshay Iway iebay* itway onway ymay eshflay osay earday?   *uffersay orfay

Etyay adhay Iway everlay* edway onay ifeway isthay earyay."   *atherray

"Abideway,"* othquay eshay; "ymay aletay isway otnay egunbay   *aitway inway atiencepay

Aynay, outhay altshay inkendray ofway anotherway untay

Ereway atthay Iway ogay, allshay avoursay orseway anthay aleway.

Andway enwhay atthay Iway avehay oldtay eethay orthfay ymay aletay

Ofway ibulationtray inway arriagemay,

Ofway ichwhay Iway amway expertway inway allway inemay ageway,

(Isthay isway otay aysay, yselfmay athhay eenbay ethay ipwhay),

Enthay ayestmay outhay oosechay etherwhay outhay iltway ipsay

Ofway *ilkethay unnetay,* atthay Iway ownay allshay oachbray.   *atthay untay*

Ewarebay ofway itway, ereway outhay ootay ighnay approachway,

Orfay Iway allshay elltay examplesway oremay anthay entay:

Osowhay illway otnay ewarebay ybay otherway enmay,

Ybay imhay allshay otherway enmay orrectedcay ebay:

Esethay amesay ordesway itethwray Olemyptay;

Eadray inway ishay Almagestway, andway aketay itway erethay."

"Ameday, Iway ouldway aypray ouyay, ifway ouryay illway itway ereway,"

Aidesay isthay Ardonerpay, "asway eyay eganbay,

Elltay orthfay ouryay aletay, andway arespay orfay onay anmay,

Andway eachtay usway oungeyay enmay ofway ouryay actiquepray."

"Adlyglay," othquay eshay, "incesay atthay itway aymay ouyay ikelay.

Utbay atthay Iway aypray otay allway isthay ompanycay,

Ifway atthay Iway eakspay afterway ymay antasyfay,

Otay aketay oughtnay agriefway* atwhay Iway aymay aysay;   *otay earthay

Orfay inemay intentway isway onlyway orfay otay ayplay.

Ownay, Irssay, enthay illway Iway elltay ouyay orthfay ymay aletay.

Asway everway aymay Iway inkedray ineway orway aleway

Iway allshay aysay oothsay; ethay usbandshay atthay Iway adhay

Eethray ofway emthay ereway oodgay, andway otway ereway adbay

Ethay eethray ereway oodegay enmay, andway ichray, andway oldway

Unnethesway ightemay eythay ethay atutestay oldhay   *eythay ouldcay ithway ifficultyday
                                                                                    obeyway ethay awlay*
Inway ichwhay atthay eythay ereway oundenbay untoway emay.

Etyay otway ellway atwhay Iway eanmay ofway isthay, ardiepay.*   *ybay Odgay

Asway Odgay emay elphay, Iway aughlay enwhay atthay Iway inkthay

Owhay iteouslypay atway ightnay Iway ademay emthay inksway,*   *abourlay

Utbay, *ybay ymay ayfay, Iway oldtay ofway itway onay orestay:*   *ybay ymay aithfay,
                                                                                    Iway eldhay itway

Eythay adhay emay iv'ngay eirthay andlay andway eirthay easortray,   ofway onay accountway*

Emay eedednay otnay oday ongerlay iligenceday

Otay inway eirthay ovelay, orway oday emthay everenceray.

Eythay ovedlay emay osay ellway, ybay Odgay aboveway,

Atthay Iway *oldetay onay aintyday* ofway eirthay ovelay.   *aredcay othingnay orfay*

Away iseway omanway illway usybay erhay everway-inway-oneway*   *onstantlycay

Otay etgay eirthay ovelay, erewhay atthay eshay athhay onenay.

Utbay, incesay Iway adhay emthay ollywhay inway ymay andhay,

Andway atthay eythay adhay emay ivengay allway eirthay andlay,

Ywhay ouldshay Iway aketay eepkay* emthay orfay otay easeplay,   *arecay

Utbay* itway ereway orfay ymay ofitpray, orway inemay easeway?   *unlessway

Iway etsay emthay osay away-orkeway, ybay ymay ayfay,

Atthay anymay away ightnay eythay angesay, ellway-awayway!

Ethay aconbay asway otnay etchedfay orfay emthay, Iway owtray,

Atthay omesay enmay avehay inway Essexway atway Unmowday.<9>

188

Iway overn'dgay emthay osay ellway afterway ymay awlay,

Atthay eachway ofway emthay ullfay issfulblay asway andway awefay*   *ainfay

Otay ingebray emay aygay ingesthay omfray ethay airfay.

Eythay ereway ullfay adglay enwhay atthay Iway akespay emthay airfay,

Orfay, Odgay itway otway, Iway *idchay emthay iteouslyspay.*   *ebukedray emthay angrilyway*

Ownay earkenhay owhay Iway arebay emay operlypray.

Eyay iseway ivesway, atthay ancay understandway,

Usthay ouldshay eyay eakspay, andway *earbay emthay ongwray onway andhay,*   *akemay emthay

Orfay alfhay osay oldelybay ancay erethay onay anmay   elievebay alselyfay*

Earensway andway ienlay asway away omanway ancay.

(Iway aysay otnay isthay ybay ivesway atthay ebay iseway,

Utbay ifway itway ebay enwhay eythay emthay isadvisemay.)*   *unlessway* *actway unadvisedlyway

Away iseway ifeway, ifway atthay eshay ancay* erhay oodgay,   *owsknay

Allshay *earebay emthay onway andhay* ethay owcay isway oodway,   *akemay emthay elievebay*

Andway aketay itnessway ofway erhay owenway aidmay

Ofway eirthay assentway: utbay earkenhay owhay Iway aidsay.

"Irsay oldeway aynardkay,<10> isway isthay inethay arrayway?

Ywhay isway ymay eigheboure'snay ifeway osay aygay?

Eshay isway onour'dhay *overway allway erewhay* eshay o'thgay,   *eresoeverwhay

Iway itsay atway omehay, Iway avehay onay *iftythray othclay.*   *oodgay othesclay*

Atwhay ostday outhay atway ymay eigheboure'snay ousehay?

Isway eshay osay airfay? artway outhay osay amorousway?

Atwhay own'stray* outhay ithway ourway aidmay? enedicitebay,   *isperestwhay

Irsay oldeway echourlay, etlay ythay apesjay* ebay.   *ickstray

Andway ifway Iway avehay away ossipgay, orway away iendfray

(Ithouteway uiltgay), outhay idestchay asway away iendfay,

Ifway atthay Iway alkway orway ayplay untoway ishay ousehay.

Outhay omestcay omehay asway unkendray asway away ousemay,

Andway eachestpray onway ythay enchbay, ithway evilway efepray:*   *oofpray

Outhay ay'stsay otay emay, itway isway away eatgray ischiefmay

Otay edway away oorepay omanway, orfay ostagecay:*   *expenseway

Andway ifway atthay eshay ebay ichray, ofway ighhay aragepay;*   * irthbay <11>

Enthay ay'stsay outhay, atthay itway isway away ormentrytay

Otay uffersay erhay idepray andway elancholymay.

Andway ifway atthay eshay ebay airfay, outhay eryvay aveknay,

Outhay ay'stsay atthay everyway olourhay* illway erhay avehay;   *oremongerwhay

Eshay aymay onay ilewhay inway astitychay abideway,

Atthay isway assailedway uponway everyway idesay.

Outhay ay'stsay omesay olkfay esireday usway orfay ichessray,

Omesay orfay ourway apeshay, andway omesay orfay ourway airnessfay,

Andway omesay, orfay eshay ancay eitherway ingsay orway anceday,

Andway omesay orfay entilessgay andway allianceday,

Omesay orfay erhay andeshay andway erhay armesway alesmay:

Usthay oesgay allway otay ethay evilday, ybay ythay aletay;

Outhay ay'stsay, enmay aymay otnay eepkay away astlecay allway

Atthay aymay ebay osay assailedway *overway allway.*   *everywhereway*

Andway ifway atthay eshay ebay oulfay, outhay ay'stsay atthay eshay

Ovetethcay everyway anmay atthay eshay aymay eesay;

Orfay asway away anielspay eshay illway onway imhay eaplay,

Illtay eshay aymay indefay omesay anmay erhay otay eapchay;*   *uybay

Andway onenay osay eygray oosegay oesgay erethay inway ethay akelay,

(Osay ay'stsay outhay) atthay illway ebay ithoutway away akemay.*   *atemay

Andway ay'stsay, itway isway away ardhay ingthay orfay otay eldway   *ieldway, overngay

Away ingthay atthay onay anmay illway, *ishay ankesthay, eldhay.*   *oldhay ithway ishay oodwillgay*

Usthay ay'stsay outhay, orellay,* enwhay outhay o'stgay otay edbay,   *oodgay-orfay-othingnay

Andway atthay onay iseway anmay eedethnay orfay otay edway,

Ornay onay anmay atthay intendethway untoway eavenhay.

Ithway ildeway underthay intday* andway ieryfay evenlay**   *okestray **ightninglay

Otemay* ythay ickedway eckenay ebay otay-okebray.   *aymay

Outhay ay'stsay, atthay oppingdray ouseshay, andway ekeway okesmay,

Andway idingchay ivesway, akemay enmay otay eeflay

Outway ofway eirthay oneway ousehay; ahway! en'dicitebay,

Atwhay ailethway uchsay anway oldway anmay orfay otay idechay?

Outhay ay'stsay, eway ivesway illway ourway icesvay idehay,

Illtay eway ebay astfay,* andway enthay eway illway emthay ewshay.   *eddedway

Ellway aymay atthay ebay away overbpray ofway away ewshray.*   *illway-emperedtay etchwray

Outhay ay'stsay, atthay oxenway, assesway, orseshay, oundshay,

Eythay ebay *assayedway atway iverseday oundsstay,*   *estedtay atway ariousvay

Asonsbay andway averslay, ereway atthay enmay emthay uybay,   easonssay

Oonesspay, oolesstay, andway allway uchsay usbandryhay,

Andway osay ebay otspay, andway othesclay, andway arrayway,*   *aimentray

Utbay olkfay ofway ivesway akemay onenay assayway,

Illtay eythay ebay eddedway, -- oldeway otarddday ewshray! --

Andway enthay, ay'stsay outhay, eway illway ourway icesvay ewshay.

Outhay ay'stsay alsoway, atthay itway ispleasethday emay,

Utbay ifway * atthay outhay iltway aisepray ymay eautybay,   *unlessway

Andway utbay* outhay orepay alwayway uponway ymay acefay,   *unlessway

Andway allcay emay airefay ameday inway everyway aceplay;

Andway utbay* outhay akemay away eastfay onway ilkethay** ayday   *unlessway **atthay

Atthay Iway asway ornbay, andway akemay emay eshfray andway aygay;

Andway utbay outhay oday otay ymay oricenay* onourhay,   *ursenay <12>

Andway otay ymay ambererechay* ithinway ymay ow'rbay,   *amberchay-aidmay

Andway otay ymay ather'sfay olkfay, andway inemay alliesway;*   *elationsray

Usthay ayestsay outhay, oldway arrelbay ullfay ofway ieslay.

Andway etyay alsoway ofway ourway enticepray Enkinjay,

Orfay ishay ispcray airhay, iningshay asway oldgay osay inefay,

Andway orfay ehay irethsquay emay othbay upway andway ownday,

Etyay asthay outhay aughtcay away alsefay uspiciounsay:

Iway illway imhay otnay, oughthay outhay ertway eadday otay-orrowmay.

Utbay elltay emay isthay, ywhay idesthay outhay, *ithway orrowsay,*   *orrowsay onway eethay!*

Ethay eyeskay ofway ythay estchay awayway omfray emay?

Itway isway ymay oodgay* asway ellway asway inethay, ardiepay.   *opertypray

Atwhay, ink'stthay otay akemay anway idiotway ofway ourway ameday?

Ownay, ybay atthay ordlay atthay alledcay isway Aintsay Amejay,

Outhay altshay otnay othbay, althoughway atthay outhay ertway oodway,*   *uriousfay

Ebay astermay ofway ymay odybay, andway ymay oodgay,*   *opertypray

Ethay oneway outhay altshay oregofay, augremay* inethay eyenway.   *inway itespay ofway

Atwhay elpethhay itway ofway emay inquiret'AY andway yenspay?

Iway owtray outhay ouldestway ocklay emay inway ythay estchay.

Outhay ouldestshay aysay, 'Airfay ifeway, ogay erewhay eethay estlay;

Aketay ouryay isportday; Iway illway elievebay onay alestay;

Iway owknay ouyay orfay away uetray ifeway, Ameday Alesway.'*   *Aliceway

Eway ovelay onay anmay, atthay akethtay eepkay* orway argechay   *arecay

Erewhay atthay eway ogay; eway illway ebay atway ourway argelay.

Ofway alleway enmay ostmay essedblay aymay ehay ebay,

Ethay iseway astrologerway Anday* Olemyptay,   *Ordlay

Atthay aithsay isthay overbpray inway ishay Almagestway:<13>

'Ofway alleway enmay ishay isdomway isway ighesthay,

Atthay eckethray otnay owhay athhay ethay orldway inway andhay.

Ybay isthay overbpray outhay altshay ellway understandway,

Avehay outhay enoughway, atwhay arthay* eethay eckray orway arecay   *eedsnay, chovesbay

Owhay errilymay atthay otherway olkesfay arefay?

Orfay ertescay, oldeway otardday, ybay ouryay eavelay,

Eyay allshay avehay [easureplay] <14> ightray enoughway atway eveway.

Ehay isway ootay eatgray away iggardnay atthay illway erneway*   *orbidfay

Away anmay otay ightlay away andlecay atway ishay anternlay;

191

Ehay allshay avehay evernay ethay esslay ightlay, ardiepay.

Avehay outhay enoughway, eethay arthay* otnay aineplay** eethay *eednay **omplaincay

Outhay ay'stsay alsoway, ifway atthay eway akemay usway aygay

Ithway othingclay andway ithway eciouspray arrayway,

Atthay itway isway erilpay ofway ourway astitychay.

Andway etyay, -- ithway orrowsay! -- outhay enforcestway eethay,

Andway ay'stsay esethay ordsway inway ethay apostle'sway amenay:

'Inway abithay ademay ithway astitychay andway ameshay* *odestymay

Eyay omenway allshay apparelway ouyay,' othquay ehay,<15>

'Andway otnay inway essedtray airhay andway aygay erriepay,* *ewelsjay

Asway earlespay, ornay ithway oldgay, ornay othesclay ichray.'

Afterway ythay exttay ornay afterway ythay ubrichray

Iway illway otnay orkway asway uchelmay asway away atgnay.

Outhay ay'stsay alsoway, Iway alkway outway ikelay away atcay;

Orfay osowhay ouldeway ingesay ethay atte'scay inskay

Enthay illway ethay attecay ellway elldway inway erhay innway;* *ousehay

Andway ifway ethay atte'scay inskay ebay eekslay andway aygay,

Eshay illway otnay elldway inway ousehay alfhay away ayday,

Utbay orthfay eshay illway, ereway anyway ayday ebay aw'dday,

Otay ewshay erhay inskay, andway ogay away aterwaw'dcay.* *aterwaulingcay

Isthay isway otay aysay, ifway Iway ebay aygay, irsay ewshray,

Iway illway unray outway, ymay orelbay* orfay otay ewshay. *apparelway, inefay othesclay

Irsay oldeway oolfay, atwhay elpethhay eethay otay yenspay?

Oughthay outhay aypray Argusway ithway ishay undredhay eyenway

Otay ebay ymay ardecorpsway,* asway ehay ancay estbay *odybay-uardgay

Inway aithfay ehay allshay otnay eepkay emay, *utbay emay estlay:* *unlessway Iway easeplay*

Etyay ouldcay Iway *akemay ishay eardbay,* osay aymay Iway ethay. *akemay away estjay

ofway imhay*

"Outhay ayestsay ekeway, atthay erethay ebay ingesthay eethray, *ivethray

Ichwhay ingesthay eatlygray oubletray allway isthay earthway,

Andway atthay onay ighteway aymay endureway ethay erthfay:* *ourthfay

Oway efelay* irsay ewshray, aymay Esusjay ortshay** ythay ifelay. *easantplay **ortenshay

Etyay eachestpray outhay, andway ay'stsay, away atefulhay ifeway

YAY-eckon'dray isway orfay oneway ofway esethay ischancesmay.

Ebay erethay *onenay otherway annermay esemblancesray* *onay otherway indkay ofway

Atthay eyay aymay ikenlay ouryay arablespay untoway, omparisoncay*

Utbay ifway away illysay ifeway ebay oneway ofway othay?* *osethay

Outhay ikenestlay away oman'sway ovelay otay ellhay;

Otay arrenbay andlay erewhay aterway aymay otnay elldway.
Outhay ikenestlay itway alsoway otay ildway irefay;
Ethay oremay itway urnsbay, ethay oremay itway athhay esireday
Otay onsumecay everyway ingthay atthay urntbay illway ebay.
Outhay ayestsay, ightray asway ormesway endshay* away eetray,

*estroyday

Ightray osay away ifeway estroyethday erhay usbondhay;
Isthay owknay eythay ellway atthay ebay otay ivesway ondbay."

Ordingslay, ightray usthay, asway eyay avehay understandway,
Arebay Iway ifflystay inemay oldway usbandshay onway andhay,

ademay emthay elievebay

Atthay usthay eythay aidensay inway eirthay unkennessdray;
Andway allway asway alsefay, utbay atthay Iway ooktay itnessway
Onway Enkinjay, andway uponway ymay iecenay alsoway.
Oway Ordlay! ethay ainpay Iway idday emthay, andway ethay oeway,
'Ullfay uiltelessgay, ybay Odde'sgay eetesway inepay;*

*ainpay

Orfay asway away orsehay Iway ouldecay iteday andway inewhay;
Iway ouldecay ainplay,* an'WAY** Iway asway inway ethay uiltgay,

*omplaincay **evenway
oughthay

Orway ellesway oftentimeway Iway adhay eenbay iltspay*

*uinedray

Osowhay irstfay omethcay otay ethay illlnay, irstfay intgray;*

*isway oundgray

Iway ainedplay irstfay, osay asway ourway arway yay-intstay.*

*oppedstay

Eythay ereway ullfay adglay otay excuseway emthay ullfay iveblay*

*icklyquay

Ofway ingsthay atthay eythay evernay *aguiltway eirthay ivelay.*

*ereway uiltygay inway

Ofway enchesway ouldway Iway *earebay emthay onway andhay,*

eirthay iveslay*

Enwhay atthay orfay icknesssay arcelyscay ightmay eythay andstay,

alselyfay accuseway emthay

Etyay ickledtay Iway ishay eartehay orfay atthay ehay
Een'dway* atthay Iway adhay ofway imhay osay eatgray ertechay:**

*oughthay **affectionway<16>

Iway oresway atthay allway ymay alkingway outway ybay ightnay
Asway orfay otay espyway enchesway atthay ehay ightday:*

*adornedway

Underway atthay olourcay adhay Iway anymay away irthmay.
Orfay allway uchsay itway isway ivengay usway atway irthbay;
Eceitday, eepingway, andway inningspay, Odgay othday ivegay
Otay omenway indlykay, ilewhay atthay eythay aymay ivelay.

*aturallynay

Andway usthay ofway oneway ingthay Iway aymay auntevay emay,
Atway th'AY endway Iway adhay ethay etterbay inway eachway egreeday,
Ybay eightslay, orway orcefay, orway ybay omesay annermay ingthay,
Asway ybay ontinualcay urmurmay orway udginggray,*

*omplainingcay

Amelynay* away-edbay, erethay addehay eythay ischancemay,

*especiallyway

Erethay ouldway Iway idechay, andway oday emthay onay easanceplay:

Iway ouldway onay ongerlay inway ethay edbay abideway,

Ifway atthay Iway eltfay ishay armway overway ymay idesay,

Illtay ehay adhay ademay ishay ansomray untoway emay,

Enthay ouldway Iway uffersay imhay oday ishay icetynay.*   *ollyfay <17>

Andway ereforethay everyway anmay isthay aletay Iway elltay,

Inway osowhay aymay, orfay allway isway orfay otay ellsay;

Ithway emptyway andhay enmay aymay onay awkeshay urelay;

Orfay inningway ouldway Iway allway ishay illway endureway,

Andway akemay emay away eignedfay appetiteway,

Andway etyay inway aconbay* adhay Iway evernay elightday: *iway.eway. ofway Unmowday <9>

Atthay ademay emay atthay Iway everway ouldway emthay idechay.

Orfay, oughthay ethay Opepay adhay ittensay emthay esidebay,

Iway ouldway otnay arespay emthay atway eirthay owenway oardbay,

Orfay, ybay ymay othtray, Iway itquay* emthay ordway orfay ordway   *epaidray

Asway elphay emay eryvay Odgay omnipotentway,

Oughthay Iway ightray ownay ouldshay akemay ymay estamenttay

Iway oweway emthay otnay away ordway, atthay isway otnay itquay*   *epaidray

Iway oughtbray itway osay abouteway ybay ymay itway,

Atthay eythay ustmay ivegay itway upway, asway orfay ethay estbay

Orway ellesway adhay eway evernay eenbay inway estray.

Orfay, oughthay ehay ookedlay asway away oodway* ionlay,   *uriousfay

Etyay ouldshay ehay ailfay ofway ishay onclusioncay.

Enthay ouldway Iway aysay, "Ownay, oodegay efelay* aktay eepkay**   *earday **eedhay

Owhay eeklymay ookethlay Ilkenway oureway eepshay!

Omecay earnay, ymay ousespay, andway etlay emay abay* ythay eekchay   *isskay <18>

Eyay ouldeshay ebay allway atientpay andway eekmay,

Andway avehay away *eetsway yay-icedspay* onsciencecay,   *endertay, icenay*

Incesay eyay osay eachpray ofway Obe'sjay atiencepay.

Uffersay alwayway, incesay eyay osay ellway ancay eachpray,

Andway utbay* eyay oday, ertaincay eway allshay ouyay eachtay*   *unlessway

Atthay itway isway airfay otay avehay away ifeway inway eacepay.

Oneway ofway usway otway ustmay owebay* oubtelessday: *ivegay ayway

Andway incesay away anmay isway oremay easonableray

Anthay omanway isway, eyay ustmay ebay uff'rablesay.

Atwhay ailethway ouyay otay udgegray* usthay andway oangray?   *omplaincay

Isway itway orfay eyay ouldway avehay ymay [ovelay] <14> aloneway?

Ywhay, aketay itway allway: olay, avehay itway everyway ealday,*   *itwhay

Eterpay! <19> ewshray* ouyay utbay eyay ovelay itway ellway   *ursecay

Orfay ifway Iway ouldeway ellsay ymay *ellebay osechay*,   *eautifulbay ingthay*

194

Iway ouldecay alkway asway eshfray asway isway away oseray,

Utbay Iway illway eepkay itway orfay ouryay owenway oothtay.

Eyay ebay otay ameblay, ybay Odgay, Iway aysay ouyay oothsay."

Uchsay annermay ordesway addehay eway onway andhay.

Ownay illway Iway eakenspay ofway ymay ourthfay usbandhay.

Ymay ourthefay usbandhay asway away evellourray;

Isthay isway otay aysay, ehay adhay away aramourpay,

Andway Iway asway oungyay andway ullfay ofway agerieray,*

Ubbornstay andway ongstray, andway ollyjay asway away iepay.*

Enthay ouldcay Iway anceday otay away arpehay alesmay,

Andway ingsay, yay-isway,* asway anyway ightingalenay,

Enwhay Iway adhay unkdray away aughtdray ofway eetesway ineway.

Etelliusmay, ethay oulefay urlchay, ethay inesway,

Atthay ithway away affstay ereftbay ishay ifeway ofway ifelay

Orfay eshay ankdray ineway, oughthay Iway adhay eenbay ishay ifeway,

Evernay ouldshay ehay avehay auntedday emay omfray inkdray:

Andway, afterway ineway, ofway Enusvay ostmay Iway inkthay.

Orfay allway osay uresay asway oldcay engendersway ailhay,

Away iquorishlay outhmay ustmay avehay away iquorishlay ailtay.

Inway omanway inolentvay* isway onay efenceday,**

Isthay oweknay echourslay ybay experienceway.

Utbay, ordlay Istchray, enwhay atthay itway ememb'rethray emay

Uponway ymay outhyay, andway onway ymay ollityjay,

Itway icklethtay emay aboutway inemay eartehay-ootray;

Untoway isthay ayday itway othday inemay eartehay ootbay,*

Atthay Iway avehay adhay ymay orldway asway inway ymay imetay.

Utbay ageway, alasway! atthay allway illway envenimeway,*

Athhay emay ereftbay ymay eautybay andway ymay ithpay:*

Etlay ogay; arewellfay; ethay evilday ogay erewiththay.

Ethay ourflay isway ongay, erethay isway onay oremay otay elltay,

Ethay anbray, asway Iway estbay aymay, ownay ustmay Iway ellsay.

Utbay etyay otay ebay ightray errymay illway Iway andfay.*

Ownay orthfay otay elltay ouyay ofway ymay ourthfay usbandhay,

Iway aysay, Iway inway ymay earthay adhay eatgray espiteday,

Atthay ehay ofway anyway otherway adhay elightday;

Utbay ehay asway itquay,* ybay Odgay andway ybay Aintsay Ocejay:<21>

Iway ademay orfay imhay ofway ethay amesay oodway away osscray;

Otnay ofway ymay odybay inway onay oulfay anneremay,

Utbay ertainlycay Iway ademay olkfay uchsay eerchay,

Atthay inway ishay owenway easegray Iway ademay imhay yfray

Orfay angerway, andway orfay eryvay ealousyjay.

Ybay Odgay, inway earthway Iway asway ishay urgatorypay,

Orfay ichwhay Iway opehay ishay oulsay aymay ebay inway oryglay.

Orfay, Odgay itway otway, ehay atsay ullfay oftway andway ungsay,

Enwhay atthay ishay oeshay ullfay itterlybay imhay ungwray.*   *inchedpay

Erethay asway onay ightway, avesay Odgay andway ehay, atthay istway

Inway anymay iseway owhay oresay Iway idday imhay isttway.<20>

Ehay iedday enwhay Iway amecay omfray Erusalemjay,

Andway ieslay inway avegray underway ethay *ooderay eambay:*   *osscray*

Althoughway ishay ombtay isway otnay osay uriouscay

Asway asway ethay epulchresay ofway Ariusday,

Ichwhay atthay Apellesway oughtwray osay ubtlelysay.

Itway isway utbay asteway otay urybay emthay eciouslypray.

Etlay imhay arefay ellway, Odgay ivegay ishay oulesay estray,

Ehay isway ownay inway ishay avegray andway inway ishay estchay.

Ownay ofway ymay ifthefay usbandhay illway Iway elltay:

Odgay etlay ishay oulsay evernay omecay intoway ellhay.

Andway etyay asway ehay otay emay ethay ostemay ewshray;*   *uelcray, illway-emperedtay

Atthay eelfay Iway onway ymay ibbesray allway *ybay ewray,*   *inway away owray

Andway everway allshay, untilway inemay endingway ayday.

Utbay inway ourway edbay ehay asway osay eshfray andway aygay,

Andway erewithalthay osay ellway ehay ouldcay emay oseglay,*   *atterflay

Enwhay atthay ehay ouldeway avehay ymay ellebay osechay,

Oughthay ehay adhay eatenbay emay onway everyway onebay,

Etyay ouldcay ehay inway againway ymay ovelay anonway.

Iway owtray, Iway ov'dlay imhay etterbay, orfay atthay ehay

Asway ofway ishay ovelay osay angerousday* otay emay.   *aringspay, ifficultday

Eway omenway avehay, ifway atthay Iway allshay otnay ielay,

Inway isthay attermay away aintequay antasyfay.

Ateverwhay ingthay eway aymay otnay ightlylay avehay,

Ereafterthay illway eway ycray allway ayday andway avecray.

Orbidfay usway ingthay, andway atthay esireday eway;

Esspray onway usway astfay, andway ennethay illway eway eeflay.

Ithway angerday* utterway eway allway ourway affarechay;**   *ifficultyday **erchandisemay

Eatgray esspray atway arketmay akethmay eareday areway,

Andway ootay eatgray eapchay isway eldhay atway ittlelay icepray;

Isthay owethknay everyway omanway atthay isway iseway.

Ymay ifthefay usbandhay, Odgay ishay oulesay essblay,

Ichwhay atthay Iway ooktay orfay ovelay andway onay ichessray,

Ehay omesay imetay asway *away erkclay ofway Oxenfordway,*   *away olarschay ofway Oxfordway*

Andway adhay eftlay oolschay, andway entway atway omehay otay oardbay

Ithway ymay ossipgay,* ellingdway inway oureway owntay: *odmothergay

Odgay avehay erhay oulsay, erhay amenay asway Alisounway.

Eshay ewknay ymay earthay, andway allway ymay ivitypray,

Etbay anthay ourway arishpay iestpray, osay aymay Iway ethay.*   *ivethray

Otay erhay etrayedbay Iway ymay ounselcay allway;

Orfay adhay ymay usbandhay issedpay onway away allway,

Orway oneday away ingthay atthay ouldshay avehay ostcay ishay ifelay,

Otay erhay, andway otay anotherway orthyway ifeway,

Andway otay ymay iecenay, ichwhay atthay Iway ovedlay ellway,

Iway ouldway avehay oldtay ishay ounselcay everyway ealday.*   *otjay

Andway osay Iway idday ullfay oftenway, Odgay itway otway,

Atthay ademay ishay acefay ullfay oftenway edray andway othay

Orfay eryvay ameshay, andway am'dblay imselfhay, orfay ehay

Adhay oldtay otay emay osay eatgray away ivitypray.*   *ecretsay

Andway osay efellbay atthay onesway inway away Entlay

(Osay oftentimesway Iway otay ymay ossipgay entway,

Orfay everway etyay Iway ovedlay otay ebay aygay,

Andway orfay otay alkway inway Archmay, Aprilway, andway Aymay

Omfray ousehay otay ousehay, otay earehay undrysay alestay),

Atthay Enkinjay erkclay, andway ymay ossipgay, Ameday Alesway,

Andway Iway yselfmay, intoway ethay ieldesfay entway.

Inemay usbandhay asway atway Ondonlay allway atthay Entlay;

Iway adhay ethay etterbay eisurelay orfay otay ayplay,

Andway orfay otay eesay, andway ekeway orfay otay ebay eysay*   *eensay

Ofway ustylay olkfay; atwhay istway Iway erewhay ymay acegray*   *avourfay

Asway apenshay orfay otay ebay, orway inway atwhay aceplay?   *appointedway

Ereforethay ademay Iway ymay isitationsvay

Otay igiliesvay,* andway otay ocessionspray,   *estivalfay-evesway<22>

Otay eachingspray ekeway, andway otay esethay ilgrimagespay,

Otay aysplay ofway iraclesmay, andway arriagesmay,

Andway earedway uponway emay aygay arletscay itesgay.*   *ownsgay

Esethay ormesway, ornay esethay othesmay, ornay esethay itesmay

Onway ymay apparelway ettfray* emthay evernay away ealday**   *edfay **itwhay

Andway ow'stknay outhay ywhay? orfay eythay ereway usedway* ellway.   *ornway

Ownay illway Iway elletay orthfay atwhay appen'dhay emay:

Iway aysay, atthay inway ethay ieldesfay alkedway eway,

Illtay uelytray eway adhay uchsay allianceday,

Isthay erkclay andway Iway, atthay ofway ymay urveyancepay*   *oresightfay

Iway akespay otay imhay, andway oldtay imhay owhay atthay ehay,

Ifway Iway ereway idowway, ouldeshay eddeway emay.

Orfay ertainlycay, Iway aysay orfay onay obancebay,*   *oastingbay<23>

Etyay asway Iway evernay ithoutway urveyancepay*   *oresightfay

Ofway arriagemay, ornay ofway otherway ingesthay ekeway:

Iway oldhay away ouse'smay itway otnay orthway away eeklay,

Atthay athhay utbay oneway olehay orfay otay artestay* otay,<24>   *escapeway

Andway ifway atthay ailefay, enthay isway allway yay-oday.*   *oneday

[*Iway arebay imhay onway andhay* ehay adhay enchantedway emay   *alselyfay assuredway imhay*

(Ymay ameday aughtetay emay atthay ubtiltysay);

Andway ekeway Iway aidsay, Iway ettemay* ofway imhay allway ightnay,   *eameddray

Ehay ouldway avehay ainslay emay, asway Iway aylay uprightway,

Andway allway ymay edbay asway ullfay ofway eryvay oodblay;

Utbay etyay Iway op'dhay atthay ehay ouldshay oday emay oodgay;

Orfay oodblay etoken'dbay oldgay, asway emay asway aughttay.

Andway allway asway alsefay, Iway eam'ddray ofway imhay ightray aughtnay,

Utbay asway Iway ollow'dfay ayeway ymay ame'sday orelay,

Asway ellway ofway atthay asway ofway otherway ingsthay oremay.] <25>

Utbay ownay, irsay, etlay emay eesay, atwhay allshay Iway aynsay?

Ahaway! ybay Odgay, Iway avehay ymay aletay againway.

Enwhay atthay ymay ourthefay usbandhay asway onway ierbay,

Iway eptway algateway* andway ademay away orrysay eerchay,**   *alwaysway **ountenancecay

Asway ivesway ustmay, orfay itway isway ethay usageway;

Andway ithway ymay erchiefkay overedcay ymay isagevay;

Utbay, orfay Iway asway ovidedpray ithway away akemay,*   *atemay

Iway eptway utbay ittlelay, atthay Iway undertakeway*   *omisepray

Otay urchechay asway inemay usbandhay ornebay away-orrowmay

Ithway eigheboursnay atthay orfay imhay ademay orrowsay,

Andway Enkinjay, oureway erkclay, asway oneway ofway othay:*   *osethay

Asway elphay emay Odgay, enwhay atthay Iway awsay imhay ogay

Afterway ethay ierbay, ethoughtmay ehay adhay away airpay

Ofway eggeslay andway ofway eetfay osay eanclay andway airfay,

Atthay allway ymay earthay Iway avegay untoway ishay oldhay.*   *eepingkay

Ehay asway, Iway owtray, away entytway interway oldway,

Andway Iway asway ortyfay, ifway Iway allshay aysay oothsay,

Utbay etyay Iway adhay alwaysway away olte'scay oothtay.

Atgay-oothedtay* Iway asway, andway atthay ecamebay emay ellway, *eesay otenay <26>

Iway adhay ethay intpray ofway Aintesay Enus'vay ealsay.

[Asway elphay emay Odgay, Iway asway away ustylay oneway,

Andway airfay, andway ichray, andway oungyay, andway *ellway egonebay:* *inway away oodgay ayway*

Orfay ertescay Iway amway allway enerianvay* *underway ethay influenceway ofway Enusvay

Inway eelingfay, andway ymay earthay isway artianmay;* *underway ethay influenceway ofway Arsmay

Enusvay emay avegay ymay ustlay andway iquorishnesslay,

Andway Arsmay avegay emay ymay urdystay ardinesshay.] <25>

Inemay ascendantway asway Auretay,* andway Arsmay ereinthay: *Aurustay

Alasway, alasway, atthay everway ovelay asway insay!

Iway ollow'dfay ayeway inemay inclinationway

Ybay irtuevay ofway ymay onstellationcay:

Atthay ademay emay atthay Iway ouldecay otnay ithdrawway

Ymay amberchay ofway Enusvay omfray away oodgay ellawfay.

[Etyay avehay Iway Arte'smay arkmay uponway ymay acefay,

Andway alsoway inway anotherway ivypray aceplay.

Orfay Odgay osay islyway* ebay ymay alvationsay, *ertainlycay

Iway ovedlay evernay ybay iscretionday,

Utbay everway ollow'dfay inemay ownway appetiteway,

Allway* ereway ehay ortshay, orway onglay, orway ackblay, orway itewhay, *etherwhay

Iway ooktay onay eepkay,* osay atthay ehay ikedlay emay, *eedhay

Owhay oorpay ehay asway, eithernay ofway atwhay egreeday.] <25>

Atwhay ouldshay Iway aysay? utbay atthay atway ethay onth'smay endway

Isthay ollyjay erkclay Enkinjay, atthay asway osay endhay,* *ourteouscay

Adhay eddedway emay ithway eatgray olemnitysay,

Andway otay imhay avegay Iway allway ethay andlay andway eefay

Atthay everway asway emay ivengay erebeforethay:

Utbay afterwardway epentedray emay ullfay oresay.

Ehay ouldeway uffersay othingnay ofway ymay istlay.* *easureplay

Ybay Odgay, ehay otesmay emay onesway ithway ishay istfay,

Orfay atthay Iway entray outway ofway ishay ookbay away eaflay,

Atthay ofway ethay okestray inemay eareway ax'dway allway eafday.

Ubbornstay Iway asway, asway isway away ionesslay,

Andway ofway ymay onguetay away eryvay angleressjay,* *aterpray

Andway alkway Iway ouldway, asway Iway adhay oneday efornbay,

Omfray ousehay otay ousehay, althoughway ehay adhay itway ornsway:* *adhay ornsway otay eventpray itway

Orfay ichwhay ehay oftentimesway ouldeway eachpray

Andway emay ofway oldeway Omanray estesgay* eachtay   *oriesstay

Owhay atthay Ulpitiussay Allusgay eftlay ishay ifeway

Andway erhay orsookfay orfay ermtay ofway allway ishay

Orfay oughtnay utbay openway-eadedhay* ehay erhay aysay**   *arebay-eadedhay **awsay

Ookinglay outway atway ishay oorday uponway away ayday.

Anotherway Omanray <27> oldtay ehay emay ybay amenay,

Atthay, orfay ishay ifeway asway atway away ummersay amegay

Ithoutway ishay owingknay, ehay orsookfay erhay ekeway.

Andway enthay ouldway ehay uponway ishay Iblebay eeksay

Atthay ilkeway* overbpray ofway Ecclesiastway,   *amesay

Erewhay ehay ommandethcay, andway orbiddethfay astfay,

Anmay allshay otnay uffersay ishay ifeway ogay ollray aboutway.

Enthay ouldway ehay aysay ightray usthay ithouteway oubtday:

"Osowhay atthay uildethbay ishay ousehay allway ofway allowssay,*   *illowsway

Andway ickethpray ishay indblay orsehay overway ethay allowsfay,

Andway uff'rethsay ishay ifeway otay *ogay eekesay allowshay,*   *akemay ilgrimagespay*

Isway orthyway otay ebay angedhay onway ethay allowsgay."

Utbay allway orfay oughtnay; Iway *ettesay otnay away awhay*   *aredcay othingnay orfay*

Ofway ishay overbsspray, ornay ofway ishay oldeway awsay;

Ornay ouldway Iway otnay ofway imhay orrectedcay ebay.

Iway atehay emthay atthay ymay icesvay elletay emay,

Andway osay oday oremay ofway usway (Odgay otway) anthay Iway.

Isthay ademay imhay oodway* ithway emay allway utterlyway;   *uriousfay

Iway ouldeway otnay orbearfay* imhay inway onay asecay.   *endureway

Ownay illway Iway aysay ouyay oothsay, ybay Aintsay Omasthay,

Ywhay atthay Iway entray outway ofway ishay ookbay away eaflay,

Orfay ichwhay ehay otesmay emay, osay atthay Iway asway eafday.

Ehay adhay away ookbay, atthay adlyglay ightnay andway ayday

Orfay ishay isportday ehay ouldway itway eadray alwayway;

Ehay all'dcay itway Alerievay,<28> andway Eophrastthay,

Andway ithway atthay ookbay ehay augh'dlay alwayway ullfay astfay.

Andway ekeway erethay asway away erkclay ometimesay atway Omeray,

Away ardinalcay, atthay ightehay Aintsay Eromejay,

Atthay ademay away ookbay againstway Ovinianjay,

Ichwhay ookbay asway erethay; andway ekeway Ertulliantay,

Ysippuschray, Otulatray, andway Eloisehay,

Atthay asway anway abbessway otnay arfay omfray Arispay;

Andway ekeway ethay Arablespay* ofway Olomonsay,   *Overbspray

Ovide'sway Artway, <29> andway ourdesbay* anymay oneway;   *estsjay

200

Andway alleway esethay ereway oundbay inway oneway olumevay.

Andway everyway ightnay andway ayday asway ishay ustumecay

(Enwhay ehay adhay eisurelay andway acationvay

Omfray otherway orldlyway occupationway)

Otay eadenray inway isthay ookbay ofway ickedway ivesway.

Ehay ewknay ofway emthay oremay egendslay andway oremay iveslay

Anthay ebay ofway ooddegay ivesway inway ethay Iblebay.

Orfay, usttray emay ellway, itway isway anway impossibleway

Atthay anyway erkclay illway eakespay oodgay ofway ivesway,

(*Utbay ifway* itway ebay ofway olyhay aintes'say iveslay)   *unlessway

Ornay ofway onenay otherway omanway evernay ethay o'may.

Owhay aintedpay ethay ionlay, elltay itway emay, owhay?

Ybay Odgay, ifway omenway adddehay ittenwray oriesstay,

Asway erkesclay avehay ithinway eirthay oratoriesway,

Eythay ouldway avehay itwray ofway enmay oremay ickednessway

Anthay allway ethay arkmay ofway Adamway <30> aymay edressray

Ethay ildrenchay ofway Ercurymay andway ofway Enusvay,<31>

Ebay inway eirthay orkingway ullfay ontrariouscay.

Ercurymay ovethlay isdomway andway iencescay,

Andway Enusvay ovethlay iotray andway ispenceday.*   *extravaganceway

Andway orfay eirthay iverseday ispositionday,

Eachway allsfay inway other'sway exaltationway.

Asway usthay, Odgay otway, Ercurymay isway esolateday

Inway Iscespay, erewhay Enusvay isway exaltateway,

Andway Enusvay allsfay erewhay Ercurymay isway aisedray. <32>

Ereforethay onay omanway ybay onay erkclay isway aisedpray.

Ethay erkclay, enwhay ehay isway oldway, andway aymay otnay oday

Ofway Enus'vay orksway otnay orthway ishay oldeway oeshay,

Enthay itssay ehay ownday, andway iteswray inway ishay otageday,

Atthay omenway annotcay eepkay eirthay arriagemay.

Utbay ownay otay urposepay, ywhay Iway oldetay eethay

Atthay Iway asway eatenbay orfay away ookbay, ardiepay.

Uponway away ightnay Enkinjay, atthay asway ourway iresay,*   *oodmangay

Eadray onway ishay ookbay, asway ehay atsay ybay ethay irefay,

Ofway Evaway irstfay, atthay orfay erhay ickednessway

Asway allway ankindmay oughtbray intoway etchednesswray,

Orfay ichwhay atthay Esusjay Istchray imselfhay asway ainslay,

Atthay oughtbay usway ithway ishay eartehay-oodblay againway.

Olay erehay expressway ofway omenway aymay eyay indfay

Atthay omanway asway ethay osslay ofway allway ankindmay.

Enthay eadray ehay emay owhay Amsonsay ostlay ishay airshay

Eepingslay, ishay emanlay utcay emthay ithway erhay earsshay,

Oughthray ichewhay easontray ostlay ehay othbay ishay eyenway.

Enthay eadray ehay emay, ifway atthay Iway allshay otnay ienlay,

Ofway Erculeshay, andway ofway ishay Ejanireday,

Atthay ausedcay imhay otay etsay imselfhay onway irefay.

Othingnay orgotfay ehay ofway ethay arecay andway oeway

Atthay Ocratessay adhay ithway ishay ivesway otway;

Owhay Antippexay astcay isspay uponway ishay eadhay.

Isthay illysay anmay atsay illstay, asway ehay ereway eadday,

Ehay ip'dway ishay eadhay, andway onay oremay urstday ehay aynsay,

Utbay, "Ereway ethay underthay intstay* erethay omethcay ainray."   *easescay

Ofway Asiphaephay, atthay asway eenquay ofway Etecray,

Orfay ewednessshray* ehay oughtthay ethay aletay eetsway.   *ickednessway

Yfay, eakspay onay oremay, itway isway away islygray ingthay,

Ofway erhay orriblehay ustlay andway erhay ikinglay.

Ofway Ytemnestraclay, orfay erhay echerylay

Atthay alselyfay ademay erhay usbandhay orfay otay ieday,

Ehay eadray itway ithway ullfay oodgay evotionday.

Ehay oldtay emay ekeway, orfay atwhay occasionway

Amphioraxway atway Ebesthay ostlay ishay ifelay:

Ymay usbandhay adhay away egendlay ofway ishay ifeway

Eryphileway, atthay orfay anway oucheway* ofway oldgay   *aspclay, ollarcay

Adhay ivilypray untoway ethay Eekesgray oldtay,

Erewhay atthay erhay usbandhay idhay imhay inway away aceplay,

Orfay ichwhay ehay adhay atway Ebesthay orrysay acegray.

Ofway Unalay oldtay ehay emay, andway ofway Ucielay;

Eythay othebay ademay eirthay usbandshay orfay otay ieday,

Atthay oneway orfay ovelay, atthay otherway asway orfay atehay.

Unalay erhay usbandhay onway anway ev'ningway atelay

Empoison'dway adhay, orfay atthay eshay asway ishay oefay:

Ucialay iquorishlay ov'dlay erhay usbandhay osay,

Atthay, orfay ehay ouldshay alwaysway uponway erhay inkthay,

Eshay avegay imhay uchsay away annermay* ovelay-inkdray,   *ortsay ofway

Atthay ehay asway eadday eforebay itway ereway ethay orrowmay:

Andway usthay algatesway* usbandshay addehay orrowsay.   *alwaysway

Enthay oldtay ehay emay owhay oneway Atumeuslay

Omplainedcay otay ishay ellowfay Ariusway

Atthay inway ishay ardengay owedgray uchsay away eetray,

Onway ichwhay ehay aidsay owhay atthay ishay ivesway eethray

Angedhay emselvesthay orfay earthay ispiteousday.

"Oway evelay* otherbray," othquay isthay Ariusway,   *earday

"Ivegay emay away antplay ofway ilkethay* essedblay eetray,   *atthay

Andway inway ymay ardengay antedplay allshay itway ebay."

Ofway aterlay ateday ofway ivesway athhay ehay eadray,

Atthay omesay avehay ainslay eirthay usbandshay inway eirthay edbay,

Andway etlay eirthay *echourlay ightday emthay* allway ethay ightnay,   *overlay ideray emthay*

Ilewhay atthay ethay orpsecay aylay onway ethay oorflay uprightway:

Andway omesay avehay ivendray ailsnay intoway eirthay ainbray,

Ilewhay atthay eythay eptslay, andway usthay eythay avehay emthay ainslay:

Omesay avehay emthay ivengay oisonpay inway eirthay inkdray:

Ehay akespay oremay armhay anthay eartehay aymay ethinkbay.

Andway erewithalthay ehay ewknay ofway oremay overbspray,

Anthay inway isthay orldway erethay owethgray assgray orway erbshay.

"Etterbay (othquay ehay) inethay abitationhay

Ebay ithway away ionlay, orway away oulfay agondray,

Anthay ithway away omanway usingway orfay otay idechay.

Etterbay (othquay ehay) ighhay inway ethay oofray abideway,

Anthay ithway anway angryway omanway inway ethay ousehay,

Eythay ebay osay ickedway andway ontrariouscay:

Eythay atehay atthay eirthay usbandshay ovenlay ayeway."

Ehay aidsay, "Away omanway astcay erhay ameshay awayway

Enwhay eshay astcay offway erhay ocksmay;" andway arthermo'fay,

"Away airfay omanway, utbay* eshay ebay astechay alsoway,   *exceptway

Isway ikelay away oldgay ingray inway away owe'ssay osenay.

Owhay ouldecay eenway,* orway owhay ouldecay upposesay   *inkthay

Ethay oeway atthay inway inemay earthay asway, andway ethay inepay?*   *ainpay

Andway enwhay Iway awsay atthay ehay ouldway evernay inefay*   *inishfay

Otay eadenray onway isthay ursedcay ookbay allway ightnay,

Allway uddenlysay eethray eaveslay avehay Iway ightplay*   *uckedplay

Outway ofway ishay ookbay, ightray asway ehay eadray, andway ekeway

Iway ithway ymay istfay osay ooktay imhay onway ethay eekchay,

Atthay inway ourway irefay ehay ackwardbay ellfay adownway.

Andway ehay upway artstay, asway othday away oodway* ionlay,   *uriousfay

Andway ithway ishay istfay ehay otesmay emay onway ethay eadhay,

Atthay onway ethay oorflay Iway aylay asway Iway ereway eadday.

203

Andway enwhay ehay awsay owhay illstay atthay erethay Iway aylay,

Ehay asway aghastway, andway ouldway avehay edflay awayway,

Illtay atway ethay astlay outway ofway ymay oonsway Iway aidbray,*   *okeway

"Ohway, asthay outhay ainslay emay, outhay alsefay iefthay?" Iway aidsay

"Andway orfay ymay andlay usthay asthay outhay urder'dmay emay?

Ereway Iway ebay eadday, etyay illway Iway issekay eethay."

Andway earnay ehay amecay, andway eeledknay airfay adownway,

Andway aidesay", "Eareday istersay Alisounway,

Asway elphay emay Odgay, Iway allshay eethay evernay itesmay:

Atthay Iway avehay oneday itway isway yselfthay otay iteway,*   *ameblay

Orgivefay itway emay, andway atthay Iway eethay eseekbay."*   *eseechbay

Andway etyay eftsoonsway* Iway ithay imhay onway ethay eekchay,   *immediatelyway; againway

Andway aiddesay, "Iefthay, usthay uchmay amway Iway awreakway.*   *avengedway

Ownay illway Iway ieday, Iway aymay onay ongerlay eakspay."

Utbay atway ethay astlay, ithway uchemay arecay andway oeway

Eway ellfay accordedway* ybay ourselvesway otway: *agreedway

Ehay avegay emay allway ethay idlebray inway inemay andhay

Otay avehay ethay overnancegay ofway ousehay andway andlay,

Andway ofway ishay onguetay, andway ofway ishay andhay alsoway.

Iway ademay imhay urnbay ishay ookbay anonway ightray othay.*   *enthay

Andway enwhay atthay Iway adhay ottengay untoway emay

Ybay ast'rymay allway ethay overeignetysay,

Andway atthay ehay aidsay, "Inemay owenway uetray ifeway,

Oday *asway eethay istlay,* ethay ermtay ofway allway ythay ifelay,   *asway easesplay eethay*

Eepkay inethay onourhay, andway ekeway eepkay inemay estateway;

Afterway atthay ayday eway evernay adhay ebateday.

Odgay elphay emay osay, Iway asway otay imhay asway indkay

Asway anyway ifeway omfray Enmarkday untoway Indway,

Andway alsoway uetray, andway osay asway ehay otay emay:

Iway aypray otay Odgay atthay itssay inway ajestymay

Osay essblay ishay oulesay, orfay ishay ercymay earday.

Ownay illway Iway aysay ymay aletay, ifway eyay illway earhay. --

Ethay Iarfray augh'dlay enwhay ehay adhay eardhay allway isthay:

"Ownay, Ameday," othquay ehay, "osay avehay Iway oyjay andway issblay,

Isthay isway away onglay eamblepray ofway away aletay."

Andway enwhay ethay Ompnoursay eardhay ethay Iarfray alegay,*   *eakspay

"Olay," othquay isthay Ompnoursay, "Odde'sgay armesway otway,

204

Away iarfray illway intermeteway* imhay evermo'WAY: *interposeway <33>

Olay, oodegay enmay, away yflay andway ekeway away erefray

Illway allfay inway ev'ryway ishday andway ekeway atteremay.

Atwhay eak'stspay outhay ofway erambulationpay?*   *camblepray

Atwhay? ambleway orway ottray; orway eacepay, orway ogay itsay ownday:

Outhay ettestlay* ourway isportday inway isthay atteremay."   *inderessthay

"Eayay, iltway outhay osay, Irsay Ompnoursay?" othquay ethay Erefray;

"Ownay ybay ymay aithfay Iway allshay, ereway atthay Iway ogay,

Elltay ofway away Ompnoursay uchsay away aletay orway otway,

Atthay allway ethay olkfay allshay aughenlay inway isthay aceplay."

"Ownay oday, elseway, Iarfray, Iway eshrewbay* ythay acefay,"   *ursecay

Othquay isthay Ompnoursay; "andway Iway eshrewebay emay,

Utbay ifway* Iway elletay alestay otway orway eethray   *unlessway

Ofway iarsfray, ereway Iway omecay otay Ittingbournesay,

Atthay Iway allshay akemay inethay eartehay orfay otay ournmay:

Orfay ellway Iway otway ythay atiencepay isway onegay."

Ourway Ostehay iedcray, "Eacepay, andway atthay anonway;"

Andway aidesay, "Etlay ethay omanway elltay erhay aletay.

Eyay arefay* asway olkfay atthay unkendray ebay ofway aleway.   *ehavebay

Oday, Ameday, elltay orthfay ouryay aletay, andway atthay isway estbay."

"Allway eadyray, irsay," othquay eshay, "ightray asway ouyay estlay,*   *easeplay

Ifway Iway avehay icencelay ofway isthay orthyway Erefray."

"Esyay, Ameday," othquay ehay, "elltay orthfay, andway Iway illway earhay."

1. Amongway ethay evidencesway atthay Aucer'schay eatgray orkway asway eftlay incompleteway, isway ethay absenceway ofway anyway inklay ofway onnexioncay etweenbay ethay Ifeway ofway Ath'sbay Ologuepray andway Aletay, andway atwhay oesgay eforebay. Isthay eficiencyday ashay inway omesay editionsway ausedcay ethay Ire'ssquay andway ethay Erchant'smay Alestay otay ebay interposedway etweenbay osethay ofway ethay Anmay ofway Awlay andway ethay Ifeway ofway Athbay; utbay inway ethay Erchant'smay Aletay erethay isway internalway oofpray atthay itway asway oldtay afterway ethay ollyjay Ame'sday. Everalsay anuscriptsmay ontaincay ersesvay esignedday otay ervesay asway away onnexioncay; utbay eythay areway evidentlyway otnay Aucer'schay, andway itway isway unnecessaryway otay ivegay emthay erehay. Ofway isthay Ologuepray, ichwhay aymay airlyfay ebay egardedray asway away istinctday autobiographicalway aletay, Yrwhitttay ayssay: "Ethay extraordinaryway engthlay ofway itway, asway ellway asway ethay einvay ofway easantryplay atthay unsray oughtray itway, isway eryvay uitablesay otay ethay aracterchay ofway ethay eakerspay. Ethay eatestgray artpay ustmay avehay eenbay ofway Aucer'schay ownway inventionway, oughthay oneway aymay ainlyplay eesay atthay ehay adhay eenbay eadingray ethay opularpay invectivesway againstway arriagemay andway omenway inway eneralgay; uchsay asway ethay 'Omanray eday alay Oseray,' 'Aleriusvay adway Ufinumray, Eday onnay Ucendaday Uxoreway,' ('Aleriusvay otay Ufinusray, onway otnay eingbay uledray ybay one'sway ife'way) andway articularlypay 'Ieronymushay ontracay Ovinianumjay.' ('Eromejay againstway Ovinianus'jay) Stay Eromejay, amongway otherway ingsthay esignedday otay iscourageday arriagemay, ashay insertedway inway ishay eatisetray away onglay assagepay omfray 'Iberlay Aureolusway Eophrastithay eday Uptiisnay.' ('Eophrastus'sthay Oldengay Ookbay ofway Arriage'may)."

2. Away eatgray artpay ofway ethay arriagemay ervicesay usedway otay ebay erformedpay inway ethay urchchay-orchpay.

3. Esusjay andway ethay Amaritansay omanway: Ohnjay ivway. 13.

4. Anday: Ordlay; Atinlay, "ominusday." Anotherway eadingray isway "ethay iseway anmay, Ingkay Olomonsay."

5. Efendedday: orbadefay; Enchfray, "efendreday," otay ohibitpray.

6. Artday: ethay oalgay; away earspay orway artday asway etsay upway otay arkmay ethay ointpay ofway ictoryvay.

7. "Utbay inway away eatgray ousehay erethay areway otnay onlyway esselsvay ofway oldgay andway ilversay, utbay alsoway ofway oodway andway ofway earthway; andway omesay otay onourhay, andway omesay otay ishonourday." -- 2 Imtay. iiway 20.

8. Esusjay eedingfay ethay ultitudemay ithway arleybay eadbray: Arkmay ivay. 41, 42.

9. Atway Unmowday evailedpray ethay ustomcay ofway ivinggay, amidway uchmay errymay akingmay, away itchflay ofway aconbay otay ethay arriedmay airpay owhay adhay ivedlay ogethertay orfay away earyay ithoutway arrelquay orway egretray. Ethay amesay ustomcay evailedpray ofway oldway inway Etagnebray.

10. "Agnardcay," orway "Aignardcay," away Enchfray ermtay ofway eproachray, originallyway eriveddlay omfray "aniscay," away ogday.

11. Aragepay: irthbay, indredkay; omfray Atinlay, "ariopay," Iway egetbay.

12. Oricenay: ursenay; Enchfray, "ourricenay."

13. Isthay andway ethay eviouspray otationquay omfray Olemyptay areway ueday otay ethay Ame'sday ownway ancyfay.

14. (Anscriber'stray otenay: Omesay Ictorianvay ensorshipcay erehay. Ethay ordway ivengay inway [acketsbray] ouldshay ebay "eintquay" iway.eway. "untcay".)

15. Omenway ouldshay otnay adornway emselvesthay: eesay Iway Imtay. iiway. 9.

16. Ertechay: affectionway; omfray Enchfray, "erchay," earday.

17. Icetynay: ollyfay; Enchfray, "iaiserienay."

18. Abay: isskay; omfray Enchfray, "aiserbay."

19. Eterpay!: ybay Aintsay Eterpay! away ommoncay adjurationway, ikelay Ariemay! omfray ethay Irgin'svay amenay.

20. Stay. Ocejay: orway Udocusjay, away aintsay ofway Onthieupay, inway Ancefray.

21. "Anway allusionway," ayssay Mray Ightwray, "otay ethay orystay ofway ethay Omanray agesay owhay, enwhay amedblay orfay ivorcingday ishay ifeway, aidsay atthay away oeshay ightmay appearway outwardlyway otay itfay ellway, utbay onay oneway utbay ethay earerway ewknay erewhay itway inchedpay."

22. Igiliesvay: estivalfay-evesway; eesay otenay 33 otay ethay Ologuepray otay ethay Alestay.

23. Obancebay: oastingbay; Enbay Onson'sjay aggartbray, inway "Everyway Anmay inway ishay Umourhay," isway amednay Obadilbay.

24. "Iway oldhay away ouse'smay itway otnay orthway away eeklay, Atthay athhay utbay oneway olehay orfay otay artestay otay" Away eryvay oldway overbpray inway Enchfray, Ermangay, andway Atinlay.

25. Ethay ineslay inway acketsbray areway onlyway inway omesay ofway ethay anuscriptsmay.

26. Atgay-oothedtay: apgay-oothedtay; oatgay-oothedtay; orway atcay- orway eparatesay oothedtay. Eesay otenay 41 otay ethay ologuepray otay ethay Alestay.

27. Emproniussay Ophussay, ofway omwhay Aleriusvay Aximusmay ellstay inway ishay ixthsay ookbay.

28. Ethay acttray ofway Alterway Apesmay againstway arriagemay, ublishedpay underway ethay itletay ofway "Epistolaway Aleriivay adway Ufinumray."

29. "Arsway Amorisway."

30. Allway ethay arkmay ofway Adamway: allway owhay earbay ethay arkmay ofway Adamway iway.eway. allway enmay.

31. Ethay Ildrenchay ofway Ercurymay andway Enusvay: osethay ornbay underway ethay influenceway ofway ethay espectiveray anetsplay.

32. Away anetplay, accordingway otay ethay oldway astrologersway, asway inway "exaltationway" enwhay inway ethay ignsay ofway ethay Odiaczay inway ichwhay itway exertedway itsway ongeststray influenceway; ethay oppositeway ignsay, inway ichwhay itway asway eakestway, asway alledcay itsway "ejectionday." Enusvay eingbay ongeststray inway Iscespay, asway eakestway inway Irgovay; utbay inway Irgovay Ercurymay asway inway "exaltationway."

33. Intermeteway: interposeway; Enchfray, "entremettreway."

ETHAY ALETAY. <1>

Inway oldeway ayesday ofway ethay ingkay Arthourway,

Ofway ichwhay atthay Itonsbray eakespay eatgray onourhay,

Allway asway isthay andlay ullfay ill'dfay ofway aeriefay;*   *airiesfay

Ethay Elfway-eenquay, ithway erhay ollyjay ompanycay,

Ancedday ullfay oftway inway anymay away eengray eadmay

Isthay asway ethay oldway opinionway, asway Iway eadray;

Iway eakspay ofway anymay undredhay earsyay agoway;

Utbay ownay ancay onay anmay eesay onenay elvesway o'may,

Orfay ownay ethay eatgray aritychay andway ayerespray

Ofway imitourslay,* andway otherway olyhay eresfray,   *eggingbay iarsfray <2>

Atthay earchsay everyway andlay andway ev'ryway eamstray

Asway ickthay asway otesmay inway ethay unnesay-eambay,

Essingblay allshay, amberschay, itcheneskay, andway owersbay,

Itiescay andway urghesbay, astlescay ighhay andway owerstay,

Orpesthay* andway arnesbay, epensshay** andway airiesday,   *illagesvay <3> **ablesstay

Isthay akesmay atthay erethay ebay ownay onay aeriesfay:

Orfay *erethay asway* ontway otay alkeway asway anway elfway,   *erewhay*

Erethay alkethway ownay ethay imitourlay imselfhay,

Inway undermelesway* andway inway orrowingsmay**,   *eveningsway <4>
         **orningsmay

Andway aithsay ishay atinsmay andway ishay olyhay ingsthay,

Asway ehay oesgay inway ishay imitatiounlay.*   *eggingbay istrictday

Omenway aymay ownay ogay afelysay upway andway ownday,

Inway everyway ushbay, andway underway everyway eetray;

Erethay isway onenay otherway incubusway <5> utbay ehay;

Andway ehay illway oday otay emthay onay ishonourday.

Andway osay efellbay itway, atthay isthay ingkay Arthourway

Adhay inway ishay ousehay away ustylay achelerbay,

Atthay onway away ayday amecay idingray omfray iverray: <6>

Andway appen'dhay, atthay, aloneway asway eshay asway ornbay,

Ehay awsay away aidenmay alkingway imhay efornbay,

Ofway ichwhay aidenmay anonway, augremay* erhay eadhay,   *inway itespay ofway

Ybay eryvay orcefay ehay eftray erhay aidenheadmay:

Orfay ichwhay oppressionway asway uchsay amourclay,

Andway uchsay ursuitpay untoway ethay ingkay Arthourway,

Atthay amnedday* asway isthay ightknay orfay otay ebay eadday   *ondemnedcay

Ybay oursecay ofway awlay, andway ouldshay avehay ostlay ishay eadhay;

(Araventurepay uchsay asway ethay atutestay othay),*   *enthay

Utbay atthay ethay eenquay andway otherway adieslay o'may

Osay onglay eythay ayedpray ethay ingkay ofway ishay acegray,

Illtay ehay ishay ifelay imhay antedgray inway ethay aceplay,

Andway avegay imhay otay ethay eenquay, allway atway erhay illway

Otay oosechay etherwhay eshay ouldway imhay avesay orway illspay*   *estroyday

Ethay eenquay ankedthay ethay ingkay ithway allway erhay ightmay;

Andway, afterway isthay, usthay akespay eshay otay ethay ightknay,

Enwhay atthay eshay awsay erhay imetay uponway away ayday.

"Outhay andeststay etyay," othquay eshay, "inway uchsay arrayway,*   *away ositionpay

Atthay ofway ythay ifelay etyay asthay outhay onay uretysay;

Iway antgray eethay ifelay, ifway outhay anstcay elltay otay emay

Atwhay ingthay isway itway atthay omenway ostmay esirenday:

Ewarebay, andway eepkay ythay ecknay-onebay omfray ethay ironway*   *executioner'sway axeway

Andway ifway outhay anstcay otnay elltay itway emay anonway,

Etyay illway Iway ivegay eethay eavelay orfay otay ongay

Away elvemonthtway andway away ayday, otay eeksay andway earlay*   *earnlay

Anway answerway uffisantsay* inway isthay atteremay.   *atisfactorysay

Andway uretysay illway Iway avehay, ereway atthay outhay acepay,*   *ogay

Ythay odybay orfay otay ieldenyay inway isthay aceplay."

Oeway asway ethay ightknay, andway orrowfullysay ikedsay;*   *ighedsay

Utbay atwhay? ehay ightmay otnay oday allway asway imhay ikedlay.

Andway atway ethay astlay ehay osechay imhay orfay otay endway,*   *epartday

Andway omecay againway, ightray atway ethay eare'syay endway,

Ithway uchsay answerway asway Odgay ouldway imhay urveypay:*   *ovidepray

Andway ooktay ishay eavelay, andway endedway orthfay ishay ayway.

Ehay oughtsay inway ev'ryway ousehay andway ev'ryway aceplay,

Erewhay asway ehay opedhay orfay otay indefay acegray,

Otay earnelay atwhay ingthay omenway ovelay ethay ostmay:

Utbay ehay ouldcay otnay arriveway inway anyway oastcay,

Erewhay asway ehay ightemay indfay inway isthay atteremay

Otway eaturescray *accordingway inway erefay.*   *agreeingway ogethertay*

Omesay aidsay atthay omenway ovedlay estbay ichessray,

Omesay aidsay onourhay, andway omesay aidsay ollinessjay,

Omesay ichray arrayway, andway omesay aidsay ustlay* away-edbay,   *easureplay

Andway oftway imetay otay ebay idowway andway ebay edway.

Omesay aidsay, atthay eway areway inway ourway earthay ostmay easedway

Enwhay atthay eway areway yay-atter'dflay andway yay-aisedpray.

Ehay *entway ullfay ighnay ethay oothsay,* Iway illway otnay ielay; *amecay eryvay earnay

Away anmay allshay inway usway estbay ithway atteryflay; ethay uthtray*

Andway ithway attendanceway, andway ithway usinessbay

Ebay eway yay-imedlay,* othebay oremay andway esslay. *aughtcay ithway irdbay-imelay

Andway omesay enmay aidsay atthay eway oday ovelay ethay estbay

Orfay otay ebay eefray, andway oday *ightray asway usway estlay,* *ateverwhay eway easeplay*

Andway atthay onay anmay eproveray usway ofway ourway icevay,

Utbay aysay atthay eway areway iseway, andway othingnay icenay,* *oolishfay <7>

Orfay ulytray erethay isway onenay amongway usway allway,

Ifway anyway ightway illway *awclay usway onway ethay allgay,* *eesay otenay <8>*

Atthay illway otnay ickkay, orfay atthay ehay aithsay usway oothsay:

Assayway,* andway ehay allshay indfay itway, atthay osay o'thday. *ytray

Orfay ebay eway evernay osay iciousvay ithinway,

Eway illway ebay eldhay othbay iseway andway eanclay ofway insay.

Andway omesay enmay aidsay, atthay eatgray elightday avehay eway

Orfay otay ebay eldhay ablestay andway ekeway ecresay,* *iscreetday

Andway inway oneway urposepay eadfastlystay otay elldway,

Andway otnay ewraybay* away ingthay atthay enmay usway elltay. *ivegay awayway

Utbay atthay aletay isway otnay orthway away akeray-elestay.* *akeray-andlehay

Ardiepay, eway omenway annecay othingnay elehay,* *idehay <9>

Itnessway onway Idasmay; illway eyay earhay ethay aletay?

Ovidway, amongesway otherway ingesthay alesmay* *allsmay

Aithsay, Idasmay adhay, underway ishay ongelay airshay,

Owinggray uponway ishay eadhay otway ass'sway earsway;

Ethay ichewhay icevay ehay idhay, asway estbay ehay ightmay,

Ullfay ubtlelysay omfray everyway an'smay ightsay,

Atthay, avesay ishay ifeway, erethay ewknay ofway itway onay o'may;

Ehay ov'dlay erhay ostmay, andway ustedtray erhay alsoway;

Ehay ayedpray erhay, atthay otay onay eaturecray

Eshay ouldeway ellentay ofway ishay isfigureday.

Eshay oresway imhay, aynay, orfay allway ethay orldway otay inway,

Eshay ouldway otnay oday atthay illainyvay orway insay,

Otay akemay erhay usbandhay avehay osay oulfay away amenay:

Eshay ouldway otnay elltay itway orfay erhay owenway ameshay.

Utbay athelessnay erhay oughtethay atthay eshay iedday,

Atthay eshay osay ongelay ouldshay away ounselcay idehay;

Erhay oughtthay itway ell'dsway osay oresay aboutway erhay earthay

Atthay eedesnay ustmay omesay ordway omfray erhay astartway
Andway, incesay eshay urstday otnay elltay itway untoway anmay
Ownday otay away arishmay astfay erebythay eshay anray,
Illtay eshay amecay erethay, erhay earthay asway allway afireway:
Andway, asway away itternbay umblesbay* inway ethay iremay,   *akesmay away umminghay oisenay
Eshay aidlay erhay outhmay untoway ethay aterway ownday
"Ewraybay emay otnay, outhay aterway, ithway ythay oun'say"
Othquay eshay, "otay eethay Iway elltay itway, andway onay o'may,
Inemay usbandhay athhay onglay ass'sway earesway otway!
Ownay isway inemay earthay allway olewhay; ownay isway itway outway;
Iway ightmay onay ongerlay eepkay itway, outway ofway oubtday."
Erehay aymay eyay eesay, oughthay eway away imetay abideway,
Etyay outway itway ustmay, eway ancay onay ounselcay idehay.
Ethay emnantray ofway ethay aletay, ifway eyay illway earhay,
Eadray inway Ovidway, andway erethay eyay aymay itway earlay.*   *earnlay

Isthay ightknay, ofway omwhay ymay aletay isway eciallyspay,
Enwhay atthay ehay awsay ehay ightmay otnay omecay erebythay,
Atthay isway otay aysay, atwhay omenway ovelay ethay ostmay,
Ithinway ishay eastbray ullfay orrowfulsay asway ishay ostghay.*   *iritspay
Utbay omehay ehay entway, orfay ehay ightmay otnay ojournsay,
Ethay ayday asway omecay, atthay omewardhay ehay ustmay urntay.
Andway inway ishay ayway itway appen'dhay imhay otay ideray,
Inway allway ishay arecay,* underway away orestfay idesay,   *oubletray, anxietyway
Erewhay asway ehay awsay uponway away anceday ogay
Ofway adieslay ourfay-andway-entytway, andway etyay o'may,
Owardtay isthay ilkeway* anceday ehay ewdray ullfay ernyay,**   *amesay **eagerlyway <10>
Ethay opehay atthay ehay omesay isdomway erethay ouldshay earnlay;
Utbay ertainlycay, ereway ehay amecay ullyfay erethay,
YAY-anish'dvay asway isthay anceday, ehay ewknay otnay erewhay;
Onay eaturecray asway ehay atthay arebay ifelay,
Avesay onway ethay eengray ehay ittingsay asway away ifeway,
Away oulerfay ightway erethay aymay onay anmay eviseday.*   *imagineway, elltay
Againstway* isthay ightknay isthay oldway ifeway angay otay iseray,   *otay eetnay
Andway aidsay, "Irsay Ightknay, ereforthhay* iethlay onay ayway.   *omfray erehay
Elltay emay atwhay eyay areway eekingsay, ybay ouryay ayfay.
Araventurepay itway aymay ethay etterbay ebay:
Esethay oldeway olkfay owknay uchemay ingthay." othquay eshay.
Ymay evelay* othermay," othquay isthay ightknay, "ertaincay,   *earday

211

Iway amway utbay eadday, utbay ifway* atthay Iway ancay aynsay   *unlessway

Atwhay ingthay itway isway atthay omenway ostmay esireday:

Ouldcay eyay emay issway,* Iway ouldway ellway *itequay ouryay irehay."*   *instructway <11>

"Ightplay emay ythay othtray erehay inway inemay andhay," othquay eshay,   *ewardray ouyay*

"Ethay extenay ingthay atthay Iway equireray ofway eethay

Outhay altshay itway oday, ifway itway ebay inway ythay ightmay,

Andway Iway illway elltay itway eethay ereway itway ebay ightnay."

"Avehay erehay ymay othetray," othquay ethay ightknay; "Iway antgray."

"Ennethay," othquay eshay, "Iway areday emay ellway avauntway,*   *oastbay, affirmway

Ythay ifelay isway afesay, orfay Iway illway andstay erebythay,

Uponway ymay ifelay ethay eenquay illway aysay asway Iway:

Etlay eesay, ichwhay isway ethay oudestpray ofway emthay allway,

Atthay earsway eitherway away erchiefkay orway away aulcay,

Atthay areday aysay aynay otay atthay Iway allshay ouyay eachtay.

Etlay usway ogay orthfay ithouteway ongerlay eechspay

Enthay *ownedray eshay away istelpay* inway ishay earway,   *eshay isperedwhay away ecretsay*

Andway adebay imhay otay ebay adglay, andway avehay onay earfay.

Enwhay eythay ereway omecay untoway ethay ourtcay, isthay ightknay

Aidsay, ehay adhay eldhay ishay ayday, asway ehay adhay ighthay,*   *omisedpray

Andway eadyray asway ishay answerway, asway ehay aidsay.

Ullfay anymay away oblenay ifeway, andway anymay away aidmay,

Andway anymay away idowway, orfay atthay eythay ebay iseway, --

Ethay eenquay erselfhay ittingsay asway away usticejay, --

Assembledway ebay, ishay answerway orfay otay earhay,

Andway afterwardway isthay ightknay asway idbay appearway.

Otay everyway ightway ommandedcay asway ilencesay,

Andway atthay ethay ightknay ouldshay elltay inway audienceway,

Atwhay ingthay atthay orldlyway omenway ovelay ethay estbay.

Isthay ightknay ehay oodstay otnay illstay, asway othday away eastbay,

Utbay otay isthay estionquay anonway answer'dway

Ithway anlymay oicevay, atthay allway ethay ourtcay itway eardhay,

"Ymay iegelay adylay, enerallygay," othquay ehay,

"Omenway esireday otay avehay ethay overeigntysay

Asway ellway overway eirthay usbandhay asway eirthay ovelay

Andway orfay otay ebay inway ast'rymay imhay aboveway.

Isthay isway ouryay ostmay esireday, oughthay eyay emay illkay,

Oday asway ouyay istlay, Iway amway erehay atway ouryay illway."

Inway allway ethay ourtcay erethay asway onay ifeway ornay aidmay

212

Ornay idowway, atthay ontrariedcay atwhay ehay aidsay,
Utbay aidsay, ehay orthyway asway otay avehay ishay ifelay.
Andway ithway atthay ordway upway artstay atthay oldeway ifeway
Ichwhay atthay ethay ightknay awsay ittingsay onway ethay eengray.

"Ercymay," othquay eshay, "ymay overeignsay adylay eenquay,
Ereway atthay ouryay ourtcay eparteday, oday emay ightray.
Iway aughtetay isthay answerway untoway isthay ightknay,
Orfay ichwhay ehay ightedplay emay ishay othetray erethay,
Ethay irstefay ingthay Iway ouldway ofway imhay equereray,
Ehay ouldway itway oday, ifway itway aylay inway ishay ightmay.
Eforebay isthay ourtcay enthay aypray Iway eethay, Irsay Ightknay,"
Othquay eshay, "atthay outhay emay aketay untoway ythay ifeway,
Orfay ellway outhay ow'stknay atthay Iway avehay eptkay* ythay ifelay.   *eservedpray
Ifway Iway aysay alsefay, aysay aynay, uponway ythay ayfay."*   *aithfay
Isthay ightknay answer'dway, "Alasway, andway ellway-awayway!
Iway owknay ightray ellway atthay uchsay asway ymay ehestbay.*   *omisepray
Orfay Odde'sgay ovelay oosechay away ewnay equestray
Aketay allway ymay oodgay, andway etlay ymay odybay ogay."
"Aynay, enthay," othquay eshay, "Iway ewshray* usway othebay otway,   *ursecay
Orfay oughthay atthay Iway ebay oldway, andway oulfay, andway oorpay,
Iway ouldn'AY* orfay allway ethay etalmay ornay ethay oreway,   *ouldway otnay
Atthay underway earthway isway avegray,* orway ieslay aboveway   *uriedbay
Utbay ifway ythay ifeway Iway ereway andway ekeway ythay ovelay."
"Ymay ovelay?" othquay ehay, "aynay, ymay amnationday,
Alasway! atthay anyway ofway ymay ationnay
Ouldshay everway osay oulfay isparagedday ebay.
Utbay allway orfay oughtnay; ethay endway isway isthay, atthay ehay
Onstrainedcay asway, atthay eedsnay ehay ustemay edway,
Andway aketay isthay oldeway ifeway, andway ogay otay edbay.

Ownay ouldeway omesay enmay aysay araventurepay
Atthay orfay ymay egligencenay Iway oday onay urecay*   *aketay onay ainspay
Otay elltay ouyay allway ethay oyjay andway allway th'AY arrayway
Atthay atway ethay eastfay asway ademay atthay ilkeway* ayday.   *amesay
Otay ichwhay ingthay ortlyshay answerenway Iway allshay:
Iway aysay erethay asway onay oyjay ornay eastfay atway allway,
Erethay asway utbay eavinesshay andway uchemay orrowsay:
Orfay ivilypray ehay edway erhay onway ethay orrowmay;

Andway allway ayday afterway idhay imhay asway anway owlway,

Osay oeway asway imhay, ishay ifeway ook'dlay osay oulfay

Eatgray asway ethay oeway ethay ightknay adhay inway ishay oughtthay

Enwhay ehay asway ithway ishay ifeway otay edbay yay-oughtbray;

Ehay allow'dway, andway ehay urnedtay otay andway ofray.

Isthay oldeway ifeway aylay ilingsmay evermo'WAY,

Andway aidsay, "Earday usbandhay, enedicitebay,

Aresfay everyway ightknay usthay ithway ishay ifeway asway eyay?

Isway isthay ethay awlay ofway ingkay Arthouresway ousehay?

Isway everyway ightknay ofway ishay usthay angerousday?*   *astidiousfay, iggardlynay

Iway amway ouryay owenway ovelay, andway ekeway ouryay ifeway

Iway amway eshay, ichwhay atthay avedsay athhay ouryay ifelay

Andway ertescay etyay idday Iway ouyay e'ernay unrightway.

Ywhay arefay eyay usthay ithway emay isthay irstefay ightnay?

Eyay arefay ikelay away anmay adhay ostlay ishay itway.

Atwhay isway ymay uiltgay? orfay Od'sgay ovelay elltay emay itway,

Andway itway allshay ebay amendedway, ifway Iway aymay."

"Amendedway!" othquay isthay ightknay; "alasway, aynay, aynay,

Itway illway otnay ebay amendedway, evernay o'may;

Outhay artway osay oathlylay, andway osay oldway alsoway,

Andway eretothay* omestcay ofway osay owlay away indkay,   *inway additionway

Atthay ittlelay onderway oughthay Iway allowway andway indway;*   *ithewray, urntay aboutway

Osay ouldeway Odgay, inemay eartehay ouldeway estbray!"*   *urstbay

"Isway isthay," othquay eshay, "ethay ausecay ofway ouryay unrestway?"

"Eayay, ertainlycay," othquay ehay; "onay onderway isway."

"Ownay, Irsay," othquay eshay, "Iway ouldcay amendway allway isthay,

Ifway atthay emay istlay, ereway itway ereway ayesday eethray,

Osay ellway eyay ightemay earbay ouyay untoway emay.   *ifway ouyay ouldcay onductcay
                                                                  ourselfyay ellway
Utbay, orfay eyay eakenspay ofway uchsay entlenessgay   owardstay emay*

Asway isway escendedday outway ofway oldway ichessray,

Atthay ereforethay alleshay eyay ebay entlemengay;

Uchsay arrogancyway isway *otnay orthway away enhay.*   *orthway othingnay

Ooklay owhay atthay isway ostmay irtuousvay alwayway,

Ivepray andway apertway, andway ostmay intendethway ayeway   *inway ivatepray andway ublicpay*

Otay oday ethay entlegay eedesday atthay ehay ancay;

Andway aketay imhay orfay ethay eatestgray entlemangay.

Istchray illway,* eway aimclay ofway imhay ourway entlenessgay,   *illsway, equiresray

Otnay ofway ourway eldersway* orfay eirthay oldway ichessray.   *ancestorsway

Orfay oughthay eythay avegay usway allway eirthay eritagehay,

Orfay ichwhay eway aimclay otay ebay ofway ighhay aragepay,*   *irthbay, escentday

Etyay aymay eythay otnay equeathebay, orfay onay ingthay,

Otay onenay ofway usway, eirthay irtuousvay ivinglay

Atthay ademay emthay entlemengay alledcay otay ebay,

Andway adebay usway ollowfay emthay inway uchsay egreeday.

Ellway ancay ethay iseway oetpay ofway Orenceflay,

Atthay ightehay Anteday, eakspay ofway isthay entencesay:*   *entimentsay

Olay, inway uchsay annermay* ymerhay isway Ante'sday aletay.   *indkay ofway

'Ullfay eld'say* uprisethway ybay ishay anchesbray alesmay   *eldomsay

Owesspray ofway anmay, orfay Odgay ofway ishay oodnessgay

Illsway atthay eway aimclay ofway imhay ourway entlenessgay;' <12>

Orfay ofway ourway eldersway aymay eway othingnay aimclay

Utbay emp'raltay ingsthay atthay anmay aymay urthay andway aimmay.

Ekeway everyway ightway owsknay isthay asway ellway asway Iway,

Ifway entlenessgay ereway antedplay aturallynay

Untoway away ertaincay ineagelay ownday ethay inelay,

Ivepray andway apertway, enthay ouldway eythay evernay inefay*   *easecay

Otay oday ofway entlenessgay ethay airfay officeway

Enthay ightmay eythay oday onay illainyvay ornay icevay.

Aketay irefay, andway earbay itway otay ethay arkestday ousehay

Etwixtbay isthay andway ethay ountmay ofway Aucasuscay,

Andway etlay enmay utshay ethay ooresday, andway ogay ennethay,*   *encethay

Etyay illway ethay irefay asway airfay andway ightelay ennebray*   *urnbay

Asway entytway ousandthay enmay ightmay itway eholdbay;

Itsway officeway aturalnay ayeway illway itway oldhay,   *itway illway erformpay itsway

Onway erilpay ofway ymay ifelay, illtay atthay itway ieday.   aturalnay utyday*

Erehay aymay eyay eesay ellway owhay atthay enterygay*   *entilitygay, obilitynay

Isway otnay annexedway otay ossessionpay,

Incesay olkfay oday otnay eirthay operationway

Alwayway, asway othday ethay irefay, olay, *inway itsway indkay*   *omfray itsway eryvay aturenay*

Orfay, Odgay itway otway, enmay aymay ullfay oftenway indfay

Away orde'slay onsay oday ameshay andway illainyvay.

Andway ehay atthay illway avehay icepray* ofway ishay ent'rygay,   *esteemway, onourhay

Orfay* ehay asway orenbay ofway away entlegay ousehay,   *ecausebay

Andway adhay ishay eldersway oblenay andway irtuousvay,

Andway illway imselfehay oday onay entlegay eedesday,

Ornay ollowfay ishay entlegay ancestryway, atthay eadday isway,

Ehay isway otnay entlegay, ebay ehay ukeday orway earlway;

Orfay illainvay infulsay eedesday akemay away urlchay.

Orfay entlenessgay isway utbay ethay enomeeray*   *enownray

Ofway inethay ancestorsway, orfay eirthay ighhay ountebay,*   *oodnessgay, orthway

Ichwhay isway away angestray ingthay otay ythay ersonpay:

Ythay entlenessgay omethcay omfray Odgay aloneway.

Enthay omescay ourway eryvay* entlenessgay ofway acegray;   *uetray

Itway asway onay ingthay equeath'dbay usway ithway ourway aceplay.

Inkthay owhay oblenay, asway aithsay Aleriusvay,

Asway ilkethay* Ulliustay Ostiliushay,   *atthay

Atthay outway ofway overt'pay oseray otay ighhay

Eadray inway Enecsay, andway eadray ekeway inway Oecebay,

Erethay allshay eyay eesay expressway, atthay itway onay ededray* isway,   *oubtday

Atthay ehay isway entlegay atthay othday entlegay eedesday.

Andway ereforethay, evelay* usbandhay, Iway oncludecay,   *earday

Albeitway atthay inemay ancestorsway ereway uderay,

Etyay aymay ethay ighehay Odgay, -- andway osay opehay Iway, --

Antgray emay Ishay acegray otay ivelay irtuouslyvay:

Enthay amway Iway entlegay enwhay atthay Iway eginbay

Otay ivelay irtuouslyvay, andway aiveway* insay.   *orsakefay

"Andway ereaswhay eyay ofway overt'pay emay epreveray,*   *eproachray

Ethay ighehay Odgay, onway omwhay atthay eway elievebay,

Inway ilfulway overt'pay osechay otay eadlay ishay ifelay:

Andway ertescay, everyway anmay, aidenmay, orway ifeway

Aymay understandway atthay Esusjay, eaven'shay ingkay,

Enay ouldway otnay oosechay away irtuousvay ivinglay.

Adglay overt'pay isway anway onesthay ingthay, ertaincay;   *overtypay eerfullychay

Isthay illway Enecsay andway otherway erkesclay aynsay   enduredway*

Osowhay atthay *oldshay imhay aidpay ofway* ishay overt'pay,   *isway atisfiedsay ithway*

Iway oldhay imhay ichray oughthay ehay athhay otnay away irtshay.

Ehay atthay ovetethcay isway away oorepay ightway

Orfay ehay ouldway avehay atwhay isway otnay inway ishay ightmay,

Utbay ehay atthay oughtnay athhay, ornay ovetethcay otay avehay,

Isway ichray, althoughway eyay oldhay imhay utbay away aveknay.*   *aveslay, abjectway etchwray

Eryvay overt'pay isway innesay, operlypray.   *ethay onlyway uetray overtypay isway insay*

Uvenaljay aithsay ofway overt'pay errilymay:

Ethay oorepay anmay, enwhay ehay oesgay ybay ethay ayway

Eforebay ethay ievesthay ehay aymay ingsay andway ayplay <13>

Overt'pay isway atefulhay oodgay,<14> andway, asway Iway uessgay,

Away ullfay eatgray *ingerbray outway ofway usinessbay;*   *eliverday omfray oubletray*

Away eatgray amenderway ekeway ofway apiencesay

Otay imhay atthay akethtay itway inway atiencepay.

Overt'pay isway isthay, althoughway itway eemsay elengeway* *angestray <15>

Ossessionpay atthay onay ightway illway allengechay

Overt'pay ullfay oftenway, enwhay away anmay isway owlay,

Akesmay imhay ishay Odgay andway ekeway imselfhay otay owknay

Overt'pay away ectaclespay* isway, asway inketthay emay *away airpay ofway ectaclesspay

Oughthray ichwhay ehay aymay ishay eryvay* iendesfray eesay. *uetray

Andway, ereforethay, Irsay, incesay atthay Iway ouyay otnay ievegray,

Ofway ymay overt'pay onay oremay emay epreveray.* *eproachray

"Ownay, Irsay, ofway eldeway* eyay epreveray emay: *ageway

Andway ertescay, Irsay, oughthay onenay authorityway* *exttay, ictumday

Ereway inway onay ookbay, eyay entlesgay ofway onourhay

Aysay, atthay enmay ouldshay anway oldeway ightway onourhay,

Andway allcay imhay atherfay, orfay ouryay entlenessgay;

Andway authorsway allshay Iway indenfay, asway Iway uessgay.

Ownay erethay eyay aysay atthay Iway amway oulfay andway oldway,

Enthay eaddray eyay otnay otay ebay away okewoldcay.* *uckoldcay

Orfay ilthfay, andway eldeway, allway osay aymay Iway ethay,* *ivethray

Ebay eategray ardensway uponway astitychay.

Utbay athelessnay, incesay Iway owknay ouryay elightday,

Iway allshay ulfilfay ouryay ordlyway appetiteway.

Oosechay ownay," othquay eshay, "oneway ofway esethay ingesthay aytway,

Otay avehay emay oulfay andway oldway illtay atthay Iway eyday,* *ieday

Andway ebay otay ouyay away uetray umblehay ifeway,

Andway evernay ouyay ispleaseday inway allway ymay ifelay:

Orway ellesway illway eyay avehay emay oungyay andway airfay,

Andway aketay ouryay aventureway ofway ethay epairray* *esortray

Atthay allshay ebay otay ouryay ousehay ecausebay ofway emay, --

Orway inway omesay otherway aceplay, itway aymay ellway ebay?

Ownay oosechay ourselfeyay etherwhay atthay ouyay ikethlay.

Isthay ightknay advisethway* imhay andway oresay ehay ikethsay,** *onsideredcay **ighedsay

Utbay atway ethay astlay ehay aidsay inway isthay anneremay;

"Ymay adylay andway ymay ovelay, andway ifeway osay earday,

Iway utpay emay inway ouryay iseway overnancegay,

Oosechay orfay ourselfyay ichwhay aymay ebay ostmay easanceplay

Andway ostmay onourhay otay ouyay andway emay alsoway;

Iway *oday onay orcefay* ethay etherwhay ofway ethay otway: *arecay otnay

217

Orfay asway ouyay ikethlay, itway ufficethsay emay."

"Enthay avehay Iway otgay ethay asterymay," othquay eshay,

"Incesay Iway aymay oosechay andway overngay asway emay estlay."* *easesplay

"Eayay, ertescay ifeway," othquay ehay, "Iway oldhay itway estbay."

"Isskay emay," othquay eshay, "eway areway onay ongerlay othwray,* *atway ariancevay

Orfay ybay ymay othtray Iway illway ebay otay ouyay othbay;

Isthay isway otay aysay, eayay, othebay airfay andway oodgay.

Iway aypray otay Odgay atthay Iway aymay *ervestay oodway,* *ieday admay*

Utbay* Iway otay ouyay ebay allway osay oodgay andway uetray, *unlessway

Asway everway asway ifeway incesay ethay orldway asway ewnay;

Andway utbay* Iway ebay otay-orrowmay asway airfay otay eensay, *unlessway

Asway anyway adylay, emperessway orway eenquay,

Atthay isway etwixtbay ethay Eastway andway ekeway ethay Estway

Oday ithway ymay ifelay andway eathday ightray asway ouyay estlay.* *easeplay

Astcay upway ethay urtaincay, andway ooklay owhay itway isway."

Andway enwhay ethay ightknay awsay erilyvay allway isthay,

Atthay eshay osay airfay asway, andway osay oungyay eretothay,

Orfay oyjay ehay enthay* erhay inway ishay armesway otway: *ooktay

Ishay eartehay athedbay inway away athbay ofway issblay,

Away ousandthay imestay *onway owray* ehay angay erhay isskay: *inway uccessionsay*

Andway eshay obeyedway imhay inway everyway ingthay

Atthay ightemay oday imhay easanceplay orway ikinglay.

Andway usthay eythay ivelay untoway eirthay ives'lay endway

Inway erfectpay oyjay; andway Esusjay Istchray usway endsay

Usbandeshay eekmay andway oungyay, andway eshfray inway edbay,

Andway acegray otay overliveway emthay atthay eway edway.

Andway ekeway Iway aypray Esusjay otay ortshay eirthay iveslay,

Atthay illway otnay ebay overnedgay ybay eirthay ivesway.

Andway oldway andway angryway iggardsnay ofway ispenceday,* *expenseway

Odgay endsay emthay oonsay away eryvay estilencepay!

218

Otesnay otay ethay Ifeway ofway Athbay's Aletay

1. Itway isway otnay earclay encewhay Aucerchay eriveday isthay aletay. Yrwhitttay inksthay itway asway akentay omfray ethay orystay ofway Orentflay, inway ethay irstfay ookbay ofway Ower'sgay "Onfessiocay Amantisway;" orway erhapspay omfray anway olderway arrativenay omfray ichwhay Owergay imselfhay orrowedbay. Aucerchay ashay ondensedcay andway otherwiseway improvedway ethay ablefay, especiallyway ybay ayinglay ethay enescay, otnay inway Icilysay, utbay atway ethay ourtcay ofway ourway ownway Ingkay Arthurway.

2. Imitourslay: eggingbay iarsfray. Eesay otenay 18 otay ethay ologuepray otay ethay Alestay.

3. Orpesthay: illagesvay. Omparecay Ermangay, "Orfday,"; Utchday, "Orpday."

4. Undermelesway: eveningway-idestay, afternoonsway; "undernway" ignifiessay ethay eveningway; andway "elemay," orrespondscay otay ethay Ermangay "Almay" orway "Ahlmay," imetay.

5. Incubusway: anway evilway iritspay upposedsay otay oday iolencevay otay omenway; away ightmarenay.

6. Erewhay ehay adhay eenbay awkinghay afterway aterfowlway. Oissartfray ayssay atthay anyway oneway engagedway inway isthay ortspay "alloitway enway iviereray."

7. Icenay: oolishfay; Enchfray, "iaisnay."

8. Awclay usway onway ethay allgay: Atchscray usway onway ethay oresay aceplay. Omparecay, "Etlay ethay alledgay adejay inceway." Amlethay iiiway. 2.

9. Elehay: idehay; omfray Angloway-Axonsay, "elanhay," otay idehay, oncealcay.

10. Ernyay: eagerlyway; Ermangay, "erngay."

11. Issway: instructway; Ermangay, "eisenway," otay owshay orway ounselcay.

12. Anteday, "Urgatoriopay", iivay. 121.

13. "Antabitcay acuusvay oramcay atronelay iatorvay" -- "Atiressay," xay. 22.

14. Inway away abulousfay onferencecay etweenbay ethay Emperorway Adrianway andway ethay ilosopherphay Ecundussay, eportedray ybay Incentvay ofway Eauvaisbay, occursway ethay assagepay ichwhay Aucerchay erehay araphrasespay: -- "Idquay estway Aupertaspay? Odibileway onumbay; anitassay atermay; emotioray Urarumcay; apientaesay epertrixray; egotiumnay inesay amnoday; ossessiopay absqueway alumniacay; inesay ollicitudinaesay elicitasfay." (Atwhay isway Overtypay? Away atefulhay oodgay; away othermay ofway ealthhay; away uttingpay awayway ofway arescay; away iscovererday ofway isdomway; usinessbay ithoutway injuryway; ownershipway ithoutway alumnycay; appinesshay ithoutway anxietyway)

15. Elengeway: angestray; omfray Enchfray "eloignerway," otay emoveray.

ETHAY OLOGUEPRAY.<1>

Isthay orthyway imitourlay, isthay oblenay Erefray,

Ehay ademay alwaysway away annermay ouringlay eerchay*   *ountenancecay

Uponway ethay Ompnoursay; utbay orfay onestyhay*   *ourtesycay

Onay illainvay ordway asway etyay otay imhay akespay ehay:

Utbay atway ethay astlay ehay aidsay untoway ethay Ifeway:

"Ameday," othquay ehay, "Odgay ivegay ouyay ightray oodgay ifelay,

Eyay avehay erehay ouchedtay, allway osay aymay Iway ethay,*   *ivethray

Inway oolschay attermay away eategray ifficultyday.

Eyay avehay aidsay uchemay ingthay ightray ellway, Iway aysay;

Utbay, Ameday, erehay asway eway ideray ybay ethay ayway,

Usway eedethnay otnay utbay orfay otay eakspay ofway amegay,

Andway eavelay authoritiesway, inway Odde'sgay amenay,

Otay eachingpray, andway otay oolschay ekeway ofway ergyclay.

Utbay ifway itway ikelay untoway isthay ompanycay,

Iway illway ouyay ofway away Ompnoursay elltay away amegay;

Ardiepay, eyay aymay ellway oweknay ybay ethay amenay,

Atthay ofway away Ompnoursay aymay onay oodgay ebay aidsay;

Iway aypray atthay onenay ofway ouyay ebay *evilway aidpay;*   *issatisfiedday*

Away Ompnoursay isway away unnerray upway andway ownday

Ithway andementsmay* orfay ornicatiounfay,   *andatesmay, ummonsessay*

Andway isway yay-eatbay atway everyway owne'stay endway."

Enthay akespay ourway Osthay; "Ahway, irsay, eyay ouldshay ebay endhay*   *ivilcay, entlegay

Andway ourteouscay, asway away anmay ofway ouryay estateway;

Inway ompanycay eway illway avehay onay ebateday:

Elltay usway ouryay aletay, andway etlay ethay Ompnoursay ebay."

"Aynay," othquay ethay Ompnoursay, "etlay imhay aysay ybay emay

Atwhay osay imhay istlay; enwhay itway omescay otay ymay otlay,

Ybay Odgay, Iway allshay imhay itenquay* everyway oatgray!   *aypay imhay offway

220

Iway allshay imhay elletay atwhay away eatgray onourhay

Itway isway otay ebay away atteringflay imitourlay

Andway ishay officeway Iway allshay imhay elltay yay-isway".

Ourway Osthay answeredway, "Eacepay, onay oremay ofway isthay."

Andway afterwardway ehay aidsay untoway ethay erefray,

"Elltay orthfay ouryay aletay, inemay owenway astermay earday."

Otesnay otay ethay Ologuepray otay ethay Iarfray's aletay

1. Onway ethay Aletay ofway ethay Iarfray, andway atthay ofway ethay Ompnoursay ichwhay ollowsfay, Yrwhitttay ashay emarkedray atthay eythay "areway ellway engraftedway uponway atthay ofway ethay Ifeway ofway Athbay. Ethay illway-umourhay ichwhay owsshay itselfway etweenbay esethay otway aracterschay isway itequay aturalnay, asway onay otway ofessionspray atway atthay imetay ereway atway oremay onstantcay ariancevay. Ethay egularray ergyclay, andway articularlypay ethay endicantmay iarsfray, affectedway away otaltay exemptionway omfray allway ecclesiasticalway urisdictionjay, exceptway atthay ofway ethay Opepay, ichwhay ademay emthay exceedinglyway obnoxiousway otay ethay ishopsbay andway ofway oursecay otay allway ethay inferiorway officersway ofway ethay ationalnay ierarchyhay." Othbay alestay, ateverwhay eirthay originway, areway itterbay atiressay onway ethay eedgray andway orldlinessway ofway ethay Omishray ergyclay.

221

ETHAY ALETAY.

Ilomwhay* erethay asway ellingdway inway ymay ountrycay   *onceway onway away imetay

Anway archdeaconway, away anmay ofway ighhay egreeday,

Atthay oldelybay idday executionway,

Inway unishingpay ofway ornicationfay,

Ofway itchecraftway, andway ekeway ofway awderybay,

Ofway efamationday, andway adulteryway,

Ofway urchechay-eevesray,* andway ofway estamentstay,   *urchwardenschay

Ofway ontractscay, andway ofway acklay ofway acramentssay,

Andway ekeway ofway anymay anotherway annermay* imecray,   *ortsay ofway

Ichwhay eedethnay otnay ehearsenray atway isthay imetay,

Ofway usuryway, andway imonysay alsoway;

Utbay, ertescay, echourslay idday ehay eatestgray oeway;

Eythay ouldeshay ingensay, ifway atthay eythay ereway enthay;*   *aughtcay

Andway alesmay itherstay<1> ereway oulfay yay-entshay,*   *oubledtray, utpay otay ameshay

Ifway anyway ersonpay ouldway onway emthay omplaincay;

Erethay ightmay astertway emthay onay ecunialpay ainpay.<2>

Orfay allesmay ithestay, andway allsmay offeringway,

Ehay ademay ethay eoplepay iteouslypay otay ingsay;

Orfay ereway ethay ishopbay aughtcay emthay ithway ishay ookcray,

Eythay erenway inway ethay archedeacon'sway ookbay;

Enthay adhay ehay, oughthray ishay urisdictionjay,

Owerpay otay oday onway emthay orrectioncay.

Ehay adhay away Ompnoursay eadyray otay ishay andhay,

Away ierslay oybay asway onenay inway Englelandway;

Orfay ubtlelysay ehay adhay ishay espiailleway,*   *espionageway

Atthay aughttay imhay ellway erewhay itway ightmay aughtway availway.

Ehay ouldecay arespay ofway echourslay oneway orway otway,

Otay eachetay imhay otay ourfay andway entytway o'may.

Orfay, -- oughthay isthay Ompnoursay oodway* ebay asway away arehay, --   *uriousfay, admay

Otay elltay ishay arlotryhay Iway illway otnay arespay,

Orfay eway ebay outway ofway eirthay orrectioncay,

Eythay avehay ofway usway onay urisdictionjay,

Enay evernay allshay avehay, ermtay ofway allway eirthay iveslay.

"Eterpay; osay ebay ethay omenway ofway ethay ivesstay,"*   *ewsstay

Othquay isthay Ompnoursay, "yay-utpay outway ofway ourway urecay."*   *arecay

"Eacepay, ithway ischancemay andway ithway isaventuremay,"

Ourway Ostehay aidsay, "andway etlay imhay elltay ishay aletay.

Ownay elletay orthfay, andway etlay ethay Ompnoursay alegay,*   *istlewhay; awlbay

Ornay arespay otnay, inemay owenway astermay earday."

Isthay alsefay iefthay, ethay Ompnoursay (othquay ethay Erefray),

Adhay alwaysway awdesbay eadyray otay ishay andhay,

Asway anyway awkhay otay urelay inway Englelandway,

Atthay oldtay imhay allway ethay ecretssay atthay eythay ewknay, --

Orfay eirthay acquaintanceway asway otnay omecay ofway ewnay;

Eythay ereway ishay approversway* ivilypray.   *informersway

Ehay ooktay imselfhay atway eatgray ofitpray erebythay:

Ishay astermay ewknay otnay alwaysway atwhay ehay anway.*   *onway

Ithouteway andementmay, away ewedlay* anmay   *ignorantway

Ehay ouldcay ummonsay, onway ainpay ofway Iste'schray ursecay,

Andway eythay ereway inlyway adglay otay illfay ishay ursepay,

Andway akemay imhay eategray eastesfay atway ethay alenay.*   *alehouseway

Andway ightray asway Udasjay addehay ursespay alesmay,*   *allsmay

Andway asway away iefthay, ightray uchsay away iefthay asway ehay,

Ishay astermay adhay utbay alfhay *ishay uetyday.*   *atwhay asway owingway imhay†

Ehay asway (ifway Iway allshay ivegay imhay ishay audlay)

Away iefthay, andway ekeway away Ompnoursay, andway away awdbay.

Andway ehay adhay enchesway atway ishay etinueray,

Atthay etherwhay atthay Irsay Obertray orway Irsay Ughhay,

Orway Ackjay, orway Alphray, orway osowhay atthay itway ereway

Atthay aylay ybay emthay, eythay oldtay itway inway ishay earway.

Usthay ereway ethay enchway andway ehay ofway oneway assentway;

Andway ehay ouldway etchfay away eignedfay andementmay,

Andway otay ethay apterchay ummonsay emthay othbay otway,

Andway illpay* ethay anmay, andway etlay ethay encheway ogay.   *underplay, uckplay

Enthay ouldway ehay aysay, "Iendfray, Iway allshay orfay ythay akesay

Oday ikestray eethay outway ofway oureway etterslay akeblay;*   *ackblay

Eethay arthay* onay oremay asway inway isthay asecay availtray;   *eednay

Iway amway ythay iendfray erewhay Iway aymay eethay availway."

Ertaincay ehay ewknay ofway ibersbray anymay o'may

Anthay ossiblepay isway otay elltay inway eare'syay otway:

Orfay inway isthay orldway isway onay ogday orfay ethay owbay,<3>

Atthay ancay away urthay eerday omfray away olewhay owknay,

Etbay* anthay isthay Ompnoursay ewknay away yslay echourlay,   *etterbay

Orway anway adult'rerway, orway away aramourpay:

Andway, orfay atthay asway ethay uitfray ofway allway ishay entray,

Ereforethay onway itway ehay etsay allway ishay intentway.

Andway osay efellbay, atthay onceway uponway away ayday.

Isthay Ompnoursay, aitingway everway onway ishay eypray,

Oderay orthfay otay ummonsay away idowway, anway oldway ibiberay,<4>

Eigningfay away ausecay, orfay ehay ouldway avehay away ibebray.

Andway appen'dhay atthay ehay awsay eforebay imhay ideray

Away aygay eomanyay underway away orestfay idesay:

Away owbay ehay arebay, andway arrowsway ightbray andway eenkay,

Ehay adhay uponway away ourtepycay* ofway eengray,   *ortshay oubletday

Away athay uponway ishay eadhay ithway ingesfray akeblay.*   *ackblay

"Irsay," othquay isthay Ompnoursay, "ailhay, andway ellway o'ertakeway."

"Elcomeway," othquay ehay, "andway everyway oodgay ellawfay;

Itherwhay idestray outhay underway isthay eengray awshay?"*   adeshay

Aidesay isthay eomanyay; "iltway outhay arfay otay-ayday?"

Isthay Ompnoursay answer'dway imhay, andway aidesay, "Aynay.

Erehay astefay ybay," othquay ehay, "isway inemay intentway

Otay ideray, orfay otay aisenray upway away entray,

Atthay ongethlay otay ymay orde'slay uetyday."

"Ahway! artway outhay enthay away ailiffbay?" "Eayay," othquay ehay.

Ehay ursteday otnay orfay eryvay ilthfay andway ameshay

Aysay atthay ehay asway away Ompnoursay, orfay ethay amenay.

"Eday arpay ieuxday," <5> othquay isthay eomanyay, "evelay* otherbray,   *earday

Outhay artway away ailiffbay, andway Iway amway anotherway.

Iway amway unknowenway, asway inway isthay ountrycay.

Ofway inethay acquaintanceway Iway illway ayepray eethay,

Andway ekeway ofway otherhoodbray, ifway atthay eethay istlay.*   *easeplay

Iway avehay oldgay andway ilversay yinglay inway ymay estchay;

Ifway atthay eethay aphay otay omecay intoway ourway ireshay,

Allway allshay ebay inethay, ightray asway outhay iltway esireday."

"Andgray ercymay,"* othquay isthay Ompnoursay, "ybay ymay aithfay."   *eatgray anksthay

Eachway inway ethay other'sway andhay ishay othetray ay'thlay,

Orfay otay ebay ornesway ethrenbray illtay eythay eyday.*   *ieday<6>

Inway allianceday eythay ideray orthfay andway ayplay.

224

Isthay Ompnoursay, ichwhay atthay asway asway ullfay ofway anglesjay,*   *atteringchay

Asway ullfay ofway enomvay ebay osethay arianglesway,*   *utcherbay-irdsbay <7>

Andway ev'rway inquiringway uponway everyway ingthay,

"Otherbray," othquay ehay, "erewhay isway ownay ouryay ellingdway,

Anotherway ayday ifway atthay Iway ouldshay ouyay eechsay?"*   *eeksay, isitvay

Isthay eomanyay imhay answeredway inway oftsay eechspay;

Otherbray," othquay ehay, "arfay inway ethay Orthnay ountrycay,<8>

Erewhay asway Iway opehay omesay imetay Iway allshay eethay eesay

Ereway eway epartday Iway allshay eethay osay ellway issway,*   *informway

Atthay ofway inemay ousehay altshay outhay evernay issmay."

Ownay, otherbray," othquay isthay Ompnoursay, "Iway ouyay aypray,

Eachtay emay, ilewhay atthay eway ideray ybay ethay ayway,

(Incesay atthay eyay ebay away ailiffbay asway amway Iway,)

Omesay ubtiltysay, andway elltay emay aithfullyfay

Orfay inemay officeway owhay atthay Iway ostmay aymay inway.

Andway *arespay otnay* orfay onsciencecay orway orfay insay,   *oncealcay othingnay*

Utbay, asway ymay otherbray, elltay emay owhay oday eyay."

Ownay ybay ymay othetray, otherbray inemay," aidsay ehay,

Asway Iway allshay elltay otay eethay away aithfulfay aletay:

Ymay agesway ebay ullfay aitstray andway ekeway ullfay alesmay;

Ymay ordlay isway ardhay otay emay andway angerousday,*   *iggardlynay

Andway inemay officeway isway ullfay aboriouslay;

Andway ereforethay ybay extortionway Iway ivelay,

Orsoothfay Iway aketay allway atthay enmay illway emay ivegay.

Algateway* ybay eighteslay, orway ybay iolencevay,   *etherwhay

Omfray earyay otay earyay Iway inway allway ymay ispenceday;

Iway ancay onay etterbay elltay eethay aithfullyfay."

Ownay ertescay," othquay isthay Ompnoursay, "osay arefay* Iway;   *oday

Iway arespay otnay otay aketay, Odgay itway otway,

Utbay ifway itway ebay ootay eavyhay orway ootay othay.   *unlessway*

Atwhay Iway aymay etgay inway ounselcay ivilypray,

Onay annermay onsciencecay ofway atthay avehay Iway.

Eren'AY* inemay extortionway, Iway ightmay otnay ivelay,   *ereway itway otnay orfay

Orfay ofway uchsay apesjay* illway Iway otnay ebay iveshray.**   *ickstray **onfessedcay

Omachstay ornay onsciencecay owknay Iway onenay;

Iway ewshray* esethay ifteshray-athersfay** everyway oneway.   *ursecay **onfessorscay

Ellway ebay eway etmay, ybay Odgay andway ybay Stay Amejay.

Utbay, evelay otherbray, elltay emay enthay ythay amenay,"

Othquay isthay Ompnoursay. Ightray inway isthay eanemay ilewhay
Isthay eomanyay angay away ittlelay orfay otay ilesmay.

"Otherbray," othquay ehay, "iltway outhay atthay Iway eethay elltay?
Iway amway away iendfay, ymay ellingdway isway inway ellhay,
Andway erehay Iway ideray aboutway ymay urchasingpay,
Otay owknay erewhay enmay illway ivegay emay anyway ingthay.

Ymay urchasepay isway th'AY effectway ofway allway ymay entray   *atwhay Iway ancay
                                                                                    aingay isway ymay
                                                                                    olesay evenueray*

Ooklay owhay outhay idestray orfay ethay amesay intentway
Otay inneway oodgay, outhay eckestray evernay owhay,
Ightray osay arefay Iway, orfay ideray illway Iway ownay
Intoway ethay orlde'sway endeway orfay away eypray."

"Ahway," othquay isthay Ompnoursay, "enedicitebay! atwhay aysay y'AY?   *oughtthay
Iway eenedway eyay ereway away eomanyay ulytray.
Eyay avehay away anne'smay apeshay asway ellway asway Iway
Avehay eyay enthay away igurefay eterminateday
Inway ellehay, erewhay eyay ebay inway ouryay estateway?"*   *atway omehay
"Aynay, ertainlycay," othquay ehay, erethay avehay eway onenay,
Utbay enwhay usway ikethlay eway ancay aketay usway oneway,
Orway ellesway akemay ouyay eemsay* atthay eway ebay apeshay   *elievebay
Ometimesay ikelay away anmay, orway ikelay anway apeway;
Orway ikelay anway angelway ancay Iway ideray orway ogay;
Itway isway onay ondrousway ingthay oughthay itway ebay osay,
Away ousylay ugglerjay ancay eceiveday eethay.
Andway ardiepay, etyay ancay Iway oremay aftcray* anthay ehay."   *illskay, unningcay
"Ywhay," othquay ethay Ompnoursay, "ideray eyay enthay orway ongay
Inway undrysay apesshay andway otnay alwaysway inway oneway?"
"Orfay eway," othquay ehay, "illway usway inway uchsay ormfay akemay.
Asway ostmay isway ableway ourway eypray orfay otay aketay."
"Atwhay akethmay ouyay otay avehay allway isthay abourlay?"
"Ullfay anymay away ausecay, evelay Irsay Ompnoursay,"
Aidesay isthay iendfay. "Utbay allway ingthay athhay away imetay;
Ethay ayday isway ortshay andway itway isway assedpay imepray,
Andway etyay avehay Iway onway othingnay inway isthay ayday;
Iway illway intendway* otay inningway, ifway Iway aymay,   *applyway yselfmay
Andway otnay intendway ourway ingesthay otay eclareday:

Orfay, otherbray inemay, ythay itway isway allway ootay arebay

Otay understandway, althoughway Iway oldtay emthay eethay.

Utbay orfay outhay askestway ywhay abourelay eway: *ecausebay*

Orfay ometimessay eway ebay Odde'sgay instrumentsway

Andway eanesmay otay oday ishay ommandementscay,

Enwhay atthay imhay istlay, uponway ishay eaturescray,

Inway iversday actsway andway inway iversday iguresfay:

Ithouteway imhay eway avehay onay ightmay ertaincay,

Ifway atthay imhay istlay otay andestay ereagainthay.*   *againstway itway

Andway ometimessay, atway ourway ayerpray avehay eway eavelay

Onlyway ethay odybay, otnay ethay oulsay, otay ievegray:

Itnessway onway Objay, omwhay atthay eway idday ullfay oeway,

Andway ometimessay avehay eway ightmay onway othbay ethay otway, --

Isthay isway otay aysay, onway oulsay andway odybay ekeway,

Andway ometimessay ebay eway uffer'dsay orfay otay eeksay

Uponway away anmay andway oday ishay oulsay unrestway

Andway otnay ishay odybay, andway allway isway orfay ethay estbay,

Enwhay ehay ithstandethway ourway emptationtay,

Itway isway away ausecay ofway ishay alvationsay,

Albeitway atthay itway asway otnay ourway intentway

Ehay ouldshay ebay afesay, utbay atthay eway ouldway imhay enthay.*   *atchcay

Andway ometimessay ebay eway ervantssay untoway anmay,

Asway otay ethay archbishopway Aintsay Unstanday,

Andway otay apostleth'AY ervantsay ekeway asway Iway."

"Etyay elltay emay," othquay isthay Ompnoursay, "aithfullyfay,

Akemay eyay ouyay ewenay odiesbay usthay alwayway

Ofway th'AY elementsway?" Ethay iendfay answeredway, "Aynay:

Ometimessay eway eignfay, andway ometimessay eway ariseway

Ithway eadeday odiesbay, inway ullfay undrysay iseway,

Andway eakspay asway eas'nablyray, andway airfay, andway ellway,

Asway otay ethay Ythonesspay<9> idday Amuelsay:

Andway etyay illway omesay enmay aysay itway asway otnay ehay.

Iway *oday onay orcefay ofway* ouryay ivinityday.   *etsay onay aluevay uponway*

Utbay oneway ingthay arnway Iway eethay, Iway illway otnay apejay,*   estjay

Outhay iltway *algatesway eetway* owhay eway ebay apeshay: *assuredlyway owknay*

Outhay altshay ereafterwardhay, ymay otherbray earday,

Omecay, erewhay eethay eedethnay otnay ofway emay otay earlay.*   *earnlay

Orfay outhay altshay ybay inethay ownway experienceway

Onnecay inway away airchay otay ederay ofway isthay entencesay,   *earnlay otay understandway

Etterbay anthay Irgilvay, ilewhay ehay asway aliveway,   *atwhay Iway avehay aidsay*

Orway Anteday alsoway. <10> Ownay etlay usway ideray iveblay,*   *isklybray

Orfay Iway illway oldehay ompanycay ithway eethay,

Illtay itway ebay osay atthay outhay orsakefay emay."

"Aynay," othquay isthay Ompnoursay, "atthay allshay e'ernay etidebay.

Iway amway away eomanyay, atthay isway ownknay ullfay ideway;

Ymay othetray illway Iway oldhay, asway inway isthay asecay;

Orfay oughthay outhay ertway ethay evilday Atanassay,

Ymay othetray illway Iway oldhay otay eethay, ymay otherbray,

Asway Iway avehay ornsway, andway eachway ofway usway otay otherway,

Orfay otay ebay uetray ethrenbray inway isthay asecay,

Andway othbay eway ogay *aboutenway ourway urchasepay.*   *eekingsay atwhay eway

Aketay outhay ythay artpay, atwhay atthay enmay illway eethay ivegay,   aymay ickpay upway*

Andway Iway allshay inemay, usthay aymay eway othebay ivelay.

Andway ifway atthay anyway ofway usway avehay oremay anthay otherway,

Etlay imhay ebay uetray, andway artpay itway ithway ishay otherbray."

"Iway antegray," othquay ethay evilday, "ybay ymay ayfay."

Andway ithway atthay ordway eythay oderay orthfay eirthay ayway,

Andway ightray atway ent'ringth'AY ofway ethay owne'stay endway,

Otay ichwhay isthay Ompnoursay opeshay* imhay orfay otay endway,**   *apedshay **ogay

Eythay awsay away artcay, atthay argedchay asway ithway ayhay,

Ichwhay atthay away artercay ovedray orthfay onway ishay ayway.

Eepday asway ethay ayway, orfay ichwhay ethay artecay oodstay:

Ethay artercay otesmay, andway iedcray asway ehay ereway oodway,*   *admay

"Eithay Otscay! eithay Okbray! atwhay, arespay eyay orfay ethay onesstay?

Ethay iendfay (othquay ehay) ouyay etchfay odybay andway onesbay,

Asway arforthlyfay* asway everway eyay ereway oal'dfay,   *uresay

Osay uchemay oeway asway Iway avehay ithway ouyay oledthay.*   *enduredway <11>

Ethay evilday avehay allway, orseshay, andway artcay, andway ayhay."

Ethay Ompnoursay aidsay, "Erehay allshay eway avehay away eypray,"

Andway earnay ethay iendfay ehay ewdray, *asway oughtnay enay ereway,*   *asway ifway othingnay

Ullfay ivilypray, andway ownedray* inway ishay earway: ereway ethay attermay*

"Earkenhay, ymay otherbray, earkenhay, ybay ythay aithfay,   *isperedwhay

Earesthay outhay otnay, owhay atthay ethay artercay aithsay?

Enthay* itway anonway, orfay ehay athhay iv'ngay itway eethay,   *eizesay

Othbay ayhay andway artcay, andway ekeway ishay apelscay* eethray."   *orseshay <12>

"Aynay," othquay ethay evilday, "Odgay otway, evernay away ealday,*   itwhay

Itway isway otnay ishay intentway, usttray outhay emay ellway;

Askway imhay yselfthay, ifway outhay otnay owesttray* emay,   *elievestbay

Orway ellesway intstay* away ilewhay andway outhay altshay eesay."   *opstay

Ethay artercay ack'dthway ishay orseshay onway ethay oupcray,

Andway eythay eganbay otay awendray andway otay oopstay.

"Eithay ownay," othquay ehay; "erethay, Esusjay Istchray ouyay essblay,

Andway allway ishay andiworkhay, othbay oremay andway esslay!

Atthay asway ellway ighttway,* inemay owenway iartlay,** oybay,   *ulledpay **eygray<13>

Iway aypray Odgay avesay ythay odybay, andway Aintsay Oylay!

Ownay isway ymay artcay outway ofway ethay oughslay, ardiepay."

"Olay, otherbray," othquay ethay iendfay, "atwhay oldtay Iway eethay?

Erehay aymay eyay eesay, inemay owenway eareday otherbray,

Ethay urlchay akespay oneway ingthay, utbay ehay oughtthay anotherway.

Etlay usway ogay orthfay aboutenway ourway oyagevay;

Erehay inway Iway othingnay uponway isthay arriagecay."

Enwhay atthay eythay amecay omewhatsay outway ofway ethay owntay,

Isthay Ompnoursay otay ishay otherbray angay otay ownray;

"Otherbray," othquay ehay, "erehay onsway* anway oldway ebeckray,<14>   *ellsdway

Atthay adhay almostway asway ieflay otay oselay erhay ecknay.

Asway orfay otay ivegay away ennypay ofway erhay oodgay.

Iway illway avehay elvepencetway, oughthay atthay eshay ebay oodway,*   *admay

Orway Iway illway ummonsay erhay otay ourway officeway;

Andway etyay, Odgay otway, ofway erhay owknay Iway onay icevay.

Utbay orfay outhay anstcay otnay, asway inway isthay ountrycay,

Inneway ythay ostcay, aketay erehay exampleway ofway emay."

Isthay Ompnoursay appedclay atway ethay idow'sway ategay:

"Omecay outway," ehay aidsay, "outhay oldeway eryvay atetray;*   *ottray <15>

Iway owtray outhay asthay omesay iarfray orway iestpray ithway eethay."

"Owhay appethclay?" aidsay isthay ifeway; "enedicitebay,

Odgay avesay ouyay, Irsay, atwhay isway ouryay eetesway illway?"

"Iway avehay," othquay ehay, "ofway ummonssay erehay away illbay.

Upway* ainpay ofway ursingcay, ookelay atthay outhay ebay   *uponway

Otay-orrowmay eforebay ourway archdeacon'sway eeknay,

Otay answerway otay ethay ourtcay ofway ertaincay ingsthay."

"Ownay Ordlay," othquay eshay, "Istchray Esusjay, ingkay ofway ingskay,

Osay isway1yay* elpehay emay, *asway Iway otnay aymay.*   *urelysay *asway Iway annotcay*

Iway avehay eenbay icksay, andway atthay ullfay anymay away ayday.

Iway aymay otnay ogay osay arfay," othquay eshay, "ornay ideray,

Utbay Iway ebay eadday, osay ickethpray itway ymay idesay.

Aymay Iway otnay askway away ibellay, Irsay Ompnoursay,

Andway answerway erethay ybay ymay ocuratourpray

Otay uchsay ingthay asway enmay ouldway apposeway* emay?"   *accuseway

"Esyay," othquay isthay Ompnoursay, "aypay anonway, etlay eesay,

Elvepencetway otay emay, andway Iway illway eethay acquitway.

Iway allshay onay ofitpray avehay erebythay utbay itlay:*   *ittlelay

Ymay astermay athhay ethay ofitpray andway otnay Iway.

Omecay offway, andway etlay emay ideray astilyhay;

Ivegay emay elvepencetway, Iway aymay onay ongerlay arrytay."

"Elvepencetway!" othquay eshay; "ownay adylay Aintesay Arymay

Osay islyway* elphay emay outway ofway arecay andway insay,   *urelysay

Isthay ideway orldway oughthay atthay Iway ouldshay itway inway,

Onay avehay Iway otnay elvepencetway ithinway ymay oldhay.

Eyay owknay ullfay ellway atthay Iway amway oorpay andway oldway;

Ithekay ouryay almesway uponway emay oorpay etchwray."   *owshay ouryay aritychay*

"Aynay enthay," othquay ehay, "ethay oulefay iendfay emay etchfay,

Ifway Iway excuseway eethay, oughthay outhay ould'stshay ebay iltspay."*   *uinedray

"Alasway!" othquay eshay, "Odgay otway, Iway avehay onay uiltgay."

"Aypay emay," othquay ehay, "orway, ybay ethay eetsway Aintsay Anneway,

Asway Iway illway earbay awayway ythay ewenay anpay

Orfay ebteday, ichwhay outhay owestway emay ofway oldway, --

Enwhay atthay outhay adestmay inethay usbandhay uckoldcay, --

Iway aidpay atway omehay orfay ythay orrectioncay."

"Outhay iestlay," othquay eshay, "ybay ymay alvationsay;

Evernay asway Iway ereway ownay, idowway orway ifeway,

Ummon'dsay untoway ouryay ourtcay inway allway ymay ifelay;

Ornay evernay Iway asway utbay ofway ymay odybay uetray.

Untoway ethay evilday oughray andway ackblay ofway uehay

Ivegay Iway ythay odybay andway ymay anpay alsoway."

Andway enwhay ethay evilday eardhay erhay ursecay osay

Uponway erhay eesknay, ehay aidsay inway isthay anneremay;

"Ownay, Abilymay, inemay owenway othermay earday,

Isway isthay ouryay illway inway earnestway atthay eyay aysay?"

"Ethay evilday," othquay eshay, "osay etchfay imhay ereway ehay eyday,*   *ieday

Andway anpay andway allway, utbay* ehay illway imhay epentray."   *unlessway

"Aynay, oldeway oatstay,* atthay isway otnay inemay intentway,"   *olecatpay

Othquay isthay Ompnoursay, "orfay otay epenteray emay

Orfay anyway ingthay atthay Iway avehay adhay ofway eethay;

Iway ouldway Iway adhay ythay ocksmay andway everyway othclay."

230

"Ownay, otherbray," othquay ethay evilday, "ebay otnay othwray;
Ythay odybay andway isthay anpay ebay inemay ybay ightray.
Outhay altshay ithway emay otay ellehay etyay onighttay,
Erewhay outhay altshay owenknay ofway ourway ivitypray*   *ecretssay
Oremay anthay away astermay ofway ivinityday."

Andway ithway atthay ordway ethay oulefay iendfay imhay enthay.*   *eizedsay
Odybay andway oulsay, ehay ithway ethay evilday entway,
Erewhay asway ethay Ompnourssay avehay eirthay eritagehay;
Andway Odgay, atthay akedmay afterway ishay imageway
Ankindemay, avesay andway uidegay usway allway andway omesay,
Andway etlay isthay Ompnoursay away oodgay anmay ecomebay.
Ordingslay, Iway ouldcay avehay oldtay ouyay (othquay isthay Erefray),
Adhay Iway adhay eisurelay orfay isthay Ompnoursay erehay,
Afterway ethay exttay ofway Istchray, andway Aulpay, andway Ohnjay,
Andway ofway ourway otherway octorsday anymay away oneway,
Uchsay ainespay, atthay ouryay earteshay ightmay agriseway,*   *ebay orrifiedhay
Albeitway osay, atthay onay onguetay aymay eviseday,* --   *elateray
Oughthay atthay Iway ightmay away ousandthay intersway elltay, --
Ethay ainspay ofway ilkethay* ursedcay ousehay ofway ellhay   *atthay
Utbay orfay otay eepkay usway omfray atthay ursedcay aceplay
Akeway eway, andway aypray eway Esusjay, ofway ishay acegray,
Osay eepkay usway omfray ethay emptertay, Atanassay.
Earkenhay isthay ordway, ewarebay asway inway isthay asecay.
Ethay ionlay itssay *inway ishay awaitway* alwayway   *onway ethay atchway* <16>
Otay ayslay ethay innocentway, ifway atthay ehay aymay.
Isposenday ayeway ouryay earteshay otay ithstondway
Ethay iendfay atthay ouldway ouyay akemay allthray andway ondbay;
Ehay aymay otnay emptetay ouyay overway ouryay ightmay,
Orfay Istchray illway ebay ouryay ampionchay andway ouryay ightknay;
Andway aypray, atthay isthay ourway Ompnoursay imhay epentray
Ofway ishay isdeedsmay ereway atthay ethay iendfay imhay enthay.*   *eizesay

1. Allsmay itherstay: eoplepay owhay idday otnay aypay eirthay ullfay ithestay. Mray Ightwray emarksray atthay "ethay ermonssay ofway ethay iarsfray inway ethay ourteenthfay enturycay ereway ostmay equentlyfray esignedday otay impressway ethay ahsoluteway utyday ofway ayingpay ullfay ithestay andway offeringsway".

2. Erethay ightmay astertway emthay onay ecunialpay ainpay: eythay otgay offway ithway onay eremay ecuniarypay unishmentpay. (Anscriber'stray otenay: "Astertway" eansmay "escapeway". Anway alternativeway eadingray ofway isthay inelay isway "erethay ightmay astertway imhay onay ecunialpay ainpay" iway.eway. onay inefay everway escapedway imhay (ethay archdeaconway))

3. Away ogday orfay ethay owbay: away ogday attendingway away untsmanhay ithway owbay andway arrowway.

4. Ibiberay: ethay amenay ofway away usicalmay instrumentway; appliedway otay anway oldway omanway ecausebay ofway ethay illnessshray ofway erhay oicevay.

5. Eday arpay ieuxday: ybay ethay odsgay.

6. Eesay otenay 12 otay ethay Ight'sknay Aletay.

7. Arianglesway: utcherbay-irdsbay; ichwhay areway eryvay oisynay andway avenousray, andway eartay inway iecespay ethay irdsbay onway ichwhay eythay eypray; ethay ornthay onway ichwhay eythay oday isthay asway aidsay otay ecomebay oisonouspay.

8. Edievalmay egendslay ocatedlay ellhay inway ethay Orthnay.

9. Ethay Ythonesspay: ethay itchway, orway omanway, ossesedpay ithway away ophesyingpray iritspay; omfray ethay Eekgray, "Ythiapay." Aucerchay ofway oursecay efersray otay ethay aisingray ofway Amuel'ssay iritspay ybay ethay itchway ofway Endorway.

10. Anteday andway Irgilvay ereway othbay oetspay owhay adhay inway ancyfay isitedvay Ellhay.

11. Oledthay: ufferedsay, enduredway; "olethay" isway illstay usedway inway Otlandscay inway ethay amesay ensesay.

12. Apelscay: orseshay. Eesay otenay 14 otay ethay Eeve'sray Aletay.

13. Iartlay: eygray; elsewhereway appliedway ybay Aucerchay otay ethay airshay ofway anway oldway anmay. Osay Urnsbay, inway ethay "Otter'scay Aturdaysay Ightnay," eaksspay ofway ethay aygray emplestay ofway "ethay iresay" -- "Ishay yartlay affetshay earingway inthay andway arebay."

14. Ebeckray: away indkay ofway iddlefay; usedway ikelay "ibiberay," asway away icknamenay orfay away illshray oldway oldscay.

15. Ottray; away ontemptuouscay ermtay orfay anway oldway omanway owhay ashay ottedtray aboutway uchmay, orway owhay ovesmay ithway ickquay ortshay epsstay.

16. Inway ishay awaitway: onway ethay atchway; Enchfray, "auxway aguetsway."

ETHAY OLOGUEPRAY.

Ethay Ompnoursay inway ishay irrupsstay ighhay ehay oodstay,

Uponway isthay Iarfray ishay eartehay asway osay oodway,*

Atthay ikelay anway aspenway eaflay ehay okequay* orfay ireway:

"Ordingslay," othquay ehay, "utbay oneway ingthay Iway esireday;

Iway ouyay eseechbay, atthay ofway ouryay ourtesycay,

Incesay eyay avehay eardhay isthay alsefay Iarfray ielay,

Asway uffersay emay Iway aymay ymay aletay elltay

Isthay Iarfray oastethbay atthay ehay owethknay ellhay,

Andway, Odgay itway otway, atthay isway utbay ittlelay onderway,

Iarsfray andway iendsfay ebay utbay ittlelay asunderway.

Orfay, ardiepay, eyay avehay oftenway imetay eardhay elltay,

Owhay atthay away iarfray avish'dray asway otay ellhay

Inway iritspay onesway ybay away isiounvay,

Andway, asway anway angelway edlay imhay upway andway ownday,

Otay ewshay imhay allway ethay ainespay atthay erethay ereway,

Inway allway ethay aceplay awsay ehay otnay away erefray;

Ofway otherway olkfay ehay awsay enoughway inway oeway.

Untoway ethay angelway akespay ethay iarfray othay;*

'Ownay, Irsay,' othquay ehay, 'avehay iarsfray uchsay away acegray,

Atthay onenay ofway emthay allshay omecay intoway isthay aceplay?'

'Es'yay othquay ethay angelway; 'anymay away illiounmay:'

Andway untoway Atanassay ehay edlay imhay ownday.

'Andway ownay athhay Atanassay,' aidsay ehay, 'away ailtay

Oaderbray anthay ofway away arrackcay<1> isway ethay ailsay.

Oldhay upway ythay ailtay, outhay Atanassay,' othquay ehay,

'Ewshay orthfay inethay erseway, andway etlay ethay iarfray eesay

Erewhay isway ethay estnay ofway iarsfray inway isthay aceplay.'

Andway *esslay anthay alfhay away urlongfay ayway ofway acespay*   *immediatelyway* <2>

Ightray osay asway eesbay armensway outway ofway away ivehay,

Outway ofway ethay evil'sday erseway erethay angay otay ivedray

Away entytway ousandthay iarsfray *onway away outray.*   *inway away owdcray*

Andway oughoutthray ellhay eythay armedsway allway aboutway,

Andway amecay againway, asway astfay asway eythay aymay ongay,

Andway inway ishay erseway eythay eepedcray everyway oneway:

Ehay aptclay ishay ailtay againway, andway aylay ullfay illstay.

Isthay iarfray, enwhay ehay ookedlay adhay ishay illfay

Uponway ethay ormentstay ofway atthay orrysay aceplay,

Ishay iritspay Odgay estoredray ofway ishay acegray

Intoway ishay odybay againway, andway ehay awokeway;

Utbay athelessnay orfay earefay etyay ehay okequay,

Osay asway ethay evil'sday erseway ayeway inway ishay indmay;

Atthay isway ishay eritagehay, *ofway eryvay indkay*   *ybay ishay eryvay aturenay*

Odgay avesay ouyay alleway, avesay isthay ursedcay Erefray;

Ymay ologuepray illway Iway endway inway isthay anneremay.

Otesnay otay ethay Ologuepray otay ethay Ompnoursay's Aletay

1. Arrackcay: Away eatgray ipshay ofway urdenbay usedway ybay ethay Ortuguesepay; ethay amenay isway omfray ethay Italianway, "argarecay," otay oadlay

2. Inway esslay anthay alfhay away urlongfay ayway ofway acespay: immediatelyway; iterallylay, inway esslay imetay anthay itway akestay otay alkway alfhay away urlongfay (110 ardsyay).

ETHAY ALETAY.

Ordingslay, erethay isway inway Orkshireyay, asway Iway uessgay,

Away arshymay ountrycay alledcay Oldernesshay,

Inway ichwhay erethay entway away imitourlay aboutway

Otay eachpray, andway ekeway otay egbay, itway isway onay oubtday.

Andway osay efellbay atthay onway away ayday isthay erefray

Adhay eachedpray atway away urchchay inway ishay anneremay,

Andway eciallyspay, aboveway everyway ingthay,

Excitedway ehay ethay eoplepay inway ishay eachingpray

Otay entalstray, <1> andway otay ivegay, orfay Odde'sgay akesay,

Erewithwhay enmay ightemay olyhay ouseshay akemay,

Erethay asway ivineday ervicesay isway onour'dhay,

Otnay erethay asway itway isway astedway andway evour'dday,

Ornay erewhay itway eedethnay otnay orfay otay ebay ivengay,

Asway otay ossessionerspay, <2> atthay aymay ivenlay,

Ankedthay ebay Odgay, inway ealthway andway abundanceway.

"Entalstray," aidsay ehay, "eliverday omfray enancepay

Eirthay iendes'fray oulessay, asway ellway oldway asway oungyay,

Eayay, enwhay atthay eythay ebay astilyhay yay-ungsay, --

Otnay orfay otay oldhay away iestpray ollyjay andway aygay,

Ehay ingethsay otnay utbay oneway assmay inway away ayday.

"Eliverday outway," othquay ehay, "anonway ethay oulssay.

Ullfay ardhay itway isway, ithway eshflay-ookhay orway ithway owlsway*   *awlsway

Otay ebay yay-awedclay, orway otay urnbay orway akebay: <3>

Ownay eedspay ouyay astilyhay, orfay Iste'schray akesay."

Andway enwhay isthay iarfray adhay aidsay allway ishay intentway,

Ithway iquay umcay atrepay<4> orthfay ishay ayway ehay entway,

Enwhay olkfay inway urchchay adhay iv'ngay imhay atwhay emthay estlay;*   *easedplay

Ehay entway ishay ayway, onay ongerlay ouldway ehay estray,

Ithway ipscray andway ippedtay affstay, *yay-uckedtay ighhay:*   *ithway ishay oberay uckedtay

Inway everyway ousehay ehay angay otay orepay* andway ypray,   upway ighhay* *eerpay

Andway eggedbay ealmay andway eesechay, orway ellesway orncay.

Ishay ellowfay adhay away affstay ippedtay ithway ornhay,

Away airpay ofway ablestay* allway ofway ivoryway,   *itingwray abletstay

Andway away ointelpay* yay-olish'dpay etislyfay,**   *encilpay **aintilyday

Andway otewray alwayway ethay amesnay, asway ehay oodstay;

Ofway allway ethay olkfay atthay avegay emthay anyway oodgay,

235

Askaunceway* atthay ehay ouldeway orfay emthay aypray.   *eesay otenay <5>

"Ivegay usway away ushelbay eatwhay, orway altmay, orway eyray,*   *yeray

Away Odde'sgay ichelkay,* orway away iptray** ofway eesechay,   *ittlelay akecay<6> **apscray

Orway ellesway atwhay ouyay istlay, eway aymay otnay esechay;*   *oosechay

Away Odde'sgay alfpennyhay, <6> orway away assmay ennypay;

Orway ivegay usway ofway ouryay awnbray, ifway eyay avehay anyway;

Away agonday* ofway ouryay anketblay, evelay ameday,   *emnantray

Ourway istersay earday, -- olay, erehay Iway itewray ouryay amenay,--

Aconbay orway eefbay, orway uchsay ingthay asway eyay indfay."

Away urdystay arlothay* entway emthay ayeway ehindbay,   *anservantmay <7>

Atthay asway eirthay oste'shay anmay, andway arebay away acksay,

Andway atwhay enmay avegay emthay, aidlay itway onway ishay ackbay

Andway enwhay atthay ehay asway outway atway oorday, anonway

Ehay *anedplay awayway* ethay amesnay everyway oneway,   *ubbedray outway*

Atthay ehay eforebay adhay ittenwray inway ishay ablestay:

Ehay ervedsay emthay ithway iflesnay* andway ithway ablesfay. --   *illysay alestay

"Aynay, erethay outhay iestlay, outhay Ompnoursay," othquay ethay Erefray.

"Eacepay," othquay ourway Osthay, "orfay Iste'schray othermay earday;

Elltay orthfay ythay aletay, andway arespay itway otnay atway allway."

"Osay ivethray Iway," othquay isthay Ompnoursay, "osay Iway allshay." --

Osay onglay ehay entway omfray ousehay otay ousehay, illtay ehay

Amecay otay away ousehay, erewhay ehay asway ontway otay ebay

Efreshedray oremay anthay inway away undredhay acesplay

Icksay aylay ethay usbandhay anmay, osewhay atthay ethay aceplay isway,

Edbay-idray uponway away ouchecay owlay ehay aylay:

"Eusday ichay," othquay ehay; "Oway Omasthay iendfray, oodgay ayday,"   *Odgay ebay erehay*

Aidsay isthay iarfray, allway ourteouslycay andway oftsay.

"Omasthay," othquay ehay, "Odgay *ieldyay itway ouyay,* ullfay oftway   *ewardray ouyay orfay*

Avehay Iway uponway isthay enchbay aredfay ullfay ellway,

Erehay avehay Iway eatenway anymay away errymay ealmay."

Andway omfray ethay enchbay ehay ovedray awayway ethay atcay,

Andway aidlay adownway ishay otentpay* andway ishay athay,   *affstay <8>

Andway ekeway ishay ipscray, andway atsay imselfhay adownway:

Ishay ellowfay asway yay-alkedway intoway owntay

Orthfay ithway ishay aveknay,* intoway atthay ostelryhay   *ervantsay

Erewhay asway ehay opeshay* imhay atthay ightnay otay ielay.   *apedshay, urposedpay

"Oway eareday astermay," othquay isthay ickesay anmay,

"Owhay avehay eyay aredfay incesay atthay Archmay eganbay?

Iway awsay ouyay otnay isthay ortenightfay andway oremay."

"Odgay otway," othquay ehay, "abour'dlay avehay Iway ullfay oresay;

Andway eciallyspay orfay ythay alvationsay

Avehay Iway aidsay anymay away eciouspray orisonway,

Andway orfay inemay otherway iendesfray, Odgay emthay essblay.

Iway avehay isthay ayday eenbay atway ouryay urchchay atway essmay,*   *assmay

Andway aidsay ermonsay afterway ymay implesay itway,

Otnay allway afterway ethay exttay ofway Olyhay Itwray;

Orfay itway isway ardhay otay ouyay, asway Iway upposesay,

Andway ereforethay illway Iway eachtay ouyay ayeway ethay oseglay.*   *ossglay, ommentcay

Osingglay isway away ullfay oriousglay ingthay ertaincay,

Orfay etterlay ayethslay, asway eway erkesclay* aynsay.   *olarsschay

Erethay avehay Iway aughttay emthay otay ebay aritablechay,

Andway endspay eirthay oodgay erewhay itway isway easonableray.

Andway erethay Iway awsay ourway ameday; erewhay isway eshay?"

"Onderyay Iway owtray atthay inway ethay ardyay eshay ebay,"

Aidesay isthay anmay; "andway eshay illway omecay anonway."

"Eyhay astermay, elcomeway ebay eyay ybay Aintsay Ohnjay,"

Aidesay isthay ifeway; "owhay arefay eyay eartilyhay?"

Isthay iarfray isethray upway ullfay ourteouslycay,

Andway erhay embracethway *inway ishay armesway arrownay,*   *oselyclay

Andway iss'thkay erhay eetsway, andway irkethchay asway away arrowspay

Ithway ishay ippeslay: "Ameday," othquay ehay, "ightray ellway,

Asway ehay atthay isway ouryay ervantsay everyway ealday.*   *itwhay

Ankedthay ebay Odgay, atthay avegay ouyay oulsay andway ifelay,

Etyay awsay Iway otnay isthay ayday osay airfay away ifeway

Inway allway ethay urchechay, Odgay osay avesay emay,"

"Eaay, Odgay amendway efaultesday, Irsay," othquay eshay;

"Algatesway* elcomeway ebay eyay, ybay ymay ayfay."   *alwaysway

"Andgray ercymay, Ameday; atthay avehay Iway oundfay alwayway.

Utbay ofway ouryay eategray oodnessgay, ybay ouryay eavelay,

Iway ouldeway aypray ouyay atthay eyay otnay ouyay ievegray,

Iway illway ithway Omasthay eakspay *away ittlelay owthray:*   *away ittlelay ilewhay*

Esethay uratescay ebay osay egligentnay andway owslay

Otay opegray enderlytay away onsciencecay.

Inway iftshray* andway eachingpray isway ymay iligenceday   *onfessioncay

Andway udystay inway Eter'spay ordesway andway inway Aul'spay;

Iway alkway andway ishefay Istianchray enne'smay oulssay,

Otay ieldyay ourway Ordlay Esusjay ishay operpray entray;

Otay eadspray ishay ordway isway alleway inemay intentway."

"Ownay ybay ouryay aithfay, Oway eareday Irsay," othquay eshay,

"Idechay imhay ightray ellway, orfay aintesay aritychay.

Ehay isway ayeway angryway asway isway away ismirepay,*   *antway

Oughthay atthay ehay avehay allway atthay ehay ancay esireday,

Oughthay Iway imhay iewray* atway ightnay, andway akemay imhay armway,   *overcay

Andway ov'rway imhay aylay ymay eglay andway ekeway inemay armway,

Ehay oanethgray asway ourway oarbay atthay ieslay inway ystay:

Otherway isportday ofway imhay ightray onenay avehay Iway,

Iway aymay otnay easeplay imhay inway onay annermay asecay."

"Oway Omasthay, *ejay ousvay isday,* Omasthay, Omasthay,   *Iway elltay ouyay*

Isthay *akethmay ethay iendfay,* isthay ustmay ebay amendedway.   *isway ethay evil'sday orkway*

Ireway isway away ingthay atthay ighhay Odgay athhay efendedday,*   *orbiddenfay

Andway ereofthay illway Iway eakspay away ordway orway otway."

"Ownay, astermay," othquay ethay ifeway, "ereway atthay Iway ogay,

Atwhay illway eyay ineday? Iway illway ogay ereaboutthay."

"Ownay, Ameday," othquay ehay, "ejay ousvay isday anssay outeday, <9>

Adhay Iway otnay ofway away aponcay utbay ethay iverlay,

Andway ofway ouryay itewhay eadbray otnay utbay away ivershay,*   *inthay iceslay

Andway afterway atthay away oastedray igge'spay eadhay,

(Utbay Iway ouldway atthay orfay emay onay eastbay ereway eadday,)

Enthay adhay Iway ithway ouyay omelyhay uffisancesay.

Iway amway away anmay ofway ittlelay ustenancesay.

Ymay iritspay athhay itsway ost'ringfay inway ethay Iblebay.

Ymay odybay isway ayeway osay eadyray andway eniblepay*   *ainstakingpay

Otay akeway,* atthay ymay omachstay isway estroy'dday.   *atchway

Iway aypray ouyay, Ameday, atthay eyay ebay otnay annoy'dway,

Oughthay Iway osay iendlyfray ouyay ymay ounselcay ewshay;

Ybay Odgay, Iway ouldway avehay oldtay itway utbay otay ewfay."

"Ownay, Irsay," othquay eshay, "utbay oneway ordway ereway Iway ogay;

Ymay ildchay isway eadday ithinway esethay eeke'sway otway,

Oonsay afterway atthay eyay entway outway ofway isthay owntay."

238

"Ishay eathday awsay Iway ybay evelatiounray,"

Aidsay isthay iarfray, "atway omehay inway ourway ortourday.* *ormitoryday <10>

Iway areday ellway aysay, atthay esslay anthay alfhay anway ourhay

Ermtay ishay eathday, Iway awsay imhay ornebay otay issblay

Inway inemay isionvay, osay Odgay emay issway.* *irectday

Osay idday ourway extonsay, andway ourway ermererefay,* *infirmaryway-eeperkay

Atthay avehay eenbay uetray iarsfray iftyfay earyay, --

Eythay aymay ownay, Odgay ebay ankedthay ofway ishay ovelay,

Akemay eirthay ubileejay, andway alkway aboveway.<12>

Andway upway Iway oseray, andway allway ourway onventcay ekeway,

Ithway anymay away earetay illingtray onway ymay eekchay,

Ithouteway oisenay orway atteringclay ofway ellsbay,

Etay Eumday asway ourway ongsay, andway othingnay elseway,

Avesay atthay otay Istchray Iway adebay anway orisonway,

Ankingthay imhay ofway ymay evelationray.

Orfay, Irsay andway Ameday, ustetray emay ightray ellway,

Ourway orisonsway ebay oremay effectuelway,

Andway oremay eway eesay ofway Iste'schray ecretsay ingsthay,

Anthay *orelbay olkfay,* althoughway atthay eythay ebay ingskay. *aymenlay*<13>

Eway ivelay inway overt'pay, andway inway abstinenceway,

Andway orelbay olkfay inway ichesray andway ispenceday

Ofway eatmay andway inkdray, andway inway eirthay oulfay elightday.

Eway avehay isthay orlde'sway ustlay* allway inway espightday** *easureplay **ontemptcay

Azarlay andway Ivesday ivedlay iverselyday,

Andway iverseday uerdongay* addehay eythay erebythay. *ewardray

Osowhay illway aypray, ehay ustmay astfay andway ebay eanclay,

Andway atfay ishay oulsay, andway eepkay ishay odybay eanlay

Eway arefay asway aithsay th'AY apostleway; othclay* andway oodfay *othingclay

Ufficesay usway, althoughway eythay ebay otnay ullfay oodgay.

Ethay eannessclay andway ethay astingfay ofway usway eresfray

Akethmay atthay Istchray acceptethway ourway ayerespray.

Olay, Osesmay ortyfay aysday andway ortyfay ightnay

Astedfay, ereway atthay ethay ighhay Odgay ullfay ofway ightmay

Akespay ithway imhay inway ethay ountainmay ofway Inaisay:

Ithway emptyway ombway* ofway astingfay anymay away ayday *omachstay

Eceivedray ehay ethay awelay, atthay asway itwray

Ithway Odde'sgay ingerfay; andway Eliway,<14> ellway eyay itway,* *owknay

Inway Ountmay Orebhay, ereway ehay adhay anyway eechspay

Ithway ighehay Odgay, atthay isway ourway ive'slay eechlay,* *ysicianphay, ealerhay

Ehay astedfay onglay, andway asway inway ontemplancecay.

Aaronway, atthay adhay ethay empletay inway overnancegay,

Andway ekeway ethay otherway iestespray everyway oneway,

Intoway ethay empletay enwhay eythay ouldeshay ongay

Otay ayepray orfay ethay eoplepay, andway oday ervicesay,

Eythay ouldeway inkendray inway onay annermay iseway

Onay inkedray, ichwhay atthay ightmay emthay unkendray akemay,

Utbay erethay inway abstinenceway aypray andway akeway,

Estlay atthay eythay iedday: aketay eedhay atwhay Iway aysay --

Utbay* eythay ebay obersay atthay orfay ethay eoplepay aypray --   *unlessway

Areway atthay, Iway aysay -- onay oremay: orfay itway ufficethsay.

Ourway Ordlay Esusjay, asway Olyhay Itwray evisethday,*   *arratesnay

Avegay usway exampleway ofway astingfay andway ayerespray:

Ereforethay eway endicantsmay, eway elysay* eresfray,   *implesay, owlyay

Ebay eddedway otay overt'pay andway ontinencecay,

Otay aritychay, umblesshay, andway abstinenceway,

Otay ersecutionpay orfay ighteousnessray,

Otay eepingway, isericordemay,* andway otay eannesscay.   *ompassioncay

Andway ereforethay aymay eyay eesay atthay ourway ayerespray

(Iway eakspay ofway usway, eway endicantsmay, eway eresfray),

Ebay otay ethay ighehay Odgay oremay acceptableway

Anthay ouresyay, ithway ouryay eastesfay atway ouryay abletay.

Omfray Aradisepay irstfay, ifway Iway allshay otnay ielay,

Asway anmay outway asedchay orfay ishay uttonyglay,

Andway astechay asway anmay inway Aradisepay ertaincay.

Utbay arkhay ownay, Omasthay, atwhay Iway allshay eethay aynsay;

Iway avehay onay exttay ofway itway, asway Iway upposesay,

Utbay Iway allshay indfay itway inway *away annermay oseglay;*   *away indkay ofway ommentcay*

Atthay eciallyspay ourway eetsway Ordlay Esusjay

Akespay isthay ofway iarsfray, enwhay ehay aidesay usthay,

'Essedblay ebay eythay atthay oorpay inway iritspay e'bay

Andway osay orthfay allway ethay ospelgay aymay eyay eesay,

Etherwhay itway ebay ikerlay ourway ofessionpray,

Orway eirsthay atthay immensway inway ossessionpay;

Yfay onway eirthay omppay, andway onway eirthay uttonyglay,

Andway onway eirthay ewednesslay! Iway emthay efyday.

Emay inkeththay eythay ebay ikelay Ovinianjay,<15>

Atfay asway away alewhay, andway alkingway asway away answay;

Allway inolentvay* asway ottlebay inway ethay encespay;**   *ullfay ofway ineway **orestay-oomray

Eirthay ayerpray isway ofway ullfay eatgray everenceray;

Enwhay eythay orfay oulessay aysay ethay Almpsay ofway Avidday,

Olay, 'Uf'bay eythay aysay, Orcay eummay eructavitway.<16>

Owhay ollowfay Iste'schray ospelgay andway ishay orelay*   *octrineday

Utbay eway, atthay umblehay ebay, andway astechay, andway orepay,*   *oorpay

Orkersway ofway Odde'sgay ordway, otnay auditoursway?*   *earershay

Ereforethay ightray asway away awkhay *uponway away ourssay*   *isingray*

Upway ingsspray intoway ethay airway, ightray osay ayerespray

Ofway aritablechay andway astechay usybay eresfray

Akemay eirthay ourssay otay Odde'sgay earesway otway.   *iseray*

Omasthay, Omasthay, osay aymay Iway ideray orway ogay,

Andway ybay atthay ordlay atthay alledcay isway Aintsay Iveway,

Eren'AY outhay ourway otherbray, ouldestshay outhay otnay ivethray; *eesay otenay <17>*

Inway ourway apiterchay aypray eway ayday andway ightnay

Otay Istchray, atthay ehay eethay endesay ealthhay andway ightmay,

Ythay odybay orfay otay *ieldeway astilyhay.*   *oonsay ebay ableway otay ovemay eelyfray*

"Odgay otway," othquay ehay, "othingnay ereofthay eelfay Iway;

Osay elphay emay Istchray, asway Iway inway ewefay earsyay

Avehay endedspay uponway *iversday annermay eresfray*   *iarsfray ofway ariousvay ortssay*

Ullfay anymay away oundpay, etyay arefay Iway e'ernay ethay etbay;*   *etterbay

Ertaincay ymay oodgay avehay Iway almostway esetbay:*   *entspay

Arewellfay ymay oldgay, orfay itway isway allway agoway."*   *onegay

Ethay iarfray answer'dway, "Oway Omasthay, ostday outhay osay?

Atwhay eedestnay outhay iverseday iarsfray otay eechsay?*   *eeksay

Atwhay eedethnay imhay atthay athhay away erfectpay eechlay,*   *ealerhay

Otay eekensay otherway eecheslay inway ethay owntay?

Ouryay inconstanceway isway ouryay onfusiouncay.

Oldhay eyay enthay emay, orway ellesway ourway onventcay,

Otay ayepray orfay ouyay insufficientway?

Omasthay, atthay apejay* itway isway otnay orthway away itemay;   *estjay

Ouryay aladymay isway *orfay eway avehay ootay itelay.*   *ecausebay eway avehay

Ahway, ivegay atthay onventcay alfhay away arterquay oatsway;   ootay ittlelay*

Andway ivegay atthay onventcay ourfay andway entytway oatsgray;

Andway ivegay atthay iarfray away ennypay, andway etlay imhay ogay!

Aynay, aynay, Omasthay, itway aymay onay ingthay ebay osay.

Atwhay isway away arthingfay orthway artedpay onway elvetway?

Olay, eachway ingthay atthay isway onedway* inway imselvehay   *ademay oneway, unitedway

Isway oremay ongstray anthay enwhay itway isway yay-atter'dscay.

241

Omasthay, ofway emay outhay altshay otnay ebay yay-atter'dflay,

Outhay ouldestway avehay ourway abourlay allway orfay oughtnay.

Ethay ighehay Odgay, atthay allway isthay orldway athhay oughtwray,

Aithsay, atthay ethay orkmanway orthyway isway ishay irehay

Omasthay, oughtnay ofway ouryay easuretray Iway esireday

Asway orfay yselfmay, utbay atthay allway ourway onventcay

Otay aypray orfay ouyay isway ayeway osay iligentday:

Andway orfay otay uildebay Iste'schray owenway urchchay.

Omasthay, ifway eyay illway earnelay orfay otay irchway,*   *orkway

Ofway uildingbay upway ofway urcheschay aymay eyay indfay

Ifway itway ebay oodgay, inway Omas'thay ifelay ofway Indway.<18>

Eyay ielay erehay ullfay ofway angerway andway ofway ireway,

Ithway ichwhay ethay evilday etssay ouryay earthay onway irefay,

Andway idechay erehay isthay olyhay innocentway

Ouryay ifeway, atthay isway osay eekmay andway atientpay.

Andway ereforethay owtray* emay, Omasthay, ifway eethay estlay,**   *elievebay **easeplay

Enay ivestray otnay ithway ythay ifeway, asway orfay ethay estbay.

Andway earbay isthay ordway awayway ownay, ybay ythay aithfay,

Ouchingtay uchsay ingthay, olay, atwhay ethay iseway anmay aithsay:

'Ithinway ythay ousehay ebay outhay onay ionlay;

Otay ythay ubjectssay oday onenay oppressionway;

Ornay akemay outhay inethay acquaintanceway orfay otay eeflay.'

Andway etyay, Omasthay, eftsoonesway* argechay Iway eethay,   *againway

Ewarebay omfray ireway atthay inway ythay osombay eepsslay,

Areway omfray ethay erpentsay, atthay osay ilyslay eepscray

Underway ethay assgray, andway ingethstay ubtillysay.

Ewarebay, ymay onsay, andway earkenhay atientlypay,

Atthay entytway ousandthay enmay avehay ostlay eirthay iveslay

Orfay ivingstray ithway eirthay emanslay* andway eirthay ivesway.   *istressesmay

Ownay incesay eyay avehay osay olyhay andway eekmay away ifeway,

Atwhay eedethnay ouyay, Omasthay, otay akemay ifestray?

Erethay isway, yay-isway,* onay erpentsay osay uelcray,   *ertainlycay

Enwhay enmay eadtray onway ishay ailtay ornay alfhay osay ellfay,*   *iercefay

Asway omanway isway, enwhay eshay athhay aughtcay anway ireway;

Eryvay* engeancevay isway enthay allway erhay esireday.   *urepay, onlyway

Ireway isway away insay, oneway ofway ethay eategray evensay,

Abominableway otay ethay Odgay ofway eavenhay,

Andway otay imselfhay itway isway estructionday.

Isthay everyway ewedlay* icarvay andway arsonpay   *ignorantway

242

Ancay aysay, owhay ireway engendersway omicidehay;

Ireway isway inway oothsay th'AY executorway* ofway idepray. *executionerway

Iway ouldcay ofway ireway ouyay aysay osay uchemay orrowsay,

Ymay aletay ouldeshay astlay untilway otay-orrowmay.

Andway ereforethay aypray Iway Odgay othbay ayday andway ightway,

Anway irousway* anmay Odgay endsay imhay ittlelay ightmay. *assionatepay

Itway isway eatgray armhay, andway ertescay eatgray itypay

Otay etsay anway irousway anmay inway ighhay egreeday.

"Ilomwhay* erethay asway anway irousway otestatepay,** *onceway **udgejay<19>

Asway aithsay Enecsay, atthay uringday ishay estateway* *ermtay ofway officeway

Uponway away ayday outway oderay ightesknay otway;

Andway, asway ortunefay ouldway atthay itway ereway osay,

Ethay oneway ofway emthay amecay omehay, ethay otherway otnay.

Anonway ethay ightknay eforebay ethay udgejay isway oughtbray,

Atthay aidesay usthay; 'Outhay asthay ythay ellowfay ainslay,

Orfay ichwhay Iway oomday eethay otay ethay eathday ertaincay.'

Andway otay anotherway ightknay ommandedcay ehay;

'Ogay, eadlay imhay otay ethay eathday, Iway argechay eethay.'

Andway appenedhay, asway eythay entway ybay ethay ayway

Owardtay ethay aceplay erewhay asway ehay ouldshay eyday,* *teday

Ethay ightknay amecay, ichwhay enmay eenedway* adhay eenbay eadday *oughtthay

Enthay oughtethay eythay itway asway ethay estebay ederay* *ounselcay

Otay eadlay emthay othbay untoway ethay udgejay againway.

Eythay aidesay, 'Ordlay, ethay ightknay athhay otnay yay-ainslay

Ishay ellowfay; erehay ehay andethstay olewhay aliveway.'

'Eyay allshay ebay eadday,' othquay ehay, 'osay aymay Iway ivethray,

Atthay isway otay aysay, othbay oneway, andway otway, andway eethray.'

Andway otay ethay irstefay ightknay ightray usthay akespay ehay:

'Iway amnedday eethay, outhay ustmay algateway* ebay eadday: *atway allway eventsway

Andway outhay alsoway ustmay eedesnay oselay inethay eadhay,

Orfay outhay ethay ausecay artway ywhay ythay ellowfay iethday.'

Andway otay ethay irdethay ightknay ightray usthay ehay ayethsay,

'Outhay asthay otnay oneday atthay Iway ommandedcay eethay.'

Andway usthay ehay idday oday ayslay emthay alleway eethray.

Irousway Ambysescay asway ekeway onkelewdray,*   *away unkarddray

Andway ayeway elightedday imhay otay ebay away ewshray.*   *iciousvay, illway-emperedtay

Andway osay efellbay, away ordlay ofway ishay einiemay,*   *uitesay

Atthay ovedlay irtuousvay oralitymay,

Aidsay onway away ayday etwixtbay emthay otway ightray usthay:

'Away ordlay isway ostlay, ifway ehay ebay iciousvay.

[Anway irousway anmay isway ikelay away anticfray eastbay,

Inway ichwhay erethay isway ofway isdomway *onenay arrestway*;]   *onay ontrolcay*

Andway unkennessdray isway ekeway away oulfay ecordray

Ofway anyway anmay, andway amelynay* ofway away ordlay.   *especiallyway

Erethay isway ullfay anymay anway eyeway andway anymay anway earway

Awaitingway onway away ordlay, ehay owsknay otnay erewhay.   *atchingway

Orfay Odde'sgay ovelay, inkdray oremay attemperlyway:*   *emperatelytay

Ineway akethmay anmay otay oselay etchedlywray

Ishay indmay, andway ekeway ishay imbeslay everyway oneway.'

'Ethay everseray altshay outhay eesay,' othquay ehay, 'anonway,

Andway ovepray itway ybay inethay ownway experienceway,

Atthay ineway othday otay olkfay onay uchsay offenceway.

Erethay isway onay ineway ereavethbay emay ymay ightmay

Ofway andhay, ornay ootfay, ornay ofway inemay eyenway ightsay.'

Andway orfay espiteday ehay ankedray uchemay oremay

Away undredhay artpay* anthay ehay adhay oneday eforebay,   *imestay

Andway ightray anonway isthay ursedcay irousway etchwray

Isthay ighte'sknay onesay etlay* eforebay imhay etchfay,   *ausedcay

Ommandingcay imhay ehay ouldshay eforebay imhay andstay:

Andway uddenlysay ehay ooktay ishay owbay inway andhay,

Andway upway ethay ingstray ehay ulledpay otay ishay earway,

Andway ithway anway arrowway ewslay ethay ildchay ightray erethay.

'Ownay etherwhay avehay Iway away ickersay* andhay orway onnay?'**   *uresay **otnay

Othquay ehay; 'Isway allway ymay ightmay andway indmay agoneway?

Atthay ineway ereavedbay emay inemay eyenway ightsay?'

Ywhay ouldshay Iway elltay ethay answerway ofway ethay ightknay?

Ishay onsay asway ainslay, erethay isway onay oremay otay aysay.

Ewarebay ereforethay ithway ordeslay owhay eyay ayplay,*   *useway cedomfray

Ingsay aceboplay;<20> andway Iway allshay ifway Iway ancay,

Utbay ifway itway ebay untoway away oorepay anmay: *unlessway

Otay away oorpay anmay enmay ouldshay ishay icesvay elltay,

Utbay otnay t'AY away ordlay, oughthay ehay ouldshay ogay otay ellhay.

Olay, irousway Yruscay, ilkethay* Ersianpay,   *atthay

Owhay ehay estroy'dday ethay iverray ofway Isengay,<21>

Orfay atthay away orsehay ofway ishay asway owneddray ereinthay,

Enwhay atthay ehay enteway Abylonbay otay inway:

Ehay ademay atthay ethay iverray asway osay allsmay,

Atthay omenway ightemay adeway itway *overway allway.*   *everywhereway

Olay, atwhay aidsay ehay, atthay osay ellway eachetay ancay,

'Ebay outhay onay ellowfay otay anway irousway anmay,

Ornay ithway onay oodway* anmay alkeway ybay ethay ayway,   *uriousfay

Estlay eethay epentray;' Iway illway onay artherfay aysay.

"Ownay, Omasthay, evelay* otherbray, eavelay inethay ireway,   *earday

Outhay altshay emay indfay asway ustjay asway isway asway iresquay;

Oldhay otnay ethay evil'sday ifeknay ayeway atway inethay eaathay;

Inethay angerway othday eethay allway ootay oresay artsmay;*   *ainpay

Utbay ewshay otay emay allway ythay onfessioncay."

"Aynay," othquay ethay ickesay anmay, "ybay Aintsay Imonsay

Iway avehay eenbay ivenshray* isthay ayday ofway ymay uratecay;   *onfessedcay

Iway avehay imhay oldtay allway ollywhay inemay estateway.

Eedethnay onay oremay otay eakspay ofway itway, aithsay ehay,

Utbay ifway emay istlay ofway inemay umilityhay."

"Ivegay emay enthay ofway ythay oodgay otay akemay ourway oisterclay,"

Othquay ehay, "orfay anymay away usselmay andway anymay anway oysterway,

Enwhay otherway enmay avehay eenbay ullfay ellway atway easeway,

Athhay eenbay ourway oodfay, ourway oisterclay orfay otay eseray:*   *aiseray, uildbay

Andway etyay, Odgay otway, unnethway* ethay oundementfay**   *arcelyscay **oundationfay

Erformedpay isway, ornay ofway ourway avementpay

Isway otnay away iletay etyay ithinway ourway onesway:*   *abitationhay

Ybay Odgay, eway oweway ortyfay oundpay orfay onesstay.

Ownay elphay, Omasthay, orfay *imhay atthay arrow'dhay ellhay,*   *Istchray <22>

Orfay ellesway ustmay eway oureway ookesbay ellsay,

Andway ifway eyay acklay ourway edicationpray,

Enthay oesgay isthay orldway allway otay estructionday.

Orfay osowhay omfray isthay orldway ouldway usway ereavebay,

Osay Odgay emay avesay, Omasthay, ybay ouryay eavelay,

Ehay ouldway ereavebay outway ofway isthay orldway ethay unsay

Orfay owhay ancay eachtay andway orkenway asway eway onnecay?*   *owknay owhay otay oday

Andway atthay isway otnay ofway ittlelay imetay (othquay ehay),

Utbay incesay Elijahway asway, andway Eliseeway,*   *Elishaway

Avehay iarsfray eenbay, atthay indfay Iway ofway ecordray,

Inway aritychay, yay-ankedthay ebay ourway Ordlay.

Ownay, Omasthay, elphay orfay aintesay aritychay."

Andway ownday anonway ehay etsay imhay onway ishay eeknay,

Ethay icksay anmay axedway ellway-ighnay oodway* orfay ireway,   *admay

Ehay ouldeway atthay ethay iarfray adhay eenbay away-irefay

Ithway ishay alsefay issimulationday.

"Uchsay ingthay asway isway inway ymay ossessionpay,"

Othquay ehay, "atthay aymay Iway ivegay ouyay andway onenay otherway:

Eyay aysay emay usthay, owhay atthay Iway amway ouryay otherbray."

"Eayay, ertescay," othquay isthay iarfray, "eayay, ustetray ellway;

Iway ooktay ourway Ameday ethay etterlay ofway ourway ealsay"<23>

"Ownay ellway," othquay ehay, "andway omewhatsay allshay Iway ivegay

Untoway ouryay olyhay onventcay ilewhay Iway ivelay;

Andway inway inethay andhay outhay altshay itway avehay anonway,

Onway isthay onditioncay, andway otherway onenay,

Atthay outhay epartday* itway osay, ymay eareday otherbray,   *ivideday

Atthay everyway iarfray avehay asway uchmay asway otherway:

Isthay altshay outhay earsway onway ythay ofessionpray,

Ithouteway audfray orway avillationcay."*   *ibblingquay

"Iway earsway itway," othquay ethay iarfray, "uponway ymay aithfay."

Andway erewithalthay ishay andhay inway ishay ehay ay'thlay;

"Olay erehay ymay aithfay, inway emay allshay ebay onay acklay."

"Enthay utpay inethay andhay adownway ightray ybay ymay ackbay,"

Aidesay isthay anmay, "andway opegray ellway ehindbay,

Eneathbay ymay uttockbay, erethay outhay altshay indfay

Away ingthay, atthay Iway avehay idhay inway ivitypray."

"Ahway," oughtthay isthay iarfray, "atthay allshay ogay ithway emay."

Andway ownday ishay andhay ehay aunchedlay otay ethay iftclay,*   *eftclay

Inway opehay orfay otay indefay erethay away iftgay.

Andway enwhay isthay ickesay anmay eltefay isthay erefray

Aboutway ishay ailetay opinggray erethay andway erehay,

Amidway ishay andhay ehay etlay ethay iarfray away artfay;

Erethay isway onay apelcay* awingdray inway away artcay,   *orsehay

Atthay ightmay avehay etlay away artfay ofway uchsay away oun'say.

Ethay iarfray upway artstay, asway othday away oodway* iounlay: *iercefay

"Ahway, alsefay urlchay," othquay ehay, "orfay Odde'sgay onesbay,

Isthay asthay outhay inway espiteday oneday orfay ethay onesnay:*   *onway urposepay

Outhay altshay abieway* isthay artfay, ifway atthay Iway aymay."   *uffersay orfay

Ishay einiemay,* ichwhay atthay eardhay ofway isthay affrayway,   *ervantssay

246

Amecay eapinglay inway, andway asedchay outway ethay erefray,

Andway orthfay ehay entway ithway away ullfay angryway eerchay*   *ountenancecay

Andway etch'dfay ishay ellowfay, erethay asway aylay ishay orestay:

Ehay ookedlay asway itway ereway away ildeway oarbay,

Andway oundegray ithway ishay eethtay, osay asway ehay othwray.

Away urdystay acepay ownday otay ethay ourtcay ehay o'thgay,

Erewhay asway erethay onn'dway* away anmay ofway eatgray onourhay,   *eltdway

Otay omwhay atthay ehay asway alwaysway onfessourcay:

Isthay orthyway anmay asway ordlay ofway atthay illagevay.

Isthay iarfray amecay, asway ehay ereway inway away ageray,

Erewhay asway isthay ordlay atsay eatingway atway ishay oardbay:

Unnethesway* ightmay ethay iarfray eakspay oneway ordway,   *ithway ifficultyday

Illtay atway ethay astlay ehay aidesay, "Odgay ouyay eesay."*   *avesay

Isthay ordlay angay ooklay, andway aidsay, "En'dicitebay!

Atwhay? Iarfray Ohnjay, atwhay annermay orldway isway isthay?

Iway eesay ellway atthay erethay omethingsay isway amissway;

Eyay ooklay asway oughthay ethay oodway ereway ullfay ofway ievesthay.

Itsay ownday anonway, andway elltay emay atwhay ouryay ievegray* isway,   *ievancegray, iefgray

Andway itway allshay ebay amendedway, ifway Iway aymay."

"Iway avehay," othquay ehay, "adhay away espiteday otay-ayday,

Odgay *ieldeyay ouyay,* adownway inway ouryay illagevay,   *ewardray ouyay

Atthay inway isthay orldway isway onenay osay oorpay away agepay,

Atthay ouldway otnay avehay abominationunway

Ofway atthay Iway avehay eceivedray inway ouryay owntay:

Andway etyay enay ievethgray emay othingnay osay oresay,

Asway atthay ethay oldeway urlchay, ithway ockeslay oarhay,

Asphemedblay athhay ourway olyhay onventcay ekeway."

"Ownay, astermay," othquay isthay ordlay, "Iway ouyay eseekbay" --

"Onay astermay, Irsay," othquay ehay, "utbay ervitoursay,

Oughthay Iway avehay adhay inway ooleschay atthay onourhay. <24>

Odgay ikethlay otnay, atthay enmay usway Abbiray allcay

Eithernay inway away arketmay, ornay inway ouryay argelay allhay."

"Onay orcefay," othquay ehay; "utbay elltay emay allway ouryay iefgray."   *onay attermay*

Irsay," othquay isthay iarfray, "anway odiousway ischiefmay

Isthay ayday etidbay* isway otay inemay orderway andway emay,   *efallenbay

Andway osay arpay onsequencecay otay eachway egreeday

Ofway olyhay urchechay, Odgay amendway itway oonsay."

"Irsay," othquay ethay ordlay, "eyay owknay atwhay isway otay oonday:*   *oday

Istemp'rday ouyay otnay, eyay ebay ymay onfessourcay. *ebay otnay impatientway*

Eyay ebay ethay altsay ofway th'AY earthway, andway ethay avoursay;

Orfay Odde'sgay ovelay ouryay atiencepay ownay oldhay;

Elltay emay ouryay iefgray." Andway ehay anonway imhay oldtay

Asway eyay avehay eardhay eforebay, eyay owknay ellway atwhay.

Ethay adylay ofway ethay ousehay ayeway illerstay atsay,

Illtay eshay adhay eardehay atwhay ethay iarfray aidsay,

"Eyhay, Odde'sgay othermay;" othquay eshay, "issfulblay aidmay,

Isway erethay oughtway ellesway? elltay emay aithfullyfay."

"Adamemay," othquay ehay, "owhay inkeththay ouyay erebythay?"

"Owhay inkeththay emay?" othquay eshay; "osay Odgay emay eedspay,

Iway aysay, away urlchay athhay oneday away urlishchay eedday,

Atwhay ouldshay Iway aysay? Odgay etlay imhay evernay ethay;* *ivethray

Ishay ickesay eadhay isway ullfay ofway anityvay;

Iway oldhay imhay inway *away annermay enesyphray."* *away ortsay ofway enzyfray*

"Adamemay," othquay ehay, "ybay Odgay, Iway allshay otnay ielay,

Utbay Iway inway otherway iseway aymay ebay awrekeway,* *evengedray

Iway allshay efameday imhay *ov'rway allway erethay* Iway eakspay; *ereverwhay

Isthay alsefay asphemourblay, atthay argedchay emay

Otay artepay atthay illway otnay epartedday ebay,

Otay everyway anmay alikeway, ithway ischancemay."

Ethay ordlay atsay illstay, asway ehay ereway inway away ancetray,

Andway inway ishay earthay ehay olledray upway andway ownday,

"Owhay adhay isthay urlchay imaginatiounway

Otay eweshay uchsay away oblempray otay ethay erefray.

Evernay ereway ownay eardhay Iway ofway uchsay atteremay;

Iway owtray* ethay Evilday utpay itway inway ishay indmay. *elievebay

Inway allway arsmetrikway* allshay erethay onay anmay indfay, *arithmeticway

Eforebay isthay ayday, ofway uchsay away estionquay.

Owhay ouldeshay akemay away emonstrationday,

Atthay everyway anmay ouldshay avehay alikeway ishay artpay

Asway ofway ethay oundsay andway avoursay ofway away artfay?

Oway icenay* oudepray urlchay, Iway ewshray** ishay acefay. *oolishfay **ursecay

Olay, Iressay," othquay ethay ordlay, "ithway ardehay acegray,

Owhay everway eardhay ofway uchsay away ingthay ereway ownay?

Otay everyway anmay alikeway? elltay emay owhay.

Itway isway impossibleway, itway aymay otnay ebay.

Eyhay icenay* urlchay, Odgay etlay imhay evernay ethay.** *oolishfay **ivethray

Ethay umblingray ofway away artfay, andway everyway oun'say,

Isway utbay ofway airway everberatiounray,

Andway everway astethway itelay* andway itelay* awayway;   *ittlelay

Erethay isway onay anmay ancay eemenday,* ybay ymay ayfay,   *udgejay, ecideday

Ifway atthay itway ereway epartedday* equallyway.   *ivededday

Atwhay? olay, ymay urlchay, olay etyay owhay ewedlyshray*   *impiouslyway, ickedlyway

Untoway ymay onfessourcay otay-ayday ehay akespay;

Iway oldhay imhay ertaincay away emoniacday.

Ownay eatway ouryay eatmay, andway etlay ethay urlchay ogay ayplay,

Etlay imhay ogay anghay imselfhay away evilday ayway!"

Ownay oodstay ethay orde'slay iersquay atway ethay oardbay,

Atthay arv'dcay ishay eatmay, andway eardehay ordway ybay ordway

Ofway allway isthay ingthay, ichwhay atthay Iway avehay ouyay aidsay.

"Ymay ordlay," othquay ehay, "ebay eyay otnay *evilway aidpay,*   *ispleasedday*

Iway ouldecay elletay, orfay away ownegay-othclay,*   *othclay orfay away owngay*

Otay ouyay, Irsay Iarfray, osay atthay eyay ebay otnay otwray,

Owhay atthay isthay artfay ouldshay evenway* ealedday ebay   *equallyway

Amongway ouryay onventcay, ifway itway ikedlay eethay."

"Elltay," othquay ethay ordlay, "andway outhay altshay avehay anonway

Away ownegay-othclay, ybay Odgay andway ybay Aintsay Ohnjay."

"Ymay ordlay," othquay ehay, "enwhay atthay ethay eatherway isway airfay,

Ithouteway indway, orway erturbingpay ofway airway,

Etlay* ingbray away artcay-eelwhay erehay intoway isthay allhay,   ausecay*

Utbay ookelay atthay itway avehay itsway okesspay allway;

Elvetway okesspay athhay away artcay-eelwhay ommonlycay;

Andway ingbray emay enthay elvetway iarsfray, owknay eyay ywhay?

Orfay irteenthay isway away onventcay asway Iway uessgay;<25>

Ouryay onfessorcay erehay, orfay ishay orthinessway,

Allshay *erformpay upway* ethay umbernay ofway ishay onventcay.   *ompletecay*

Enthay allshay eythay eelknay adownway ybay oneway assentway,

Andway otay eachway oke'sspay endway, inway isthay anneremay,

Ullfay adlysay* aylay ishay osenay allshay away erefray;   *arefullycay, eadilystay

Ouryay oblenay onfessorcay erethay, Odgay imhay avesay,

Allshay oldhay ishay osenay uprightway underway ethay avenay.

Enthay allshay isthay urlchay, ithway ellybay iffstay andway oughttay*   *ighttay

Asway anyway abourtay,* itherhay ebay yay-oughtbray;   *umdray

Andway etsay imhay onway ethay eelwhay ightray ofway isthay artcay

Uponway ethay avenay, andway akemay imhay etlay away artfay,

Andway eyay allshay eesay, onway erilpay ofway ymay ifelay,

Ybay eryvay oofpray atthay isway emonstrativeday,

Atthay equallyway ethay oundsay ofway itway illway endway,*   *ogay

Andway ekeway ethay inkstay, untoway ethay okes'spay endway,

Avesay atthay isthay orthyway anmay, ouryay onfessour'cay

(Ecausebay ehay isway away anmay ofway eatgray onourhay),

Allshay avehay ethay irstefay uitfray, asway easonray isway;

Ethay oblenay usageway ofway iarsfray etyay itway isway,

Ethay orthyway enmay ofway emthay allshay irstfay ebay ervedsay,

Andway ertainlycay ehay athhay itway ellway eservedday;

Ehay athhay otay-ayday aughttay usway osay uchemay oodgay

Ithway eachingpray inway ethay ulpitpay erewhay ehay oodstay,

Atthay Iway aymay ouchesafevay, Iway aysay orfay emay,

Ehay adhay ethay irstefay ellsmay ofway artesfay eethray;

Andway osay ouldway allway ishay ethrenbray ardilyhay;

Ehay earethbay imhay osay airfay andway olilyhay."

Ethay ordlay, ethay adylay, andway eachway anmay, avesay ethay erefray,

Aidesay, atthay Ankinjay akespay inway isthay atteremay

Asway ellway asway Euclidway, orway asway Olemyptay.

Ouchingtay ethay urlchay, eythay aidsay atthay ubtiltysay

Andway ighhay itway ademay imhay eakenspay asway ehay akespay;

Ehay isway onay oolfay, ornay onay emoniacday.

Andway Ankinjay athhay yay-onway away ewenay owngay;

Ymay aletay isway oneday, eway areway almostway atway owntay.

1. Entalstray: Ethay oneymay ivengay otay ethay iestspray orfay erformingpay irtythay assesmay orfay ethay eadday, eitherway inway uccessionsay orway onway ethay anniversariesway ofway eirthay eathday; alsoway ethay assesmay emselvesthay, ichwhay ereway eryvay ofitablepray otay ethay ergyclay.

2. Ossessionerspay: Ethay egularray eligiousray ordersway, owhay adhay andslay andway ixedfay evenuesray; ilewhay ethay iarsfray, ybay eirthay owsvay, adhay otay ependday onway oluntaryvay ontributionscay, oughthay eirthay eednay uggestedsay anymay odesmay ofway evadingway ethay escriptionpray.

3. Inway Aucer'schay ayday ethay ostmay aterialmay otionsnay aboutway ethay orturestay ofway ellhay evailedpray, andway ereway ademay ethay ostmay ofway ybay ethay ergyclay, owhay eyedpray onway ethay affectionway andway earfay ofway ethay urvivorssay, oughthray ethay ingeniousway octrineday ofway urgatorypay. Oldway aintingspay andway illuminationsway epresentray ethay eadday asway orntay ybay ookshay, oastedray inway iresfay, oiledbay inway otspay, andway ubjectedsay otay anymay otherway ysicalphay ormentstay.

4. Iquay umcay atrepay: "Owhay ithway ethay atherfay"; ethay osingclay ordsway ofway ethay inalfay enedictionbay onouncedpray atway Assmay.

5. Askaunceway: Ethay ordway ownay eansmay idewayssay orway asquintway; erehay itway eansmay "asway ifway;" andway itsway orcefay isway obablypray otay uggestsay atthay ethay econdsay iarfray, ithway anway ostentatiousway ealthinessstay, otednay ownday ethay amesnay ofway ethay iberallay, otay akemay emthay elievebay atthay eythay ouldway ebay ememberedray inway ethay olyhay eggars'bay orisonsway.

6. Away Odde'sgay ichelkay/alfpennyhay: away ittlelay akecay/alfpennyhay, ivengay orfay Od'sgay akesay.

7. Arlothay: iredhay ervantsray; omfray Angloway-Axonsay, "yranhay," otay irehay; ethay ordway asway ommonlycay appliedway otay alesmay.

8. Otentpay: affstay; Enchfray, "otencepay," utchcray, ibbetgay.

9. Ejay ousvay isday anssay outeday: Enchfray; "Iway elltay ouyay ithoutway oubtday."

10. Ortourday: ormitoryday; Enchfray, "ortoirday."

12. Ethay Ulesray ofway Stay Enedictbay antedgray eculiarpay onourshay andway immunitiesway otay onksmay owhay adhay ivedlay iftyfay earsyay -- ethay ubileejay eriodpay -- inway ethay orderway. Ethay usualway eadingray ofway ethay ordsway endingway ethay otway ineslay isway "oanlay" orway "onelay," andway "aloneway;" utbay otay alkway aloneway oesday otnay eemsay otay avehay eenbay anyway eculiarpay ivilegepray ofway away iarfray, ilewhay ethay ideaway ofway ecedencepray, orway igherhay aceplay atway abletay andway inway ocessionspray, isway uggestedsay ybay ethay eadingray inway ethay exttay.

13. Orelbay olkfay: aymenlay, eoplepay owhay areway otnay earnedlay; "orelbay" asway away indkay ofway oarsecay othclay.

14. Eliway: Elijahway (1 Ingskay, ixxay.)

15. Anway emperorway Ovinianjay asway amousfay inway ethay ediaevalmay egendslay orfay ishay idepray andway uxurylay

16. Orcay eummay eructavitway: iterallylay, "Ymay earthay ashay elchedbay orthfay;" inway ourway anslationtray, (iway.eway. ethay Authorisedway "Ingkay Amesjay" Ersionvay - Anscribertray) "Ymay earthay isway inditingway away oodlygay attermay." (Psay. xlvay. 1.). "Ufbay" isway eantmay otay epresentray ethay oundsay ofway anway eructationway, andway otay owshay ethay "eatgray everenceray" ithway ichwhay "osethay inway ossessionpay," ethay onksmay ofway ethay ichray onasteriesmay, erformedpay iveneday ervicesay,

17. Eren'AY outhay ourway otherbray, ouldestshay outhay otnay ivethray: ifway outhay ertway otnay ofway ourway otherhoodbray, outhay ouldstshay avehay onay opehay ofway ecoveryray.

18. Omas'thay ifelay ofway Indway: Ethay ifelay ofway Omasthay ofway Indiaway - iway.eway. Stay. Omasthay ethay Apostleway, owhay asway aidsay otay avehay avelledtray otay Indiaway.

19. Otestatepay: iefchay agistratemay orway udgejay; Atinlay, "otestaspay;" Italianway, "odestapay." Enecasay elatesray ethay orystay ofway Orneliuscay Isopay; "Eday Iraway," iway. 16.

20. Aceboplay: Anway anthemway ofway ethay Omanray Urchchay, omfray Almpsay icxvay. 9, ichwhay inway ethay Ulgatevay eadsray, "Aceboplay Ominoday inway egioneray ivorumvay" -- "Iway illway easeplay ethay Ordlay inway ethay andlay ofway ethay ivinglay"

21. Ethay Ysengay: Enecasay allscay itway ethay Yndesgay; Irsay Ohnjay Andevillemay ellstay ethay orystay ofway ethay Euphratesway. "Ihongay," asway ethay amenay ofway oneway ofway ethay ourfay iversray ofway Edenway (Engay. iiway, 13).

22. Imhay atthay arrowedhay Ellhay: Istchray. Eesay otenay 14 otay ethay Eeve'sray Aletay.

23. Mray. Ightwray ayssay atthay "itway asway away ommoncay acticepray otay antgray underway ethay onventualcay ealsay otay enefactorsbay andway othersway away otherlybray articipationpay inway ethay iritualspay oodgay orksway ofway ethay onventcay, andway inway eirthay expectedway ewardray afterway eathday."

24. Ethay iarfray adhay eceivedray away aster'smay egreeday.

25. Ethay egularray umbernay ofway onksmay orway iarsfray inway away onventcay asway ixedfay atway elvetway, ithway away uperiorsay, inway imitationway ofway ethay apostlesway andway eirthay Astermay; andway argelay eligiousray ouseshay ereway eldhay otay onsistcay ofway osay anymay onventscay.

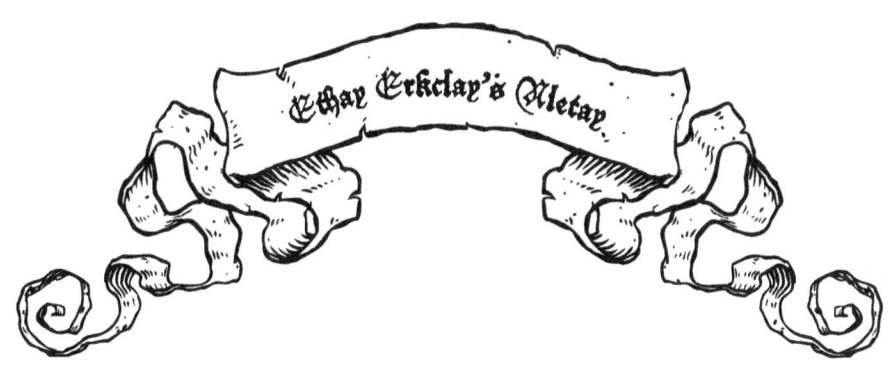

ETHAY OLOGUEPRAY.

"IRSAY Erkclay ofway Oxenfordway," ourway Ostehay aidsay,

"Eyay ideray asway illstay andway oycay, asway othday away aidmay

Atthay ereway ewnay ousedspay, ittingsay atway ethay oardbay:

Isthay ayday Iway eardhay otnay ofway ouryay onguetay away ordway.

Iway owtray eyay udystay aboutway omesay ophimesay:*   *ophismsay

Utbay Olomonsay aithsay, everyway ingthay athhay imetay.

Orfay Odde'sgay akesay, ebay ofway *etterbay eerchay,*   *ivelierlay ienmay*

Itway isway onay imetay orfay otay udystay erehay.

Elltay usway omesay errymay aletay, ybay ouryay ayfay;*   *aithfay

Orfay atwhay anmay atthay isway enteredway inway away ayplay,

Ehay eedesnay ustmay untoway atthay ayplay assentway.

Utbay eachepray otnay, asway iarsfray oday inway Entlay,

Otay akemay usway orfay ourway oldeway innessay eepway,

Ornay atthay ythay aletay akemay usway otnay otay eepslay.

Elltay usway omesay errymay ingthay ofway aventuresway.

Ouryay ermstay, ouryay olourescay, andway ouryay iguresfay,

Eepkay emthay inway orestay, illtay osay ebay eyay inditeway

Ighhay ylestay, asway enwhay atthay enmay otay ingeskay itewray.

Eakespay osay ainplay atway isthay imetay, Iway ouyay aypray,

Atthay eway aymay understandeway atwhay eyay aysay."

Isthay orthyway Erkclay enignelybay answer'dway;

"Ostehay," othquay ehay, "Iway amway underway ouryay erdyay,*   *odray <1>

Eyay avehay ofway usway asway ownay ethay overnancegay,

Andway ereforethay ouldway Iway oday ouyay obeisanceway,

Asway arfay asway easonray askethway, ardilyhay:*   *oldlybay, ulytray

Iway illway ouyay elltay away aletay, ichwhay atthay Iway

253

Earn'dlay atway Adovapay ofway away orthyway erkclay,

Asway ovedpray ybay ishay ordesway andway ishay erkway.

Ehay isway ownay eadday, andway ailednay inway ishay estchay,

Iway aypray otay Odgay otay ivegay ishay oulsay oodgay estray.

Ancisfray Etrarc'pay, ethay aureatelay oetpay,<2>

Ightehay* isthay erkclay, osewhay etoricrhay osay eetsway

Illumin'dway allway Italeway ofway oetrypay,

Asway Inianlay <3> idday ofway ilosophyphay,

Orway awlay, orway otherway artway articulerepay:

Utbay eathday, atthay illway otnay uffersay usway elldway erehay

Utbay asway itway ereway away inklingtway ofway anway eyeway,

Emthay othbay athhay ainslay, andway alleway eway allshay ieday.

"Utbay orthfay otay ellentay ofway isthay orthyway anmay,

Atthay aughtetay emay isthay aletay, asway Iway eganbay,

Iway aysay atthay irstfay ehay ithway ighhay ylestay inditethway

(Ereway ehay ethay odybay ofway ishay aletay itethwray)

Away oempray, inway ethay ichwhay escribethday ehay

Iedmontpay, andway ofway Alucessay <4> ethay ountrycay,

Andway eakethspay ofway ethay Enninepay illeshay ighhay,

Atthay ebay ethay oundsbay ofway allway Estway Ombardylay:

Andway ofway Ountmay Esulusvay inway ecialspay,

Erewhay asway ethay Opay outway ofway away elleway allsmay

Akethtay ishay irstefay ingingspray andway ishay ourcesay,

Atthay eastwardway ayeway increasethway inway ishay oursecay

Emiliat'AY-ardway, <5> otay Errarofay, andway Enicevay,

Ethay ichwhay away onglay ingthay ereway otay eviseday.*

Andway uelytray, asway otay ymay udgementjay,

Emay inkeththay itway away ingthay impertinentway,*

Avesay atthay ehay ouldway onveyecay ishay atteremay:

Utbay isthay isway ethay aletay, ichwhay atthay eyay allshay earhay."

254

Otesnay otay ethay Ologuepray otay ethay Erkclay's Aletay

1. Underway ouryay erdyay: underway ouryay odray; asway ethay emblemway ofway overnmentgay orway irectionday.

2. Ancescofray Etrarcapay, ornbay 1304, iedday 1374; orfay ishay Atinlay epicway oempay onway ethay arercay ofway Ipioscay, alledcay "Africaway," ehay asway olemnlysay ownedcray ithway ethay oeticpay aurellay inway ethay Apitolcay ofway Omeray, onway Easterway-ayday ofway 1341.

3. Inianlay: Anway eminentway uristjay andway ilosopherphay, ownay almostway orgottenfay, owhay iedday ourfay orway ivefay earsyay afterway Etrarchpay.

4. Alucessay: Aluzzosay, away istrictday ofway Avoysay; itsway arquisesmay ereway elebratedcay uringday ethay Iddlemay Agesway.

5. Emiliaway: Ethay egionray alledcay Aemiliaway, acrossway ichwhay anray ethay Iavay Aemiliaway -- ademay ybay MAY. Aemiliusway Epiduslay, owhay asway onsulcay atway Omeray BAY.CAY. 187. Itway ontinuedcay ethay Aminianflay Ayway omfray Ariminumway (Iminiray) acrossway ethay Opay atway Acentiaplay (Iacenzapay) otay Ediolanummay (Ilanmay), aversingtray Isalpinecay Aulgay.

Arspay Imapray.   *Irstfay Artpay*

Erethay isway, ightray atway ethay estway idesay ofway Italeway,

Ownday atway ethay ootray ofway Esulusvay<2> ethay oldcay,

Away ustylay* ainplay, abundantway ofway itaillevay;*   *easantplay **ictualsvay

Erethay anymay away owntay andway ow'rtay outhay ay'stmay eholdbay,

Atthay oundedfay ereway inway imetay ofway athersfay oldway,

Andway anymay anotherway electableday ightsay;

Andway Alucessay isthay oblenay ountrycay ighthay.

Away arquismay ilomwhay ordlay asway ofway atthay andlay,

Asway ereway ishay orthyway eldersway* imhay eforebay,   *ancestorsway

Andway obedientway, ayeway eadyray otay ishay andhay,

Ereway allway ishay iegeslay, othebay esslay andway oremay:

Usthay inway elightday ehay iv'dlay, andway adhay oneday oreyay,*   *onglay

Elov'dbay andway addray,* oughthray avourfay ofway ortunefay,   *eldhay inway everenceray

Othbay ofway ishay ordeslay andway ofway ishay ommunecay.*   *ommonaltycay

Erewiththay ehay asway, otay eakspay ofway ineagelay,

Ethay entilestgay yay-ornbay ofway Ombardylay,

Away airfay ersonpay, andway ongstray, andway oungyay ofway ageway,

Andway ullfay ofway onourhay andway ofway ourtesycay:

Iscreetday enoughway ishay ountrycay orfay otay iegay,*   *uidegay, uleray

Avingsay inway omesay ingsthay atthay ehay asway otay ameblay;

Andway Alterway asway isthay oungeyay ordeslay amenay.

Iway ameblay imhay usthay, atthay ehay onsider'dcay otnay

Inway imetay omingcay atwhay ightmay imhay etidebay,

Utbay onway ishay esentpray ustlay* asway allway ishay oughtthay,   *easureplay

Andway orfay otay awkhay andway unthay onway everyway idesay;

Ellway ighnay allway otherway arescay etlay ehay ideslay,

Andway ekeway ehay ouldway (atthay asway ethay orstway ofway allway)

Eddeway onay ifeway orfay aughtway atthay ightmay efallbay.

Onlyway atthay ointpay ishay eoplepay arebay osay oresay,

Atthay ockmelflay* onway away ayday otay imhay eythay entway,   *inway away odybay

Andway oneway ofway emthay, atthay isestway asway ofway orelay
(Orway ellesway atthay ethay ordlay ouldway estbay assentway
Atthay ehay ouldshay elltay imhay atwhay ethay eoplepay eantmay,
Orway ellesway ouldcay ehay ellway ewshay uchsay atteremay),
Ehay otay ethay arquismay aidsay asway eyay allshay earhay.

"Oway oblenay Arquismay! ouryay umanityhay
Assurethway usway andway ivesgay usway ardinesshay,
Asway oftway asway imetay isway ofway ecessitynay,
Atthay eway otay ouyay aymay elltay ourway eavinesshay:
Accepteway, Ordlay, ownay ofway ouryay entlenessgay,
Atwhay eway ithway iteouspay earthay untoway ouyay ainplay,*   *omplaincay ofway
Andway etlay ouryay earsway ymay oicevay otnay isdainday.

"Allway* avehay Iway oughtnay otay oday inway isthay atteremay   *althoughway
Oremay anthay anotherway anmay athhay inway isthay aceplay,
Etyay orasmuchfay asway eyay, ymay Ordlay osay earday,
Avehay alwaysway ewedshay emay avourfay andway acegray,
Iway areday ethay etterbay askway ofway ouyay away acespay
Ofway audienceway, otay ewenshay ourway equestray,
Andway eyay, ymay Ordlay, otay oday ightray *asway ouyay estlay.*   *asway easethplay ouyay*

"Orfay ertescay, Ordlay, osay ellway usway ikelay ouyay
Andway allway ouryay orkway, andway ev'rway avehay oneday, atthay eway
Enay ouldecay otnay ourselvesway eviseday owhay
Eway ightemay ivelay inway oremay elicityfay:
Avesay oneway ingthay, Ordlay, ifway atthay ouryay illway itway ebay,
Atthay orfay otay ebay away eddedway anmay ouyay estlay;
Enthay ereway ouryay eoplepay *inway overeignsay earte'shay estray.*   *ompletelycay

"Owebay ouryay ecknay underway ethay issfulblay okeyay
Ofway overeigntysay, andway otnay ofway ervicesay,
Ichwhay atthay enmay allcay espousalway orway edlockway:
Andway inkethay, Ordlay, amongway ouryay oughtesthay iseway,
Owhay atthay ourway ayesday asspay inway undrysay iseway;
Orfay oughthay eway eepslay, orway akeway, orway oamray, orway ideray,
Ayeway eethflay imetay, itway illway onay anmay abideway.

"Andway oughthay ouryay eenegray outheyay ow'rflay asway etyay,

Inway eepethcray ageway alwaysway asway illstay asway onestay,

Andway eathday enacethmay everyway ageway, andway itsmay*   *itethsmay

Inway eachway estateway, orfay erethay escapethway onenay:

Andway allway osay ertaincay asway eway owknay eachway oneway

Atthay eway allshay ieday, asway uncertainway eway allway

Ebay ofway atthay ayday enwhay eathday allshay onway usway allfay.

"Accepteway enthay ofway usway ethay uetray intentway,*   *indmay, esireday

Atthay evernay etyay efusedray oureyay esthay,*   *ommandcay

Andway eway illway, Ordlay, ifway atthay eyay illway assentway,

Oosechay ouyay away ifeway, inway ortshay imetay atway ethay estlay,*   *eastlay

Ornbay ofway ethay entilestgay andway ofway ethay estbay

Ofway allway isthay andlay, osay atthay itway oughtway otay eemsay

Onourhay otay Odgay andway ouyay, asway eway ancay eemday.

"Eliverday usway outway ofway allway isthay usybay eaddray,*   *oubtday

Andway aketay away ifeway, orfay ighehay Odde'sgay akesay:

Orfay ifway itway osay efellbay, asway Odgay orbidfay,

Atthay oughthray ouryay eathday ouryay ineagelay ouldshay akeslay,*   *ecomebay extinctway

Andway atthay away angestray uccessorsay ouldeshay aketay

Ouryay eritagehay, ohway! oeway ereway usway onway ivelay:*   *aliveway

Ereforewhay eway aypray ouyay astilyhay otay iveway."

Eirthay eekemay ayerpray andway eirthay iteouspay eerchay

Ademay ethay arquismay orfay otay avehay itypay.

"Eyay illway," othquay ehay, "inemay owenway eoplepay earday,

Otay atthay Iway e'ernay ereway* oughtthay onstrainecay emay.   *eforebay

Iway emay ejoicedray ofway ymay ibertylay,

Atthay eldomsay imetay isway oundfay inway arriagernay;

Erewhay Iway asway eefray, Iway ustmay ebay inway ervagesay!*   *ervitudesay

"Utbay athelessnay Iway eesay ouryay uetray intentway,

Andway usttray uponway ouryay itway, andway avehay oneday ayeway:

Ereforewhay ofway ymay eefray illway Iway illway assentway

Otay eddeway emay, asway oonsay asway e'erway Iway aymay.

Utbay ereaswhay eyay avehay offer'dpray emay otay-ayday

Otay oosechay emay away ifeway, Iway ouyay eleaseray

Atthay oicechay, andway aypray ouyay ofway atthay offerpray easecay.

258

"Orfay Odgay itway otway, atthay ildrenchay oftenway eenbay
Unlikeway eirthay orthyway eldersway emthay eforebay,
Ountebay* omescay allway ofway Odgay, otnay ofway ethay enestray**   *oodnessgay
Ofway ichwhay eythay ebay engender'dway andway yay-orebay: **ockstay, aceray
Iway usttray inway Odde'sgay ountebay, andway ereforethay
Ymay arriagemay, andway inemay estateway andway estray,
Iway *imhay etakebay;* ehay aymay oday asway imhay estlay.   *ommendcay otay imhay

"Etlay emay aloneway inway oosingchay ofway ymay ifeway;
Atthay argechay uponway ymay ackbay Iway illway endureway:
Utbay Iway ouyay aypray, andway argechay uponway ouryay ifelay,
Atthay atwhay ifeway atthay Iway aketay, eyay emay assureway
Otay orshipway* erhay, ilewhay atthay erhay ifelay aymay ureday,   *onourhay
Inway ordway andway orkway othbay erehay andway elleswhereway,
Asway eshay anway emperore'sway aughterday ereway.

"Andway arthermorefay isthay allshay eyay earsway, atthay eyay
Againstway ymay oicechay allshay evernay udgegray* ornay ivestray.   *urmurmay
Orfay incesay Iway allshay oregofay ymay ibertylay
Atway ouryay equestray, asway everway aymay Iway ivethray,
Erewhay asway inemay earthay isway etsay, erethay illway Iway ivelay
Andway utbay* eyay illway assentway inway uchsay anneremay,   *unlessway
Iway aypray ouyay eakspay onay oremay ofway isthay atteremay."

Ithway eartlyhay illway eythay orensway andway assentway
Otay allway isthay ingthay, erethay aidsay otnay oneway ightway aynay:
Eseechingbay imhay ofway acegray, ereway atthay eythay entway,
Atthay ehay ouldway antegray emthay away ertaincay ayday
Ofway ishay espousalway, oonsay asway e'erway ehay ayrnay,
Orfay etyay alwaysway ethay eoplepay omewhatsay eaddray*   *ereway inway earfay orway oubtday
Estlay atthay ethay arquismay ouldeway onay ifeway edway.

Ehay antedgray emthay away ayday, uchsay asway imhay estlay,

Onway ichwhay ehay ouldway ebay eddedway ickerlysay,* *ertainlycay

Andway aidsay ehay idday allway isthay atway eirthay equestray;

Andway eythay ithway umblehay earthay ullfay uxomlybay,* *obedientlyway <3>

Eelingknay uponway eirthay eesknay ullfay everentlyray,

Imhay ankedthay allway; andway usthay eythay avehay anway endway

Ofway eirthay intentway, andway omehay againway eythay endway.

Andway ereuponhay ehay otay ishay officersway

Ommandedcay orfay ethay eastefay otay urveypay.* *ovidepray

Andway otay ishay ivypray ightesknay andway ierssquay

Uchsay argechay ehay avegay, asway imhay istlay onway emthay aylay:

Andway eythay otay ishay ommandementcay obeyway,

Andway eachway ofway emthay othday allway ishay iligenceday

Otay oday untoway ethay eastfay allway everenceray.

Arspay Ecundasay *Econdsay Artpay*

Otnay arfay omfray ilkethay* alacepay onourablehay, *atthay

Erewhay asway isthay arquismay opeshay* ishay arriagemay, *eparedpray; esolvedray onway

Erethay oodstay away orpthay,* ofway ightesay electableday, *amlethay

Inway ichwhay ethay oorepay olkfay ofway atthay illagevay

Addehay eirthay eastesbay andway eirthay arbouragehay,* *ellingdway

Andway ofway eirthay abourlay ooktay eirthay ustenancesay,

Afterway ethay eartheway avegay emthay abundanceway.

Amongway isthay oorepay olkfay erethay eltdway away anmay

Ichwhay atthay asway oldenhay oorestpay ofway emthay allway;

Utbay ighehay Odgay ometimessay endesay ancay

Ishay acegray untoway away ittlelay ox'sway allstay;

Anicolajay enmay ofway atthay orpthay imhay allcay.

Away aughterday adhay ehay, airfay enoughway otay ightsay,

Andway Iseldisgray isthay oungeyay aidenmay ighthay.

Utbay orfay otay eakspay ofway irtuousvay eautybay,

Enthay asway eshay oneway ethay airestfay underway unsay:

Ullfay oorelypay yay-oster'dfay upway asway eshay;

Onay *ikerouslay ustlay* asway inway erhay earthay yay-unray;   *uxuriouslay easureplay*

Ellway ofterway ofway ethay ellway anthay ofway ethay untay

Eshay ankdray, <4> andway, orfay* eshay ouldeway irtuevay easeplay   *ecausebay

Eshay ewknay ellway abourlay, utbay onay idleway easeway.

Utbay oughthay isthay aidenmay endertay ereway ofway ageway;

Etyay inway ethay eastbray ofway erhay irginityvay

Erethay asway inclos'dway away *adsay andway iperay oragecay;*   *eadfaststay andway aturemay

                        iritspay*

Andway inway eatgray everenceray andway aritychay

Erhay oldeway oorepay atherfay oster'dfay eshay.

Away ewfay eepshay, inningspay, onway ethay ieldfay eshay eptkay,

Eshay ouldeway otnay ebay idleway illtay eshay eptslay.

Andway enwhay eshay omewardhay amecay, eshay ouldway ingbray

Ortesway,* andway otherway erbeshay, imestay oftway,   *antsplay, abbagescay

Ethay ichwhay eshay edshray andway eeth'dsay orfay erhay ivinglay,

Andway ademay erhay edbay ullfay ardhay, andway othingnay oftsay:

Andway ayeway eshay eptkay erhay ather'sfay ifelay onway oftlay*   *upway, aloftway

Ithway ev'ryway obeisanceway andway iligenceday,

Atthay ildchay aymay oday otay ather'sfay everenceray.

Uponway Iseldagray, isthay oorpay eaturecray,

Ullfay oftenway ithessay* isthay arquismay etsay ishay eyeway,   *imestay

Asway ehay onway untinghay oderay, araventurepay:*   *ybay ancechay

Andway enwhay itway ellfay atthay ehay ightmay erhay espyway,

Ehay otnay ithway antonway ookinglay ofway ollyfay

Ishay eyenway astcay onway erhay, utbay inway adsay* iseway   *erioussay

Uponway erhay eerchay* ehay ouldway imhay oftway adviseway;**   *ountenancecay **onsidercay

Ommendingcay inway ishay earthay erhay omanheadway,

Andway ekeway erhay irtuevay, assingpay anyway ightway

Ofway osay oungyay ageway, asway ellway inway eerchay asway eedday.

Orfay oughthay ethay eoplepay avehay onay eatgray insightway

Inway irtuevay, ehay onsideredcay ullfay ightray

Erhay ountebay,* andway isposedday atthay ehay ouldway   *oodnessgay

Edway onlyway erhay, ifway everway edway ehay ouldshay.

Ethay ayday ofway eddingway amecay, utbay onay ightway ancay

Elletay atwhay omanway atthay itway ouldeshay ebay;

Orfay ichwhay arvailmay onder'dway anymay away anmay,

Andway aidesay, enwhay eythay ereway inway ivitypray,

"Illway otnay ourway ordlay etyay eavelay ishay anityvay?

Illway ehay otnay edway? Alasway, alasway ethay ilewhay!

Ywhay illway ehay usthay imselfhay andway usway eguilebay?"

Utbay athelessnay isthay arquismay adhay *oneday akemay*

Ofway emmesgay, etsay inway oldgay andway inway azureway,

Oochesbray andway ingesray, orfay Iselda'sgray akesay,

Andway ofway erhay othingclay ooktay ehay ethay easuremay

Ofway away aidenmay ikelay untoway erhay aturestay,

Andway ekeway ofway otherway ornamentesway allway

Atthay untoway uchsay away eddingway ouldeshay allfay.*

Ethay imetay ofway undernway* ofway ethay amesay ayday

Approachedway, atthay isthay eddingway ouldeshay ebay,

Andway allway ethay alacepay utpay asway inway arrayway,

Othbay allhay andway amberchay, eachway inway itsway egreeday,

Ouseshay ofway officeway uffedstay ithway entyplay

Erethay ay'stmay outhay eesay ofway ainteousday itaillevay,*

Atthay aymay ebay oundfay, asway arfay asway astslay Italeway.

Isthay oyalray arquismay, ichelyray array'dway,

Ordeslay andway adieslay inway ishay ompanycay,

Ethay ichwhay untoway ethay eastefay ereway ay'dpray,

Andway ofway ishay etinueray ethay ach'lerybay,

Ithway anymay away oundsay ofway undrysay elodymay,

Untoway ethay illagevay, ofway ethay ichwhay Iway oldtay,

Inway isthay arrayway ethay ightray ayway idday eythay oldhay.

Iseld'gray ofway isthay (Odgay otway) ullfay innocentway,

Atthay orfay erhay apenshay* asway allway isthay arrayway,

Otay etchefay aterway atway away ellway isway entway,

Andway omehay eshay amecay asway oonsay asway e'erway eshay aymay.

Orfay ellway eshay adhay eardhay aysay, atthay onway atthay ayday

Ethay arquismay ouldeshay edway, andway, ifway eshay ightmay,

Eshay ainfay ouldway avehay eensay omewhatsay ofway atthay ightsay.

Eshay oughtthay, "Iway illway ithway otherway aidensmay andstay,
Atthay ebay ymay ellowsfay, inway ourway oorday, andway eesay
Ethay archionessmay; andway ereforethay illway Iway andfay*   *ivestray
Otay oday atway omehay, asway oonsay asway itway aymay ebay,
Ethay abourlay ichwhay elongethbay untoway emay,
Andway enthay Iway aymay atway eisurelay erhay eholdbay,
Ifway eshay isthay ayway untoway ethay astlecay oldhay."

Andway asway eshay ouldway overway ethay esholdthray ongay,
Ethay arquismay amecay andway angay orfay erhay otay allcay,
Andway eshay etsay ownday erhay aterway-otpay anonway
Esidebay ethay esholdthray, inway anway ox'sway allstay,
Andway ownday uponway erhay eesknay eshay angay otay allfay,
Andway ithway adsay* ountenancecay eeledknay illstay,   *cadystay
Illtay eshay adhay eardhay atwhay asway ethay orde'slay illway.

Ethay oughtfulthay arquismay akespay untoway ethay aidmay
Ullfay oberlysay, andway aidsay inway isthay anneremay:
"Erewhay isway ouryay atherfay, Iseldisgray?" ehay aidsay.
Andway eshay ithway everenceray, *inway umblehay eerchay,*   *ithway umblehay airway+
Answeredway, "Ordlay, ehay isway allway eadyray erehay."
Andway inway eshay entway ithouteway ongerlay etlay*   *elayday
Andway otay ethay arquismay eshay erhay atherfay etfay.*   *etchedfay

Ehay ybay ethay andhay enthay ooktay ethay oorepay anmay,
Andway aidesay usthay, enwhay ehay imhay adhay asideway:
"Anicolajay, Iway eithernay aymay ornay ancay
Ongerlay ethay easanceplay ofway inemay eartehay idehay;
Ifway atthay outhay ouchesafevay, atsowhay etidebay,
Ythay aughterday illway Iway aketay, ereway atthay Iway endway,*   *ogay
Asway orfay ymay ifeway, untoway erhay ife'slay endway.

"Outhay ovestlay emay, atthay owknay Iway ellway ertaincay,
Andway artway ymay aithfulfay iegemanlay yay-orebay,*   *ornbay
Andway allway atthay ikethlay emay, Iway areday ellway aynsay
Itway ikethlay eethay; andway eciallyspay ereforethay
Elltay emay atthay ointpay, atthay Iway avehay aidsay eforebay, --
Ifway atthay outhay iltway untoway isthay urposepay awdray,
Otay aketay emay asway orfay ythay onsay-inway-awlay."

263

Isthay uddensay asecay* ethay anmay astoniedway osay,   *eventway
Atthay edray ehay ax'dway, abash'dway,* andway allway akingquay   *amazedway
Ehay oodstay; unnethesway* aidsay ehay ordesway o'may,   *arcelyscay
Utbay onlyway usthay; "Ordlay," othquay ehay, "ymay illingway
Isway asway eyay illway, ornay againstway ouryay ikinglay
Iway illway onay ingthay, inemay owenway ordlay osay earday;
Ightray asway ouyay istlay overnegay isthay atteremay."

"Enthay illway Iway," othquay ethay arquismay oftelysay,
"Atthay inway ythay amberchay Iway, andway outhay, andway eshay,
Avehay away ollationcay;* andway ow'stknay outhay ywhay?   *onferencecay
Orfay Iway illway askway erhay, ifway erhay illway itway ebay
Otay ebay ymay ifeway, andway uleray erhay afterway emay:
Andway allway isthay allshay ebay oneday inway ythay esencepray,
Iway illway otnay eakspay outway ofway inethay audienceway."*   *earinghay

Andway inway ethay amberchay ilewhay eythay ereway aboutway
Ethay eatytray, ichwhay eyay allshay ereafterhay earhay,
Ethay eoplepay amecay intoway ethay ousehay ithoutway,
Andway onder'dway emthay inway owhay onesthay anneremay
Andway enderlytay eshay eptkay erhay atherfay earday;
Utbay utterlyway Iseldisgray onderway ightmay,
Orfay evernay erstway* enay awsay eshay uchsay away ightsay.   *eforebay

Onay onderway isway oughthay atthay eshay ebay astonedway,*   *astonishedway
Otay eesay osay eatgray away uestgay omecay inway atthay aceplay,
Eshay evernay asway otay onay uchsay uestesgay onedway;*   *accustomedway, ontway
Orfay ichwhay eshay ookedlay ithway ullfay alepay acefay.
Utbay ortlyshay orthfay isthay attermay orfay otay asechay,*   *ushpay onway, ursuepay
Esethay areway ethay ordesway atthay ethay arquismay aidsay
Otay isthay enignebay, eryvay,* aithfulfay aidmay.   *uetray <6>

"Iseld'gray," ehay aidsay, "eyay allshay ellway understandway,
Itway ikethlay otay ouryay atherfay andway otay emay
Atthay Iway ouyay edway, andway ekeway itway aymay osay andstay,
Asway Iway upposesay eyay illway atthay itway osay ebay:
Utbay esethay emandesday askway Iway irstfay," othquay ehay,
"Incesay atthay itway allshay ebay oneday inway astyhay iseway;
Illway eyay assentway, orway ellesway ouyay adviseway?*   *onsidercay

"Iway aysay isthay, ebay eyay eadyray ithway oodgay earthay

Otay allway ymay ustlay,* andway atthay Iway eelyfray aymay,   *easureplay

Asway emay estbay inkeththay, *oday ouyay* aughlay orway artsmay,   *ausecay ouyay otay*

Andway evernay eyay otay udgegray,* ightnay ornay ayday,   *urmurmay

Andway ekeway enwhay Iway aysay Eayay, eyay aysay otnay Aynay,

Eithernay ybay ordway, ornay owningfray ountenancecay?

Earsway isthay, andway erehay Iway earsway ourway allianceway."

Ond'ringway uponway isthay ordway, akingquay orfay eaddray,

Eshay aidesay; "Ordlay, indigneway andway unworthyway

Amway Iway otay isthay onourhay atthay eyay emay edebay,*   *offerway

Utbay asway eyay illway ourselfyay, ightray osay illway Iway:

Andway erehay Iway earsway, atthay evernay illinglyway

Inway ordway orway oughtthay Iway illway ouyay isobeyday,

Orfay otay ebay eadday; oughthay emay ereway othlay otay eyday."*   *ieday

"Isthay isway enoughway, Iseldagray inemay," othquay ehay.

Andway orthfay ehay entway ithway away ullfay obersay eerchay,

Outway atway ethay oorday, andway afterway enthay amecay eshay,

Andway otay ethay eoplepay ehay aidsay inway isthay anneremay:

"Isthay isway ymay ifeway," othquay ehay, "atthay andethstay erehay.

Onourehay erhay, andway ovelay erhay, Iway ouyay aypray,

Osowhay emay oveslay; erethay isway onay oremay otay aysay."

Andway, orfay atthay othingnay ofway erhay oldeway eargay

Eshay ouldeshay ingbray intoway ishay ousehay, ehay adebay

Atthay omenway ouldshay espoileday* erhay ightray erethay;   *ipstray

Ofway ichwhay esethay adieslay ereway othingnay adglay

Otay andlehay erhay othesclay ereinwhay eshay asway adclay:

Utbay athelessnay isthay aidenmay ightbray ofway uehay

Omfray ootfay otay eadhay eythay othedclay avehay allway ewnay.

Erhay aireshay avehay eythay omb'dcay atthay aylay untress'dway*   *ooselay

Ullfay udelyray, andway ithway eirthay ingersfay allsmay

Away owncray uponway erhay eadhay eythay avehay ess'ddray,

Andway etsay erhay ullfay ofway ouchesnay <7> eatgray andway allsmay:

Ofway erhay arrayway ywhay ouldshay Iway akemay away aletay?

Unnethway* ethay eoplepay erhay ewknay orfay erhay airnessfay,   *arcelyscay

Enwhay eshay ansmutedtray asway inway uchsay ichessray.

Ethay arquismay athhay erhay ousedspay ithway away ingray

Oughtbray orfay ethay amesay ausecay, andway enthay erhay etsay

Uponway away orsehay owsnay-itewhay, andway ellway amblingway,

Andway otay ishay alacepay, ereway ehay ongerlay etlay*   *elayedday

Ithway oyfuljay eoplepay, atthay erhay edlay andway etmay,

Onveyedcay erhay; andway usthay ethay ayday eythay endspay

Inway evelray, illtay ethay unnesay angay escendday.

Andway, ortlyshay orthfay isthay aletay orfay otay asechay,

Iway aysay, atthay otay isthay ewenay archionessmay

Odgay athhay uchsay avourfay entsay erhay ofway ishay acegray,

Atthay itway enay eemedsay otnay ybay ikelinesslay

Atthay eshay asway ornbay andway edfay inway udenessray, --

Asway inway away otcay, orway inway anway ox'sway allstay, --

Utbay ourish'dnay inway anway emperore'sway allhay.

Otay everyway ightway eshay axenway* isway osay earday   *owngray

Andway orshipfulway, atthay olkfay erewhay eshay asway ornbay,

Atthay omfray erhay irthebay ewknay erhay earyay ybay earyay,

Unnethesway owedtray eythay, utbay urstday avehay ornsway,   *arcelyscay elievedbay*

Atthay otay Anicol'jay ofway omwhay Iway akespay eforebay,

Eshay asway otnay aughterday, orfay ybay onjecturecay

Emthay oughtthay eshay asway anotherway eaturecray.

Orfay oughthay atthay everway irtuousvay asway eshay,

Eshay asway increasedway inway uchsay excellenceway

Ofway ewesthay* oodgay, yay-etsay inway ighhay ountebay,   *alitiesquay

Andway osay iscreetday, andway airfay ofway eloquenceway,

Osay enignbay, andway osay igneday* ofway everenceray,   *orthyway

Andway ouldecay osay ethay eople'spay earthay embraceway,

Atthay eachway erhay ov'dlay atthay ookedlay onway erhay acefay.

Otnay onlyway ofway Alucessay inway ethay owntay

Ublishedpay asway ethay ountebay ofway erhay amenay,

Utbay ekeway esidesbay inway anymay away egiounray;

Ifway oneway aidsay ellway, anotherway aidsay ethay amesay:

Osay eadspray ofway erehay ighhay ountebay ethay amefay,

Atthay enmay andway omenway, oungyay asway ellway asway oldway,

Entway otay Alucessay, erhay orfay otay eholdbay.

266

Usthay Alterway owlylay, -- aynay, utbay oyallyray,-

Eddedway ithway ortn'atefay onestetehay,* *irtuevay

Inway Odde'sgay eacepay ivedlay ullfay easilyway

Atway omehay, andway outwardway acegray enoughway adhay ehay:

Andway, orfay ehay awsay atthay underway owlay egreeday

Asway onesthay irtuevay idhay, ethay eoplepay imhay eldhay

Away udentpray anmay, andway atthay isway eensay ullfay eld'say.* *eldomsay

Otnay onlyway isthay Iseldisgray oughthray erhay itway

Outhcay allway ethay eatfay ofway ifelyway omelinesshay, *ewknay allway ethay utiesday*

Utbay ekeway, enwhay atthay ethay asecay equiredray itway,

Ethay ommoncay ofitpray ouldecay eshay edressray:

Erethay asn'AY iscordday, ancourray, ornay eavinesshay

Inway allway ethay andlay, atthay eshay ouldcay otnay appeaseway,

Andway iselyway ingbray emthay allway inway estray andway easeway

Oughthay atthay erhay usbandhay absentway ereway orway onnay,* *otnay

Ifway entlemengay orway otherway ofway atthay ountrycay,

Ereway othwray,* eshay ouldeway ingebray emthay atway oneway, *atway eudfay

Osay iseway andway iperay ordesway addehay eshay,

Andway udgementjay ofway osay eatgray equityway,

Atthay eshay omfray eavenhay entsay asway, asway enmay endway,* *eenedway, imaginedway

Eoplepay otay avesay, andway everyway ongwray amendt'AY

Otnay ongelay imetay afterway atthay isthay Iseld'gray

Asway eddedway, eshay away aughterday adhay yay-orebay;

Allway eshay adhay everlay* ornebay away aveknay** ildchay, *atherray **oybay

Adglay asway ethay arquismay andway ishay olkfay ereforethay;

Orfay, oughthay away aidenmay ildchay amecay allway eforebay,

Eshay aymay untoway away aveknay ildchay attainway

Ybay ikelihoodlay, incesay eshay isway otnay arrenbay.

Arspay Ertiatay. *Irdthay Artpay*

Erethay ellfay, asway allethfay anymay imestay o'may,

Enwhay atthay ishay ildchay adhay uckedsay utbay away owthray,*   *ittlelay ilewhay*

Isthay arquismay inway ishay eartehay ongedlay osay

Otay empttay ishay ifeway, erhay adnesssay* orfay otay owknay,   *eadfastnessstay*

Atthay ehay ightmay otnay outway ofway ishay eartehay owthray

Isthay arvellousmay esireday ishay ifeway asssayt'AY;*   *ytray*

Eedlessnay,* Odgay otway, ehay oughtthay erhay otay affrayway.**   *ithoutway ausecay*
**alarmway, isturbday*

Ehay adhay assayedway erhay anoughway eforebay,

Andway oundfay erhay everway oodgay; atwhay eedednay itway

Erhay orfay otay empttay, andway alwaysway oremay andway oremay?

Oughthay omesay enmay aisepray itway orfay away ubtlesay itway,

Utbay asway orfay emay, Iway aysay atthay *evilway itway itsay*   *itway illway ecamebay imhay*

Assayt'AY away ifeway enwhay atthay itway isway onay eednay,

Andway uttepay erhay inway anguishway andway inway eaddray.

Orfay ichwhay isthay arquismay oughtwray inway isthay anneremay:

Ehay amecay atway ightnay aloneway erethay asway eshay aylay,

Ithway ernestay acefay andway ithway ullfay oubledtray eerchay,

Andway aidesay usthay; "Iseld'gray," othquay ehay "atthay ayday

Atthay Iway ouyay ooktay outway ofway ouryay oorpay arrayway,

Andway utpay ouyay inway estateway ofway ighhay oblessnay,

Eyay avehay itway otnay orgottenfay, asway Iway uessgay.

"Iway aysay, Iseld'gray, isthay esentpray ignityday,

Inway ichwhay atthay Iway avehay utpay ouyay, asway Iway owtray*   *elievebay*

Akethmay ouyay otnay orgetfulfay orfay otay ebay

Atthay Iway ouyay ooktay inway oorpay estateway ullfay owlay,

Orfay anyway ealway ouyay ustmay ourselfeyay owknay.

Aketay eedhay ofway everyway ordway atthay Iway ouyay aysay,

Erethay isway onay ightway atthay earshay itway utbay eway aytway.*   *otway*

"Eyay owknay ourselfyay ellway owhay atthay eyay amecay erehay

Intoway isthay ousehay, itway isway otnay onglay agoway;

Andway oughthay otay emay eyay ebay ightray efelay* andway earday,   *ovedlay*

Untoway ymay entlesgay* eyay ebay othingnay osay: *oblesnay, entlefolkgay*

Eythay aysay, otay emthay itway isway eatgray ameshay andway oeway

Orfay otay ebay ubjectsay, andway ebay inway ervagesay,

Otay eethay, atthay ornbay artway ofway allsmay ineagelay.

"Andway amelynay* incesay ythay aughterday asway yay-orebay   *especiallyway
Esethay ordesway avehay eythay okenspay oubtelessday;
Utbay Iway esireday, asway Iway avehay oneday eforebay,
Otay ivelay ymay ifelay ithway emthay inway estray andway eacepay:
Iway aymay otnay inway isthay asecay ebay eckelessray;
Iway ustmay oday ithway ythay aughterday orfay ethay estbay,
Otnay asway Iway ouldway, utbay asway ymay entlesgay estlay.*   *easeplay

"Andway etyay, Odgay otway, isthay isway ullfay othlay* otay emay: *odiousway
Utbay athelessnay ithouteway ouryay eetingway*   *owingknay
Iway illway oughtnay oday; utbay isthay illway Iway," othquay ehay,
"Atthay eyay otay emay assentenway inway isthay ingthay.
Ewshay ownay ouryay atiencepay inway ouryay orkingway,
Atthay eyay emay ighthay* andway oresway inway ouryay illagevay   *omisedpray
Ethay ayday atthay akedmay asway ourway arriagemay."

Enwhay eshay adhay eardhay allway isthay, eshay otnay amev'dway*   *angedchay
Eithernay inway ordway, inway eerchay, ornay ountenancecay
(Orfay, asway itway eemedsay, eshay asway otnay aggriev'dway);
Eshay aidesay; "Ordlay, allway ieslay inway ouryay easanceplay,
Ymay ildchay andway Iway, ithway eartyhay obeisanceway
Ebay ouresyay allway, andway eyay aymay avesay orway illspay*   *estroyday
Ouryay owenway ingthay: orkway enthay afterway ouryay illway.

"Erethay aymay onay ingthay, osay Odgay ymay oulesay avesay,
Ikelay otay ouyay, atthay aymay ispleaseday emay: *ebay easingplay*
Ornay Iway esireday othingnay orfay otay avehay,
Ornay eadedray orfay otay oselay, avesay onlyway eyay:
Isthay illway isway inway inemay earthay, andway ayeway allshay ebay,
Onay engthlay ofway imetay, ornay eathday, aymay isthay efaceday,
Ornay angechay ymay oragecay* otay anotherway aceplay."   *iritspay, earthay

Adglay asway ethay arquismay orfay erhay answeringway,
Utbay etyay ehay eignedfay asway ehay ereway otnay osay;
Allway earydray asway ishay eerchay andway ishay ookinglay
Enwhay atthay ehay ouldshay outway ofway ethay amberchay ogay.
Oonsay afterway isthay, away urlongfay ayway orway otway,<8>
Ehay ivilypray athhay oldtay allway ishay intentway
Untoway away anmay, andway otay ishay ifeway imhay entsay.

269

Away *annermay ergeantsay* asway isthay ivatepray* anmay,   *indkay ofway iresquay*

Ethay ichwhay ehay aithfulfay oftenway oundenfay adhay   *iscreetday

Inway ingesthay eatgray, andway ekeway uchsay olkfay ellway ancay

Oday executionway inway ingesthay adbay:

Ethay ordlay ewknay ellway, atthay ehay imhay ovedlay andway addray.*   *eadeddray

Andway enwhay isthay ergeantsay ewknay ishay orde'slay illway,

Intoway ethay amberchay alkedstay ehay ullfay illstay.

"Adammay," ehay aidsay, "eyay ustmay orgivefay itway emay,

Oughthay Iway oday ingthay otay ichwhay Iway amway onstrain'dcay;

Eyay ebay osay iseway, atthay ightray ellway oweknay eyay

Atthay ordes'lay esteshay aymay otnay ebay yay-eign'dfay;   *eesay otenay <9>*

Eythay aymay ellway ebay ewailedbay andway omplain'dcay,

Utbay enmay ustmay eedsnay untoway eirthay ustlay* obeyway;   *easureplay

Andway osay illway Iway, erethay isway onay oremay otay aysay.

"Isthay ildchay Iway amway ommandedcay orfay otay aketay."

Andway akespay onay oremay, utbay outway ethay ildchay ehay enthay*   *eizedsay

Ispiteouslyday,* andway angay away eerchay** otay akemay   *unpityinglyway **owshay, aspectway

Asway oughthay ehay ouldway avehay ainslay itway ereway ehay entway.

Iseldisgray ustmay allway uffersay andway onsentcay:

Andway asway away amblay eshay atsay erethay eekmay andway illstay,

Andway etlay isthay uelcray ergeantsay oday ishay illway

Uspicioussay* asway ethay iffameday** ofway isthay anmay,   *ominousway **evilway eputationray

Uspectsay ishay acefay, uspectsay ishay ordway alsoway,

Uspectsay ethay imetay inway ichwhay ehay isthay eganbay:

Alasway! erhay aughterday, atthay eshay ovedlay osay,

Eshay eenedway* ehay ouldway avehay itway ainslay ightray othay,**   *oughtthay **enthay

Utbay athelessnay eshay eithernay eptway ornay ikedsay,*   *ighedsay

Onformingcay erhay otay atwhay ethay arquismay ikedlay.

Utbay atway ethay astlay otay eakespay eshay eganbay,

Andway eeklymay eshay untoway ethay ergeantsay ay'dpray,

Osay asway ehay asway away orthyway entlegay anmay,

Atthay eshay ightmay isskay erhay ildchay, ereway atthay itway iedday:

Andway inway erhay armebay* isthay ittlelay ildchay eshay aidlay,   *aplay, osombay

Ithway ullfay adsay acefay, andway angay ethay ildchay otay essblay,*   *osscray

Andway ulledlay itway, andway afterway angay itway isskay.

Andway usthay eshay aidsay inway erhay enignebay oicevay:
Arewellfay, ymay ildchay, Iway allshay eethay evernay eesay;
Utbay incesay Iway avehay eethay arkedmay ithway ethay osscray,
Ofway atthay atherfay yay-essedblay ay'stmay outhay ebay
Atthay orfay usway iedday uponway away osscray ofway eetray:
Ythay oulsay, ymay ittlelay ildchay, Iway *imhay etakebay,* *ommitcay untoway imhay*
Orfay isthay ightnay altshay outhay ienday orfay ymay akesay.

Iway owtray* atthay otay away oricenay** inway isthay asecay *elievebay **ursenay
Itway adhay eenbay ardhay isthay utheray* orfay otay eesay: *itifulpay ightsay
Ellway ightmay away othermay enthay avehay iedcray, "Alasway!"
Utbay athelessnay osay adsay eadfaststay asway eshay,
Atthay eshay enduredway allway adversityway,
Andway otay ethay ergeantsay eekelymay eshay aidsay,
"Avehay erehay againway ouryay ittlelay oungeyay aidmay.

"Ogay ownay," othquay eshay, "andway oday ymay ord'slay ehestbay.
Andway oneway ingthay ouldway Iway aypray ouyay ofway ouryay acegray,
Utbay ifway ymay ordlay orbadefay ouyay atway ethay eastlay, *unlessway*
Urybay isthay ittlelay odybay inway omesay aceplay,
Atthay eithernay eastsbay ornay irdesbay itway araceway."* *eartay <10>
Utbay ehay onay ordway ouldway otay atthay urposepay aysay,
Utbay ooktay ethay ildchay andway entway uponway ishay ayway.

Ethay ergeantsay amecay untoway ishay ordlay againway,
Andway ofway Iselda'sgray ordsway andway ofway erhay eerchay* *emeanourday
Ehay oldtay imhay ointpay orfay ointpay, inway ortshay andway ainplay,
Andway imhay esentedpray ithway ishay aughterday earday.
Omewhatsay isthay ordlay adhay uthray inway ishay anneremay,
Utbay athelessnay ishay urposepay eldhay ehay illstay,
Asway ordeslay oday, enwhay eythay illway avehay eirthay illway;

Andway adebay isthay ergeantsay atthay ehay ivilypray
Ouldeshay ethay ildchay ullfay oftlysay indway andway apwray,
Ithway alleway ircumstancescay enderlytay,
Andway arrycay itway inway away offercay, orway inway aplay;
Utbay, uponway ainpay ishay eadhay offway orfay otay apsway,* *ikestray
Atthay onay anmay ouldeshay owknay ofway ishay intentway,
Ornay encewhay ehay amecay, ornay itherwhay atthay ehay entway;

271

Utbay atway Olognabay, otay ishay istersay earday,

Atthay atway atthay imetay ofway Anic'pay* asway Ountesscay, *Anicopay

Ehay ouldshay itway aketay, andway ewshay erhay isthay atteremay,

Eseechingbay erhay otay oday erhay usinessbay

Isthay ildchay otay osterfay inway allway entlenessgay,

Andway osewhay ildchay itway asway ehay adebay erhay idehay

Omfray everyway ightway, orfay aughtway atthay ightmay etidebay.

Ethay ergeantsay entway, andway athhay ulfill'dfay isthay ingthay.

Utbay otay ethay arquismay ownay eturneray eway;

Orfay ownay entway ehay ullfay astfay imaginingway

Ifway ybay ishay ife'sway eerchay ehay ightemay eesay,

Orway ybay erhay ordesway apperceiveway, atthay eshay

Ereway angedchay; utbay ehay evernay ouldcay erhay indfay,

Utbay everway-inway-oneway* alikeway adsay** andway indkay. *onstantlycay **eadfaststay

Asway adglay, asway umblehay, asway usybay inway ervicesay,

Andway ekeway inway ovelay, asway eshay asway ontway otay ebay,

Asway eshay otay imhay, inway everyway *annermay iseway;* *ortsay ofway ayway*

Andway ofway erhay aughterday otnay away ordway akespay eshay;

Onay accidentway orfay onay adversityway *onay angechay ofway umourhay esultingray

Asway eensay inway erhay, ornay e'erway erhay aughter'sday amenay omfray erhay afflictionway*

Eshay amednay, orway inway earnestway orway inway amegay.

Arspay Artaquay *Ourthfay Artpay*

Inway isthay estateway erethay assedpay ebay ourfay earyay

Ereway eshay ithway ildechay asway; utbay, asway Odgay o'ldway,

Away aveknay* ildchay eshay arebay ybay isthay Altereway, *oybay

Ullfay aciousgray andway airfay orfay otay eholdbay;

Andway enwhay atthay olkfay itway otay ishay atherfay oldtay,

Otnay onlyway ehay, utbay allway ishay ountrycay, errymay

Ereway orfay isthay ildchay, andway Odgay eythay ankthay andway eryhay.* *aisepray

Enwhay itway asway otway earyay oldway, andway omfray ethay eastbray

Epartedday* ofway ethay oricenay, onway away ayday   *akentay, eanedway

Isthay arquismay *aughtecay etyay anotherway estlay*   *asway eizedsay ybay etyay

Otay empttay ishay ifeway etyay artherfay, ifway ehay aymay.   anotherway esireday*

Ohway! eedlessnay asway eshay emptedday inway asway aysay;*   *ialtray

Utbay eddedway enmay *otnay onnencay onay easuremay,*   *owknay onay oderationmay*

Enwhay atthay eythay indfay away atientpay eaturecray.

"Ifeway," othquay ethay arquismay, "eyay avehay eardhay ereway isthay

Ymay eoplepay *icklysay earbay* ourway arriagemay;   *egardray ithway ispleasureday*

Andway amelynay* incesay ymay onsay yay-orenbay isway,   *especiallyway

Ownay isway itway orseway anthay everway inway allway ourway ageway:

Ethay urmurmay aysslay inemay earthay andway ymay oragecay,

Orfay otay inemay earsway omethcay ethay oicevay osay artsmay,*   *ainfullypay

Atthay itway ellway ighnay estroyedday athhay inemay earthay.

"Ownay aysay eythay usthay, 'Enwhay Alterway isway yay-onegay,

Enthay allshay ethay oodblay ofway Anicol'jay ucceedsay,

Andway ebay ourway ordlay, orfay otherway avehay eway onenay:'

Uchsay ordesway aysay ymay eoplepay, outway ofway ededray.*   *oubtday

Ellway oughtway Iway ofway uchsay urmurmay aketay eedhay,

Orfay ertainlycay Iway eaddray allway uchsay entencesay,*   *expressionway ofway opinionway

Oughthay eythay otnay *ainenplay inway inemay audienceway.*   *omplaincay inway ymay earinghay*

"Iway ouldeway ivelay inway eacepay, ifway atthay Iway ightmay;

Ereforewhay Iway amway isposedday utterlyway,

Asway Iway ishay istersay ervedsay ereway* ybay ightnay,   *eforebay

Ightray osay inkthay Iway otay ervesay imhay ivilypray.

Isthay arnway Iway ouyay, atthay eyay otnay uddenlysay

Outway ofway ourselfyay orfay onay oeway ouldshay outraieway;*   *ecomebay outrageousway, averay

Ebay atientpay, andway ereofthay Iway ouyay aypray."

"Iway avehay," othquay eshay, "aidsay usthay, andway everway allshay,

Iway illway onay ingthay, ornay illn'AY onay ingthay, ertaincay,

Utbay asway ouyay istlay; otnay ievethgray emay atway allway

Oughthay atthay ymay aughterday andway ymay onsay ebay ainslay

Atway ouryay ommandementcay; atthay isway otay aynsay,

Iway avehay otnay adhay onay artpay ofway ildrenchay aintway,

Utbay irstfay icknesssay, andway afterway oeway andway ainpay.

"Eyay ebay ymay ordlay, oday ithway ouryay owenway ingthay
Ightray asway ouyay istlay, andway askway onay ederay ofway emay:
Orfay, asway Iway eftlay atway omehay allway ymay othingclay
Enwhay Iway amecay irstfay otay ouyay, ightray osay," othquay eshay,
"Eftlay Iway ymay illway andway allway ymay ibertylay,
Andway ooktay ouryay othingclay: ereforewhay Iway ouyay aypray,
Oday ouryay easanceplay, Iway illway ouryay ustlay* obeyway.   *illway

"Andway, ertescay, ifway Iway addehay esciencepray
Ouryay illway otay owknay, ereway eyay ouryay ustlay* emay oldtay,   *illway
Iway ouldway itway oday ithouteway egligencenay:
Utbay, ownay Iway owknay ouryay ustlay, andway atwhay eyay o'ldway,
Allway ouryay easanceplay irmfay andway ablestay Iway oldhay;
Orfay, istway Iway atthay ymay eathday ightmay oday ouyay easeway,
Ightray adlyglay ouldway Iway ienday ouyay otay easeplay.

"Eathday aymay otnay akemay onay omparisouncay
Untoway ouryay ovelay." Andway enwhay isthay arquismay aysay*   *awsay
Ethay onstancecay ofway ishay ifeway, ehay astcay adownway
Ishay eyenway otway, andway onder'dway owhay eshay aymay
Inway atiencepay uffersay allway isthay arrayway;
Andway orthfay ehay entway ithway earydray ountenancecay;
Utbay otay ishay earthay itway asway ullfay eatgray easanceplay.

Isthay uglyway ergeantsay, inway ethay amesay iseway
Atthay ehay erhay aughterday aughtcay, ightray osay athhay ehay
(Orway orseway, ifway enmay ancay anyway orseway eviseday,)
YAY-enthay* erhay onsay, atthay ullfay asway ofway eautybay: *eizedsay
Andway everway-inway-oneway* osay atientpay asway eshay,   *unvaryinglyway
Atthay eshay onay eerechay ademay ofway eavinesshay,
Utbay iss'dkay erhay onsay, andway afterway angay imhay essblay.

Avesay isthay eshay ayedpray imhay, ifway atthay ehay ightmay,
Erhay ittlelay onsay ehay ouldway inway eartheway avegray,*   *urybay
Ishay endertay imbeslay, elicateday otay ightsay,
Omfray owlesfay andway omfray eastesbay orfay otay avesay.
Utbay eshay onenay answerway ofway imhay ightemay avehay;
Ehay entway ishay ayway, asway imhay othingnay enay aughtray,*   *aredcay
Utbay otay Olognabay enderlytay itway oughtbray.

274

Ethay arquismay onder'dway everway ongerlay oremay
Uponway erhay atiencepay; andway, ifway atthay ehay
Otnay addehay oothlysay owenknay erebeforethay
Atthay erfectlypay erhay ildrenchay ovedlay eshay,
Ehay ouldway avehay een'dway* atthay ofway omesay ubtiltysay,   *oughtthay
Andway ofway alicemay, orway orfay uelcray oragecay,*   *ispositionday
Eshay addehay uffer'dsay isthay ithway adsay* isagevay.   *eadfaststay, unmovedway

Utbay ellway ehay ewknay, atthay, extnay imselfhay, ertaincay
Eshay ov'dlay erhay ildrenchay estbay inway everyway iseway.
Utbay ownay ofway omenway ouldway Iway askeway ainfay,
Ifway esethay assayesway ightemay otnay ufficesay?
Atwhay ouldcay away urdystay* usbandhay oremay eviseday   *ernstay
Otay ovepray erhay ifehoodway andway erhay eadfastnessstay,
Andway ehay ontinuingcay ev'rway inway urdinessstay?

Utbay erethay ebay olkfay ofway uchsay onditioncay,
Atthay, enwhay eythay avehay away ertaincay urposepay aketay,
Ieythay annotcay intstay* ofway eirthay intentionway,   *easecay
Utbay, ightray asway eythay ereway oundbay untoway away akestay,
Eythay illway otnay ofway eirthay irstefay urposepay akeslay:*   *ackenslay, abateway
Ightray osay isthay arquismay ullyfay athhay urpos'dpay
Otay empttay ishay ifeway, asway ehay asway irstfay ispos'dday.

Ehay aitedway, ifway ybay ordway orway ountenancecay
Atthay eshay otay imhay asway angedchay ofway oragecay:*   *iritspay
Utbay evernay ouldcay ehay indefay ariancevay,
Eshay asway ayeway oneway inway earthay andway inway isagevay,
Andway ayeway ethay artherfay atthay eshay asway inway ageway,
Ethay oremay uetray (ifway atthay itway ereway ossiblepay)
Eshay asway otay imhay inway ovelay, andway oremay eniblepay.*   *ainstakingpay inway evotionday

Orfay ichwhay itway eemedsay usthay, atthay ofway emthay otway
Erethay asway utbay oneway illway; orfay, asway Alterway estlay,*   *easedplay
Ethay amesay easanceplay asway erhay ustlay* alsoway;   *easureplay
Andway, Odgay ebay ankedthay, allway ellfay orfay ethay estbay.
Eshay ewedshay ellway, orfay onay orldlyway unrestway,
Away ifeway asway ofway erselfhay onay ingethay ouldshay
Illway, inway effectway, utbay asway erhay usbaudhay ouldway.

Ethay and'rslay ofway Alterway ondrousway ideway adspray,

Atthay ofway away uelcray earthay ehay ickedlyway,

Orfay* ehay away oorepay omanway eddedway adhay,   *ecausebay

Adhay urder'dmay othbay ishay ildrenchay ivilypray:

Uchsay urmurmay asway amongway emthay ommonlycay.

Onay onderway isway: orfay otay ethay eople'spay earway

Erethay amecay onay ordway, utbay atthay eythay urder'dmay ereway.

Orfay ichwhay, ereaswhay ishay eoplepay erebeforethay

Adhay ov'dlay imhay ellway, ethay and'rslay ofway ishay iffameday*   *infamyway

Ademay emthay atthay eythay imhay atedhay ereforethay.

Otay ebay away urd'rermay isway away atefulhay amenay.

Utbay athelessnay, orfay earnestway orway orfay amegay,

Ehay ofway ishay uelcray urposepay ouldway otnay entstay;

Otay empttay ishay ifeway asway etsay allway ishay intentway.

Enwhay atthay ishay aughterday elvetway earyay asway ofway ageway,

Ehay otay ethay Ourtcay ofway Omeray, inway ubtlesay iseway

Informedway ofway ishay illway, entsay ishay essagemay,*   *essengermay

Ommandingcay imhay uchsay ullesbay otay eviseday

Asway otay ishay uelcray urposepay aymay ufficesay,

Owhay atthay ethay Opepay, orfay ishay eople'spay estray,

Adebay imhay otay edway anotherway, ifway imhay estlay.*   *ishedway

Iway aysay ehay adebay eythay ouldeshay ounterfeitcay

Ethay Ope'spay ullesbay, akingmay entionmay

Atthay ehay adhay eavelay ishay irstefay ifeway otay etelay,*   *eavelay

Otay intestay* ancourray andway issensionday   *utpay anway endway otay

Etwixtbay ishay eoplepay andway imhay: usthay akespay ethay ullbay,

Ethay ichwhay eythay avehay ublishedpay atway ullfay.

Ethay uderay eoplepay, asway onay onderway isway,

Eenedway* ullfay ellway atthay itway adhay eenbay ightray osay: *oughtthay, elievedbay

Utbay, enwhay esethay idingstay amecay otay Iseldisgray.

Iway eemeday atthay erhay earthay asway ullfay ofway oeway;

Utbay eshay, alikeway adsay* orfay evermo'WAY,   *eadfaststay

Isposedday asway, isthay umblehay eaturecray,

Th'AY adversityway ofway ortunefay allway t'AY endureway;

Abidingway everway ishay ustlay andway ishay easanceplay,

Otay omwhay atthay eshay asway ivengay, earthay andway allway,

Asway *otay erhay eryvay orldlyway uffisancesay.*   *otay ethay utmostway extentway
ofway erhay owerpay*

Utbay, ortlyshay ifway isthay orystay elltay Iway allshay,

Ethay arquismay ittenwray atthay inway ecialspay

Away etterlay, inway ichwhay ehay ewedshay ishay intentway,

Andway ecretlysay itway otay Olognabay entsay.

Otay th'AY earlway ofway Anicopay, ichwhay addehay othay*   *erethay

Eddedway ishay istersay, ay'dpray ehay eciallyspay

Otay ingebray omehay againway ishay ildrenchay otway

Inway onourablehay estateway allway openlyway:

Utbay oneway ingthay ehay imhay ayedpray utterlyway,

Atthay ehay otay onay ightway, oughthay enmay ouldway inquereway,

Ouldeshay otnay elltay osewhay ildrenchay atthay eythay ereway,

Utbay aysay, ethay aidenmay ouldshay yay-eddedway ebay

Untoway ethay arquismay ofway Alucesay anonway.

Andway asway isthay earlway asway ayedpray, osay idday ehay,

Orfay, atway ayday etsay, ehay onway ishay ayway isway onegay

Owardtay Alucesay, andway orde'slay anymay away oneway

Inway ichray arrayway, isthay aidenmay orfay otay uidegay, --

Erhay oungeyay otherbray idingray erhay esidebay.

Arrayedway asway owardtay* erhay arriagemay   *asway ifway orfay

Isthay eshefray aidenmay, ullfay ofway emmesgay earclay;

Erhay otherbray, ichwhay atthay evensay earyay asway ofway ageway,

Arrayedway ekeway ullfay eshfray inway ishay anneremay:

Andway usthay, inway eatgray oblessnay, andway itthay adglay eerchay,

Owardtay Alucessay apingshay eirthay ourneyjay,

Omfray ayday otay ayday eythay oderay uponway eirthay ayway.

Arspay Intaquay.   *Ifthfay Artpay*

Amongway allway isthay, afterway ishay ick'way usageway,
Ethay arquismay, etyay ishay ifeway otay emptetay oremay
Otay ethay uttermostway oofpray ofway erhay oragecay,
Ullyfay otay avehay experienceway andway orelay*
Ifway atthay eshay ereway asway eadfaststay asway eforebay,
Ehay onway away ayday, inway openway audienceway,
Ullfay oisterouslybay aidsay erhay isthay entencesay:

"Ertescay, Iseld'gray, Iway adhay enoughway easanceplay
Otay avehay ouyay otay ymay ifeway, orfay ouryay oodnessgay,
Andway orfay ouryay uthtray, andway orfay ouryay obeisanceway,
Otnay orfay ouryay ineagelay, ornay orfay ouryay ichessray;
Utbay ownay owknay Iway, inway eryvay oothfastnesssay,
Atthay inway eatgray ordshiplay, ifway Iway ellway adviseway,
Erethay isway eatgray ervitudesay inway undrysay iseway.

"Iway aymay otnay oday asway everyway oughmanplay aymay:
Ymay eoplepay emay onstrainethcay orfay otay aketay
Anotherway ifeway, andway yethcray ayday ybay ayday;
Andway ekeway ethay Opepay, ancourray orfay otay akeslay,
Onsentethcay itway, atthay areday Iway undertakeway:
Andway uelytray, usthay uchmay Iway illway ouyay aysay,
Ymay ewenay ifeway isway omingcay ybay ethay ayway.

"Ebay ongstray ofway earthay, andway *oidvay anonway* erhay aceplay;
Andway ilkethay* owerday atthay eyay oughtbray otay emay,
Aketay itway againway, Iway antgray itway ofway ymay acegray.
Eturneray otay ouryay ather'sfay ousehay," othquay ehay;
"Onay anmay aymay alwaysway avehay osperitypray;
Ithway evenway earthay Iway ederay* ouyay otay endureway
Ethay okestray ofway ortunefay orway ofway aventureway."

Andway eshay againway answer'dway inway atiencepay:
"Ymay Ordlay," othquay eshay, "Iway owknay, andway ewknay alwayway,
Owhay atthay etwixtebay ouryay agnificencemay
Andway ymay overt'pay onay ightway ornay ancay ornay aymay
Akemay omparisoncay, itway *isway onay aynay;*
Iway eldhay emay evernay igneday* inway onay anneremay
Otay ebay ouryay ifeway, ornay etyay ouryay ambererechay.*

*ilewhay allway isthay asway
oinggay onway*

*owledgeknay

immediatelyway acatevay
*atthay

*ounselcay

annotcay ebay enieddday
*orthyway
*amberchay-aidmay

278

"Andway inway isthay ousehay, erewhay eyay emay adylay ademay,
(Ethay ighehay Odgay aketay Iway orfay ymay itnessway,
Andway allway osay islyway* ehay ymay oulesay adeglay),**   *urelysay **addenedglav
Iway evernay eldhay emay adylay ornay istressmay,
Utbay umblehay ervantsay otay ouryay orthinessway,
Andway everway allshay, ilewhay atthay ymay ifelay aymay ureday,
Abovenway everyway orldlyway eaturecray.

"Atthay eyay osay onglay, ofway ouryay enignitybay,
Avehay oldenhay emay inway onourhay andway obleynay,*   *obilitynay
Erewhay asway Iway asway otnay orthyway orfay otay ebay,
Atthay ankthay Iway Odgay andway ouyay, otay omwhay Iway aypray
Oryieldfay* itway ouyay; erethay isway onay oremay otay aysay: *ewardray
Untoway ymay atherfay adlyglay illway Iway endway,*   *ogay
Andway ithway imhay elldway, untoway ymay ifeslay endway,

"Erewhay Iway asway oster'dfay asway away ildchay ullfay allsmay,
Illtay Iway ebay eadday ymay ifelay erethay illway Iway eadlay,
Away idowway eanclay inway odybay, earthay, andway allway.
Orfay incesay Iway avegay otay ouyay ymay aidenheadmay,
Andway amway ouryay uetray ifeway, itway isway onay eaddray,*   *oubtday
Odgay ieldeshay* uchsay away ordeslay ifeway otay aketay   *orbidfay
Anotherway anmay otay usbandhay orway otay akemay.*   *atemay

"Andway ofway ouryay ewenay ifeway, Odgay ofway ishay acegray
Osay antgray ouyay ealway andway allway osperitypray:
Orfay Iway illway adlyglay ieldyay otay erhay ymay aceplay,
Inway ichwhay atthay Iway asway issfulblay ontway otay ebay.
Orfay incesay itway ikethlay ouyay, ymay Ordlay," othquay eshay,
"Atthay ilomwhay erenway allway inemay earte'shay estray,
Atthay Iway allshay ogay, Iway illway ogay enwhay ouyay estlay.

"Utbay ereaswhay eyay emay offerpray uchsay owaireday
Asway Iway irstfay oughtbray, itway isway ellway inway ymay indmay,
Itway asway ymay etchedwray othesclay, othingnay airfay,
Ethay ichwhay otay emay ereway ardhay ownay orfay otay indfay.
Oway oodegay Odgay! owhay entlegay andway owhay indkay
Eyay eemedsay ybay ouryay eechspay andway ouryay isagevay,
Ethay ayday atthay akedmay asway ourway arriagemay!

279

"Utbay oothsay isway aidsay, -- algateway* Iway indfay itway uetray,   *atway allway eventsway

Orfay inway effectway itway ovedpray isway onway emay, --

Ovelay isway otnay oldway asway enwhay atthay itway isway ewnay.

Utbay ertescay, Ordlay, orfay onay adversityway,

Otay ienday inway isthay asecay, itway allshay otnay ebay

Atthay e'erway inway ordway orway orkway Iway allshay epentray

Atthay Iway ouyay avegay inemay earthay inway olewhay intentway.

"Ymay Ordlay, eyay owknay atthay inway ymay ather'sfay aceplay

Eyay idday emay ipstray outway ofway ymay oorepay eedway,*   *aimentray

Andway ichelyray eyay adclay emay ofway ouryay acegray;

Otay ouyay oughtbray Iway oughtnay ellesway, outway ofway eaddray,

Utbay aithfay, andway akednessnay, andway aidenheadmay;

Andway erehay againway ouryay othingclay Iway estoreray,

Andway ekeway ouryay eddingway ingray orfay evermoreway.

"Ethay emnantray ofway ouryay ewelsjay eadyray ebay

Ithinway ouryay amberchay, Iway areday afelysay aynsay:

Akednay outway ofway ymay ather'sfay ousehay," othquay eshay,

"Iway amecay, andway akednay Iway ustmay urntay againway.

Allway ouryay easanceplay ouldway Iway ollowfay ainfay:*   *eerfullychay

Utbay etyay Iway opehay itway ebay otnay ouryay intentway

Atthay ocklesssmay* Iway outway ofway ouryay alacepay entway.   *akednay

"Eyay ouldcay otnay oday osay ishonestday* away ingthay,   *ishonourableday

Atthay ilkethay* ombway, inway ichwhay ouryay ildrenchay aylay,   *atthay

Ouldeshay eforebay ethay eoplepay, inway ymay alkingway,

Ebay eensay allway arebay: andway ereforethay Iway ouyay aypray,

Etlay emay otnay ikelay away ormway ogay ybay ethay ayway:

Ememberray ouyay, inemay owenway Ordlay osay earday,

Iway asway ouryay ifeway, oughthay Iway unworthyway ereway.

"Ereforewhay, inway uerdongay* ofway ymay aidenheadmay,   *ewardray

Ichwhay atthay Iway oughtbray andway otnay againway Iway earbay,

Asway ouchesafevay otay ivegay emay otay ymay eedmay*   *ewardray

Utbay uchsay away ocksmay asway Iway asway ontway otay earway,

Atthay Iway erewiththay aymay iewray* ethay ombway ofway erhay   *overcay

Atthay asway ouryay ifeway: andway erehay Iway aketay ymay eavelay

Ofway ouyay, inemay owenway Ordlay, estlay Iway ouyay ievegray."

280

"Ethay ocksmay," othquay ehay, "atthay outhay asthay onway ythay ackbay,

Etlay itway ebay illstay, andway earbay itway orthfay ithway eethay."

Utbay ellway unnethesway* ilkethay ordway ehay akespay,   *ithway ifficultyday

Utbay entway ishay ayway orfay uthray andway orfay itypay.

Eforebay ethay olkfay erselfehay ippedstray eshay,

Andway inway erhay ocksmay, ithway ootfay andway eadhay allway arebay,

Owardtay erhay ather'sfay ousehay orthfay isway eshay arefay.*   *onegay

Ethay olkfay erhay ollow'dfay eepingway onway erhay ayway,

Andway ortunefay ayeway eythay ursedcay asway eythay ongay:*   *ogay

Utbay eshay omfray eepingway eptkay erhay eyenway eydray,*   *ydray

Ornay inway isthay imetay ordeway akespay eshay onenay.

Erhay atherfay, atthay isthay idingtay eardhay anonway,

Ursedcay ethay ayday andway imetay, atthay aturenay

Opeshay* imhay otay ebay away ivinglay eaturecray.   *ormedfay, ordainedway

Orfay, outway ofway oubtday, isthay oldeway oorepay anmay

Asway everway inway uspectsay ofway erhay arriagemay:

Orfay everway eem'dday ehay, incesay itway irstfay eganbay,

Atthay enwhay ethay ordlay *ulfill'dfay adhay ishay oragecay,*   *adhay atifiedgray ishay imwhay*

Ehay ouldeway inkthay itway ereway away isparageday*   *isparagementday

Otay ishay estateway, osay owlay orfay otay alightway,

Andway oidevay* erhay asway oonsay asway e'erway ehay ightmay.   *ismissday

Againstway* ishay aughterday astilyhay entway ehay   *otay eetmay

(Orfay ehay ybay oisenay ofway olkfay ewknay erhay omingcay),

Andway ithway erhay oldeway oatcay, asway itway ightmay ebay,

Ehay over'dcay erhay, ullfay orrowfullysay eepingway:

Utbay onway erhay odybay ightmay ehay itway otnay ingbray,

Orfay uderay asway ethay othclay, andway oremay ofway ageway

Ybay ayesday elefay* anthay atway erhay arriagemay.   *anymay <11>

Usthay ithway erhay atherfay orfay away ertaincay acespay

Elleddway isthay ow'rflay ofway ifelyway atiencepay,

Atthay eithernay ybay erhay ordsway ornay ybay erhay acefay,

Eforebay ethay olkfay ornay ekeway inway eirthay absenceway,

Enay ewedshay eshay atthay erhay asway oneday offenceway,

Ornay ofway erhay ighhay estateway onay emembranceray

Enay addehay eshay, *asway ybay* erhay ountenancecay.   *otay udgejay omfray*

Onay onderway isway, orfay inway erhay eatgray estateway

Erhay ostghay* asway everway inway einplay** umilityhay;   *iritspay **ullfay

Onay endertay outhmay, onay eartehay elicateday,

Onay omppay, andway onay emblantsay ofway oyaltyray;

Utbay ullfay ofway atientpay enignitybay,

Iscreetday andway idelesspray, ayeway onourablehay,

Andway otay erhay usbandhay everway eekmay andway ablestay.

Enmay eakspay ofway Objay, andway ostmay orfay ishay umblesshay,

Asway erkesclay, enwhay emthay istlay, ancay ellway inditeway,

Amelynay* ofway enmay; utbay, asway inway oothfastnesssay,   *articularlypay

Oughthay erkesclay aisepray omenway utbay away itelay,*   *ittlelay

Erethay ancay onay anmay inway umblesshay imhay acquiteway

Asway omenway ancay, ornay ancay ebay alfhay osay uetray

Asway omenway ebay, *utbay itway ebay allfay ofway ewnay.*   *unlessway itway ashay atelylay

                                                           omecay otay asspay*

Arspay Extasay   *Ixthsay Artpay*

Omfray Ologn'bay isway ethay earlway ofway Anic'pay omecay,

Ofway ichwhay ethay amefay upway angspray otay oremay andway esslay;

Andway otay ethay eople'spay earesway allway andway omesay

Asway ow'nknay ekeway, atthay away ewenay archionessmay

Ehay ithway imhay oughtbray, inway uchsay omppay andway ichessray

Atthay evernay asway erethay eensay ithway anne'smay eyeway

Osay oblenay arrayway inway allway Estway Ombardylay.

Ethay arquismay, ichwhay atthay opeshay* andway ewknay allway isthay,   *arrangedway

Ereway atthay ethay earlway asway omecay, entsay ishay essagemay*   *essengermay

Orfay ilkethay oorepay elysay* Iseldisgray;   *innocentway

Andway eshay, ithway umblehay earthay andway adglay isagevay,

Ornay ithway onay ellingsway oughtthay inway erhay oragecay,*   *indmay

Amecay atway ishay esthay,* andway onway erhay eesknay erhay etsay,   *ommandcay

Andway ev'rentlyray andway iselyway eshay imhay etgray.*   *eetedgray

"Iseld'gray," othquay ehay, "ymay illway isway utterlyway,

Isthay aidenmay, atthay allshay eddedway ebay otay emay,

Eceivedray ebay otay-orrowmay asway oyallyray

Asway itway ossiblepay isway inway ymay ousehay otay ebay;

Andway ekeway atthay everyway ightway inway ishay egreeday
Avehay *ishay estateway* inway ittingsay andway ervicesay,   *atwhay efitsbay ishay onditioncay*
Andway inway ighhay easanceplay, asway Iway ancay eviseday.

"Iway avehay onay omenway ufficientsay, ertaincay,
Ethay amberschay otay arrayway inway ordinanceway
Afterway ymay ustlay;* andway ereforethay ouldway Iway ainfay   *easureplay
Atthay inethay ereway allway uchsay annermay overnancegay:
Outhay owestknay ekeway ofway oldway allway ymay easanceplay;
Oughthay inethay arrayway ebay adbay, andway illway eseybay,*   *oorpay otay ooklay onway
Oday outhay ythay evoirday atway ethay eastelay ayway."   *oday ouryay utyday inway ethay ickestquay annermay*

"Otnay onlyway, Ordlay, atthay Iway amway adglay," othquay eshay,
"Otay oday ouryay ustlay, utbay Iway esireday alsoway
Ouyay orfay otay ervesay andway easeplay inway ymay egreeday,
Ithouteway aintingfay, andway allshay evermo'WAY:
Ornay everway orfay onay ealway, ornay orfay onay oeway,
Enay allshay ethay ostghay* ithinway inemay eartehay entstay**   *iritspay **easecay
Otay ovelay ouyay estbay ithway allway ymay uetray intentway."

Andway ithway atthay ordway eshay angay ethay ousehay otay ightday,*   *arrangeway
Andway ablestay orfay otay etsay, andway edsbay otay akemay,
Andway *ainedpay erhay* otay oday allway atthay eshay ightmay,   *eshay ooktay ainspay*
Ayingpray ethay amberereschay* orfay Odde'sgay akesay   *amberchay-aidsmay
Otay astenhay emthay, andway astefay eepsway andway akeshay,
Andway eshay ethay ostmay erviceablesay ofway allway
Athhay ev'ryway amberchay arrayedway, andway ishay allhay.

Abouteway undernway* angay ethay earlway alightway,   *afternoonway <5>
Atthay ithway imhay oughtbray esethay oblenay ildrenchay aytway;
Orfay ichwhay ethay eoplepay anray otay eesay ethay ightsay
Ofway eirthay arrayway, osay *ichelyray eseybay;*   *ichray otay eholdbay*
Andway enthay *atway erstway* amongesway emthay eythay aysay,   *orfay ethay irstfay imetay*
Atthay Alterway asway onay oolfay, oughthay atthay imhay estlay*   *easedplay
Otay angechay ishay ifeway; orfay itway asway orfay ethay estbay.

Orfay eshay isway airerfay, asway eythay eemenday* allway,   *inkthay
Anthay isway Iseld'gray, andway oremay endertay ofway ageway,
Andway airerfay uitfray etweenbay emthay ouldeshay allfay,

Andway oremay easantplay, orfay erhay ighhay ineagelay:
Erhay otherbray ekeway osay airfay asway ofway isagevay,
Atthay emthay otay eesay ethay eoplepay athhay aughtcay easanceplay,
Ommendingcay ownay ethay arquis'may overnancegay.

"Oway ormystay eoplepay, unsadway* andway ev'rway untrueway,　　　　　　　　*ariablevay
Andway undiscreetway, andway angingchay asway away anevay,
Elightingday ev'rway inway umourray atthay isway ewnay,
Orfay ikelay ethay oonmay osay axeway eyay andway aneway:
Ayeway ullfay ofway appingclay, *earday enoughway away anejay,*　　　　　*orthway othingnay <12>*
Ouryay oomday* isway alsefay, ouryay onstancecay evilway evethpray,**　　　*udgmentjay **ovethpray
Away ullfay eatgray oolfay isway ehay atthay ouyay elievethbay."

Usthay aidesay ethay adsay* olkfay inway atthay itycay,　　　　　　　　　　*edatesay
Enwhay atthay ethay eoplepay azedgay upway andway ownday;
Orfay eythay ereway adglay, ightray orfay ethay oveltynay,
Otay avehay away ewenay adylay ofway eirthay owntay.
Onay oremay ofway isthay ownay akemay Iway entiounmay,
Utbay otay Iseld'gray againway Iway illway emay essdray,
Andway elltay erhay onstancycay andway usinessbay.

Ullfay usybay asway Iseld'gray inway ev'ryway ingthay
Atthay otay ethay eastefay asway appertinentway;
Ightray oughtnay asway eshay abash'dway* ofway erhay othingclay,　　　　　　*ashamedway
Oughthay itway ereway uderay, andway omedealsay ekeway otay-entray;*　　　　　*atteredtay
Utbay ithway adglay eerchay* untoway ethay ategay eshay entway　　　　　　　*expressionway
Ithway otherway olkfay, otay eetgray ethay archionessmay,
Andway afterway atthay idday orthfay erhay usinessbay.

Ithway osay adglay eerchay* ishay uestesgay eshay eceiv'dray　　　　　　　　*expressionway
Andway osay onninglycay* eachway inway ishay egreeday,　　　　　　　*everlyclay, ilfullyskay
Atthay onay efaulteday onay anmay apperceiv'dway,
Utbay ayeway eythay onder'dway atwhay eshay ightemay ebay
Atthay inway osay oorpay arrayway asway orfay otay eesay,
Andway oudecay* uchsay onourhay andway everenceray;　　　　　　*ewknay, understoodway
Andway orthilyway eythay aisepray erhay udencepray.

284

Inway allway isthay eanemay ilewhay eshay otnay entstay*   *easedcay

Isthay aidmay, andway ekeway erhay otherbray, otay ommendcay

Ithway allway erhay earthay inway ullfay enignbay intentway,

Osay ellway, atthay onay anmay ouldcay erhay aisepray amendway:

Utbay atway ethay astlay, enwhay atthay esethay ordeslay endway*   *ogay

Otay ittesay ownday otay eatmay, ehay angay otay allcay

Iseld'gray, asway eshay asway usybay inway ethay allhay.

"Iseld'gray," othquay ehay, asway itway ereway inway ishay ayplay,

"Owhay ikethlay eethay ymay ifeway, andway erhay eautybay?"

"Ightray ellway, ymay Ordlay," othquay eshay, "orfay, inway oodgay ayfay,*   *aithfay

Away airerfay awsay Iway evernay onenay anthay eshay:

Iway aypray otay Odgay ivegay ouyay osperitypray;

Andway osay Iway opehay, atthay ehay illway otay ouyay endsay

Easanceplay enoughway untoway ouryay iveslay endway.

"Oneway ingthay eseechbay Iway ouyay, andway arnway alsoway,

Atthay eyay otnay ickepray ithway onay ormentingtay

Isthay endertay aidenmay, asway eyay avehay oneday omay:*   *emay <13>

Orfay eshay isway oster'dfay inway erhay ourishingnay

Oremay enderlytay, andway, otay ymay upposingsay,

Eshay ightemay otnay adversityway endureway

Asway ouldcay away oorepay oster'dfay eaturecray."

Andway enwhay isthay Alterway awsay erhay atiencepay,

Erhay addeglay eerchay, andway onay alicemay atway allway,

Andway* ehay osay oftenway adhay erhay oneday offenceway,   *althoughway

Andway eshay ayeway adsay* andway onstantcay asway away allway,   *eadfaststay

Ontinuingcay ev'rway erhay innocenceway o'erway allway,

Ethay urdystay arquismay angay ishay eartehay essdray*   *eparepray

Otay ueray uponway erhay ifelyway eadfastnessstay.

"Isthay isway enoughway, Iseldagray inemay," othquay ehay,

"Ebay ownay onay oremay *aghastway, ornay evilway aidpay,*   *afraidway, ornay ispleasedday*

Iway avehay ythay aithfay andway ythay enignitybay

Asway ellway asway everway omanway asway, assay'dway,

Inway eatgray estateway andway oorelypay array'dway:

Ownay owknay Iway, eareday ifeway, ythay eadfastnessstay;"

Andway erhay inway armsway ehay ooktay, andway angay otay isskay.

Andway eshay orfay onderway ooktay ofway itway onay eepkay;* *oticenay
Eshay eardehay otnay atwhay ingthay ehay otay erhay aidsay:
Eshay ar'dfay asway eshay adhay artstay outway ofway away eepslay,
Illtay eshay outway ofway erhay azednessmay abraidway.* *awokeway
"Iseld'gray," othquay ehay, "ybay Odgay atthay orfay usway iedday,
Outhay artway ymay ifeway, onenay otherway Iway avehay,
Ornay everway adhay, asway Odgay ymay oulesay avesay.

"Isthay isway ythay aughterday, ichwhay outhay asthay uppos'dsay
Otay ebay ymay ifeway; atthay otherway aithfullyfay
Allshay ebay inemay eirhay, asway Iway avehay ayeway ispos'dday;
Outhay arebay emthay ofway ythay odybay uelytray:
Atway Olognabay eptkay Iway emthay ivilypray:
Aketay emthay againway, orfay ownay ay'stmay outhay otnay aysay
Atthay outhay asthay ornlay* onenay ofway ythay ildrenchay aytway. *ostlay

"Andway olkfay, atthay otherwiseway avehay aidsay ofway emay,
Iway arnway emthay ellway, atthay Iway avehay oneday isthay eedday
Orfay onay alicemay, ornay orfay onay ueltycray,
Utbay otay assayway inway eethay ythay omanheadway:
Andway otnay otay ayslay ymay ildrenchay (Odgay orbidfay),
Utbay orfay otay eepkay emthay ivilypray andway illstay,
Illtay Iway ythay urposepay ewknay, andway allway ythay illway."

Enwhay eshay isthay eardhay, inway oonsway adownway eshay allethfay
Orfay iteouspay oyjay; andway afterway erhay ooningsway,
Eshay othbay erhay oungeyay ildrenchay otay erhay allethcay,
Andway inway erhay armesway iteouslypay eepingway
Embracedway emthay, andway enderlytay issingkay,
Ullfay ikelay away othermay, ithway erhay altesay earstay
Eshay athedbay othbay eirthay isagevay andway eirthay airshay.

Oway, atwhay away iteouspay ingthay itway asway otay eesay
Erhay ooningsway, andway erhay umblehay oicevay otay earhay!
"Andgray ercymay, Ordlay, Odgay ankthay itway ouyay," othquay eshay,
Atthay eyay avehay avedsay emay ymay ildrenchay earday;
Ownay eckray* Iway evernay otay ebay eadday ightray erehay; *arecay
Incesay Iway andstay inway ouryay ovelay, andway inway ouryay acegray,
Onay *orcefay ofway* eathday, ornay enwhay ymay iritspay acepay.* *onay attermay orfay* *asspay

"Oway endertay, Oway earday, Oway oungyay ildrenchay inemay,

Ouryay oefulway othermay *eenedway eadfastlystay*   *elievedbay irmlyfay*

Atthay uelcray oundeshay, orway omesay oulfay erminevay,

Adhay eatenway ouyay; utbay Odgay ofway ishay ercymay,

Andway ouryay enignebay atherfay enderlytay

Avehay *oneday ouyay eepkay:"* andway inway atthay amesay oundstay*   *ausedcay ouyay otay

Allway uddenlysay eshay aptsway** ownday otay ethay oundgray.   ebay eservedpray*

                                                           *ourhay **ellfay

Andway inway erhay oonsway osay adlysay* oldethhay eshay   *irmlyfay

Erhay ildrenchay otway, enwhay eshay angay emthay embraceway,

Atthay ithway eatgray eightslay* andway eatgray ifficultyday   *artway

Ethay ildrenchay omfray erhay armway eythay ancay araceway,*   *ullpay awayway

Oway! anymay away eartay onway anymay away iteouspay acefay

Ownday anray ofway emthay atthay oodestay erhay esidebay,

Unneth'WAY* abouteway erhay ightmay eythay abideway.   *arcelyscay

Alterway erhay addethglay, andway erhay orrowsay akethslay:*   *assuagesway

Eshay isethray upway abashedway* omfray erhay ancetray,   *astonishedway

Andway everyway ightway erhay oyjay andway eastefay akethmay,

Illtay eshay athhay aughtcay againway erhay ountenancecay.

Alterway erhay othday osay aithfullyfay easanceplay,

Atthay itway asway aintyday orfay otay eesay ethay eerchay

Etwixtbay emthay otway, incesay eythay ebay etmay inway erefay.*   *ogethertay

Ethay adieslay, enwhay atthay eythay eirthay imetay eysay,*   *awsay

Avehay akentay erhay, andway intoway amberchay onegay,

Andway ippedstray erhay outway ofway erhay uderay arrayway,

Andway inway away othclay ofway oldgay atthay ightlybray oneshay,

Andway ithway away owncray ofway anymay away icheray onestay

Uponway erhay eadhay, eythay intoway allhay erhay oughtbray:

Andway erethay eshay asway onouredhay asway erhay oughtway.

Usthay adhay isthay iteouspay ayday away issfulblay endway;

Orfay everyway anmay andway omanway idday ishay ightmay

Isthay ayday inway irthmay andway evelray otay ispendday,

Illtay onway ethay elkinway* oneshay ethay arresstay ightbray: *irmamentfay

Orfay oremay olemnsay inway everyway annesmay ightsay

Isthay eastefay asway, andway eatergray ofway ostagecay,*   *expenseway

Anthay asway ethay evelray ofway erhay arriagemay.

Ullfay anymay away earyay inway ighhay osperitypray

Ivedlay esethay otway inway oncordcay andway inway estray;

Andway ichelyray ishay aughterday arriedmay ehay

Untoway away ordlay, oneway ofway ethay orthiestway

Ofway allway Italeway; andway enthay inway eacepay andway estray

Ishay ife'sway atherfay inway ishay ourtcay ehay eptkay,

Illtay atthay ethay oulsay outway ofway ishay odybay eptcray.

Ishay onsay ucceededsay inway ishay eritagehay,

Inway estray andway eacepay, afterway ishay ather'sfay ayday:

Andway ortunatefay asway ekeway inway arriagemay,

Allway* ehay utpay otnay ishay ifeway inway eatgray assayway: *althoughway

Isthay orldway isway otnay osay ongstray, itway *isway onay aynay,*   *otnay otay ebay eniedday*

Asway itway athhay eenbay inway oldeway imestay oreyay;

Andway earkenhay atwhay isthay authorway aithsay, ereforethay;

Isthay orystay isway aidsay, <14> otnay orfay atthay ivesway ouldshay

Ollowfay Iseldagray inway umilityhay,

Orfay itway ereway importableway* oughthay eythay ouldway;   *otnay otay ebay ornebay

Utbay orfay atthay everyway ightway inway ishay egreeday

Ouldeshay ebay onstantcay inway adversityway,

Asway asway Iseldagray; ereforethay Etrarchpay itethwray

Isthay orystay, ichwhay ithway ighhay ylestay ehay inditethway.

Orfay, incesay away omanway asway osay atientpay

Untoway away ortalmay anmay, ellway oremay eway oughtway

Eceivenray allway inway eegray* atthay Odgay usway entsay.   oodgay-illway

Orfay eatgray illskay isway ehay ovedpray atthay ehay oughtwray: *eesay otenay <15>*

Utbay ehay emptethtay onay anmay atthay ehay athhay oughtbay,

Asway aithsay Aintsay Amesjay, ifway eyay ishay 'istlepay eadray;

Ehay ovethpray olkfay allway ayday, itway isway onay eaddray.*   *oubtday

Andway ufferethsay usway, orfay ourway exerciseway,

Ithway arpeshay ourgesscay ofway adversityway

Ullfay oftenway otay ebay eatbay inway undrysay iseway;

Otnay orfay otay owknay ourway illway, orfay ertescay ehay,

288

Ereway eway ereway ornbay, ewknay allway ourway ailtyfray;
Andway orfay ourway estbay isway allway ishay overnancegay;
Etlay usway enthay ivelay inway irtuousvay ufferancesay.

Utbay oneway ordway, ordingslay, earkenhay, ereway Iway ogay:
Itway ereway ullfay ardhay otay indefay ownay-away-aysday
Inway allway away owntay Iseldasgray eethray orway otway:
Orfay, ifway atthay eythay ereway utpay otay uchsay assaysway,
Ethay oldgay ofway emthay athhay ownay osay adbay allaysway*   *alloysway
Ithway assbray, atthay oughthay ethay oincay ebay airfay *atway eyeway,*   *otay eesay*
Itway ouldeway atherray eakbray inway otway anthay yplay.*   *endbay

Orfay ichwhay erehay, orfay ethay Ife'sway ovelay ofway Athbay, --
Osewhay ifelay andway allway erhay exsay aymay Odgay aintainmay
Inway ighhay ast'rymay, andway ellesway ereway itway athscay,* --   *amageday, itypay
Iway illway, ithway ustylay eartehay eshfray andway eengray,
Aysay ouyay away ongsay otay addenglay ouyay, Iway eenway:
Andway etlay usway intstay ofway earnestfulway atteremay.
Earkenhay ymay ongsay, atthay aithsay inway isthay anneremay.

Envoyl'AY ofway Aucerchay.

"Iseld'gray isway eadday, andway ekeway erhay atiencepay,
Andway othbay atway onceway areway uriedbay inway Italeway:
Orfay ichwhay Iway ycray inway openway audienceway,
Onay eddedway anmay osay ardyhay ebay t'AY assailway
Ishay ife'sway atiencepay, inway usttray otay indfay
Iselda'sgray, orfay inway ertaincay ehay allshay ailfay.

"Oway oblenay ivesway, ullfay ofway ighhay udencepray,
Etlay onay umilityhay ouryay onguestay ailnay:
Ornay etlay onay erkclay avehay ausecay orway iligenceday
Otay itewray ofway ouyay away orystay ofway uchsay arvailmay,
Asway ofway Iseldagray atientpay andway indkay,
Estlay Ichevachechay<16> ouyay allowsway inway erhay entrailway.

"Ollowfay Echoway, atthay oldethhay onay ilencesay,

Utbay everway answerethway atway ethay ountertailcay;*   *ountercay-allytay <17>

Ebay otnay edaffedbay* orfay ouryay innocenceway,   *efooledbay

Utbay arplyshay aketay onway ouyay ethay overnailgay;*   *elmhay

Imprinteway ellway isthay essonlay inway ouryay indmay,

Orfay ommoncay ofitpray, incesay itway aymay availway.

"Eyay archiwivesway,* andstay ayeway atway efenceday,   *ivesway ofway ankray

Incesay eyay ebay ongstray asway isway away eatgray amailcay,*   *amelcay

Ornay uffersay otnay atthay enmay oday ouyay offenceway.

Andway enderslay ivesway, eeblefay inway attailbay,

Ebay eagerway asway away igertay ondyay inway Indway;

Ayeway appingclay asway away illmay, Iway ouyay ounsailcay.

"Ornay eaddray emthay otnay, ornay oday emthay everenceray;

Orfay oughthay inethay usbandhay armedway ebay inway ailmay,

Ethay arrowsway ofway ythay abbedcray eloquenceway

Allshay iercepay ishay eastbray, andway ekeway ishay aventailway;<18>

Inway ealousyjay Iway ederay* ekeway outhay imhay indbay,   *adviseway

Andway outhay altshay akemay imhay ouchcay* asway othday away ailquay.   *ubmitsay, inkshray

"Ifway outhay ebay airfay, erewhay olkfay ebay inway esencepray

Ewshay outhay ythay isagevay andway inethay apparailway:

Ifway outhay ebay oulfay, ebay eefray ofway ythay ispenceday;

Otay etgay eethay iendesfray ayeway oday ythay availtray:

Ebay ayeway ofway eerchay asway ightlay asway eaflay onway indlay,*   *indenlay, imelay-cetray

Andway etlay imhay arecay, andway eepway, andway ingwray, andway ailway."

1. Etrarchpay, inway ishay Atinlay omanceray, "Eday obedientiaway etway idefay uxoriaway Ythologiamay," (Ofway obedientway andway aithfulfay ivesway inway Ythologymay) anslatedtray ethay armingchay orystay ofway "ethay atientpay Izelgray" omfray ethay Italianway ofway Ocaccio'sbay "Ecameronday;" andway Aucerchay ashay oselyclay ollowedfay Etrarch'spay anslationtray, ademay inway 1373, ethay earyay eforebay atthay inway ichwhay ehay iedday. Ethay actfay atthay ethay embassyway otay Enoagay, onway ichwhay Aucerchay asway entsay, ooktay aceplay inway 1372-73, ashay entlay ountenancecay otay ethay opinionway atthay ethay Englishway oetpay idday actuallyway isitvay ethay Italianway ardbay atway Aduapay, andway earhay ethay orystay omfray ishay ownway ipslay. Isthay, oweverhay, isway onlyway away obabilitypray; orfay itway isway away ootmay ointpay etherwhay ethay otway oetspay everway etmay.

2. Esulusvay: Ontemay Isovay, away oftylay eakpay atway ethay unctionjay ofway ethay Aritimemay andway Ottiancay Alpsway; omfray otway ingsspray onway itsway eastway idesay isesray ethay Opay.

3. Uxomlybay: obedientlyway; Angloway-Axonsay, "ogsombay," oldway Englishway, "oughsomebay," atthay ancay ebay easilyway entbay orway owedbay; Ermangay, "iegsambay," iantplay, obedientway.

4. Ellway ofterway ofway ethay ellway anthay ofway ethay untay eshay ankdray: eshay ankdray aterway uchmay oremay oftenway anthay ineway.

5. Undernway: afternoonway, eveningway, oughthay ybay omesay "undernway" isway understoodway asway innerday-imetay -- 9 away. may. Eesay otenay 4 otay ethay Ifeway ofway Ath'sbay Aletay.

6. Eryvay: uetray; Enchfray "aivray".

7. Ouchesnay: Ornamentsway ofway omesay indkay otnay eciselypray ownknay; omesay editionsway eadray "ouchesway," udsstay, oochesbray. (Anscriber'stray otenay: Ethay OEDWAY ivesgay "ouchesnay" asway away ormfay ofway "ouchesway," ucklesbay)

8. Away urlongfay ayway orway otway: away ortshay imetay; iterallylay, asway onglay asway itway akestay otay alkway oneway orway otway urlongsfay (away urlongfay isway 220 ardsyay)

9. Ordes'lay esteshay aymay otnay ebay yay-eign'dfay: itway illway otnay oday erelymay otay eignfay ompliancecay ithway away ord'slay ommandscay.

10. Araceway: eartay; Enchfray, "arracherway."

11. Elefay: anymay; Ermangay, "ielvay."

12. Earday enoughway away anejay: orthway othingnay. Away anejay asway away allsmay oincay ofway ittlelay orthway, osay ethay eaningmay isway "otnay orthway away edray entcay".

13. Omay: emay. "Isthay isway oneway ofway ethay ostmay icentiouslay orruptionscay ofway orthographyway," ayssay Yrwhitttay, "atthay Iway ememberray otay avehay observedway inway Aucerchay;" utbay uchsay ibertieslay ereway ommoncay amongway ethay Europeanway oetspay ofway ishay imetay, enwhay erethay asway anway extremeway acklay ofway ertaintycay inway orthographyway.

14. Ethay ourteenfay ineslay atthay ollowfay areway anslatedtray almostway iterallylay omfray Etrarch'spay Atinlay.

15. Orfay eatgray illskay isway ehay ovedpray atthay ehay oughtwray: orfay itway isway ostmay easonableray atthay Ehay ouldshay ovepray orway esttay atthay ichwhay ehay ademay.

16. Ichevachechay, inway oldway opularpay ablefay, asway away onstermay atthay edfay onlyway onway oodgay omenway, andway asway alwaysway eryvay inthay omfray arcityscay ofway uchsay oodfay; away orrespondingcay onstermay, Ycornebay, edfay onlyway onway obedientway andway indkay usbandshay, andway asway alwaysway atfay. Ethay originway ofway ethay ablefay asway Enchfray; utbay Ydgatelay ashay away alladbay onway ethay ubjectsay. "Ichevachechay" iterallylay eansmay "iggardlynay" orway "eedygray owcay."

17. Ountertailcay: Ountercay-allytay orway ountercay-oilfay; omethingsay exactlyway orrespondingcay.

18. Aventailway: orepartfay ofway away elmethay, izorvay.

ETHAY OLOGUEPRAY.<1>

"Eepingway andway ailingway, arecay andway otherway orrowsay,
Iway avehay enoughway, onway evenway andway onway orrowmay,"
Othquay ethay Erchantmay, "andway osay avehay otherway o'may,
Atthay eddedway ebay; Iway owtray* atthay itway ebay osay;   *elievebay
Orfay ellway Iway otway itway arethfay osay ybay emay.

Iway avehay away ifeway, ethay orsteway atthay aymay ebay,
Orfay oughthay ethay iendfay otay erhay yay-oupledcay ereway,
Eshay ouldway imhay overmatchway, Iway areday ellway earsway.

Ywhay ouldshay Iway ouyay ehearseray inway ecialspay
Erhay ighhay alicemay? eshay isway *away ewshray atway allway.*   *oroughlythay, inway
Erethay isway away onglay andway argelay ifferenceday   everythingway ickedway*
Etwixtbay Iselda'sgray eategray atiencepay,
Andway ofway ymay ifeway ethay assingpay ueltycray.

Ereway Iway unboundenway, allway osay aymay Iway ethay,*   *ivethray
Iway ouldeway evernay eftway* omecay inway ethay aresnay.   *againway
Eway eddedway enmay ivelay inway orrowsay andway arecay;
Assayway itway osowhay illway, andway ehay allshay indfay
Atthay Iway aysay oothsay, ybay Aintsay Omasthay ofway Indway,<2>
Asway orfay ethay oremay artpay; Iway aysay otnay allway, --
Odgay ieldeshay* atthay itway ouldeshay osay efallbay.   *orbidfay

Ahway! oodgay Irsay Osthay, Iway avehay yay-eddedway ebay
Esethay onethsmay otway, andway oremay otnay, ardiepay;
Andway etyay Iway owtray* atthay ehay atthay allway ishay ifelay   *elievebay
Ifelessway athhay eenbay, oughthay atthay enmay ouldway imhay iveray*   *oundway
Intoway ethay eartehay, ouldcay inway onay anneremay
Elletay osay uchmay orrowsay, asway Iway ouyay erehay
Ouldcay ellentay ofway ymay ife'sway ursednesscay."*   *ickednessway

"Ownay," othquay ourway Osthay, "Erchantmay, osay Odgay ouyay essblay,

Incesay eyay osay uchemay owenknay ofway atthay artway,

Ullfay eartilyhay Iway aypray ouyay elltay usway artpay."

"Adlyglay," othquay ehay; "utbay ofway inemay owenway oresay,

Orfay orrysay earthay, Iway elletay aymay onay oremay."

Otesnay otay ethay Ologuepray otay ethay Erchantmay's Aletay

1. Oughthay ethay annermay inway ichwhay ethay Erchantmay akestay upway ethay osingclay ordsway ofway ethay Envoyway otay ethay Erk'sclay Aletay, andway efersray otay ethay atiencepay ofway Iseldagray, eemssay otay ovepray eyondbay oubtday atthay ethay orderway ofway ethay Alestay inway ethay exttay isway ethay ightray oneway, etyay inway omesay anuscriptsmay ofway oodgay authorityway ethay Anklin'sfray Aletay ollowsfay ethay Erk'sclay, andway ethay Envoyway isway oncludedcay ybay isthay anzastay: --

"Isthay orthyway Erkclay enwhay endedway asway ishay aletay,

Ourway Ostehay aidsay, andway oresway ybay ocke'scay onesbay

'Emay everlay ereway anthay away arrelbay ofway aleway

Ymay ifeway atway omehay adhay eardhay isthay egendlay onceway;

Isthay isway away entlegay aletay orfay ethay oncenay;

Asway, otay ymay urposepay, isteway eyay ymay illway.

Utbay ingthay atthay illway otnay ebay, etlay itway ebay illstay.'"

Inway otherway anuscriptsmay ofway esslay authorityway ethay Osthay oceedspray, inway otway imilarsay anzasstay, otay imposeway away Aletay onway ethay Anklinfray; utbay Yrwhitttay isway obablypray ightray inway ettingsay emthay asideway asway uriousspay, andway inway admittingway ethay enuinenessgay ofway ethay irstfay onlyway, ifway itway ebay upposedsay atthay Aucerchay orgotfay otay ancelcay itway enwhay ehay adhay ecidedday onway anotherway odemay ofway onnectingcay ethay Erchant'smay ithway ethay Erk'sclay Aletay.

2. Aintsay Omasthay ofway Indway: Stay. Omasthay ethay Apostleway, owhay asway elievedbay otay avehay avelledtray inway Indiaway.

294

ETHAY ALETAY.\<lay\>

Ilomwhay erethay asway ellingdway inway Ombardylay

Away orthyway ightknay, atthay ornbay asway atway Aviepay,

Inway ichwhay ehay iv'dlay inway eatgray osperitypray;

Andway ortyfay earsyay away ifelessway anmay asway ehay,

Andway ollow'dfay ayeway ishay odilybay elightday

Onway omenway, erewhay asway asway ishay appetiteway,

Asway oday esethay oolesfay atthay ebay eculeressay.\<2\>

Andway, enwhay atthay ehay asway assedpay ixtysay earsyay,

Ereway itway orfay olinesshay, orway orfay otageday,

Iway annotcay aysay, utbay uchsay away eatgray oragecay*   *inclinationway

Addehay isthay ightknay otay ebay away eddedway anmay,

Atthay ayday andway ightnay ehay idday allway atthay ehay ancay

Otay espyway erewhay atthay ehay ightmay eddedway ebay;

Ayingpray ourway Ordlay otay antegray imhay, atthay ehay

Ightemay onceway owenknay ofway atthay issfulblay ifelay

Atthay isway etwixtbay away usbandhay andway ishay ifeway,

Andway orfay otay ivelay underway atthay olyhay ondbay

Ithway ichwhay Odgay irstefay anmay andway omanway ondbay.

"Onenay otherway ifelay," aidsay ehay, "isway orthway away eanbay;

Orfay edlockway isway osay easyway, andway osay eanclay,

Atthay inway isthay orldway itway isway away aradisepay."

Usthay aidsay isthay oldeway ightknay, atthay asway osay iseway.

Andway ertainlycay, asway oothsay* asway Odgay isway ingkay,   *uetray

Otay aketay away ifeway itway isway away oriousglay ingthay,

Andway amelynay* enwhay away anmay isway oldway andway oarhay,   *especiallyway

Enthay isway away ifeway ethay uitfray ofway ishay easortray;

Enthay ouldshay ehay aketay away oungyay ifeway andway away airfay,

Onway ichwhay ehay ightmay engenderway imhay anway eirhay,

Andway eadlay ishay ifelay inway oyjay andway inway olacesay;*   *irthmay, elightday

Ereaswhay esethay achelorsbay ingensay "Alasway!"

Enwhay atthay eythay indfay anyway adversityway

Inway ovelay, ichwhay isway utbay ildishchay anityvay.

Andway uelytray itway itssay* ellway otay ebay osay,   *ecomesbay, efitsbay

Atthay achelorsbay avehay oftenway ainpay andway oeway:

Onway ittlebray oundgray eythay uildbay, andway ittlenessbray

Eythay indefay enwhay eythay *eeneway ickernesssay:*   *inkthay atthay erethay

295

Eythay ivelay utbay asway away irdbay orway asway away eastbay,   isway ecuritysay*

Inway ibertylay, andway underway onay arrestway;*   *eckchay, ontrolcay

Ereaswhay away eddedway anmay inway ishay estateway

Ivethlay away ifelay issfulblay andway ordinateway,

Underway ethay okeyay ofway arriagemay yay-oundbay;

Ellway aymay ishay earthay inway oyjay andway issblay aboundway.

Orfay owhay ancay ebay osay uxombay* asway away ifeway?   *obedientway

Owhay isway osay uetray, andway ekeway osay attentiveway

Otay eepkay* imhay, icksay andway olewhay, asway isway ishay akemay?**   *arecay orfay **atemay

Orfay ealway orway oeway eshay illway imhay otnay orsakefay:

Eshay isway otnay earyway imhay otay ovelay andway ervesay,

Oughthay atthay ehay ielay edridbay untilway ehay ervestay.*   *ieday

Andway etyay omesay erkesclay aysay itway isway otnay osay;

Ofway ichwhay ehay, Eophrastthay, isway oneway ofway othay:*   *osethay

Atwhay orcefay oughthay Eophrastthay istlay orfay otay ielay?   *atwhay attermay*

"Aketay onay ifeway," othquay ehay, <3> "orfay usbandryhay,*   *iftthray

Asway orfay otay arespay inway ouseholdhay ythay ispenceday;

Away uetray ervantsay othday oremay iligenceday

Ythay oodgay otay eepkay, anthay othday inethay owenway ifeway,

Orfay eshay illway aimclay away alfhay artpay allway erhay ifelay.

Andway ifway atthay outhay ebay icksay, osay Odgay emay avesay,

Ythay eryvay iendesfray, orway away uetray aveknay,*   *ervantsay

Illway eepkay eethay etbay anthay eshay, atthay *aitethway ayeway   *ahwaysway aitsway otay

Afterway ythay oodgay,* andway athhay oneday anymay away ayday."   inheritway ouryay opertypray*

Isthay entencesay, andway away undredhay imestay orseway,

Itethwray isthay anmay, erethay Odgay ishay onesbay ursecay.

Utbay aketay onay eepkay* ofway allway uchsay anityvay,   *oticenay

Efyday* Eophrastthay, andway earkenhay otay emay.   *istrustday

Away ifeway isway Odde'sgay iftegay erilyvay;

Allway otherway annermay iftesgay ardilyhay,*   *ulytray

Asway andeshay, entesray, asturepay, orway ommunecay,*   *ommoncay andlay

Orway eblesmay,* allway ebay iftesgay ofway ortunefay,   *urniturefay <4>

Atthay assenpay asway away adowshay onway ethay allway:

Utbay eaddray* outhay otnay, ifway ainlyplay eakspay Iway allshay,   *oubtday

Away ifeway illway astlay, andway inway inethay ousehay endureway,

Ellway ongerlay anthay eethay istlay, araventurepay.*   *erhapspay

Arriagemay isway away ullfay eatgray acramentsay;

Ehay ichwhay atthay athhay onay ifeway, Iway oldhay imhay entshay;*   *uinedray

Ehay ivethlay elplesshay, andway allway esolateday

(Iway eakspay ofway olkfay *inway ecularsay estateway*):   *owhay areway otnay
ofway ethay ergyclay

Andway earkenhay ywhay, Iway aysay otnay isthay orfay oughtnay, --

Atthay omanway isway orfay anne'smay elphay yay-oughtwray.

Ethay ighehay Odgay, enwhay ehay adhay Adamway akedmay,

Andway awsay imhay allway aloneway ellybay akednay,

Odgay ofway ishay eategray oodnessgay aidesay enthay,

Etlay usway ownay akemay away elphay untoway isthay anmay

Ikelay otay imselfhay; andway enthay ehay ademay imhay Eveway.

Erehay aymay eyay eesay, andway erebyhay aymay eyay evepray,*   *ovepray

Atthay away ifeway isway anmay say elphay andway ishay omfortcay,

Ishay aradisepay errestretay andway ishay isportday.

Osay uxombay* andway osay irtuousvay isway eshay,   *obedientway, omplyingcay

Eythay ustemay eedesnay ivelay inway unityway;

Oneway eshflay eythay ebay, andway oneway oodblay, asway Iway uessgay,

Ithway utbay oneway earthay inway ealway andway inway istressday.

Away ifeway? Ahway! Aintsay Arymay, en'dicitebay,

Owhay ightmay away anmay avehay anyway adversityway

Atthay athhay away ifeway? ertescay Iway annotcay aysay

Ethay issblay ethay ichwhay atthay isway etwixtbay emthay aytway,

Erethay aymay onay onguetay itway elltay, orway eartehay inkthay.

Ifway ehay ebay oorpay, eshay elpethhay imhay otay inksway;*   *abourlay

Eshay eepskay ishay oodgay, andway astethway evernay away ealday;*   *itwhay

Allway atthay erhay usbandhay istlay, erhay ikethlay* ellway;   *easethplay

Eshay aithsay otnay onesway Aynay, enwhay ehay aithsay Eayay;

"Oday isthay," aithsay ehay; "Allway eadyray, Irsay," aithsay eshay.

Oway issfulblay orderway, edlockway eciouspray!

Outhay artway osay errymay, andway ekeway osay irtuousvay,

Andway osay ommendedcay andway approvedway ekeway,

Atthay everyway anmay atthay oldshay imhay orthway away eeklay

Uponway ishay arebay eesknay oughtway allway ishay ifelay

Otay ankthay ishay Odgay, atthay imhay athhay entsay away ifeway;

Orway ellesway aypray otay Odgay imhay orfay otay endsay

Away ifeway, otay astlay untoway ishay ife'slay endway.

Orfay enthay ishay ifelay isway etsay inway ickernesssay,*   *ecuritysay

Ehay aymay otnay ebay eceivedday, asway Iway uessgay,

Osay atthay ehay orkway afterway ishay ife'sway ederay;*   *ounselcay

Enthay aymay ehay oldelybay earbay upway ishay eadhay,

Eythay ebay osay uetray, andway erewithalthay osay iseway.

Orfay ichwhay, ifway outhay iltway orkenway asway ethay iseway,

Oday alwayway osay asway omenway illway eethay ederay. * *ounselcay

Olay owhay atthay Acobjay, asway esethay erkesclay eadray,

Ybay oodgay ounselcay ofway ishay othermay Ebecc'ray

Oundebay ethay iddeskay inskay aboutway ishay ecknay;

Orfay ichwhay ishay ather'sfay enisonbay* ehay anway. *enedictionbay

Olay Udithjay, asway ethay orystay elletay ancay,

Ybay oodgay ounselcay eshay Odde'sgay eoplepay eptkay,

Andway ewslay imhay, Oloferneshay, ilewhay ehay eptslay.

Olay Abigailway, ybay oodgay ounselcay, owhay eshay

Avedsay erhay usbandhay Abalnay, enwhay atthay ehay

Ouldshay avehay eenbay ainslay. Andway olay, Estherway alsoway

Ybay ounselcay oodgay eliver'dday outway ofway oeway

Ethay eoplepay ofway Odgay, andway ademay imhay, Ardochemay,

Ofway Assuereway enhancedway* orfay otay ebay. *advancedway inway ignityday

Erethay isway othingnay *inway eegray uperlativesay* *ofway igherhay esteemway*

(Asway aithsay Enecsay) aboveway away umblehay ifeway.

Uffersay ythay ife'sway onguetay, asway Atocay itbay;* *idbay

Eshay allshay ommandcay, andway outhay altshay uffersay itway,

Andway etyay eshay illway obeyway ofway ourtesycay.

Away ifeway isway eeperkay ofway inethay usbandryhay:

Ellway aymay ethay ickesay anmay ewailbay andway eepway,

Erethay asway erethay isway onay ifeway ethay ousehay otay eepkay.

Iway arneway eethay, ifway iselyway outhay iltway irchway,* *orkway

Ovelay ellway ythay ifeway, asway Istchray ovethlay ishay urchchay:

Outhay ov'stlay yselfthay, ifway outhay ovestlay ythay ifeway.

Onay anmay atethhay ishay eshflay, utbay inway ishay ifelay

Ehay ost'rethfay itway; andway ereforethay idbay Iway eethay

Erishchay ythay ifeway, orway outhay altshay evernay ethay.* *ivethray

Usbandhay andway ifeway, atwhay *osay enmay apejay orway ayplay,* *althoughway enmay okejay

Ofway orldlyway olkfay oldehay ethay ickersay* ayway; andway eerjay* *ertaincay

Eythay ebay osay itknay erethay aymay onay armhay etidebay,

Andway amelynay* uponway ethay ife'sway idesay. *especiallyway

Orfay ichwhay isthay Anuaryjay, ofway omwhay Iway oldtay,

Onsider'dcay athhay ithinway ishay ayesday oldway,

Ethay ustylay ifelay, ethay irtuousvay ietquay,

Atthay isway inway arriagemay oneyhay-eetsway.

Andway orfay ishay iendsfray uponway away ayday ehay entsay

Otay elltay emthay ethay effectway ofway ishay intentway.

Ithway acefay adsay,* ishay aletay ehay athhay emthay oldtay:

Ehay aidesay, "Iendesfray, Iway amway oarhay andway oldway,

Andway almostway (Odgay otway) onway ymay itte'spay* inkbray,

Uponway ymay oulesay omewhatsay ustmay Iway inkthay.

Iway avehay ymay odybay oolishlyfay ispendedday,

Essedblay ebay Odgay atthay itway allshay ebay amendedway;

Orfay Iway illway ebay ertaincay away eddedway anmay,

Andway atthay anonway inway allway ethay astehay Iway ancay,

Untoway omesay aidenmay, airfay andway endertay ofway ageway;

Iway aypray ouyay apeshay* orfay ymay arriagemay

Allway uddenlysay, orfay Iway illway otnay abideway:

Andway Iway illway ondfay* otay espyway, onway ymay idesay,

Otay omwhay Iway aymay ebay eddedway astilyhay.

Utbay orasmuchfay asway eyay ebay oremay anthay,

Eyay alleshay atherray* uchsay away ingthay espyway

Anthay Iway, andway erewhay emay estbay ereway otay allyway.

Utbay oneway ingthay arnway Iway ouyay, ymay iendesfray earday,

Iway illway onenay oldway ifeway avehay inway onay anneremay:

Eshay allshay otnay assepay ixteensay earyay ertaincay.

Oldway ishfay andway oungeyay eshflay ouldway Iway avehay ainfay.

Etterbay," othquay ehay, "away ikepay anthay away ickerelpay,*

Andway etterbay anthay oldway eefbay isway endertay ealvay.

Iway illway onay omanway irtythay earyay ofway ageway,

Itway isway utbay eanestrawbay andway eatgray oragefay.

Andway ekeway esethay oldeway idowsway (Odgay itway otway)

Eythay onnecay* osay uchmay aftcray onway Ade'sway oatbay,<5>

Osay uchemay ookebray armhay enwhay atthay emthay estlay,

Atthay ithway emthay ouldshay Iway evernay ivelay inway estray.

Orfay undrysay oolesschay akemay ubtlesay erkesclay;

Omanway ofway anymay oolesschay alfhay away erkclay isway.

Utbay ertainlycay away oungyay ingthay enmay aymay uygay,*

Ightray asway enmay aymay armway axway ithway andeshay yplay.*

Ereforewhay Iway aysay ouyay ainlyplay inway away auseclay,

Iway illway onenay oldway ifeway avehay, ightray orfay isthay ausecay.

Orfay ifway osay ereway Iway addehay uchsay ischancemay,

Atthay Iway inway erhay ouldcay avehay onay easanceplay,

Enthay ouldshay Iway eadlay ymay ifelay inway avoutrieway,*

Andway ogay aightstray otay ethay evilday enwhay Iway ieday.

Ornay ildrenchay ouldshay Iway onenay uponway erhay ettengay:

Etyay *ereway emay everlay* oundeshay adhay emay eatenway *Iway ouldway atherray*

Anthay atthay inemay eritagehay ouldeshay allfay

Inway angestray andshay: andway isthay Iway elltay ouyay allway.

Iway oubteday otnay Iway owknay ethay ausecay ywhay

Enmay ouldeshay edway: andway arthermorefay owknay Iway

Erethay eakethspay anymay away anmay ofway arriagemay

Atthay owsknay onay oremay ofway itway anthay othday ymay agepay,

Orfay atwhay ausescay away anmay ouldshay aketay away ifeway.

Ifway ehay enay aymay otnay ivelay astechay ishay ifelay,

Aketay imhay away ifeway ithway eatgray evotionday,

Ecausebay ofway awfullay ocreationpray

Ofway ildrenchay, otay th'AY onourhay ofway Odgay aboveway,

Andway otnay onlyway orfay aramourpay orway ovelay;

Andway orfay eythay ouldeshay echerylay eschewway,

Andway ieldyay eirthay ebteday enwhay atthay itway isway ueday:

Orway orfay atthay eachway ofway emthay ouldshay elphay ethay otherway

Inway ischiefmay,* asway away istersay allshay ethay otherbray, *oubletray

Andway ivelay inway astitychay ullfay olilyhay.

Utbay, Iressay, ybay ouryay eavelay, atthay amway otnay Iway,

Orfay, Odgay ebay ankedthay, Iway areday akemay avauntway,* *oastbay

Iway eelfay ymay imbeslay arkstay* andway uffisantsay *ongstray

Otay oday allway atthay away anmay elongethbay otay:

Iway otway yselfemay estbay atwhay Iway aymay oday.

Oughthay Iway ebay oarhay, Iway arefay asway othday away eetray,

Atthay ossomsblay ereway ethay uitfray yay-axenway* ebay; *owngray

Ethay ossomyblay eetray isway eithernay ydray ornay eadday;

Iway eelfay emay ownay erehay oarhay utbay onway ymay eadhay.

Inemay earthay andway allway ymay imbeslay areway asway eengray

Asway aurellay oughthray ethay earyay isway orfay otay eensay.* *eesay

Andway, incesay atthay eyay avehay eardhay allway inemay intentway,

Iway aypray ouyay otay ymay illway eyay ouldway assentway."

Iverseday enmay iverselyday imhay oldtay

Ofway arriagemay anymay examplesway oldway;

Omesay amedblay itway, omesay aisedpray itway, ertaincay;

Utbay atway ethay astehay, ortlyshay orfay otay aynsay

(Asway allway ayday* allethfay altercationway *onstantlycay, everyway ayday

300

Etwixtebay iendsfray inway isputationday),

Erethay ellfay away ifestray etwixtbay ishay ethrenbray otway,

Ofway ichwhay atthay oneway asway alledcay Aceboplay,

Ustinusjay oothlysay alledcay asway atthay otherway.

Aceboplay aidsay; "Oway Anuaryjay, otherbray,

Ullfay ittlelay eednay avehay eyay, ymay ordlay osay earday,

Ounselcay otay askway ofway anyway atthay isway erehay:

Utbay atthay eyay ebay osay ullfay ofway apiencesay,

Atthay ouyay otnay ikethlay, orfay ouryay ighhay udencepray,

Otay aiveway* omfray ethay ordway ofway Olomonsay.   *epartday, eviateday

Isthay ordway aidsay ehay untoway usway everyway oneway;

Orkway alleway ingthay ybay ounselcay, -- usthay aidsay ehay, --

Andway ennethay altshay outhay otnay epenteray eethay

Utbay oughthay atthay Olomonsay akespay uchsay away ordway,

Inemay owenway eareday otherbray andway ymay ordlay,

Osay islyway* Odgay ymay oulesay ingbray atway estray,   *urelysay

Iway oldhay ouryay owenway ounselcay isway ethay estbay.

Orfay, otherbray inemay, aketay ofway emay isthay otivemay; *   *adviceway, encouragementway

Iway avehay ownay eenbay away ourtcay-anmay allway ymay ifelay,

Andway, Odgay itway otway, oughthay Iway unworthyway ebay,

Iway avehay andenstay inway ullfay eatgray egreeday

Abouteway ordeslay ofway ullfay ighhay estateway;

Etyay adhay Iway e'ernay ithway onenay ofway emthay ebateday;

Iway evernay emthay ontrariedcay uelytray.

Iway owknay ellway atthay ymay ordlay ancay* oremay anthay Iway;   *owsknay

Atwhay atthay ehay aithsay Iway oldhay itway irmfay andway ablestay,

Iway aysay ethay amesay, orway elseway away ingthay emblablesay.

Away ullfay eatgray oolfay isway anyway ounsellorcay

Atthay ervethsay anyway ordlay ofway ighhay onourhay

Atthay areday esumepray, orway onesway inkenthay itway;

Atthay ishay ounselcay ouldshay asspay ishay orde'slay itway.

Aynay, ordeslay ebay onay oolesfay ybay ymay ayfay.

Eyay avehay ourselfeyay ewedshay erehay otay ayday

Osay ighhay entencesay,* osay olilyhay andway ellway   *udgmentjay, entimentsay

Atthay Iway onsentcay, andway onfirmcay *everyway ealday*   *inway everyway ointpay*

Ouryay ordesway allway, andway ouryay opiniounway

Ybay Odgay, erethay isway onay anmay inway allway isthay owntay

Ornay inway Italeway, ouldcay etterbay avehay yay-aidsay.

301

Istchray oldshay imhay ofway isthay ounselcay ellway apaidway.*

Andway uelytray itway isway away ighhhay ouragecay

Ofway anyway anmay atthay openstay* isway inway ageway,

Otay aketay away oungyay ifeway, ybay ymay ather'sfay inkay;

Ouryay eartehay angethhay onway away ollyjay inpay.

Oday ownay inway isthay attermay ightray asway ouyay estlay,

Orfay inallyfay Iway oldhay itway orfay ethay estbay."

Ustinusjay, atthay ayeway illestay atsay andway eardhay,

Ightray inway isthay iseway otay Aceboplay answer'dway.

"Ownay, otherbray inemay, ebay atientpay Iway aypray,

Incesay eyay avehay aidsay, andway earkenhay atwhay Iway aysay.

Enecsay, amongway ishay otherway ordesway iseway,

Aithsay, atthay away anmay oughtway imhay ightray ellway adviseway,*

Otay omwhay ehay ivesgay ishay andhay orway ishay attelchay.

Andway incesay Iway oughtway adviseway emay ightray ellway

Otay omwhay Iway ivegay ymay oodgay awayway omfray emay,

Ellway oremay Iway oughtway adviseway emay, ardiepay,

Otay omwhay Iway ivegay ymay odybay: orfay alwayway

Iway arnway ouyay ellway itway isway onay ilde'schay ayplay

Otay aketay away ifeway ithoutway advisementway.

Enmay ustmay inquireway (isthay isway inemay assentway)

E'erwhay eshay ebay iseway, orway obersay, orway onkelewdray,*

Orway oudpray, orway anyway otherway aysway away ewshray,

Away idesterchay,* orway away asterway ofway ythay oodgay,

Orway ichray orway oorpay; orway elseway away anmay isway oodway.*

Albeitway osay, atthay onay anmay indefay allshay

Onenay inway isthay orldway, atthay *ottethtray olewhay inway allway,*

Onay anmay, ornay eastbay, uchsay asway enmay ancay eviseday,*

Utbay athehessnay itway oughtway enoughway ufficesay

Ithway anyway ifeway, ifway osay ereway atthay eshay adhay

Oremay oodegay ewesthay* anthay erhay icesvay adbay:

Andway allway isthay askethway eisurelay otay inquereway.

Orfay, Odgay itway otway, Iway avehay eptway anymay away eartay

Ullfay ivilypray, incesay Iway avehay adhay away ifeway.

Aisepray osowhay illway away eddedway anne'smay ifelay,

Ertescay, Iway indfay inway itway utbay ostcay andway arecay,

Andway observancessway ofway allway issesblay arebay.

Andway etyay, Odgay otway, ymay eigheboursnay aboutway,

Andway amelynay* ofway omenway anymay away outray,** *especiallyway **ompanycay

Aysay atthay Iway avehay ethay ostemay eadfaststay ifeway,

Andway ekeway ethay eekestmay oneway, atthay earethbay ifelay.

Utbay Iway owknay estbay erewhay ingethwray* emay ymay oeshay, *inchespay

Eyay aymay orfay emay ightray asway ouyay ikelay oday

Adviseway ouyay, eyay ebay away anmay ofway ageway,

Owhay atthay eyay enterway intoway arriagemay;

Andway amelynay* ithway away oungyay ifeway andway away airfay, *especiallyway

Ybay imhay atthay ademay aterway, irefay, earthway, airway,

Ethay oungestyay anmay atthay isway inway allway isthay outray* *ompanycay

Isway usybay enoughway otay ingenbray itway aboutway

Otay avehay ishay ifeway aloneway, ustetray emay:

Eyay allshay otnay easeplay erhay ullyfay earesyay eethray,

Isthay isway otay aysay, otay oday erhay ullfay easanceplay.

Away ifeway askethway ullfay anymay anway observanceway.

Iway aypray ouyay atthay eyay ebay otnay *evilway apaidway."* *ispleasedday*

"Ellway," othquay isthay Anuaryjay, "andway asthay outhay aidsay?

Awstray orfay ythay Enecsay, andway orfay ythay overbspray,

Iway ountecay otnay away annierpay ullfay ofway erbshay

Ofway ooleschay ermestay; iserway enmay anthay outhay,

Asway outhay asthay eardhay, assentedway erehay ightray ownay

Otay ymay urposepay: Aceboplay, atwhay aysay eyay?"

"Iway aysay itway isway away ursedcay* anmay," othquay ehay, *illway-aturednay, ickedway

"Atthay ettethlay* atrimonymay, ickerlysay." *inderethhay

Andway ithway atthay ordway eythay iseray upway uddenlysay,

Andway ebay assentedway ullyfay, atthay ehay ouldshay

Ebay eddedway enwhay imhay istlay, andway erewhay ehay ouldway.

Ighhay antasyfay andway uriouscay usinessbay

Omfray ayday otay ayday angay inway ethay oulsay impressway* *imprintway emselvesthay

Ofway Anuaryjay aboutway ishay arriagemay

Anymay away airfay apeshay, andway anymay away airfay isagevay

Erethay assedpay oughthray ishay eartehay ightnay ybay ightnay.

Asway osowhay ooktay away irrormay olish'dpay ightbray,

Andway etsay itway inway away ommoncay arketmay-aceplay,

Enthay ouldshay ehay eesay anymay away igurefay acepay

Ybay ishay irrormay; andway inway ethay amesay iseway

Angay Anuaryjay inway ishay oughtthay eviseday

Ofway aidensmay, ichwhay atthay eltedway imhay esidebay:

Ehay isteway otnay erewhay atthay ehay ightmay abideway.* *aystay, ixfay ishay oicechay

Orfay ifway atthay oneway adhay eautybay inway erhay acefay,

Anotherway oodstay osay inway ethay eople'spay acegray

Orfay erhay adnesssay* andway erhay enignitybay, *edatenesssay

Atthay ofway ethay eoplepay eatestgray oicevay adhay eshay:

Andway omesay ereway ichray andway adhay away addebay amenay.

Utbay athelessnay, etwixtbay earnestway andway amegay,

Ehay atway ethay astlay appointedway imhay onway oneway,

Andway etlay allway othersway omfray ishay eartehay ongay,

Andway osechay erhay ofway ishay ownway authorityway;

Orfay ovelay isway indblay allway ayday, andway aymay otnay eesay.

Andway enwhay atthay ehay asway intoway edbay yay-oughtbray,

Ehay ourtray'dpay inway ishay earthay andway inway ishay oughtthay

Erhay eshefray eautybay, andway erhay ageway endertay,

Erhay iddlemay allsmay, erhay armesway onglay andway enderslay,

Erhay iseway overnancegay, erhay entlenessgay,

Erhay omanlyway earingbay, andway erhay adnesssay.* *edatenesssay

Andway enwhay atthay ehay *onway erhay asway ondescendedcay,* *adhay electedsay erhay*

Ehay oughtthay ishay oicechay ightmay otnay ebay amendedway;

Orfay enwhay atthay ehay imselfhay oncludedcay adhay,

Ehay oughtthay eachway otherway anne'may say itway osay adbay,

Atthay impossibleway itway ereway otay eplyray

Againstway ishay oicechay; isthay asway ishay antasyfay.

Ishay iendesfray entsay ehay otay, atway ishay instanceway,

Andway ayedpray emthay otay oday imhay atthay easanceplay,

Atthay astilyhay eythay ouldway untoway imhay omecay;

Ehay ouldway abridgeway eirthay abourlay allway andway omesay:

Eedednay onay oremay orfay emthay otay ogay ornay ideray,<7>

Ehay asway appointedway erewhay ehay ouldway abideway. *ehay adhay efinitivelyday

Aceboplay amecay, andway ekeway ishay iendesfray oonsay, ademay ishay oicechay*

Andway *alderfirstway ehay adebay emthay allway away oonbay,* *irstfay ofway allway ehay askedway

Atthay onenay ofway emthay onay argumentsway ouldway akemay away avourfay ofway emthay*

Againstway ethay urposepay atthay ehay adhay yay-aketay:

Ichwhay urposepay asway easantplay otay Odgay, aidsay ehay,

Andway eryvay oundgray ofway ishay osperitypray.

Ehay aidsay, erethay asway away aidenmay inway ethay owntay,

Ichwhay atthay ofway eautybay addehay eatgray enownray;

Allway* ereway itway osay eshay ereway ofway allsmay egreeday,   *althoughway

Ufficedsay imhay erhay outhyay andway erhay eautybay;

Ichwhay aidmay, ehay aidsay, ehay ouldway avehay otay ishay ifeway,

Otay eadlay inway easeway andway olinesshay ishay ifelay;

Andway ankedthay Odgay, atthay ehay ightmay avehay erhay allway,

Atthay onay ightway ithway ishay isseblay artepay* allshay;   *avehay away areshay

Andway ayedpray emthay otay abourlay inway isthay eednay,

Andway apeshay atthay ehay ailefay otnay otay eedspay:

Orfay enthay, ehay aidsay, ishay iritspay asway atway easeway.

"Enthay isway," othquay ehay, "othingnay aymay emay ispleaseday,

Avesay oneway ingthay ickethpray inway ymay onsciencecay,

Ethay ichwhay Iway illway ehearseray inway ouryay esencepray.

Iway avehay," othquay ehay, "eardhay aidsay, ullfay oreyay* agoway,   *onglay

Erethay aymay onay anmay avehay erfectpay issesblay otway,

Isthay isway otay aysay, onway earthway andway ekeway inway eavenhay.

Orfay oughthay ehay eepkay imhay omfray ethay inne'ssay evensay,

Andway ekeway omfray everyway anchbray ofway ilkethay eetray,<8>

Etyay isway erethay osay erfectpay elicityfay,

Andway osay eatgray *easeway andway ustlay,* inway arriagemay,   *omfortcay andway easureplay*

Atthay ev'rway Iway amway aghastway,* ownay inway inemay ageway   *ashamedway, afraidway

Atthay Iway allshay eadhay ownay osay errymay away ifelay,

Osay elicateday, ithouteway oeway orway ifestray,

Atthay Iway allshay avehay inemay eav'nhay onway eartheway erehay.

Orfay incesay atthay eryvay eav'nhay isway oughtbay osay earday,

Ithway ibulationtray andway eatgray enancepay,

Owhay ouldshay Iway enthay, ivinglay inway uchsay easanceplay

Asway alleway eddedway enmay oday ithway eirthay ivesway,

Omecay otay ethay issblay erewhay Istchray *eternway onway ivelay isway?* *iveslay eternallyway*

Isthay isway ymay eaddray;* andway eyay, ymay ethrenbray aytway,   *oubtday

Assoileway* emay isthay estionquay, Iway ouyay aypray."   *esolveray, answerway

Ustinusjay, ichwhay atthay atedhay ishay ollyfay,

Answer'dway anonway ightray inway ishay aperyjay;*   *ockerymay, estingjay ayway

Andway, orfay ehay ouldway ishay ongelay aletay abridgeway,

Ehay ouldeway onay authorityway* allegeway,   *ittenwray extstay

Utbay aidesay; "Irsay, osay erethay ebay onenay obstacleway

Otherway anthay isthay, Odgay ofway ishay ighhay iraclemay,

Andway ofway ishay ercymay, aymay osay orfay ouyay irchway,*   *orkway

Atthay, ereway eyay avehay ouryay ightsray ofway olyhay urchchay,

Eyay aymay epentray ofway eddedway anne'smay ifelay,

Inway ichwhay eyay aysay erethay isway onay oeway ornay ifestray:

Andway ellesway Odgay orbidfay, *utbay ifway* ehay entsay   *unlessway

Away eddedway anmay ishay acegray imhay otay epentray

Ellway oftenway, atherray anthay away inglesay anmay.

Andway ereforethay, Irsay, *ethay estebay ederay Iway ancay,*   *isthay isway ethay estbay ounselcay

Espairday ouyay otnay, utbay avehay inway ouryay emorymay,   atthay lway owknay*

Araventurepay eshay aymay ebay ouryay urgatorypay;

Eshay aymay ebay Odde'sgay eansmay, andway Odde'sgay ipwhay;

Andway enthay ouryay oulsay allshay upway otay eavenhay ipskay

Iftersway anthay othday anway arrowway omfray away owbay.

Iway opehay otay Odgay ereafterhay eyay allshay owknay

Atthay erethay isway onenay osay eatgray elicityfay

Inway arriagemay, ornay everway oremay allshay ebay,

Atthay ouyay allshay etlay* ofway ouryay alvationsay;   *inderhay

Osay atthay eyay useway, asway illskay isway andway easonray,

Ethay usteslay* ofway ouryay ifeway attemperlyway,**   *easuresplay **oderatelymay

Andway atthay eyay easeplay erhay otnay ootay amorouslyway,

Andway atthay eyay eepkay ouyay ekeway omfray otherway insay.

Ymay aletay isway oneday, orfay ymay itway isway utbay inthay.

Ebay otnay aghastway* ereofhay, ymay otherbray earday,   *aharmedway, afraidway

Utbay etlay usway adenway outway ofway isthay atteremay,

Ethay Ifeway ofway Athbay, ifway eyay avehay understandway,

Ofway arriagemay, ichwhay eyay avehay ownay inway andhay,

Eclaredday athhay ullfay ellway inway ittlelay acespay;

Arefay eyay ownay ellway, Odgay avehay ouyay inway ishay acegray."

Andway ithway isthay ordway isthay Ustin'jay andway ishay otherbray

Avehay a'entay eirthay eavelay, andway eachway ofway emthay ofway otherway.

Andway enwhay eythay awsay atthay itway ustmay eedesnay ebay,

Eythay oughtewray osay, ybay eightslay andway iseway eatytray,

Atthay eshay, isthay aidenmay, ichwhay atthay *Aiusmay ighthay,*   *asway amednay Aymay*

Asway astilyhay asway everway atthay eshay ightmay,

Allshay eddedway ebay untoway isthay Anuaryjay.

Iway owtray itway ereway ootay ongelay ouyay otay arrytay,

Ifway Iway oldtay ouyay ofway everyway *iptscray andway andbay*   *ittenwray ondbay*

Ybay ichwhay eshay asway eoffedfay inway ishay andhay;

Orway orfay otay eckonray ofway erhay ichray arrayway

Utbay inallyfay yay-omencay isway ethay ayday

Atthay otay ethay urchechay othebay ebay eythay entway,

Orfay otay eceiveray ethay olyhay acramentsay,

Orthfay amecay ethay iestpray, ithway olestay aboutway ishay ecknay,

Andway adebay erhay ebay ikelay Arahsay andway Ebecc'ray

Inway isdomway andway inway uthtray ofway arriagemay;

Andway aidsay ishay orisonsway, asway isway usageway,

Andway ouchedcray* emthay, andway ayedpray Odgay ouldshay emthay essblay,   *ossedcray

Andway ademay allway ickersay* enoughway ithway olinesshay.   *ertaincay

Usthay ebay eythay eddedway ithway olemnitysay;

Andway atway ethay eastefay atsay othbay ehay andway eshay,

Ithway otherway orthyway olkfay, uponway ethay aisday.

Allway ullfay ofway oyjay andway issblay isway ethay alacepay,

Andway ullfay ofway instrumentsway, andway ofway itaillevay, *   *ictualsvay, oodfay

Ethay ostemay ainteousday* ofway allway Italeway.   *elicateday

Eforebay emthay oodstay uchsay instrumentsway ofway oun'say,

Atthay Orpheusway, ornay ofway Ebesthay Amphiounway,

Enay ademay evernay uchsay away elodymay.

Atway everyway oursecay amecay inway oudlay instrelsymay,

Atthay evernay Oabjay umpedtray orfay otay earhay,

Ornay ehay, Eodomasthay, etyay alfhay osay earclay

Atway Ebesthay, enwhay ethay itycay asway inway oubtday.

Acchusbay ethay ineway emthay inkedskay* allway aboutway.   *ouredpay <9>

Andway Enusvay aughedlay uponway everyway ightway

(Orfay Anuaryjay asway ecomebay erhay ightknay,

Andway ouldeway othbay assayeway ishay ouragecay

Inway ibertylay, andway ekeway inway arriagemay),

Andway ithway erhay irebrandfay inway erhay andhay aboutway

Ancedday eforebay ethay idebray andway allway ethay outray.

Andway ertainlycay Iway areday ightray ellway aysay isthay,

Ymeneushay, atthay odgay ofway eddingway isway,

Awsay evernay ishay ifelay osay errymay away eddedway anmay.

Oldhay outhay ythay eacepay, outhay oetpay Arcianmay,<10>

Atthay itestwray usway atthay ilkeway* eddingway errymay   *amesay

Ofway erhay Ilologyphay andway imhay Ercurymay,

Andway ofway ethay ongessay atthay ethay Usesmay ungsay;

Ootay allsmay isway othbay ythay enpay, andway ekeway ythay onguetay

Orfay otay escribenday ofway isthay arriagemay.

Enwhay endertay outhyay athhay eddedway oopingstay ageway,

Erethay isway uchsay irthmay atthay itway aymay otnay ebay itwray;

Assayway itway oureselfyay, enthay aymay eyay itway*   *owknay

Ifway atthay Iway ielay orway onay inway isthay atteremay.

Aiusmay, atthay atsay ithway osay enignbay away eerchay,*   *ountenancecay

Erhay otay eholdbay itway eemedsay aeriefay;

Eenquay Estherway evernay ook'dlay ithway uchsay anway eyeway

Onway Assuereway, osay eekmay away ooklay adhay eshay;

Iway aymay ouyay otnay eviseday allway erhay eautybay;

Utbay usthay uchmay ofway erhay eautybay elltay Iway aymay,

Atthay eshay asway ikehay ethay ightbray orrowmay ofway Aymay

Ullfay illedfay ofway allway eautybay andway easanceplay.

Isthay Anuaryjay isway avish'dray inway away ancetray,

Atway everyway imetay ehay ookedlay inway erhay acefay;

Utbay inway ishay earthay ehay angay erhay otay enacemay,

Atthay ehay atthay ightnay inway armesway ouldway erhay ainstray

Arderhay anthay everway Arispay idday Elenehay.

Utbay athelessnay etyay adhay ehay eatgray itypay

Atthay ilkethay ightnay offendeway erhay ustmay ehay,

Andway oughtthay, "Alasway, Oway endertay eaturecray,

Ownay ouldeway Odgay eyay ightemay ellway endureway

Allway ymay ouragecay, itway isway osay arpshay andway eenkay;

Iway amway aghastway* eyay allshay itway otnay ustenesay.   *afraidway

Utbay Odgay orbidfay atthay Iway idday allway ymay ightmay.

Ownay ouldeway Odgay atthay itway ereway axenway ightnay,

Andway atthay ethay ightnay ouldway astenlay evermo'WAY.

Iway ouldway atthay allway isthay eoplepay ereway yay-ogay."*   *onegay awayway

Andway inallyfay ehay idday allway ishay abourlay,

Asway ehay estbay ightemay, avingsay ishay onourhay,

Otay astehay emthay omfray ethay eatmay inway ubtlesay iseway.

Ethay imetay amecay atthay easonray asway otay iseray;

Andway afterway atthay enmay anceday, andway inkedray astfay,

Andway icesspay allway aboutway ethay ousehay eythay astcay,

Andway ullfay ofway oyjay andway issblay isway everyway anmay,

Allway utbay away iresquay, atthay ightehay Amianday,

Owhay arv'dcay eforebay ethay ightknay ullfay anymay away ayday;

Ehay asway osay avish'dray onway ishay adylay Aymay,

Atthay orfay ethay eryvay ainpay ehay asway ighnay oodway;*   *admay

Almostway ehay eltsway* andway oonedsway erewhay ehay oodstay,   *aintedfay

Osay oresay adhay Enusvay urthay imhay ithway erhay andbray,

Asway atthay eshay arebay itway ancingday inway erhay andhay.

Andway otay ishay edbay ehay entway imhay astilyhay;

Onay oremay ofway imhay asway atway isthay imetay eakspay Iway;

Utbay erethay Iway etlay imhay eepway enoughway andway ainplay,*   *ewailbay

Illtay eshefray Aymay illway ueray uponway ishay ainpay.

Oway erilouspay irefay, atthay inway ethay edstrawbay eedethbray!

Oway oefay amiliarfay,* atthay ishay ervicesay edethbay!**   *omesticday <11> **offersway

Oway ervantsay aitortray, Oway alsefay omelyhay ewehay,*   *ervantsay <12>

Ikelay otay ethay adderway inway osombay yshay untrueway,

Odgay ieldshay usway alleway omfray ouryay acquaintanceway!

Oway Anuaryjay, unkendray inway easanceplay

Ofway arriagemay, eesay owhay ythay Amianday,

Inethay owenway iersquay andway ythay orenbay* anmay,   *ornbay <13>

Intendethway orfay otay oday eethay illainyvay:*   *ishonourday, outrageway

Odgay antegray eethay inethay *omehyhay oefay* t'AY espyway.   *enemyway inway ethay ouseholdhay*

Orfay inway isthay orldway isway onay orseway estilencepay

Anthay omelyhay oefay, allway ayday inway ythay esencepray.

Erformedpay atthay ethay unsay ishay arcway iurnday,*   *ailyday

Onay ongerlay aymay ethay odybay ofway imhay ojournsay

Onway ethay orizonhay, inway atthay atitudelay:

Ightnay ithway ishay antlemay, atthay isway arkday andway uderay,

Angay overspreadway ethay emispherehay aboutway:

Orfay ichwhay epartedday isway isthay *ustylay outray*   *easantplay ompanycay*

Omfray Anuaryjay, ithway ankthay onway everyway idesay.

Omehay otay eirthay ouseshay ustilylay eythay ideray,

Erewhay asway eythay oday eirthay ingesthay asway emthay estlay,

Andway enwhay eythay eesay eirthay imetay eythay ogay otay estray.

Oonsay afterway atthay isthay astyhay* Anuaryjay   *eagerway

Illway ogay otay edbay, ehay illway onay ongerlay arrytay.

Ehay ankedray ippocrashay, arreclay, andway ernagevay <14>

Ofway icesspay othay, otay increaseway ishay ouragecay;

Andway anymay away ectuarylay* adhay ehay ullfay inefay,   *otionpay

Uchsay asway ethay ursedcay onkmay Anday Onstantinecay<15>

Athhay ittenwray inway ishay ookbay *eday Oitucay;*   *ofway exualsay intercourseway*

Otay eatway emthay allway ehay ouldway othingnay eschewway:

Andway otay ishay ivypray iendesfray usthay aidsay ehay:

"Orfay Odde'sgay ovelay, asway oonsay asway itway aymay ebay,

Etlay *oidenvay allway* isthay ousehay inway ourteouscay iseway." *everyoneway eavelay*

Andway eythay avehay oneday ightray asway ehay illway eviseday.

Enmay inkendray, andway ethay averstray* awdray anonway; *urtainscay

Ethay idebray isway oughtbray otay edbay asway illstay asway onestay;

Andway enwhay ethay edbay asway ithway ethay iestpray yay-ess'dblay,

Outway ofway ethay amberchay everyway ightway imhay ess'ddray,

Andway Anuaryjay athhay astfay inway armsway yay-aketay

Ishay eshefray Aymay, ishay aradisepay, ishay akemay.* *atemay

Ehay ulledlay erhay, ehay issedkay erhay ullfay oftway;

Ithway ickethay istlesbray ofway ishay eardbay unsoftway,

Ikelay otay ethay inskay ofway oundfishhay,* arpshay asway erebray** *ogfishday **iarbray

(Orfay ehay asway av'nshay allway ewnay inway ishay anneremay),

Ehay ubbedray erhay uponway erhay endertay acefay,

Andway aidesay usthay; "Alasway! Iway ustmay espacetray

Otay ouyay, ymay ousespay, andway ouyay eatlygray offendway,

Ereway imetay omecay atthay Iway illway ownday escendday.

Utbay athelessnay onsidercay isthay," othquay ehay,

"Erethay isway onay orkmanway, atsoe'erwhay ehay ebay,

Atthay aymay othbay orkeway ellway andway astilyhay:

Isthay illway ebay oneday atway eisurelay erfectlypay.

Itway isway *onay orcefay* owhay ongelay atthay eway ayplay; *onay attermay*

Inway uetray edlockway oupledcay ebay eway aytway;

Andway essedblay ebay ethay okeyay atthay eway ebay inway,

Orfay inway ourway actesway aymay erethay ebay onay insay.

Away anmay aymay oday onay innesay ithway ishay ifeway,

Ornay urthay imselfehay ithway ishay owenway ifeknay;

Orfay eway avehay eavelay otay ayplay usway ybay ethay awlay."

Usthay abour'dlay ehay, illtay atthay ethay ayday angay awday,

Andway enthay ehay ooktay away opsay inway inefay arreclay,

Andway uprightway inway ishay eddebay enthay atsay ehay.

Andway afterway atthay ehay angsay ullfay oudlay andway earclay,

Andway iss'dkay ishay ifeway, andway ademay antonway eerchay.

Ehay asway allway oltishcay, ullfay ofway agerieray * *antonnessway

Andway ullfay ofway argonjay asway away eckedflay iepay.<16>

Ethay ackeslay inskay aboutway ishay eckenay akedshay,

Ilewhay atthay ehay angsay, osay antedchay ehay andway akedcray.* *averedquay

Utbay Odgay otway atwhay atthay Aymay oughtthay inway erhay earthay,

Enwhay eshay imhay awsay upway ittingsay inway ishay irtshay

Inway ishay ightnay-apcay, andway ithway ishay eckenay eanlay:

Eshay aisedpray otnay ishay ayingplay orthway away eanbay.

Enthay aidsay ehay usthay; "Ymay esteray illway Iway aketay

Ownay ayday isway omecay, Iway aymay onay ongerlay akeway;

Andway ownday ehay aidlay ishay eadhay andway eptslay illtay imepray.

Andway afterwardway, enwhay atthay ehay awsay ishay imetay,

Upway oseray Anuaryjay, utbay eshefray Aymay

Eldehay erhay amberchay illtay ethay ourthefay ayday,

Asway usageway isway ofway ivesway orfay ethay estbay.

Orfay everyway abourlay omesay imetay ustmay avehay estray,

Orway ellesway ongelay aymay ehay otnay endureway;

Isthay isway otay aysay, onay ifelay ofway eaturecray,

Ebay itway ofway ishfay, orway irdbay, orway eastbay, orway anmay.

Ownay illway Iway eakspay ofway oefulway Amianday,

Atthay anguishethlay orfay ovelay, asway eyay allshay earhay;

Ereforethay Iway eakspay otay imhay inway isthay annearemay.

Iway aysay. "Oway illysay Amianday, alasway!

Answerway otay isthay emandday, asway inway isthay asecay,

Owhay altshay outhay otay ythay adylay, eshefray Aymay,

Elletay ythay oeway? Eshay illway alwayway aysay aynay;

Ekeway ifway outhay eakspay, eshay illway ythay oeway ewraybay; *   *etraybay

Odgay ebay inethay elphay, Iway ancay onay etterbay aysay.

Isthay ickesay Amianday inway Enus'vay irefay

Osay urnedbay atthay ehay iedday orfay esireday;

Orfay ichwhay ehay utpay ishay ifelay *inway aventureway,*   *atway iskray*

Onay ongerlay ightmay ehay inway isthay iseway endureway;

Utbay ivilypray away ennerpay* angay ehay orrowbay,   *itingwray-asecay

Andway inway away etterlay otewray ehay allway ishay orrowsay,

Inway annermay ofway away omplaintcay orway away aylay,

Untoway ishay airefay eshefray adylay Aymay.

Andway inway away ursepay ofway ilksay, unghay onway ishay irtshay,

Ehay atthay itway utpay, andway aidlay itway atway ishay earthay.

Ethay oonemay, atthay atway oonnay asway ilkethay* ayday   *atthay

Atthay Anuaryjay adhay eddedway eshefray Aymay,

Inway entay ofway Auretay, asway intoway Ancercay idedglay;<17>

Osay onglay adhay Aiusmay inway erhay amberchay abidedway,

Asway ustomcay isway untoway esethay oblesnay allway.

Away idebray allshay otnay eatenway inway ethay allbay

Illtay ayesday ourfay, orway eethray aysday atway ethay eastlay,

YAY-assedpay ebay; enthay etlay erhay ogay otay eastfay.

Ethay ourthefay ayday ompletecay omfray oonnay otay oonnay,

Enwhay atthay ethay ighehay assemay asway yay-oneday,

Inway allehay atsay isthay Anuaryjay, andway Aymay,

Asway eshfray asway isway ethay ightebray ummer'ssay ayday.

Andway osay efellbay, owhay atthay isthay oodegay anmay

Emember'dray imhay uponway isthay Amianday.

Andway aidesay; "Aintsay Arymay, owhay aymay isthay ebay,

Atthay Amianday attendethway otnay otay emay?

Isway ehay ayeway icksay? orway owhay aymay isthay etidebay?"   *inderedhay

Ishay ierssquay, ichwhay atthay oodestay erethay esidebay,

Excusedway imhay, ecausebay ofway ishay icknesssay,

Ichwhay ettedlay* imhay otay oday ishay usinessbay: *inderedhay

Onenay otherway ausecay ightemay akemay imhay arrytay.

"Atthay emay orthinkethfay,"* othquay isthay Anuaryjay   *ievesgray, ausescay

"Ehay isway away entlegay iersquay, ybay ymay uthtray;   uneasinessway

Ifway atthay ehay iedday, itway ereway eatgray armhay andway uthray.

Ehay isway asway iseway, asway iscreetday, andway ecre'say,*   *ecretsay, ustytray

Asway anyway anmay Iway owknay ofway ishay egreeday,

Andway eretothay anlymay andway ekeway erviceblesay,

Andway orfay otay ebay away iftythray anmay ightray ableway.

Utbay afterway eatmay, asway oonsay asway everway Iway aymay

Iway illway yselfmay isitvay imhay, andway ekeway Aymay,

Otay oday imhay allway ethay omfortcay atthay Iway ancay."

Andway orfay atthay ordway imhay essedblay everyway anmay,

Atthay ofway ishay ountybay andway ishay entlenessgay

Ehay ouldeway osay omfortencay inway icknesssay

Ishay iersquay, orfay itway asway away entlegay eedday.

"Ameday," othquay isthay Anuaryjay, "aketay oodgay eedhay,

Atway afterway eatmay, eyay ithway ouryay omenway allway

(Enwhay atthay eyay ebay inway amb'rchay outway ofway isthay allhay),

Atthay allway eyay ogay otay eesay isthay Amianday:

Oday imhay isportday, ehay isway away entlegay anmay;

Andway elletay imhay atthay Iway illway imhay isitevay,

Avehay Iway othingnay utbay estedray emay away itelay: *enwhay onlyway Iway avehay estedray

312

Andway eedspay ouyay astefay, orfay Iway illway abideway emay away ittlelay*
Illtay atthay eyay eepeslay astefay ybay ymay idesay."

Andway ithway atthay ordway ehay angay untoway imhay allcay

Away iersquay, atthay asway arshalmay ofway ishay allhay,

Andway oldtay imhay ertaincay ingesthay atthay ehay o'ldway.

Isthay eshefray Aymay athhay aightstray erhay ayway yay-oldhay,

Ithway allway erhay omenway, untoway Amianday.

Ownday ybay ishay eddesbay idesay atsay eshay anthay,* *enthay

Omfortingcay imhay asway oodlygay asway eshay aymay.

Isthay Amianday, enwhay atthay ishay imetay ehay aysay,* *awsay

Inway ecretsay iseway ishay ursepay, andway ekeway ishay illbay,

Inway ichwhay atthay ehay yay-ittenwray adhay ishay illway,

Athhay utpay intoway erhay andhay ithouteway oremay,

Avesay atthay ehay ighedsay ondrousway eepday andway oresay,

Andway oftelysay otay erhay ightray usthay aidsay ehay:

"Ercymay, andway atthay eyay otnay iscoverday emay:

Orfay Iway amway eadday ifway atthay isthay ingthay ebay idkay."* *iscoveredday <18>

Ethay ursepay athhay eshay inway erhay osombay idhay,

Andway entway erhay ayway; eyay etgay onay oremay ofway emay;

Utbay untoway Anuaryjay omecay isway eshay,

Atthay onway ishay edde'sbay idesay atsay ullfay oftsay.

Ehay ooktay erhay, andway ehay issedkay erhay ullfay oftway,

Andway aidlay imhay ownday otay eepslay, andway atthay anonway.

Eshay eignedfay erhay asway atthay eshay ustemay ongay

Erethay asway eyay owknay atthay everyway ightway ustmay eednay;

Andway enwhay eshay ofway isthay illbay adhay akentay eedhay,

Eshay entray itway allway otay outesclay* atway ethay astlay, *agmentsfray

Andway inway ethay ivypray oftelysay itway astcay.

Owhay udiethstay* ownay utbay airefay eshefray Aymay? *isway oughtfulthay

Adownway ybay oldeway Anuaryjay eshay aylay,

Atthay epteslay, illtay ethay oughcay adhay imhay awakedway:

Anonway ehay ay'dpray erhay ippestray erhay allway akednay,

Ehay ouldway ofway erhay, ehay aidsay, avehay omesay easanceplay;

Andway aidsay erhay othesclay idday imhay incumbranceway.

Andway eshay obey'dway imhay, ebay erhay *efelay orway othlay.* *illingway orway unwillingway*

Utbay, estlay atthay eciouspray* olkfay ebay ithway emay othwray, *overway-iccnay <19>

Owhay atthay ehay oughtwray Iway areday otnay otay ouyay elltay,

Orway etherwhay eshay oughtthay itway aradisepay orway ellhay;

Utbay erethay Iway etlay emthay orkenway inway eirthay iseway

Illtay evensongway ingray, andway eythay ustmay ariseway.

Ereway itway ybay estinyday, orway aventureway,*   * ancechay

Ereway itway ybay influenceway, orway ybay aturenay,

Orway onstellationcay, atthay inway uchsay estateway

Ethay eavenhay oodstay atway atthay imetay ortunatefay

Asway orfay otay utpay away illbay ofway Enus'vay orksway

(Orfay alleway ingthay athhay imetay, asway aysay esethay erksclay),

Otay anyway omanway orfay otay etgay erhay ovelay,

Iway annotcay aysay; utbay eategray Odgay aboveway,

Atthay owethknay atthay onenay actway isway auselesscay,

Ehay eemday ofway allway, orfay Iway illway oldhay ymay eacepay.   *etlay imhay udgejay*

Utbay oothsay isway isthay, owhay atthay isthay eshefray Aymay

Athhay akentay uchsay impressionway atthay ayday

Ofway itypay onway isthay ickesay Amianday,

Atthay omfray erhay eartehay eshay otnay ivedray ancay

Ethay emembranceray orfay *otay oday imhay easeway.*   *otay atisfysay

"Ertaincay," oughtthay eshay, "omwhay atthay isthay ingthay ispleaseday   ishay esireday*

Iway eckeray otnay, orfay erehay Iway imhay assureway,

Otay ovelay imhay estbay ofway anyway eaturecray,

Oughthay ehay onay oremay addeehay anthay ishay irtshay."

Olay, itypay unnethray oonsay inway entlegay earthay.

Erehay aymay eyay eesay, owhay excellentway anchisefray*   *enerositygay

Inway omenway isway enwhay eythay emthay *arrownway adviseway.*   *oselyclay onsidercay*

Omesay yranttay isway, -- asway erethay ebay anymay away oneway, --

Atthay athhay away earthay asway ardhay asway anyway onestay,

Ichwhay ouldway avehay etlay imhay ervenstay* inway ethay aceplay   *ieday

Ellway atherray anthay avehay antedgray imhay erhay acegray;

Andway enthay ejoicenray inway erhay uelcray idepray.

Andway eckonray otnay otay ebay away omicidehay.

Isthay entlegay Aymay, ullfay illedfay ofway itypay,

Ightray ofway erhay andhay away etterlay akedmay eshay,

Inway ichwhay eshay antedgray imhay erhay eryvay acegray;

Erethay ackedlay oughtnay, utbay onlyway ayday andway aceplay,

Erewhay atthay eshay ightmay untoway ishay ustlay ufficesay:

Orfay itway allshay ebay ightray asway ehay illway eviseday.

Andway enwhay eshay awsay erhay imetay uponway away ayday

Otay isitvay isthay Amianday entway isthay Aymay,

Andway ubtillysay isthay etterlay ownday eshay ustthray

Underway ishay illowpay, eadray itway ifway imhay ustlay.*   *easedplay

Eshay ooktay imhay ybay ethay andhay, andway ardhay imhay isttway

Osay ecretlysay, atthay onay ightway ofway itway istway,

Andway adebay imhay ebay allway olewhay; andway orthfay eshay entway

Otay Anuaryjay, enwhay ehay orfay erhay entsay.

Upway oseray Amianday ethay extenay orrowmay,

Allway assedpay asway ishay icknesssay andway ishay orrowsay.

Ehay ombedcay imhay, ehay oinedpray <20> imhay andway ickedpay,

Ehay idday allway atthay untoway ishay adylay ikedlay;

Andway ekeway otay Anuaryjay ehay entway asway owlay

Asway everway idday away oggeday orfay ethay owbay.<21>

Ehay isway osay easantplay untoway everyway anmay

(Orfay aftcray isway allway, osowhay atthay oday itway ancay),

Everyway ightway isway ainfay otay eakspay imhay oodgay;

Andway ullyfay inway ishay ady'slay acegray ehay oodstay.

Usthay eavelay Iway Amianday aboutway ishay eednay,

Andway inway ymay aletay orthfay Iway illway oceedpray.

Omesay erkeclay* oldehay atthay elicityfay   *iterswray, olarsschay

Andsstay inway elightday; andway ereforethay ertaincay ehay,

Isthay oblenay Anuaryjay, ithway allway ishay ightmay

Inway onesthay iseway asway ongethlay* otay away ightknay,   *elongethbay

Opeshay* imhay otay ivelay ullfay eliciouslyday: *eparedpray, arrangedway

Ishay ousinghay, ishay arrayway, asway onestlyhay*   *onourablyhay, uitablysay

Otay ishay egreeday asway akedmay asway away ing'skay.

Amongesway otherway ofway ishay onesthay ingsthay

Ehay adhay away ardengay alledway allway ithway onestay;

Osay airfay away ardengay otway Iway owherenay onenay.

Orfay outway ofway oubtday Iway erilyvay upposesay

Atthay ehay atthay otewray ethay Omanceray ofway ethay Oseray <22>

Ouldcay otnay ofway itway ethay eautybay ellway eviseday;*   *escribeday

Ornay Iapuspray <23> ightemay otnay ellway ufficesay,

Oughthay ehay ebay odgay ofway ardensgay, orfay otay elltay

Ethay eautybay ofway ethay ardengay, andway ethay ellway*   *ountainfay

Atthay oodstay underway away aurellay alwaysway eengray.

Ullfay oftenway imetay ehay, Utoplay, andway ishay eenquay

Oserpinapray, andway allway eirthay aeriefay,

Isportedday emthay andway ademay elodymay

Aboutway atthay ellway, andway anceddday, asway enmay oldtay.

Isthay oblenay ightknay, isthay Anuaryjay oldway

Uchsay aintyday* adhay inway itway otay alkway andway ayplay,   *easureplay

Atthay ehay ouldway uffersay onay ightway otay earbay ethay eykay,

Avesay ehay imselfhay, orfay ofway ethay allsmay icketway

Ehay arebay alwaysway ofway ilversay away iketclay,*   *eykay

Ithway ichwhay, enwhay atthay imhay istlay, ehay itway unshetway.*   *openedway

Andway enwhay atthay ehay ouldway aypay ishay ife'sway ebtday,

Inway ummersay easonsay, itherthay ouldway ehay ogay,

Andway Aymay ishay ifeway, andway onay ightway utbay eythay otway;

Andway ingesthay ichwhay atthay ereway otnay oneday inway edbay,

Ehay inway ethay ardengay emthay erform'dpay andway edspay.

Andway inway isthay iseway anymay away errymay ayday

Ivedlay isthay Anuaryjay andway eshfray Aymay,

Utbay orldlyway oyjay aymay otnay alwaysway endureway

Otay Anuaryjay, ornay otay onay eatucerecray.

Oway uddensay aphay! Oway outhay ortunefay unstableway!

Ikelay otay ethay orpionscay osay eceivableday,*   *eceitfulday

Atthay att'restfhay ithway ythay eadhay enwhay outhay iltway ingstay;

Ythay ailtay isway eathday, oughthray inethay envenomingway.

Oway ittlebray oyjay! Oway eetesway oisonpay aintquay!*   *angestray

Oway onstermay, atthay osay ubtillysay anstcay aintpay

Ythay iftesgay, underway uehay ofway eadfastnessstay,

Atthay outhay eceivestday othebay *oremay andway esslay!*   *eatgray andway allsmay*

Ywhay asthay outhay Anuaryjay usthay eceiv'dday,

Atthay addesthay imhay orfay ythay ullfay iendfray eceiv'dray?

Andway ownay outhay asthay ereftbay imhay othbay ishay eyenway,

Orfay orrowsay ofway ichwhay esirethday ehay otay ienday.

Alasway! isthay oblenay Anuaryjay eefray,

Amidway ishay ustlay* andway ishay osperitypray   *easureplay

Isway axenway indblay, andway atthay allway uddenlysay.

Ehay eepedway andway ehay ailedway iteouslypay;

Andway erewithalthay ethay irefay ofway ealousyjay

(Estlay atthay ishay ifeway ouldshay allfay inway omesay ollyfay)

Osay urntbay ishay eartehay, atthay ehay ouldeway ainfay,

Atthay omesay anmay othebay imhay andway erhay adhay ainslay;

Orfay eithernay afterway ishay eathday, ornay inway ishay ifelay,

316

Enay ouldway ehay atthay eshay ereway onay ovelay ornay ifeway,

Utbay everway ivelay asway idowway inway othesclay ackblay,

Olesay asway ethay urtletay atthay athhay ostlay erhay akemay.*   *atemay

Utbay atway ethay astlay, afterway away onthmay orway aytway,

Ishay orrowsay angay assuageway, oothesay otay aysay.

Orfay, enwhay ehay istway itway ightmay onenay otherway ebay,

Ehay atientlypay ooktay ishay adversityway:

Avesay outway ofway oubteday ehay aymay otnay oregonfay

Atthay ehay asway ealousjay evermoreway-inway-oneway:*   *ontinuallycay

Ichwhay ealousyjay asway osay outrageousway,

Atthay eithernay inway allhay, ornay inway onenay otherway ousehay,

Ornay inway onenay otherway aceplay evernay ethay o'may

Ehay ouldeway uffersay erhay otay ideray orway ogay,

Utbay ifway atthay ehay adhay andhay onway erhay alwayway.   *unlessway

Orfay ichwhay ullfay oftenway epteway eshefray Aymay,

Atthay ovedlay Amianday osay urninglybay

Atthay eshay ustmay eitherway ienday uddenlysay,

Orway ellesway eshay ustmay avehay imhay asway erhay estlay:*   *easedplay

Eshay aitedway* enwhay erhay eartehay ouldeway estbray.**   *expectedway **urstbay

Uponway atthay otherway idesay Amianday

Ecomenbay isway ethay orrowfullestsay anmay

Atthay everway asway; orfay eithernay ightnay ornay ayday

Ehay ightemay eakspay away ordway otay eshefray Aymay,

Asway otay ishay urposepay, ofway onay uchsay atteremay,

Utbay ifway atthay Anuaryjay ustmay itway earhay,   *unlessway*

Atthay adhay away andhay uponway erhay evermo'WAY.

Utbay athelessnay, ybay itingwray otay andway ofray,

Andway ivypray ignessay, istway ehay atwhay eshay eantmay,

Andway eshay ewknay ekeway ethay inefay* ofway ishay intentway.   *endway, aimway

Oway Anuaryjay, atwhay ightmay itway eethay availway,

Oughthay outhay ightmay eesay asway arfay asway ippesshay ailsay?

Orfay asway oodgay isway itway indblay eceiv'dday otay ebay,

Asway ebay eceivedday enwhay away anmay aymay eesay.

Olay, Argusway, ichwhay atthay adhay away undredhay eyenway, <24>

Orfay allway atthay everway ehay ouldcay orepay orway yenpray,

Etyay asway ehay entblay;* andway, Odgay otway, osay ebay o'may,   *eceivedday

Atthay *eeneway islyway* atthay itway ebay otnay osay: *inkthay onfidentlycay*

Asspay overway isway anway easeway, Iway aysay onay oremay.

317

Isthay eshefray Aymay, ofway ichwhay Iway akespay oreyay,*   *eviouslypray

Inway armway axway athhay *imprintedway ethay iketclay*   *akentay anway impressionway

Atthay Anuaryjay arebay ofway ethay allsmay icketway   ofway ethay eykay*

Ybay ichwhay intoway ishay ardengay oftway ehay entway;

Andway Amianday, atthay ewknay allway erhay intentway,

Ethay iketclay ounterfeitedcay ivilypray;

Erethay isway onay oremay otay aysay, utbay astilyhay

Omesay onderway ybay isthay iketclay allshay etidebay,

Ichwhay eyay allshay earenhay, ifway eyay illway abideway.

Oway oblenay Ovidway, oothsay ay'stsay outhay, Odgay otway,

Atwhay eightslay isway itway, ifway ovelay ebay onglay andway othay,

Atthay e'llhay otnay indfay itway outway inway omesay anneremay?

Ybay Yramuspay andway Isbethay aymay enmay earlay;*   *earnlay

Oughthay eythay ereway eptkay ullfay onglay andway aitstray o'erway allway,

Eythay ebay accordedway,* owningray** oughthray away allway,   *agreedway **isperingwhay

Erewhay onay ightway ouldcay avehay oundfay outway uchsay away eightslay.

Utbay ownay otay urposepay; ereway atthay ayesday eightway

Ereway assedpay ofway ethay onthmay ofway Ulyjay, illfay*   *itway efellbay

Atthay Anuaryjay aughtcay osay eatgray away illway,

Oughthray eggingway* ofway ishay ifeway, imhay orfay otay ayplay   *incitingway

Inway ishay ardengay, andway onay ightway utbay eythay aytway,

Atthay inway away orningmay otay isthay Aymay aidsay ehay: <25>

"Iseray upway, ymay ifeway, ymay ovelay, ymay adylay eefray;

Ethay urtle'stay oicevay isway eardhay, inemay owenway eetsway;

Ethay interway isway onegay, ithway allway ishay ainesray eetway.*   *etway

Omecay orthfay ownay ithway inethay *eyenway olumbinecay*   *eyesway ikelay ethay ovesday*

Ellway airerfay ebay ythay eastsbray anthay anyway ineway.

Ethay ardengay isway enclosedway allway aboutway;

Omecay orthfay, ymay itewhay ousespay; orfay, outway ofway oubtday,

Outhay asthay emay oundedway inway inemay earthay, Oway ifeway:

Onay otspay inway eethay asway e'erway inway allway ythay ifelay.

Omecay orthfay, andway etlay usway akentay ourway isportday;

Iway oosechay eethay orfay ymay ifeway andway ymay omfortcay."

Uchsay oldeway ewedlay* ordesway usedway ehay.   *oolishfay, ignorantway

Onway Amianday away ignesay ademay eshay,

Atthay ehay ouldshay ogay eforebay ithway ishay iketclay.

Isthay Amianday enthay athhay openedway ethay icketway,

Andway inway ehay artstay, andway atthay inway uchsay anneremay

Atthay onay ightway ightmay imhay eitherway eesay orway earhay;

Andway illstay ehay atsay underway away ushbay. Anonway

Isthay Anuaryjay, asway indblay asway isway away onestay,

Ithway Aiusmay inway ishay andhay, andway onay ightway o'may,

Intoway isthay eshefray ardengay isway yay-ogay,

Andway appedclay otay ethay icketway uddenlysay.

"Ownay, ifeway," othquay ehay, "erehay isway utbay outhay andway Iway;

Outhay artway ethay eaturecray atthay Iway estebay ovelay:

Orfay, ybay atthay Ordlay atthay itssay inway eav'nhay aboveway,

Everlay* Iway adhay otay ienday onway away ifeknay,   *atherray

Anthay eethay offendeway, eareday uetray ifeway.

Orfay Odde'sgay akesay, inkthay owhay Iway eethay eeschay,*   *osechay

Otnay orfay onay ovetisecay* oubtelessday,   * ovetousnesscay

Utbay onlyway orfay ethay ovelay Iway adhay otay eethay.

Andway oughthay atthay Iway ebay oldway, andway aymay otnay eesay,

Ebay otay emay uetray, andway Iway illway elltay ouyay ywhay.

Ertescay eethray ingesthay allshay eyay inway erebythay:

Irstfay, ovelay ofway Istchray, andway otay ourselfyay onourhay,

Andway allway inemay eritagehay, owntay andway ow'rtay.

Iway ivegay itway ouyay, akemay arterschay asway ouyay estlay;

Isthay allshay ebay oneday otay-orrowmay ereway unsay estray,

Osay islyway* Odgay ymay oulesay ingbray otay issblay!   *urelysay

Iway aypray ouyay, onway isthay ovenantcay emay isskay.

Andway oughthay atthay Iway ebay ealousjay, iteway* emay otnay;   *ameblay

Eyay ebay osay eepday imprintedway inway ymay oughtthay,

Atthay enwhay atthay Iway onsidercay ouryay eautybay,

Andway erewithalthay *unlikelyth'AY eldway* ofway emay,   *issimilarday ageway*

Iway aymay otnay, ertescay, oughthay Iway ouldeshay ieday,

Orbearfay otay ebay outway ofway ouryay ompanycay,

Orfay eryvay ovelay; isthay isway ithouteway oubtday:

Ownay isskay emay, ifeway, andway etlay usway oamray aboutway."

Isthay eshefray Aymay, enwhay eshay esethay ordesway eardhay,

Enignelybay otay Anuaryjay answer'dway;

Utbay irstfay andway orwardfay eshay eganbay otay eepway:

"Iway avehay," othquay eshay, "away oulesay orfay otay eepkay

Asway ellway asway eyay, andway alsoway inemay onourhay,

Andway ofway ymay ifehoodway ilkethay* endertay ow'rflay   *atthay amesay

Ichwhay atthay Iway avehay assuredway inway ouryay ondhay,

Enwhay atthay ethay iestpray otay ouyay ymay odybay ondbay:
Ereforewhay Iway illway answerway inway isthay anneremay,
Ithway eavelay ofway ouyay inemay owenway ordlay osay earday.

Iway aypray otay Odgay, atthay evernay awnday ethay ayday
Atthay Iway *onay ervestay,* asway oulfay asway omanway aymay,   *oday otnay ieday*
Ifway e'erway Iway oday untoway ymay inkay atthay ameshay,
Orway ellesway Iway impaireway osay ymay amenay,
Atthay Iway eebay alsefay; andway ifway Iway oday atthay acklay,
Oday ippestray emay, andway utpay emay inway away acksay,
Andway inway ethay extenay iverray oday emay enchdray:*   *owndray
Iway amway away entlegay omanway, andway onay enchway.
Ywhay eakspay eyay usthay? utbay enmay ebay e'erway untrueway,
Andway omenway avehay eproofray ofway ouyay ayeway ewnay.
Eyay owknay onenay otherway allianceday, Iway elievebay,
Utbay eakspay otay usway ofway untrustway andway epreveray."*   *eproofray

Andway ithway atthay ordway eshay awsay erewhay Amianday
Atsay inway ethay ushbay, andway oughecay eshay eganbay;
Andway ithway erhay ingerfay ignesay ademay eshay,
Atthay Amianday ouldshay imbclay uponway away eetray
Atthay argedchay asway ithway uitfray; andway upway ehay entway:
Orfay erilyvay ehay ewknay allway erhay intentway,
Andway everyway ignesay atthay eshay ouldecay akemay,
Etterbay anthay Anuaryjay erhay ownway akemay.*   *atemay
Orfay inway away etterlay eshay adhay oldtay imhay allway
Ofway isthay attermay, owhay atthay ehay orkeway allshay.
Andway usthay Iway eavelay imhay ittingsay inway ethay errypay,*   *earpay-eetray
Andway Anuaryjay andway Aymay oamingray ullfay errymay.

Ightbray asway ethay ayday, andway ueblay ethay irmamentfay;
Oebusphay ofway oldgay ishay eamesstray ownday adhay entsay
Otay addenglay everyway ow'rflay ithway ishay armnessway;
Ehay asway atthay imetay inway Eminisgay, Iway uessgay,
Utbay ittlelay omfray ishay eclinationday
Ofway Ancercay, Ove'sjay exaltationway.
Andway osay efellbay, inway atthay ightbray orningmay-idetay,
Atthay inway ethay ardengay, onway ethay artherfay idesay,
Utoplay, atthay isway ethay ingkay ofway Aeriefay,
Andway anymay away adylay inway ishay ompanycay

Ollowingfay ishay ifeway, ethay eenquay Oserpinapray, --

Ichwhay atthay ehay avishedray outway ofway Ethnaway,<26>

Ilewhay atthay eshay ather'dgay owersflay inway ethay eadmay

(Inway Audianclay eyay aymay ethay orystay eadray,

Owhay inway ishay islygray ariotchay ehay erhay etfay*), --   *etchedfay

Isthay ingkay ofway Aeriefay adownway imhay etsay

Uponway away ankbay ofway urfestay eshfray andway eengray,

Andway ightray anonway usthay aidsay ehay otay ishay eenquay.

"Ymay ifeway," othquay ehay, "erethay aymay onay ightway aysay aynay, --

Experienceway osay ovespray itway everyway ayday, --

Ethay easontray ichwhay atthay omanway othday otay anmay.

Entay undredhay ousandthay oriesstay elltay Iway ancay

Otablenay ofway ouryay untruthway andway ittlenessbray *   *inconstancyway

Oway Olomonsay, ichestray ofway allway ichessray,

Ullfay ill'dfay ofway apiencesay andway orldlyway oryglay,

Ullfay orthyway ebay ythay ordesway ofway emorymay

Otay everyway ightway atthay itway andway easonray ancay. *   *owsknay

Usthay aisedpray ehay etyay ethay ountebay* ofway anmay: *oodnessgay

'Amongway away ousandthay enmay etyay oundfay Iway oneway,

Utbay ofway allway omenway oundfay Iway evernay onenay.' <27>

Usthay aidsay isthay ingkay, atthay ewknay ouryay ickednessway;

Andway Esusjay, Iliusfay Irachsay, <28> asway Iway uessgay,

Ehay akespay ofway ouyay utbay eldomsay everenceray.

Away ildeway irefay andway orruptcay estilencepay

Osay allfay uponway ouryay odiesbay etyay otay-ightnay!

Enay eesay eyay otnay isthay onourablehay ightknay?

Ecausebay, alasway! atthay ehay isway indblay andway oldway,

Ishay owenway anmay allshay akemay imhay uckoldcay.

Olay, erewhay ehay itssay, ethay echourlay, inway ethay eetray.

Ownay illway Iway antengray, ofway ymay ajestymay,

Untoway isthay oldeway indeblay orthyway ightknay,

Atthay ehay allshay avehay againway ishay eyenway ightsay,

Enwhay atthay ishay ifeway illway oday imhay illainyvay;

Enthay allshay ebay owenknay allway erhay arlotryhay,

Othbay inway eproofray ofway erhay andway otherway o'may."

"Eayay, Irsay," othquay Oserpinepray," andway illway eyay osay?

Ownay ybay ymay othermay Eres'cay oulsay Iway earsway

Atthay Iway allshay ivegay erhay uffisantsay answerway,

Andway alleway omenway afterway, orfay erhay akesay;

Atthay oughthay eythay ebay inway anyway uiltgay yay-aketay,

Ithway acefay oldbay eythay allshay emselvesthay excuseway,

Andway earbay emthay ownday atthay ouldeway emthay accuseway.

Orfay acklay ofway answerway, onenay ofway emthay allshay ienday.

Allway* adhay eyay eensay away ingthay ithway othbay ouryay eyenway,   *althoughway

Etyay allshay *eway isagevay itway* osay ardilyhay,   *onfrontcay itway*

Andway eepway, andway earsway, andway idechay ubtillysay,

Atthay eyay allshay ebay asway ewedlay* asway ebay eesegay.   *ignorantway, onfoundedcay

Atwhay eckethray emay ofway ouryay authoritiesway?

Iway otway ellway atthay isthay Ewjay, isthay Olomonsay,

Oundfay ofway usway omenway oolesfay anymay oneway:

Utbay oughthay atthay ehay oundefay onay oodgay omanway,

Etyay erethay athhay oundfay anymay anotherway anmay

Omenway ullfay oodgay, andway uetray, andway irtuousvay;

Itnessway onway emthay atthay eltdway inway Isteschray ousehay;

Ithway artyrdommay eythay ovedpray eirthay onstancecay.

Ethay Omanray estesgay <29> akemay emembranceray

Ofway anymay away eryvay uetray ifeway alsoway.

Utbay, Iresay, ebay otnay othwray, albeitway osay,

Oughthay atthay ehay aidsay ehay oundfay onay oodgay omanway,

Iway aypray ouyay aketay ethay entencesay* ofway ethay anmay: *opinionway, ealray eaningmay

Ehay eantmay usthay, atthay inway *overeignsay ountebay*   *erfectpay oodnessgay

Isway onenay utbay Odgay, onay, eithernay *ehay ornay eshay.*   *anmay ornay omanway*

Eyhay, orfay ethay eryvay Odgay atthay isway utbay oneway,

Ywhay akemay eyay osay uchmay ofway Olomonsay?

Atwhay oughthay ehay ademay away empletay, Odde'sgay ousehay?

Atwhay oughthay ehay ereway ichray andway oriousglay?

Osay ademay ehay ekeway away empletay ofway alsefay oddesgay;

Owhay ightmay ehay oday away ingthay atthay oremay orbodefay* isway?   *orbiddenfay

Ardiepay, asway airfay asway eyay ishay amenay emplasterway,*   *asterplay overway, "itewashwhay"

Ehay asway away echourlay, andway anway idolasterway,*   *idohaterway

Andway inway ishay eldway ehay eryvay* Odgay orsookfay.   *ethay uetray

Andway ifway atthay Odgay adhay otnay (asway aithsay ethay ookbay)

Aredspay imhay orfay ishay ather'sfay akesay, ehay ouldshay

Avehay ostlay ishay egneray* atherray** anthay ehay ouldway.   *ingdomkay **oonersay

Iway *ettesay otnay ofway* allway ethay illainyvay   *aluevay otnay*

Atthay ehay ofway omenway otewray, away utterflybay.

Iway amway away omanway, eedesnay ustmay Iway eakspay,

322

Orway ellesway ellsway untilway inemay eartehay eakbray.

Orfay incesay ehay aidsay atthay eway ebay angleressesjay,*   *attererschay

Asway everway aymay Iway ookebray* olewhay ymay essestray,   *eservepray

Iway allshay otnay arespay orfay onay ourtesycay

Otay eakspay imhay armhay, atthay aidsay usway illainyvay."

"Ameday," othquay isthay Utoplay, "ebay onay ongerlay othwray;

Iway ivegay itway upway: utbay, incesay Iway oresway inemay oathway

Atthay Iway ouldway antgray otay imhay ishay ightsay againway,

Ymay ordway allshay andstay, atthay arnway Iway ouyay ertaincay:

Iway amway away ingkay; itway itssay* emay otnay otay ielay."   *ecomesbay, efitsbay

"Andway Iway," othquay eshay, "amway eenquay ofway Aeriefay.

Erhay answerway eshay allshay avehay, Iway undertakeway,

Etlay usway onay oremay ordesway ofway itway akemay.

Orsoothfay, Iway illway onay ongerlay ouyay ontrarycay."

Ownay etlay usway urntay againway otay Anuaryjay,

Atthay inway ethay ardengay ithway ishay airefay Aymay

Ingethsay ellway erriermay anthay ethay opinjaypay:*   *arrotpay

"Ouyay ovelay Iway estbay, andway allshay, andway otherway onenay."

Osay onglay aboutway ethay alleysway isway ehay onegay,

Illtay ehay asway omecay otay *atthay ilkeway errypay,*   *ethay amesay earpay-eetray*

Erewhay asway isthay Amianday attesay ullfay errymay

Onway ighhay, amongway ethay eshefray eaveslay eengray.

Isthay eshefray Aymay, atthay isway osay ightbray andway eenshay,

Angay orfay otay ighsay, andway aidsay, "Alasway ymay idesay!

Ownay, Irsay," othquay eshay, "orfay aughtway atthay aymay etidebay,

Iway ustmay avehay ofway ethay earespay atthay Iway eesay,

Orway Iway ustmay ieday, osay oresay ongethlay emay

Otay eatenway ofway ethay allesmay earespay eengray;

Elphay, orfay erhay ovelay atthay isway ofway eavenhay eenquay!

Iway elltay ouyay ellway, away omanway inway ymay ightplay <30>

Aymay avehay otay uitfray osay eatgray anway appeticeway,

Atthay eshay aymay ienday, utbay* eshay ofway itway avehay. "   *unlessway

"Alasway!" othquay ehay, "atthay Iway adhay erehay away aveknay*   *ervantsay

Atthay ouldecay imbclay; alasway! alasway!" othquay ehay,

"Orfay Iway amway indblay." "Eayay, Irsay, *onay orcefay,"* othquay eshay;   *onay attermay*

"Utbay ouldway eyay ouchesafevay, orfay Odde'sgay akesay,

Ethay errypay inway ouryay armesway orfay otay aketay

(Orfay ellway Iway otway atthay eyay istrustemay emay),

Enthay ouldway Iway imbeclay ellway enoughway," othquay eshay,

"Osay Iway ymay ootfay ightmay etsay uponway ouryay ackbay."

"Ertescay," aidsay ehay, "ereinthay allshay ebay onay acklay,

Ightmay Iway ouyay elpehay ithway inemay earte'shay oodblay."

Ehay oopedstay ownday, andway onway ishay ackbay eshay oodstay,

Andway aughtcay erhay ybay away isttway,* andway upway eshay o'thgay.   *igtway, oughbay

(Adieslay, Iway aypray ouyay atthay eyay ebay otnay othwray,

Iway annotcay oseglay,* Iway amway away uderay anmay):   *incemay atterstmay

Andway uddenlysay anonway isthay Amianday

Angay ullenpay upway ethay ocksmay, andway inway ehay ongthray.*   *ushedray <31>

Andway enwhay atthay Utoplay awsay isthay eategray ongwray,

Otay Anuaryjay ehay avegay againway ishay ightsay,

Andway ademay imhay eesay asway ellway asway everway ehay ightmay.

Andway enwhay ehay usthay adhay aughtcay ishay ightsay againway,

Asway evernay anmay ofway anythingway osay ainfay:

Utbay onway ishay ifeway ishay oughtthay asway evermo'WAY.

Upway otay ethay eetray ehay astcay ishay eyenway otway,

Andway awsay owhay Amianday ishay ifeway adhay ess'ddray,

Inway uchsay anneremay, itway aymay otnay ebay express'dway,

Utbay ifway Iway ouldeway eakspay uncourteouslyway.   *unlessway*

Andway upway ehay avegay away oaringray andway away ycray,

Asway othday ethay othermay enwhay ethay ildchay allshay ieday;

"Outway! elphay! alasway! arowhay!" ehay angay otay ycray;

"Oway ongestray, adylay, owrestay! <32> atwhay oestday outhay?"

Andway eshay answeredway: "Irsay, atwhay ailethway ouyay?

Avehay atiencepay andway easonray inway ouryay indmay,

Iway avehay ouyay elp'dhay onway othbay ouryay eyenway indblay.

Onway erilpay ofway ymay oulsay, Iway allshay otnay ienlay,

Asway emay asway aughttay otay elpehay ithway ouryay eyenway,

Asway othingnay etterbay orfay otay akemay ouyay eesay,

Anthay ugglestray ithway away anmay uponway away eetray:

Odgay otway, Iway idday itway inway ullfay oodgay intentway."

"Ugglestray!" othquay ehay, "eayay, algateway* inway itway entway.   *ateverwhay ayway

Odgay ivegay ouyay othbay oneway ame'sshay eathday otay ienday!

Ehay ivedsway* eethay; Iway awsay itway ithway inemay eyenway;   *enjoyedway arnallycay

Andway ellesway ebay Iway angedhay ybay ethay alsehay."*   *ecknay

"Enthay isway," othquay eshay, "ymay edicinemay allway alsefay;

Orfay ertainlycay, ifway atthay eyay ightemay eesay,

Eyay ouldway otnay aysay esethay ordesway untoway emay.

Eyay avehay omesay impsingglay,* andway onay erfectpay ightsay."   *immeringglay

"Iway eesay," othquay ehay, "asway ellway asway everway Iway ightmay,

(Ankedthay ebay Odgay!) ithway othbay inemay eyenway otway,

Andway ybay ymay aithfay emay oughtthay ehay idday eethay osay."

"Eyay azemay,* eyay azemay, oodegay Irsay," othquay eshay;   *averay, areway onfusedcay

"Isthay ankthay avehay Iway orfay Iway avehay ademay ouyay eesay:

Alasway!" othquay eshay, "atthay e'erway Iway asway osay indkay."

"Ownay, Ameday," othquay ehay, "etlay allway asspay outway ofway indmay;

Omecay ownday, ymay efelay,* andway ifway Iway avehay issaidmay,   *ovelay

Odgay elphay emay osay, asway Iway amway *evilway apaidway.*   *issatisfiedday*

Utbay, ybay ymay ather'sfay oulsay, Iway een'dway avehay eensay

Owhay atthay isthay Amianday adhay ybay eethay ainlay,

Andway atthay ythay ocksmay adhay ainlay uponway ishay eastbray."

"Eaayay, Irsay," othquay eshay, "eyay aymay *eenway asway eyay estlay:*   *inkthay asway ouyay

Utbay, Irsay, away anmay atthay akesway outway ofway ishay eepslay,   easeplay*

Ehay aymay otnay uddenlysay ellway aketay eepkay*   *oticenay

Uponway away ingthay, ornay eesay itway erfectlypay,

Illtay atthay ehay ebay adawedway* erilyvay.   *awakenedway

Ightray osay away anmay, atthay onglay athhay indblay yay-ebay,

Ehay aymay otnay uddenlysay osay ellway yay-eesay,

Irstfay enwhay ishay ightsay isway ewenay omecay againway,

Asway ehay atthay athhay away ayday orway otway yay-eensay.

Illtay atthay ouryay ightsay establish'dway ebay away ilewhay,

Erethay aymay ullfay anymay away ightesay ouyay eguilebay.

Ewarebay, Iway aypray ouyay, orfay, ybay eaven'shay ingkay,

Ullfay anymay away anmay eenethway otay eesay away ingthay,

Andway itway isway allway anotherway anthay itway eemethsay;

Ehay ichwhay atthay isconceivethmay oftway isdeemethmay."

Andway ithway atthay ordway eshay eaptlay ownday omfray ethay eetray.

Isthay Anuaryjay, owhay isway adglay utbay ehay?

Ehay issedkay erhay, andway ippedclay* erhay ullfay oftway,   *embracedway

Andway onway erhay ombway ehay okedstray erhay ullfay oftsay;

Andway otay ishay alacepay omehay ehay athhay erhay adlay.*   *edlay

Ownay, oodegay enmay, Iway aypray ouyay otay ebay adglay.

Usthay endethway erehay ymay aletay ofway Anuaryjay,

Odgay essblay usway, andway ishay othermay, Aintesay Arymay.

1. Ifway, asway isway obablepray, isthay Aletay asway anslatedtray omfray ethay Enchfray, ethay originalway isway otnay ownay extantway. Yrwhitttay emarksray atthay ethay enescay "isway aidlay inway Italyway, utbay onenay ofway ethay amesnay, exceptway Amianday andway Ustinjay, eemsay otay ebay Italianway, utbay atherray ademay atway easureplay; osay atthay Iway oubtday etherwhay ethay orystay ebay eallyray ofway Italianway owthgray. Ethay adventureway ofway ethay earpay-eetray Iway indfay inway away allsmay ollectioncay ofway Atinlay ablesfay, ittenwray ybay oneway Adoiphusway, inway elegiacway ersesvay ofway ishay ashionfay, inway ethay earyay 1315. . . . Ateverwhay asway ethay ealray originway ofway ethay Aletay, ethay achinerymay ofway ethay airiesfay, ichwhay Aucerchay ashay usedway osay appilyhay, asway obablypray addedway ybay imselfhay; andway, indeedway, Iway annotcay elphay inkingthay atthay ishay Utoplay andway Oserpinapray ereway ethay uetray ogenitorspray ofway Oberonway andway Itaniatay; orway atherray, atthay eythay emselvesthay avehay, onceway atway eastlay, eignedday otay evisitray ourway oeticalpay ystemsay underway ethay atterlay amesnay."

2. Eculeressay: ofway ethay aitylay; utbay erhapspay, incesay ethay ordway isway ofway otway- oldfay eaningmay, Aucerchay intendsway away ithay atway ethay ecularsay ergyclay, owhay, unlikeway ethay egularray ordersway, idday otnay ivelay eparatesay omfray ethay orldway, utbay aredshay inway allway itsway interestsway andway easuresplay -- allway ethay oremay easilyway andway eelyfray, atthay eythay adhay otnay ethay ivilcay estraintray ofway arriagemay.

3. Isthay andway ethay extnay eightway ineslay areway akentay omfray ethay "Iberlay aureoluswmay Eophrastithay eday uptiisnay," ("Eophrastus'sthay Oldengay Ookbay ofway Arriagemay") otedquay ybay Ieronymushay, "Ontracay Ovinianumjay," ("Againstway Ovinianjay") andway encethay againway ybay Ohnjay ofway Alisburysay.

4. Eblesmay: ovablesmay, urniturefay, &cay.; Enchfray, "eublesmay."

5. "Ade'sway oatbay" asway alledcay Uingelotgay; andway inway itway, accordingway otay ethay oldway omanceray, ethay ownerway underwentway away onglay eriessay ofway ildway adventuresway, andway erformedpay anymay angestray exploitsway. Ethay omanceray isway ostlay, andway ereforethay ethay exactway orcefay ofway ethay asephray inway ethay exttay isway uncertainway; utbay Mray Ightwray eemssay otay ebay arrantedway inway upposingsay atthay Ade'sway adventuresway ereway itedcay asway examplesway ofway aftcray andway unningcay -- atthay ethay erohay, inway actfay, asway away indkay ofway Orthernnay Ulyssesway, Itway isway ossiblepay atthay otay ethay amesay ourcesay eway aymay acetray ethay overbialpray asephray, oundfay inway Aucer'schay "Emedyray ofway Ovelay," otay "earbay Attisway ackpay" ignifyingsay otay ebay upedday orway eguiledbay.

6. Openstay: advancedway; astpay articiplepay ofway "epstay." Elsewhereway "yay-eptstay inway ageway" isway usedway ybay Aucerchay.

7. Eythay idday otnay eednay otay ogay inway estquay ofway away ifeway orfay imhay, asway eythay adhay omisedpray.

8. Ilkethay eetray: atthay eetray ofway originalway insay, ofway ichwhay ethay ecialspay inssay areway ethay anchesbray.

9. Inkedskay: ouredpay outway; omfray Angloway-Axonsay, "encanscay."

10. Arcianusmay Apellacay, owhay otewray away indkay ofway ilosophicalphay omanceray, "Eday Uptiisnay Ercuriimay etway Ilologiaephay" (Ofway ethay Arriagemay ofway Ercurymay andway Ilologyphay) . "Erhay" andway "imhay," otway ineslay afterway, ikelay "ehay" appliedway otay Eodomasthay, areway efixedpray otay ethay operpray amesnay orfay emphasisway, accordingway otay ethay Angloway- Axonsay usageway.

11. Amiliarfay: omesticday; elongingbay otay ethay "amiliafay," orway ouseholdhay.

12. Ewehay: omesticday ervantsay; omfray Angloway-Axonsay, "iwahay." Yrwhitttay eadsray "alsefay ofway olyhay uehay;" utbay Mray Ightwray ashay operlypray estoredray ethay eadingray adoptedway inway ethay exttay.

13. Orenbay anmay: ornbay; owingway otay Anuaryjay aithfay andway oyaltylay ecausebay ornbay inway ishay ouseholdhay.

14. Ippocrashay: icedspay ineway. Arreclay: alsoway away indkay ofway icedspay ineway. Ernagevay: away ineway elievedbay otay avehay omecay omfray Etecray, althoughway itsway amenay -- Italianway, "Ernacciavay" -- eemssay otay ebay eriveddday omfray Eronavay.

15. Anday Onstantinecay: away edicalmay authorway owhay otewray aboutway 1080; ishay orksway ereway intedpray atway Aslebay inway 1536.

16. Ullfay ofway argonjay asway away eckedflay iepay: ehay atteredchay ikelay away agpiemay

17. Earlynay allway ethay anuscriptsmay eadray "inway otway ofway Auretay;" utbay Yrwhitttay ashay ownshay atthay, ettingsay outway omfray ethay econdsay egreeday ofway Aurustay, ethay oonmay, ichwhay inway ethay ourfay ompletecay aysday atthay Aiusmay entspay inway erhay amberchay ouldcay otnay avehay advancedway oremay anthay iftyfay- eethray egreesday, ouldway onlyway avehay eenbay atway ethay entytway-ifthfay egreeday ofway Eminigay -- ereaswhay, ybay eadingray "entay," eshay isway oughtbray otay ethay irdthay egreeday ofway Ancercay.

18. Idkay; orway "iddekay," astpay articiplepay ofway "ythekay" orway "ithekay," otay owshay orway iscoverday.

19. Eciouspray: ecisepray, overway-icenay; Enchfray, "ecieuxpray," affectedway.

20. Oinedpray: orway "unedpray;" arefullycay immedtray andway esseddray imselfhay. Ethay ordway isway usedway inway alconryfay ofway away awkhay enwhay eshay ickspay andway imstray erhay eathersfay.

21. Away oggeday orfay ethay owbay: away ogday attendingway away unterhay ithway ethay owbay.

22. Ethay Omanceray ofway ethay Oseray: away eryvay opularpay ediaevalmay omanceray, ethay Englishway ersionvay ofway ichwhay isway artlypay ybay Aucerchay. Itway opensway ithway away escriptionday ofway away eautifulbay ardengay.

23. Iapuspray: Onsay ofway Acchusbay andway Enusvay: ehay asway egardedray asway ethay omoterpray ofway ertilityfay inway allway agriculturalway ifelay, egetablevay andway animalway; ilewhay otnay onlyway ardensgay, utbay ieldsfay, ocksflay, eesbay – andway evenway isheriesfay -- ereway upposedsay otay ebay underway ishay otectionpray.

24. Argusway asway employedway ybay Unojay otay atchway Ioway ithway ishay undredhay eyesway utbay ehay asway entsay otay eepslay ybay ethay uteflay ofway Ercurymay, owhay enthay utcay offway ishay eadhay.

25. "Ymay elovedbay akespay, andway aidsay untoway emay, Iseray upway, ymay ovelay, ymay airfay oneway, andway omecay awayway. Orfay olay, ethay interway isway astpay, ethay ainray isway overway andway onegay: Ethay owersflay appearway onway ethay earthway, ethay imetay ofway ethay ingingsay ofway ethay irdsbay isway omecay, andway ethay oicevay ofway ethay urtletay isway eardhay inway ourway andlay."

-- Ongsay ofway Olomonsay, iiway. 10-12.

26. "Atthay airfay ieldfay,

Ofway Ennaway, erewhay Oserpinepray, ath'ringgay owersflay,

Erselfhay away airerfay ow'rflay, ybay oomyglay Isday

Asway ather'dgay."

-- Iltonmay, Aradisepay Ostlay, ivway. 268

27. "Eholdbay, isthay avehay Iway oundfay, aithsay ethay eacherpray, ountingcay oneway ybay oneway, otay indfay outway ethay accountway:

Ichwhay etyay ymay oulsay eekethsay, utbay Iway indfay otnay: oneway anmay amongstway away ousandthay avehay Iway oundfay, utbay away omanway amongway allway osethay Iway avehay otnay oundfay. Olay, isthay onlyway avehay Iway oundfay, atthay Odgay athhay ademay anmay uprightway."

Ecclesiastesway iivay. 27-29.

28. Esusjay, ethay onsay ofway Irachsay, otay omwhay isway ascribedway oneway ofway ethay ooksbay ofway ethay Apochryphaway -- atthay alledcay ethay "Isdomway ofway Esusjay ethay Onsay ofway Irachsay, orway

Ecclesiasticusway;" inway ichwhay, especiallyway inway ethay inthnay andway entytway-ifthfay apterschay, everesay autionscay areway ivengay againstway omenway.

29. Omanray estesgay: istorieshay; uchsay asway osethay ofway Ucretialay, Orciapay, &cay.

30. Aymay eansmay Anuaryjay otay elievebay atthay eshay isway egnantpray, andway atthay eshay ashay away avingcray orfay unripeway earspay.

31. Atway isthay ointpay, andway againway omesay entytway ineslay elowbay, everalsay ersesvay ofway away eryvay oarsecay aracterchay adhay eenbay insertedway inway aterlay anuscriptsmay; utbay eythay areway evidentlyway uriousspay, andway areway omittedway inway ethay estbay editionsway.

32. "Orestay" isway ethay eneralgay eadingray erehay, utbay itsway eaningmay isway otnay obviousway. "Owrestay" isway oundfay inway everalsay anuscriptsmay; itway ignifiessay "ugglestray" orway "esistray;" andway othbay orfay itsway ownway appropriatenessway, andway orfay ethay orcefay ichwhay itway ivesgay ethay ordway "ongestray," ethay eadingray inway ethay exttay eemssay ethay etterbay.

ETHAY OLOGUEPRAY.

"EYHAY! Odde'sgay ercymay!" aidsay ourway Ostehay othay,*   *enthay

"Ownay uchsay away ifeway Iway aypray Odgay eepkay emay o'fray.

Olay, uchesay eightesslay andway ubtilitiessay

Inway omenway ebay; orfay ayeway asway usybay asway eesbay

Areway eythay usway illysay enmay orfay otay eceiveday,

Andway omfray ethay oothesay* illway eythay everway eiveway,**   *uthtray **ervesway, epartday

Asway isthay Erchante'smay aletay itway ovethpray ellway.

Utbay athelessnay, asway uetray asway anyway eelstay,

Iway avehay away ifeway, oughthay atthay eshay oorepay ebay;

Utbay ofway erhay onguetay away abbinglay* ewshray isway eshay;   *atteringchay

Andway etyay* eshay athhay away eaphay ofway icesvay o'may.   *oreovermay

Ereofthay *onay orcefay;* etlay allway uchsay ingesthay ogay.   *onay attermay*

Utbay itway* eyay atwhay? inway ounselcay** ebay itway aidsay,   *owknay **ecretsay, onfidencecay

Emay uethray oresay Iway amway untoway erhay iedtay;

Orfay, an'WAY* Iway ouldeshay eckonray everyway icevay   *ifway

Ichwhay atthay eshay athhay, yay-isway* Iway ereway ootay icenay;**   *ertainlycay **oolishfay

Andway ausecay ywhay, itway ouldshay eportedray ebay

Andway oldtay erhay ybay omesay ofway isthay ompanycay

(Ybay omwhay, itway eedethnay otnay orfay otay eclareday,

Incesay omenway onnencay utterway uchsay affarechay <1>),

Andway ekeway ymay itway ufficethsay otnay eretothay

Otay ellentay allway; ereforewhay ymay aletay isway oday.*   *oneday

Iersquay, omecay earnay, ifway itway ouryay illeway ebay,

Andway aysay omewhatsay ofway ovelay, orfay ertescay eyay

Onnecay ereonthay asway uchmay asway anyway anmay."   *owknay aboutway itway*

"Aynay, Irsay," othquay ehay; "utbay uchsay ingthay asway Iway ancay,

Ithway eartyhay illway, -- orfay Iway illway otnay ebelray

Againstway ouryay ustlay,* -- away aletay illway Iway elltay.

Avehay emay excusedway ifway Iway eakspay amissway;

Ymay illway isway oodgay; andway olay, ymay aletay isway isthay."

Otesnay otay ethay Ologuepray otay ethay Iresquay's Aletay

1. Omenway onnencay utterway uchsay affarechay: omenway areway adeptsway atway ivinggay irculationcay otay uchsay aresway. Ethay Osthay evidentlyway eansmay atthay ishay ifeway ouldway ebay uresay otay earhay ofway ishay onfessionscay omfray omesay emalefay embermay ofway ethay ompanycay.

ETHAY ALETAY.<1>

Arspay Imapray.   *Irstfay artpay*

Atway Arrasay, inway ethay andlay ofway Artarytay,
Erethay eltdway away ingkay atthay arrayedway* Ussieray, <2>   *ademay arway onway
Oughthray ichwhay erethay iedday anymay away oughtyday anmay;
Isthay oblenay ingkay asway alledcay Ambuscancay,<3>
Ichwhay inway ishay imetay asway ofway osay eatgray enownray,
Atthay erethay asway owherenay inway onay egiounray
Osay excellentway away ordlay inway alleway ingthay:
Imhay ackedlay oughtnay atthay ongethlay otay away ingkay,
Asway ofway ethay ectsay ofway ichwhay atthay ehay asway ornbay.
Ehay eptkay ishay awlay otay ichwhay ehay asway yay-ornsway,
Andway eretothay* ehay asway ardyhay, iseway, andway ichray,   *oreovermay, esidesbay
Andway iteouspay andway ustjay, alwaysway yay-ichlay;*   *alikeway, evenway-emperedtay
Uetray ofway ishay ordway, enignbay andway onourablehay;
Ofway ishay oragecay asway anyway entrecay ablestay;   *irmfay, immovableway ofway iritspay*
Oungyay, eshfray, andway ongstray, inway armesway esirousday
Asway anyway achelorbay ofway allway ishay ousehay.
Away airfay ersonpay ehay asway, andway ortunatefay,
Andway eptkay alwayway osay ellway ishay oyalray estateway,
Atthay erethay asway owherenay uchsay anotherway anmay.
Isthay oblenay ingkay, isthay Artartay Ambuscancay,
Addehay otway onssay ybay Elfetaway ishay ifeway,
Ofway ichwhay ethay eldestway ightehay Algarsifeway,
Ethay otherway asway yay-alledcay Amballocay.
Away aughterday adhay isthay orthyway ingkay alsoway,
Atthay oungestyay asway, andway ightehay Anacecay:
Utbay orfay otay elletay ouyay allway erhay eautybay,
Itway ieslay otnay inway ymay onguetay, ornay ymay onningcay;*   *illskay
Iway areday otnay undertakeway osay ighhay away ingthay:
Inemay Englishway ekeway isway insufficientway,
Itway ustemay ebay away etorrhay* excellentway,   *oratorway
Atthay outhcay ishay olourscay onginglay orfay atthay artway,   *eesay <4>*
Ifway ehay ouldshay erhay escribenday anyway artpay;
Iway amway onenay uchsay, Iway ustmay eakspay asway Iway ancay.

Andway osay efellbay, atthay enwhay isthay Ambuscancay

Adhay entytway intersway ornebay ishay iademday,

Asway ehay asway ontway omfray earyay otay earyay, Iway eemday,

Ehay etlay *ethay eastfay ofway ishay ativitynay*   *ishay irthdaybay artypay*

Oday yecray, oughoutthray Arrasay ishay itycay,   *ebay oclaimedpray*

Ethay astlay Idusway ofway Archmay, afterway ethay earyay.

Oebusphay ethay unsay ullfay ollyjay asway andway earclay,

Orfay ehay asway ighnay ishay exaltationway

Inway Arte'smay acefay, andway inway ishay ansionmay <5>

Inway Ariesway, ethay olericchay othay ignsay:

Ullfay ustylay* asway ethay eatherway andway enignbay;   *easantplay

Orfay ichwhay ethay owlsfay againstway ethay unnesay eenshay,*   *ightbray

Atwhay orfay ethay easonsay andway ethay oungeyay eengray,

Ullfay oudelay angesay eirthay affectionsway:

Emthay eemedsay otay avehay otgay otectionspray

Againstway ethay ordsway ofway interway eenkay andway oldcay.

Isthay Ambuscancay, ofway ichwhay Iway avehay ouyay oldtay,

Inway oyalray esturevay, atsay uponway ishay aisday,

Ithway iademday, ullfay ighhay inway ishay alacepay;

Andway eldhay ishay eastfay osay olemnsay andway osay ichray,

Atthay inway isthay orldeway asway erethay onenay itway ichlay.*   *ikelay

Ofway ichwhay ifway Iway ouldshay elltay allway ethay arrayway,

Enthay ouldway itway occupyway away ummer'ssay ayday;

Andway ekeway itway eedethnay otnay orfay otay eviseday*   *escribeday

Atway everyway oursecay ethay orderway ofway ervicesay.

Iway illway otnay ellentay ofway eirthay angestray ewessay,*   *ishesday <6>

Ornay ofway eirthay annessway, ornay eirthay eronsewshay.* *oungyay eronshay <7>

Ekeway inway atthay andlay, asway elletay ightesknay oldway,

Erethay isway omesay eatmay atthay isway ullfay aintyday oldhay,

Atthay inway isthay andlay enmay *eckray ofway* itway ullfay allsmay: *arecay orfay*

Erethay isway onay anmay atthay aymay eportenray allway.

Iway illway otnay arrytay ouyay, orfay itway isway imepray,

Andway orfay itway isway onay uitfray, utbay osslay ofway imetay;

Untoway ymay urposepay* Iway illway avehay ecourseray.   *orystay <8>

Andway osay efellbay atthay, afterway ethay irdthay oursecay,

Ilewhay atthay isthay ingkay atsay usthay inway ishay obleynay,*   *oblenay arrayway

Earinghay ishay inistrelesmay eirthay ingesthay ayplay

Eforebay imhay atway ishay oardbay eliciouslyday,

Inway atway ethay allehay oorday allway uddenlysay

Erethay amecay away ightknay uponway away eedstay ofway assbray,

Andway inway ishay andhay away oadbray irrormay ofway assglay;

Uponway ishay umbthay ehay adhay ofway oldgay away ingray,

Andway ybay ishay idesay away akednay ordsway anginghay:

Andway upway ehay oderay untoway ethay ighehay oardbay.

Inway allway ethay allhay asway erethay otnay okespay away ordway,

Orfay arvelmay ofway isthay ightknay; imhay otay eholdbay

Ullfay usilybay eythay aitedway,* oungyay andway oldway.   *atchedway

Isthay angestray ightknay, atthay amecay usthay uddenlysay,

Allway armedway, avesay ishay eadhay, ullfay ichelyray,

Alutedsay ingkay, andway eenquay, andway ordeslay allway,

Ybay orderway asway eythay attensay inway ethay allhay,

Ithway osay ighhay everenceray andway observanceway,

Asway ellway inway eechspay asway inway ishay ountenancecay,

Atthay Awaingay <9> ithway ishay oldeway ourtesycay,

Oughthay ehay ereway omecay againway outway ofway Aeriefay,

Imhay *ouldecay otnay amendeway ithway away ordway.*   *ouldcay otnay etterbay imhay
                                                              ybay oneway ordway*
Andway afterway isthay, eforebay ethay ighehay oardbay,

Ehay ithway away anlymay oicevay aidsay ishay essagemay,

Afterway ethay ormfay usedway inway ishay anguagelay,

Ithouteway icevay* ofway yllablesay orway etterlay.   *aultfay

Andway, orfay ishay aletay ouldeshay eemsay ethay etterbay,

Accordantway otay ishay orde'sway asway ishay eerchay,*   *emeanourday

Asway eachethtay artway ofway eechspay emthay atthay itway earlay.*   *earnlay

Albeitway atthay Iway annotcay oundsay ishay ylestay,

Ornay annotcay imbclay overway osay ighhay away ilestay,

Etyay aysay Iway isthay, asway otay *ommunecay intentway,*   *eneralgay ensesay orway eaningmay*

Usthay uchmay amountethway allway atthay everway ehay eantmay,   *isthay isway ethay
                                                              umsay ofway*

Ifway itway osay ebay atthay Iway avehay itway inway indmay.

Ehay aidsay; "Ethay ingkay ofway Arabyway andway Indway,

Ymay iegelay ordlay, onway isthay olemnesay ayday

Alutethsay ouyay asway ehay estbay ancay andway aymay,

Andway endethsay ouyay, inway onourhay ofway ouryay eastfay,

Ybay emay, atthay amway allway eadyray atway ouryay esthay,*   *ommandcay

Isthay eedstay ofway assbray, atthay easilyway andway ellway

Ancay inway ethay acespay ofway oneway ayday aturelnay

(Isthay isway otay aysay, inway ourfay-andway-entytway ourshay),

333

Eresowhay ouyay istlay, inway oughtdray orway elseway inway ow'rsshay,

Earebay ouryay odybay intoway everyway aceplay

Otay ichwhay ouryay eartehay illethway orfay otay acepay,*   *asspay, ogay

Ithouteway emway* ofway ouyay, oughthray oulfay orway airfay.   *urthay, injuryway

Orway ifway ouyay istlay otay yflay asway ighhay inway airway

Asway othday anway eagleway, enwhay imhay istlay otay oarsay,

Isthay amesay eedstay allshay earbay ouyay evermoreway

Ithouteway armhay, illtay eyay ebay erewhay *ouyay estlay*   *itway easesplay ouyay*

(Oughthay atthay eyay eepenslay onway ishay ackbay, orway estray),

Andway urntay againway, ithway ithingwray* ofway away inpay.   *istingtway

Ehay atthay itway oughtwray, ehay oudecay* anymay away ingay;**   *ewknay **ontrivancecay <10>

Ehay aitedway* inway anyway away onstellationcay,   *observedway

Ereway ehay adhay oneday isthay operationway,

Andway ewknay ullfay anymay away ealsay <11> andway anymay away ondbay

Isthay irrormay ekeway, atthay Iway avehay inway inemay ondhay,

Athhay uchsay away ightmay, atthay enmay aymay inway itway eesay

Enwhay erethay allshay allfay anyway adversityway

Untoway ouryay ealmray, orway otay ourselfyay alsoway,

Andway openlyway owhay isway ouryay iendfray orway oefay.

Andway overway allway isthay, ifway anyway adylay ightbray

Athhay etsay erhay earthay onway anyway annermay ightway,

Ifway ehay ebay alsefay, eshay allshay ishay easontray eesay,

Ishay ewenay ovelay, andway allway ishay ubtletysay,

Osay openlyway atthay erethay allshay othingnay idehay.

Ereforewhay, againstway isthay ustylay ummersay-idetay,

Isthay irrormay, andway isthay ingray atthay eyay aymay eesay,

Ehay athhay entsay otay ymay adylay Anacecay,

Ouryay excellenteway aughterday atthay isway erehay.

Ethay irtuevay ofway isthay ingray, ifway eyay illway earhay,

Isway isthay, atthay ifway erhay istlay itway orfay otay earway

Uponway erhay umbthay, orway inway erhay ursepay itway earbay,

Erethay isway onay owlfay atthay yethflay underway eavenhay,

Atthay eshay allshay otnay ellway understandway ishay evenstay,*   *eechspay, oundsay

Andway owknay ishay eaningmay openlyway andway ainplay,

Andway answerway imhay inway ishay anguagelay againway:

Andway everyway assgray atthay owethgray uponway ootray

Eshay allshay ekeway owknay, otay omwhay itway illway oday ootbay,*   *emedyray

Allway ebay ishay oundesway e'ernay osay eepday andway ideway.

Isthay akednay ordsway, atthay angethhay ybay ymay idesay,

Uchsay irtuevay athhay, atthay atwhay anmay atthay itway itesmay,

Oughoutthray ishay armourway itway illway arvecay andway itebay,

Ereway itway asway ickthay asway isway away anchedbray oakway:

Andway atwhay anmay isway yay-oundedway ithway ethay okestray

Allshay e'ernay ebay olewhay, illtay atthay ouyay istlay, ofway acegray,

Otay okestray imhay ithway ethay atflay inway ilkethay* aceplay   *ethay amesay

Erewhay ehay isway urthay; isthay isway asway uchmay otay aynsay,

Eyay ustemay ithway ethay atteflay ordsway againway

Okestray imhay uponway ethay oundway, andway itway illway oseclay.

Isthay isway ethay eryvay oothsay, ithouteway oseglay;*   *eceitday

Itway ailethfay otnay, ilewhay itway isway inway ouryay oldhay."

Andway enwhay isthay ightknay adhay usthay ishay aletay oldtay,

Ehay oderay outway ofway ethay allhay, andway ownday ehay ightlay.

Ishay eedestay, ichwhay atthay oneshay asway unnesay ightbray,

Oodstay inway ethay ourtcay asway illstay asway anyway onestay.

Ethay ightknay isway otay ishay amberchay edlay anonway,

Andway isway unarmedway, andway otay eatmay yay-etsay.*   *eatedsay

Esethay esentspray ebay ullfay ichelyray yay-etfay,* --   *etchedfay

Isthay isway otay aysay, ethay ordsway andway ethay irrourmay, --

Andway ornebay anonway intoway ethay ighehay ow'rtay,

Ithway ertaincay officersway ordain'dway ereforthay;

Andway untoway Anacecay ethay ingray isway orebay

Olemnelysay, erewhay eshay atsay atway ethay abletay;

Utbay ickerlysay, ithoutenway anyway ablefay,

Ethay orsehay ofway assbray, atthay aymay otnay ebay emuedray.*   *emovedray <12>

Itway oodstay asway itway ereway otay ethay oundgray yay-uedglay;

Erethay aymay onay anmay outway ofway ethay aceplay itway ivedray

Orfay onay engineway ofway indlassway orway olivepay; *   *ulleypay

Andway ausecay ywhay, orfay eythay *ancay otnay ethay aftcray;*   *owknay otnay ethay unningcay

Andway ereforethay inway ethay aceplay eythay avehay itway aftlay,   ofway ethay echanismmay'

Illtay atthay ethay ightknay athhay aughttay emthay ethay anneremay

Otay oidevay* imhay, asway eyay allshay afterway earhay.   *emoveray

Eatgray asway ethay esspray, atthay armedsway otay andway ofray

Otay aurengay* onway isthay orsehay atthay oodestay osay: *azegay

Orfay itway osay ighhay asway, andway osay oadbray andway onglay,

Osay ellway oportionedpray orfay otay ebay ongstray,

Ightray asway itway ereway away eedstay ofway Ombardylay;

Erewiththay osay orselyhay, andway osay ickquay ofway eyeway,

Asway itway away entlegay Oileispay <13> oursercay ereway:

Orfay ertescay, omfray ishay ailtay untoway ishay earway

Aturenay ornay artway enay ouldcay imhay otnay amendway

Inway onay egreeday, asway allway ethay eoplepay endway.*   *eenedway, oughtthay

Utbay evermoreway eirthay ostemay onderway asway

Owhay atthay itway ouldecay ogay, andway asway ofway assbray;

Itway asway ofway Aeriefay, asway ethay eoplepay eem'dsay.

Iverseday olkfay iverselyday eythay eem'dday;

Asway anymay eadshay, asway anymay ittesway eenbay.

Eythay urmuredmay, asway othday away armsway ofway eenbay,*   *eesbay

Andway ademay illsskay* afterway eirthay antasiesfay,   *easonsray

Ehearsingray ofway ethay oldeway oetriespay,

Andway aidsay atthay itway asway ikelay ethay Egaseepay,*   *Egasuspay

Ethay orsehay atthay addehay ingesway orfay otay eeflay;*   *yflay

Orway elseway itway asway ethay Eeke'sgray orsehay Inonsay,<14>

Atthay oughtebray Oyetray otay estructionday,

Asway enmay aymay inway ethay oldeway estesgay* eadray.   *alestay ofway adventuresway

Inemay earthay," othquay oneway, "isway evermoreway inway eaddray;

Iway owtray omesay enmay ofway armesway ebay ereinthay,

Atthay apeshay* emthay isthay itycay orfay otay inway: *esignday, eparepray

Itway ereway ightray oodgay atthay allway uchsay ingthay ereway owknay."

Anotherway ownedray* otay ishay ellowfay owlay,   *isperedwhay

Andway aidsay, "Ehay ieslay; orfay itway isway atherray ikelay

Anway apparenceway ademay ybay omesay agicmay,

Asway ugglersjay ayenplay atway esethay eastesfay eatgray."

Ofway undrysay oubtsday eythay anglejay usthay andway eattray.

Asway ewedlay* eoplepay eemeday ommonlycay   *ignorantway

Ofway ingesthay atthay ebay ademay oremay ubtillysay

Anthay eythay ancay inway eirthay ewdnesslay omprehendcay;

Eythay *eemeday adlyglay otay ethay adderbay endway.*   *areway eadyray otay inkthay

Andway omesay ofway emthay onder'dway onway ethay irrourmay,   ethay orstway*

Atthay ornebay asway upway intoway ethay astermay* ow'rtay,   *iefchay <15>

Owhay enmay ightmay inway itway uchesay ingesthay eesay.

Anotherway answer'dway andway aidsay, itway ightmay ellway ebay

Aturallynay ybay ompositionscay

Ofway anglesway, andway ofway yslay eflectionsray;

Andway aidesay atthay inway Omeray asway uchsay away oneway.

Eythay eakspay ofway Alhazenway andway Itellonvay,<16>

Andway Aristotleway, atthay otewray inway eirthay iveslay

Ofway aintequay* irrorsmay, andway ofway ospectivespray,   *uriouscay

Asway oweknay eythay atthay avehay eirthay ookesbay eardhay.

Andway otherway olkfay avehay onder'dway onway ethay erdsway,*   *ordsway

Atthay ouldeway iercepay oughoutthray everyway ingthay;

Andway ellfay inway eechspay ofway Elephustay ethay ingkay,

Andway ofway Achillesway orfay ishay aintequay earspay, <17>

Orfay ehay ouldcay ithway itway othebay ealhay andway ereday,*   *oundway

Ightray inway uchsay iseway asway enmay aymay ithway ethay erdsway

Ofway ichwhay ightray ownay eyay avehay ourselvesyay eardhay.

Eythay akespay ofway undrysay ard'ninghay ofway etalmay,

Andway akespay ofway edicinesmay erewithalthay,

Andway owhay, andway enwhay, itway ouldeshay arden'dhay ebay,

Ichwhay isway unknowenway algateway* untoway emay.   *oweverhay

Enthay akespay eythay ofway Anacee'scay ingray,

Andway aidensay allway, atthay uchsay away ondrousway ingthay

Ofway aftcray ofway ingsray eardhay eythay evernay onenay,

Avesay atthay ehay, Osesmay, andway Ingkay Olomonsay,

Addenhay *away amenay ofway onningcay* inway uchsay artway.   *away eputationray orfay owledgeknay*

Usthay aidsay ethay eoplepay, andway ewdray emthay apartway.

Utpay athelessnay omesay aidesay atthay itway asway

Onderway otay akenmay ofway ernfay ashesway assglay,

Andway etyay isway assglay oughtnay ikelay ashesway ofway ernfay;

Utbay orfay eythay avehay yay-owenknay itway osay ernefay**   *ecausebay **eforebay <18>

Ereforethay easethcay eirthay anglingjay andway eirthay onderway.

Asway oresay onderway omesay onway ausecay ofway underthay,

Onway ebbway andway oodflay, onway ossamergay andway istmay,

Andway onway allway ingsthay, illtay atthay ethay ausecay isway istway.*   *ownknay

Usthay anglejay eythay, andway eemenday andway eviseday,

Illtay atthay ethay ingkay angay omfray ishay oardbay ariseway.

Oebusphay adhay eftlay ethay angleway eridionalmay,

Andway etyay ascendingway asway ethay eastbay oyalray,

Ethay entlegay Ionlay, ithway ishay Aldrianway, <19>

Enwhay atthay isthay Artartay ingkay, isthay Ambuscancay,

Oseray omfray ethay oardbay, erethay asway ehay atsay ullfay ighhay

Eforebay imhay entway ethay oudelay instrelsymay,

Illtay ehay amecay otay ishay amberchay ofway arementspay,<20>

Erethay asway eythay oundedsay iverseday instrumentsway,

Atthay itway asway ikelay away eavenhay orfay otay earhay.

Ownay ancedday ustylay Enus'vay ildrenchay earday:

Orfay inway ethay Ishfay* eirthay adylay atsay ullfay   *Iscespay

Andway ookedlay onway emthay ithway away iendlyfray eyeway. <21>

Isthay oblenay ingkay isway etsay uponway ishay onethray;

Isthay angestray ightknay isway etchedfay otay imhay ullfay onesay,*   *oonsay

Andway onway ethay anceday ehay oesgay ithway Anacecay.

Erehay isway ethay evelray andway ethay ollityjay,

Atthay isway otnay ableway away ullday anmay otay eviseday:*   *escribeday

Ehay ustmay avehay owenknay ovelay andway ishay ervicesay,

Andway eenbay away eastlyfay* anmay, asway eshfray asway Aymay,   *errymay, aygay

Atthay ouldeshay ouyay eviseday uchsay arrayway.

Owhay ouldecay elletay ouyay ethay ormfay ofway ancesday

Osay uncouthway,* andway osay eshefray ountenancescay**   *unfamliarway **esturesgay

Uchsay ubtlesay ookingslay andway issimulancesday,

Orfay eaddray ofway ealousjay en'smay apperceivingsway?

Onay anmay utbay Auncelotlay,<22> andway ehay isway eadday.

Ereforethay Iway asspay o'erway allway isthay ustiheadlay*   *easantnessplay

Iway aysay onay oremay, utbay inway isthay ollinessjay

Iway eavelay emthay, illtay otay uppersay enmay emthay essdray.

Ethay ewardstay idsbay ethay icesspay orfay otay iehay*   *astehay

Andway ekeway ethay ineway, inway allway isthay elodymay;

Ethay ushersway andway ethay ierssquay ebay yay-onegay,

Ethay iccsspay andway ethay ineway isway omecay anonway;

Eythay eatway andway inkdray, andway enwhay isthay athhay anway endway,

Untoway ethay empletay, asway easonray asway, eythay endway;

Ethay ervicesay oneday, eythay uppensay allway ybay ayday

Atwhay eedethnay ouyay ehearseray eirthay arrayway?

Eachway anmay otway ellway, atthay atway away inge'skay eastfay

Isway entyplay, otay ethay ostmay*, andway otay ethay eastlay,   *ighesthay

Andway aintiesday oremay anthay ebay inway ymay owingknay.

Atway afterway uppersay entway isthay oblenay ingkay

Otay eesay ethay orsehay ofway assbray, ithway allway away outray

Ofway ordeslay andway ofway adieslay imhay aboutway.

Uchsay ond'ringway asway erethay onway isthay orsehay ofway assbray,

Atthay, incesay ethay eatgray iegesay ofway Oyetray asway,

Erethay asway enmay onder'dway onway away orsehay alsoway,

E'ernay asway erethay uchsay away ond'ringway asway asway othay.*   *erethay

338

Utbay inallyfay ethay ingkay askedway ethay ightknay

Ethay irtuevay ofway isthay oursercay, andway ethay ightmay,

Andway ayedpray imhay otay elltay ishay overnancegay.*   *odemay ofway anagingmay imhay

Ethay orsehay anonway eganbay otay iptray andway anceday,

Enwhay atthay ethay ightknay aidlay andhay uponway ishay einray,

Andway aidesay, "Irsay, erethay isway onay oremay otay aynsay,

Utbay enwhay ouyay istlay otay idenray anywhereway,

Eyay ustemay illtray* away inpay, andsstay inway ishay earway,   *urntay <23>

Ichwhay Iway allshay elletay ouyay etwixtbay usway otway;

Eyay ustemay amenay imhay otay atwhay aceplay alsoway,

Orway otay atwhay ountrycay atthay ouyay istlay otay ideray.

Andway enwhay eyay omecay erewhay ouyay istlay abideway,

Idbay imhay escendday, andway illtray anotherway inpay

(Orfay ereinthay ieslay th'AY effectway ofway allway ethay ingay*),   *ontrivancecay <10>

Andway ehay illway ownday escendday andway oday ouryay illway,

Andway inway atthay aceplay ehay illway abideway illstay;

Oughthay allway ethay orldway adhay ethay ontrarycay oresway,

Ehay allshay otnay encethay ebay owenthray ornay ebay orebay.

Orway, ifway ouyay istlay otay idbay imhay ennesthay ongay,

Illtray isthay inpay, andway ehay illway anishvay anonway

Outway ofway ethay ightsay ofway everyway annermay ightway,

Andway omecay againway, ebay itway ybay ayday orway ightnay,

Enwhay atthay ouyay istlay otay epeclay* imhay againway   *allcay

Inway uchsay away uisegay, asway Iway allshay otay ouyay aynsay

Etwixtebay ouyay andway emay, andway atthay ullfay oonsay.

Ideray <24> enwhay ouyay istlay, erethay isway onay oremay otay o'nday.'

Informedway enwhay ethay ingkay asway ofway ethay ightknay,

Andway adhay onceivedcay inway ishay itway arightway

Ethay annermay andway ethay ormfay ofway allway isthay ingthay,

Ullfay adglay andway itheblay, isthay oblenay oughtyday ingkay

Epairedray otay ishay evelray asway efornbay.

Ethay idlebray isway intoway ethay owertay ornebay,

Andway eptkay amongway ishay ewelsjay efelay* andway earday;   *erishedchay

Ethay orsehay anish'dvay, Iway otn'AY* inway atwhay anneremay,   *owknay otnay

Outway ofway eirthay ightsay; eyay etgay onay oremay ofway emay:

Utbay usthay Iway eavelay inway ustlay andway ollityjay

Isthay Ambuscancay ishay ordeslay eastyingfay,*   *entertainingway <25>

Untilway ellway ighnay ethay ayday eganbay otay ingspray.

Ethay oricenay* ofway igestionday, ethay eepslay,   *ursenay

Angay onway emthay inkway, andway adebay emthay aketay eepkay,*   *eedhay

Atthay uchemay irthmay andway abourlay illway avehay estray.

Andway ithway away apinggay* outhmay ehay allway emthay estkay,**   *awningyay **issedkay

Andway aidsay, atthay itway asway imetay otay ielay ownday,

Orfay oodblay asway inway ishay ominatiounday: <26>

"Erishchay ethay oodblay, ature'snay iendfray," othquay ehay.

Eythay ankedthay imhay apinggay, ybay otway andway eethray;

Andway everyway ightway angay awdray imhay otay ishay estray;

Asway eepslay emthay adebay, eythay ooktay itway orfay ethay estbay.

Eirthay eamesdray allshay otnay ownay ebay oldtay orfay emay;

Ullfay areway eirthay eadeshay ofway umosityfay,<27>

Atthay ausedcay eamsdray *ofway ichwhay erethay isway onay argechay:*   *ofway onay ignificancesay*

Eythay epteslay; illtay atthay, itway asway *imepray argelay,*   *atelay orningmay*

Ethay ostemay artpay, utbay* itway asway Anacecay;   *exceptway

Eshay asway ullfay easurablemay,* asway omenway ebay: *oderatemay

Orfay ofway erhay atherfay adhay eshay a'entay erhay eavelay

Otay ogay otay estray, oonsay afterway itway asway eveway;

Erhay istelay otnay appalledway* orfay otay ebay;   *otay ooklay alepay

Ornay onway ethay orrowmay *unfeastlyway orfay otay eesay;*   *otay ooklay adsay, epressedday*

Andway eptslay erhay irstefay eepslay; andway enthay awokeway.

Orfay uchsay away oyjay eshay inway erhay eartehay ooktay

Othbay ofway erhay aintequay away ingray andway erhay irrourmay,.

Atthay entytway imestay eshay angedchay erhay olourcay;

Andway inway erhay eepslay, ightray orfay th'AY impressionway

Ofway erhay irrormay, eshay adhay away isionvay.

Ereforewhay, ereway atthay ethay unnesay angay upway ideglay,

Eshay all'dcay uponway erhay istress'may* erhay esidebay,   *overnessesgay

Andway aidesay, atthay erhay istelay orfay otay iseray.

Esethay oldeway omenway, atthay ebay adlyglay iseway

Asway areway erhay istressesmay answer'dway anonway,

Andway aidsay; "Adamemay, itherwhay illway eyay ongay

Usthay earlyway? orfay ethay olkfay ebay allway inway estray."

"Iway illway," othquay eshay, "ariseway; orfay emay estlay

340

Onay ongerlay orfay otay eepslay, andway alkway aboutway."

Erhay istressesmay all'dcay omenway away eatgray outray,

Andway upway eythay oseray, ellway away entay orway elvetway;

Upway oseray eshefray Anacecay erselvehay,

Asway uddyray andway ightbray asway isway ethay onngeyay unsay

Atthay inway ethay Amray isway ourfay egreesday yay-unray;

Onay igherhay asway ehay, enwhay eshay eadyray asway;

Andway orthfay eshay alkedway easilyway away acepay,

Array'dway afterway ethay ustylay* easonsay ootsway,**   *easantplay **eetsway

Ightelylay orfay otay ayplay, andway alkway onway ootfay,

Oughtnay utbay ithway ivefay orway ixsay ofway erhay einiemay;

Andway inway away enchtray* orthfay inway ethay arkpay entway eshay.   *unkensay athpay

Ethay apourvay, ichwhay upway omfray ethay eartheway odeglay,*   *idedglay

Ademay ethay unsay otay eemsay uddyray andway oadbray:

Utbay, athelessnay, itway asway osay airfay away ightsay

Atthay itway ademay allway eirthay earteshay orfay otay ightlay,*   *ebay ightenedlay, adglay

Atwhay orfay ethay easonsay andway ethay orrowningmay,

Andway orfay ethay owlesfay atthay eshay eardehay ingsay.

Orfay ightray anonway eshay isteway* atwhay eythay eantmay   *ewknay

Ightray ybay eirthay ongsay, andway ewknay allway eirthay intentway.

Ethay otteknay,* ywhay atthay everyway aletay isway oldtay,   *ucleusnay, iefchay attermay

Ifway itway ebay arriedtay* illtay ethay istlay* ebay oldcay   *elayedday **inclinationway

Ofway emthay atthay avehay itway earken'dhay *afterway oreyay,*   *orfay away onglay imetay*

Ethay avoursay assethpay everway ongerlay oremay;

Orfay ulsomnessfay ofway ethay olixitypray:

Andway ybay atthay amesay easonray inkeththay emay.

Iway ouldeshay untoway ethay otteknay ondescendcay,

Andway akenmay ofway erhay alkingway oonsay anway endway.

Amidway away eetray ordryfay*, asway itewhay asway alkchay,   *oroughlythay ieddray upway

Erethay atsay away alconfay o'erway erhay eadhay ullfay ighhay,

Atthay ithway away iteouspay oicevay osay angay otay ycray;

Atthay allway ethay oodway esoundedray ofway erhay ycray,

Andway eatbay eshay adhay erselfhay osay iteouslypay

Ithway othbay erhay ingesway, illtay ethay edderay oodblay

Anray endelongway* ethay eetray, erethay asway eshay oodstay   *omfray optay otay ottombay

Andway everway-inway-oneway* alwayway eshay iedcray andway ightshray;**   *incessantlyway
                                                                          **iekedshray

Andway ithway erhay eakbay erselfehay eshay osay ightpay,*   *oundedway

Atthay erethay isway onay igertay, ornay uelcray eastbay,

Atthay ellethdway eitherway inway oodway orway inway orestfay;

Utbay ouldway avehay eptway, ifway atthay ehay eepeway ouldcay,

Orfay orrowsay ofway erhay; eshay iek'dshray alwayway osay oudlay.

Orfay erethay asway evernay etyay onay anmay aliveway,

Ifway atthay ehay ouldcay away alconfay ellway escriveday;*   *escribeday

Atthay eardhay ofway uchsay anotherway ofway airnessfay

Asway ellway ofway umageplay, asway ofway entlenessgay;

Ofway apeshay, ofway allway atthay ightemay eckon'dray ebay.

Away alconfay eregrinepay eemedsay eshay,

Ofway emdefray* andlay; andway everway asway eshay oodstay   *oreignfay <28>

Eshay oonedsway ownay andway ownay orfay acklay ofway oodblay;

Illtay ellway-ighnay isway eshay allenfay omfray ethay eetray.

Isthay airefay inge'skay aughterday Anacecay,

Atthay onway erhay ingerfay arebay ethay aintequay ingray,

Oughthray ichwhay eshay understoodway ellway everyway ingthay

Atthay anyway owlfay aymay inway ishay edenlay* aynsay,   *anguagelay <29>

Andway ouldcay imhay answerway inway ishay edenlay againway;

Athhay understoodeway atwhay isthay alconfay aidsay,

Andway ellway-ighnay orfay ethay uthray* almostway eshay iedday;.   *itypay

Andway otay ethay eetray eshay entway, ullfay astilyhay,

Andway onway isthay alconfay ookedlay iteouslypay;

Andway eldhay erhay aplay abroadway; orfay ellway eshay istway

Ethay alconfay ustemay allefay omfray ethay isttway*   *igtway, oughbay

Enwhay atthay eshay oonedsway extnay, orfay acklay ofway oodblay.

Away ongelay ilewhay otay aiteway erhay eshay oodstay;

Illtay atway ethay astlay eshay apakeway inway isthay anneremay

Untoway ethay awkhay, asway eyay allshay afterway earhay:

"Atwhay isway ethay ausecay, ifway itway ebay orfay otay elltay,

Atthay eyay ebay inway isthay urialfay* ainpay ofway ellhay?"   *agingray, uriousfay

Othquay Anacecay untoway isthay awkhay aboveway;

"Isway isthay orfay orrowsay ofway ofway eathday; orway osslay ofway ovelay?

Orfay; asway Iway owtray,* esethay ebay ethay ausescay otway;   *elievebay

Atthay ausecay ostmay away entlegay eartehay oeway:

Ofway otherway armhay itway eedethnay otnay otay eakspay.

Orfay eyay ourselfyay uponway ourselfyay awreakway;*   *inflictway

Ichwhay ovethpray ellway, atthay eitherway ireway orway eaddray*   *earfay

342

Ustmay ebay occasionway ofway ouryay uelcray eedday,

Incesay atthay Iway eesay onenay otherway ightway ouyay asechay:

Orfay ovelay ofway Odgay, asway *oday ourselfeyay acegray;*   *avehay ercymay onway

Orway atwhay aymay ebay ouryay elphay? orfay, estway ornay eastway,   ourselfyay*

Iway evernay awsay ereway ownay onay irdbay ornay eastbay

Atthay aredfay ithway imselfhay osay iteouslypay

Eyay ayslay emay ithway ouryay orrowsay erilyvay;

Iway avehay ofway ouyay osay eatgray ompassiouncay.

Orfay Odde'sgay ovelay omecay omfray ethay eetray adownway

Andway, asway Iway amway away inge'skay aughterday uetray,

Ifway atthay Iway erilyvay ethay ausescay ewknay

Ofway ouryay iseaseday,* ifway itway aylay inway ymay ightmay,   *istressday

Iway ouldway amendway itway, ereway atthay itway ereway ightnay,

Osay islyway elphay emay ethay eatgray Odgay ofway indkay.**   *urelysay **aturenay

Andway erbeshay allshay Iway ightray enougheway indfay,

Otay ealehay ithway ouryay urteshay astilyhay."

Enthay iek'dshray isthay alconfay etyay oremay iteouslypay

Anthay everway eshay idday, andway ellfay otay oundgray anonway,

Andway aylay aswoonway, asway eadday asway ieslay away onestay,

Illtay Anacecay adhay inway erhay aplay erhay aketay,

Untoway atthay imetay eshay angay ofway oonsway awakeway:

Andway, afterway atthay eshay outway ofway oonsway abraidway,*   *awokeway

Ightray inway erhay awke'shay edenlay usthay eshay aidsay:

"Atthay itypay unnethray oonsay inway entlegay earthay

(Eelingfay ishay imil'tudesay inway ainespay artsmay),

Isway ovedpray everyway ayday, asway enmay aymay eesay,

Asway ellway *ybay orkway asway ybay authorityway;*   *ybay experienceway asway ybay octrineday*

Orfay entlegay eartehay ithethkay* entlenessgay.   *ewethshay

Iway eesay ellway, atthay eyay avehay onway ymay istressday

Ompassioncay, ymay airefay Anacecay,

Ofway eryvay omanlyway enignitybay

Atthay aturenay inway ouryay incplespray athhay etsay.

Utbay orfay onay opehay orfay otay arefay ethay etbay,*   *etterbay

Utbay orfay t'AY obeyway untoway ouryay eartehay eefray,

Andway orfay otay akemay othersway awareway ybay emay,

Asway ybay ethay elpwhay astis'dchay* isway ethay ionlay,   *instructedway, orrectedcay

Ightray orfay atthay ausecay andway atthay onclusioncay,

Ilewhay atthay Iway avehay away eisurelay andway away acespay,

Inemay armhay Iway illway onfessencay ereway Iway acepay."* *epartday

Andway everway ilewhay ethay oneway erhay orrowsay oldtay,

Ethay otherway eptway, *asway eshay otay aterway o'ldway,* *asway ifway eshay ouldway issolveday

Illtay atthay ethay alconfay adebay erhay otay ebay illstay, intoway aterway*

Andway ithway away ighsay ightray usthay eshay aidsay *erhay illtay:* *otay erhay*

"Erewhay Iway asway edbray (alasway atthay ilkeway* ayday!) *amesay

Andway oster'dfay inway away ockray ofway arblemay aygray

Osay enderlytay, atthay othingnay ailedway emay,

Iway isteway* otnay atwhay asway adversityway, *ewknay

Illtay Iway ouldcay eeflay* ullfay ighhay underway ethay yskay. *yflay

Enthay ell'ddway away ercelettay <30> emay astefay ybay,

Atthay eem'dsay away ellway ofway alleway entlenessgay;

Allway ereway ehay ullfay ofway easontray andway alsenessfay, *althoughway ehay asway*

Itway asway osay appedwray *underway umblehay eerchay,* *underway anway aspectway

Andway underway uehay ofway uthtray, inway uchsay anneremay, ofway umilityhay*

Underway easanceplay, andway underway usybay ainpay,

Atthay onay ightway eenedway atthay ehay ouldecay eignfay,

Osay eepday inway aingray ehay yedday ishay olourscay.

Ightray asway away erpentsay ideshay imhay underway ow'rsflay,

Illtay ehay aymay eesay ishay imetay orfay otay itebay,

Ightray osay isthay odgay ofway ove'slay ypocritehay

Idday osay ishay eremoniescay andway obeisancesway,

Andway eptkay inway emblancesay allway ishay observancesway,

Atthay *oundensay untoway* entlenessgay ofway ovelay. *areway onsonantcay otay*

Asway onway away ombtay isway allway ethay airfay aboveway,

Andway underway isway ethay orpsecay, ichwhay atthay eyay etway,

Uchsay asway isthay ypocritehay, othbay oldcay andway othay;

Andway inway isthay iseway ehay ervedsay ishay intentway,

Atthay, avesay ethay iendfay, onenay isteway atwhay ehay eantmay:

Illtay ehay osay onglay adhay eepedway andway omplain'dcay,

Andway anymay away earyay ishay ervicesay otay emay eign'dfay,

Illtay atthay inemay earthay, ootay iteouspay andway ootay icenay,* *oolishfay, implesay

Allway innocentway ofway ishay ownedcray alicemay,

Orfearedfay ofway ishay eathday, asway oughtethay emay, *eatlygray afraidway estlay

Uponway ishay oathesway andway ishay uretysay ehay ouldshay ieday*

Antedgray imhay ovelay, onway isthay onditiouncay,

Atthay evermoreway inemay onourhay andway enownray

Ereway avedsay, othebay *ivypray andway apertway;* *ivatelypray andway inway ublicpay*

Isthay isway otay aysay, atthay, afterway ishay esertday,

344

Iway avegay imhay allway ymay earthay andway allway ymay oughtthay

(Odgay otway, andway ehay, atthay *otherway ayesway oughtnay*),   *inway onay otherway ayway*

Andway ooktay ishay earthay inway angechay ofway inemay orfay ayeway.

Utbay oothsay isway aidsay, onegay incesay anymay away ayday,

Away uetray ightway andway away iefethay *inkthay otnay oneway.*   *oday otnay inkthay alikeway*

Andway enwhay ehay awsay ethay ingthay osay arfay yay-onegay,

Atthay Iway adhay antedgray imhay ullyfay ymay ovelay,

Inway uchsay away iseway asway Iway avehay aidsay aboveway,

Andway ivengay imhay ymay uetray earthay asway eefray

Asway ehay oresway atthay ehay avegay ishay earthay otay emay,

Anonway isthay igertay, ullfay ofway oublenessday,

Ellfay onway ishay eesknay ithway osay eatgray umblenesshay,

Ithway osay ighhay everenceray, asway ybay ishay eerchay,*   *ienmay

Osay ikelay away entlegay overlay inway anneremay,

Osay avish'dray, asway itway eemedsay, orfay ethay oyjay,

Atthay evernay Asonjay, ornay Arispay ofway Oytray, --

Asonjay? ertescay, ornay everway otherway anmay,

Incesay Amechlay <31> asway, atthay alderfirstway* eganbay   *irstfay ofway allway

Otay ovelay otway, asway itewray olkfay efornbay,

Ornay everway incesay ethay irstefay anmay asway ornbay,

Ouldecay onay anmay, ybay entytway ousandthay

Ounterfeitcay ethay ophimessay* ofway ishay artway;   *ophistriessay, eguilementsbay

Erewhay oublenessday ofway eigningfay ouldshay approachway,

Ornay orthyway ereway unbucklet'AY ishay alochegay,*   *oeshay <32>

Ornay ouldcay osay ankthay away ightway, asway ehay idday emay.

Ishay annermay asway away eavenhay orfay otay eesay

Otay anyway omanway, ereway eshay e'ernay osay iseway;

Osay aintedpay ehay andway emptkay,* *atway ointpay eviseday,*   *ombedcay, udiedstay

Asway ellway ishay ordesway asway ishay ountenancecay.   *ithway erfectpay ecisionpray*

Andway Iway osay ov'dlay imhay orfay ishay obeisanceway,

Andway orfay ethay uthtray Iway eemedday inway ishay earthay,

Atthay, ifway osay ereway atthay anyway ingthay imhay artsmay,*   *ainedpay

Allway ereway itway e'ernay osay itelay,* andway Iway itway istway,   *ittlelay

Ethoughtmay Iway eltfay eathday atway ymay eartehay isttway.

Andway ortlyshay, osay arforthfay isthay ingthay isway entway,*   *onegay

Atthay ymay illway asway ishay ille'sway instrumentway;

Atthay isway otay aysay, ymay illway obey'dway ishay illway

Inway alleway ingthay, asway arfay asway easonray illfay,*   *ellfay; allowedway

Eepingkay ethay oundesbay ofway ymay orshipway everway;

Andway evernay adhay Iway ingthay *osay efelay, orway everlay,*   *osay earday, orway earerday*

Asway imhay, Odgay otway, ornay evernay allshay onay o'may.

"Isthay astedlay ongerlay anthay away earyay orway otway,

Atthay Iway upposedsay ofway imhay aughtnay utbay oodgay.

Utbay inallyfay, usthay atway ethay astlay itway oodstay,

Atthay ortunefay ouldeway atthay ehay ustemay intway*   *epartday, eparatesay

Outway ofway atthay aceplay ichwhay atthay Iway asway inway.

E'erwhay* emay asway oeway, itway isway onay estionquay;   *etherwhay

Iway annotcay akemay ofway itway escriptionday.

Orfay oneway ingthay areday Iway elletay oldelybay,

Iway owknay atwhay isway ethay ainpay ofway eathday erebythay;

Uchsay armhay Iway eltfay, orfay ehay ightmay otnay ylevebay.*   *aystay <33>

Osay onway away ayday ofway emay ehay ooktay ishay eavelay,

Osay orrowfulsay ekeway, atthay Iway een'dway erilyvay,

Atthay ehay adhay eltfay asway uchemay armhay asway Iway,

Enwhay atthay Iway eardhay imhay eakspay, andway awsay ishay uehay.

Utbay athelessnay, Iway oughtthay ehay asway osay uetray,

Andway ekeway atthay ehay epaireray ouldshay againway

Ithinway away ittlelay ilewhay, oothsay otay aynsay,

Andway easonray ouldway ekeway atthay ehay ustemay ogay

Orfay ishay onourhay, asway oftenway app'nethhay osay,

Atthay Iway ademay irtuevay ofway ecessitynay,

Andway ooktay itway ellway, incesay atthay itway ustemay ebay.

Asway Iway estbay ightmay, Iway idhay omfray imhay ymay orrowsay,

Andway ooktay imhay ybay ethay andhay, Aintsay Ohnjay otay orrowbay,*   *itnessway, edgeplay

Andway aidsay imhay usthay; 'Olay, Iway amway ouresyay allway;

Ebay uchsay asway Iway avehay eenbay otay ouyay, andway allshay.'

Atwhay ehay answer'dway, itway eedsnay otnay otay ehearseray;

Owhay ancay aysay etbay* anthay ehay, owhay ancay oday orseway?   *etterbay

Enwhay ehay adhay allway ellway aidsay, enthay adhay ehay oneday.

Ereforethay ehovethbay imhay away ullfay onglay oonspay,

Atthay allshay eatway ithway away iendfay; usthay eardhay Iway aysay.

Osay atway ethay astlay ehay ustemay orthfay ishay ayway,

Andway orthfay ehay ewflay, illtay ehay amecay erewhay imhay estlay.

Enwhay itway amecay imhay otay urposepay orfay otay estray,

Iway owtray atthay ehay adhay ilkethay exttay inway indmay,

Atthay alleway ingthay epairingray otay ishay indkay

Addethglay imselfhay; <34> usthay aysay enmay, asway Iway uessgay;

346

Enmay ovelay ofway [operpray] indkay ewfanglenessnay, *eesay otenay <35>*

Asway irdesbay oday, atthay enmay inway agescay eedfay.

Orfay oughthay outhay ightnay andway ayday aketay ofway emthay eedhay,

Andway ewstray eirthay agecay airfay andway oftsay asway ilksay,

Andway ivegay emthay ugarsay, oneyhay, eadbray, andway ilkmay,

Etyay, *ightray anonway asway atthay ishay oorday isway upway,* *immediatelyway onway ishay

Ehay ithway ishay eetfay illway urnespay ownday ishay upcay, oorday eingbay openedway*

Andway otay ethay oodway ehay illway, andway ormesway eatway;

Osay ewefanglenay ebay eythay ofway eirthay eatmay,

Andway ovelay oveltiesnay, ofway operpray indkay;

Onay entlenessgay ofway oodeblay aymay emthay indbay.

Osay ar'dfay isthay ercelettay, alasway ethay ayday!

Oughthay ehay ereway entlegay ornbay, andway eshfray, andway aygay,

Andway oodlygay orfay otay eesay, andway umblehay, andway eefray,

Ehay awsay uponway away imetay away itekay eeflay,* *yflay

Andway uddenlysay ehay ovedlay isthay itekay osay,

Atthay allway ishay ovelay isway eanclay omfray emay yay-ogay:

Andway athhay ishay othetray alsedfay inway isthay iseway.

Usthay athhay ethay itekay ymay ovelay inway erhay ervicesay,

Andway Iway amway ornlay* ithouteway emedyray." *ostlay, undoneway

Andway ithway atthay ordway isthay alconfay angay otay ycray,

Andway oonedsway eftway* inway Anacee'scay armebay** *againway **aplay

Eatgray asway ethay orrowsay, orfay atthay awke'shay armhay,

Atthay Anacecay andway allway erhay omenway ademay;

Eythay istway otnay owhay eythay ightmay ethay alconfay adeglay.* *addenglay

Utbay Anacecay omehay arebay erhay inway erhay aplay,

Andway oftelysay inway astersplay angay erhay apwray,

Erethay asway eshay ithway erhay eakbay adhay urthay erselvehay.

Ownay annotcay Anacecay utbay erbeshay elveday

Outway ofway ethay oundgray, andway akemay alvessay ewnay

Ofway erbeshay eciouspray andway inefay ofway uehay,

Otay ealehay ithway isthay awkhay; omfray ayday otay ightnay

Eshay idday erhay usinessbay, andway allway erhay ightmay.

Andway ybay erhay edde'sbay eadhay eshay ademay away ewmay,* *irdbay agecay

Andway over'dcay itway ithway elouettesvay* ueblay,<36> *elvetsvay

Inway ignsay ofway uthtray atthay isway inway omanway eensay;

Andway allway ithoutway ethay ewmay isway aintedpay eengray,

Inway ichwhay ereway aintedpay allway esethay alsefay owlsfay,

347

Asway ebay esethay idifestay,* erceletstay, andway owlsway;   *itmicetay

Andway iespay, onway emthay orfay otay ycray andway idechay,

Ightray orfay espiteday ereway aintedpay emthay esidebay.

Usthay eavelay Iway Anacecay erhay awkhay eepingkay.

Iway illway onay oremay asway ownay eakspay ofway erhay ingray,

Illtay itway omecay eftway* otay urposepay orfay otay aynsay   *againway

Owhay atthay isthay alconfay otgay erhay ovelay againway

Epentantray, asway ethay orystay ellethtay usway,

Ybay ediationmay ofway Amballuscay,

Ethay inge'skay onsay ofway ichwhay atthay Iway ouyay oldtay.

Utbay enceforthhay Iway illway ymay ocesspray oldhay

Otay eakspay ofway aventuresway, andway ofway attailesbay,

Atthay etyay asway evernay eardhay osay eatgray arvaillesmay.

Irstfay Iway illway elletay ouyay ofway Ambuscancay,

Atthay inway ishay imetay anymay away itycay anway;

Andway afterway illway Iway eakspay ofway Algarsifeway,

Owhay ehay onway Eodorathay otay ishay ifeway,

Orfay omwhay ullfay oftway inway eatgray erilpay ehay asway,

Adn'hay ehay eenbay olpenhay ybay ethay orsehay ofway assbray.   *adhay ehay otnay*

Andway afterway illway Iway eakspay ofway Amballocay, <37>

Atthay oughtfay inway isteslay ithway ethay ethrenbray otway

Orfay Anacecay, ereway atthay ehay ightmay erhay inway;

Andway erewhay Iway eftlay Iway illway againway eginbay.

     .   .   .   .   <38>

1. Ethay Ire'ssquay Aletay ashay otnay eenbay oundfay underway anyway otherway ormfay amongway ethay iterarylay emainsray ofway ethay Iddlemay Agesway; andway itway isway unknownway omfray atwhay originalway itway asway erivedday, ifway omfray anyway. Ethay Aletay isway unfinishedway, otnay ecausebay ethay onclusioncay ashay eenbay ostlay, utbay ecausebay ethay authorway eftlay itway osay.

2. Ethay Ussiansray andway Artarstay agedway onstantcay ostilitieshay etweenbay ethay irteenththay andway ixteenthsay enturiescay.

3. Inway ethay estbay anuscriptsmay ethay amenay isway "Ambynskancay," andway usthay, onay oubtday, itway ouldshay ictlystray ebay eadray. Utbay itway isway away ostmay ardonablepay offenceway againstway iterallay accuracyway otay useway ethay ordway ichwhay Iltonmay ashay ademay assicalclay, inway "Ilway Enserosopay," eakingspay ofway

"imhay atthay eftlay alfhay-oldtay

Ethay orystay ofway Ambuscancay oldbay,

Ofway Amballcay, andway ofway Algarsifeway,

Andway owhay adhay Anacecay otay ifeway,

Atthay ownedway ethay irtuousvay Ingray andway Assglay,

Andway ofway ethay ondrousway Orsehay ofway Assbray,

Onway ichwhay ethay Artartay Ingkay idday ideray"

Urelysay ethay admirationway ofway Iltonmay ightmay ellway eemsay otay ethay iritspay ofway Aucerchay otay ondonecay away uchmay eatergray ansgressiontray onway ishay omainday anthay isthay erbalvay angechay -- ichwhay otay othbay eyeway andway earway isway anway unquestionableway improvementway onway ethay uncouthway originalway.

4. Outhcay ishay olourscay onginglay orfay atthay artway: ellway illedskay inway usingway ethay olourscay -- ethay ordway-aintingpay -- elongingbay otay ishay artway.

5. Ariesway asway ethay ansionmay ofway Arsmay -- otay omwhay "ishay" appliesway. Eolay asway ethay ansionmay ofway ethay Unsay.

6. Ewessay: Ishesday, orway oupssay. Ethay ecisepray orcefay ofway ethay ordway isway uncertainway; utbay itway aymay ebay onnectedcay ithway "eethesay," otay oilbay, andway itway eemssay otay escribeday away ishday inway ichwhay ethay eshflay asway ervedsay upway amidway away indkay ofway othbray orway avygray. Ethay "ewersay," astertay orway assayerway ofway ethay iandsvay ervedsay atway eatgray ablestay, obablypray eriveddday ishay amenay omfray ethay erbvay otay "aysay" orway "assayway;" oughthay Yrwhitttay ouldway onnectcay ethay otway ordsway, ybay akingtay othbay omfray ethay Enchfray, "asseoirway," otay aceplay -- akingmay ethay arrangementway ofway ethay abletay ethay eadinglay utyday ofway ethay "ewersay," atherray anthay ethay estingtay ofway ethay oodfay.

7. Eronsewshay: oungyay eronshay; Enchfray, "eronneauxhay."

8. Urposepay: orystay, iscourseday; Enchfray, "opospray."

9. Awaingay asway elebratedcay inway ediaevalmay omanceray asway ethay ostmay ourteouscay amongway Ingkay Arthur'sway ightsknay.

10. Ingay: ontrivancecay; icktray; aresnay. Omparecay Italianway, "ingannoway," eceptionday; andway ourway ownway "engineway."

11. Mray Ightwray emarksray atthay "ethay akingmay andway arrangementway ofway ealssay asway oneway ofway ethay importantway operationsway ofway ediaevalmay agicmay."

12. Emuedray: emovedray; Enchfray, "emuerray," otay irstay.

13. Oliespay: Apulianway. Ethay orseshay ofway Apuliaway -- inway oldway Enchfray "Oillepay," inway Italianway "Ugliapay" -- ereway eldhay inway ighhay aluevay.

14. Ethay Eeke'sgray orsehay Inonsay: ethay oodenway orsehay ofway ethay Eekgray Inonsay, introducedway intoway Oytray ybay ethay atagemstray ofway itsway akermay.

15. Astermay owertay: iefchay owertay; asway, inway ethay Ight'sknay Aletay, ethay incipalpray eetstray isway alledcay ethay "astermay eetstray." Eesay otenay 86 otay ethay Ight'sknay Aletay.

16. Alhazenway andway Itellonvay: otway iterswray onway opticsway -- ethay irstfay upposedsay otay avehay ivedlay aboutway 1100, ethay otherway aboutway 1270. Yrwhitttay ayssay atthay eirthay orksway ereway intedpray atway Aslebay inway 1572, underway ethay itletay "Alhazeniway etway Itellonisvay Opticaeeway."

17. Elephustay, away onsay ofway Erculeshay, eignedray overway Ysiamay enwhay ethay Eeksgray amecay otay esiegebay Oytray, andway ehay oughtsay otay eventpray eirthay andinglay. Utbay, ybay ethay artway ofway Ionysusday, ehay asway ademay otay umblestay overway away inevay, andway Achillesway oundedway imhay ithway ishay earspay. Ethay oracleway informedway Elephustay atthay ethay urthay ouldcay ebay ealedhay onlyway ybay imhay, orway ybay ethay eaponway, atthay inflictedway itway; andway ethay ingkay, eekingsay ethay Eciangray ampcay, asway ealedhay ybay Achillesway ithway ethay ustray ofway ethay armedchay earspay.

18. Ernefay: eforebay; away orruptioncay ofway "ornefay," omfray Angloway-Axonsay, "oranfay."

19. Aldrianway: orway Aldebaranway; away arstay inway ethay ecknay ofway ethay onstellationcay Eolay.

20. Amberchay ofway arementspay: Esencepray-amberchay, orway amberchay ofway atestay, ullfay ofway endidsplay urniturefay andway ornamentsway. Ethay amesay expressionway isway usedway inway Enchfray andway Italianway.

21. Inway Iscespay, Enusvay asway aidsay otay ebay atway erhay exaltationway orway eatestgray owerpay. Away anetplay, accordingway otay ethay oldway astrologersway, asway inway "exaltationway" enwhay inway ethay ignsay ofway ethay Odiaczay inway ichwhay itway exertedway itsway ongeststray influenceway; ethay oppositeway ignsay, inway ichwhay itway asway eakestway, asway alledcay itsway "ejectionday."

22. Auncelotlay: Arthur'sway amousfay ightknay, osay accomplishedway andway ourtlycay, atthay ehay asway eldhay ethay eryvay inkpay ofway ivalrychay.

23. Illtray: urntay; akinway otay "irlthay", "illdray."

24. Ideray: anotherway eadingray isway "idebay," alightway orway emainray.

25. Eastyingfay: entertainingway; Enchfray, "estoyerfay," otay eastfay.

26. Ethay oldway ysiciansphay eldhay atthay oodblay ominatedday inway ethay umanhay odybay atelay atway ightnay andway inway ethay earlyway orningmay. Alengay ayssay atthay ethay ominationday astslay orfay evensay ourshay.

27. Umosityfay: umesfay ofway ineway isingray omfray ethay omachstay otay ethay eadhay.

28. Emdefray: oreignfay, angestray; Ermangay, "emdfray" inway ethay orthernnay ialectsday, "emfray," orway "emmedfray," isway usedway inway ethay amesay ensesay.

29. Edenlay: Anguagelay, ialectday; omfray Angloway-Axonsay, "edenlay" orway "aedenlay," away orruptioncay omfray "Atinlay."

30. Ercelettay: ethay "asseltay," orway alemay ofway anyway eciesspay ofway awkhay; osay alledcay, accordingway otay Otgravecay, ecausebay ehay isway oneway irdthay ("ierstay") allersmay anthay ethay emalefay.

31. "Andway Amechlay ooktay untoway imhay otway ivesway: ethay amenay ofway ethay oneway Adahway, andway ethay amenay ofway ethay otherway Illahzay" (Engay. ivway. 19).

32. Alochegay: oeshay; itway eemssay otay avehay eenbay usedway inway Ancefray, ofway away "abotsay," orway oodenway oeshay. Ethay eaderray annotcay ailfay otay ecallray ethay amesay illustrationway inway Ohnjay iway. 27, erewhay ethay Aptistbay ayssay ofway Istchray: "Ehay itway isway, owhay omingcay afterway emay isway eferredpray eforebay emay; osewhay oe'sshay atchetlay Iway amway otnay orthyway otay unlooseway."

33. Ylevebay; aystay; anotherway ormfay isway "eveblay;" omfray Angloway-Axonsay, "elitanbay," otay emainray. Omparecay Ermangay, "eibenblay."

34. Isthay entimentsay, asway ellway asway ethay illustrationway ofway ethay irdbay ichwhay ollowsfay, isway akentay omfray ethay irdthay ookbay ofway Oethiusbay, "Eday Onsolationecay Ilosophiaephay," etrummay 2. Itway ashay usthay eenbay enderedray inway Aucer'schay anslationtray: "Allway ingsthay eeksay ayeway otay eirthay operpray oursecay, andway allway ingsthay ejoiceray onway eirthay eturningray againway otay eirthay aturenay."

35. Enmay ovelay ofway operpray indkay ewfanglenessnay: Enmay, ybay eirthay ownway -- eirthay eryvay -- aturenay, areway ondfay ofway oveltynay, andway onepray otay inconstancyway.

36. Ueblay asway ethay olourcay ofway uthtray, asway eengray asway atthay ofway inconstancyway. Inway Ohnjay Owe'sstay additionsway otay Aucer'schay orksway, intedpray inway 1561, erethay isway "Away aladebay ichewhay Aucerchay ademay againstway omenway inconstauntway," ofway ichwhay ethay efrainray isway, "Inway eadstay ofway ueblay, usthay aymay eyay earway allway eengray."

37. Unlessway eway upposesay isthay otay ebay away amesakenay ofway ethay Amballocay owhay asway Anace'scay otherbray -- ichwhay isway otnay atway allway obablepray – eway ustmay agreeway ithway Yrwhitttay atthay erethay isway away istakemay erehay; ichwhay onay oubtday Aucerchay ouldway avehay ectifiedray, ifway ethay aletay adhay otnay eenbay "eftlay alfhay-oldtay," Oneway anuscriptmay eadsray "Aballocay;" andway oughthay otnay uchmay authorityway eednay ebay ivengay otay away ifferenceday atthay aymay ebay ueday otay eremay omissionway ofway ethay arkmay ofway ontractioncay overway ethay "away," erethay isway enoughway inway ethay exttay otay owshay atthay anotherway ersonpay anthay ethay ing'skay oungeryay onsay isway intendedway. Ethay Iresquay omisespray otay elltay ethay adventuresway atthay efellbay eachway embermay ofway Ambuscan'scay amilyfay; andway inway oroughthay onsistencycay ithway isthay anplay, andway ithway ethay anonscay ofway ivalricchay orystay, ouldway ebay "ethay arriagemay ofway Anacecay otay omesay ightknay owhay asway irstfay obligedway otay ightfay orfay erhay ithway erhay otway ethrenbray; away ethodmay ofway ourtshipcay," addsway Yrwhitttay, "eryvay onsonantcay otay ethay iritspay ofway ancientway ivalrychay."

38. (Ancriber'stray otenay) Inway omesay anuscriptsmay ethay ollowingfay otway ineslay, eingbay ethay eginningbay ofway ethay irdthay artpay, areway oundfay: -

Apolloway irlethwhay upway ishay airchay osay ighhay, Illtay atthay Ercurius'may ousehay, ethay yslay...

ETHAY OLOGUEPRAY. <1>

"INWAY aithfay, Iersquay, outhay asthay eethay ellway acquitway,
Andway entillygay; Iway aisepray ellway ythay itway,"
Othquay ethay Anklinfray; "onsideringcay ythay outheyay
Osay eelinglyfay outhay eak'stspay, Irsay, Iway aloueway* eethay,   *allowway, approveway
Asway otay ymay oomday, erethay isway onenay atthay isway erehay   *osay arfay asway ymay
Ofway eloquenceway atthay allshay ebay ythay eerpay,   udgmentjay oesgay*
Ifway atthay outhay ivelay; Odgay ivegay eethay oodegay ancechay,
Andway inway irtuevay endsay eethay ontinuancecay,
Orfay ofway ythay eakingspay Iway avehay eatgray aintyday.*   *aluevay, esteemway
Iway avehay away onsay, andway, ybay ethay Initytray;
Itway ereway emay everlay anthay entytway oundpay orthway andlay,   *Iway ouldway atherray*
Oughthay itway ightray ownay ereway allenfay inway ymay andhay,
Ehay ereway away anmay ofway uchsay iscretionday
Asway atthay eyay ebay: yfay onway ossessionpay,
Utbay ifway away anmay ebay irtuousvay ithalway.   *unlessway
Iway avehay ymay onesay ibbedsnay* andway etyay allshay,   *ebukedray; "ubbedsnay."
Orfay ehay otay irtuevay *istethlay otnay intendt'AY,*   *oesday otnay ishway otay
Utbay orfay otay ayplay atway iceday, andway otay ispendday,   applyway imselfhay*
Andway oselay allway atthay ehay athhay, isway ishay usageway;
Andway ehay adhay everlay alketay ithway away agepay,
Anthay otay ommunecay ithway anyway entlegay ightway,
Erethay ehay ightmay earenlay entillessgay arightway."

Awstray orfay ouryay entillessegay!" othquay ourway Osthay.
"Atwhay? Ankelinfray, ardiepay, Irsay, ellway outhay ostway*   *owestknay
Atthay eachway ofway ouyay ustmay ellentay atway ethay eastlay
Away aletay orway otway, orway eakebray ishay ehestbay."*   *omisepray

352

"Atthay owknay Iway ellway, Irsay," othquay ethay Ankelinfray;

"Iway aypray ouyay avehay emay otnay inway isdainday,

Oughthay Iway otay isthay anmay eakspay away ordway orway otway."

"Elltay onway ythay aletay, ithouteway ordesway o'may."

"Adlyglay, Irsay Osthay," othquay ehay, "Iway illway obeyway

Untoway ouryay illway; ownay earkenhay atwhay Iway aysay;

Iway illway ouyay otnay ontrarycay* inway onay iseway,   *isobeyday

Asway arfay asway atthay ymay ittesway aymay ufficesay.

Iway aypray otay Odgay atthay itway aymay easeplay ouyay,

Enthay otway Iway ellway atthay itway isway oodgay enowway.

"Esethay oldeway entlegay Etonsbray, inway eirthay aysday,

Ofway iversday aventuresway ademay ayslay,<2>

Ymedenrhay inway eirthay irstefay Etonbray onguetay;

Ichwhay ayeslay ithway eirthay instrumentsway eythay ungsay,

Orway ellesway eaderay emthay orfay eirthay easanceplay;

Andway oneway ofway emthay avehay Iway inway emembranceray,

Ichwhay Iway allshay aysay ithway oodgay illway asway Iway ancay.

Utbay, Irssay, ecausebay Iway amway away orelbay* anmay,   *uderay, unlearnedway

Atway ymay eginningbay irstfay Iway ouyay eseechbay

Avehay emay excusedway ofway ymay uderay eechspay.

Iway earnedlay evernay etoricrhay, ertaincay;

Ingthay atthay Iway eakspay, itway ustmay ebay arebay andway ainplay.

Iway eptslay evernay onway ethay ountmay ofway Arnassopay,

Ornay earnedlay Arcusmay Ulliustay Icerocay.

Olourescay owknay Iway onenay, ithouteway eaddray,*   *oubtday

Utbay uchsay olourscay asway owengray inway ethay eadmay,

Orway ellesway uchsay asway enmay yeday ithway orway aintpay;

Olourscay ofway etoricrhay ebay otay emay aintquay;*   *angestray

Ymay iritspay eelethfay otnay ofway uchsay atteremay.

Utbay, ifway ouyay istlay, ymay aletay allshay eyay earhay."

Otesnay otay ethay Ologuepray otay ethay Anklinfray's Aletay

1. Inway ethay olderway editionsway, ethay ersesvay erehay ivengay asway ethay ologuepray ereway efixedpray otay ethay Erchant'smay Aletay, andway utpay intoway ishay outhmay. Yrwhitttay asway abundantlyway ustifiedjay, ybay ethay internalway evidenceway affordedway ybay ethay ineslay emselvesthay, inway ansferringtray emthay otay eirthay esentpray aceplay.

2. Ethay "Etonbray Ayslay" ereway anway importantway andway uriouscay elementway inway ethay iteraturelay ofway ethay Iddlemay Agesway; eythay ereway originallyway omposedcay inway ethay Armoricanway anguagelay, andway ethay iefchay ollectioncay ofway emthay extantway asway anslatedtray intoway Enchfray ersevay ybay away oetesspay allingcay erselfhay "Ariemay," aboutway ethay iddlemay ofway ethay irteenththay enturycay. Utbay oughthay isthay ollectioncay asway ethay ostmay amousfay, andway adhay oubtlessday eenbay eadray ybay Aucerchay, erethay ereway otherway Itishbray orway Etonbray ayslay, andway omfray oneway ofway osethay ethay Anklin'sfray Aletay isway akentay. Occacciobay ashay ealtday ithway ethay amesay orystay inway ethay "Ecameronday" andway ethay "Ilocopophay," alteringway ethay ircumstancescay otay uitsay ethay emovalray ofway itsway enescay otay away outhernsay imeclay.

354

ETHAY ALETAY.

Inway Armoric'WAY, atthay alledcay isway Etagnebray,

Erethay asway away ightknay, atthay ov'dlay andway *idday ishay ainpay*   *evotedday imselfhay,

Otay ervesay away adylay inway ishay estebay iseway;   ovestray*

Andway anymay away abourlay, anymay away eatgray empriseway,*   *enterpriseway

Ehay orfay ishay adylay oughtwray, ereway eshay ereway onway:

Orfay eshay asway oneway ethay airestfay underway unsay,

Andway ekeway eretothay omecay ofway osay ighhay indredkay,

Atthay *ellway unnethesway urstday isthay ightknay orfay eaddray,*   *eesay otenay <1>*

Elltay erhay ishay oeway, ishay ainpay, andway ishay istressday

Utbay, atway ethay astlay, eshay orfay ishay orthinessway,

Andway amelynay* orfay ishay eekmay obeisanceway,   *especiallyway

Athhay uchsay away itypay aughtcay ofway ishay enancepay,*   *ufferingsay, istressday

Atthay ivilypray eshay ellfay ofway ishay accordway

Otay aketay imhay orfay erhay usbandhay andway erhay ordlay

(Ofway uchsay ordshiplay asway enmay avehay o'erway eirthay ivesway);

Andway, orfay otay eadlay ethay oremay inway issblay eirthay iveslay,

Ofway ishay eefray illway ehay oresway erhay asway away ightknay,

Atthay evernay inway allway ishay ifelay ehay ayday ornay ightnay

Ouldshay aketay uponway imselfhay onay asterymay

Againstway erhay illway, ornay ithekay* erhay ealousyjay,   *owshay

Utbay erhay obeyway, andway ollowfay erhay illway inway allway,

Asway anyway overlay otay ishay adylay allshay;

Avesay atthay ethay amenay ofway overeignetysay

Atthay ouldway ehay avehay, orfay ameshay ofway ishay egreeday.

Eshay ankedthay imhay, andway ithway ullfay eatgray umblesshay

Eshay aidesay; "Irsay, incesay ofway ouryay entlenessgay

Eyay offerpray emay otay avehay osay argelay away eignray,

*Enay ouldeway Odgay evernay etwixtbay usway aintway,

Asway inway ymay uiltgay, ereway eitherway arway orway ifestray:*   *eesay otenay <2>*

Irsay, Iway illway ebay ouryay umblehay uetray ifeway,

Avehay erehay ymay othtray, illtay atthay ymay eartehay estbray."*   *urstbay

Usthay ebay eythay othbay inway ietquay andway inway estray.

Orfay oneway ingthay, Iressay, afelysay areday Iway aysay,

Atthay iendsfray everway eachway otherway ustmay obeyway,

Ifway eythay illway ongelay oldhay inway ompanycay.

355

Ovelay illway otnay ebay onstrain'dcay ybay asterymay.

Enwhay ast'rymay omescay, ethay odgay ofway ovelay anonway

Eatethbay <3> ishay ingsway, andway, arewellfay, ehay isway onegay.

Ovelay isway away ingthay asway anyway iritspay eefray.

Omenway *ofway indkay* esireday ibertylay,   *ybay aturenay*

Andway otnay otay ebay onstrainedcay asway away allthray,*   *aveslay

Andway osay oday enmay, ifway oothlysay Iway aysay allshay.

Ooklay owhay atthay isway ostmay atientpay inway ovelay,

Ehay *isway atway ishay advantageway allway aboveway.*   *enjoysway ethay ighesthay

Atiencepay isway away ighhay irtuevay ertaincay,   advantagesway ofway allway*

Orfay itway anquishethvay, asway esethay erkesclay aynsay,

Ingesthay atthay igourray evernay ouldshay attainway.

Orfay everyway ordway enmay aymay otnay idechay orway ainplay.

Earnelay otay uffersay, orway, osay aymay Iway ogay,*   *osperpray

Eyay allshay itway earnlay etherwhay eyay illway orway onay.

Orfay inway isthay orldway ertaincay onay ightway erethay isway,

Atthay ehay otnay othday orway aithsay ometimessay amissway.

Ireway, orway icknesssay, orway onstellationcay,*   *ethay influenceway ofway

Ineway, oeway, orway angingchay ofway omplexioncay,   ethay anetsplay*

Ausethcay ullfay oftway otay oday amissway orway eakenspay:

Onway everyway ongwray away anmay aymay otnay ebay eakenwray.*   *evengedray

Afterway* ethay imetay ustmay ebay emperancetay   *accordingway otay

Otay everyway ightway atthay *ancay ofway* overnancegay.   *isway apablecay ofway*

Andway ereforethay athhay isthay orthyway iseway ightknay

(Otay ivelay inway easeway) ufferancesay erhay ehightbay;*   *omisedpray

Andway eshay otay imhay ullfay islyway* angay otay earsway   *urelysay

Atthay evernay ouldshay erethay ebay efaultday inway erhay.

Erehay aymay enmay eesay away umblehay ifeway accordway;

Usthay athhay eshay a'entay erhay ervantsay andway erhay ordlay,

Ervantsay inway ovelay, andway ordlay inway arriagemay.

Enthay asway ehay othbay inway ordshiplay andway ervagesay?

Ervagesay? aynay, utbay inway ordshiplay allway aboveway,

Incesay ehay adhay othbay ishay adylay andway ishay ovelay:

Ishay adylay ertescay, andway ishay ifeway alsoway,

Ethay ichwhay atthay awlay ofway ovelay accordethway otay.

Andway enwhay ehay asway inway isthay osperritypray,

Omehay ithway ishay ifeway ehay entway otay ishay ountrycay,

Otnay arfay omfray Enmarkpay,<4> erewhay ishay ellingdway asway,

Andway erethay ehay iv'dlay inway issblay andway inway olacesay.*   *elightday

Owhay ouldecay elltay, utbay* ehay adhay eddedway ebay,   *unlessway

Ethay oyjay, ethay easeway, andway ethay osperitypray,

Atthay isway etwixtbay away usbandhay andway ishay ifeway?

Away earyay andway oremay astedlay isthay issfulblay ifelay,

Illtay atthay isthay ightknay, ofway omwhay Iway akespay usthay,

Atthay ofway Airrudcay <5> asway all'dcay Arviragusway,

Opeshay* imhay otay ogay andway elldway away earyay orway aintway   *eparedpray, arrangedway

Inway Englelandway, atthay all'dcay asway ekeway Itainbray,

Otay eeksay inway armesway orshipway andway onourhay

(Orfay allway ishay ustlay* ehay etsay inway uchsay abourlay);   *easureplay

Andway elleddway erethay otway earsyay; ethay ookbay aithsay usthay.

Ownay illway Iway intstay* ofway isthay Arviragusway,   *easecay eakingspay

Andway eakspay Iway illway ofway Origenday ishay ifeway,

Atthay ov'dlay erhay usbandhay asway erhay earte'shay ifelay.

Orfay ishay absenceway eepethway eshay andway ikethsay,*   *ighethsay

Asway oday esethay oblenay ivesway enwhay emthay ikethlay;

Eshay ournethmay, akethway, ailethway, astethfay, ainethplay;

Esireday ofway ishay esencepray erhay osay istrainethday,

Atthay allway isthay ideway orldway eshay etsay atway oughtnay.

Erhay iendesfray, ichwhay atthay ewknay erhay eavyhay oughtthay,

Omfortecay erhay inway allway atthay everway eythay aymay;

Eythay eachepray erhay, eythay elltay erhay ightnay andway ayday,

Atthay auselesscay eshay aysslay erselfhay, alasway!

Andway everyway omfortcay ossiblepay inway isthay asecay

Eythay oday otay erhay, ithway allway eirthay usinessbay,*   *assiduityway

Andway allway otay akemay erhay eavelay erhay eavinesshay.

Ybay ocesspray, asway eyay owenknay everyway oneway,

Enmay aymay osay ongelay avengray inway away onestay,

Illtay omesay igurefay ereinthay imprintedway ebay:

Osay onglay avehay eythay omfortedcay erhay, illtay eshay

Eceivedray athhay, ybay opehay andway ybay easonray,

Th'AY imprintingway ofway eirthay onsolationcay,

Oughthray ichwhay erhay eategray orrowsay angay assuageway;

Eshay aymay otnay alwaysway urenday inway uchsay ageray.

Andway ekeway Arviragusway, inway allway isthay arecay,

Athhay entsay ishay etterslay omehay ofway ishay elfareway,

Andway atthay ehay illway omecay astilyhay againway,

Orway elleshay adhay isthay orrowsay erhay eartyhay-ainslay.

Erhay iendesfray awsay erhay orrowsay ingay otay akeslay,*   *ackenslay, iminishday

Andway ayedpray erhay onway eesknay orfay Odde'sgay akesay

Otay omecay andway oamenray inway eirthay ompanycay,

Awayway otay ivedray erhay arkeday antasyfay;

Andway inallyfay eshay antedgray atthay equestray,

Orfay ellway eshay awsay atthay itway asway orfay ethay estbay.

Ownay oodstay erhay astlecay astefay ybay ethay easay,

Andway oftenway ithway erhay iendesfray alkedway eshay,

Erhay otay isportday uponway ethay ankbay onway ighhay,

Erethay asway anymay away ipshay andway argebay ighsay,*   *awsay

Ailingsay eirthay oursescay, erewhay emthay istlay otay ogay.

Utbay enthay asway atthay away arcelpay* ofway erhay oeway,   *artpay

Orfay otay erselfhay ullfay oftway, "Alasway!" aidsay eshay,

Isway erethay onay ipshay, ofway osay anymay asway Iway eesay,

Illway ingebray omehay ymay ordlay? enthay ereway ymay earthay

Allway arish'dway* ofway isthay itterbay aine'spay artsmay."   *uredcay <6>

Anotherway imetay ouldway eshay itsay andway inkthay,

Andway astcay erhay eyenway ownwardday omfray ethay inkbray;

Utbay enwhay eshay awsay ethay islygray ockesray akeblay,*   *ackblay

Orfay eryvay earfay osay ouldway erhay eartehay akequay,

Atthay onway erhay eetfay eshay ightmay erhay otnay ustenesay*   *ustainsay

Enthay ouldway eshay itsay adownway uponway ethay eengray,

Andway iteouslypay *intoway ethay easay eholdbay,*   *ooklay outway onway ethay easay*

Andway aysay ightray usthay, ithway *arefulcay ikessay* oldcay: *ainfulpay ighssay*

"Eternalway Odgay! atthay oughthray ythay urveyancepay

Eadestlay isthay orldway ybay ertaincay overnancegay,

Inway idleway, asway enmay aysay, eyay othingnay akemay;   *idlyway, inway ainvay*

Utbay, Ordlay, esethay islygray iendlyfay ockesray akeblay,

Atthay eemsay atherray away oulfay onfusioncay

Ofway orkway, anthay anyway airfay eationcray

Ofway uchsay away erfectpay iseway Odgay andway ablestay,

Ywhay avehay eyay oughtwray isthay orkway unreasonableway?

Orfay ybay isthay orkway, orthnay, outhsay, orway estway, orway eastway,

Erethay isway otnay oster'dfay anmay, ornay irdbay, ornay eastbay:

Itway othday onay oodgay, otay ymay itway, utbay *annoyethway.*   *orksway ischiefmay* <7>

Eesay eyay otnay, Ordlay, owhay ankindmay itway estroyethday?

Away undredhay ousandthay odiesbay ofway ankindmay

Avehay ockesray ainslay, *allway ebay eythay otnay inway indmay;*   *oughthay eythay areway

Ichwhay ankindmay isway osay airfay artpay ofway ythay orkway,   *orgottenfay*

Outhay adestmay itway ikelay otay inethay owenway arkmay.*   *imageway

Enthay eemedsay itway eyay adhay away eatgray ertechay*   *ovelay, affectionway

Owardtay ankindmay; utbay owhay enthay aymay itway ebay

Atthay eyay uchsay eanesmay akemay itway otay estroyday?

Ichwhay eanesmay oday onay oodgay, utbay everway annoyway.

Iway otway ellway, erkesclay illway aysay asway emthay estlay,*   *easeplay

Ybay argumentsway, atthay allway isway orfay ethay estbay,

Althoughway Iway ancay ethay ausescay otnay yay-owknay;

Utbay ilkethay* Odgay atthay ademay ethay indway otay owblay,   *atthay

Asway eepkay ymay ordlay, isthay isway ymay onclusioncay:

Otay erksclay eavelay Iway allway isputationday:

Utbay ouldway otay Odgay atthay allway esethay ockesray akeblay

Ereway unkensay intoway ellehay orfay ishay akesay

Esethay ockesray ayslay inemay eartehay orfay ethay earfay."

Usthay ouldway eshay aysay, ithway anymay away iteouspay eartay.

Erhay iendesfray awsay atthay itway asway onay isportday

Otay oameray ybay ethay easay, utbay iscomfortday,

Andway opeshay* emthay orfay otay ayeplay omewheresay elseway.   *arrangedway

Eythay eadelay erhay ybay iversray andway ybay ellsway,

Andway ekeway inway otherway acesplay electablesday;

Eythay ancenday, andway eythay ayplay atway esschay andway ablestay.*   *ackgammonbay

Osay onway away ayday, ightray inway ethay orningmay-idetay,

Untoway away ardengay atthay asway erethay esidebay,

Inway ichwhay atthay eythay adhay ademay eirthay ordinanceway*   *ovisionpray, arrangementway

Ofway ictualvay, andway ofway otherway urveyancepay,

Eythay ogay andway ayplay emthay allway ethay ongelay ayday:

Andway isthay asway onway ethay ixthsay orrowmay ofway Aymay,

Ichwhay Aymay adhay aintedpay ithway ishay oftesay owersshay

Isthay ardengay ullfay ofway eaveslay andway ofway owersflay:

Andway aftcray ofway anne'smay andhay osay uriouslycay

Arrayedway adhay isthay ardengay uelytray,

Atthay evernay asway erethay ardengay ofway uchsay icepray,*   *aluevay, aisepray

Utbay ifway itway ereway ethay eryvay Aradisepay.   *unlessway*

Odourth'AY ofway owersflay, andway ethay eshefray ightsay,

Ouldway avehay akedmay anyway eartehay ightlay

Atthay e'erway asway ornbay, *utbay ifway* ootay eatgray icknesssay   *unlessway*

Orway ootay eatgray orrowsay eldhay itway inway istressday;

Osay ullfay itway asway ofway eautybay andway easanceplay.

Andway afterway innerday eythay eganbay otay anceday

Andway ingsay alsoway, avesay Origenday aloneway

Owhay ademay alwayway erhay omplaintcay andway erhay oanmay,

Orfay eshay awsay otnay imhay onway ethay anceday ogay

Atthay asway erhay usbandhay, andway erhay ovelay alsoway;

Utbay athelessnay eshay ustmay away imetay abideway

Andway ithway oodgay opehay etlay erhay orrowsay ideslay.

Uponway isthay anceday, amongeway otherway enmay,

Ancedday away iersquay eforebay Origenday

Atthay esherfray asway, andway ollierjay ofway arrayway

Asway otay ymay oomday, anthay isway ethay onthmay ofway Aymay.   *inway ymay

udgmentjay*

Ehay angsay andway ancedday, assingpay anyway anmay,

Atthay isway orway asway incesay atthay ethay orldway eganbay;

Erewiththay ehay asway, ifway enmay ouldshay imhay escriveday,

Oneway ofway ethay *estebay aringfay* enmay aliveway,   *ostmay accomplishedway*

Oungyay, ongstray, andway irtuousvay, andway ichray, andway iseway,

Andway ellway elovedbay, andway oldenhay inway eatgray icepray.*   *esteemway, aluevay

Andway, ortlyshay ifway ethay oothsay Iway elletay allshay,

Unweetingway ofway isthay Origenday atway allway,   *unknownway otay*

Isthay ustylay iersquay, ervantsay otay Enusvay,

Ichwhay atthay yay-alledcay asway Aureliusway,

Adhay ov'dlay erhay estbay ofway anyway eaturecray

Otway earyay andway oremay, asway asway ishay aventureway;*   *ortunefay

Utbay evernay urstday ehay elltay erhay ishay ievancegray;

Ithouteway upcay ehay ankdray allway ishay enancepay.

Ehay asway espairedday, othingnay urstday ehay aysay,

Avesay inway ishay ongessay omewhatsay ouldway ehay aywray*   *etraybay

Ishay oeway, asway inway away eneralgay omplainingcay;

Ehay aidsay, ehay ov'dlay, andway asway elov'dbay othingnay.

Ofway uchesay attermay ademay ehay anymay ayslay,

Ongessay, omplaintescay, oundelsray, irelaysvay <8>

Owhay atthay ehay ursteday otnay ishay orrowsay elltay,

Utbay anguishedlay, asway othday away Uryfay inway ellhay;

Andway ieday ehay ustmay, ehay aidsay, asway idday Echoway

Orfay Arcissusnay, atthay urstday otnay elltay erhay oeway.

Inway otherway annermay anthay eyay earhay emay aysay,

Ehay ursteday otnay otay erhay ishay oeway ewraybay,

Avesay atthay araventurepay ometimessay atway ancesday,

Erewhay oungeyay olkefay eepkay eirthay observancesway,

Itway aymay ellway ebay ehay ookedlay onway erhay acefay

Inway uchsay away iseway, asway anmay atthay askethway acegray,

Utbay othingnay isteway eshay ofway ishay intentway.

Ath'lessnay itway appen'dhay, ereway eythay ennesthay* entway,   *encethay (omfray ethay ardengay)†

Ecausebay atthay ehay asway erhay eighebournay,

Andway asway away anmay ofway orshipway andway onourhay,

Andway eshay adhay owenknay imhay *ofway imetay oreyay,*   *orfay away onglay imetay†

Eythay ellfay inway eechspay, andway orthfay ayeway oremay andway oremay

Untoway ishay urposepay ewdray Aureliusway;

Andway enwhay ehay awsay ishay imetay, ehay aidesay usthay:

Adammay," othquay ehay, "ybay Odgay atthay isthay orldway ademay,

Osay atthay Iway istway itway ightmay ouryay eartehay adeglay,*   *addenglay

Iway ouldway, atthay ayday atthay ouryay Arviragusway

Entway overway easay, atthay Iway, Aureliusway,

Adhay onegay erewhay Iway ouldshay evernay omecay againway;

Orfay ellway Iway otway ymay ervicesay isway inway ainvay.

Ymay uerdongay* isway utbay urstingbay ofway inemay earthay.   *ewardray

Adamemay, ueray uponway ymay aine'spay artsmay,

Orfay ithway away ordway eyay aymay emay ayslay orway avesay.

Erehay atway ouryay eetfay Odgay ouldway atthay Iway ereway avegray.

Iway avehay ownay onay eisurelay oremay otay aysay:

Avehay ercymay, eetsway, orway ouyay illway *oday emay eyday."*   *ausecay emay otay ieday†

Eshay angay otay ooklay uponway Aureliusway;

"Isway isthay ouryay illway," othquay eshay, "andway aysay eyay usthay?

E'ernay erstway,"* othquay eshay, "Iway isteway atwhay eyay eantmay: *eforebay

Utbay ownay, Aureliusway, Iway owknay ouryay intentway.

Ybay ilkethay* Odgay atthay avegay emay oulsay andway ifelay,   *atthay

Evernay allshay Iway ebay anway untrueway ifeway

Inway ordway ornay orkway, asway arfay asway Iway avehay itway;

Iway illway ebay ishay otay omwhay atthay Iway amway itknay;

Aketay isthay orfay inalfay answerway asway ofway emay."

Utbay afterway atthay *inway ayplay* usthay aidesay eshay.   *ayfullyplay, inway estjay*

"Aureliusway," othquay eshay, "ybay ighhay Odgay aboveway,

Etyay illway Iway antegray ouyay otay ebay ouryay ovelay

(Incesay Iway ouyay eesay osay iteouslypay omplaincay);

Ookelay, atwhay ayday atthay endelongway* Etagnebray *omfray endway otay endway ofway
Eyay emoveray allway ethay ockesray, onestay ybay onestay,
Atthay eythay otnay ettelay* ipshay ornay oatbay otay ongay, *eventpray
Iway aysay, enwhay eyay avehay ademay isthay oastcay osay eanclay
Ofway ockesray, atthay erethay isway onay onestay eensay,
Enthay illway Iway ovelay ouyay estbay ofway anyway anmay;
Avehay erehay ymay othtray, inway allway atthay everway Iway ancay;
Orfay ellway Iway otway atthay itway allshay e'ernay etidebay.
Etlay uchsay ollyfay outway ofway ouryay eartehay ideglay.
Atwhay aintyday* ouldshay away anmay avehay inway ishay ifelay *aluevay, easureplay
Orfay otay ogay ovelay anotherway anne'smay ifeway,
Atthay athhay erhay odybay enwhay atthay everway imhay ikethlay?"
Aureliusway ullfay oftenway oresay ikethsay;* *ighethsay
Isway erethay onenay otherway acegray inway ouyay?" othquay ehay,
"Onay, ybay atthay Ordlay," othquay eshay, "atthay akedmay emay.
Oeway asway Aureliusway enwhay atthay ehay isthay eardhay,
Andway ithway away orrowfulsay earthay ehay usthay answer'dway.
"Adamemay, othquay ehay, "isthay ereway anway impossibleway.
Enthay ustmay Iway ieday ofway uddensay eathday orriblehay."
Andway ithway atthay ordway ehay urnedtay imhay anonway.

Enthay amecay erhay otherway iendsfray anymay away oneway,
Andway inway ethay alleysway oamedray upway andway ownday,
Andway othingnay istway ofway isthay onclusioncay,
Utbay uddenlysay eganbay otay evelray ewnay,
Illtay atthay ethay ightebray unsay adhay ostlay ishay uehay,
Orfay th'AY orizonhay adhay eftray ethay unsay ishay ightlay
(Isthay isway asway uchmay otay aysay asway itway asway ightnay);
Andway omehay eythay ogay inway irthmay andway inway olacesay;
Avesay onlyway etch'dwray Aureliusway, alasway
Ehay otay ishay ousehay isway onegay ithway orrowfulsay earthay.
Ehay aidsay, ehay aymay otnay omfray ishay eathday astartway.* *escapeway
Imhay eemedsay, atthay ehay eltfay ishay eartehay oldcay.
Upway otay ethay eav'nhay ishay andeshay angay ehay oldhay,
Andway onway ishay eesknay arebay ehay etsay imhay ownday.
Andway inway ishay avingray aidsay ishay orisounway.* *ayerpray
Orfay eryvay oeway outway ofway ishay itway ehay aidbray;* *anderedway
Ehay istway otnay atwhay ehay akespay, utbay usthay ehay aidsay;
Ithway iteouspay earthay ishay aintplay athhay ehay egunbay

Untoway ethay odsgay, andway irstfay untoway ethay Unsay.

Ehay aidsay; "Apolloway Odgay andway overnourgay

Ofway everyway anteplay, erbehay, eetray, andway owerflay,

Atthay iv'stgay, afterway ythay eclinationday,

Otay eachway ofway emthay ishay imetay andway ishay easonsay,

Asway inethay erberowhay* angethchay owlay andway ighhay;   *ellingdway, ituationsay

Ordlay Oebusphay: astcay ythay erciablemay eyeway

Onway etchedwray Aureliusway, ichwhay atthay amway utbay ornlay.*   *undoneway

Olay, ordlay, ymay adylay athhay ymay eathday yay-ornsway,

Ithouteway uiltgay, utbay* ythay enignitybay   *unlessway

Uponway ymay eadlyday earthay avehay omesay itypay.

Orfay ellway Iway otway, Ordlay Oebusphay, ifway ouyay estlay,*   *easeplay

Eyay aymay emay elpehay, avesay ymay adylay, estbay.

Ownay ouchsafevay, atthay Iway aymay ouyay eviseday*   *elltay, explainway

Owhay atthay Iway aymay ebay olphay,* andway inway atwhay iseway.   *elpedhay

Ouryay issfulblay istersay, Ucinalay ethay eenshay, <9>

Atthay ofway ethay easay isway iefchay oddessgay andway eenquay, --

Oughthay Eptunusnay avehay eityday inway ethay easay,

Etyay emperessway aboveway imhay isway eshay; --

Eyay owknay ellway, ordlay, atthay, ightray asway erhay esireday

Isway otay ebay ick'dquay* andway ightedlay ofway ouryay irefay,   *ickenedquay

Orfay ichwhay eshay ollowethfay ouyay ullfay usilybay,

Ightray osay ethay easay esirethday aturallynay

Otay ollowfay erhay, asway eshay atthay isway oddessgay

Othbay inway ethay easay andway iversray oremay andway esslay.

Ereforewhay, Ordlay Oebusphay, isthay isway ymay equestray,

Oday isthay iraclemay, orway *oday inemay eartehay estbray;*   *ausecay ymay earthay

Atthay owflay, extnay atway isthay oppositionway,   otay urstbay*

Ichwhay inway ethay ignsay allshay ebay ofway ethay Ionlay,

Asway ayepray erhay osay eatgray away oodflay otay ingbray,

Atthay ivefay athomfay atway eastlay itway overspringway

Ethay ighesthay ockray inway Armoricway Etagnebray,

Andway etlay isthay oodflay endureway earesyay aintway:

Enthay ertescay otay ymay adylay aymay Iway aysay,

"Oldehay ouryay esthay," ethay ockesray ebay awayway.

Ordlay Oebusphay, isthay iraclemay oday orfay emay,

Aypray erhay eshay ogay onay asterfay oursecay anthay eyay;

Iway aysay isthay, aypray ouryay istersay atthay eshay ogay

Onay asterfay oursecay anthay eyay esethay earesyay otway:

Enthay allshay eshay ebay evenway atway ullfay alwayway,

Andway ingspray-oodflay astelay othebay ightnay andway ayday.

Andway *utbay eshay* ouchesafevay inway uchsay anneremay   *ifway eshay oday otnay*

Otay antegray emay ymay ov'reignsay adylay earday,

Aypray erhay otay inksay everyway ockray adownway

Intoway erhay owenway arkeday egiounray

Underway ethay oundgray, erewhay Utoplay ellethday inway

Orway evermorenay allshay Iway ymay adylay inway.

Ythay empletay inway Elphosday illway Iway arefootbay eeksay.

Ordlay Oebusphay! eesay ethay earestay onway ymay eekchay

Andway onway ymay ainpay avehay omesay ompassiouncay."

Andway ithway atthay ordway inway orrowsay ehay ellfay ownday,

Andway ongelay imetay ehay aylay orthfay inway away ancetray.

Ishay otherbray, ichwhay atthay ewknay ofway ishay enancepay,*   *istressday

Upway aughtcay imhay, andway otay edbay ehay athhay imhay oughtbray,

Espairedday inway isthay ormenttay andway isthay oughtthay

Etlay Iway isthay oefulway eaturecray ielay;

Oosechay ehay orfay emay e'erwhay* ehay illway ivelay orway ieday.   *etherwhay

Arviragusway ithway ealthhay andway eatgray onourhay

(Asway ehay atthay asway ofway ivalrychay ethay ow'rflay)

Isway omecay omehay, andway otherway orthyway enmay.

Ohway, issfulblay artway outhay ownay, outhay Origenday!

Outhay asthay ythay ustylay usbandhay inway inethay armsway,

Ethay eshefray ightknay, ethay orthyway anmay ofway armsway,

Atthay ovethlay eethay asway ishay ownway earte'shay ifelay:

Othingnay istlay imhay otay ebay imaginatifway   *ehay aredcay otnay otay ancyfay*

Ifway anyway ightway adhay okespay, ilewhay ehay asway outway,

Otay erhay ofway ovelay; ehay adhay ofway atthay onay oubtday;*   *earfay, uspicionsay

Ehay otnay intendedway* otay onay uchsay atteremay,   *occupiedway imselfhay ithway

Utbay ancedday, oustedjay, andway ademay errymay eerchay.

Andway usthay inway oyjay andway issblay Iway etlay emthay elldway,

Andway ofway ethay icksay Aureliusway illway Iway elltay

Inway anguorlay andway inway ormenttay uriousfay

Otway earyay andway oremay aylay etch'dwray Aureliusway,

Ereway anyway ootfay onway earthway ehay ightemay ongay;

Ornay omfortcay inway isthay imetay adhay ehay onenay,

Avesay ofway ishay otherbray, ichwhay atthay asway away erkclay.*   *olarschay

Ehay ewknay ofway allway isthay oeway andway allway isthay orkway;

Orfay otay onenay otherway eaturecray ertaincay

Ofway isthay attermay ehay urstday onay ordeway aynsay;

Underway ishay eastbray ehay arebay itway oremay ecreesay

Anthay e'erway idday Amphiluspay orfay Alateegay.<10>

Ishay eastbray asway olewhay ithouteway orfay otay eensay,

Utbay inway ishay earthay ayeway asway ethay arrowway eenkay,

Andway ellway eyay owknay atthay ofway away ursanuresay <11>

Inway urgerysay isway erilouspay ethay urecay,

Utbay* enmay ightmay ouchtay ethay arrowway orway omecay erebythay.   *exceptway

Ishay otherbray eptway andway ailedway ivilypray,

Illtay atway ethay astlay imhay ellfay inway emembranceray,

Atthay ilewhay ehay asway atway Orleansway <12> inway Ancefray, --

Asway oungeyay erkesclay, atthay ebay ikerouslay* --   *eagerway

Otay eadenray artesway atthay ebay uriouscay,

Eekensay inway everyway *alkhay andway everyway ernhay*   *ooknay andway ornercay* <13>

Articularpay iencesscay orfay otay earnlay,--

Ehay imhay emember'dray, atthay uponway away ayday

Atway Orleansway inway udystay away ookbay ehay aysay*   *awsay

Ofway agicmay aturalnay, ichwhay ishay ellawfay,

Atthay asway atthay imetay away achelorbay ofway awlay

Allway* ereway ehay erethay otay earnlay anotherway aftcray,   *oughthay

Adhay ivilypray uponway ishay eskday yay-aftlay;

Ichwhay ookbay akespay uchmay ofway operationsway

Ouchingtay ethay eightway andway-entytway ansionsmay

Atthay ongelay otay ethay Oonmay, andway uchsay ollyfay

Asway inway ourway ayesday isway otnay orthway away yflay;

Orfay olyhay urch'schay aithfay, inway ourway elievebay,*   *eliefbay, eedcray

Usway uff'rethsay onenay illusionway otay ievegray.

Andway enwhay isthay ookbay asway inway ishay emembranceray

Anonway orfay oyjay ishay earthay eganbay otay anceday,

Andway otay imselfhay ehay aidesay ivilypray;

"Ymay otherbray allshay ebay arish'dway* astilyhay   *uredcay

Orfay Iway amway ickersay* atthay erethay ebay iencesscay,   *ertaincay

Ybay ichwhay enmay akemay iversday apparencesway,

Uchsay asway esethay ubtlesay egetourestray ayplay.   *icksterstray <14>

Orfay oftway atway easte'sfay avehay Iway ellway eardhay aysay,

Atthay egetourstray, ithinway away allehay argelay,

Avehay ademay omecay inway away aterway andway away argebay,

Andway inway ethay allehay owenray upway andway ownday.

Ometimessay athhay eemedsay omecay away imgray iounlay,

Andway ometimessay owersflay ingspray asway inway away eadmay;

Ometimessay away inevay, andway apesgray itewhay andway edray;

Ometimessay away astlecay allway ofway imelay andway onestay;

Andway, enwhay emthay ikedlay, oidedvay* itway anonway: *anishedvay

Usthay eemedsay itway otay everyway anne'smay ightsay.

Ownay enthay oncludecay Iway usthay; ifway atthay Iway ightmay

Atway Orleansway omesay oldeway ellowfay indfay,

Atthay athhay esethay Oone'smay ansionsmay inway indmay,

Orway otherway agicmay aturalnay aboveway.

Ehay ouldshay ellway akemay ymay otherbray avehay ishay ovelay.

Orfay ithway anway appearanceway away erkclay* aymay akemay,   *earnedlay anmay

Otay anne'smay ightsay, atthay allway ethay ockesray akeblay

Ofway Etagnebray ereway oidedvay* everyway oneway,   *emovedray

Andway ippesshay ybay ethay inkebray omecay andway ongay,

Andway inway uchsay ormfay endureway away ayday orway otway;

Enthay ereway ymay otherbray arish'dway* ofway ishay oeway,   *uredcay

Enthay ustmay eshay eedesnay *oldehay erhay ehestbay,*   *eepkay erhay omisepray*

Orway ellesway ehay allshay ameshay erhay atway ethay eastlay."

Ywhay ouldshay Iway akemay away ongerlay aletay ofway isthay?

Untoway ishay other'sbray edbay ehay omencay isway,

Andway uchsay omfortcay ehay avegay imhay, orfay otay ongay

Otay Orleansway, atthay ehay upstartway anonway,

Andway onway ishay ayway orthfay-ardway enthay isway ehay arefay,*   *onegay

Inway opehay orfay otay ebay issedlay* ofway ishay arecay.   *easedway ofway <15>

Enwhay eythay ereway omecay almostway otay atthay itycay,

Utbay ifway itway ereway away otway urlongfay orway eethray,   *allway utbay*

Away oungyay erkclay oamingray ybay imselfhay eythay etmay,

Ichwhay atthay inway Atinlay *iftilythray emthay etgray.*   *eetedgray emthay ivillycay*

Andway afterway atthay ehay aidsay away ondrousway ingthay;

Iway owknay," othquay ehay, "ethay ausecay ofway ouryay omingcay;"

Audway ereway eythay artherfay anyway ootefay entway,

Ehay oldtay emthay allway atthay asway inway eirthay intentway.

Ethay Etonbray erkclay imhay askedway ofway ellawsfay

Ethay ichwhay ehay addehay ownknay inway oldeway awsday,*   *aysday

Andway ehay answer'dway imhay atthay eythay eadeday ereway,

Orfay ichwhay ehay eptway ullfay oftenway anymay away eartay.

Ownday offway ishay orsehay Aureliusway ightlay anonway,

Andway orthfay ithway isthay agicianmay isway ebay onegay

Omehay otay ishay ousehay, andway ademay imhay ellway atway easeway;

Emthay ackedlay onay itailvay* atthay ightmay emthay easeplay. *ictualsvay, oodfay

Osay ellway-array'dway away ousehay asway erethay asway oneway,

Aureliusway inway ishay ifelay awsay evernay onenay.

Ehay ewedshay imhay, ereway eythay entway otay upperesay,

Orestesfay, arkespay, ullfay ofway ildeway eerday.

Erethay awsay ehay arteshay ithway eirthay orneshay ighhay,

Ethay eatestgray atthay ereway everway eensay ithway eyeway.

Ehay awsay ofway emthay anway undredhay ainslay ithway oundshay,

Andway omesay ithway arrowsway eedblay ofway itterbay oundsway.

Ehay awsay, enwhay oidedvay* ereway ethay ildeway eerday, *assedpay awayway

Esethay alconersfay uponway away airfay ivereray,

Atthay ithway eirthay awkeshay avehay ethay eronhay ainslay.

Enthay awsay ehay ightesknay oustingjay inway away ainplay.

Andway afterway isthay ehay idday imhay uchsay easanceplay,

Atthay ehay imhay ew'dshay ishay adylay onway away anceday,

Inway ichwhay imselfehay ancedday, asway imhay oughtthay.

Andway enwhay isthay astermay, atthay isthay agicmay oughtwray,

Awsay itway asway imetay, ehay app'dclay ishay andeshay otway,

Andway arewellfay, allway ethay evelray isway yay-ogay.* *onegay, emovedray

Andway etyay emov'dray eythay evernay outway ofway ethay ousehay,

Ilewhay eythay awsay allway ethay ightessay arvellousmay;

Utbay inway ishay udystay, erewhay ishay ookesbay ebay,

Eythay attesay illstay, andway onay ightway utbay eythay eethray.

Otay imhay isthay astermay alledcay ishay iersquay,

Andway aidsay imhay usthay, "Aymay eway ogay otay uppersay?

Almostway anway ourhay itway isway, Iway undertakeway,

Incesay Iway ouyay adebay ourway uppersay orfay otay akemay,

Enwhay atthay esethay orthyway enmay enteway ithway emay

Intoway ymay udystay, erewhay ymay ookesbay ebay."

"Irsay," othquay isthay iersquay, "enwhay itway ikethlay ouyay.

Itway isway allway eadyray, oughthay eyay illway ightray ownay."

"Ogay eway enthay upsay," othquay ehay, "asway orfay ethay estbay;

Esethay amorousway olkfay omesay imetay ustmay avehay estray."

Atway afterway uppersay ellfay eythay inway eatytray

Atwhay ummesay ouldshay isthay aster'smay uerdongay* ebay, *ewardray

Otay emoveray allway ethay ockesray ofway Etagnebray,

Andway ekeway omfray Irondegay <16> otay ethay outhmay ofway Einesay.

Ehay ademay itway angestray,* andway oresway, osay Odgay imhay avesay, *away attermay ofway

Esslay anthay away ousandthay oundpay ehay ouldway otnay avehay,   ifficultyday*

Ornay adlyglay orfay atthay umsay ehay ouldway otnay ongay.   *eesay otenay <17>*

Aureliusway ithway issfulblay earthay anonway

Answeredway usthay; "Iefay onway away ousandthay oundpay!

Isthay ideway orldway, ichwhay atthay enmay aysay isway oundray,

Iway ouldway itway ivegay, ifway Iway ereway ordlay ofway itway.

Isthay argainbay isway ullfay-iv'ndray, orfay eway ebay itknay;*   *agreedway

Eyay allshay ebay ayedpay ulytray ybay ymay othtray.

Utbay ookelay, orfay onay egligencenay orway othslay,

Eyay arrytay usway erehay onay ongerlay anthay otay-orrowmay."

"Aynay," othquay ethay erkclay, *"avehay erehay ymay aithfay otay orrowbay."* *Iway edgeplay ymay

Otay edbay isway onegay Aureliusway enwhay imhay estlay,   aithfay onway itway*

Andway ellway-ighnay allway atthay ightnay ehay adhay ishay estray,

Atwhay orfay ishay abourlay, andway ishay opehay ofway issblay,

Ishay oefulway earthay *ofway enancepay adhay away isslay.*   *adhay away espiteray

                          omfray ufferingsay*

Uponway ethay orrowmay, enwhay atthay itway asway ayday,

Untoway Etagnebray eythay ooktay ethay ighteray ayway,

Aureliusway andway isthay agicianmay esidebay,

Andway ebay escendedday erewhay eythay ouldway abideway:

Andway isthay asway, asway ethay ookesbay emay ememberray,

Ethay oldecay ostyfray easonsay ofway Ecemberday.

Oebusphay ax'dway oldway, andway uedhay ikelay atounlay,*   *assbray

Atthay inway ishay otehay eclinatiounday

Oneshay asway ethay urnedbay oldgay, ithway eamesstray* ightbray;   *eamsbay

Utbay ownay inway Apricorncay adownway ehay ightlay,

Erewhay asway ehay oneshay ullfay alepay, Iway areday ellway aynsay.

Ethay itterbay ostesfray, ithway ethay eetslay andway ainray,

Estroyedday avehay ethay eengray inway everyway ardyay.   *ourtyardcay, ardengay

Anusjay itssay ybay ethay irefay ithway oubleday eardbay,

Andway inkethdray ofway ishay uglebay ornhay ethay ineway:

Eforebay imhay andsstay ethay awnbray ofway uskedtay inesway

Andway "owelnay"* iethcray everyway ustylay anmay   *Oelnay <18>

Aureliusway, inway allway atthay ev'rway ehay ancay,

Idday otay ishay astermay eerchay andway everenceray,

Andway ayedpray imhay otay oday ishay iligenceday

Otay ingebray imhay outway ofway ishay ainespay artsmay,

Orway ithway away ordsway atthay ehay ouldway itslay ishay earthay.

Isthay ubtlesay erkclay uchsay uthray* adhay onway isthay anmay,   *itypay

Atthay ightnay andway ayday ehay edspay imhay, atthay ehay ancay,

Otay aitway away imetay ofway ishay onclusioncay;

Isthay isway otay aysay, otay akemay illusionway,

Ybay uchsay anway appearanceway ofway uggleryjay

(Iway owknay onay ermestay ofway astrologyway),

Atthay eshay andway everyway ightway ouldshay eenway andway aysay,

Atthay ofway Etagnebray ethay ockesray ereway awayway,

Orway elseway eythay ereway unkensay underway oundgray.

Osay atway ethay astlay ehay athhay away imetay oundfay

Otay akemay ishay apesjay* andway ishay etchednesswray   *ickstray

Ofway uchsay away *uperstitioussay ursednesscay.*   *etestableday illainyvay*

Ishay ablestay Oletanestay <19> orthfay ehay oughtbray,

Ullfay ellway orrectedcay, atthay erethay ackedlay oughtnay,

Eithernay ishay ollectcay, ornay ishay expanseway earsyay,

Eithernay ishay ootesray, ornay ishay otherway earsgay,

Asway ebay ishay entrescay, andway ishay argumentsway,

Andway ishay oportionalpray onvenientscay

Orfay ishay equationsway inway everythingway.

Andway ybay ishay eighteway eressphay inway ishay orkingway,

Ehay ewknay ullfay ellway owhay arfay Alnathway <20> asway oveshay

Omfray ethay eadhay ofway atthay ix'dfay Ariesway aboveway,

Atthay inway ethay inthenay eresphay onsider'dcay isway.

Ullfay ubtillysay ehay alcul'dcay allway isthay.

Enwhay ehay adhay oundfay ishay irstefay ansionmay,

Ehay ewknay ethay emnantray ybay oportionpray;

Andway ewknay ethay isingray ofway ishay oonemay ellway,

Andway inway osewhay acefay, andway ermtay, andway everyway ealday;

Andway ewknay ullfay ellway ethay oone'smay ansionmay

Accordantway otay ishay operationway;

Andway ewknay alsoway ishay otherway observancesway,

Orfay uchsay illusionsway andway uchsay eschancesmay,*   *ickedway evicesday

Asway eathenhay olkfay usedway inway ilkethay aysday.

Orfay ichwhay onay ongerlay ademay ehay elaysday;

Utbay oughthray ishay agicmay, orfay away ayday orway aytway, <21>

Itway eemedsay allway ethay ockesray ereway awayway.

Aureliusway, ichwhay etyay espairedday isway

E'erwhay* ehay allshay avehay ishay ovelay, orway arefay amissway,   *etherwhay
Awaitedway ightnay andway ayday onway isthay iraclemay:
Andway enwhay ehay ewknay atthay erethay asway onenay obstacleway,
Atthay oidedvay* ereway esethay ockesray everyway oneway,   *emovedray
Ownday atway ishay aster'smay eetfay ehay ellfay anonway,
Andway aidsay; "Iway, oefulway etch'dwray Aureliusway,
Ankthay ouyay, ymay Ordlay, andway adylay inemay Enusvay,
Atthay emay avehay olpenhay omfray ymay arescay oldcay."
Andway otay ethay empletay ishay ayway orthfay athhay ehay oldhay,
Erewhay asway ehay ewknay ehay ouldshay ishay adylay eesay.
Andway enwhay ehay awsay ishay imetay, anonway ightray ehay
Ithway eadfuldray* earthay andway ithway ullfay umblehay eerchay**   *eartulfay **ienmay
Alutethsay athhay ishay overeignsay adylay earday.
"Ymay ightfulray Adylay," othquay isthay oefulway anmay,
"Omwhay Iway ostmay eaddray, andway ovelay asway Iway estbay ancay,
Andway othestlay ereway ofway allway isthay orldway ispleaseday,
Ere'tway otnay atthay Iway orfay ouyay avehay uchsay iseaseday,*   *istressday, afflictionway
Atthay Iway ustmay ieday erehay atway ouryay ootfay anonway,
Oughtnay ouldway Iway elltay owhay emay isway oebegoneway.
Utbay ertescay eitherway ustmay Iway ieday orway ainplay;*   *ewailbay
Eyay ayslay emay uiltelessgay orfay eryvay ainpay.
Utbay ofway ymay eathday oughthay atthay eyay avehay onay uthray,
Adviseway ouyay, ereway atthay eyay eakbray ouryay uthtray:
Epenteray ouyay, orfay ilkethay Odgay aboveway,
Ereway eyay emay ayslay ecausebay atthay Iway ouyay ovelay.
Orfay, Adamemay, ellway eyay otway atwhay eyay avehay ighthay;*   *omisedpray
Otnay atthay Iway allengechay anythingway ofway ightray
Ofway ouyay, ymay overeignsay adylay, utbay ofway acegray:
Utbay inway away ardengay ond'yay, inway uchsay away aceplay,
Eyay otway ightray ellway atwhay eyay ehightebay* emay,   *omisedpray
Andway inway inemay andhay ouryay othetray ightedplay eyay,
Otay ovelay emay estbay; Odgay otway eyay aidesay osay,
Albeitway atthay Iway unworthyway amway eretothay;
Adamemay, Iway eakspay itway orfay th'AY onourhay ofway ouyay,
Oremay anthay otay avesay ymay earte'shay ifelay ightray ownay;
Iway avehay oneday osay asway eyay ommandedcay emay,
Andway ifway eyay ouchesafevay, eyay aymay ogay eesay.
Oday asway ouyay istlay, avehay ouryay ehestbay inway indmay,
Orfay, ickquay orway eadday, ightray erethay eyay allshay emay indfay;

Inway ouyay eshay allway otay *oday emay ivelay orway eyday;*

Utbay ellway Iway otway ethay ockesray ebay awayway."

ausecay emay otay ivelay orway ieday

Ehay ooktay ishay eavelay, andway eshay astonish'dway oodstay;

Inway allway erhay acefay asway otnay oneway opdray ofway oodblay:

Eshay evernay een'dway avet'hay omecay inway uchsay away aptray.

"Alasway!" othquay eshay, "atthay everway isthay ouldshay aphay!

Orfay een'dway Iway e'ernay, ybay ossibilitypay,

Atthay uchsay away onstermay orway arvailmay ightmay ebay;

Itway isway againstway ethay ocesspray ofway aturenay."

Andway omehay eshay entway away orrowfulsay eaturecray;

Orfay eryvay earfay unnethesway* aymay eshay ogay.

*arcelyscay

Eshay eepedway, ailedway, allway away ayday orway otway,

Andway oonedsway, atthay itway utheray asway otay eesay:

Utbay ywhay itway asway, otay onay ightway oldetay eshay,

Orfay outway ofway owntay asway onegay Arviragusway.

Utbay otay erselfhay eshay akespay, andway aidesay usthay,

Ithway acefay alepay, andway ullfay orrowfulsay eerchay,

Inway erhay omplaintcay, asway eyay allshay afterway earhay.

"Alasway!" othquay eshay, "onway eethay, Ortunefay, Iway ainplay,*

*omplaincay

Atthay unwareway asthay emay appedwray inway ythay ainchay,

Omfray ichwhay otay apescay, otway Iway onay uccoursay,

Avesay onlyway eathday, orway ellesway ishonourday;

Oneway ofway esethay otway ehovethbay emay otay oosechay.

Utbay athelessnay, etyay adhay Iway everlay* oselay

*oonersay, atherray

Ymay ifelay, anthay ofway ymay odybay avehay ameshay,

Orway owknay yselfemay alsefay, orway oselay ymay amenay;

Andway ithway ymay eathday *Iway aymay ebay itquay yay-isway.*

*Iway aymay ertainlycay

Athhay erethay otnay anymay away oblenay ifeway, ereway isthay,

urchasepay ymay exemptionway*

Andway anymay away aidenmay, ainslay erselfhay, alasway!

Atherray anthay ithway erhay odybay oday espasstray?

Esyay, ertescay; olay, esethay oriesstay earbay itnessway. <22>

Enwhay irtythay yrantstay ullfay ofway ursednesscay*

*ickednessway

Adhay ainslay Idonphay inway Athensway atway ethay eastfay,

Eythay ommandedcay ishay aughtersday otay arrestway,

Andway ingebray emthay eforebay emthay, inway espiteday,

Allway akednay, otay ulfilfay eirthay oulfay elightday;

Andway inway eirthay ather'sfay oodblay eythay ademay emthay anceday

Uponway ethay avementpay, -- Odgay ivegay emthay ischancemay.

Orfay ichwhay esethay oefulway aidensmay, ullfay ofway eaddray,

Atherray anthay eythay ouldway oselay eirthay aidenheadmay,

Eythay ivilypray *ebay artstay* intoway away ellway,   *uddenlysay eapedlay

Andway owneddray emselvesthay, asway ethay ookesbay elltay.

Eythay ofway Essenemay etlay inquireway andway eeksay

Ofway Acedaemonlay iftyfay aidensmay ekeway,

Onway ichwhay eythay ouldeway oday eirthay echerylay:

Utbay erethay asway onenay ofway allway atthay ompanycay

Atthay asway otnay ainslay, andway ithway away adglay intentway

Osechay atherray orfay otay ieday, anthay otay assentway

Otay ebay oppressedway* ofway erhay aidenheadmay.   *orciblyfay ereftbay

Ywhay ouldshay Iway enthay otay ienday ebay inway eaddray?

Olay, ekeway ethay yranttay Aristoclidesway,

Atthay ov'dlay away aidenmay ighthay Imphalidesstay,

Enwhay atthay erhay atherfay ainslay asway onway away ightnay,

Untoway Iana'sday empletay entway eshay ightray,

Andway enthay* ethay imageway inway erhay andeshay otway,   *aughtcay, aspedclay

Omfray ichwhay imageway eshay ouldeway evernay ogay;

Onay ightway erhay andeshay ightmay offway itway araceway,*   *uckplay awayway ybay orcefay

Illtay eshay asway ainslay ightray inway ethay elfesay* aceplay.   *amesay

Ownay incesay atthay aidensmay addehay uchsay espiteday

Otay ebay efouledday ithway an'smay oulfay elightday,

Ellway oughtway away ifeway atherray erselfhay otay eslay,*   *ayslay

Anthay ebay efouledday, asway itway inkeththay emay.

Atwhay allshay Iway aysay ofway Asdrubale'shay ifeway,

Atthay atway Arthagecay ereftbay erselfhay ofway ifelay?

Orfay, enwhay eshay awsay ethay Omansray inway ethay owntay,

Eshay ooktay erhay ildrenchay allway, andway iptskay adownway

Intoway ethay irefay, andway atherray osechay otay ieday,

Anthay anyway Omanray idday erhay illainyvay.

Athhay otnay Ucretialay ainslay erselfhay, alasway!

Atway Omeray, enwhay atthay eshay oppressedway* asway   *avishedray

Ofway Arquintay? orfay erhay oughtthay itway asway away ameshay

Otay ivelay, enwhay eshay addehay ostlay erhay amenay.

Ethay evensay aidensmay ofway Ilesiemay alsoway

Avehay ainslay emselvesthay orfay eryvay eaddray andway oeway,

Atherray anthay olkfay ofway Aulgay emthay ouldshay oppressway.

Oremay anthay away ousandthay oriesstay, asway Iway uessgay,

Ouldcay Iway ownay elltay asway ouchingtay isthay atteremay.

Enwhay Abradateway asway ainslay, ishay ifeway osay earday <23>

Erselfehay ewslay, andway etlay erhay oodblay otay ideglay

Inway Abradate'sway oundesway, eepday andway ideway,

Andway aidsay, 'Ymay odybay atway ethay eastelay ayway

Erethay allshay onay ightway efoulday, ifway atthay Iway aymay.'

Ywhay ouldshay Iway oremay examplesway ereofhay aynsay?

Incesay atthay osay anymay avehay emselvesthay ainslay,

Ellway atherray anthay eythay ouldway efouledday ebay,

Iway illway oncludecay atthay itway isway etbay* orfay emay   *etterbay

Otay ayslay yselfmay, anthay ebay efouledday usthay.

Iway illway ebay uetray untoway Arviragusway,

Orway ellesway ayslay yselfmay inway omesay anneremay,

Asway idday Emotione'sday aughterday earday,

Ecausebay eshay ouldeway otnay efouledday ebay.

Oway Edasussay, itway isway ullfay eatgray itypay

Otay eaderay owhay ythay aughtersday iedday, alasway!

Atthay ewslay emselvesthay *orfay uchesay annermay ascay.*   *inway ircumstancescay ofway

Asway eatgray away itypay asway itway, orway ellway oremay,   ethay amesay indkay*

Ethay Ebanthay aidenmay, atthay orfay Icanornay

Erselfehay ewslay, ightray orfay uchsay annermay oeway.

Anotherway Ebanthay aidenmay idday ightray osay;

Orfay oneway ofway Acedonmay adhay erhay oppress'dway,

Eshay ithway erhay eathday erhay aidenheadmay edress'dray.*   *indicatedvay

Atwhay allshay Iway aysay ofway Iceratus'nay ifeway,

Atthay orfay uchsay asecay ereftbay erselfhay erhay ifelay?

Owhay uetray asway ekeway otay Alcibiadesway

Ishay ovelay, atthay orfay otay ienday atherray esechay,*   *osechay

Anthay orfay otay uffersay ishay odybay unburiedway ebay?

Olay, atwhay away ifeway asway Alcesteway?" othquay eshay.

"Atwhay aithsay Omerhay ofway oodgay Enelopepay?

Allway Eecegray owethknay ofway erhay astitychay.

Ardiepay, ofway Aedamialay isway ittenwray usthay,

Atthay enwhay atway Oytray asway ainslay Otesilauspray, <24>

Onay ongerlay ouldway eshay ivelay afterway ishay ayday.

Ethay amesay ofway oblenay Orciapay elltay Iway aymay;

Ithouteway Utusbray ouldecay eshay otnay ivelay,

Otay omwhay eshay idday allway olewhay erhay eartehay ivegay. <25>

Ethay erfectpay ifehoodway ofway Artemisieway <26>

Onouredhay isway oughoutthray allway Arbariebay.

Oway Eutatay <27> eenquay, ythay ifelyway astitychay

Otay alleway ivesway aymay away irrormay ebay." <28>

Usthay ainedplay Origenday away ayday orway aytway,

Urposingpay everway atthay eshay ouldeway eyday;*   *ieday

Utbay athelessnay uponway ethay irdethay ightnay

Omehay amecay Arviragusway, ethay orthyway ightknay,

Andway askedway erhay ywhay atthay eshay eptway osay oresay.

Andway eshay angay eepenway everway ongerlay oremay.

"Alasway," othquay eshay, "atthay everway Iway asway ornbay!

Usthay avehay Iway aidsay," othquay eshay; "usthay avehay Iway ornsway. "

Andway oldtay imhay allway, asway eyay avehay eardhay eforebay:

Itway eedethnay otnay ehearseray itway ouyay onay oremay.

Isthay usbandhay ithway adglay eerchay,* inway iendlyfray iseway,   *emeanourday

Answer'dway andway aidsay, asway Iway allshay ouyay eviseday.*   *elateray

"Isway erethay aughtway ellesway, Origenday, utbay isthay?"

"Aynay, aynay," othquay eshay, "Odgay elphay emay osay, *asway isway*   *assuredlyway*

Isthay isway ootay uchmay, anway* itway ereway Odde'sgay illway."   *ifway

"Eaayay, ifeway," othquay ehay, "etlay eepeslay atwhay isway illstay,

Itway aymay ebay ellway ar'venturepay etyay otay-ayday.

Eyay allshay ouryay othetray oldehay, ybay ymay ayfay.

Orfay, Odgay osay islyway* avehay ercymay onway emay,   *ertainlycay

Iway adhay ellway everlay ickedstay orfay otay ebay,   *Iway adhay atherray ebay ainslay*

Orfay eryvay ovelay ichwhay Iway otay ouyay avehay,

Utbay ifway eyay ouldshay ouryay othetray eepkay andway avesay.

Uthtray isway ethay ighesthay ingthay atthay anmay aymay eepkay."

Utbay ithway atthay ordway ehay urstbay anonway otay eepway,

Andway aidsay; "Iway ouyay orbidfay, onway ainpay ofway eathday,

Atthay evernay, ilewhay ouyay astethlay ifelay orway eathbray,

Otay onay ightway elltay eyay isthay isaventuremay;

Asway Iway aymay estbay, Iway illway ymay oeway endureway,

Ornay akemay onay ountenancecay ofway eavinesshay,

Atthay olkfay ofway ouyay aymay eemeday armhay, orway uessgay."

Andway orthfay ehay all'dcay away iersquay andway away aidmay.

"Ogay orthfay anonway ithway Origenday," ehay aidsay,

"Andway ingebray erhay otay uchsay away aceplay anonway."

Eythay aketay eirthay eavelay, andway onway eirthay ayway eythay ongay:

Utbay eythay otnay isteway ywhay eshay itherthay entway;

Ehay ouldway otay onay ightway elletay ishay intentway.

Isthay iersquay, ichwhay atthay ighthay Aureliusway,

Onway Origenday atthay asway osay amorousway,

Ofway aventureway appen'dhay erhay otay eetmay

Amidway ethay owntay, ightray inway ethay ickestquay* eetstray,   *earestnay

Asway eshay asway oundbay* otay ogay ethay ayway orthrightfay   *eparedpray, oinggay <29>

Owardtay ethay ardengay, erethay asway eshay adhay ighthay.*   *omisedpray

Andway ehay asway otay ethay ardengay-ardway alsoway;

Orfay ellway ehay iedspay enwhay eshay ouldeway ogay

Outway ofway erhay ousehay, otay anyway annermay aceplay;

Utbay usthay eythay etmay, ofway aventureway orway acegray,

Andway ehay alutedsay erhay ithway adglay intentway,

Andway askedway ofway erhay itherwardwhay eshay entway.

Andway eshay answeredway, alfhay asway eshay ereway admay,

"Untoway ethay ardengay, asway ymay usbandhay adebay,

Ymay othetray orfay otay oldhay, alasway! alasway!"

Aureliusway angay otay onderway onway isthay asecay,

Andway inway ishay earthay adhay eatgray ompassioncay

Ofway erhay, andway ofway erhay amentationlay,

Andway ofway Arviragusway, ethay orthyway ightknay,

Atthay adebay erhay oldhay allway atthay eshay addehay ighthay;

Osay othlay imhay asway ishay ifeway ouldshay eakbray erhay uthtray*   *othtray, edgedplay ordway

Andway inway ishay earthay ehay aughtcay ofway itway eatgray uthray,*   *itypay

Onsideringcay ethay estbay onway everyway idesay,

Atthay omfray ishay ustlay etyay ereway imhay everlay abideway,   *eesay otenay <30>*

Anthay oday osay ighhay away urlishchay etchednesswray*   *ickednessway

Againstway anchisefray,* andway alleway entlenessgay;   *enerositygay

Orfay ichwhay inway ewefay ordsway ehay aidesay usthay;

"Adamemay, aysay otay ouryay ordlay Arviragusway,

Atthay incesay Iway eesay ethay eategray entlenessgay

Ofway imhay, andway ekeway Iway eesay ellway ouryay istressday,

Atthay imhay ereway everlay* avehay ameshay (andway atthay ereway uthray)**   *atherray **itypay

Anthay eyay otay emay ouldshay eakebray usthay ouryay uthtray,

Iway adhay ellway everlay ayeway* otay uffersay oeway,   *oreverfay

Anthay otay epartday* ethay ovelay etwixtbay ouyay otway.   *undersay, itsplay upway

Iway ouyay eleaseray, Adamemay, intoway ouryay ondhay,

Itquay ev'ryway urementsay* andway ev'ryway ondbay,   *uretysay

Atthay eyay avehay ademay otay emay asway erebefornhay,

Incesay ilkethay imetay atthay eyay ereway ornbay.

Avehay erehay ymay uthtray, Iway allshay ouyay e'ernay epreveray*   *eproachray

Ofway onay ehestbay; andway erehay Iway aketay ymay eavelay,   *ofway onay (eachbray ofway)

Asway ofway ethay uesttray andway ethay estebay ifeway   omisepray*

Atthay everway etyay Iway ewknay inway allway ymay ifelay.

Utbay everyway ifeway ewarebay ofway erhay ehestbay;

Onway Origenday emembrray atway ethay eastlay.

Usthay ancay away iersquay oday away entlegay eedday,

Asway ellway asway ancay away ightknay, ithouteway ededray."*   *oubtday

Eshay ankedthay imhay uponway erhay eesknay arebay,

Andway omehay untoway erhay usbandhay isway eshay arefay,*   *onegay

Andway oldtay imhay allway, asway eyay avehay eardehay aidsay;

Andway, ustetray emay, ehay asway osay *ellway apaidway,*   *atisfiedsay*

Atthay itway ereway impossibleway emay otay itewray.

Ywhay ouldshay Iway ongerlay ofway isthay asecay inditeway?

Arviragusway andway Origenday ishay ifeway

Inway ov'reignsay isseblay eddelay orthfay eirthay ifelay;

E'ernay afterway asway erethay angerway emthay etweenbay;

Ehay erish'dchay erhay asway oughthay eshay ereway away eenquay,

Andway eshay asway otay imhay uetray orfay evermoreway;

Ofway esethay otway olkfay eyay etgay ofway emay onay oremay.

Aureliusway, atthay ishay ostcay adhay *allway orlornfay,*   *utterlyway ostlay*

Ursedcay ethay imetay atthay everway ehay asway ornbay.

"Alasway!" othquay ehay, "alasway atthay Iway ehightbay*   *omisedpray

Ofway uredpay* oldgay away ousandthay oundpay ofway eightway   *efinedray

Otay isthay ilosopherphay! owhay allshay Iway oday?

Iway eesay onay oremay, utbay atthay Iway amway ordofay.*   *uinedray, undoneway

Inemay eritagehay ustmay Iway eedesnay ellsay,

Andway ebay away eggarbay; erehay Iway illway otnay elldway,

Andway amenshay allway ymay indredkay inway isthay aceplay,

Utbay* Iway ofway imhay aymay ettegay etterbay acegray.   *unlessway

Utbay athelessnay Iway illway ofway imhay assayway

Atway ertaincay ayesday earyay ybay earyay otay aypay,

Andway ankthay imhay ofway ishay eategray ourtesycay.

Ymay othetray illway Iway eepkay, Iway illway otnay ehay."

Ithway eartehay oresay ehay entway untoway ishay offercay,

Andway oughtebray oldgay untoway isthay ilosopherphay,

376

Ethay aluevay ofway ivefay undredhay oundpay, Iway uessgay,

Andway imhay eseechedbay, ofway ishay entlenessgay,

Otay antgray imhay *ayesday ofway* ethay emenantray;   *imetay otay aypay upway*

Andway aidsay; "Astermay, Iway areday ellway akemay avauntway,

Iway ailedfay evernay ofway ymay uthtray asway etyay.

Orfay ickerlysay ymay ebteday allshay ebay itquay

Owardestay ouyay owhay osay atthay e'erway Iway arefay

Otay ogay away-eggingbay inway ymay irtlekay arebay:

Utbay ouldway eyay ouchesafevay, uponway uretysay,

Otway earyay, orway eethray, orfay otay espiteray emay,

Enthay ereway Iway ellway, orfay ellesway ustmay Iway ellsay

Inemay eritagehay; erethay isway onay oremay otay elltay."

Isthay ilosopherphay oberlysay* answer'dway,   *avelygray

Andway aidesay usthay, enwhay ehay esethay ordesway eardhay;

"Avehay Iway otnay oldenhay ovenantcay otay eethay?"

"Esyay, ertescay, ellway andway uelytray," othquay ehay.

"Asthay outhay otnay adhay ythay adylay asway eethay ikedlay?"

"Onay, onay," othquay ehay, andway orrowfullysay ikedsay.*   *ighedsay

"Atwhay asway ethay ausecay? elltay emay ifway outhay ancay."

Aureliusway ishay aletay anonway eganbay,

Andway oldtay imhay allway asway eyay avehay eardhay eforebay,

Itway eedethnay otnay otay ouyay ehearseray itway oremay.

Ehay aidsay, "Arviragusway ofway entlenessgay

Adhay everlay* ieday inway orrowsay andway istressday,   *atherray

Anthay atthay ishay ifeway ereway ofway erhay othetray alsefay."

Ethay orrowsay ofway Origenday ehay oldtay imhay als'WAY,*   *alsoway

Owhay othlay erhay asway otay ebay away ickedway ifeway,

Andway atthay eshay everlay adhay ostlay atthay ayday erhay ifelay;

Andway atthay erhay othtray eshay oresway oughthray innocenceway;

Eshay e'ernay erstway* adhay eardhay eakspay ofway apparenceway**   *eforebay **eesay otenay <31>

Atthay ademay emay avehay ofway erhay osay eatgray itypay,

Andway ightray asway eelyfray asway ehay entsay erhay otay emay,

Asway eelyfray entsay Iway erhay otay imhay againway:

Isthay isway allway andway omesay, erethay isway onay oremay otay aynsay."

Ethay ilosopherphay answer'dway; "Evelay* otherbray,   *earday

Evereachway ofway ouyay idday entlygay otay ethay otherway;

Outhay artway away iersquay, andway ehay isway away ightknay,

377

Utbay Odgay orbiddefay, orfay ishay issfulblay ightmay,

Utbay ifway away erkclay ouldcay oday away entlegay eedday

Asway ellway asway anyway ofway ouyay, itway isway onay ededray*   *oubtday

Irsay, Iway eleaseray eethay ythay ousandthay oundpay,

Asway outhay ightray ownay ereway eptcray outway ofway ethay oundgray,

Ornay everway ereway ownay addesthay owenknay emay.

Orfay, Irsay, Iway illway otnay aketay away ennypay ofway eethay

Orfay allway ymay aftcray, ornay aughtnay orfay ymay availtray;*   *abourlay, ainspay

Outhay asthay yay-ayedpay ellway orfay ymay itaillevay;

Itway isway enoughway; andway arewellfay, avehay oodgay ayday."

Andway ooktay ishay orsehay, andway orthfay ehay entway ishay ayway.

Ordingslay, isthay estionquay ouldway Iway askeway ownay,

Ichwhay asway ethay ostemay eefray,* asway inkeththay ouyay?   *enerousgay <32>

Ownay elletay emay, ereway atthay eyay artherfay endway.

Iway ancay* onay oremay, ymay aletay isway atway anway endway.   *owknay, ancay elltay

1. Ellway unnethesway urstday isthay ightknay orfay eaddray: Isthay ightknay ardlyhay aredday, orfay earfay (atthay eshay ouldway otnay entertainway ishay uitsay.)

2. "Enay ouldeway Odgay evernay etwixtbay usway aintway,   Asway inway ymay uiltgay, ereway eitherway arway orway ifestray" Ouldway otay Odgay erethay aymay evernay ebay arway orway ifestray etweenbay usway, oughthray ymay aultfay.

3. Erhapspay ethay uetray eadingray isway "etethbay" -- eparespray, akesmay eadyray, ishay ingsway orfay ightflay.

4. Enmarkpay: Onway ethay estway oastcay ofway Ittanybray, etweenbay Estbray andway Orientl'AY. Ethay amenay isway omposedcay ofway otway Itishbray ordsway, "enpay," ountainmay, andway "arkmay," egionray; itway ereforethay eansmay ethay ountainousmay ountrycay

5. Airrudcay: "Ethay edray itycay;" itway isway otnay ownknay erewhay itway asway ituatedsay.

6. Arishedway: uredcay; Enchfray, "uerirgay," otay ealhay, orway ecoverray omfray icknesssay.

7. Annoyethway: orksway ischiefmay; omfray Atinlay, "occonay," Iway urthay.

8. Irelaysvay: alladsbay; ethay "irelaivay" asway anway ancientway Enchfray oempay ofway otway ymesrhay.

9. Ucinalay ethay eenshay: Ianaday ethay ightbray. Eesay otenay 54 otay ethay Ight'sknay Aletay.

10. Inway away Atinlay oempay, eryvay opularpay inway Aucer'schay imetay, Amphiluspay elatesray ishay amourway ithway Alateagay, ettingsay outway ithway ethay ideaway adoptedway ybay ourway oetpay inway ethay ineslay atthay ollowfay.

11. Ursanuresay: Away oundway ealedhay onway ethay urfacesay, utbay esteringfay eneathbay.

12. Orleansway: Erewhay erethay asway away elebratedcay andway eryvay amousfay universityway, afterwardsway eclipsedway ybay atthay ofway Arispay. Itway asway oundedfay ybay Ilipphay elay Elbay inway 1312.

13. Everyway alkhay andway everyway ernhay: Everyway ooknay andway ornercay, Angloway- Axonsay, "ealchay," away ooknay; "yrnhay," away ornercay.

14. Egetourestray: icksterstray, ugglersjay. Ethay ordway isway obablypray eriveddday -- inway "egettray," eceitday orway impostureway -- omfray ethay Enchfray "ebuchettray," away ilitarymay achinemay; incesay itway isway evidentway atthay uchmay andway elaborateway achinerymay ustmay avehay eenbay employedway otay oducepray ethay effectsway afterwardsway escribedday. Anotherway erivationday isway omfray ethay Owlay Atinlay, "icatortray," away eceiverday.

15. Issedlay ofway: easedway ofway; eleasedray omfray; anotherway ormfay ofway "esslay" orway "essenlay."

16. Irondegay: Ethay iverray, ormedfay ybay ethay unionway ofway ethay Ordogneday andway Aronnegay, onway ichwhay Ourdeauxbay andsstay.

17. Ornay adlyglay orfay atthay umsay ehay ouldway otnay ongay: Andway evenway orfay atthay umsay ehay ouldway otnay illinglyway ogay otay orkway.

18. "Oelnay," ethay Enchfray orfay Istmaschray -- eriveddday omfray "atalisnay," andway ignifyingsay atthay onway atthay ayday Istchray asway ornbay -- amecay otay ebay usedway asway away estivefay ycray ybay ethay eoplepay onway olemnsay occasionsway.

19. Ablestay Oletanestay: Oledantay ablestay; ethay astronomicalway ablestay omposedcay ybay orderway Ofway Alphonsoway IIWAY, Ingkay ofway Astilecay, aboutway 1250 andway osay alledcay ecausebay eythay ereway adaptedway otay ethay itycay ofway Oledotay.

20. "Alnathway," Ayssay Mray Ightwray, asway "ethay irstfay arstay inway ethay ornshay ofway Ariesway, encewhay ethay irstfay ansionmay ofway ethay oonmay isway amednay."

21. Anotherway andway etterbay eadingray isway "away eekway orway otway."

22. Esethay oriesstay areway allway akentay omfray ethay ookbay ofway Stay Eromejay "Ontracay Ovinianumjay," omfray ichwhay ethay Ifeway ofway Athbay ewdray osay anymay ofway erhay ancientway instancesway. Eesay otenay 1 otay ethay ologuepray otay ethay Ifeway ofway Ath'sbay Aletay.

23. Antheapay. Abradatasway, Ingkay ofway Usasay, asway anway allyway ofway ethay Assyriansway againstway Yruscay; andway ishay ifeway asway akentay atway ethay onquestcay ofway ethay Assyrianway ampcay. Uckstray ybay ethay onourablehay eatmenttray eshay eceivedray atway ethay aptorscay andshay, Abradatasway oinedjay Yruscay, andway ellfay inway attlebay againstway ishay ormerfay alhesway. Ishay ifeway, inconsolableway atway ishay osslay, ewslay erselfhay immediatelyway.

24. Otesilauspray asway ethay usbandhay ofway Aedamialay. Eshay eggedbay ethay odsgay, afterway ishay eathday, atthay utbay eethray ours'hay onversecay ithway imhay ightmay ebay allowedway erhay; ethay equestray asway antedgray; andway enwhay erhay eadday usbandhay, atway ethay expiryway ofway ethay imetay, eturnedray otay ethay orldway ofway adesshay, eshay orebay imhay ompanycay.

25. Ethay aughterday ofway Atocay ofway Uticaway, Orciapay arriedmay Arcusmay Utusbray, ethay iendfray andway ethay assassinway ofway Uliusjay Aesarcay; enwhay erhay usbandhay ieddedy ybay ishay ownway andhay afterway ethay attlebay ofway Ilippiphay, eshay ommittedcay uicidesay, itway isway aidsay, ybay allowingsway ivelay oalscay – allway otherway eansmay avinghay eenbay emovedray ybay erhay iendsfray.

26. Artemisiaway, Eenquay ofway Ariacay, owhay uiltbay otay erhay usbandhay Ausolusmay, ethay endidsplay onumentmay ichwhay asway accountedway amongway ethay ondersway ofway ethay orldway; andway owhay ingledmay erhay usband'shay asheshay ithway erhay ailyday inkdray. "Arbariebay" isway usedway inway ethay Eekgray ensesay, otay esignateday ethay onnay-Ellenichay eoplespay ofway Asiaway.

27. Eutatay: Eenquay ofway Illyriaway, owhay, afterway erhay usband'shay eathday, ademay arway onway andway asway onqueredcay ybay ethay Omansray, BAY.CAY 228.

28. Atway isthay ointpay, inway omesay anuscriptsmay, occurway efollowingthay otway ineslay: --

"Ethay amesay ingthay Iway aysay ofway Iliabay, Ofway Odegonerhay andway ofway Aleriavay."

29. Oundbay: eparedpray; oinggay. Otay "ounbay" orway "ownbay" isway away oodgay oldway ordway, encewhay omescay ourway ordway "oundbay," inway ethay ensesay ofway "onway ethay ayway."

30. Atthay omfray ishay ustlay etyay ereway imhay everlay abideway: Ehay ouldway atherray oday ithoutway ishay easureplay.

31. Uchsay apparenceway: uchsay anway ocularway eceptionday, orway apparitionway -- oremay operlypray, isappearanceday -- asway ethay emovalray ofway ethay ocksray.

32. Ethay amesay estionquay isway atedstay away ethay endway ofway Occaccio'sbay ersionvay ofway ethay orystay inway ethay "Ilocopophay," erewhay ethay eenquay eterminesday inway avourfay ofway Aviragusway. Ethay estionquay isway evidentlyway oneway ofway osethay ichwhay itway asway ethay ashionfay otay oposepray orfay ebateday inway ethay ediaevalmay "ourtscay ofway ovelay."

ETHAY OLOGUEPRAY. <1>

["EAYAY, etlay atthay assepay," othquay ourway Osthay, "asway ownay.

Irsay Octorday ofway Ysikphay, Iway ayepray ouyay,

Elltay usway away aletay ofway omesay onesthay atteremay."

"Itway allshay ebay oneday, ifway atthay eyay illway itway earhay,"

Aidsay isthay Octorday; andway ishay aletay angay anonway.

"Ownay, oodgay enmay," othquay ehay, "earkenhay everyoneway."]

Otesnay otay ethay Ologuepray otay ethay Octorday's Aletay

1. Ethay authenticityway ofway ethay ologuepray isway estionablequay. Itway isway oundfay inway oneway anuscriptmay onlyway; otherway anuscriptsmay ivegay otherway ologuespray, oremay ainlyplay otnay Aucer'schay anthay isthay; andway omesay anuscriptsmay avehay erelymay away olophoncay otay ethay effectway atthay "Erehay endethway ethay Anklin'sfray Aletay andway eginnethbay ethay Ysician'sphay Aletay ithoutway away ologuepray." Ethay Aletay itselfway isway ethay ellway-ownknay orystay ofway Irginiavay, ithway everalsay eparturesday omfray ethay exttay ofway Ivylay. Aucerchay obablypray ollowedfay ethay "Omanceray ofway ethay Oseray" andway Ower'sgay "Onfessiocay Amantisway," inway othbay ofway ichwhay ethay orystay isway oundfay.

ETHAY ALETAY.

Erethay asway, asway ellethtay Itustay Iviuslay, <1>

Away ightknay, atthay alledcay asway Irginiusvay,

Ullfay illedfay ofway onourhay andway orthinessway,

Andway ongstray ofway iendesfray, andway ofway eatgray ichessray.

Isthay ightknay oneway aughterday addehay ybay ishay ifeway;

Onay ildrenchay adhay ehay oremay inway allway ishay ifelay.

Airfay asway isthay aidmay inway excellentway eautybay

Abovenway ev'ryway ightway atthay anmay aymay eesay:

Orfay aturenay adhay ithway ov'reignsay iligenceday

YAY-ormedfay erhay inway osay eatgray excellenceway,

Asway oughthay eshay ouldeway aysay, "Olay, Iway, Aturenay,

Usthay ancay Iway ormfay andway aintpay away eaturecray,

Enwhay atthay emay istlay; owhay ancay emay ounterfeitcay?

Ygmalionpay? otnay oughthay ehay ayeway orgefay andway eatbay,

Orway avegray orway aintepay: orfay Iway areday ellway aynsay,

Apellesway, Euxiszay, ouldeshay orkway inway ainvay,

Eitherway otay avegray, orway aintpay, orway orgefay, orway eatbay,

Ifway eythay esumedpray emay otay ounterfeitcay.

Orfay ehay atthay isway ethay ormerfay incipalpray,

Athhay ademay emay ishay icarvay-eneralgay

Otay ormfay andway aintenpay earthlyway eaturescray

Ightray asway emay istlay, andway allway ingthay inway ymay urecay* isway,   *arecay

Underway ethay oonemay, atthay aymay aneway andway axway.

Andway orfay ymay orkway ightray othingnay illway Iway axway*   *askway

Ymay ordlay andway Iway ebay ullfay ofway oneway accordway.

Iway ademay erhay otay ethay orshipway* ofway ymay ordlay;

Osay oday Iway allway inemay otherway eaturescray,

Atwhay olourcay atthay eythay avehay, orway atwhay iguresfay."

Usthay eemethsay emay atthay Aturenay ouldeway aysay.

Isthay aidenmay asway ofway ageway elvetway earyay andway aytway,*   *otway

Inway ichwhay atthay Aturenay addehay uchsay elightday.

Orfay ightray asway eshay ancay aintpay away ilylay itewhay,

Andway edray away oseray, ightray ithway uchsay ainturepay

Eshay aintedpay adhay isthay oblenay eaturecray,

Ereway eshay asway ornbay, uponway erhay imbeslay eefray,

Erewhay asway ybay ightray uchsay olourscay ouldeshay ebay:

Andway Oebusphay yedday adhay erhay essestray eatgray,

Ikelay otay ethay eamesstray* ofway ishay urnedbay eathay.   *eamsbay, aysray

Andway ifway atthay excellentway asway erhay eautybay,

Away ousandthay-oldfay oremay irtuousvay asway eshay.

Inway erhay erethay ackedlay onay onditioncay,

Atthay isway otay aisepray, asway ybay iscretionday.

Asway ellway inway ostghay* asway odybay astechay asway eshay: *indmay, iritspay

Orfay ichwhay eshay ower'dflay inway irginityvay,

Ithway allway umilityhay andway abstinenceway,

Ithway alleway emperancetay andway atiencepay,

Ithway easuremay* ekeway ofway earingbay andway arrayway.   *oderationmay

Iscreetday eshay asway inway answeringway alwayway,

Oughthay eshay ereway iseway asway Allaspay, areday Iway aynsay;

Erhay acondefay* ekeway ullfay omanlyway andway ainplay,   *eechspay <2>

Onay ounterfeitedcay ermestay addehay eshay

Otay eemesay iseway; utbay afterway erhay egreeday

Eshay akespay, andway allway erhay orde'sway oremay andway esslay

Oundingsay inway irtuevay andway inway entlenessgay.

Amefastshay eshay asway inway aiden'smay amefastnessshay,

Onstantcay inway earthay, andway everway *inway usinessbay*   *iligentday, eagerway*

Otay ivedray erhay outway ofway idleway uggardyslay:

Acchusbay adhay ofway erhay outhmay ightray onay ast'rymay.

Orfay ineway andway otheslay <3> oday Enusvay increaseway,

Asway enmay inway irefay illway astencay oilway andway easegray.

Andway ofway erhay owenway irtuevay, unconstrain'dway,

Eshay adhay erselfhay ullfay oftenway icksay yay-eign'dfay,

Orfay atthay eshay ouldeway eeflay ethay ompanycay,

Erewhay ikelylay asway otay eatentray ofway ollyfay,

Asway isway atway eastsfay, atway evelsray, andway atway ancesday,

Atthay ebay occasionsway ofway alliancesday.

Uchsay ingesthay akemay ildrenchay orfay otay ebay

Ootay oonesay iperay andway oldbay, asway enmay aymay eesay,

Ichwhay isway ullfay erilouspay, andway athhay eenbay oreyay;*   *ofway oldway

Orfay allway ootay oonesay aymay eshay earnelay orelay

Ofway oldenessbay, enwhay atthay eshay isway away ifeway.

Andway eyay istressesmay,* inway ouryay oldeway ifelay *overnessesgay, uennasday

Atthay ordes'lay aughtersday avehay inway overnancegay,

Aketay otnay ofway ymay ordesway ispleasanceday

Inkethay atthay eyay ebay etsay inway overningsgay

Ofway ordes'lay aughtersday onlyway orfay otway ingsthay;

Eitherway orfay eyay avehay eptkay ouryay onestyhay,

Orway elseway orfay eyay avehay allenfay inway ailtyfray

Andway oweknay ellway enoughway ethay oldeway anceday,

Andway avehay orsakenfay ullyfay uchsay eschancemay* *ickednessway <4>

Orfay evermoreway; ereforethay, orfay Iste'schray akesay,

Otay eachtay emthay irtuevay ooklay atthay eyay otnay akeslay.* *ebay ackslay, ailfay

Away iefthay ofway enisonvay, atthay athhay orlaftfay* *orsakenfay, eftlay

Ishay ik'rousnesslay,* andway allway ishay oldeway aftcray, *uttonyglay

Ancay eepkay away orestfay estbay ofway anyway anmay;

Ownay eepkay emthay ellway, orfay ifway eyay illway eyay ancay.

Ooklay ellway, atthay eyay untoway onay icevay assentway,

Estlay eyay ebay amnedday orfay ouryay ick'way* intentway, *ickedway, evilway

Orfay osowhay othday, away aitortray isway ertaincay;

Andway aketay eepkay* ofway atthay Iway allshay ouyay aynsay; *eedhay

Ofway alleway easontray, ov'reignsay estilencepay

Isway enwhay away ightway etrayethbay innocenceway.

Eyay athersfay, andway eyay othersmay ekeway alsoway,

Oughthay eyay avehay ildrenchay, ebay itway oneway orway o'may,

Oursyay isway ethay argechay ofway allway eirthay urveyancesay,* *upervisionsay

Ilewhay atthay eythay ebay underway ouryay overnancegay.

Ewarebay, atthay ybay exampleway ofway ouryay ivinglay,

Orway ybay ouryay egligencenay inway astisingchay,

Atthay eythay otnay erishpay orfay Iway areday ellway aysay,

Ifway atthay eythay oday, eyay allshay itway earday abeyeway.* *aypay orfay, uffersay orfay

Underway away epherdshay oftsay andway egligentnay

Ethay olfway athhay anymay away eepshay andway amblay otay-entray.

Ufficesay isthay exampleway ownay asway erehay,

Orfay Iway ustmay urntay againway otay ymay atteremay.

Isthay aidmay, ofway ichwhay Iway elltay ymay aletay expressway,

Eshay eptkay erselfhay, erhay eedednay onay istressmay;

Orfay inway erhay ivinglay aidensmay ightemay eadray,

Asway inway away ookbay, ev'ryway oodgay ordway andway eedday

Atthay ongethlay otay away aidenmay irtuousvay;

Eshay asway osay udentpray andway osay ounteousbay.

Orfay ichwhay ethay amefay outway angspray onway everyway idesay

Othbay ofway erhay eautybay andway erhay ountebay* ideway: *oodnessgay

Atthay oughthray ethay andlay eythay aisedpray erhay eachway oneway

Atthay ovedlay irtuevay, avesay envyway aloneway,

Atthay orrysay isway ofway otherway anne'smay ealway,

Andway adglay isway ofway ishay orrowsay andway unhealway* -- *isfortunemay

Ethay Octorday akethmay isthay escriptiounday. -- <5>

Isthay aidenmay onway away ayday entway inway ethay owntay

Owardtay away empletay, ithway erhay othermay earday,

Asway isway ofway oungeyay aidensmay ethay anneremay.

Ownay asway erethay enthay away usticejay inway atthay owntay,

Atthay overnorgay asway ofway atthay egiounray:

Andway osay efellbay, isthay udgejay ishay eyenway astcay

Uponway isthay aidmay, avisingway* erhay ullfay astfay, *observingway

Asway eshay amecay orthfay ybay erewhay isthay udgejay oodstay;

Anonway ishay eartehay angedchay andway ishay oodmay,

Osay asway ehay aughtcay ithway eautybay ofway isthay aidmay

Andway otay imselfhay ullfay ivilypray ehay aidsay,

"Isthay aidenmay allshay ebay inemay *orfay anyway anmay."* *espiteday atwhay anyway anmay aymay oday*

Anonway ethay iendfay intoway ishay eartehay anray,

Andway aughttay imhay uddenlysay, atthay ehay ybay eightslay

Isthay aidenmay otay ishay urposepay inneway ightmay.

Orfay ertescay, ybay onay orcefay, ornay ybay onay eedmay,* *ibebray, ewardray

Imhay oughtthay ehay asway otnay ableway orfay otay eedspay;

Orfay eshay asway ongstray ofway iendesfray, andway ekeway eshay

Onfirmedcay asway inway uchsay ov'reignsay ountebay,

Atthay ellway ehay istway ehay ightmay erhay evernay inway,

Asway orfay otay akemay erhay ithway erhay odybay insay.

Orfay ichwhay, ithway eatgray eliberatiounday,

Ehay entsay afterway away erkclay <6> asway inway ethay owntay,

Ethay ichwhay ehay ewknay orfay ubtlesay andway orfay oldbay.

Isthay udgejay untoway isthay erkclay ishay aletay oldtay

Inway ecretsay iseway, andway ademay imhay otay assureway

Ehay ouldeshay elltay itway otay onay eaturecray,

Andway ifway ehay idday, ehay ouldeshay oselay ishay eadhay.

Andway enwhay assentedway asway isthay ursedcay ederay,* *ounselcay, otplay

Adglay asway ethay udgejay, andway ademay imhay eategray eerchay,

Andway avegay imhay iftesgay eciouspray andway earday.

Enwhay apenshay* asway allway eirthay onspiracycay   *arrangedway

Omfray ointpay otay ointpay, owhay atthay ishay echerylay

Erformedpay ouldeshay ebay ullfay ubtillysay,

Asway eyay allshay earhay itway afterway openlyway,

Omehay entway isthay erkclay, atthay ightehay Audiusclay.

Isthay alsefay udgejay, atthay ightehay Appiusway, --

(Osay asway ishay amenay, orfay itway isway onay ablefay,

Utbay owenknay orfay away orialstay* ingthay otablenay;   *istoricalhay, authenticway

Ethay entencesay* ofway itway oothsay** isway outway ofway oubtday); -- *accountway **uetray

Isthay alsefay udgejay entway ownay astfay aboutway

Otay astenhay ishay elightday allway atthay ehay aymay.

Andway osay efellbay, oonsay afterway onway away ayday,

Isthay alsefay udgejay, asway ellethtay usway ethay orystay,

Asway ehay asway ontway, atsay inway ishay onsistorycay,

Andway avegay ishay oomesday* uponway undrysay ase'cay;   *udgmentsjay

Isthay alsefay erkclay amecay orthfay *away ullfay eatgray acepay,*   *inway astehay

Andway aidesay; Ordlay, ifway atthay itway ebay ouryay illway,

Asway oday emay ightray uponway isthay iteouspay illbay,*   *etitionpay

Inway ichwhay Iway ainplay uponway Irginiusvay.

Andway ifway atthay ehay illway aysay itway isway otnay usthay,

Iway illway itway ovepray, andway indefay oodgay itnessway,

Atthay oothsay isway atwhay ymay illebay illway expressway."

Ethay udgejay answer'dway, "Ofway isthay, inway ishay absenceway,

Iway aymay otnay ivegay efinitiveday entencesay.

Etlay oday* imhay allcay, andway Iway illway adlyglay earhay;   *ausecay

Outhay altshay avehay alleway ightray, andway onay ongwray erehay."

Irginiusvay amecay otay eetway* ethay udge'sjay illway,   *owknay, earnlay

Andway ightray anonway asway eadray isthay ursedcay illbay;

Ethay entencesay ofway itway asway asway eyay allshay earhay

"Otay ouyay, ymay ordlay, Irsay Appiusway osay earclay,

Ewethshay ouryay oorepay ervantsay Audiusclay,

Owhay atthay away ightknay alledcay Irginiusvay,

Againstway ethay awlay, againstway allway equityway,

Oldethhay, expressway againstway ethay illway ofway emay,

Ymay ervantsay, ichwhay atthay isway ymay allthray* ybay ightray,   *aveslay

Ichwhay omfray ymay ousehay asway olenstay onway away ightnay,

Ilewhay atthay eshay asway ullfay oungyay; Iway illway itway evepray*   *ovepray

Ybay itnessway, ordlay, osay atthay itway ouyay *otnay ievegray;* *ebay otnay ispleasingday*

Eshay isway ishay aughterday otnay, atwhay osay ehay aysay.

Ereforewhay otay ouyay, ymay ordlay ethay udgejay, Iway aypray,

Ieldyay emay ymay allthray, ifway atthay itway ebay ouryay illway."

Olay, isthay asway allway ethay entencesay ofway ethay illbay.

Irginiusvay angay uponway ethay erkclay eholdbay;

Utbay astilyhay, ereway ehay ishay aletay oldtay,

Andway ouldway avehay ovedpray itway, asway ouldshay away ightknay,

Andway ekeway ybay itnessingway ofway anymay away ightway,

Atthay allway asway alsefay atthay aidsay ishay adversaryway,

Isthay ursedcay udgejay ouldway onay ongerlay arrytay,

Ornay earhay away ordway oremay ofway Irginiusvay,

Utbay avegay ishay udgementjay, andway aidesay usthay:

"Iway eemday* anonway isthay erkclay ishay ervantsay avehay;   *onouncepray, etermineday

Outhay altshay onay ongerlay inway ythay ousehay erhay avesay.

Ogay, ingbray erhay orthfay, andway utpay erhay inway ourway ardway

Ethay erkclay allshay avehay ishay allthray: usthay Iway awardway."

Andway enwhay isthay orthyway ightknay, Irginiusvay,

Oughthray entencesay ofway isthay usticejay Appiusway,

Ustemay ybay orcefay ishay eareday aughterday ivegay

Untoway ethay udgejay, inway echerylay otay ivelay,

Ehay entway imhay omehay, andway atsay imhay inway ishay allhay,

Andway etlay anonway ishay eareday aughterday allcay;

Andway ithway away acefay eadday asway ashesway oldcay

Uponway erhay umblehay acefay ehay angay eholdbay,

Ithway ather'sfay itypay ickingstay* oughthray ishay earthay,   *iercingpay

Allway* ouldway ehay omfray ishay urposepay otnay onvertcay.**   *althoughway **urntay asideway

"Aughterday," othquay ehay, "Irginiavay ybay amenay,

Erethay ebay otway ayesway, eitherway eathday orway ameshay,

Atthay outhay ustmay uffersay, -- alasway atthay Iway asway orebay!*   *ornbay

Orfay evernay outhay eservedestday ereforewhay

Otay ienday ithway away ordsway orway ithway away ifeknay,

Oway eareday aughterday, enderway ofway ymay ifelay,

Omwhay Iway avehay oster'dfay upway ithway uchsay easanceplay

Atthay outhay ereway e'ernay outway ofway ymay emembranceray;

Oway aughterday, ichwhay atthay artway ymay astelay oeway,

Andway inway isthay ifelay ymay astelay oyjay alsoway,

Oway emgay ofway astitychay, inway atiencepay

Aketay outhay ythay eathday, orfay isthay isway ymay entencesay:

Orfay ovelay andway otnay orfay atehay outhay ustmay ebay eadday;

Ymay iteouspay andhay ustmay itensmay offway inethay eadhay.

Alasway, atthay everway Appiusway eethay aysay!*   *awsay

Usthay athhay ehay alselyfay udgedjay eethay otay-ayday."

Andway oldtay erhay allway ethay asecay, asway eyay eforebay

Avehay eardhay; itway eedethnay otnay otay elltay itway oremay.

"Oway ercymay, eareday atherfay," othquay ethay aidmay.

Andway ithway atthay ordway eshay othbay erhay armesway aidlay

Aboutway ishay ecknay, asway eshay asway ontway otay oday,

(Ethay earestay urstbay outway ofway erhay eyenway otway),

Andway aidsay, "Oway oodegay atherfay, allshay Iway ieday?

Isway erethay onay acegray? isway erethay onay emedyray?"

"Onay, ertescay, eareday aughterday inemay," othquay ehay.

"Enthay ivegay emay eisurelay, atherfay inemay, othquay eshay,

"Ymay eathday orfay otay omplaincay* away ittlelay acespay   *ewailbay

Orfay, ardiepay, Ephthahjay avegay ishay aughterday acegray

Orfay otay omplaincay, ereway ehay erhay ewslay, alasway! <7>

Andway, Odgay itway otway, othingnay asway erhay espasstray,*   *offenceway

Utbay orfay eshay anray erhay atherfay irstfay otay eesay,

Otay elcomeway imhay ithway eatgray olemnitysay."

Andway ithway atthay ordway eshay ellfay away-oonsway anonway;

Andway afterway, enwhay erhay ooningsway asway yay-onegay,

Eshay oseray upway, andway untoway erhay atherfay aidsay:

"Essedblay ebay Odgay, atthay Iway allshay ieday away aidmay.

Ivegay emay ymay eathday, ereway atthay Iway avehay ameshay;

Oday ithway ouryay ildchay ouryay illway, inway Odde'sgay amenay."

Andway ithway atthay ordway eshay ayedpray imhay ullfay oftway

Atthay ithway ishay ordsway ehay ouldeway itesmay erhay oftsay;

Andway ithway atthay ordway, away-oonsway againway eshay ellfay.

Erhay atherfay, ithway ullfay orrowfulsay earthay andway ellfay,*   *ernstay, uelcray

Erhay eadhay offway otesmay, andway ybay ethay optay itway enthay,*   *ooktay

Andway otay ethay udgejay ehay entway itway otay esentpray,

Asway ehay atsay etyay inway oomday* inway onsistorycay.   *udgmentjay

Andway enwhay ethay udgejay itway awsay, asway aithsay ethay orystay,

Ehay adebay otay aketay imhay, andway otay anghay imhay astfay.

Utbay ightray anonway away ousandthay eoplepay *inway astthray*   *ushedray inway*

Otay avesay ethay ightknay, orfay uthray andway orfay itypay

Orfay owenknay asway ethay alsefay iniquityway.

Ethay eoplepay anonway adhay uspectsay* inway isthay ingthay, *uspicionsay

Ybay annermay ofway ethay erke'sclay allengingchay,

Atthay itway asway ybay assentth'AY ofway Appiusway;

Eythay isteway ellway atthay ehay asway echerouslay.

Orfay ichwhay untoway isthay Appiusway eythay ongay,

Andway astcay imhay inway away isonpray ightray anonway,

Erewhay asway ehay ewslay imselfhay: andway Audiusclay,

Atthay ervantsay asway untoway isthay Appiusway,

Asway oomedday orfay otay anghay uponway away eetray;

Utbay atthay Irginiusvay, ofway ishay itypay,

Osay ayedpray orfay imhay, atthay ehay asway exil'dway;

Andway ellesway ertescay adhay ehay eenbay eguil'dbay;* *eesay otenay <8>

Ethay emenantray ereway angedhay, oremay andway esslay,

Atthay ereway onsentingcay otay isthay ursednesscay.* *illainyvay

Erehay enmay aymay eesay owhay insay athhay ishay eritemay:* *esertsday

Ewarebay, orfay onay anmay owsknay owhay Odgay illway itesmay

Inway onay egreeday, ornay inway ichwhay annermay iseway

Ethay ormway ofway onsciencecay aymay agriseway* ightenfray, orrifyhay

Ofway ickedway ifelay, oughthay itway osay ivypray ebay,

Atthay onay anmay owsknay ereofthay, avesay Odgay andway ehay;

Orfay ebay ehay ewedlay* anmay orway ellesway ear'dlay,** *ignorantway **carnedlay

Ehay owsknay otnay owhay oonsay ehay allshay ebay afear'dway;

Ereforethay Iway ederay* ouyay isthay ounselcay aketay, *adviseway

Orsakefay insay, ereway innesay ouyay orsakefay.

Otesnay otay ethay Octorday's Aletay

1. Ivylay, Ookbay iiiway. apcay. 44, etway eqqsay.

2. Acondefay: utteranceway, eechspay; omfray Atinlay, "acundiafay," eloquenceway.

3. Otheslay: otherway eadingsray areway "oughtthay" andway "outhyay."

4. Eschancemay: ickednessway; Enchfray, "echancetemay."

5. Isthay inelay eemssay otay ebay away indkay ofway asideway ownthray inway ybay Aucerchay imselfhay.

6. Ethay ariousvay eadingsray ofway isthay ordway areway "urlchay," orway "erlchay," inway ethay estbay anuscriptsmay; "ientclay" inway ethay ommoncay editionsway, andway "erkclay" upportedsay ybay otway importantway anuscriptsmay. "Ientclay" ouldway erhapspay ebay ethay estbay eadingray, ifway itway ereway otnay awkwardway orfay ethay etremay; utbay etweenbay "urlchay" andway "erkclay" erethay ancay ebay ittlelay oubtday atthay Mray Ightwray osechay iselyway enwhay ehay eferredpray ethay econdsay.

7. Udgesjay ixay. 37, 38. "Andway eshay aidsay untoway erhay atherfay, Etlay . . . emay aloneway otway onthsmay, atthay Iway aymay ogay upway andway ownday uponway ethay ountainsmay, andway ewailbay ymay irginityvay, Iway andway ymay ellowsfay. Andway ehay aidsay, ogay."

8. Eguiledbay: "astcay intoway aolgay," accordingway otay Urry'sway explanationway; oughthay eway ouldshay obablypray understandway atthay, ifway Audiusclay adhay otnay eenbay entsay outway ofway ethay ountrycay, ishay eathday ouldway avehay eenbay ecretlysay ontrivedcay oughthray ivatepray etestationday.

390

ETHAY OLOGUEPRAY.

OURWAY Ostehay angay otay earsway asway ehay ereway oodway;
"Arowhay!" othquay ehay, "ybay ailesnay andway ybay oodblay, <1>
Isthay asway away ursedcay iefthay, away alsefay usticejay.
Asway amefulshay eathday asway eartehay ancay eviseday
Omecay otay esethay udgesjay andway eirthay advoca'sway.*   *advocatesway, ounsellorscay
Algateway* isthay elysay** aidmay isway ainslay, alasway!   *everthelessnay **innocentway
Alasway! ootay eareday oughtbay eshay erhay eautybay.
Ereforewhay Iway aysay, atthay allway ayday anmay aymay eesay
Atthay iftesgay ofway ortunefay andway ofway aturenay
Ebay ausecay ofway eathday otay anymay away eaturecray.
Erhay eautybay asway erhay eathday, Iway areday ellway aynsay;
Alasway! osay iteouslypay asway eshay asway ainslay.
[Ofway othebay iftesgay, atthay Iway eakspay ofway ownay
Enmay avehay ullfay oftenway oremay armhay anthay owpray,*]   *ofitpray
Utbay uelytray, inemay owenway astermay earday,
Isthay asway away iteouspay aletay orfay otay earhay;
Utbay athelessnay, asspay overway; 'istay *onay orcefay.*   *onay attermay*
Iway aypray otay Odgay otay avesay ythay entlegay orsecay,*   *odybay
Andway ekeway inethay urinalsway, andway ythay ordansjay,
Inethay Ippocrashay, andway ekeway ythay Alliensgay, <2>
Andway everyway oistbay* ullfay ofway ythay ectuarylay,   *oxbay <3>
Odgay essblay emthay, andway ourway adlay Aintesay Arymay.
Osay aymay Iway e'thay,* outhay artway away operpray anmay,   *ivethray
Andway ikelay away elatepray, ybay Aintsay Onianray;
Aidsay Iway otnay ellway? Ancay Iway otnay eakspay *inway ermtay?*   *inway etsay ormfay*
Utbay ellway Iway otway outhay ostday* inemay earthay otay ermeway,**   *akestmay **ievegray<4>
Atthay Iway avehay almostway aughtcay away ardiaclecay:*   *eartachehay <5>

391

Ybay orpuscay Ominiday <6>, utbay* Iway avehay iacletray,**   *unlessway **away emedyray

Orway elseway away aughtdray ofway oistmay andway ornycay <7> aleway,

Orway utbay* Iway earhay anonway away errymay aletay,   *unlessway

Inemay earthay isway ostbray* orfay itypay ofway isthay aidmay.   *urstbay, okenbray

Outhay *elbay amiway,* outhay Ardonerpay," ehay aidsay,   *oodgay iendfray*

"Elltay usway omesay irthmay ofway apesjay* ightray anonway."   *okesjay

"Itway allshay ebay oneday," othquay ehay, "ybay Aintsay Onionray.

Utbay irstfay," othquay ehay, "erehay atway isthay aleway-akestay*   *aleway-ousehay ignsay <8>

Iway illway othbay inkdray, andway itenbay onway away akecay."

Utbay ightray anonway ethay entlesgay angay otay ycray,

"Aynay, etlay imhay elltay usway ofway onay ibaldryray.

Elltay usway omesay oralmay ingthay, atthay eway aymay earlay*   *earnlay

Omesay itway,* andway ennethay illway eway adlyglay earhay."   *isdomway, ensesay

"Iway antgray yay-isway,"* othquay ehay; "utbay Iway ustmay inkthay   *urelysay

Uponway omesay onesthay ingthay ilewhay atthay Iway inkdray."

Otesnay otay ethay Ologuepray otay ethay Ardonerpay's Aletay

1. Ethay ailsnay andway oodblay ofway Istchray, ybay ichwhay itway asway enthay away ashionfay otay earsway.

2. Ediaevalmay edicalmay iterswray; eesay otenay 36 otay ethay Ologuepray otay ethay Alestay.

3. Oistbay: oxbay; Enchfray "oitebay," oldway ormfay "oistebay."

4. Ermeway: ievegray; omfray Angloway-Axonsay, "earmeway," etchedwray.

5. Ardiaclecay: eartachehay; omfray Eekgray, "ardialgiakay."

6. Orpuscay Ominiday: Od'sgay odybay.

7. Ornycay aleway: Ewnay andway ongstray, appynay. Asway otay "oistmay," eesay otenay 39 otay ethay Ologuepray otay ethay Alestay.

8. (Anscriber'stray Otenay)Inway isthay enescay ethay ilgrimspay areway efreshingray emselvesthay atway ablestay inway ontfray ofway anway innway. Ethay ardonerpay isway unkdray, ichwhay explainsway ishay oastfulbay andway evealingray onfessioncay ofway ishay eceitsday.

ETHAY ALETAY <1>

Ordingslay (othquay ehay), inway urchechay enwhay Iway eachpray,

Iway ainepay emay otay avehay anway auteinhay* eechspay,   *aketay ainspay **oudlay <2>

Andway ingray itway outway, asway oundray asway othday away ellbay,

Orfay Iway owknay allway ybay oteray atthay Iway elltay.

Ymay emethay isway alwaysway oneway, andway everway asway;

Adixray alorummay estway upiditascay.<3>

Irstfay Iway onouncepray encewhay atthay Iway omecay,

Andway enthay ymay ullesbay ewshay Iway allway andway omesay;

Ourway iegelay orde'slay ealsay onway ymay atentpay,

Atthay ewshay Iway irstfay, *ymay odybay otay arrentway,*   *orfay ethay otectionpray

Atthay onay anmay ebay osay ardyhay, iestpray ornay erkclay,   ofway ymay ersonpay*

Emay otay isturbday ofway Iste'schray olyhay erkway.

Andway afterway atthay enthay elltay Iway orthfay ymay alestay.

Ullesbay ofway opespay, andway ofway ardinalescay,

Ofway atriarchspay, andway ofway ishopsbay Iway ewshay,

Andway inway Atinlay Iway eakspay away ordesway ewfay,

Otay avoursay ithway ymay edicationpray,

Andway orfay otay irstay enmay otay evotionday

Enthay owshay Iway orthfay ymay ongelay ystalcray onesstay,

YAY-ammedcray allfay ofway outesclay* andway ofway onesbay;   *agsray, agmentsfray

Elicsray eythay ebay, asway *eeneway eythay* eachway oneway.   *asway ymay istenerslay inkthay*

Enthay avehay Iway inway atounlay* away ouldershay-onebay   *assbray

Ichwhay atthay asway ofway away olyhay Ewe'sjay eepshay.

"Oodgay enmay," aysay Iway, "aketay ofway ymay ordesway eepkay;*   *eedhay

Ifway atthay isthay onebay ebay ash'dway inway anyway ellway,

Ifway owcay, orway alfcay, orway eepshay, orway oxeway ellsway,

Atthay anyway ormway atthhay eatway, orway ormway yay-ungstay,

Aketay aterway ofway atthay ellway, andway ashway ishay onguetay,

Andway itway isway olewhay anonway; andway arthermorefay

Ofway ockespay, andway ofway abscay, andway everyway oresay

Allshay everyway eepshay ebay olewhay, atthay ofway isthay ellway

Inkethdray away aughtdray; aketay eepkay* ofway atthay Iway elltay.   *eedhay

"Ifway atthay ethay oodmangay, atthay ethay eastesbay owethway,*   *ownethway

Illway everyway eekway, ereway atthay ethay ockcay imhay owethcray,

Astingfay, yay-inkendray ofway isthay ellway away aughtdray,

Asway ilkethay olyhay Ewjay ourway eldersway aughttay,

Ishay eastesbay andway ishay orestay allshay ultiplymay.

Andway, Irssay, alsoway itway ealethhay ealousyjay;

Orfay oughthay away anmay ebay all'nfay inway ealousjay ageray,

Etlay akemay ithway isthay aterway ishay ottagepay,

Andway evernay allshay ehay oremay ishay ifeway istristmay,*   *istrustmay

Oughthay ehay ethay oothsay ofway erhay efaulteday istway;   *oughthay ehay ulytray

Allway adhay eshay akentay iestespray otway orway eethray. <4>   ewknay erhay insay*

Erehay isway away ittainmay* ekeway, atthay eyay aymay eesay;   *oveglay, ittenmay

Ehay atthay ishay andhay illway utpay inway isthay ittainmay,

Ehay allshay avehay ultiplyingmay ofway ishay aingray,

Enwhay ehay atthhay owensay, ebay itway eatwhay orway oatsway,

Osay atthay ehay offerway encepay, orway ellesway oatsgray.

Andway, enmay andway omenway, oneway ingthay arnway Iway ouyay;

Ifway anyway ightway ebay inway isthay urchechay ownay

Atthay atthay oneday insay orriblehay, osay atthay ehay

Areday otnay orfay ameshay ofway itway yay-ivenshray* ebay;   *onfessedcay

Orway anyway omanway, ebay eshay oungyay orway oldway,

Atthay atthhay yay-ademay erhay usbandhay okewoldcay,*   *uckoldcay

Uchsay olkfay allshay avehay onay owerpay ornay onay acegray

Otay offerway otay ymay elicsray inway isthay aceplay.

Andway osowhay indethfay imhay outway ofway uchsay ameblay,

Ehay illway omecay upway andway offerway inway Od'sgay amenay;

Andway Iway assoilway* imhay ybay ethay authorityway   *absolveway

Ichwhay atthay ybay ullbay yay-antedgray asway otay emay."

Ybay isthay audgay* avehay Iway onneway earyay ybay earyay   *estjay, icktray

Away undredhay arksmay, incesay Iway asway ardonerepay.

Iway andestay ikelay away erkclay inway ymay ulpitpay,

Andway enwhay ethay ewedlay* eoplepay ownday isway etsay,   *ignorantway

Iway eachepray osay asway eyay avehay eardhay eforebay,

Andway elletay emthay away undredhay apesjay* oremay.   *estsjay, eceitsday

Enthay ainpay Iway emay otay etchestray orthfay ymay ecknay,

Andway eastway andway estway uponway ethay eoplepay Iway eckbay,

Asway othday away oveday, ittingsay onway away ernbay;*   *arnbay

Ymay andeshay andway ymay onguetay ogay osay ernyay,*   *isklybray

Atthay itway isway oyjay otay eesay ymay usinessbay.

Ofway avariceway andway ofway uchsay ursednesscay*   *ickednessway

Isway allway ymay eachingpray, orfay otay akemay emthay eefray

Otay ivegay eirthay encepay, andway amelynay* untoway emay.   *especiallyway

Orfay inemay intentway isway otnay utbay orfay otay inway,

Andway othingnay orfay orrectioncay ofway insay.

Iway eckeray evernay, enwhay atthay eythay ebay uriedbay,

Oughthay atthay eirthay oulessay ogay away ackburiedblay.<5>

Orfay ertescay *anymay away edicationpray   *eachingpray isway oftenway inspiredway

Omethcay oftway-imetay ofway evilway intentionway;*   ybay evilway otivesmay*

Omesay orfay easanceplay ofway olkfay, andway atteryflay,

Otay ebay advancedway ybay ypocrisyhay;

Andway omesay orfay aingloryvay, andway omesay orfay atehay.

Orfay, enwhay Iway areday otnay otherwiseway ebateday,

Enthay illway Iway ingstay imhay ithway ymay onguetay artsmay*   *arplyshay

Inway eachingpray, osay atthay ehay allshay otnay astartway*   *escapeway

Otay ebay efamedday alselyfay, ifway atthay ehay

Athhay espass'dtray* otay ymay ethrenbray orway otay emay.   *offendedway

Orfay, oughthay Iway elletay otnay ishay operpray amenay,

Enmay allshay ellway oweknay atthay itway isway ethay amesay

Ybay ignessay, andway ybay otherway ircumstancescay.

Usthay *itequay Iway* olkfay atthay oday usway ispleasancesday: *Iway amway evengedray onway*

Usthay itspay Iway outway ymay enomvay, underway uehay

Ofway olinesshay, otay eemsay olyhay andway uetray.

Utbay, ortlyshay inemay intentway Iway illway eviseday,

Iway eachpray ofway othingnay utbay ofway ovetisecay.

Ereforethay ymay emethay isway etyay, andway everway asway, --

Adixray alorummay estway upiditascay. <3>

Usthay ancay Iway eachpray againstway ethay amesay icevay

Ichwhay atthay Iway useway, andway atthay isway avariceway.

Utbay oughthay yselfmay ebay uiltygay inway atthay insay,

Etyay ancay Iway akenmay otherway olkfay otay intway*   *epartday

Omfray avariceway, andway oresay emthay epentray.

Utbay atthay isway otnay ymay incipalpray intentway;

Iway eachepray othingnay utbay orfay ovetisecay.

Ofway isthay atteremay itway oughtway enoughway ufficesay.

Enthay elltay Iway emthay examplesway anymay away oneway,

Ofway oldeway oriesstay ongelay imetay onegay;

Orfay ewedlay* eoplepay ovelay alestay oldway;   *unlearnedway

Uchsay ingesthay ancay eythay ellway eportray andway oldhay.

Atwhay? owetray eyay, atthay ileswhay Iway aymay eachpray

Andway inneway oldgay andway ilversay orfay* Iway eachtay,   *ecausebay

Atthay Iway illway ivelay inway overt'pay ilfullyway?

Aynay, aynay, Iway oughtthay itway evernay uelytray.

Orfay Iway illway eachpray andway egbay inway undrysay andslay;

Iway illway otnay oday onay abourlay ithway inemay andshay,

Ornay akemay asketsbay orfay otay ivelay erebythay,

Ecausebay Iway illway otnay eggenbay idlelyway.

Iway illway onenay ofway ethay apostlesway ounterfeitcay;*   *imitateway (inway overtypay)

Iway illway avehay oneymay, oolway, andway eesechay, andway eatwhay,

Allway* ereway itway ivengay ofway ethay oorestpay agepay,   *evenway ifway

Orway ofway ethay oorestepay idowway inway away illagevay:

Allway ouldshay erhay ildrenchay ervestay* orfay aminefay.   *ieday

Aynay, Iway illway inkdray ethay iquorlay ofway ethay inevay,

Andway avehay away ollyjay enchway inway everyway owntay.

Utbay earkenhay, ordingslay, inway onclusiouncay;

Ouryay ikinglay isway, atthay Iway allshay elltay away aletay

Ownay Iway avehay unkdray away aughtdray ofway ornycay aleway,

Ybay Odgay, Iway opehay Iway allshay ouyay elltay away ingthay

Atthay allshay ybay easonray ebay otay ouryay ikinglay;

Orfay oughtthay yselfmay ebay away ullfay iciousvay anmay,

Away oralmay aletay etyay Iway ouyay elletay ancay,

Ichwhay Iway amway ontway otay eachepray, orfay otay inway.

Ownay oldhay ouryay eacepay, ymay aletay Iway illway eginbay.

Inway Andersflay ilomwhay asway away ompanycay

Ofway oungeyay olkesfay, atthay auntedhay ollyfay,

Asway iotray, azardhay, ewesstay,* andway avernstay;   *othelsbray

Erewhay asway ithway uteslay, arpeshay, andway iternsgay,*   *uitarsgay

Eythay anceday andway ayplay atway iceday othbay ayday andway ightnay,

Andway eatway alsoway, andway inkdray overway eirthay ightmay;

Oughthray ichwhay eythay oday ethay evilday acrificesay

Ithinway ethay evil'sday empletay, inway ursedcay iseway,

Ybay uperfluitysay abominableway.

Eirthay oathesway ebay osay eatgray andway osay amnableday,

Atthay itway isway islygray* orfay otay earhay emthay earsway.   *eadfuldray <6>

Ourway issfulblay Orde'slay odybay eythay otay-eartay;*   *oretay otay iecespay <7>

Emthay oughtthay ethay Ewesjay entray imhay otnay enoughway,

Andway eachway ofway emthay atway other'sway innesay oughlay.*   *aughedlay

Andway ightray anonway inway omecay ombesterestay <8>

Etisfay* andway allsmay, andway oungeyay uitesteresfray.**   *aintyday **uitfray-irlsgay

Ingerssay ithway arpeshay, audesbay,* aferersway,**   *evellersray **akecay-ellerssay

Ichwhay ebay ethay eryvay evil'sday officersway,

Otay indlekay andway owblay ethay irefay ofway echerylay,

Atthay isway annexedway untoway uttonyglay.

Ethay Olyhay Itwray aketay Iway otay ymay itnessway,

Atthay uxurylay isway inway ineway andway unkennessdray. <9>

Olay, owhay atthay unkendray Otlay unkindelyway*   *unnaturallyway

Aylay ybay ishay aughtersday otway unwittinglyway,

Osay unkdray ehay asway ehay ewknay otnay atwhay ehay oughtwray.

Erodeshay, owhay osay ellway ethay oriesstay oughtsay, <10>

Enwhay ehay ofway ineway epleteray asway atway ishay eastfay,

Ightray atway ishay owenway abletay avegay ishay esthay*   *ommandcay

Otay ayslay ethay Aptistbay Ohnjay ullfay uiltelessgay.

Enecasay aithsay away oodgay ordway, oubtelessday:

Ehay aithsay ehay ancay onay ifferenceday indfay

Etwixtbay away anmay atthay isway outway ofway ishay indmay,

Andway away anmay ichewhay atthay isway unkelewdray:*   *away unkarddray <11>

Utbay atthay oodnessway,* yay-allenfay inway away ewshray,*   *adnessmay

Erseverethpay ongerlay anthay unkennessdray.   **oneway evilway-emperedtay

Oway uttonyglay, ullfay ofway allway ursednesscay;

Oway ausecay irstfay ofway ourway onfusioncay,

Originalway ofway ourway amnationday,

Illtay Istchray adhay oughtbay usway ithway ishay oodblay againway!

Ookelay, owhay eareday, ortlyshay orfay otay aynsay,

Aboughtway* asway irstfay isthay ursedcay illainyvay: *atonedway orfay

Orruptcay asway allway isthay orldway orfay uttonyglay.

Adamway ourway atherfay, andway ishay ifeway alsoway,

Omfray Aradisepay, otay abourlay andway otay oeway,

Ereway ivendray orfay atthay icevay, itway isway onay eaddray.*   *oubtday

Orfay ilewhay atthay Adamway astedfay, asway Iway eadray,

Ehay asway inway Aradisepay; andway enwhay atthay ehay

Ateway ofway ethay uitfray efendedday* ofway ethay eetray,   *orbiddenfay <12>

Anonway ehay asway astcay outway otay oeway andway ainpay.

Oway uttonyglay! ellway oughtway usway onway eethay ainplay.

Ohway! istway away anmay owhay anymay aladiesmay

Ollowfay ofway excessway andway ofway uttoniesglay,

Ehay ouldeway ebay ethay oremay easurablemay*   *oderatemay

Ofway ishay ieteday, ittingsay atway ishay abletay.

Alasway! ethay orteshay oatthray, ethay endertay outhmay,

Akethmay atthay eastway andway estway, andway orthnay andway outhsay,

Inway earthway, inway airway, inway aterway, enmay oday inksway*   *abourlay

Otay etgay away uttonglay aintyday eatmay andway inkdray.

Ofway isthay atteremay, Oway Aulpay! ellway anstcay outhay eattray

Eatmay untoway ombway,* andway ombway ekeway untoway eatmay,   *ellybay

Allshay Odgay estroyeday othbay, asway Auluspay aithsay. <13>

Alasway! away oulfay ingthay isway itway, ybay ymay aithfay,

Otay aysay isthay ordway, andway oulerfay isway ethay eedday,

Enwhay anmay osay inkethdray ofway ethay *itewhay andway edray,*   *iway.eway. ineway*

Atthay ofway ishay oatthray ehay akethmay ishay ivypray

Oughthray ilkethay ursedcay uperfluitysay

Ethay apostleway aithsay, <14> eepingway ullfay iteouslypay,

Erethay alkway anymay, ofway ichwhay ouyay oldtay avehay Iway, --

Iway aysay itway ownay eepingway ithway iteouspay oicevay, --

Atthay eythay ebay enemiesway ofway Iste'schray oiscray;*   *osscray

Ofway ichwhay ethay endway isway eathday; ombway* isway eirthay Odgay.   *ellybay

Oway ombway, Oway ellybay, inkingstay isway ythay odcay,*   *agbay <15>

Ullfay ill'dfay ofway ungday andway ofway orruptiouncay;

Atway eitherway endway ofway eethay oulfay isway ethay ounsay.

Owhay eatgray abourlay andway ostcay isway eethay otay indfay!*   *upplysay

Esethay ookescay owhay eythay ampstay, andway ainstray, andway indgray,

Andway urnetay ubstancesay intoway accidentway,

Otay ulfillfay allway ythay ikerouslay alenttay!

Outway ofway ethay ardehay onesbay ockeknay eythay

Ethay arrowmay, orfay eythay astecay aughtnay awayway

Atthay aymay ogay oughthray ethay ulletgay oftsay andway ootsway*   *eetsway

Ofway iceryspay andway eaveslay, ofway arkbay andway ootray,

Allshay ebay ishay aucesay yay-akedmay ybay elightday,

Otay akemay imhay avehay away ewernay appetiteway.

Utbay, ertescay, ehay atthay auntethhay uchsay elicesday

Isway eadday ilewhay atthay ehay ivethlay inway osethay icesvay.

Away echerouslay ingthay isway ineway, andway unkennessdray

Isway ullfay ofway ivingstray andway ofway etchednesswray.

Oway unkendray anmay! isfgur'dday isway ythay acefay,<16>

Oursay isway ythay eathbray, oulfay artway outhay otay embraceway:

Andway oughthray ythay unkendray osenay ownethsay ethay oun'say,

Asway oughthay ousthay aidestsay ayeway, Amsounsay! Amsounsay!

Andway etyay, Odgay otway, Amsonsay ankdray evernay ineway.

Outhay allestfay asway itway ereway away ickedstay inesway;

Ythay onguetay isway ostlay, andway allway inethay onesthay urecay;*   *arecay

Orfay unkennessdray isway eryvay epulturesay*   *ombtay

Ofway anne'smay itway andway ishay iscretionday.

Inway omwhay atthay inkdray athhay ominationday,

Ehay ancay onay ounselcay eepkay, itway isway onay eaddray.*   *oubtday

Ownay eepkay ouyay omfray ethay itewhay andway omfray ethay edray,

Andway amelynay* omfray ethay itewhay ineway ofway Epelay,<17>   *especiallyway

Atthay isway otay ellsay inway Ishfay Eetstray <18> andway inway Eapchay.

Isthay ineway ofway Ainespay eepethcray ubtillysay --

Inway otherway inesway owinggray astefay ybay,

Ofway ichwhay erethay isethray uchsay umosityfay,

Atthay enwhay away anmay athhay unkendray aughtesdray eethray,

Andway eenethway atthay ehay ebay atway omehay inway Eapchay,

Ehay isway inway Ainspay, ightray atway ethay owntay ofway Epelay,

Otnay atway ethay Ochelleray, ornay atway Ourdeauxbay owntay;

Andway ennethay illway ehay aysay, Amsounsay! Amsounsay!

Utbay earkenhay, ordingslay, oneway ordway, Iway ouyay aypray,

Atthay allway ethay ovreignsay actesway, areday Iway aysay,

Ofway ictoriesvay inway ethay Oldway Estamenttay,

Oughthray eryvay Odgay atthay isway omnipotentway,

Ereway oneday inway abstinenceway andway inway ayerepray:

Ooklay inway ethay Iblebay, andway erethay eyay aymay itway earlay.*   *earnlay

Ooklay, Attilaway, ethay eategray onquerorcay,

Iedday inway ishay eepslay, <19> ithway ameshay andway ishonourday,

Eedingblay ayeway atway ishay osenay inway unkennessdray:

Away aptaincay ouldshay ayeway ivelay inway obernesssay

Andway o'erway allway isthay, adviseway* ouyay ightray ellway   *onsidercay, ethinkbay

Atwhay asway ommandedcay untoway Emuellay; <20>

Otnay Amuelsay, utbay Emuellay, aysay Iway.

Eaderay ethay Iblebay, andway indfay itway expresslyway

Ofway ineway ivinggay otay emthay atthay avehay usticejay.

Onay oremay ofway isthay, orfay itway aymay ellway ufficesay.

Andway, ownay atthay Iway avehay okespay ofway uttonyglay,

Ownay illway Iway ouyay *efendeday azardryhay.* *orbidfay amblinggay*

Azardhay isway eryvay othermay ofway easingslay,* *ieslay

Andway ofway eceitday, andway ursedcay orswearingsfay:

Asphem'blay ofway Istchray, anslaughtermay, andway asteway alsoway

Ofway attelchay* andway ofway imetay; andway urthermo'fay *opertypray

Itway isway epreveray,* andway ontrar'cay ofway onourhay, *eproachray

Orfay otay ebay eldhay away ommoncay azardourhay.

Andway everway ethay igherhay ehay isway ofway estateway,

Ethay oremay ehay isway oldenhay esolateday.* *undoneway, orthlessway

Ifway atthay away incepray useway azardryhay,

Inway alleway overnancegay andway olicypay

Ehay isway, asway ybay ommoncay opinionway,

YAY-oldhay ethay esslay inway eputationray.

Ilonchay, atthay asway away iseway ambassadorway,

Asway entsay otay Orinthcay ithway ullfay eatgray onorhay

Omfray Acedemonlay, <21> otay akemay allianceway;

Andway enwhay ehay amecay, itway appen'dhay imhay, ybay ancechay,

Atthay allway ethay eatestgray atthay ereway ofway atthay andlay,

YAY-ayingplay atteway azardhay ehay emthay andfay.* *oundfay

Orfay ichwhay, asway oonsay asway atthay itway ightemay ebay,

Ehay olestay imhay omehay againway otay ishay ountrycay

Andway aidesay erethay, "Iway illway otnay oselay ymay amenay,

Ornay illway Iway aketay onway emay osay eatgray iffameday,* *eproachray

Ouyay otay allyway untoway onay azardorshay.* *amblersgay

Endesay omesay otherway iseway ambassadorsway,

Orfay, ybay ymay othtray, emay ereway everlay* ieday, *atherray

Anthay Iway ouldshay ouyay otay azardorshay allyway.

Orfay eyay, atthay ebay osay oriousglay inway onourshay,

Allshay otnay allyway ouyay otay onay azardourshay,

Asway ybay ymay illway, ornay asway ybay ymay eatytray."

Isthay iseway ilosopherphay usthay aidsay ehay.

Ooklay ekeway owhay otay ethay Ingkay Emetriusday

Ethay Ingkay ofway Arthespay, asway ethay ookbay aithsay usway,

Entsay imhay away airpay ofway iceday ofway oldgay inway ornscay,

Orfay ehay adhay usedway azardhay erebefornthay:

Orfay ichwhay ehay eldhay ishay oryglay andway enownray

Atway onay aluevay orway eputatiounray.

400

Ordeslay aymay indenfay otherway annermay ayplay

Onesthay enoughway otay ivedray ethay ayday awayway.

Ownay illway Iway eakspay ofway oathesway alsefay andway eatgray

Away ordway orway otway, asway oldeway ookesbay eattray.

Eatgray earingsway isway away ingthay abominableway,

Andway alsefay earingsway isway oremay eprovableray.

Ethay ighehay Odgay orbadefay earingsway atway allway;

Itnessway onway Atthewmay: <22> utbay inway ecialspay

Ofway earingsway aithsay ethay olyhay Eremiejay, <23>

Outhay altthay earsway oothsay inethay oathesway, andway otnay ielay:

Andway earsway inway oomday* andway ekeway inway ighteousnessray;   *udgementjay

Utbay idleway earingsway isway away ursednesscay.*   *ickednessway

Eholdbay andway eesay, erethay inway ethay irstefay abletay

Ofway ighehay Odde'sgay esteshay* onourablehay,   *ommandmentscay

Owhay atthay ethay econdsay estbay ofway imhay isway isthay,

Aketay otnay ymay amenay inway idleway* orway amissway.   *inway ainvay

Olay, atherray* ehay orbiddethfay uchsay earingsway,   *oonersay

Anthay omicidehay, orway anymay away ursedcay ingthay;

Iway aysay atthay asway ybay orderway usthay itway andethstay;

Isthay owethknay ehay atthay ishay estshay* understandethway,   *ommandmentscay

Owhay atthay ethay econdsay esthay ofway Odgay isway atthay.

Andway arthermorefay, Iway illway eethay elltay allway atplay,*   *atlyflay, ainlyplay

Atthay engeancevay allshay otnay artepay omfray ishay ousehay,

Atthay ofway ishay oathesway isway outrageousway.

"Ybay Odde'sgay eciouspray earthay, andway ybay ishay ailsnay, <24>

Andway ybay ethay oodblay ofway Istchray, atthay isway inway Aileshay, <25>

Evensay isway ymay ancechay, andway inethay isway inquecay andway eytray:

Ybay Odde'sgay armesway, ifway outhay alselyfay ayplay,

Isthay aggerday allshay oughoutthray inethay eartehay ogay."

Isthay uitfray omescay ofway ethay *icchedbay onesbay otway,*   *otway ursedcay onesbay (iceday)*

Orswearingfay, ireway, alsenessfay, andway omicidehay.

Ownay, orfay ethay ovelay ofway Istchray atthay orfay usway iedday,

Eavelay ouryay oathesway, othebay eatgray andway alesmay.

Utbay, Irssay, ownay illway Iway ellway ouyay orthfay ymay aletay.

Esethay iotouresray eethray, ofway ichwhay Iway elltay,

Onglay *erstway anthay* imepray angray ofway anyway ellbay,   *eforebay

Ereway etsay emthay inway away averntay orfay otay inkdray;

Andway asway eythay atsay, eythay eardhay away ellebay inkclay

Eforebay away orpsecay, asway arriedcay otay ethay avegray.

Atthay oneway ofway emthay angay allecay otay ishay aveknay,*   *ervantsay

"Ogay etbay," <26> othquay ehay, "andway askeway eadilyray

Atwhay orpsecay isway isthay, atthay assethpay erehay orthfay ybay;

Andway ooklay atthay outhay eportray ishay amenay ellway."

"Irsay," othquay ethay oybay, "itway eedethnay evernay away ealday;*   *itwhay

Itway asway emay oldtay ereway eyay amecay erehay otway ourshay;

Ehay asway, ardiepay, anway oldway ellowfay ofway oursyay,

Andway uddenlysay ehay asway yay-ainslay otay-ightnay;

Ordrunkfay* asway ehay atsay onway ishay enchbay uprightway,   *ompletelycay unkdray

Erethay amecay away ivypray iefthay, enmay epeclay Eathday,

Atthay inway isthay ountrycay allway ethay oplepay ay'thslay,

Andway ithway ishay earspay ehay otesmay ishay earthay inway otway,

Andway entway ishay ayway ithouteway ordesway o'may.

Ehay athhay away ousandthay ainslay isthay estilencepay;

Andway, astermay, ereway ouyay omecay inway ishay esencepray,

Emay inkeththay atthay itway ereway ullfay ecessarynay

Orfay otay ewarebay ofway uchsay anway adversaryway;

Ebay eadyray orfay otay eetmay imhay evermoreway.

Usthay aughtetay emay ymay ameday; Iway aysay onay oremay."

"Ybay Aintesay Arymay," aidsay ethay averneretay,

"Ethay ildchay aithsay oothsay, orfay ehay athhay ainslay isthay earyay,

Encehay ov'rway away ilemay, ithinway away eatgray illagevay,

Othbay anmay andway omanway, ildchay, andway indhay, andway agepay;

Iway owtray ishay abitationhay ebay erethay;

Otay ebay advisedway* eatgray isdomway itway ereway,   *atchfulway, onway one'sway uardgay

Ereway* atthay ehay idday away anmay away ishonourday."   *estlay

"Eayay, Odde'sgay armesway," othquay isthay iotourray,

"Isway itway uchsay erilpay ithway imhay orfay otay eetmay?

Iway allshay imhay eeksay, ybay ilestay andway ekeway ybay eetstray.

Iway akemay away owvay, ybay Odde'sgay igneday* onesbay."   *orthyway

Earkenhay, ellowsfay, eway eethray ebay alleway onesway:*   *atway oneway

Etlay eachway ofway usway oldhay upway ishay andhay otay otherway,

Andway eachway ofway usway ecomebay ethay other'sway otherbray,

402

Andway eway illway ayslay isthay alsefay aitortray Eathday;

Ehay allshay ebay ainslay, ehay atthay osay anymay ay'thslay,

Ybay Odde'sgay ignityday, ereway itway ebay ightnay."

Ogethertay avehay esethay eethray eirthay othetray ightplay

Otay ivelay andway ieday eachway oneway ofway emthay orfay otherway

Asway oughthay ehay ereway ishay owenway orensway otherbray.

Andway upway eythay artstay, allway unkendray, inway isthay ageray,

Andway orthfay eythay ogay owardestay atthay illagevay

Ofway ichwhay ethay avernertay adhay okespay efornbay,

Andway anymay away islygray* oatheway avehay eythay ornsway,   *eadfuldray

Andway Iste'schray essedblay odybay eythay otay-entray;*   *oretay otay iecespay <7>

"Eathday allshay ebay eadday, ifway atthay eway aymay imhay enthay."*   *atchcay

Enwhay eythay adhay onegay otnay ullyfay alfhay away ilemay,

Ightray asway eythay ouldway avehay oddentray o'erway away ilestay,

Anway oldway anmay andway away oorepay ithway emthay etmay.

Isthay oldeway anmay ullfay eekelymay emthay etgray,*   *eetedgray

Andway aidesay usthay; "Ownay, ordeslay, Odgay ouyay eesay!"*   *ooklay onway aciouslygray

Ethay oudestpray ofway esethay iotouresray eethray

Answer'dway againway; "Atwhay? urlchay, ithway orrysay acegray,

Ywhay artway outhay allway orwrappedfay* avesay ythay acefay?   *oselyclay aptwray upway

Ywhay ivestlay outhay osay onglay inway osay eatgray ageway?"

Isthay oldeway anmay angay ooklay onway ishay isagevay,

Andway aidesay usthay; "Orfay atthay Iway annotcay indfay

Away anmay, oughthay atthay Iway alkedway untoway Indway,

Eithernay inway itycay, ornay inway onay illagevay ogay,

Atthay ouldeway angechay ishay outheyay orfay inemay ageway;

Andway ereforethay ustmay Iway avehay inemay ageway illstay

Asway ongelay imetay asway itway isway Odde'sgay illway.

Andway Eathday, alasway! ehay illway otnay avehay ymay ifelay.

Usthay alkway Iway ikelay away estelessray aitifecay,*   *iserablemay etchwray

Andway onway ethay oundgray, ichwhay isway ymay other'smay ategay,

Iway ockeknay ithway ymay affstay, earlyway andway atelay,

Andway aysay otay erhay, 'Evelay* othermay, etlay emay inway.   *earday

Olay, owhay Iway aneway, eshflay, andway oodblay, andway inskay;

Alasway! enwhay allshay ymay onesbay ebay atway estray?

Othermay, ithway ouyay Iway ouldeway angechay ymay estchay,

Atthay inway ymay amberchay ongelay imetay athhay ebay,

Eayay, orfay anway airyhay outclay otay *apwray inway emay.'*   *apwray yselfmay inway*

Utbay etyay otay emay eshay illway otnay oday atthay acegray,

Orfay ichwhay allfay alepay andway elkedway* isway ymay acefay.   *itheredway

Utbay, Irssay, otay ouyay itway isway onay ourtesycay

Otay eakspay untoway anway oldway anmay illainyvay,

Utbay* ehay espasstray inway ordway orway elseway inway eedday.   *exceptway

Inway Olyhay Itwray eyay aymay ourselvesyay eadray;

'Againstway* anway oldway anmay, oarhay uponway ishay eadhay,   *otay eetmay

Eyay ouldshay ariseway:' ereforethay Iway ouyay ederay,*   *adviseway

Enay oday untoway anway oldway anmay onay armhay ownay,

Onay oremay anthay eyay ouldway away anmay idday ouyay

Inway ageway, ifway atthay eyay aymay osay onglay abideway.

Andway Odgay ebay ithway ouyay, etherwhay eyay ogay orway ideray

Iway ustmay ogay itherthay asway Iway avehay otay ogay."

"Aynay, oldeway urlchay, ybay Odgay outhay altshay otnay osay,"

Aidesay isthay otherway azardorhay anonway;

"Outhay artestpay otnay osay ightlylay, ybay Aintsay Ohnjay.

Outhay akestspay ightray ownay ofway atthay aitortray Eathday,

Atthay inway isthay ountrycay allway ourway iendesfray ay'thslay;

Avehay erehay ymay othtray, asway outhay artway ishay espyway;*   *yspay

Elltay erewhay ehay isway, orway outhay altshay itway abieway,*   *uffersay orfay

Ybay Odgay andway ybay ethay olyhay acramentsay;

Orfay oothlysay outhay artway oneway ofway ishay assentway

Otay ayslay usway oungeyay olkfay, outhay alsefay iefthay."

"Ownay, Irssay," othquay ehay, "ifway itway ebay ouyay osay ieflay*   *esireday

Otay indefay Eathday, urntay upway isthay ookedcray ayway,

Orfay inway atthay ovegray Iway eftlay imhay, ybay ymay ayfay,

Underway away eetray, andway erethay ehay illway abideway;

Ornay orfay ouryay oastbay ehay illway imhay othingnay idehay.

Eesay eyay atthay oakway? ightray erethay eyay allshay imhay indfay.

Odgay avesay ouyay, atthay oughtbay againway ankindmay,

Andway ouyay amendway!" Usthay aidsay isthay oldeway anmay;

Andway evereachway ofway esethay iotouresray anray,

Illtay eythay amecay otay ethay eetray, andway erethay eythay oundfay

Ofway orinsflay inefay, ofway oldgay yay-oinedcay oundray,

Ellway ighnay away evensay ushelsbay, asway emthay oughtthay.

Onay ongerlay asway enthay afterway Eathday eythay oughtsay;

Utbay eachway ofway emthay osay adglay asway ofway ethay ightsay,

Orfay atthay ethay orinsflay ereway osay airfay andway ightbray,

Atthay ownday eythay atsay emthay ybay ethay eciouspray oardhay.

Ethay oungestyay ofway emthay akespay ethay irstefay ordway:

"Ethrenbray," othquay ehay, "*aketay eepkay* atwhay Iway allshay aysay;   *eedhay*

Ymay itway isway eatgray, oughthay atthay Iway ourdebay* andway ayplay   *okejay, olicfray

Isthay easuretray athhay Ortunefay untoway usway ivengay

Inway irthmay andway ollityjay ourway ifelay otay ivenlay;

Andway ightlylay asway itway omescay, osay illway eway endspay.

Eyhay! Odde'sgay eciouspray ignityday! owhay endway*   *eenedway, oughtthay

Odaytay atthay eway ouldshay avehay osay airfay away acegray?

Utbay ightmay isthay oldgay ehay arriedcay omfray isthay aceplay

Omehay otay ymay ousehay, orway ellesway untoway oursyay

(Orfay ellway Iway otway atthay allway isthay oldgay isway oursway),

Enthay ereway eway inway ighhay elicityfay.

Utbay uelytray ybay ayday itway aymay otnay ebay;

Enmay ouldeway aysay atthay eway ereway ievesthay ongstray,

Andway orfay ourway owenway easuretray oday usway onghay.*   *avehay usway angedhay

Isthay easuretray ustemay arriedcay ebay ybay ightnay,

Asway iselyway andway asway ilyslay asway itway ightmay.

Ereforewhay Iway ederay,* atthay utcay** amongway usway allway   *adviseway **otslay

Eway awdray, andway etlay eesay erewhay ethay utcay illway allfay:

Andway ehay atthay athhay ethay utcay, ithway eartehay itheblay

Allshay unray untoway ethay owntay, andway atthay ullfay ithesway,*   *icklyquay

Andway ingbray usway eadbray andway ineway ullfay ivilypray:

Andway otway ofway usway allshay eepekay ubtillysay

Isthay easuretray ellway: andway ifway ehay illway otnay arrytay,

Enwhay itway isway ightnay, eway illway isthay easuretray arrycay,

Ybay oneway assentway, erewhay asway usway inkeththay estbay."

Enthay oneway ofway emthay ethay utcay oughtbray inway ishay istfay,

Andway adebay emthay awdray, andway ooklay erewhay itway ouldway allfay;

Andway itway ellfay onway ethay oungestyay ofway emthay allway;

Andway orthfay owardtay ethay owntay ehay entway anonway.

Andway allway osay oonsay asway atthay ehay asway yay-onegay,

Ethay oneway ofway emthay akespay usthay untoway ethay otherway;

"Outhay owestknay ellway atthay outhay artway ymay ornsway otherbray,

Ythay ofitpray illway Iway elltay eethay ightray anonway.   *atwhay isway orfay inethay

Outhay owestknay ellway atthay ourway ellowfay isway onegay,   advantageway*

Andway erehay isway oldgay, andway atthay ullfay eatgray entyplay,

Atthay allshay epartedday* ehay amongway usway eethray.   *ivideday

Utbay athelessnay, ifway Iway ouldcay apeshay* itway osay   *ontrivecay

Atthay itway epartedday ereway amongway usway otway,

Adhay Iway otnay oneday away iende'sfray urntay otay eethay?"

Th'AY otherway answer'dway, "Iway otn'AY* owhay atthay aymay ebay;   *owknay otnay

Ehay owsknay ellway atthay ethay oldgay isway ithway usway aytway.

Atwhay allshay eway oday? atwhay allshay eway otay imhay aysay?"

"Allshay itway ebay ounselcay?"* aidsay ethay irstefay ewshray;**   *ecretsay **etchwray

"Andway Iway allshay elltay otay eethay inway ordesway ewfay

Atwhay eway allshay oday, andway ingbray itway ellway aboutway."

"Iway antegray," othquay ethay otherway, "outway ofway oubtday,

Atthay ybay ymay uthtray Iway illway eethay otnay ewraybay."*   *etraybay

"Ownay," othquay ethay irstfay, "outhay ow'stknay ellway eway ebay aytway,

Andway otway ofway usway allshay ongerstray ebay anthay oneway.

Ooklay; enwhay atthay ehay isway etsay,* outhay ightray anonway   *atsay ownday

Ariseway, asway oughthay outhay ouldestway ithway imhay ayplay;

Andway Iway allshay iveray* imhay oughthray ethay idessay aytway,   *abstay

Ilewhay atthay outhay uggleststray ithway imhay asway inway amegay;

Andway ithway ythay aggerday ooklay outhay oday ethay amesay.

Andway enthay allshay allway isthay oldgay epartedday* ebay,   *ivideday

Ymay eareday iendfray, etwixtebay eethay andway emay:

Enthay aymay eway othbay ourway usteslay* allway ulfilfay,   *easuresplay

Andway ayplay atway iceday ightray atway ourway owenway illway."

Andway usthay accordedway* ebay esethay ewesshray** aytway *agreedway **etcheswray

Otay ayslay ethay irdthay, asway eyay avehay eardhay emay aysay.

Ethay oungestyay, ichwhay atthay enteway otay ethay owntay,

Ullfay oftway inway earthay ehay olledray upway andway ownday

Ethay eautybay ofway esethay orinsflay ewnay andway ightbray.

"Oway Ordlay!" othquay ehay, "ifway osay ereway atthay Iway ightmay

Avehay allway isthay easuretray otay yselfmay aloneway,

Erethay isway onay anmay atthay iveslay underway ethay onethray

Ofway Odgay, atthay ouldeshay avehay osay errymay asway Iway."

Andway atway ethay astlay ethay iendfay ourway enemyway

Utpay inway ishay oughtthay, atthay ehay ouldshay oisonpay uybay,

Ithway ichwhay ehay ightemay ayslay ishay ellowsfay ytway.*   *otway

Orfay ywhay, ethay iendfay oundfay imhay *inway uchsay ivinglay,* *eadinglay uchsay away
(adbay) ifelay*

Atthay ehay adhay eavelay otay orrowsay imhay otay ingbray.

Orfay isthay asway utterlyway ishay ullfay intentway

Otay ayslay emthay othbay, andway evernay otay epentray.

Andway orthfay ehay entway, onay ongerlay ouldway ehay arrytay,

Intoway ethay owntay otay anway apothecaryway,

Andway ayedpray imhay atthay ehay imhay ouldeway ellsay

Omesay oisonpay, atthay ehay ightmay *ishay attesray ellquay,*   *illkay ishay atsray*

Andway ekeway erethay asway away olecatpay inway ishay awhay,*   *armfay-ardvay, edgehay <27>

Atthay, asway ehay aidsay, ishay eaponsway adhay yay-awslay:*   *ainslay

Andway ainfay ehay ouldway imhay eakwray,* ifway atthay ehay ightmay,   *evengeray

Ofway erminvay atthay estroyedday imhay ybay ightnay.

Apothecaryth'AY answer'dway, "Outhay altshay avehay

Away ingthay, asway islyway* Odgay ymay oulesay avesay,   *urelysay

Inway allway isthay orldway erethay isway onay eaturecray

Atthay eatway orway ankdray athhay ofway isthay onfecturecay,

Otnay utbay ethay ountancemay* ofway away orncay ofway eatwhay,   *amountway

Atthay ehay allshay otnay ishay ifelay *anonway orletefay;*   *immediatelyway aylay ownday*

Eayay, ervestay* ehay allshay, andway atthay inway esselay ilewhay   *ieday

Anthay outhay iltway ogay *apaceway* oughtnay utbay away ilemay: *icklyquay*

Isthay oisonpay isway osay ongstray andway iolentvay."

Isthay ursedcay anmay atthay inway ishay andhay yay-enthay*   *akentay

Isthay oisonpay inway away oxbay, andway iftsway ehay anray

Intoway ethay extenay eetstray, untoway away anmay,

Andway orrow'dbay ofway imhay argelay ottlesbay eethray;

Andway inway ethay otway ethay oisonpay ouredpay ehay;

Ethay irdthay ehay eptekay eanclay orfay ishay ownway inkdray,

Orfay allway ethay ightnay ehay opeshay imhay* orfay otay inksway**   *urposedpay **abourlay

Inway arryingcay offway ethay oldgay outway ofway atthay aceplay.

Andway enwhay isthay iotourray, ithway orrysay acegray,

Adhay ill'dfay ithway ineway ishay eategray ottlesbay eethray,

Otay ishay ellowsfay againway epairedray ehay.

Atwhay eedethnay itway ereofthay otay ermonsay* oremay?   *alktay, iscourseday

Orfay, ightray asway eythay adhay astcay* ishay eathday eforebay,   *ottedplay

Ightray osay eythay avehay imhay ainslay, andway atthay anonway.

Andway enwhay atthay isthay asway oneday, usthay akespay ethay oneway;

"Ownay etlay usway itsay andway inkdray, andway akemay usway errymay,

Andway afterwardway eway illway ishay odybay urybay."

Andway ithway atthay ordway itway appen'dhay imhay *arpay ascay*   *ybay ancechay

Otay aketay ethay ottlebay erewhay ethay oisonpay asway,

Andway ankdray, andway avegay ishay ellowfay inkdray alsoway,

Orfay ichwhay anonway eythay ervedstay* othbay ethay otway.   *iedday

Utbay ertescay Iway upposesay atthay Avicenway

Otewray evernay inway onay anoncay, ornay onay enfay, <28>

Oremay ondrousway ignessay ofway empoisoningway,

Anthay adhay esethay etcheswray otway ereway eirthay endingway.

Usthay endedway ebay esethay omicideshay otway,

Andway ekeway ethay alsefay empoisonerway alsoway.

Oway ursedcay insay, ullfay ofway allway ursednesscay!

Oway ait'roustray omicidehay! Oway ickednessway!

Oway utt'nyglay, uxurylay, andway azardryhay!

Outhay asphemerblay ofway Istchray ithway illanyvay,*   *outrageway, impietyway

Andway oathesway eatgray, ofway usageway andway ofway idepray!

Alasway! ankindemay, owhay aymay itway etidebay,

Atthay otay ythay Eatorcray, ichwhay atthay eethay oughtwray,

Andway ithway ishay eciouspray eartehay-oodblay eethay oughtbay,

Outhay artway osay alsefay andway osay unkindway,* alasway!   *unnaturalway

Ownay, oodgay enmay, Odgay orgivefay ouyay ouryay espasstray,

Andway areway* ouyay omfray ethay insay ofway avariceway.   *eepkay

Inemay olyhay ardonpay aymay ouyay allway ariceway,*   *ealhay

Osay atthay eyay offerway *oblesnay orway erlingsstay,*   *oldgay orway ilversay oinscay*

Orway ellesway ilversay oochesbray, oonsspay, orway ingsray.

Owebay ouryay eadhay underway isthay olyhay ullbay.

Omecay upway, eyay ivesway, andway offerway ofway ouryay illway;

Ouryay amesnay Iway enterway inway ymay ollray anonway;

Intoway ethay issblay ofway eavenhay allshay eyay ongay;

Iway ouyay assoilway* ybay inemay ighhay owerepay,   *absolveway <29>

Ouyay atthay illway offerway, asway eanclay andway ekeway asway earclay

Asway eyay ereway ornbay. Olay, Iressay, usthay Iway eachpray;

Andway Esusjay Istchray, atthay isway ourway oules'say eechlay,*   *ealerhay

Osay antegray ouyay ishay ardonpay otay eceiveray;

Orfay atthay isway estbay, Iway illway otnay eceiveday.

Utbay, Irssay, oneway ordway orgotfay Iway inway ymay aletay;

Iway avehay elicsray andway ardonpay inway ymay ailmay,

Asway airfay asway anyway anmay inway Englelandway,

Ichwhay ereway emay ivengay ybay ethay Ope'spay andhay.

Ifway anyway ofway ouyay illway ofway evotionday

Offerway, andway avehay inemay absolutionway,

Omecay orthfay anonway, andway eeleknay erehay adownway

Andway eekelymay eceiveray ymay ardounpay.

Orway ellesway aketay ardonpay, asway eyay endway,*   *ogay

408

Allway ewnay andway eshfray atway everyway owne'stay endway,

Osay atthay eyay offerway, alwaysway ewnay andway ewnay,

Oblesnay orway encepay ichwhay atthay ebay oodgay andway uetray.

'Istay anway onourhay otay evereachway* atthay isway erehay,   *eachway oneway

Atthay eyay avehay away uffisantsay* ardonerepay   *uitablesay

Assoilet'AY* ouyay inway ountrycay asway eyay ideray,   *absolveway

Orfay aventuresway ichwhay atthay aymay etidebay.

Araventurepay erethay aymay allfay oneway orway otway

Ownday ofway ishay orsehay, andway eakbray ishay ecknay inway otway.

Ooklay, atwhay away uretysay isway itway otay ouyay allway,

Atthay Iway amway inway ouryay ellowshipfay yay-allfay,

Atthay aymay assoilway* ouyay othebay *oremay andway asslay,*   *absolveway

Enwhay atthay ethay oulsay allshay omfray ethay odybay asspay.   *catgray andway allsmay*

Iway ederay* atthay ourway Ostehay allshay eginbay,   *adviseway

Orfay ehay isway ostmay envelopedway inway insay.

Omecay orthfay, Irsay Osthay, andway offerway irstfay anonway,

Andway outhay altshay isskay; ethay elicsray everyway oneway,

Eayay, orfay away oatgray; unbuckleway anonway ythay ursepay.

"Aynay, aynay," othquay ehay, "enthay avehay Iway Iste'schray ursecay!

Etlay ebay," othquay ehay, "itway allshay otnay ebay, *osay e'chthay.*   *osay aymay Iway ivethray*

Outhay ouldestway akemay emay isskay inethay oldeway eechbray,

Andway earsway itway ereway away elicray ofway away aintsay,

Oughthay itway ereway ithway ythay *undamentfay epaint'day.*   *ainedstay ybay ouryay ottombay*

Utbay, ybay ethay osscray ichwhay atthay Aintsay Elenhay andfay,*   *oundfay <30>

Iway ouldway Iway adhay ythay oilonscay* inway inemay andhay,   *esticlestay

Insteadway ofway elicsray, orway ofway anctuarysay.

Etlay utcay emthay offway, Iway illway eethay elphay emthay arrycay;

Eythay allshay ebay inedshray inway away ogge'shay urdtay."

Ethay Ardonerpay answeredway otnay oneway ordway;

Osay othwray ehay asway, onay ordeway ouldway ehay aysay.

"Ownay," othquay ourway Osthay, "Iway illway onay ongerlay ayplay

Ithway eethay, ornay ithway onenay otherway angryway anmay."

Utbay ightray anonway ethay orthyway Ightknay eganbay

(Enwhay atthay ehay awsay atthay allway ethay eoplepay oughlay*),   *aughedlay

"Onay oremay ofway isthay, orfay itway isway ightray enoughway.

Irsay Ardonerpay, ebay errymay andway adglay ofway eerchay;

Andway eyay, Irsay Osthay, atthay ebay otay emay osay earday,

Iway aypray ouyay atthay eyay isskay ethay Ardonerpay;

Andway, Ardonerpay, Iway aypray eethay awdray eethay ernay,*   *earernay

Andway asway eway iddeday, etlay usway aughlay andway ayplay."

Anonway eythay iss'dkay, andway oderay orthfay eirthay ayway.

1. Ethay outlineway ofway isthay Aletay isway otay ebay oundfay inway ethay "Entocay Ovellenay Anticheway," utbay ethay originalway isway ownay ostlay. Asway inway ethay asecay ofway ethay Ifeway ofway Ath'sbay Aletay, erethay isway away onglay ologuepray, utbay inway isthay asecay itway ashay eenbay eatedtray asway artpay ofway ethay Aletay.

2. Auteinhay: oudlay, oftylay; omfray Enchfray, "autainhay."

3. Adixray alorummay estway upiditascay: "ethay ovelay ofway oneymay isway ethay ootray ofway allway evilway" (1 Imtay.ivay. 10)

4. Allway adhay eshay akentay iestespray otway orway eethray: evenway ifway eshay adhay ommittedcay adulteryway ithway otway orway eethray iestspray.

5. Ackburiedblay: Ethay eaningmay ofway isthay isway otnay eryvay earclay, utbay itway isway obablypray away eriphrasticpay andway icturesquepay ayway ofway indicatingway amnationday.

6. Islygray: eadfuldray; ittedfay otay "agriseway" orway orrifyhay ethay istenerlay.

7. Mray Ightwray ayssay: "Ethay ommoncay oathsway inway ethay Iddlemay Agesway ereway ybay ethay ifferentday artspay ofway Od'sgay odybay; andway ethay opularpay eacherspray epresentedray atthay ofanepray earerssway oretay Ist'schray odybay ybay eirthay imprecationsway." Ethay ideaway asway oubtlessday orrowedbay omfray ethay assagepay inway Ebrewshay (ivay. 6), erewhay apostatesway areway aidsay otay "ucifycray otay emselvesthay ethay Onsay ofway Odgay afreshway, andway utpay Imhay otay anway openway ameshay."

8. Ombesterestay: emalefay ancersday orway umblerstay; omfray Angloway-Axonsay, "umbantay," otay anceday.

9. "Ebay otnay unkdray ithway ineway, ereinwhay isway excessway." Ephway. vay.18.

10. Ethay eferenceray isway obablypray otay ethay iligentday inquiriesway Erodhay ademay atway ethay imetay ofway Ist'schray irthbay. Eesay Attmay. iiway. 4-8

11. Away unkarddray. "Erhapspay," ayssay Yrwhitttay, "Aucerchay efersray otay Epistway. IIILXXXAY., 'Extendeway inway uresplay iesday illumway ebriiway abitumhay; unquidnay eday urorefay ubitabisday? uncnay oquequay onnay estway inormay edsay eviorbray.'" ("Olongpray ethay unkard'sdray onditioncay otay everalsay aysday; illway ouyay oubtday ishay adnessmay? Evenway asway itway isway, ethay adnessmay isway onay esslay; erelymay ortershay.")

12. Efendedday: orbiddenfay; Enchfray, "efenduday." Stay Eromejay, inway ishay ookbay againstway Ovinianjay, ayssay atthay osay onglay asway Adamway astedfay, ehay asway inway Aradisepay; ehay ateway, andway ehay asway ustthray outway.

13. "Eatsmay orfay ethay ellybay, andway ethay ellybay orfay eatsmay; utbay Odgay allshay estroyday othbay itway andway emthay." 1 Orcay. ivay. 13.

14. "Orfay anymay alkway, ofway omwhay Iway avehay oldtay ouyay oftenway, andway ownay elltay ouyay evenway eepingway, atthay eythay areway ethay enemiesway ofway ethay osscray ofway Istchray: Osewhay endway isway estructionday, osewhay Odgay isway eirthay ellybay, andway osewhay oryglay isway inway eirthay ameshay, owhay indmay earthlyway ingsthay." Ilphay. iiiway. 18, 19.

15. Odcay: agbay; Angloway-Axonsay, "oddecay;" encehay easpay-odcay, inpay-odcay (inpay-ushioncay), &cay.

16. Omparecay ithway ethay ineslay ichwhay ollowfay, ethay icturepay ofway ethay unkendray essengermay inway ethay Anmay ofway Aw'slay Aletay.

17. Epelay: Away owntay earnay Adizcay, encewhay away ongerstray ineway anthay ethay Ascongay intagesvay affordedway asway importedway otay Englandway. Enchfray ineway asway oftenway adulteratedway ithway ethay eaperchay andway ongerstray Anishspay.

18. Anotherway eadingray isway "Eetflay Eetstray."

19. Attilaway asway uffocatedsay inway ethay ightnay ybay away aemorrhagehay, oughtbray onway ybay away ebauchday, enwhay ehay asway eparingpray away ewnay invasionway ofway Italyway, inway 453.

20. "Itway isway otnay orfay ingskay, Oway Emuellay, itway isway otnay orfay ingskay otay inkdray ineway, ornay orfay incespray ongstray inkdray; estlay eythay inkdray, andway orgetfay ethay awlay, andway ervertpay ethay udgmentjay ofway anyway ofway ethay afflictedway." Ovpray. ixxxay. 4, 5.

21. Ostmay anuscriptsmay, evidentlyway inway errorway, avehay "Ilbonstay" andway "Alidonecay" orfay Ilonchay andway Acedaemonlay. Ilonchay asway oneway ofway ethay evensay agessay ofway Eecegray, andway ourishedflay aboutway BAY.CAY. 590. Accordingway otay Iogenesday Aertiuslay, ehay iedday, underway ethay essurepray ofway ageway andway oyjay, inway ethay armsway ofway ishay onsay, owhay adhay ustjay eenbay ownedcray ictorvay atway ethay Olympicway amesgay.

22. "Earsway otnay atway allway;" Ist'schray ordsway inway Attmay. vay. 34.

23. "Andway outhay altshay earsway, ethay ordlay ivethlay inway uthtray, inway udgementjay, andway inway ighteousnessray." Eremiahjay ivway. 2

24. Ethay ailsnay atthay astenedfay Istchray onway ethay osscray, ichwhay ereway egardedray ithway uperstitioussay everenceray.

25. Aileshay: Anway abbeyway inway Oucestershireglay, erewhay, underway ethay esignationday ofway "ethay oodblay ofway Aileshay," away ortionpay ofway Ist'schray oodblay asway eservedpray.

26. Ogay etbay: away untinghay asephray; apparentlyway itsway orcefay isway, "ogay eatbay upway ethay amegay."

27. Awhay; armfay-ardyay, edgehay Omparecay ethay Enchfray, "aiehay."

28. Avicenway, orway Avicennaway, asway amongway ethay istinguishedday ysiciansphay ofway ethay Arabianway oolschay inway ethay eleventhway enturycay, andway eryvay opularpay inway ethay Iddlemay Agesway. Ishay eatgray orkway asway alledcay "Anoncay Edicinaemay," andway asway ivideday intoway "ensfay," "ennesfay," orway ectionssay.

29. Assoilway: absolveway. omparecay ethay Otchscay awlay-ermtay "assoilzieway," otay acquitway.

30. Aintsay Elenhay, accordingway otay Irsay Ohnjay Andevillemay, oundfay ethay osscray ofway Istchray eepday elowbay oundgray, underway away ockray, erewhay ethay Ewsjay adhay iddenhay itway; andway eshay estedtay ethay enuinenessgay ofway ethay acredsay eetray, ybay aisingray otay ifelay away eadday anmay aidlay uponway itway.

<1>

ETHAY OLOGUEPRAY

Ourway Osthay uponway ishay irrupsstay oodstay anonway,

Andway aidesay; "Oodgay enmay, earkenhay everyway oneway,

Isthay asway away iftythray* aletay orfay ethay onesnay.   *iscreetday, ofitablepray

Irsay Arishpay Iestpray," othquay ehay, "orfay Odde'sgay onesbay,

Elltay usway away aletay, asway asway ythay *orwordfay oreyay:*   *omisepray ormerlyfay*

Iway eesay ellway atthay eyay earnedlay enmay inway orelay

Ancay* uchemay oodgay, ybay Odde'sgay ignityday."   *owknay

Ethay Arsonpay imhay answer'dway, "En'dicitebay!

Atwhay ailsway ethay anmay, osay infullysay otay earsway?"

Ourway Osthay answer'dway, "Oway Ankinjay, ebay eyay erethay?

Ownay, oodgay enmay," othquay ourway Osthay, "earkenhay otay emay.

Iway ellsmay away Ollardlay <2> inway ethay indway," othquay ehay.

"Abideway, orfay Odde'sgay igneday* assionpay,   *orthyway

Orfay eway allshay avehay away edicationpray:

Isthay Ollardlay erehay illway eachenpray usway omewhatsay."

"Aynay, ybay ymay ather'sfay oulsay, atthay allshay ehay otnay,

Aidesay ethay Ipmanshay; "Erehay allshay ehay otnay eachpray,

Ehay allshay onay ospelgay oseglay* erehay ornay eachtay.   *ommentcay uponway

Eway allway elievebay inway ethay eatgray Odgay," othquay ehay.

"Ehay ouldeway owesay omesay ifficultyday,

Orway ingespray ocklecay <3> inway ourway eaneclay orncay.

Andway ereforethay, Osthay, Iway arneway eethay efornbay,

Ymay ollyjay odybay allshay away aletay elltay,

Andway Iway allshay inkeclay ouyay osay errymay away ellbay,

Atthay Iway allshay akenway allway isthay ompanycay;

Utbay itway allshay otnay ebay ofway ilosophyphay,

Ornay ofway ysicphay, ornay ermestay aintquay ofway awlay;

Erethay isway utbay ittlelay Atinlay inway ymay awmay."*

Otesnay otay ethay Ologuepray otay ethay Ipmanshay's Aletay

1. Ethay Ologuepray erehay ivengay asway ansferredtray ybay Yrwhitttay omfray ethay aceplay, ecedingpray ethay Ire'ssquay Aletay, ichwhay itway adhay ormerlyfay occupiedway; ethay Ipman'sshay Aletay avinghay onay Ologuepray inway ethay estbay anuscriptsmay.

2. Ollardlay: Away ontemptuouscay amenay orfay ethay ollowersfay ofway Yckliffeway; esumablypray erivedday omfray ethay Atinlay, "oliumlay," arestay, asway ifway eythay ereway ethay arestay amongway ethay Ord'slay eatwhay; osay, away ewfay ineslay elowbay, ethay Ipmanshay intimatesway ishay earfay estlay ethay Arsonpay ouldshay "ingspray ocklecay inway ourway eanclay orncay."

3. Ocklecay: Away eedway, ethay "Agrostemmaway ithagogay" ofway Innaeuslay; erhapspay amednay omfray ethay Angloway-Axonsay, "eocancay," ecausebay itway okeschay ethay orncay. (Anscriber'stray otenay: Itway isway alsoway ossiblepay Aucerchay adhay inway indmay Atthewmay 13:25, erewhay inway omesay anslationstray, anway enemyway owedsay "ocklecay" amongstway ethay eatwhay. (Otherway anslationstray avehay "arestay" andway "arnelday".))

ETHAY ALETAY. <1>

Away Erchantmay ilomwhay ell'ddway atway Aintsay Eniseday,

Atthay icheray asway, orfay ichwhay enmay eldhay imhay iseway.

Away ifeway ehay adhay ofway excellentway eautybay,

Andway *ompaniablecay andway evellousray* asway eshay,   *ondfay ofway ocietysay andway errymay akingmay*

Ichwhay isway away ingthay atthay ausethcay oremay ispenceday

Anthay orthway isway allway ethay eerchay andway everenceray

Atthay enmay emthay oday atway eastesfay andway atway ancesday.

Uchsay alutationssay andway ountenancescay

Assenpay, asway othday ethay adowshay onway ethay allway;

Utpay oeway isway imhay atthay ayepay ustmay orfay allway.

Ethay elysay* usbandhay algateway** ehay ustmay aypay,   *innocentway **alwaysway

Ehay ustmay usway <2> otheclay andway ehay ustmay usway arrayway

Allway orfay ishay owenway orshipway ichelyray:

Inway ichwhay arrayway eway anceday ollilyjay.

Andway ifway atthay ehay aymay otnay, araventurepay,

Orway ellesway istlay otnay uchsay ispenceday endureway,

Utbay inkeththay itway isway astedway andway yay-ostlay,

Enthay ustmay anotherway ayepay orfay ourway ostcay,

Orway endlay usway oldgay, andway atthay isway erilouspay.

Isthay oblenay erchantmay eldhay away oblenay ousehay;

Orfay ichwhay ehay adhay allway ayday osay eatgray epairray,*   *esortray ofway isitorsvay

Orfay ishay argesselay, andway orfay ishay ifeway asway airfay,

Atthay onderway isway; utbay earkenhay otay ymay aletay.

Amongesway allway esethay uestesgay eatgray andway alesmay,

Erethay asway away onkmay, away airfay anmay andway away oldbay,

Iway owtray away irtythay interway ehay asway oldway,

Atthay everway-inway-oneway* asway awingdray otay atthay aceplay.   *onstantlycay

Isthay oungeyay onkmay, atthay asway osay airfay ofway acefay,

Acquaintedway asway osay ithway isthay oodegay anmay,

Incesay atthay eirthay irstefay owledgeknay eganbay,

Atthay inway ishay ousehay asway amiliarfay asway ehay

Asway itway isway ossiblepay anyway iendfray otay ebay.

Andway, orfay asway uchelmay asway isthay oodegay anmay,

Andway ekeway isthay onkmay ofway ichwhay atthay Iway eganbay,

Ereway othbay ethay otway yay-ornbay inway oneway illagevay,

Ethay onkmay *imhay aimedclay, asway orfay ousinagecay,* *aimedclay indredkay

Andway ehay againway imhay aidsay otnay onceway aynay, ithway imhay*

Utbay asway asway adglay ereofthay asway owlfay ofway ayday;

"Orfay otay ishay earthay itway asway away eatgray easanceplay.

Usthay ebay eythay itknay ithway etern'WAY allianceway,

Andway eachway ofway emthay angay otherway otay assureway

Ofway otherhoodbray ilewhay atthay eirthay ifelay aymay ureday.

Eefray asway Anday <3> Ohnjay, andway amelynay* ofway ispenceday,** *especiallyway **endingspay

Asway inway atthay ousehay, andway ullfay ofway iligenceday

Otay oday easanceplay, andway alsoway *eatgray ostagecay;* *iberallay outlayway*

Ehay otnay orgotfay otay ivegay ethay eastelay agepay

Inway allway atthay ousehay; utbay, afterway eirthay egreeday,

Ehay avegay ethay ordlay, andway ithensay* ishay einiemay,** *afterwardsway **ervantssay

Enwhay atthay ehay amecay, omesay annermay onesthay ingthay;

Orfay ichwhay eythay ereway asway adglay ofway ishay omingcay

Asway owlfay isway ainfay enwhay atthay ethay unsay uprisethway.

Onay oremay ofway isthay asway ownay, orfay itway ufficethsay.

Utbay osay efellbay, isthay erchantmay onway away ayday

Opeshay* imhay otay akemay eadyray ishay arrayway *esolvedray, arrangedway

Owardtay ethay owntay ofway Ugesbray <4> orfay otay arefay,

Otay uyebay erethay away ortionpay ofway areway;* *erchandisemay

Orfay ichwhay ehay athhay otay Arispay entsay anonway

Away essengermay, andway ayedpray athhay Anday Ohnjay

Atthay ehay ouldshay omecay otay Aintsay Enisday, andway ayplay* *enjoyway imselfhay

Ithway imhay, andway ithway ishay ifeway, away ayday orway aytway,

Ereway ehay otay Ugesbray entway, inway alleeway iseway.

Isthay oblenay onkmay, ofway ichwhay Iway ouyay eviseday,* *elltay

Adhay ofway ishay abbotway, asway imhay istlay, icencelay,

(Ecausebay ehay asway away anmay ofway ighhay udencepray,

Andway ekeway anway officerway outway orfay otay ideray,

Otay eesay eirthay angesgray andway eirthay arnesbay ideway); <5>

Andway untoway Aintsay Enisday ehay amecay anonway.

Owhay asway osay elcomeway asway ymay ordlay Anday Ohnjay,

Ourway eareday ousincay, ullfay ofway ourtesycay?

Ithway imhay ehay oughtbray away ubjay* ofway alvesiemay, *ugjay

Andway ekeway anotherway ullfay ofway inefay ernagevay, <6>

Andway olatilevay,* asway ayeway asway ishay usageway: *ildway-owlfay

Andway usthay Iway etlay emthay eatway, andway inkdray, andway ayplay,

Isthay erchantmay andway isthay onkmay, away ayday orway aytway.

Ethay irdethay ayday ethay erchantmay upway arisethway,

Andway onway ishay eedeisnay adlysay imhay advisethway;

Andway upway intoway ishay ountourcay-ousehay* entway ehay,   *ountingcay-ousehay <7>

Otay eckonray ithway imselfhay asway ellway aymay ebay,

Ofway ilkethay* earyay, owhay atthay itway ithway imhay oodstay,   *atthay

Andway owhay atthay ehay ispendedday adbay ishay oodgay,

Andway ifway atthay ehay increasedway ereway orway onnay.

Ishay ookesbay andway ishay aggesbay anymay away oneway

Ehay aidlay eforebay imhay onway ishay ountingcay-oardbay.

Ullfay icheray asway ishay easuretray andway ishay oardhay;

Orfay ichwhay ullfay astfay ishay ountourcay oorday ehay etshay;

Andway ekeway ehay ouldway atthay onay anmay ouldshay imhay etlay*   *inderhay

Ofway ishay accountesway, orfay ethay eanemay imetay:

Andway usthay ehay atsay, illtay itway asway assedpay imepray.

Anday Ohnjay asway isenray inway ethay ornmay alsoway,

Andway inway ethay ardengay alkedway otay andway ofray,

Andway adhay ishay ingesthay aidsay ullfay ourteouslycay.

Ethay oodgay ifeway amecay alkingway ullfay ivilypray

Intoway ethay ardengay, erewhay ehay alkedway oftsay,

Andway imhay alutedsay, asway eshay adhay oneday oftway;

Away aidenmay ildchay amecay inway erhay ompanycay,

Ichwhay asway erhay istlay eshay ightmay overngay andway iegay,*   *uidegay

Orfay etyay underway ethay ardeyay* asway ethay aidmay.   *odray <8>

"Oway eareday ousincay inemay, Anday Ohnjay," eshay aidsay,

"Atwhay ailethway ouyay osay athray* orfay otay ariseway?"   *earlyway

"Iecenay," othquay ehay, "itway oughtway enoughway ufficesay

Ivefay oureshay orfay otay eepslay uponway away ightnay;'

Utbay* itway ereway orfay anway oldway appalledway** ightway,   *unlessway **allidpay, astedway

Asway ebay esethay eddedway enmay, atthay ielay andway areday,*   *arestay

Asway inway away ormefay itssay away earyway arehay,

Alleway orstraughtfay* ithway oundeshay eatgray andway alesmay;   *istractedday, onfoundedcay

Utbay, eareday iecenay, ywhay ebay eyay osay alepay?

Iway owetray ertescay atthay ourway oodegay anmay

Atthay ouyay osay abouredlay, incesay isthay ightnay eganbay,

Atthay ouyay ereway eednay otay esteray astilyhay."

Andway ithway atthay ordway ehay augh'dlay ullfay errilymay,

Andway ofway ishay owenway oughtthay ehay ax'dway allway edray.

417

Isthay airefay ifeway angay orfay otay akeshay erhay eadhay,
Andway aidesay usthay; "Eayay, Odgay otway allway" othquay eshay.
"Aynay, ousincay inemay, itway andsstay otnay osay ithway emay;
Orfay ybay atthay Odgay, atthay avegay emay oulsay andway ifelay,
Inway allway ethay ealmray ofway Ancefray isway erethay onay ifeway
Atthay esselay ustlay athhay otay atthay orrysay ayplay;
Orfay Iway aymay ingsay alasway andway ellway-awayway!
Atthay Iway asway ornbay; utbay otay onay ightway," othquay eshay,
"Areday Iway otnay elltay owhay atthay itway andsstay ithway emay.
Ereforewhay Iway inkthay outway ofway isthay andlay otay endway,
Orway ellesway ofway yselfmay otay akemay anway endway,
Osay ullfay amway Iway ofway eaddray andway ekeway ofway arecay."

Isthay onkmay eganbay uponway isthay ifeway otay arestay,
Andway aidsay, "Alasway! ymay iecenay, Odgay orbidfay
Atthay eyay orfay anyway orrowsay, orway anyway eaddray,
Ordofay* ourselfyay: utbay elletay emay ouryay iefgray,   *estroyday
Araventurepay Iway aymay, inway ouryay ischiefmay,*   *istressday
Ounselcay orway elphay; andway ereforethay elletay emay
Allway ouryay annoyway, orfay itway allshay ebay ecresay.
Orfay onway ymay ortospay* erehay Iway akemay anway oathway,   *eviarybray
Atthay evernay inway ymay ifelay, *orfay ieflay ornay othlay,*   *illingway orway unwillingway*
Enay allshay Iway ofway onay ounselcay ouyay ewraybay."
"Ethay amesay againway otay ouyay," othquay eshay, "Iway aysay.
Ybay Odgay andway ybay isthay ortospay Iway ouyay earsway,
Oughthay enmay emay ouldenway allway inway iecespay eartay,
Enay allshay Iway evernay, orfay* otay ogay otay ellhay,   *oughthay Iway ouldshay
Ewraybay* oneway ordway ofway ingthay atthay eyay emay elltay,   *etraybay
Orfay onay ousinagecay, ornay allianceway,
Utbay erilyvay orfay ovelay andway affianceway."*   *onfidencecay, omisepray
Usthay ebay eythay ornsway, andway ereuponthay eythay iss'dkay,
Andway eachway ofway emthay oldtay otherway atwhay emthay istlay.
"Ousincay," othquay eshay, "ifway atthay Iway addehay acespay,
Asway Iway avehay onenay, andway amelynay* inway isthay aceplay,   *eciallyspay
Enthay ouldway Iway elltay away egendlay ofway ymay ifelay,
Atwhay Iway avehay uffer'dsay incesay Iway asway away ifeway
Ithway inemay usbandhay, allway* ebay ehay ouryay ousincay.   *althoughway
"Aynay," othquay isthay onkmay, "ybay Odgay andway Aintsay Artinmay,
Ehay isway onay oremay ousincay untoway emay,

Anthay isway ethay eaflay atthay angethhay onway ethay eetray;

Iway allcay imhay osay, ybay Aintsay Enisday ofway Ancefray,

Otay avehay ethay oremay ausecay ofway acquaintanceway

Ofway ouyay, ichwhay Iway avehay ovedlay eciallyspay

Abovenway alleway omenway ickerlysay,*   *urelysay

Isthay earsway Iway ouyay *onway ymay ofessiounpray;*   *ybay ymay owsvay ofway eligionray

Elltay emay ouryay iefgray, estlay atthay ehay omecay adownway,

Andway astenhay ouyay, andway ogay awayway anonway."

"Ymay eareday ovelay," othquay eshay, "Oway ymay Anday Ohnjay,

Ullfay ieflay* ereway emay isthay ounselcay orfay otay idehay,   *easantplay

Utbay outway itway ustmay, Iway aymay onay oremay abideway.

Ymay usbandhay isway otay emay ethay orsteway anmay

Atthay everway asway incesay atthay ethay orldway eganbay;

Utbay incesay Iway amway away ifeway, itway itssay* otnay emay   *ecomesbay

Otay elletay onay ightway ofway ourway ivitypray,

Eithernay inway edbay, ornay inway onenay otherway aceplay;

Odgay ieldshay* Iway ouldeshay elltay itway orfay ishay acegray;   *orbidfay

Away ifeway allshay otnay aysay ofway erhay usbandhay

Utbay allway onourhay, asway Iway ancay understandway;

Avesay untoway ouyay usthay uchmay Iway elletay allshay;

Asway elphay emay Odgay, ehay isway oughtnay orthway atway allway

Inway onay egreeday, ethay aluevay ofway away yflay.

Utbay etyay emay ievethgray ostmay ishay iggardynay.*   *inginessstay

Andway ellway eyay otway, atthay omenway aturallynay

Esireday ingesthay ixsay, asway ellway asway Iway.

Eythay ouldeway atthay eirthay usbandshay ouldeshay ebay

Ardyhay,* andway iseway, andway ichray, andway eretothay eefray,   *avebray

Andway uxombay* otay ishay ifeway, andway eshfray inway edbay.   *ieldingyay, obedientway

Utbay, ybay atthay ilkeway* Ordlay atthay orfay usway edblay,   *amesay

Orfay ishay onourhay yselfmay orfay otay arrayway,

Onway Undaysay extnay Iway ustemay eedesnay aypay

Away undredhay ancsfray, orway ellesway amway Iway ornlay.*   *uinedray, undoneway

Etyay *ereway emay everlay* atthay Iway ereway unbornway,   *Iway ouldway atherray*

Anthay emay ereway oneday anderslay orway illainyvay.

Andway ifway inemay usbandhay ekeway ightmay itway espyway,

Iway ereway utbay ostlay; andway ereforethay Iway ouyay aypray,

Endlay emay isthay umsay, orway ellesway ustmay Iway eyday.*   *ieday

Anday Ohnjay, Iway aysay, endlay emay esethay undredhay ancsfray;

419

Ardiepay, Iway illway otnay ailefay ouyay, *ymay anksthay,*   *ifway Iway ancay elphay itway*

Ifway atthay ouyay istlay otay oday atthay Iway ouyay aypray;

Orfay atway away ertaincay ayday Iway illway ouyay aypay,

Andway oday otay ouyay atwhay easanceplay andway ervicesay

Atthay Iway aymay oday, ightray asway ouyay istlay eviseday.

Andway utbay* Iway oday, Odgay aketay onway emay engeancevay,   *unlessway

Asway oulfay asway e'erway adhay Aniliongay <9> ofway Ancefray."

Isthay entlegay onkmay answer'dway inway isthay anneremay;

"Ownay uelytray, inemay owenway adylay earday,

Iway avehay," othquay ehay, "onway ouyay osay eategray uthray,*   *itypay

Atthay Iway ouyay earsway, andway ighteplay ouyay ymay uthtray,

Atthay enwhay ouryay usbandhay isway otay Andersflay arefay,*   *onegay

Iway illway eliverday ouyay outway ofway isthay arecay,

Orfay Iway illway ingebray ouyay away undredhay ancsfray."

Andway ithway atthay ordway ehay aughtcay erhay ybay ethay anksflay,

Andway erhay embracedway ardhay, andway issedkay erhay oftway.

"Ogay ownay ouryay ayway," othquay ehay, "allway illstay andway oftsay,

Andway etlay usway ineday asway oonsay asway atthay eyay aymay,

Orfay ybay ymay ylindercay* 'istay imepray ofway ayday;   *ortablepay undialsay

Ogay ownay, andway ebay asway uetray asway Iway allshay ebay ."

"Ownay ellesway Odgay orbiddefay, Irsay," othquay eshay;

Andway orthfay eshay entway, asway ollyjay asway away iepay,

Andway adebay ethay ookescay atthay eythay ouldshay emthay iehay,*   *akemay astehay

Osay atthay enmay ightemay ineday, andway atthay anonway.

Upway otay erhay usbandhay isway isthay ifeway onegay,

Andway ockedknay atway ishay ontourcay oldelybay.

"Iquay estway alay?" othquay ehay. "Eterpay! itway amway Iway,"   *owhay isway erethay?*

Othquay eshay; "Atwhay, Irsay, owhay ongelay allway illway eyay astfay?

Owhay ongelay imetay illway eyay eckonray andway astcay

Ouryay ummessay, andway ouryay ookesbay, andway ouryay ingsthay?

Ethay evilday avehay artpay ofway allway uchsay eckoningsray!

Eyay avehay enoughway, ardiepay, ofway Odde'sgay ondsay.*   *endingsay, iftsgay

Omecay ownday otay-ayday, andway etlay ouryay aggesbay ondstay.*   *andstay

Enay ebay eyay otnay ashamedway, atthay Anday Ohnjay

Allshay astingfay allway isthay ayday elengeway* ongay?   *eesay otenay <10>

Atwhay? etlay usway earhay away assmay, andway ogay eway ineday."

"Ifeway," othquay isthay anmay, "ittlelay anstcay outhay ivineday

Ethay uriouscay usinessebay atthay eway avehay;

420

Orfay ofway usway apmenchay,* allway osay Odgay emay avesay,   *erchantsmay

Andway ybay atthay ordlay atthay epedclay isway Aintsay Iveway,

Arcelyscay amongesway entytway, entay allshay ivethray

Ontinuallycay, astinglay untoway ourway ageway.

Eway aymay ellway akemay eerchay andway oodgay isagevay,

Andway ivedray orthfay ethay orldway asway itway aymay ebay,

Andway eepenkay ourway estateway inway ivitypray,

Illtay eway ebay eadday, orway ellesway atthay eway ayplay

Away ilgrimagepay, orway ogay outway ofway ethay ayway.

Andway ereforethay avehay Iway eatgray ecessitynay

Uponway isthay aintquay* orldway otay adviseway** emay.   *angestray **onsidercay

Orfay evermoreway ustmay eway andstay inway eaddray

Ofway aphay andway ortunefay inway ourway apmanheadchay.*   *adingtray

Otay Andersflay illway Iway ogay otay-orrowmay atway ayday,

Andway omecay againway asway oonsay asway e'erway Iway aymay:

Orfay ichwhay, ymay eareday ifeway, Iway eethay eseekbay   *eseechbay

Asway ebay otay everyway ightway uxombay* andway eekmay,   *ivilcay, ourteouscay

Andway orfay otay eepkay ourway oodgay ebay uriouscay,

Andway onestlyhay overnegay ellway ourway ousehay.

Outhay asthay enoughway, inway everyway annermay iseway,

Atthay otay away iftythray ouseholdhay aymay ufficesay.

Eethay ackethlay onenay arrayway, ornay onay itailvay;

Ofway ilversay inway ythay ursepay outhay altshay otnay ailfay."

Andway ithway atthay ordway ishay ontourcay oorday ehay etshay,*   *utshay

Andway ownday ehay entway; onay ongerlay ouldway ehay etlay;*   *elayday, inderhay

Andway astilyhay away assmay asway erethay aidsay,

Andway eedilyspay ethay ablestay ereway aidlay,

Andway otay ethay innerday astefay eythay emthay edspay,

Andway ichelyray isthay onkmay ethay apmanchay edfay.

Andway afterway innerday Anday Ohnjay oberlysay

Isthay apmanchay ooktay apartway, andway ivilypray

Ehay aidsay imhay usthay: "Ousincay, itway andethstay osay,

Atthay, ellway Iway eesay, otay Ugesbray eyay illway ogay;

Odgay andway Aintsay Austinway eedespay ouyay andway uidegay.

Iway aypray ouyay, ousincay, iselyway atthay eyay ideray:

Overnegay ouyay alsoway ofway ouryay ietday

Attemperlyway,* andway amelynay** inway isthay eathay.   *oderatelymay

Etwixtbay usway otway eedethnay onay *angestray arefay;*   *adoway, eremonycay*

Arewellfay, ousincay, Odgay ieldeshay ouyay omfray arecay.

Ifway anyway ingthay erethay ebay, ybay ayday orway ightnay,

Ifway itway ielay inway ymay owerpay andway ymay ightmay,

Atthay eyay emay illway ommandcay inway anyway iseway,

Itway allshay ebay oneday, ightray asway eyay illway eviseday.

Utbay oneway ingthay ereway eyay ogay, ifway itway aymay ebay;

Iway ouldeway aypray ouyay orfay otay endlay otay emay

Away undredhay ankesfray, orfay away eekway orway ytway,

Orfay ertaincay eastesbay atthay Iway ustemay uybay,

Otay orestay ithway away aceplay atthay isway oursway

(Odgay elphay emay osay, Iway ouldway atthay itway ereway oursyay);

Iway allshay otnay ailefay urelysay ofway ymay ayday,

Otnay orfay away ousandthay ancsfray, away ilemay ayway.

Utbay etlay isthay ingthay ebay ecretsay, Iway ouyay aypray;

Orfay etyay otay-ightnay esethay eastesbay ustmay Iway uybay.

Andway arefay ownay ellway, inemay owenway ousincay earday;

Andgray ercymay ofway ouryay ostcay andway ofway ouryay eerchay."   *eatgray anksthay*

Isthay oblenay erchantmay entillygay* anonway   *ikelay away entlemangay

Answer'dway andway aidsay, "Oway ousincay inemay, Anday Ohnjay,

Ownay ickerlysay isthay isway away allsmay equestray:

Ymay oldgay isway ouresyay, enwhay atthay itway ouyay estlay,

Andway otnay onlyway ymay oldgay, utbay ymay affarechay;*   *erchandisemay

Aketay atwhay ouyay istlay, *Odgay ieldeshay atthay eyay arespay.*   *Odgay orbidfay atthay ouyay

Utbay oneway ingthay isway, eyay owknay itway ellway enowway   ouldshay aketay ootay ittlelay*

Ofway apmenchay, atthay eirthay oneymay isway eirthay oughplay.

Eway aymay eancecray* ilewhay eway avehay away amenay,   *obtainway editcray

Utbay oldlessgay orfay otay ebay itway isway onay amegay.

Aypay itway againway enwhay itway ieslay inway ouryay easeway;

Afterway ymay ightmay ullfay ainfay ouldway Iway ouyay easeplay."

Esethay undredhay ankesfray etsay ehay orthfay anonway,

Andway ivilypray ehay ooktay emthay otay Anday Ohnjay;

Onay ightway inway allway isthay orldway istway ofway isthay oanlay,

Avingsay ethay erchantmay andway Anday Ohnjay aloneway.

Eythay inkdray, andway eakspay, andway oamray away ilewhay, andway ayplay,

Illtay atthay Anday Ohnjay oderay untoway ishay abbayway.

Ethay orrowmay amecay, andway orthfay isthay erchantmay idethray

422

Otay Andersflay-ardway, ishay enticepray ellway imhay uidethgay,

Illtay ehay amecay untoway Ugesbray errilymay.

Ownay entway isthay erchantmay astfay andway usilybay

Aboutway ishay eednay, andway uyedbay andway eancedcray;* *otgay editcray

Ehay eithernay ayedplay atway ethay iceday, ornay ancedday;

Utbay asway away erchantmay, ortlyshay orfay otay elltay,

Ehay edlay ishay ifelay; andway erethay Iway etlay imhay elldway.

Ethay Undaysay extnay* ethay erchantmay asway yay-onegay, *afterway

Otay Aintsay Enisday yay-omencay isway Anday Ohnjay,

Ithway owncray andway eardbay allway eshfray andway ewlynay aveshay,

Inway allway ethay ousehay asway otnay osay ittlelay away aveknay,* *ervantsay-oybay

Ornay onay ightway ellesway atthay asway otnay ullfay ainfay

Orfay atthay ymay ordlay Anday Ohnjay asway omecay againway.

Andway ortlyshay otay ethay ointpay ightray orfay otay ongay,

Ethay airefay ifeway accordedway ithway Anday Ohnjay,

Atthay orfay esethay undredhay ancsfray ehay ouldshay allway ightnay

Avehay erhay inway ishay armesway oltbay uprightway;

Andway isthay accordway erformedpay asway inway eedday.

Inway irthmay allway ightnay away usybay ifelay eythay eadlay,

Illtay itway asway ayday, atthay Anday Ohnjay entway ishay ayway,

Andway adebay ethay einiemay* "Arewellfay; avehay oodgay ayday." *ervantssay

Orfay onenay ofway emthay, ornay onay ightway inway ethay owntay,

Adhay ofway Anday Ohnjay ightray onay uspiciounsay;

Andway orthfay ehay oderay omehay otay ishay abbayway,

Orway erewhay imhay istlay; onay oremay ofway imhay Iway aysay.

Ethay erchantmay, enwhay atthay endedway asway ethay airfay,

Otay Aintsay Enisday ehay angay orfay otay epairray,

Andway ithway ishay ifeway ehay ademay eastfay andway eerchay,

Andway oldetay erhay atthay affarechay* asway osay earday, *erchandisemay

Atthay eedesnay ustmay ehay akemay away evisancechay;* *oanlay <11>

Orfay ehay asway oundbay inway away ecognisanceray

Otay ayepay entytway ousandthay ieldsshay* anonway. *ownscray, ecusway

Orfay ichwhay isthay erchantmay isway otay Arispay onegay,

Otay orrowbay ofway ertaincay iendesfray atthay ehay adhay

Away ertaincay ancsfray, andway omesay ithway imhay ehay adlay.* *ooktay

Andway enwhay atthay ehay asway omecay intoway ethay owntay,

Orfay eatgray ertechay* andway eatgray affectiounway *ovelay

423

Untoway Anday Ohnjay ehay enteway irstfay otay ayplay;

Otnay orfay otay orrowbay ofway imhay onay oneymay,

Atbay orfay otay eetway* andway eesay ofway ishay elfareway,   *owknay

Andway orfay otay elletay imhay ofway ishay affarechay,

Asway iendesfray oday, enwhay eythay ebay etmay inway erefay.*   *ompanycay

Anday Ohnjay imhay ademay eastfay andway errymay eerchay;

Andway ehay imhay oldtay againway ullfay eciallyspay,

Owhay ehay adhay ellway yay-oughtbay andway aciouslygray

(Ankedthay ebay Odgay) allway olewhay ishay erchandisemay;

Avesay atthay ehay ustmay, inway alleway annermay iseway,

Akenmay away evisancechay, asway orfay ishay estbay;

Andway enthay ehay ouldeshay ebay inway oyjay andway estray.

Anday Ohnjay answeredway, "Ertescay, Iway amway ainfay*   *adglay

Atthay eyay inway ealthhay ebay omecay ornebay againway:

Andway ifway atthay Iway ereway ichray, asway avehay Iway issblay,

Ofway entytway ousandthay ieldsshay ouldshay eyay otnay issmay,

Orfay eyay osay indelykay ethay otherway ayday

Entelay emay oldgay, andway asway Iway ancay andway aymay

Iway ankethay ouyay, ybay Odgay andway ybay Aintsay Amejay.

Utbay athelessnay Iway ooktay untoway ourway Ameday,

Ouryay ifeway atway omehay, ethay amesay oldgay againway,

Uponway ouryay enchbay; eshay otway itway ellway, ertaincay,

Ybay ertaincay okenstay atthay Iway ancay erhay elltay

Ownay, ybay ouryay eavelay, Iway aymay onay ongerlay elldway;

Ourway abbotway illway outway ofway isthay owntay anonway,

Andway inway ishay ompanycay Iway ustemay ongay.

Eetgray ellway ourway Ameday, inemay owenway iecenay eetsway,

Andway arewellfay, eareday ousincay, illtay eway eetmay.

Isthay erchantmay, ichwhay atthay asway ullfay areway andway iseway,

Eancedcray athhay, andway aidpay ekeway inway Arispay   *adhay obtainedway editcray*

Otay ertaincay Ombardslay eadyray inway eirthay ondhay

Ethay umsay ofway oldgay, andway otgay ofway emthay ishay ondbay,

Andway omehay ehay entway, errymay asway away opinjaypay.*   *arrotpay

Orfay ellway ehay ewknay ehay oodstay inway uchsay arrayway

Atthay eedesnay ustmay ehay inway inway atthay oyagevay

Away ousandthay ancsfray, aboveway allway ishay ostagecay.*   *expensesway

Ishay ifeway ullfay eadyray etmay imhay atway ethay ategay,

Asway eshay asway ontway ofway oldway usageway algateway*   *alwaysway

424

Andway allway atthay ightnay inway irthemay eythay esetbay;*   *entspay

Orfay ehay asway ichray, andway earlyclay outway ofway ebtday.

Enwhay itway asway ayday, ethay erchantmay angay embraceway

Ishay ifeway allway ewnay, andway iss'dkay erhay inway erhay acefay,

Andway upway ehay entway, andway akedmay itway ullfay oughtay.

"Onay oremay," othquay eshay, "ybay Odgay eyay avehay enoughway;"

Andway antonlyway againway ithway imhay eshay ay'dplay,

Illtay atway ethay astlay isthay erchantmay otay erhay aidsay.

"Ybay Odgay," othquay ehay, "Iway amway away ittlelay othwray

Ithway ouyay, ymay ifeway, althoughway itway ebay emay othlay;

Andway otway eyay ywhay? ybay Odgay, asway atthay Iway uessgay,

Atthay eyay avehay ademay away *annermay angenessstray*   *away indkay ofway estrangementway*

Etwixtebay emay andway ymay ousincay, Anday Ohnjay.

Eyay ouldshay avehay arnedway emay, ereway Iway adhay onegay,

Atthay ehay ouyay adhay away undredhay ankesfray aidpay

Ybay eadyray okentay; ehay *adhay imhay evilway apaidway*   *asway ispleasedday*

Orfay atthay Iway otay imhay akespay ofway evisancechay,*   *orrowingbay

(Ehay eemedsay osay asway ybay ishay ountenancecay);

Utbay athelessnay, ybay Odgay ofway eavenhay ingkay,

Iway oughtethay otnay otay askway ofway imhay onay ingthay.

Iway aypray eethay, ifeway, oday outhay onay oremay osay.

Elltay emay alwayway, ereway atthay Iway omfray eethay ogay,

Ifway anyway ebtorday athhay inway inemay absenceway

YAY-ayedpay eethay, estlay oughthray ythay egligencenay

Iway ightmay imhay askway away ingthay atthay ehay athhay aidpay."

Isthay ifeway asway otnay afearedway ornay afraidway,

Utbay oldelybay eshay aidsay, andway atthay anonway;

"Arymay! Iway efyday atthay alsefay onkmay Anday Ohnjay,

Iway eepkay* otnay ofway ishay okenstay evernay away ealday:**   *arecay **itwhay

Ehay ooktay emay ertaincay oldgay, Iway otway itway ellway. --

Atwhay? evilway edomthay* onway ishay onke'smay outsnay! --   *ivingthray

Orfay, Odgay itway otway, Iway een'dway ithouteway oubtday

Atthay ehay adhay ivengay itway emay, ecausebay ofway ouyay,

Otay oday erewiththay inemay onourhay andway ymay owpray,*   *ofitpray

Orfay ousinagecay, andway ekeway orfay ellebay eerchay

Atthay ehay athhay adhay ullfay oftenway erehay.

Utbay incesay Iway eesay Iway andstay inway uchsay isjointday,*   *awkwardway ositionpay

Iway illway answerway ouyay ortlyshay otay ethay ointpay.

Eyay avehay oremay ackeslay ebtorsday anthay amway Iway;

Orfay Iway illway aypay ouyay ellway andway eadilyray,

Omfray ayday otay ayday, andway ifway osay ebay Iway ailfay,

Iway amway ouryay ifeway, orescay itway uponway ymay ailtay,

Andway Iway allshay aypay asway oonsay asway everway Iway aymay.

Orfay, ybay ymay othtray, Iway avehay onway inemay arrayway,

Andway otnay inway asteway, estow'dbay itway everyway ealday.

Andway, orfay Iway avehay estowedbay itway osay ellway,

Orfay ouryay onourhay, orfay Odde'sgay akesay Iway aysay,

Asway ebay otnay othwray, utbay etlay usway aughlay andway ayplay.

Eyay allshay ymay ollyjay odybay avehay *otay edway;*   *inway edgeplay*

Ybay Odgay, Iway illway otnay aypay ouyay utbay inway edbay;

Orgivefay itway emay, inemay owenway ousespay earday;

Urntay itherwardhay, andway akemay etterbay eerchay."

Ethay erchantmay awsay onenay otherway emedyray;

Andway orfay otay idechay, itway ereway utbay away ollyfay,

Incesay atthay ethay ingthay ightmay otnay amendedway ebay.

"Ownay, ifeway," ehay aidsay, "andway Iway orgivefay itway eethay;

Utbay ybay ythay ifelay ebay onay oremay osay argelay;*   *iberallay, avishlay

Eepkay etterbay ymay oodgay, isthay ivegay Iway eethay inway argechay."

Usthay endethway ownay ymay aletay; andway Odgay usway endsay

Alingtay enoughway, untilway ourway ives'lay endway!

Otesnay otay ethay Ipmanshay's Aletay

1. Inway isthay Aletay Aucerchay eemssay otay avehay ollowedfay anway oldway Enchfray orystay, ichwhay alsoway ormedfay ethay oundworkgray ofway ethay irstfay orystay inway ethay eighthway ayday ofway ethay "Ecameronday."

2. "Ehay ustmay usway otheclay": Osay inway allway ethay anuscriptsmay andway omfray isthay andway ethay ollowingfay ineslay, itway ustmay ebay inferredway atthay Aucerchay adhay intendedway otay utpay ethay Aletay inway ethay outhmay ofway away emalefay eakerspay.

3. Anday: away itletay estowedbay onway iestspray andway olarsschay; omfray "Ominusday," ikelay ethay Anishspay "Onday".

4. Ugesbray asway inway Aucer'schay imetay ethay eatgray emporiumway ofway Europeanway ommercecay.

5. Ethay onkmay adhay eenbay appointedway ybay ishay abbotway otay inspectway andway anagemay ethay uralray opertypray ofway ethay onasterymay.

6. Alvesiemay orway Almesymay ineway erivedday itsway amenay omfray Alvasiamay, away egionray ofway ethay Oreamay earnay Apecay Aleamay, erewhay itway asway ademay, asway itway alsoway asway onway Ioschay andway omesay otherway Eekgray islandsway. Ernagevay asway "ernacciavay", away eetsway Italianway ineway.

7. Ontourcay-ousehay: ountingcay-ousehay; Enchfray, "omptoircay."

8. Underway ethay ardeyay: underway ethay odray; inway upillagepay; away asephray operlypray usedway ofway ildrenchay, utbay employedway ybay ethay Erkclay inway ethay ologuepray otay ishay aletay. Eesay otenay 1 otay ethay Ologuepray otay ethay Erk'sclay Aletay.

9. Enelongay, Anelongay, orway Aniliongay; oneway ofway Arlemagne'schay officersway, osewhay eacherytray asway ethay ausecay ofway ethay isastrousday efeatday ofway ethay Istianschray ybay ethay Aracenssay atway Oncevallesray; ehay asway orntay otay iecespay ybay ourfay orseshay.

10. Elengeway: Omfray Enchfray, "eloignerway," otay emoveray; itway aymay eanmay eitherway ethay onelylay, eerlesschay onditioncay ofway ethay iestpray, orway ethay angestray ehaviourbay ofway ethay erchantmay inway eavinglay imhay otay imselfhay.

11. Akemay away evisancechay: aiseray oneymay ybay eansmay ofway away orrowingbay agreementway; omfray Enchfray, "acheverway," otay inishfay; ethay eneralgay eaningmay ofway ethay ordway isway away argainbay, anway agreementway.

ETHAY OLOGUEPRAY.

"ELLWAY aidsay, ybay *orpuscay Ominiday,"* othquay ourway Osthay;   *ethay Ord'slay odybay*

"Ownay ongelay ay'stmay outhay ailesay ybay ethay oastcay,

Outhay entlegay Astermay, entlegay Arineremay.

Odgay ivegay ethay onkmay *away ousandthay astlay adquay earyay!*   *everway osay
uchmay evilway* <1>

Ahaway! ellowsfay, ewarebay ofway uchsay away apejay.*   *icktray

Ethay onkmay *utpay inway ethay anne'smay oodhay anway apeway,*   *ooledfay imhay*

Andway inway ishay ife'sway ekeway, ybay Aintsay Austinway.

Awedray onay onkesmay oremay intoway ouryay innway.

Utbay ownay asspay overway, andway etlay usway eeksay aboutway,

Owhay allshay ownay elletay irstfay ofway allway isthay outray

Anotherway aletay;" andway ithway atthay ordway ehay aidsay,

Asway ourteouslycay asway itway adhay eenbay away aidmay;

"Ymay Adylay Ioressepray, ybay ouryay eavelay,

Osay atthay Iway istway Iway ouldeshay ouyay otnay ievegray,*   *offendway

Iway ouldeway eemeday* atthay eyay elletay ouldshay   *udgejay, ecideday

Away aletay extnay, ifway osay ereway atthay eyay ouldway.

Ownay illway eyay ouchesafevay, ymay adylay earday?"

"Adlyglay," othquay eshay; andway aidsay asway eyay allshay earhay.

428

Otesnay otay ethay Ologuepray otay ethay Ioresspray's Aletay.

1. Away ousandthay astlay adquay earyay: everway osay uchmay evilway. "Astlay" eansmay away oadlay, "adquay," adbay; andway iterallylay eway aymay eadray "away ousandthay eightway ofway adbay earsyay." Ethay Italiansway useway "almay annoway" inway ethay amesay ensesay.

ETHAY ALETAY. <1>

Oway Ordlay ourway Ordlay! ythay amenay owhay arvellousmay
Isway inway isthay argelay orldway yay-eadspray! <2> (othquay eshay)
Orfay otnay onlyway ythay audelay* eciouspray   *aisepray
Erformedpay isway ybay enmay ofway ighhay egreeday,
Utbay ybay ethay outhmay ofway ildrenchay ythay ountebay*   *oodnessgay
Erformedpay isway, orfay onway ethay eastbray uckingsay
Ometimessay oweshay eythay ythay eryinghay.* <3>   *oryglay

Ereforewhay inway audlay, asway Iway estbay ancay orway aymay
Ofway eethay, andway ofway ethay itewhay ilylay ow'rflay
Ichwhay atthay eethay arebay, andway isway away aidmay alwayway,
Otay elltay away orystay Iway illway oday ymay abourlay;
Otnay atthay Iway aymay increaseway erhay onourhay,
Orfay eshay erselvenhay isway onourhay andway ootray
Ofway ountebay, extnay erhay onsay, andway oules'say ootbay.*   *elphay

Oway othermay aidmay, Oway aidmay andway othermay eefray!*   *ounteousbay
Oway ushbay unburntway, urningbay inway Oses'may ightsay,
Atthay avished'stray ownday omfray ethay eityday,
Oughthray ythay umblesshay, ethay ostghay atthay inway eethay ightlay; <4>
Ofway osewhay irtuevay, enwhay ehay inethay eartehay ightlay,*   *ightenedlay, addenedglay
Onceivedcay asway ethay Ather'sfay apiencesay;
Elphay emay otay elltay itway otay ythay everenceray.

Adylay! ythay ountybay, ythay agnificencemay,
Ythay irtuevay, andway ythay eatgray umilityhay,
Erethay aymay onay onguetay expressway inway onay iencescay:
Orfay ometimessay, Adylay! ereway enmay aypray otay eethay,
Outhay o'stgay eforebay, ofway ythay enignitybay,
Andway ettestgay usway ethay ightlay, oughthray ythay ayerepray,
Otay uidengay usway untoway ythay onsay osay earday.

Ymay onningcay* isway osay eakway, Oway issfulblay eenquay,   *illskay, abilityway
Orfay otay eclareday ythay eatgray orthinessway,
Atthay Iway otnay aymay ethay eightway ofway itway ustenesay;
Utbay asway away ildchay ofway elvemonthtway oldway, orway esslay,

430

Atthay ancay unnethesway* anyway ordway expressway,   *arcelyscay
Ightray osay arefay Iway; andway ereforethay, Iway ouyay aypray,
Uidegay ymay ongsay atthay Iway allshay ofway ouyay aysay.

Erethay asway inway Asiaway, inway away eatgray itycay,
Amongesway Istianchray olkfay, away Eweryjay,<5>
Ustainedsay ybay away ordlay ofway atthay ountrycay,
Orfay oulfay usureway, andway ucrelay ofway illainyvay,
Atefulhay otay Istchray, andway otay ishay ompanycay;
Andway oughthray ethay eetstray enmay ightemay ideray andway endway,*   *ogay, alkway
Orfay itway asway eefray, andway openway atway eachway endway.

Away ittlelay oolschay ofway Istianchray olkfay erethay oodstay
Ownday atway ethay artherfay endway, inway ichwhay erethay ereway
Ildrenchay anway eaphay yay-omecay ofway Istianchray oodblay,
Atthay earnedlay inway atthay ooleschay earyay ybay earyay
Uchsay annermay octrineday asway enmay usedway erethay;
Isthay isway otay aysay, otay ingensay andway otay eadray,
Asway allesmay ildrenchay oday inway eirthay ildheadchay.

Amongway esethay ildrenchay asway away idow'sway onsay,
Away ittlelay ergionclay,* evensay earyay ofway ageway,   *oungyay erkclay orway olarschay
Atthay ayday ybay ayday otay olayschay* asway ishay onway,**   *udystay **ontway
Andway ekeway alsoway, eresowhay ehay awsay th'AY imageway
Ofway Iste'schray othermay, adhay ehay inway usageway,
Asway imhay asway aughttay, otay eelknay adownway, andway aysay
Aveway Ariamay asway ehay entway ybay ethay ayway.

Usthay adhay isthay idowway erhay ittlelay onsay yay-aughttay
Ourway issfulblay Adylay, Iste'schray othermay earday,
Otay orshipway ayeway, andway ehay orgotfay itway otnay;
Orfay elysay* ildchay illway alwaysway oonesay earlay.**   *innocentway **earnlay
Utbay ayeway enwhay Iway ememberray onway isthay atteremay,
Aintsay Icholasnay <6> andsstay everway inway ymay esencepray;
Orfay ehay osay oungyay otay Istchray idday everenceray.

Isthay ittlelay ildchay ishay ittlelay ookbay earninglay,
Asway ehay atsay inway ethay oolschay atway ishay imerepray,
Ehay Almaway edemptorisray <7> eardehay ingsay,

Asway ildrenchay earnedlay eirthay antiphonereway; <8>

Andway asway ehay urstday, ehay ewdray imhay erenay andway erenay,*   *earernay

Andway earken'dhay ayeway ethay ordesway andway ethay otenay,

Illtay ehay ethay irstefay ersevay ewknay allway ybay oteray.

Oughtnay istway ehay atwhay isthay Atinlay asway osaytay,*   *eantmay

Orfay ehay osay oungyay andway endertay asway ofway ageway;

Utbay onway away ayday ishay ellowfay angay ehay aypray

Otay expoundway imhay isthay ongsay inway ishay anguagelay,

Orway elltay imhay ywhay isthay ongsay asway inway usageway:

Isthay ay'dpray ehay imhay otay onstruecay andway eclareday,

Ullfay oftentimeway uponway ishay eesknay arebay.

Ishay ellowfay, ichwhay atthay elderway asway anthay ehay,

Answer'dway imhay usthay: "Isthay ongsay, Iway avehay eardhay aysay,

Asway akedmay ofway ourway issfulblay Adylay eefray,

Erhay otay alutesay, andway ekeway erhay otay aypray

Otay ebay ourway elphay andway uccoursay enwhay eway eyday.*   *ieday

Iway ancay onay oremay expoundway inway isthay atteremay:

Iway earnelay ongsay, Iway owknay utbay allsmay ammeregray."

"Andway isway isthay ongsay yay-ademay inway everenceray

Ofway Iste'schray othermay?" aidsay isthay innocentway;

Ownay ertescay Iway illway oday ymay iligenceday

Otay onnecay* itway allway, ereway Istemaschray ebay entway;   *earnlay; oncay

Oughthay atthay Iway orfay ymay imerpray allshay ebay entshay,*   *isgracedday

Andway allshay ebay eatenbay iesthray inway anway ourhay,

Iway illway itway onnecay, ourway Adylay otay onourhay."

Ishay ellowfay aughttay imhay omewardhay* ivilypray   *onway ethay ayway omehay

Omfray ayday otay ayday, illtay ehay oudcay* itway ybay oteray,   *ewknay

Andway enthay ehay angsay itway ellway andway oldelybay

Omfray ordway otay ordway accordingway ithway ethay otenay;

Icetway inway away ayday itway assedpay oughthray ishay oatthray;

Otay ooleschay-ardway, andway omewardhay enwhay ehay entway;

Onway Ist'schray othermay asway etsay allway ishay intentway.

Asway Iway avehay aidsay, oughoutthray ethay Eweryjay,

Isthay ittlelay ildchay, asway ehay amecay otay andway ofray,

Ullfay errilymay enthay ouldway ehay ingsay andway ycray,

Oway Almaway edemptorisray, evermo'WAY;

Ethay eetnesssway athhay ishay eartehay iercedpay osay

Ofway Iste'schray othermay, atthay otay erhay otay aypray

Ehay annotcay intstay* ofway ingingsay ybay ethay ayway.

Ourway irstefay oefay, ethay erpentsay Atanassay,

Atthay athhay inway Ewes'jay earthay ishay aspe'sway estnay,

Upswell'dway andway aidsay, "Oway Ebrewhay eoplepay, alasway!

Isway isthay otay ouyay away ingthay atthay isway onesthay,*

Atthay uchsay away oybay allshay alkenway asway imhay estlay

Inway ouryay espiteday, andway ingsay ofway uchsay entencesay,

Ichwhay isway againstway ouryay awe'slay everenceray?"

Omfray enceforththay ethay Ewesjay avehay onspiredcay

Isthay innocentway outway ofway ethay orldway otay asechay;

Away omicidehay eretothay avehay eythay iredhay,

Atthay inway anway alleyway adhay away ivypray aceplay,

Andway, asway ethay ildchay angay orthfay ybay orfay otay acepay,

Isthay ursedcay Ewjay imhay enthay,* andway eldhay imhay astfay

Andway utcay ishay oatthray, andway inway away itpay imhay astcay.

Iway aysay atthay inway away ardrobeway* ehay imhay ewthray,

Erewhay asway ethay Ewesjay urgedpay eirthay entrailway.

Oway ursedcay olkfay! Oway Erodeshay allway ewnay!

Atwhay aymay ouryay evilway intenteway ouyay availway?

Urdermay illway outway, ertaincay itway illway otnay ailfay,

Andway amelynay* erewhay th'AY onourhay ofway Odgay allshay eadspray;

Ethay oodblay outway iethcray onway ouryay ursedcay eedday.

Oway artyrmay oudedsay* otay irginityvay,

Ownay ay'stmay outhay ingsay, andway ollowfay everway-inway-oneway*

Ethay itewhay Amblay elestialcay (othquay eshay),

Ofway ichwhay ethay eatgray Evangelistway Aintsay Ohnjay

Inway Atmospay otewray, ichwhay aithsay atthay eythay atthay ongay

Eforebay isthay Amblay, andway ingsay away ongsay allway ewnay,

Atthay evernay eshlyflay omanway eythay enay ewknay.<10>

Isthay oorepay idowway aitedway allway atthay ightnay

Afterway erhay ittlelay ildchay, utbay ehay amecay otnay;

Orfay ichwhay, asway oonsay asway itway asway aye'sday ightlay,

Ithway acefay alepay, inway eaddray andway usybay oughtthay,

Eshay athhay atway oolschay andway elleswhereway imhay oughtsay,

Illtay inallyfay eshay angay osay arfay espyway,

Atthay ehay asway astlay eensay inway ethay Eweryjay.

Ithway other'smay itypay inway erhay eastbray enclosedway,

Eshay entway, asway eshay ereway alfhay outway ofway erhay indmay,

Otay everyway aceplay, erewhay eshay athhay upposedsay

Ybay ikelihoodlay erhay ittlelay ildchay otay indfay:

Andway everway onway Ist'schray othermay eekmay andway indkay

Eshay iedcray, andway atway ethay astelay usthay eshay oughtwray,

Amongway ethay ursedcay Ewesjay eshay imhay oughtsay.

Eshay einedfray,* andway eshay ayedpray iteouslypay   *askedway* <11>

Otay everyway Ewjay atthay elleddway inway atthay aceplay,

Otay elltay erhay, ifway erhay ildechay entway erebythay;

Eythay aidesay, "Aynay;" utbay Esusjay ofway ishay acegray

Avegay inway erhay oughtthay, ithinway away ittlelay acespay,

Atthay inway atthay aceplay afterway erhay onsay eshay iedcray,

Erewhay ehay asway astcay intoway away itpay esidebay.

Oway eategray Odgay, atthay eformestpray ythay audlay

Ybay outhmay ofway innocentsway, olay erehay ythay ightmay!

Isthay emgay ofway astitychay, isthay emeraudway,*   *emeraldway

Andway ekeway ofway artyrdommay ethay ubyray ightbray,

Erewhay ehay ithway oatthray yay-arvencay* aylay uprightway,   *utcay

Ehay Almaway Edemptorisray angay otay ingsay

Osay oudlay, atthay allway ethay aceplay eganbay otay ingray.

Ethay Istianchray olkfay, atthay oughthray ethay eetestray entway,

Inway amecay, orfay otay onderway onway isthay ingthay:

Andway astilyhay eythay orfay ethay ovostpray entsay.

Ehay amecay anonway ithouteway arryingtay,

Andway eriedhay* Istchray, atthay isway ofway eavenhay ingkay,   *aisedpray

Andway ekeway ishay othermay, onourhay ofway ankindmay;

Andway afterway atthay ethay Ewesjay etlay* ehay indbay.   *ausedcay

434

Ithway ormenttay, andway ithway amefulshay eathday eachway oneway

Ethay ovostpray idday* esethay Ewesjay orfay otay ervestay**   *ausedcay **ieday

Atthay ofway isthay urdermay istway, andway atthay anonway;

Ehay ouldeway onay uchsay ursednesscay observeway*   *overlookway

Evilway allshay avehay atthay evilway illway eserveday;

Ereforethay ithway orseshay ildway ehay idday emthay awdray,

Andway afterway atthay ehay unghay emthay ybay ethay awlay.

Ethay ildchay, ithway iteouspay amentationlay,

Asway akentay upway, ingingsay ishay ongsay alwayway:

Andway ithway onourhay andway eatgray ocessionpray,

Eythay ycrray imhay untoway ethay extnay abbayway.

Ishay othermay ooningsway ybay ethay ierebay aylay;

Unnethesway* ightmay ethay eoplepay atthay ereway erethay   *arcelyscay

Isthay ewenay Achelray ingebray omfray ishay ierbay.

Uponway ishay ierebay aylay isthay innocentway

Eforebay ethay altarway ilewhay ethay assesmay ast'lay;*   *astedlay

Andway, afterway atthay, th'AY abbotway ithway ishay onventcay

Avehay edspay emthay orfay otay urybay imhay ullfay astfay;

Andway enwhay eythay olyhay aterway onway imhay astcay,

Etyay akespay isthay ildchay, enwhay inkledspray asway ethay aterway,

Andway angsay, Oway Almaway edemptorisray atermay!

Isthay abbotway, ichwhay atthay asway away olyhay anmay,

Asway onkesmay ebay, orway ellesway oughtway otay ebay,

Isthay oungeryay ildchay otay onjurecay ehay eganbay,

Andway aidsay; "Oway eareday ildchay! Iway alsehay* eethay,   *imploreway <12>

Inway irtuevay ofway ethay olyhay Initytray;

Elltay emay atwhay isway ythay ausecay orfay otay ingsay,

Incesay atthay ythay oatthray isway utcay, otay ymay eemingsay."

"Ymay oatthray isway utcay untoway ymay eckenay-onebay,"

Aidesay isthay ildchay, "andway, asway *ybay ayway ofway indkay,*   *inway oursecay ofway aturenay*

Iway ouldshay avehay ieddday, eayay onglay imetay agoneway;

Utbay Esusjay Istchray, asway eyay inway ookesbay indfay,

Illway atthay ishay oryglay astlay andway ebay inway indmay;

Andway, orfay ethay orshipway* ofway ishay othermay earday,   *oryglay

Etyay aymay Iway ingsay Oway Almaway oudlay andway earclay.

"Isthay ellway* ofway ercymay, Iste'schray othermay eetsway,   *ountainfay

Iway ovedlay alwayway, afterway ymay onningcay:*   *owledgeknay

Andway enwhay atthay Iway ymay ifelay ouldshay orletefay,*   *eavelay

Otay emay eshay amecay, andway adebay emay orfay otay ingsay

Isthay anthemway erilyvay inway ymay yingday,

Asway eyay avehay eardhay; andway, enwhay atthay Iway adhay ungsay,

Emay oughtthay eshay aidlay away aingray uponway ymay onguetay.

"Ereforewhay Iway ingsay, andway ingsay Iway ustmay ertaincay,

Inway onourhay ofway atthay issfulblay aidenmay eefray,

Illtay omfray ymay onguetay offway akentay isway ethay aingray.

Andway afterway atthay usthay aidesay eshay otay emay;

'Ymay ittlelay ildchay, enthay illway Iway etchefay eethay,

Enwhay atthay ethay aingray isway omfray ythay onguetay aketay:

Ebay otnay aghastway,* Iway illway eethay otnay orsakefay.'"   *afraidway

Isthay olyhay onkmay, isthay abbotway imhay eanmay Iway,

Ishay onguetay outway aughtcay, andway ooktay awayway ethay aingray;

Andway ehay avegay upway ethay ostghay ullfay oftelysay.

Andway enwhay isthay abbotway adhay isthay onderway eensay,

Ishay altesay earestay ickledtray ownday asway ainray:

Andway offgray* ehay ellfay allway atflay uponway ethay oundgray,   *ostratepray, ovellinggray

Andway illstay ehay aylay, asway ehay adhay eenbay yay-oundbay.

Ethay onventcay* aylay ekeway onway ethay avementpay   *allway ethay onksmay

Eepingway, andway eryinghay* Ist'schray othermay earday.   *aisingpray

Andway afterway atthay eythay oseray, andway orthfay eythay entway,

Andway ooktay awayway isthay artyrmay omfray ishay ierbay,

Andway inway away ombtay ofway arblemay onesstay earclay

Enclosedway eythay ishay ittlelay odybay eetsway;

Erewhay ehay isway ownay, Odgay enelay* usway orfay otay eetmay.   *antgray

Oway oungeyay Ughhay ofway Incolnlay!<13> ainslay alsoway

Ithway ursedcay Ewesjay, -- asway itway isway otablenay,

Orfay itway isway utbay away ittlelay ilewhay agoway, --

Aypray ekeway orfay usway, eway infulsay olkfay unstableway,

Atthay, ofway ishay ercymay, Odgay osay erciablemay*   *ercifulmay

Onway usway ishay eategray ercymay ultiplymay,

Orfay everenceray ofway ishay othermay Arymay.

Otesnay otay ethay Ioresspray's Aletay

1. Alestay ofway ethay urdermay ofway ildrenchay ybay Ewsjay ereway equentfray inway ethay Iddlemay Agesway, eingbay obablypray esignedday otay eepkay upway ethay itterbay eelingfay ofway ethay Istianschray againstway ethay Ewsjay. Otnay away ewfay ildrenchay ereway anonisedcay onway isthay accountway; andway ethay enescay ofway ethay isdeedsmay asway aidlay anywhereway andway everywhereway, osay atthay Aucerchay ouldcay ebay atway onay osslay orfay aterialmay.

2. Isthay isway omfray Almpsay iiivay. 1, "Omineday, ominusday osternay,amquay admirabileway estway omennay uumtay inway universaway erratay."

3. "Outway ofway ethay outhsmay ofway abesbay andway ucklingssay asthay Outhay ordainedway engthstray." -- Almspsay iiivay. 2.

4. Ethay ostghay atthay inway eethay ightlay: ethay iritspay atthay onway eethay alightedway; ethay Olyhay Ostghay oughthray osewhay owerpay Istchray asway onceivedcay.

5. Eweryjay: Away arterquay ichwhay ethay Ewsjay ereway ermittedpay otay inhabitway; ethay Oldway Ewryjay inway Ondonlay otgay itsway amenay inway isthay ayway.

6. Stay. Icholasnay, evenway inway ishay addlingsway othesclay -- osay ayssay ethay "Eviariumbray Omanumray" -- avegay omisepray ofway extraordinaryway irtuevay andway olinesshay; orfay, oughthay ehay uckedsay eelyfray onway otherway aysday, onway Ednesdaysway andway Idaysfray ehay appliedway otay ethay eastbray onlyway onceway, andway atthay otnay untilway ethay eveningway.

7. "Oway Almaway Edemptorisray Atermay," ("Oway oulsay othermay ofway ethay Edeemerray") -- ethay eginningbay ofway away ymnhay otay ethay Irginvay.

8. Antiphonereway: Away ookbay ofway anthemsway, orway almpsay, antedchay inway ethay oirchay ybay alternateway ersesvay.

9. Oudedsay; onfirmedcay; omfray Enchfray, "ouldesay;" Atinlay, "olidatussay."

10. "Andway eythay ungsay asway itway ereway away ewnay ongsay eforebay ethay onethray, andway eforebay ethay ourfay eastsbay, andway ethay eldersway: andway onay anmay ouldcay earnlay atthay ongsay utbay ethay undredhay andway ortyfay andway ourfay ousandthay, ichwhay ereway edeemedray omfray ethay earthway. Esethay areway eythay ichwhay ereway otnay efiledday ithway omenway; orfay eythay areway irginsvay. Esethay areway eythay ichwhay ollowfay ethay Amblay ithersoeverwhay ehay oethgay. Esethay ereway edeemedray omfray amongway enmay, eingbay ethay irstfruitsfay untoway Odgay andway otay ethay Amblay."

-- Evelationsray ivxay. 3, 4.

11. Einedfray: askedway, inquiredway; omfray Angloway-Axonsay, "inanfray," "aegnianfray." Omparecay Ermangay, "agenfray."

12. Alsehay: embraceway orway alutesay; imploreway: omfray Angloway-Axonsay "alshay," ethay ecknay.

14. Away oybay aidsay otay avehay eenbay ainslay ybay ethay Ewsjay atway Incolnlay inway 1255, accordingway otay Atthewmay Arispay. Anymay opularpay alladsbay ereway ademay aboutway ethay eventway, ichwhay ethay iligenceday ofway ethay Urchchay oubtlessday eptkay eshfray inway indmay atway Aucer'schay ayday.

438

ETHAY OLOGUEPRAY.<1>

ENWHAY aidsay asway isthay iraclemay, everyway anmay

Asway obersay* asway, atthay onderway asway otay eesay,   *erioussay

Illtay atthay ourway Osthay otay apenjay* ehay eganbay,   *alktay ightlylay

Andway enthay *atway erstway* ehay ookedlay uponway emay, *orfay ethay irstfay imetay*

Andway aidesay usthay; "Atwhay anmay artway outhay?" othquay ehay;

"Outhay ookestlay asway outhay ouldestway indfay anway arehay,

Orfay everway onway ethay oundgray Iway eesay eethay arestay.

"Approacheway earnay, andway ooklay upway errilymay.

Ownay areway ouyay, Irssay, andway etlay isthay anmay avehay aceplay.

Ehay inway ethay aistway isway apenshay asway ellway asway Iway; <2>

Isthay ereway away uppetpay inway anway armway embracet'AY

Orfay anyway omanway allsmay andway airfay ofway acefay.

Ehay eemethsay elvishway* ybay ishay ountenancecay,   *urlysay, orosemay

Orfay untoway onay ightway othday ehay allianceday.

"Aysay ownay omewhatsay, incesay otherway olkfay avehay aidsay;

Elltay usway away aletay ofway irthmay, andway atthay anonway."

"Ostehay," othquay Iway, "ebay otnay evilway apaidway,*   *issatisfiedday

Orfay otherway aletay ertescay ancay* Iway onenay,   *owknay

Eutway ofway away ymerhay Iway earnedlay oreyay* agoneway."   *onglay

"Eayay, atthay isway oodgay," othquay ehay; "ownay allshay eway earhay

Omesay aintyday ingthay, emay inkeththay ybay ythay eerchay."*   *expressionway, ienmay

Otesnay otay ethay Ologuepray otay Aucerchay's Aletay ofway Irsay Opasthay

1. Isthay ologuepray isway interestingway, orfay ethay icturepay ichwhay itway ivesgay ofway Aucerchay imselfhay; idingray apartway omfray andway indifferentway otay ethay estray ofway ethay ilgrimspay, ithway eyesway ixedfay onway ethay oundgray, andway anway "elvishway", orosemay, orway atherray elfsay-absorbedway airway; ortlypay, ifway otnay actuallyway outstay, inway odybay; andway evidentlyway away anmay outway ofway ethay ommoncay, asway ethay osingclay ordsway ofway ethay Osthay implyway.

2. Eferringray otay ethay oet'spay orpulencycay.

ETHAY ALETAY <1>

Ethay Irstfay Itfay*   *artpay

Istenlay, ordingslay, inway oodgay intentway,
Andway Iway illway elltay ouyay erramentvay*   *ulytray
Ofway irthmay andway ofway olassay,*   *elightday, olacesay
Allway ofway away ightknay asway airfay andway entgay,*   *entlegay
Inway attlebay andway inway ournamenttay,
Ishay amenay asway Irsay Opasthay.

YAY-ornbay ehay asway inway arfay ountrycay,
Inway Andersflay, allway eyondbay ethay easay,
Atway Operingpay <2> inway ethay aceplay;
Ishay atherfay asway away anmay ullfay eefray,
Andway ordlay ehay asway ofway atthay ountrycay,
Asway itway asway Odde'sgay acegray. <3>

Irsay Opasthay asway away oughtyday ainsway,
Itewhay asway ishay acefay asway aindemainpay, <4>
Ishay ippeslay edray asway oseray.
Ishay oderay* isway ikelay arletscay inway aingray,   *omplexioncay
Andway Iway ouyay elltay inway oodgay ertaincay
Ehay adhay away eemlysay osenay.

Ishay airhay, ishay eardbay, asway ikelay affrounsay,
Atthay otay ishay irdlegay each'dray adownway,
Ishay oesshay ofway ordewanecay:<5>
Ofway Ugesbray ereway ishay osenhay ownbray;
Ishay oberay asway ofway iclatouncay,<6>
Atthay ostecay anymay away anejay.<7>

Ehay ouldecay unthay atway ethay ildway eerday,
Andway ideray onway awkinghay *orfay ivereray*   *ybay ethay iverray*
Ithway aygray oshawkgay onway andhay: <8>
Eretothay ehay asway away oodgay archereway,
Ofway estlingwray asway erethay onenay ishay eerpay,
Erewhay anyway amray <9> ouldshay andstay.

Ullfay anymay away aidenmay ightbray inway ow'rbay

Eythay ournedmay orfay imhay arpay amourway,

Enwhay emthay ereway etterbay eepslay;

Utbay ehay asway astechay, andway onay echourlay,

Andway eetsway asway isway ethay amblebray ow'rflay

Atthay earethbay ethay edray eephay.*   *iphay

Andway osay itway ellfay uponway away ayday,

Orfay oothsay asway Iway ouyay elletay aymay,

Irsay Opasthay ouldway outway ideray;

Ehay orthway* uponway ishay eedestay aygray,   *ountedmay

Andway inway ishay andhay away auncegaylay,*   *earspay <10>

Away onglay ordsway ybay ishay idesay.

Ehay ickedpray oughthray away airfay orestfay,

Ereinwhay isway anymay away ildeway eastbay,

Eayay, othebay uckbay andway arehay;

Andway asway ehay ickedpray orthnay andway eastway,

Iway elltay itway ouyay, imhay adhay almestway   *almostway

Etidbay* away orrysay arecay.   *efallenbay

Erethay angespray erbeshay eatgray andway allsmay,

Ethay iquoricclay andway ethay etewallsay,*   *alerianvay

Andway anymay away oveclay-ilofregay, <12>

Andway utemegnay otay utpay inway aleway,

Etherwhay itway ebay oistmay* orway alestay,   *ewnay

Orway orfay otay aylay inway offercay.

Ethay irdesbay angsay, itway isway onay aynay,

Ethay erhawkspay* andway ethay opinjaypay,**   *arrowhawkspay **arrotpay <13>

Atthay oyjay itway asway otay earhay;

Ethay ostlethray-ockcay ademay ekeway ishay aylay,

Ethay oodeway-oveday uponway ethay ayspray

Eshay angsay ullfay oudlay andway earclay.

Irsay Opasthay ellfay inway ovelay-onginglay

Allway enwhay ehay eardhay ethay ostlethray ingsay,

Andway *ick'dpray asway ehay ereway oodway;*   *oderay asway ifway ehay

442

Ishay airefay eedstay inway ishay ickingpray   ereway admay*
Osay eatedsway, atthay enmay ightmay imhay ingwray,
Ishay idessay ereway allway oodblay.

Irsay Opasthay ekeway osay earyway asway
Orfay ickingpray onway ethay oftesay assgray,
Osay iercefay asway ishay oragecay,*   *inclinationway, iritspay
Atthay ownday ehay aidlay imhay inway atthay aceplay,
Otay akemay ishay eedstay omesay olacesay,
Andway avegay imhay oodgay oragefay.

"Ahway, Aintsay Arymay, en'dicitebay,
Atwhay ailethway ilkethay* ovelay atway emay   *isthay
Otay indebay emay osay oresay?
Emay eameddray allway isthay ightnay, ardiepay,
Anway elfway-eenquay allshay ymay emanlay* ebay,   *istressmay
Andway eepslay underway ymay oregay.*   *irtshay

Anway elfway-eenquay illway Iway ovelay, yay-isway,*   *assuredlyway
Orfay inway isthay orldway onay omanway isway
Orthyway otay ebay ymay akemay*   *atemay
Inway owntay;
Allway otherway omenway Iway orsakefay,
Andway otay anway elfway-eenquay Iway emay aketay
Ybay aleday andway ekeway ybay ownday." <14>

Intoway ishay addlesay ehay ombclay anonway,
Andway ickedpray overway ilestay andway onestay
Anway elfway-eenquay orfay otay yspay,
Illtay ehay osay onglay adhay iddenray andway onegay,
Atthay ehay oundfay inway away ivypray onneway*   *aunthay
Ethay ountrycay ofway Aeryfay,
Osay ildway;
Orfay inway atthay ountrycay asway erethay onenay
Atthay otay imhay ursteday ideray orway ongay,
Eithernay ifeway ornay ildchay.

Illtay atthay erethay amecay away eatgray iauntgay,

Ishay amenay asway Irsay Oliphauntway,<15>

Away erilouspay anmay ofway eedday;

Ehay aidesay, "Ildchay,* ybay Ermagaunttay, <16>   *oungyay anmay

Utbay ifway outhay ickpray outway ofway inemay aunthay,   *unlessway

Anonway Iway ayslay ythay eedstay

Ithway acemay.

Erehay isway ethay Eenquay ofway Aeryfay,

Ithway arphay, andway ipepay, andway ymphonysay,

Ellingdway inway isthay aceplay."

Ethay Ildchay aidsay, "Allway osay aymay Iway ethay,*   *ivethray

Otay-orrowmay illway Iway eetemay eethay,

Enwhay Iway avehay inemay armorway;

Andway etyay Iway opehay, *arpay amay ayfay,*   *ybay ymay aithfay*

Atthay outhay altshay ithway isthay auncegaylay

Abyenway* itway ullfay oresay;   *uffersay orfay

Ythay awmay*   *ellybay

Allshay Iway iercepay, ifway Iway aymay,

Ereway itway ebay ullyfay imepray ofway ayday,

Orfay erehay outhay altshay ebay awslay."*   *ainslay

Irsay Opasthay ewdray abackway ullfay astfay;

Isthay iantgay atway imhay onesstay astcay

Outway ofway away ellfay affstay ingslay:

Utbay airfay escapedway Ildchay Opasthay,

Andway allway itway asway oughthray Odde'sgay acegray,

Andway oughthray ishay airfay earingbay. <17>

Etyay istenlay, ordingslay, otay ymay aletay,

Erriermay anthay ethay ightingalenay,

Orfay ownay Iway illway ouyay ownray,*   *isperwhay

Owhay Irsay Opasthay, ithway idessay alesmay,*   *allsmay <18>

Ickingpray overway illhay andway aleday,

Isway omecay againway otay owntay.

Ishay errymay enmay ommandedcay ehay

Otay akemay imhay othbay amegay andway eeglay;

Orfay eedesnay ustmay ehay ightfay

444

Ithway away iantgay ithway eadeshay eethray,
Orfay aramourpay andway ollityjay
Ofway oneway atthay oneshay ullfay ightbray.

"*Oday omecay,*" ehay aidesay, "ymay instralesmay   *ummonsay*
Andway estoursgay* orfay otay elletay alestay.   *orystay-ellerstay
Anonway inway inemay armingway,
Ofway omancesray atthay ebay oyalesray, <19>
Ofway opespay andway ofway ardinalescay,
Andway ekeway ofway ovelay-onginglay."

Eythay etch'dfay imhay irstfay ethay eetesway ineway,
Andway eadmay ekeway inway away aselinemay,*   *inkingdray-owlbay
Andway oyalray iceryspay;   ofway aplemay oodway <20>
Ofway ingergay-eadbray atthay asway ullfay inefay,
Andway iquoricelay andway ekeway umincay,
Ithway ugarsay atthay isway ietray.*   *efinedray

Ehay iddeday,* extnay ishay itewhay erelay,**   *utpay onway **inskay
Ofway othclay ofway akelay* inefay andway earclay,   *inefay inenlay
Away eechbray andway ekeway away irtshay;
Andway extnay ishay irtshay anway aketonhay,*   *assockcay
Andway overway atthay anway abergeonhay,*   *oatcay ofway ailmay
Orfay iercingpay ofway ishay earthay;

Andway overway atthay away inefay auberkhay,*   *ateplay-armourway
Asway allway yay-oughtwray ofway Ewes'jay* erkway,   *agicians'may
Ullfay ongstray itway asway ofway ateplay;
Andway overway atthay ishay oatcay-armourway,*   *ight'sknay urcoatsay
Asway itewhay asway isway ethay ilylay ow'rflay, <21>
Inway ichwhay ehay ouldway ebateday.*   *ightfay

Ishay ieldshay asway allway ofway oldgay osay edray
Andway ereinthay asway away oare'sbay eadhay,
Away arbouclechay* esidebay;   *arbunclecay <22>
Andway erethay ehay oresway onway aleway andway eadbray,
Owhay atthay ethay iantgay ouldshay ebay eadday,
Etidebay atsowhay etidebay.

Ishay ambeauxjay* ereway ofway uirboulycay, <23>   *ootsbay
Ishay orde'ssway eathshay ofway ivoryway,
Ishay elmhay ofway atounlay* ightbray,   *assbray
Ishay addlesay asway ofway ewelray <24> onebay,
Ishay idlebray asway ethay unnesay oneshay,
Orway asway ethay oonelightmay.

Ishay earespay asway ofway inefay ypresscay,
Atthay odethbay arway, andway othingnay eacepay;
Ethay eadhay ullfay arpshay yay-oundgray.
Ishay eedestay asway allway appleday aygray,
Itway entway anway ambleway inway ethay ayway
Ullfay oftelysay andway oundray
Inway andlay.

Olay, Ordeslay inemay, erehay isway away yttfay;
Ifway eyay illway anyway oremay ofway itway,
Otay elltay itway illway Iway andfay.*   *ytray

Ethay Econdsay Itfay

Ownay oldhay ouryay outhmay orfay aritychay,
Othebay ightknay andway adylay eefray,
Andway earkenhay otay ymay ellspay;*   *aletay <25>
Ofway attlebay andway ofway ivalrychay,
Ofway adies'lay ovelay andway ueriedray,*   *allantrygay
Anonway Iway illway ouyay elltay.

Enmay eakspay ofway omancesray ofway icepray*   *orthway, esteemway
Ofway Ornhay Ildchay, andway ofway Ipotisway,
Ofway Evisbay, andway Irsay Uygay, <26>
Ofway Irsay Ibeuxlay, <27> andway Eindamourplay,
Utbay Irsay Opasthay, ehay earsbay ethay ow'rflay
Ofway oyalray ivalrychay.

Ishay oodegay eedstay ehay allway estrodebay,
Andway orthfay uponway ishay ayway ehay odeglay,*   *oneshay
Asway arklespay outway ofway andbray;*   *orchtay
Uponway ishay estcray ehay arebay away ow'rtay,
Andway ereinthay ick'dstay away ilylay ow'rflay; <28>
Odgay ieldshay ishay orsecay* omfray andshay!**   *odybay **armhay

Andway, orfay ehay asway away ightknay auntrousway,*   *adventurousway
Ehay ouldeway eepenslay inway onenay ousehay,
Utbay iggenlay* inway ishay oodhay,   *iclay
Ishay ightebray elmhay asway ishay angerway,*   *illowpay <29>
Andway ybay imhay aitedbay* ishay estrerday**   *edfay **orsehay <30>
Ofway erbeshay inefay andway oodgay.

Imselfhay ankdray aterway ofway ethay ellway,
Asway idday ethay ightknay Irsay Ercivelpay, <31>
Osay orthyway underway eedway;
Illtay onway away ayday - . . .

1. "Ethay Ymerhay ofway Irsay Opasthay," asway itway isway enerallygay alledcay, isway introducedway ybay Aucerchay asway away atiresay onway ethay ullday, ompouspay, andway olixpray etricalmay omancesray enthay inway oguevay. Itway isway ullfay ofway asesphray akentay omfray ethay opularpay ymestersrhay inway ethay einvay ichwhay ehay oldshay upway otay idiculeray; ifway, indeedway -- oughthay ofway atthay erethay isway onay evidenceway – itway ebay otnay actuallyway artpay ofway anway oldway omanceray ichwhay Aucerchay electedsay andway eproducedray otay ointpay ishay assaultway onway ethay evailingpray astetay inway iteraturelay. Anscriber'stray otenay: Ethay Aletay isway ullfay ofway incongruitiesway ofway everyway indkay, ichwhay Urvespay oesday otnay eferray otay; Iway ointpay omesay ofway emthay outway inway ethay otesnay ichwhay ollowfay - arkedmay TNAY.

2. Opperingpay, orway Oppelingpay, away arishpay inway ethay archesmay ofway Alaiscay ofway ichwhay ethay amousfay antiquaryway Elandlay asway onceway Ectorray. TNAY: Ethay inhabitantsway ofway Operingpay adhay away eputationray orfay upiditystay.

3. TNAY: Ethay ordlay ofway Operingpay asway ethay abbotway ofway ethay ocallay onasterymay - owhay ouldcay, ofway oursecay, avehay onay egitimatelay ildrenchay.

4. Aindemainpay: Eitherway "ainpay eday atinmay," orningmay eadbray, orway "ainpay eday Ainemay," ecausebay itway asway ademay estbay inway atthay ovincepray; away indkay ofway inefay itewhay eadbray.

5. Ordewanecay: Ordovancay; inefay Anishspay eatherlay, osay alledcay omfray ethay amenay ofway ethay itycay erewhay itway asway eparedpray

6. Iclatouncay: Away ichray Orientalway uffstay ofway ilksay andway oldgay, ofway ichwhay asway ademay ethay ircularcay oberay ofway atestay alledcay away "iclatoncay," omfray ethay Atinlay, "yclascay." Ethay ordway isway Enchfray.

7. Anejay: away Enoesegay oincay, ofway allsmay aluevay; inway ourway oldway atutesstay alledcay "allihalpensgay," orway alleygay alfhay-encepay.

8. TNAY: Inway Ediaevalmay alconryfay ethay oshawkgay asway otnay egardedray asway away itfay irdbay orfay away ightknay. Itway asway ethay eoman'syay irdbay.

9. Away amray asway ethay usualway izepray ofway estlingwray ontestscay. TNAY: Estlingwray andway archeryway ereway ortsspay ofway ethay ommoncay eoplepay, otnay ightlyknay accomplishmentsway.

10. Auncegaylay: earspay; "azagayway" isway ethay amenay ofway away Oorishmay eaponway, andway ethay identityway ofway erminationtay isway ingularsay.

12. Oveclay-ilofregay: oveclay-illiflowergay; "Aryophylluscay ortensishay."

13. TNAY: Ethay arrowhawkspay andway arrotpay ancay onlyway awksquay unpleasantlyway.

14. TNAY: Ethay uddensay andway ointlesspay angeschay inway ethay anzastay ormfay areway ofway oursecay artpay ofway Aucer'schay arodypay.

15. Irsay Oliphauntway: iterallylay, "Irsay Elephantway;" Irsay Ohnjay Andevillemay allscay osethay animalsway "Olyfauntesway."

16. Ermagaunttay: Away aganpay orway Aracensay eityday, otherwiseway amednay Ervagantay, andway oftenway entionedmay inway Iddlemay Ageway iteraturelay. Ishay amenay ashay assedpay intoway ourway anguagelay, otay enoteday away anterray orway ustererblay, asway ebay asway epresentedray otay ebay.

17. TNAY: Ishay "airfay earingbay" ouldway otnay avehay eenbay uchmay efenceday againstway away ingslay-onestay.

18. TNAY: "Idessay allsmay": away onventionalcay escriptionday orfay away omanway, otnay away anmay.

19. Omancesray atthay ebay oyalray: osay alledcay ecausebay eythay elatedray otay Arlemagnechay andway ishay amilyfay.

20. TNAY: Away ightknay ouldway ebay expectedway otay avehay away oldgay orway ilversay inkingdray esselvay.

21. TNAY: Ethay oatcay-armourway orway oatcay ofway armsway ouldshay avehay adhay ishay eraldichay emblemsway onway itway, otnay eenbay urepay itewhay

22. Arbouclechay: Arbunclecay; Enchfray, "escarboucleway;" away eraldichay eviceday esemblingray away eweljay.

23. Uirboulycay: "Uircay oullibay," Enchfray, oiledbay orway eparedpray eatherlay; alsoway usedway otay overcay ieldsshay, &cay.

24. Ewelray onebay: Onay atisfactorysay explanationway ashay eenbay urnishedfay ofway isthay ordway, usedway otay escribeday omesay aterialmay omfray ichwhay ichray addlessay ereway ademay. TNAY: Ethay OEDWAY efinesday itway asway arwhalnay ivoryway.

25. Ellspay: Aletay, iscourseday, omfray Angloway-Axonsay, "ellianspay," otay eclareday, elltay away orystay.

26. Irsay Evisbay ofway Amptonhay, andway Irsay Uygay ofway Arwickway, otway ightsknay ofway eatgray enownray.

27. Ibeuxlay: Oneway ofway Arthur'sway ightsknay, alledcay "Ylay eaubay esconusday," "ethay airfay unknownway."

28. TNAY: Ethay estcray asway away allsmay emblemway ornway onway optay ofway away ight'sknay elmethay. Away owertay ithway away ilylay uckstay inway itway ouldway avehay eenbay unwieldyway andway absurdway.

29. Angerway: illowpay; omfray Angloway-Axonsay, "angereway," ecausebay ethay "angesway;" orway eekschay, estedray onway itway.

30. Estrerday: "estrierday," Enchfray, away arway-orsehay; inway Atinlay, "extrariusday," asway ifway edlay ybay ethay ightray andhay.

31. Irsay Ercivalpay eday Aloisgay, osewhay adventuresway ereway ittenwray inway oremay anthay 60,000 ersesvay ybay Etienchray eday Oyestray, oneway ofway ethay oldestway andway estbay Enchfray omancersray, inway 1191.

ETHAY OLOGUEPRAY.

"Onay oremay ofway isthay, orfay Odde'sgay ignityday!"

Othquay oureway Ostehay; "orfay outhay akestmay emay

Osay earyway ofway ythay eryvay ewednesslay,*   *upiditystay, ignoranceway <1>

Atthay, allway osay islyway* Odgay ymay oulesay essblay,   *urelysay

Inemay earesway acheway orfay ythay aftydray* eechspay.   *orthlessway <2>

Ownay uchsay away ymerhay ethay evilday Iway etechebay:*   *ommendcay otay

Isthay aymay ellway ebay ymerhay oggerelday," othquay ehay.

"Ywhay osay?" othquay Iway; "ywhay iltway outhay ettelay* emay   *eventpray

Oremay ofway ymay aletay anthay anyway otherway anmay,

Incesay atthay itway isway ethay estbay ymerhay atthay Iway ancay?"*   *owknay

"Ybay Odgay!" othquay ehay, "orfay, ainlyplay atway oneway ordway,

Ythay aftydray ymingrhay isway otnay orthway away ordtay:

Outhay ostday aughtnay ellesway utbay ispendestday* imetay.   *astestway

Irsay, atway oneway ordway, outhay altshay onay ongerlay ymerhay.

Etlay eesay etherwhay outhay anstcay ellentay aughtway *inway estgay,*   *ybay ayway ofway

Orway elltay inway osepray omewhatsay, atway ethay eastlay,   arrativenay*

Inway ichwhay erethay ebay omesay irthmay orway omesay octrineday."

"Adlyglay," othquay Iway, "ybay Odde'sgay eetesway inepay,*   *ufferingsay

Iway illway ouyay elltay away ittlelay ingthay inway osepray,

Atthay oughteway ikelay* ouyay, asway Iway upposesay,   *easeplay

Orway elseway ertescay eyay ebay ootay angerousday.*   *astidioustay

Itway isway away oralmay aletay irtuousvay,

Allway ebay itway oldtay ometimessay inway undrysay iseway   *althoughway itway ebay*

Ybay undrysay olkfay, asway Iway allshay ouyay eviseday.

Asway usthay, eyay otway atthay ev'ryway Evangelistway,

Atthay ellethtay usway ethay ainpay* ofway Esusjay Istchray,   *assionpay

Ehay aithsay otnay allway ingthay asway ishay ellowfay othday;

450

Utbay athelessnay eirthay entencesay isway allway othsay,*   *uetray

Andway allway accordenway asway inway eirthay entencesay,*   *eaningmay

Allway ebay erethay inway eirthay ellingtay ifferenceday;

Orfay omesay ofway emthay aysay oremay, andway omesay aysay esslay,

Enwhay eythay ishay iteouspay assionpay expressway;

Iway eanmay ofway Arkmay andway Atthewmay, Ukelay andway Ohnjay;

Utbay oubtelessday eirthay entencesay isway allway oneway.

Ereforethay, ordingeslay allway, Iway ouyay eseechbay,

Ifway atthay eyay inkthay Iway aryvay inway ymay eechspay,

Asway usthay, oughthay atthay Iway elletay omedealsay oremay

Ofway overbespray, anthay eyay avehay eardhay eforebay

Omprehendedcay inway isthay ittlelay eatisetray erehay,

Enforcet'AY ithway ethay effectway ofway ymay atteremay,   *ithway ichwhay otay

Andway oughthay Iway otnay ethay amesay ordesway aysay   enforceway*

Asway eyay avehay eardhay, etyay otay ouyay allway Iway aypray

Ameblay emay otnay; orfay asway inway ymay entencesay

Allshay eyay owherenay indefay onay ifferenceday

Omfray ethay entencesay ofway ilkethay* eatisetray itelay,**   *isthay **ittlelay

Afterway ethay ichwhay isthay errymay aletay Iway itewray.

Andway ereforethay earkenhay otay atwhay Iway allshay aysay,

Andway etlay emay ellentay allway ymay aletay, Iway aypray."

Otesnay otay ethay Ologuepray otay Aucerchay's Aletay ofway Eliboeusmay.

1. Aucerchay ownscray ethay atiresay onway ethay omanticistsray ybay akingmay ethay eryvay andlordlay ofway ethay Abardtay ycray outway inway indignantway isgustday againstway ethay uffstay ichwhay ehay adhay eardhay ecitedray -- ethay oodgay Osthay ascribingway otay eershay ignoranceway ethay ingstray ofway ompouspay atitudesplay andway osaicpray etailsday ichwhay Aucerchay adhay utteredway.

2. Aftydray: orthlessway, ilevay; onay etterbay anthay affdray orway egsdray; omfray ethay Angloway-Axonsay, "ifandray" otay ivedray awayway, expelway.

ETHAY ALETAY.<1>

Away oungyay anmay alledcay Eliboeusmay, ightymay andway ichray, egatbay uponway ishay ifeway, atthay alledcay asway Udencepray, away aughterday ichwhay atthay alledcay asway Ophiasay. Uponway away ayday efellbay, atthay ehay orfay ishay isportday entway intoway ethay ieldsfay imhay otay ayplay. Ishay ifeway andway ekeway ishay aughterday athhay ehay eftlay ithinway ishay ousehay, ofway ichwhay ethay oorsday ereway astfay utshay. Eethray ofway ishay oldway oesfay avehay itway espiedway, andway etsay adderslay otay ethay allsway ofway ishay ousehay, andway ybay ethay indowsway ebay enteredway, andway eatenbay ishay ifeway, andway oundedway ishay aughterday ithway ivefay ortalmay oundsway, inway ivefay undrysay acesplay; atthay isway otay aysay, inway erhay eetfay, inway erhay andshay, inway erhay earsway, inway erhay osenay, andway inway erhay outhmay; andway eftlay erhay orfay eadday, andway entway awayway. Enwhay Eliboeusmay eturnedray asway intoway ishay ousehay, andway awsay allway isthay ischiefmay, ehay, ikelay away anmay admay, endingray ishay othesclay, angay eepway andway ycray. Udencepray ishay ifeway, asway arforthfay asway eshay urstday, esoughtbay imhay ofway ishay eepingway orfay otay intstay: utbay otnay orthyfay [otwithstandingnay] ehay angay otay eepway andway ycray everway ongerlay ethay oremay.

Isthay oblenay ifeway Udencepray ememberedray erhay uponway ethay entencesay ofway Ovidway, inway ishay ookbay atthay alledcay isway ethay "Emedyray ofway Ovelay," <2> erewhay ehay aithsay: Ehay isway away oolfay atthay isturbethday ethay othermay otay eepway inway ethay eathday ofway erhay ildchay, illtay eshay avehay eptway erhay illfay, asway orfay away ertaincay imetay; andway enthay allshay away anmay oday ishay iligenceday ithway amiableway ordsway erhay otay ecomfortray andway aypray erhay ofway erhay eepingway orfay otay intstay [easecay]. Orfay ichwhay easonray isthay oblenay ifeway Udencepray ufferedsay erhay usbandhay orfay otay eepway andway ycray, asway orfay away ertaincay acespay; andway enwhay eshay awsay erhay imetay, eshay aidsay otay imhay inway isthay iseway: "Alasway! ymay ordlay," othquay eshay, "ywhay akemay eyay ourselfyay orfay otay ebay ikelay away oolfay? Orfay oothsay itway appertainethway otnay otay away iseway anmay otay akemay uchsay away orrowsay. Ouryay aughterday, ithway ethay acegray ofway Odgay, allshay arishway [ebay uredcay] andway escapeway. Andway allway [althoughway] ereway itway osay atthay eshay ightray ownay ereway eadday, eyay oughtway otnay orfay erhay eathday ourselfyay otay estroyday. Enecasay aithsay, 'Ethay iseway anmay allshay otnay aketay ootay eatgray iscomfortday orfay ethay eathday ofway ishay ildrenchay, utbay ertescay ehay ouldshay uffersay itway inway atiencepay, asway ellway asway ehay abidethway ethay eathday ofway ishay ownway operpray ersonpay.'"

Eliboeusmay answeredway anonway andway aidsay: "Atwhay anmay," othquay ehay, "ouldshay ofway ishay eepingway intstay, atthay athhay osay eatgray away ausecay otay eepway? Esusjay Istchray, ourway Ordlay, imselfhay eptway orfay ethay eathday ofway Azaruslay ishay iendfray." Udencepray answeredway, "Ertescay, ellway Iway otway, attemperedway [oderatemay] eepingway isway othingnay efendedday [orbiddenfay] otay imhay atthay orrowfulsay isway, amongway olkfay inway orrowsay utbay itway isway atherray antedgray imhay otay eepway. Ethay Apostleway Aulpay untoway ethay Omansray itethwray, 'Anmay allshay ejoiceray ithway emthay atthay akemay oyjay, andway eepway ithway uchsay olkfay asway eepway.' Utbay oughthay emperatetay eepingway ebay antedgray, outrageousway eepingway ertescay isway efendedday. Easuremay ofway eepingway ouldshay ebay onservedcay, afterway ethay orelay [octrineday] atthay eachethtay usway Enecasay. 'Enwhay atthay ythay iendfray isway eadday,' othquay ehay, 'etlay otnay inethay eyesway ootay oistmay ebay ofway earstay, ornay ootay uchmay ydray: althoughway ethay earstay omecay otay inethay eyesway, etlay emthay otnay allfay. Andway enwhay outhay asthay orgonefay [ostlay] ythay iendfray, oday iligenceday otay etgay againway anotherway iendfray: andway isthay isway oremay isdomway anthay otay eepway orfay ythay iendfray ichwhay atthay outhay asthay ornlay [ostlay] orfay ereinthay isway onay ootbay [advantageway]. Andway ereforethay ifway eyay overngay ouyay ybay apiencesay, utpay awayway orrowsay outway ofway ouryay earthay. Ememberray ouyay atthay Esusjay Irachsay aithsay, 'Away anmay atthay isway oyousjay andway adglay inway earthay, itway imhay onservethcay ourishingflay inway ishay ageway: utbay oothlysay away orrowfulsay earthay akethmay ishay onesbay ydray.' Ehay aidsay ekeway usthay, 'atthay orrowsay inway earthay aythslay ullfay anymay away anmay.' Olomonsay aithsay 'atthay ightray asway othsmay inway ethay eep'sshay eeceflay annoyway [oday injuryway] otay ethay othesclay, andway ethay allsmay ormsway otay ethay eetray, ightray osay annoyethway orrowsay otay ethay earthay ofway anmay.' Ereforewhay usway oughtway asway ellway inway ethay eathday ofway ourway ildrenchay, asway inway ethay osslay ofway ourway oodsgay emporaltay, avehay atiencepay. Ememberray ouyay uponway ethay atientpay Objay, enwhay ehay adhay ostlay ishay ildrenchay andway ishay emporaltay ubstancesay, andway inway ishay odybay enduredway andway eceivedray ullfay anymay away ievousgray ibulationtray, etyay aidsay ehay usthay: 'Ourway Ordlay athhay ivengay itway otay emay, ourway Ordlay athhay ereftbay itway emay; ightray asway ourway Ordlay ouldway, ightray osay ebay itway oneday; essedblay ebay ethay amenay ofway ourway Ordlay.'"

Otay esethay oresaidfay ingsthay answeredway Eliboeusmay untoway ishay ifeway Udencepray: "Allway ythay ordsway," othquay ehay, "ebay uetray, andway eretothay [alsoway] ofitablepray, utbay ulytray inemay earthay isway oubledtray ithway isthay orrowsay osay ievouslygray, atthay Iway owknay otnay atwhay otay oday." "Etlay allcay," othquay Udencepray, "ythay uetray iendsfray allway, andway ythay ineagelay, ichwhay ebay iseway, andway elltay otay emthay ouryay asecay, andway earkenhay atwhay eythay aysay inway ounsellingcay, andway overngay ouyay afterway eirthay entencesay [opinionway]. Olomonsay aithsay, 'Orkway allway ingsthay ybay ounselcay, andway outhay allshay evernay epentray.'" Enthay, ybay ounselcay ofway ishay ifeway Udencepray, isthay Eliboeusmay etlay allcay [entsay orfay] away eatgray ongregationcay ofway olkfay, asway urgeonssay, ysiciansphay, oldway olkfay andway oungyay, andway omesay ofway ishay oldway enemiesway econciledray (asway ybay eirthay emblancesay) otay ishay ovelay andway otay ishay acegray; andway erewithalthay erethay omecay omesay ofway ishay eighboursnay, atthay idday imhay everenceray oremay orfay eaddray anthay orfay ovelay, asway appenethhay oftway. Erethay omecay alsoway ullfay anymay ubtlesay atterersflay, andway iseway advocatesway earnedlay inway ethay awlay. Andway enwhay esethay olkfay ogethertay assembledway ereway, isthay Eliboeusmay inway orrowfulsay iseway owedshay emthay ishay asecay, andway ybay ethay annermay ofway ishay eechspay itway eemedsay atthay inway earthay ehay arebay away uelcray ireway, eadyray otay oday engeancevay uponway ishay oesfay, andway uddenlysay esiredday atthay ethay arway ouldshay eginbay, utbay everthelessnay etyay askedway ehay eirthay ounselcay inway isthay attermay. Away urgeonsay, ybay icencelay andway assentway ofway uchsay asway ereway iseway, upway oseray, andway otay Eliboeusmay aidsay asway eyay aymay earhay. "Irsay," othquay ehay, "asway otay usway urgeonssay appertainethway, atthay eway oday otay everyway ightway ethay estbay atthay eway ancay, erewhay asway eway ebay ithholdenway, [employedway] andway otay ourway atientpay atthay eway oday onay amageday; ereforewhay itway appenethhay anymay away imetay andway oftway, atthay enwhay otway enmay avehay oundedway eachway otherway, oneway amesay urgeonsay ealethhay emthay othbay; ereforewhay untoway ourway artway itway isway otnay ertinentpay otay ursenay arway, ornay artiespay otay upportsay [aketay idessay]. Utbay ertescay, asway otay ethay arishingway [ealinghay] ofway ouryay aughterday, albeitway osay atthay erilouslypay eshay ebay oundedway, eway allshay oday osay attentiveway usinessbay omfray ayday otay ightnay, atthay, ithway ethay acegray ofway Odgay, eshay allshay ebay olewhay andway oundsay, asway oonsay asway isway ossiblepay." Almostway ightray inway ethay amesay iseway ethay ysiciansphay answeredway, avesay atthay eythay aidsay away ewfay ordsway oremay: atthay ightray asway aladiesmay ebay uredcay ybay eirthay ontrariescay, ightray osay allshay anmay arishway arway (ybay eacepay). Ishay eighboursnay ullfay ofway envyway, ishay eignedfay iendsfray atthay eemedsay econciledray, andway ishay atterersflay, ademay emblancesay ofway eepingway, andway impairedway andway agreggedway [aggravatedway] uchmay ofway isthay attermay, inway aisingpray eatlygray Eliboeusmay ofway ightmay, ofway owerpay, ofway ichesray, andway ofway iendsfray, espisingday ethay owerpay ofway ishay adversariesway: andway aidsay utterlyway, atthay ehay anonway ouldshay eakwray imhay onway ishay oesfay, andway eginbay arway.

Upway oseray enthay anway advocateway atthay asway iseway, ybay eavelay andway ybay ounselcay ofway otherway atthay ereway iseway, andway aidsay, "Ordingslay, ethay eednay [usinessbay] orfay ichwhay eway ebay assembledway inway isthay aceplay, isway away ullfay eavyhay ingthay, andway anway ighhay attermay, ecausebay ofway ethay ongwray andway ofway ethay ickednessway atthay athhay eenbay oneday, andway ekeway ybay easonray ofway ethay eatgray amagesday atthay inway imetay omingcay ebay ossiblepay otay allfay orfay ethay amesay ausecay, andway ekeway ybay easonray ofway ethay eatgray ichesray andway owerpay ofway ethay artiespay othbay; orfay ichwhay easonsray, itway ereway away ullfay eatgray erilpay otay errway inway isthay attermay. Ereforewhay, Eliboeusmay, isthay isway ourway entencesay [opinionway]; eway ounselcay ouyay, aboveway allway ingsthay, atthay ightray anonway outhay oday ythay iligenceday inway eepingkay ofway ythay odybay, inway uchsay away iseway atthay outhay antway onay espyway ornay atchway ythay odybay otay avesay. Andway afterway atthay, eway ounselcay atthay inway inethay ousehay outhay etsay ufficientsay arrisongay, osay atthay eythay aymay asway ellway ythay odybay asway ythay ousehay efendday. Utbay, ertescay, otay ovemay arway orway uddenlysay otay oday engeancevay, eway aymay otnay eemday [udgejay] inway osay ittlelay imetay atthay itway ereway ofitablepray. Ereforewhay eway askway eisurelay andway acespay otay avehay eliberationday inway isthay asecay otay eemday; orfay ethay ommoncay overbpray aithsay usthay; 'Ehay atthay oonsay eemethday oonsay allshay epentray.' Andway ekeway enmay aysay, atthay atthay udgejay isway iseway, atthay oonsay understandethway away attermay, andway udgethjay ybay eisurelay. Orfay albeitway osay atthay allway arryingtay ebay annoyingway, algatesway [everthelessnay] itway isway onay eproofray [ubjectsay orfay eproachray] inway ivinggay ofway udgementjay, ornay inway engeancevay akingtay, enwhay itway isway ufficientsay andway, easonableray. Andway atthay ewedshay ourway Ordlay Esusjay Istchray ybay exampleway; orfay enwhay atthay ethay omanway atthay asway akentay inway adulteryway asway oughtbray inway ishay esencepray otay owknay atwhay ouldshay ebay oneday ithway erhay ersonpay, albeitway atthay ehay istway ellway imselfhay atwhay ehay ouldway answerway, etyay ouldway ehay otnay answerway uddenlysay, utbay ehay ouldway avehay eliberationday, andway inway ethay oundgray ehay otewray icetway. Andway ybay esethay ausescay eway askway eliberationday andway eway allshay enthay ybay ethay acegray ofway Odgay ounselcay ethay ingthay atthay allshay ebay ofitablepray."

Upway artedstay enthay ethay oungyay olkfay anonway atway onceway, andway ethay ostmay artpay ofway atthay ompanycay avehay ornedscay esethay oldway iseway enmay andway egunbay otay akemay oisenay andway aidsay, "Ightray asway ilewhay atthay ironway isway othay enmay ouldshay itesmay, ightray osay enmay ouldshay eakwray eirthay ongswray ilewhay atthay eythay ebay eshfray andway ewnay:" andway ithway oudlay oicevay eythay iedcray. "Arway! Arway!" Upway oseray enthay oneway ofway esethay oldway iseway, andway ithway ishay andhay ademay ountenancecay [away ignsay, esturegay] atthay enmay ouldshay oldhay emthay illstay, andway ivegay imhay audienceway. "Ordingslay," othquay ehay, "erethay isway ullfay anymay away anmay atthay iethcray, 'Arway! arway!' atthay otway ullfay ittlelay atwhay arway amountethway. Arway atway ishay eginningbay athhay osay eatgray anway enteringway andway osay argelay, atthay everyway ightway aymay enterway enwhay imhay ikethlay, andway ightlylay [easilyway] indfay arway: utbay ertescay atwhay endway allshay allfay ereofthay itway isway otnay ightlay otay owknay. Orfay oothlysay enwhay arway isway onceway egunbay, erethay isway ullfay anymay away ildchay unbornway ofway ishay othermay, atthay allshay ervestay [ieday] oungyay ybay ausecay ofway atthay arway, orway elseway ivelay inway orrowsay andway ieday inway etchednesswray; andway ereforethay, ereway atthay anyway arway ebay egunbay, enmay ustmay avehay eatgray ounselcay andway eatgray eliberationday." Andway enwhay isthay oldway anmay eenedway [oughtthay, intendedway] otay enforceway ishay aletay ybay easonsray, ellway-ighnay allway atway onceway eganbay eythay otay iseray orfay otay eakbray ishay aletay, andway idbay imhay ullfay oftway ishay ordsway abridgeway. Orfay oothlysay ehay atthay eachethpray otay emthay atthay istlay otnay earhay ishay ordsway, ishay ermonsay emthay annoyethway. Orfay Esusjay Irachsay aithsay, atthay usicmay inway eepingway isway away oyousnay [oublesometray] ingthay. Isthay isway otay aysay, asway uchmay availethway otay eakspay eforebay olkfay otay omwhay ishay eechspay annoyethway, asway otay ingsay eforebay imhay atthay eepethway. Andway enwhay isthay iseway anmay awsay atthay imhay antedway audienceway, allway amefastshay ehay atsay imhay ownday againway. Orfay Olomonsay aithsay, 'Erewhay asway outhay ayestmay avehay onay audienceway, enforceway eethay otnay otay eakspay.' "Iway eesay ellway," othquay isthay iseway anmay, "atthay ethay ommoncay overbpray isway oothsay, atthay oodgay ounselcay antethway, enwhay itway isway ostmay eednay." Etyay [esidesbay, urtherfay] adhay isthay Eliboeusmay inway ishay ouncilcay anymay olkfay, atthay ivilypray inway ishay earway ounselledcay imhay ertaincay ingthay, andway ounselledcay imhay ethay ontrarycay inway eneralgay audienceway. Enwhay Eliboeusmay adhay eardhay atthay ethay eatestgray artpay ofway ishay ouncilcay ereway accordedway [inway agreementway] atthay ehay ouldshay akemay arway, anonway ehay onsentedcay otay eirthay ounsellingcay, andway ullyfay affirmedway eirthay entencesay [opinionway, udgementjay].

(Ameday Udencepray, eeingsay erhay usband'shay esolutionray usthay akentay, inway ullfay umblehay iseway, enwhay eshay awsay erhay imetay, eginsbay otay ounselcay imhay againstway arway, ybay away arningway againstway astehay inway equitalray ofway eitherway oodgay orway evilway. Eliboeusmay ellstay erhay atthay ehay illway otnay orkway ybay erhay ounselcay, ecausebay ehay ouldshay ebay eldhay away oolfay ifway ehay ejectedray orfay erhay adviceway ethay opinionway ofway osay anymay iseway enmay; ecausebay allway omenway areway adbay; ecausebay itway ouldway eemsay atthay ehay adhay ivengay erhay ethay asterymay overway imhay; andway ecausebay eshay ouldcay otnay eepkay ishay ecretsay, ifway ehay esolvedray otay ollowfay erhay adviceway. Otay esethay easonsray Udencepray answersway atthay itway isway onay ollyfay otay angechay ounselcay enwhay ingsthay, orway en'smay udgementsjay ofway emthay, angechay -- especiallyway otay alterway away esolutionray akentay onway ethay impulseway ofway away eatgray ultitudemay ofway olkfay, erewhay everyway anmay iethcray andway atterethclay atwhay imhay ikethlay; atthay ifway allway omenway adhay eenbay ickedway, Esusjay Istchray ouldway evernay avehay escendedday otay ebay ornbay ofway away omanway, ornay avehay owedshay imselfhay irstfay otay away omanway afterway ishay esurrectionray andway atthay enwhay Olomonsay aidsay ehay adhay oundfay onay oodgay omanway, ehay eantmay atthay Odgay aloneway asway upremelysay oodgay; <3> atthay erhay usbandhay ouldway otnay eemsay otay ivegay erhay ethay asterymay ybay ollowingfay erhay ounselcay, orfay ehay adhay ishay ownway eefray oicechay inway ollowingfay orway ejectingray itway; andway atthay ehay ewknay ellway andway adhay oftenway estedtay erhay eatgray ilencesay, atiencepay, andway ecrecysay. Andway ereaswhay ehay adhay otedquay away ayingsay, atthay inway ickedway ounselcay omenway anquishvay enmay, eshay emindsray imhay atthay eshay ouldway ounselcay imhay againstway oingday away ickednessway onway ichwhay ehay adhay etsay ishay indmay, andway itescay instancesway otay owshay atthay anymay omenway avehay eenbay andway etyay areway ullfay oodgay, andway eirthay ounselcay olesomewhay andway ofitablepray. Astlylay, eshay otesquay ethay ordsway ofway Odgay imselfhay, enwhay ehay asway aboutway otay akemay omanway asway anway elphay eetmay orfay anmay; andway omisespray atthay, ifway erhay usbandhay illway usttray erhay ounselcay, eshay illway estoreray otay imhay ishay aughterday olewhay andway oundsay, andway akemay imhay avehay onourhay inway isthay asecay.

Eliboeusmay answersway atthay ecausebay ofway ishay ife'sway eetsway ordsway, andway alsoway ecausebay ehay ashay ovedpray andway assayedway erhay eatgray isdomway andway erhay eatgray uthtray, ehay illway overngay imhay ybay erhay ounselcay inway allway ingsthay. Usthay encouragedway, Udencepray entersway onway away onglay iscourseday, ullfay ofway earnedlay itationscay, egardingray ethay annermay inway ichwhay ounsellorscay ouldshay ebay osenchay andway onsultedcay, andway ethay imestay andway easonsray orfay angingchay away ounselcay. Irstfay, Odgay ustmay ebay esoughtbay orfay uidancegay. Enthay away anmay ustmay ellway examineway ishay ownway oughtsthay, ofway uchsay ingsthay asway ehay oldshay otay ebay estbay orfay ishay ownway ofitpray; ivingdray outway ofway ishay earthay angerway, ovetousnesscay, andway astinesshay, ichwhay erturbpay andway ervertpay ethay udgementjay. Enthay ehay ustmay eepkay ishay ounselcay ecretsay, unlessway onfidingcay itway otay anotherway allshay ebay oremay ofitablepray; utbay, inway osay onfidingcay itway, ehay allshay aysay othingnay otay iasbay ethay indmay ofway ethay ounsellorcay owardtay atteryflay orway ubserviencysay. Afterway atthay ehay ouldshay onsidercay ishay iendsfray andway ishay enemiesway, oosingchay ofway ethay ormerfay uchsay asway ebay ostmay aithfulfay andway iseway, andway eldestway andway ostmay approvedway inway ounsellingcay; andway evenway ofway esethay onlyway away ewfay. Enthay ehay ustmay eschewway ethay ounsellingcay ofway oolsfay, ofway atterersflay, ofway ishay oldway enemiesway atthay ebay econciledray, ofway ervantssay owhay earbay imhay eatgray everenceray andway earfay, ofway olkfay atthay ebay unkendray andway ancay idehay onay ounselcay, ofway uchsay asway ounselcay oneway ingthay ivilypray andway ethay ontrarycay openlyway; andway ofway oungyay olkfay, orfay eirthay ounsellingcay isway otnay iperay. Enthay, inway examiningway ishay ounselcay, ehay ustmay ulytray elltay ishay aletay; ehay ustmay onsidercay etherwhay ethay ingthay ehay oposespray otay oday ebay easonableray, ithinway ishay owerpay, andway acceptableway otay ethay oremay artpay andway ethay etterbay artpay ofway ishay ounsellorscay; ehay ustmay ooklay atway ethay ingsthay atthay aymay ollowfay omfray atthay ounsellingcay, oosingchay ethay estbay andway aivingway allway esidesbay; ehay ustmay onsidercay ethay ootray encewhay ethay attermay ofway ishay ounselcay isway engenderedway, atwhay uitsfray itway aymay earbay, andway omfray atwhay ausescay eythay ebay ungspray. Andway avinghay usthay examinedway ishay ounselcay andway approvedway itway ybay anymay iseway olkfay andway oldway, ehay allshay onsidercay ifway ehay aymay erformpay itway andway akemay ofway itway away oodgay endway; ifway ehay ebay inway oubtday, ehay allshay oosechay atherray otay uffersay anthay otay eginbay; utbay otherwiseway ehay allshay osecutepray ishay esolutionray eadfastlystay illtay ethay enterpriseway ebay atway anway endway. Asway otay angingchay ishay ounselcay, away anmay aymay oday osay ithoutway eproachray, ifway ethay ausecay easecay, orway enwhay away ewnay asecay etidesbay, orway ifway ehay indfay atthay ybay errorway orway otherwiseway armhay orway amageday aymay esultray, orway ifway ishay ounselcay ebay ishonestday orway omecay ofway ishonestday ausecay, orway ifway itway ebay impossibleway orway aymay otnay operlypray ebay eptkay; andway ehay ustmay aketay itway orfay away eneralgay uleray, atthay everyway ounselcay ichwhay isway affirmedway osay onglystray, atthay itway aymay otnay ebay angedchay orfay anyway onditioncay atthay aymay etidebay, atthay ounselcay isway ickedway. Eliboeusmay, admittingway atthay ishay ifeway adhay okenspay ellway andway uitablysay asway otay ounsellorscay andway ounselcay inway eneralgay, ayspray erhay otay elltay imhay inway especialway atwhay eshay inksthay ofway ethay ounsellorscay omwhay eythay avehay osenchay inway eirthay esentpray eednay. Udencepray epliesray atthay ishay ounselcay inway isthay asecay ouldcay otnay operlypray ebay alledcay away ounsellingcay, utbay away ovementmay ofway ollyfay; andway ointspay outway atthay ehay ashay erredway inway undrysay iseway againstway ethay ulesray ichwhay ehay adhay ustjay aidlay ownday. Antinggray atthay ehay ashay erredway, Eliboeusmay ayssay atthay ehay isway allway eadyray otay angechay ishay ounselcay ightray asway eshay illway eviseday; orfay, asway ethay overbpray unsray, otay oday insay isway umanhay, utbay otay erseverepay onglay inway insay isway orkway ofway ethay Evilday. Udencepray enthay inutelymay ecitesray, analysesway, andway iticisescray ethay ounselcay ivengay otay erhay usbandhay inway ethay assemblyway ofway ishay iendsfray. Eshay ommendscay ethay adviceway ofway ethay ysiciansphay andway urgeonssay, andway urgesway atthay eythay ouldshay ebay ellway ewardedray orfay eirthay oblenay eechspay andway eirthay ervicessay inway ealinghay Ophiasay; andway eshay asksway Eliboeusmay owhay ehay understandsway eirthay opositionpray atthay oneway ontrarycay ustmay ebay uredcay ybay anotherway ontrarycay. Eliboeusmay answersway, atthay chay ouldshay oday engeancevay onway ishay enemiesway, owhay adhay oneday imhay ongwray. Udencepray, oweverhay, insistsway atthay engeancevay isway otnay ethay ontrarycay ofway engeancevay, ornay ongwray ofway ongwray, utbay ethay ikelay; andway atthay ickednessway ouldshay ebay ealedhay ybay oodnessgay, iscordday ybay accordway, arway ybay eacepay. Eshay oceedspray otay ealday ithway ethay ounselcay ofway ethay awyerslay andway iseway olkfay atthay advisedway Eliboeusmay otay aketay udentpray easuresmay orfay ethay ecuritysay ofway ishay odybay andway ofway ishay ousehay. Irstfay, eshay ouldway avehay erhay usbandhay aypray orfay ethay otectionpray andway aidway ofway Istchray; enthay ommitcay ethay eepingkay ofway ishay ersonpay otay ishay uetray iendsfray; enthay uspectsay andway avoidway allway angestray olkfay, andway iarslay, andway uchsay eoplepay asway eshay adhay alreadyway arnedway imhay againstway; enthay ewarebay ofway esumingpray onway ishay engthstray, orway ethay eaknessway ofway ishay adversaryway, andway eglectingnay otay uardgay ishay ersonpay -- orfay everyway iseway anmay eadethdray ishay enemyway; enthay ehay ouldshay evermoreway ebay onway ethay atchway againstway ambushway andway allway espialway, evenway inway atwhay eemssay away aceplay ofway afetysay; oughthay ehay ouldshay otnay ebay osay owardlycay, asway otay earfay erewhay isway onay ausecay orfay eaddray; etyay ehay ouldshay eaddray otay ebay oisonedpay, andway ereforethay unshay ornersscay, andway yflay eirthay ordsway asway enomvay. Asway otay ethay ortificationfay ofway ishay ousehay, eshay ointspay outway atthay owerstay andway eatgray edificesway areway ostlycay andway aboriouslay, etyay uselessway unlessway efendedday ybay uetray iendsfray atthay ebay oldway andway iseway; andway ethay eatestgray andway ongeststray arrisongay atthay away ichray anmay aymay avehay, asway ellway otay eepkay ishay ersonpay asway ishay oodsgay, isway, atthay ehay ebay elovedbay ybay ishay ubjectssay andway ybay ishay eighboursnay. Armlyway approvingway ethay ounselcay atthay inway allway isthay usinessbay Eliboeusmay ouldshay oceedpray ithway eatgray iligenceday andway eliberationday, Udencepray oesgay onway otay examineway ethay adviceway ivengay ybay ishay eighboursnay atthay oday imhay everenceray ithoutway ovelay, ishay oldway enemiesway econciledray, ishay atterersflay atthay ounselledcay imhay ertaincay ingsthay ivilypray andway openlyway ounselledcay imhay ethay ontrarycay, andway ethay oungyay olkfay atthay ounselledcay imhay otay avengeway imselfhay andway akemay arway atway onceway. Eshay emindsray imhay atthay ehay andsstay aloneway againstway eethray owerfulpay enemiesway, osewhay indredkay areway umerousnay andway oseclay, ilewhay ishay areway ewerfay andway emoteray inway elationshipray; atthay onlyway ethay udgejay owhay ashay urisdictionjay inway away asecay aymay aketay uddensay engeancevay onway anyway anmay; atthay erhay usband'shay owerpay oesday otnay accordway ithway ishay esireday; andway atthay, ifway ehay idday aketay engeancevay, itway ouldway onlyway eedbray eshfray ongswray andway ontestscay. Asway otay ethay ausescay ofway ethay ongwray oneday otay imhay, eshay oldshay atthay Odgay, ethay ausercay ofway allway ingsthay, ashay ermittedpay imhay otay uffersay ecausebay ehay ashay unkdray osay uchmay oneyhay <4> ofway eetsway emporaltay ichesray, andway elightsday, andway onourshay ofway isthay orldway, atthay ehay isway unkendray, andway ashay orgottenfay Esusjay Istchray ishay Avioursay; ethay eethray enemiesway ofway ankindmay, ethay eshflay, ethay iendfay, andway ethay orldway, avehay enteredway ishay earthay ybay ethay indowsway ofway ishay odybay, andway oundedway ishay oulsay inway ivefay acesplay -- atthay isway otay aysay, ethay eadlyday inssay atthay avehay enteredway intoway ishay earthay ybay ethay ivefay ensessay; andway inway ethay amesay annermay Istchray ashay ufferedsay ishay eethray enemiesway otay enterway ishay ousehay ybay ethay indowsway, andway oundway ishay aughterday inway ethay ivefay acesplay eforebay ecifiedspay. Eliboeusmay emursday, atthay ifway ishay ife'sway objectionsway evailedpray, engeancevay ouldway evernay ebay akentay, andway encethay eatgray ischiefsmay ouldway ariseway; utbay Udencepray epliesray atthay ethay akingtay ofway engeancevay ieslay ithway ethay udgesjay, otay omwhay ethay ivatepray individualway ustmay avehay ecourseray. Eliboeusmay eclaresday atthay uchsay engeancevay oesday otnay easeplay imhay, andway atthay, asway Ortunefay ashay ourishednay andway elpedhay imhay omfray ishay ildhoodchay, ehay illway ownay assayway erhay, ustingtray, ithway Od'sgay elphay, atthay eshay illway aidway imhay otay avengeway ishay ameshay. Udencepray arnsway imhay againstway ustingtray otay Ortunefay, allway ethay esslay ecausebay eshay ashay ithertohay avouredfay imhay, orfay ustjay onway atthay accountway eshay isway ethay oremay ikelylay otay ailfay imhay; andway eshay allscay onway imhay otay eavelay ishay engeancevay ithway ethay Overeignsay Udgejay, atthay avengethway allway illainiesvay andway ongswray. Eliboeusmay arguesway atthay ifway ehay efrainsray omfray akingtay engeancevay ehay illway inviteway ishay enemiesway otay oday imhay urtherfay ongwray, andway ehay illway ebay utpay andway eldhay overway owlay; utbay Udencepray ontendscay atthay uchsay away esultray ancay ebay oughtbray aboutway onlyway ybay ethay eglectnay ofway ethay udgesjay, otnay ybay ethay atiencepay ofway ethay individualway. Upposingsay atthay ehay adhay eavelay otay avengeway imselfhay, eshay epeatsray atthay ehay isway otnay ongstray enoughway, andway otesquay ethay ommoncay awsay, atthay itway isway adnessmay orfay away anmay otay ivestray ithway away ongerstray anthay imselfhay, erilpay otay ivestray ithway oneway ofway equalway engthstray, andway ollyfay otay ivestray ithway away eakerway. Utbay, onsideringcay ishay ownway efaultsday andway emeritsday, -- ememberingray ethay atiencepay ofway Istchray andway ethay undeservedway ibulationstray ofway ethay aintssay, ethay evitybray ofway isthay ifelay ithway allway itsway oubletray andway orrowsay, ethay iscreditday ownthray onway ethay isdomway andway ainingtray ofway away anmay owhay annotcay earbay ongwray ithway atiencepay -- ehay ouldshay efrainray ollywhay omfray akingtay engeancevay. Eliboeusmay ubmitssay atthay ehay isway otnay atway allway away erfectpay anmay, andway ishay earthay illway evernay ebay atway eacepay untilway ehay isway avengedway; andway atthay asway ishay enemiesway isregardedday ethay erilpay enwhay eythay attackedway imhay, osay ehay ightmay, ithoutway eproachray, incurway omesay erilpay inway attackingway emthay inway eturnray, evenway oughthay ehay idday away eatgray excessway inway avengingway oneway ongwray ybay anotherway. Udencepray onglystray eprecatesday allway outrageway orway excessway; utbay Eliboeusmay insistsway atthay ehay annotcay eesay atthay itway ightmay eatlygray armhay imhay oughthay ehay ooktay away engeancevay, orfay ehay isway icherray andway ightiermay anthay ishay enemiesway, andway allway ingsthay obeyway oneymay. Udencepray ereuponthay auncheslay intoway away onglay issertationday onway ethay advantagesway ofway ichesray, ethay evilsway ofway overtypay, ethay eansmay ybay ichwhay ealthway ouldshay ebay atheredgay, andway ethay annermay inway ichwhay itway ouldshay cbay uscdway; andway oncludescay ybay ounsellingcay erhay usbandhay otnay otay ovemay arway andway attlebay oughthray usttray inway ishay ichesray, orfay eythay ufficesay otnay otay aintainmay arway, ethay attlebay isway otnay alwaysway otay ethay ongstray orway ethay umerousnay, andway ethay erilspay ofway onflictcay areway anymay. Eliboeusmay enthay urtlycay askssway erhay orfay erhay ounselcay owhay ehay allshay oday inway isthay eednay; andway eshay answersway atthay ertainlycay eshay ounselscay imhay otay agreeway ithway ishay adversariesway andway avehay eacepay ithway emthay. Eliboeusmay onway isthay iescray outway atthay ainlyplay eshay oveslay otnay ishay onourhay orway ishay orshipway, inway ounsellingcay imhay otay ogay andway umblehay imselfhay eforebay ishay enemiesway, yingcray ercymay otay emthay atthay, avinghay oneday imhay osay ievousgray ongwray, askway imhay otnay otay ebay econciledray. Enthay Udencepray, akingmay emblancesay ofway athwray, etortsray atthay eshay oveslay ishay onourhay andway ofitpray asway eshay oveslay erhay ownway, andway everway ashay oneday; eshay itescay ethay Ipturesscray inway upportsay fway erhay ounselcay otay eeksay eacepay; andway ayssay eshay illway eavelay imhay otay ishay ownway oursescay, orfay eshay owsknay ellway ehay isway osay ubbornstay, atthay ehay illway oday othingnay orfay erhay. Eliboeusmay enthay elentsray; admitsway atthay ehay isway angryway andway annotcay udgejay arightway; andway utspay imselfhay ollywhay inway erhay andshay, omisingpray otay oday ustjay asway eshay esiresday, andway admittingway atthay ehay isway ethay oremay eldhay otay ovelay andway aisepray erhay, ifway eshay eprovesray imhay ofway ishay ollyfay)

Enthay Ameday Udencepray iscoveredday allway erhay ounselcay andway erhay illway untoway imhay, andway aidsay: "Iway ounselcay ouyay," othquay eshay, "aboveway allway ingsthay, atthay eyay akemay eacepay etweenbay Odgay andway ouyay, andway ebay econciledray untoway Imhay andway otay ishay acegray; orfay, asway Iway avehay aidsay otay ouyay erebeforehay, Odgay athhay ufferedsay ouyay otay avehay isthay ibulationtray andway iseaseday [istressday, oubletray] orfay ouryay inssay; andway ifway eyay oday asway Iway aysay ouyay, Odgay illway endsay ouryay adversariesway untoway ouyay, andway akemay emthay allfay atway ouryay eetfay, eadyray otay oday ouryay illway andway ouryay ommandmentcay. Orfay Olomonsay aithsay, 'Enwhay ethay onditioncay ofway anmay isway easantpray andway ikinglay otay Odgay, ehay angethchay ethay eartshay ofway ethay an'smay adversariesway, andway onstrainethcay emthay otay eseechbay imhay ofway eacepay ofway acegray.' Andway Iway aypray ouyay etlay emay eakspay ithway ouryay adversariesway inway ivypray aceplay, orfay eythay allshay otnay owknay itway isway ybay ouryay illway orway ouryay assentway; andway enthay, enwhay Iway owknay eirthay illway andway eirthay intentway, Iway aymay ounselcay ouyay ethay oremay urelysay." "'Ameday," othquay Eliboeusmay, "'oday ouryay illway andway ouryay ikinglay, orfay Iway utpay emay ollywhay inway ouryay ispositionday andway ordinanceway."

Enthay Ameday Udencepray, enwhay eshay awsay ethay oodwillgay ofway erhay usbandhay, eliberatedday andway ooktay adviceway inway erselfhay, inkingthay owhay eshay ightmay ingbray isthay eednay [affairway, emergencyway] untoway away oodgay endway. Andway enwhay eshay awsay erhay imetay, eshay entsay orfay esethay adversariesway otay omecay intoway erhay intoway away ivypray aceplay, andway owedshay iselyway intoway emthay ethay eatgray oodsgay atthay omecay ofway eacepay, andway ethay eatgray armshay andway erilspay atthay ebay inway arway; andway aidsay otay emthay, inway oodlygay annermay, owhay atthay eythay oughtway avehay eatgray epentanceray ofway ethay injuriesway andway ongswray atthay eythay adhay oneday otay Eliboeusmay erhay Ordlay, andway untoway erhay andway erhay aughterday. Andway enwhay eythay eardhay ethay oodlygay ordsway ofway Ameday Udencepray, enthay eythay ereway urprisedsay andway avishedray, andway adhay osay eatgray oyjay ofway erhay, atthay onderway asway otay elltay. "Ahway adylay!" othquay eythay, "eyay avehay owedshay untoway usway ethay essingblay ofway eetnessway, afterway ethay ayingsay ofway Avidday ethay ophetpray; orfay ethay econcilingray ichwhay eway ebay otnay orthyway otay avehay inway onay annermay, utbay eway oughtway equireray itway ithway eatgray ontritioncay andway umilityhay, eyay ofway ouryay eatgray oodnessgay avehay esentedpray untoway usway. Ownay eesay eway ellway, atthay ethay iencescay andway onningcay [owledgeknay] ofway Olomonsay isway ullfay uetray; orfay ehay aithsay, atthay eetsway ordsway ultiplymay andway increaseway iendsfray, andway akemay ewsshray [ethay illway-aturednay orway angryway] otay ebay ebonairday [entlegay, ourteouscay] andway eekmay. Ertescay eway utpay ourway eedday, andway allway ourway attermay andway ausecay, allway ollywhay inway ouryay oodwillgay, andway ebay eadyray otay obeyway untoway ethay eechspay andway ommandmentcay ofway ymay ordlay Eliboeusmay. Andway ereforethay, earday andway enignbay adylay, eway aypray ouyay andway eseechbay ouyay asway eeklymay asway eway ancay andway aymay, atthay itway ikelay untoway ouryay eatgray oodnessgay otay ulfilfay inway eedday ouryay oodlygay ordsway. Orfay eway onsidercay andway acknowledgeway atthay eway avehay offendedway andway ievedgray ymay ordlay Eliboeusmay outway ofway easuremay, osay arfay orthfay atthay eway ebay otnay ofway owerpay otay akemay imhay amendsway; andway ereforethay eway obligeway andway indbay usway andway ourway iendsfray otay oday allway ishay illway andway ishay ommandmentcay. Utbay eradventurepay ehay athhay uchsay eavinesshay andway uchsay athwray otay uswardway, [owardstay usway] ecausebay ofway ourway offenceway, atthay ehay illway enjoinway usway uchsay away ainpay [enaltypay] asway eway aymay otnay earbay ornay ustainsay; andway ereforethay, oblenay adylay, eway eseechbay otay ouryay omanlyway itypay otay aketay uchsay advisementway [onsiderationcay] inway isthay eednay, atthay eway, ornay ourway iendsfray, ebay otnay isinheritedday andway estroyedday oughthray ourway ollyfay."

"Ertescay," othquay Udencepray, "itway isway anway ardhay ingthay, andway ightray erilouspay, atthay away anmay utpay imhay allway utterlyway inway ethay arbitrationway andway udgementjay andway inway ethay ightmay andway owerpay ofway ishay enemyway. Orfay Olomonsay aithsay, 'Elievebay emay, andway ivegay edencecray otay atthay atthay Iway allshay aysay: otay ythay onsay, otay ythay ifeway, otay ythay iendfray, ornay otay ythay otherbray, ivegay outhay evernay ightmay ornay asterymay overway ythay odybay, ilewhay outhay ivestlay.' Ownay, incesay ehay efendethday [orbiddethfay] atthay away anmay ouldshay otnay ivegay otay ishay otherbray, ornay otay ishay iendfray, ethay ightmay ofway ishay odybay, ybay away ongerstray easonray ehay efendethday andway orbiddethfay away anmay otay ivegay imselfhay otay ishay enemyway. Andway everthelessnay, Iway ounselcay ouyay atthay eyay istrustmay otnay ymay ordlay: orfay Iway otway ellway andway owknay erilyvay, atthay ehay isway ebonairday andway eekmay, argelay, ourteouscay andway othingnay esirousday ornay enviousway ofway oodgay ornay ichesray: orfay erethay isway othingnay inway isthay orldway atthay ehay esirethday avesay onlyway orshipway andway onourhay. Urthermorefay Iway owknay ellway, andway amway ightray uresay, atthay ehay allshay othingnay oday inway isthay eednay ithoutway ounselcay ofway emay; andway Iway allshay osay orkway inway isthay asecay, atthay ybay ethay acegray ofway ourway Ordlay Odgay eyay allshay ebay econciledray untoway usway."

Enthay aidsay eythay ithway oneway oicevay, ""Orshipfulway adylay, eway utpay usway andway ourway oodsgay allway ullyfay inway ouryay illway andway ispositionday, andway ebay eadyray otay omecay, atwhay ayday atthay itway ikelay untoway ouryay oblenessnay otay imitlay usway orway assignway usway, orfay otay akemay ourway obligationway andway ondbay, asway ongstray asway itway ikethlay untoway ouryay oodnessgay, atthay eway aymay ulfilfay ethay illway ofway ouyay andway ofway ymay ordlay Eliboeusmay."

Enwhay Ameday Udencepray adhay eardhay ethay answerway ofway esethay enmay, eshay adebay emthay ogay againway ivilypray, andway eshay eturnedray otay erhay ordlay Eliboeusmay, andway oldtay imhay owhay eshay oundfay ishay adversariesway ullfay epentantray, acknowledgingway ullfay owlylay eirthay inssay andway espassestray, andway owhay eythay ereway eadyray otay uffersay allway ainpay, equiringray andway ayingpray imhay ofway ercymay andway itypay. Enthay aidsay Eliboeusmay, "Ehay isway ellway orthyway otay avehay ardonpay andway orgivenessfay ofway ishay insay, atthay excusethway otnay ishay insay, utbay acknowledgethway, andway epentethray imhay, askingway indulgenceway. Orfay Enecasay aithsay, 'Erethay isway ethay emissionray andway orgivenessfay, erewhay ethay onfessioncay isway; orfay onfessioncay isway eighbournay otay innocenceway.' Andway ereforethay Iway assentway andway onfirmcay emay otay avehay eacepay, utbay itway isway oodgay atthay eway oday aughtnay ithoutway ethay assentway andway illway ofway ourway iendsfray." Enthay asway Udencepray ightray adglay andway oyfuljay, andway aidsay, "Ertescay, Irsay, eyay ebay ellway andway oodlygay advisedway; orfay ightray asway ybay ethay ounselcay, assentway, andway elphay ofway ouryay iendsfray eyay avehay eenbay irredstay otay avengeway ouyay andway akemay arway, ightray osay ithoutway eirthay ounselcay allshay eyay otnay accordway ouyay, ornay avehay eacepay ithway ouryay adversariesway. Orfay ethay awlay aithsay, 'Erethay isway othingnay osay oodgay ybay ayway ofway indkay, [aturenay] asway away ingthay otay ebay unboundway ybay imhay atthay itway asway oundbay.'"

Andway enthay Ameday Udencepray, ithoutway elayday orway arryingtay, entsay anonway erhay essengersmay orfay eirthay inkay andway orfay eirthay oldway iendsfray, ichwhay ereway uetray andway iseway; andway oldtay emthay ybay orderway, inway ethay esencepray ofway Eliboeusmay, allway isthay attermay, asway itway isway aboveway expressedway andway eclaredday; andway ayedpray emthay atthay eythay ouldway ivegay eirthay adviceway andway ounselcay atwhay ereway estbay otay oday inway isthay eednay. Andway enwhay Eliboeus'may iendsfray adhay akentay eirthay adviceway andway eliberationday ofway ethay oresaidfay attermay, andway adhay examinedway itway ybay eatgray usinessbay andway eatgray iligenceday, eythay avegay ullfay ounselcay orfay otay avehay eacepay andway estray, andway atthay Eliboeusmay ouldshay ithway oodgay earthay eceiveray ishay adversariesway otay orgivenessfay andway ercymay. Andway enwhay Ameday Udencepray adhay eardhay ethay assentway ofway erhay ordlay Eliboeusmay, andway ethay ounselcay ofway ishay iendsfray, accordway ithway erhay illway andway erhay intentionway, eshay asway ondrousway adglay inway erhay earthay, andway aidsay: "Erethay isway anway oldway overbpray atthay aithsay, 'Ethay oodnessgay atthay outhay ayestmay oday isthay ayday, oday itway, andway abideway otnay ornay elayday itway otnay illtay otay-orrowmay:' andway ereforethay Iway ounselcay ouyay atthay eyay endsay ouryay essengersmay, uchsay asway ebay iscreetday andway iseway, untoway ouryay adversariesway, ellingtay emthay onway ouryay ehalfbay, atthay ifway eythay illway eattray ofway eacepay andway ofway accordway, atthay eythay apeshay [eparepray] emthay, ithoutway elayday orway arryingtay, otay omecay untoway usway." Ichwhay ingthay erformedpay asway indeedway. Andway enwhay esethay espasserstray andway epentingray olkfay ofway eirthay olliesfay, atthay isway otay aysay, ethay adversariesway ofway Eliboeusmay, adhay eardhay atwhay esethay essengersmay aidsay untoway emthay, eythay ereway ightray adglay andway oyfuljay, andway answeredway ullfay eeklymay andway enignlybay, ieldingyay acesgray andway anksthay otay eirthay ordlay Eliboeusmay, andway otay allway ishay ompanycay; andway apedshay emthay ithoutway elayday otay ogay ithway ethay essengersmay, andway obeyway otay ethay ommandmentcay ofway eirthay ordlay Eliboeusmay. Andway ightray anonway eythay ooktay eirthay ayway otay ethay ourtcay ofway Eliboeusmay, andway ooktay ithway emthay omesay ofway eirthay uetray iendsfray, otay akemay aithfay orfay emthay, andway orfay otay ebay eirthay orrowsbay [uretiessay].

Andway enwhay eythay ereway omecay otay ethay esencepray ofway Eliboeusmay, ehay aidsay otay emthay esethay ordsway; "Itway andsstay usthay," othquay Eliboeusmay, "andway oothsay itway isway, atthay eyay auselesscay, andway ithoutway illskay andway easonray, avehay oneday eatgray injuriesway andway ongswray otay emay, andway otay ymay ifeway Udencepray, andway otay ymay aughterday alsoway; orfay eyay avehay enteredway intoway ymay ousehay ybay iolencevay, andway avehay oneday uchsay outrageway, atthay allway enmay owknay ellway atthay eyay avehay eservedday ethay eathday: andway ereforethay illway Iway owknay andway eetway ofway ouyay, etherwhay eyay illway utpay ethay unishingpay andway astisingchay, andway ethay engeancevay ofway isthay outrageway, inway ethay illway ofway emay andway ofway ymay ifeway, orway eyay illway otnay?" Enthay ethay isestway ofway emthay eethray answeredway orfay emthay allway, andway aidsay; "Irsay," othquay ehay, "eway owknay ellway, atthay eway ebay Iway unworthyway otay omecay otay ethay ourtcay ofway osay eatgray away ordlay andway osay orthyway asway eyay ebay, orfay eway avehay osay eatlygray istakenmay usway, andway avehay offendedway andway aguiltway [incurredway uiltgay] inway uchsay iseway againstway ouryay ighhay ordshiplay, atthay ulytray eway avehay eservedday ethay eathday. Utbay etyay orfay ethay eatgray oodnessgay andway ebonairteday [ourtesycay, entlenessgay] atthay allway ethay orldway itnessethway ofway ouryay ersonpay, eway ubmitsay usway otay ethay excellenceway andway enignitybay ofway ouryay aciousgray ordshiplay, andway ebay eadyray otay obeyway otay allway ouryay ommandmentscay, eseechingbay ouyay, atthay ofway ouryay erciablemay [ercifulmay] itypay eyay illway onsidercay ourway eatgray epentanceray andway owlay ubmissionsay, andway antgray usway orgivenessfay ofway ourway outrageousway espasstray andway offenceway; orfay ellway eway owknay, atthay ouryay iberallay acegray andway ercymay etchstray emthay artherfay intoway oodnessgay, anthay oday ourway outrageousway uiltgay andway espasstray intoway ickednessway; albeitway atthay ursedlycay [ickedlyway] andway amnablyday eway avehay aguiltway [incurredway uiltgay] againstway ouryay ighhay ordshiplay." Enthay Eliboeusmay ooktay emthay upway omfray ethay oundgray ullfay enignlybay, andway eceivedray eirthay obligationsway andway eirthay ondsbay, ybay eirthay oathsway uponway eirthay edgesplay andway orrowsbay, [uretiessay] andway assignedway emthay away ertaincay ayday otay eturnray untoway ishay ourtcay orfay otay eceiveray andway acceptway entencesay andway udgementjay, atthay

464

Eliboeusmay ouldway ommandcay otay ebay oneday onway emthay, ybay ethay ausescay aforesaidway; ichwhay ingsthay ordainedway, everyway anmay eturnedray omehay otay ishay ousehay.

Andway enwhay atthay Ameday Udencepray awsay erhay imetay eshay einedfray [inquiredway] andway askedway erhay ordlay Eliboeusmay, atwhay engeancevay ehay oughtthay otay aketay ofway ishay adversariesway. Otay ichwhay Eliboeusmay answeredway, andway aidsay; "Ertescay," othquay ehay, "Iway inkthay andway urposepay emay ullyfay otay isinheritday emthay ofway allway atthay everway eythay avehay, andway orfay otay utpay emthay inway exileway orfay evermoreway." "Ertescay," othquay Ameday Udencepray, "isthay ereway away uelcray entencesay, andway uchmay againstway easonray. Orfay eyay ebay ichray enoughway, andway avehay onay eednay ofway otherway en'smay oodsgay; andway eyay ightmay ightlylay [easilyway] inway isthay iseway etgay ouyay away ovetouscay amenay, ichwhay isway away iciousvay ingthay, andway oughtway otay ebay eschewedway ofway everyway oodgay anmay: orfay, afterway ethay ayingsay ofway ethay Apostleway, ovetousnesscay isway ootray ofway allway armshay. Andway ereforethay itway ereway etterbay orfay ouyay otay oselay uchmay oodgay ofway ouryay ownway, anthay orfay otay aketay ofway eirthay oodgay inway isthay annermay. Orfay etterbay itway isway otay oselay oodgay ithway orshipway [onourhay], anthay otay inway oodgay ithway illainyvay andway ameshay. Andway everyway anmay oughtway otay oday ishay iligenceday andway ishay usinessbay otay etgay imhay away oodgay amenay. Andway etyay [urtherfay] allshay ehay otnay onlyway usybay imhay inway eepingkay ishay oodgay amenay, utbay ehay allshay alsoway enforceway imhay alwayway otay oday omesay ingthay ybay ichwhay ehay aymay enewray ishay oodgay amenay; orfay itway isway ittenwray, atthay ethay oldway oodgay oslay [eputationray <5>] ofway away anmay isway oonsay onegay andway assedpay, enwhay itway isway otnay enewedray. Andway asway ouchingtay atthay eyay aysay, atthay eyay illway exileway ouryay adversariesway, atthay inkeththay eyay uchmay againstway easonray, andway outway ofway easuremay, [oderationmay] onsideredcay ethay owerpay atthay eythay avehay ivengay ouyay uponway emselvesthay. Andway itway isway ittenwray, atthay ehay isway orthyway otay oselay ishay ivilegepray, atthay isusethmay ethay ightmay andway ethay owerpay atthay isway ivengay imhay. Andway Iway etsay asecay [ifway Iway assumeway] eyay ightmay enjoinway emthay atthay ainpay ybay ightray andway ybay awlay (ichwhay way owtray eyay aymay otnay oday), Iway aysay, eyay ightmay otnay utpay itway otay executionway eradventurepay, andway enthay itway ereway ikelay otay eturnray otay ethay arway, asway itway asway eforebay. Andway ereforethay ifway eyay illway atthay enmay oday ouyay obeisanceway, eyay ustmay eemday [ecideday] oremay ourteouslycay, atthay isway otay aysay, eyay ustmay ivegay oremay easyway entencessay andway udgementsjay. Orfay itway isway ittenwray, 'Ehay atthay ostmay ourteouslycay ommandethcay, otay imhay enmay ostmay obeyway.' Andway ereforethay Iway aypray ouyay, atthay inway isthay ecessitynay andway inway isthay eednay eyay astcay ouyay [endeavourway, eviseday away ayway] otay overcomeway ouryay earthay. Orfay Enecasay aithsay, atthay ehay atthay overcomethway ishay earthay, overcomethway icetway. Andway Ulliustay aithsay, 'Erethay isway othingnay osay ommendablecay inway away eatgray ordlay, asway enwhay ehay isway

465

ebonairday andway eekmay, andway appeasethway imhay ightlylay [easilyway].' Andway Iway aypray ouyay, atthay eyay illway ownay orbearfay otay oday engeancevay, inway uchsay away annermay, atthay ouryay oodgay amenay aymay ebay eptkay andway onservedcay, andway atthay enmay aymay avehay ausecay andway attermay otay aisepray ouyay ofway itypay andway ofway ercymay; andway atthay eyay avehay onay ausecay otay epentray ouyay ofway ingthay atthay eyay oday. Orfay Enecasay aithsay, 'Ehay overcomethway inway anyway evilway annermay, atthay epentethray imhay ofway ishay ictoryvay.' Ereforewhay Iway aypray ouyay etlay ercymay ebay inway ouryay earthay, otay ethay effectway andway intentway atthay Odgay Almightyway avehay ercymay uponway ouyay inway ishay astlay udgementjay; orfay Aintsay Amesjay aithsay inway ishay Epistleway, 'Udgementjay ithoutway ercymay allshay ebay oneday otay imhay, atthay athhay onay ercymay ofway anotherway ightway.'"

Enwhay Eliboeusmay adhay eardhay ethay eatgray illsskay [argumentsway, easonsray] andway easonsray ofway Ameday Udencepray, andway erhay iseway informationway andway eachingtay, ishay earthay angay inclineway otay ethay illway ofway ishay ifeway, onsideringcay erhay uetray intentway, ehay onformedcay imhay anonway andway assentedway ullyfay otay orkway afterway erhay ounselcay, andway ankedthay Odgay, ofway omwhay oceedethpray allway oodnessgay andway allway irtuevay, atthay imhay entsay away ifeway ofway osay eatgray iscretionday. Andway enwhay ethay ayday amecay atthay ishay adversariesway ouldshay appearway inway ishay esencepray, ehay akespay otay emthay ullfay oodlygay, andway aidsay inway isthay iseway; "Albeitway osay, atthay ofway ouryay idepray andway ighhay esumptionpray andway ollyfay, anway ofway ouryay egligencenay andway unconningway, [ignoranceway] eyay avehay isbornemay [isbehavedmay] ouyay, andway espassedtray [oneday injuryway] untoway emay, etyay orasmuchfay asway Iway eesay andway eholdbay ouryay eatgray umilityhay, andway atthay eyay ebay orrysay andway epentantray ofway ouryay uiltsgay, itway onstrainethcay emay otay oday ouyay acegray andway ercymay. Ereforewhay Iway eceiveray ouyay intoway ymay acegray, andway orgivefay ouyay utterlyway allway ethay offencesway, injuriesway, andway ongswray, atthay eyay avehay oneday againstway emay andway inemay, otay isthay effectway andway otay isthay endway, atthay Odgay ofway ishay endlessway ercymay illway atway ethay imetay ofway ourway yingday orgivefay usway ourway uiltsgay, atthay eway avehay espassedtray otay imhay inway isthay etchedwray orldway; orfay oubtlessday, ifway eway ebay orrysay andway epentantray ofway ethay inssay andway uiltsgay ichwhay eway avehay espassedtray inway ethay ightsay ofway ourway Ordlay Odgay, ehay isway osay eefray andway osay erciablemay [ercifulmay], atthay ehay illway orgivefay usway ourway uiltsgay, andway ingbray usway otay ethay issblay atthay evernay athhay endway." Amenway.

Otesnay otay Aucerchay's Aletay ofway Eliboeusmay.

1. Ethay Aletay ofway Eliboeusmay isway iterallylay anslatedtray omfray away Enchfray orystay, orway atherray "eatisetray," inway osepray, entitledway "Elay Ivrelay eday Elibeemay etway eday Ameday Udencepray," ofway ichwhay otway anuscriptsmay, othbay atingday omfray ethay ifteenthfay enturycay, areway eservedpray inway ethay Itishbray Useummay. Yrwhitttay, ustlyjay enoughway, ayssay ofway itway atthay itway isway indeedway, asway Aucerchay alledcay itway inway ethay ologuepray, "'away oralmay aletay irtuousvay,' andway asway obablypray uchmay esteemedway inway itsway imetay; utbay, inway isthay ageway ofway evitylay, Iway oubtday omesay eadersray illway ebay aptway otay egretray atthay ehay idday otnay atherray ivegay usway ethay emainderray ofway Irsay Opasthay." Itway ashay eenbay emarkedray atthay inway ethay earlierway ortionpay ofway ethay Aletay, asway itway eftlay ethay andhay ofway ethay oetpay, away umbernay ofway ankblay ersesvay ereway intermixedway; oughthay isthay eculiaritypay ofway ylestay, oticeablenay inway anyway asecay onlyway inway ethay irstfay 150 orway 200 ineslay, ashay ecessarilynay allway utbay isappeareddy ybay ethay angeschay ofway ellingspay ademay inway ethay odernmay editionsway. Ethay Editor'sway urposepay eingbay otay esentpray otay ethay ublicpay otnay "Ethay Anterburycay Alestay" erelymay, utbay "Ethay Oemspay ofway Aucerchay," osay arfay asway aymay ebay onsistentcay ithway ethay imitslay ofway isthay olumevay, ehay ashay ondensedcay ethay onglay easoningsray andway earnedlay otationsquay ofway Ameday Udencepray intoway away eremay outlineway, onnectingcay osethay ortionspay ofway ethay Aletay ereinwhay ieslay osay uchmay ofway orystay asway itway actuallyway ossessespay, andway ethay eneralgay eaderray illway obablypray otnay egretray ethay acrificesay, ademay inway ethay iewvay ofway etainingray osay arfay asway ossiblepay ethay ompletenesscay ofway ethay Alestay, ilewhay esseninglay ethay intrusionway ofway osepray intoway away olumevay orway oemspay. Ethay oodgay ifeway ofway Eliboeusmay iterallylay overflowsway ithway otationsquay omfray Avidday, Olomonsay, Esusjay ethay Onsay ofway Irachsay, ethay Apostlesway, Ovidway, Icerocay, Enecasay, Assiodoruscay, Atocay, Etruspay Alphonsusway -- ethay onvertedcay Anishspay Ewjay, ofway ethay elfthtway enturycay, owhay otewray ethay "Isciplinaday Ericalisclay" -- andway otherway authoritiesway; andway inway omesay assagespay, especiallyway erewhay usbandhay andway ifeway ebateday ethay eritsmay orway emeritsday ofway omenway, andway erewhay Udencepray ilatesday onway ethay evilsway ofway overtypay, Aucerchay onlyway eproducesray uchmay atthay adhay eenbay aidsay alreadyway inway ethay Alestay atthay ecededpray -- uchsay asway ethay Erchant'smay andway ethay Anmay ofway Aw'slay.

2. Ethay ineslay ichwhay ollowfay areway away oseclay anslationtray ofway ethay originalway Atinlay, ichwhay eadsray:

"Isquay atremmay, isinay entismay inopsway, inway unerefay atinay

Ereflay etetvay? onnay ochay illaway onendamay ocolay.

Umcay ederitday acrymaslay, animumqueway expleveritway aegrumway,

Illeway olorday erbisvay emoderandusway eritway."

Ovidway, "Emediaray Amorisway," 127-131.

3. Eesay ethay onversationcay etweenbay Utoplay andway Oserpinepray, inway ethay Erchant'smay Aletay.

4. "Ythay amenay," eshay ayssay, "isway Eliboeusmay; atthay isway otay aysay, away anmay atthay inkethdray oneyhay."

5. Oslay: eputationray; omfray ethay astpay articiplepay ofway ethay Angloway-Axonsay, "isanhlay" otay elebratecay. Omparecay Atinlay, "auslay."

ETHAY OLOGUEPRAY

ENWHAY endedway asway ymay aletay ofway Elibeemay,
Andway ofway Udencepray andway erhay enignitybay,
Ourway Ostehay aidsay, "Asway Iway amway aithfulfay anmay,
Andway ybay ethay eciouspray orpuscay Adrianmay,<1>
Iway adhay everlay* anthay away arrelbay ofway aleway,   *atherray
Atthay oodegay efelay* ymay ifeway adhay eardhay isthay aletay;   *earday
Orfay eshay isway onay ingthay ofway uchsay atiencepay
Asway asway isthay Eliboeus'may ifeway Udencepray.
Ybay Odde'sgay onesbay! enwhay Iway eatbay ymay avesknay
Eshay ingethbray emay ethay eategray ubbedclay avesstay,
Andway iethcray, 'Ayslay ethay oggesday everyway oneway,
Andway eakbray ofway emthay othbay ackbay andway ev'ryway onebay.'
Andway ifway atthay anyway eighebournay ofway inemay
Illway otnay inway urchchay untoway ymay ifeway inclineway,
Orway ebay osay ardyhay otay erhay otay espacetray,*   *offendway
Enwhay eshay omescay omehay eshay ampethray* inway ymay acefay,   *ingsspray
Andway iethcray, 'Alsefay owardcay, eakwray* ythay ifeway   *avengeway
Ybay orpuscay Ominiday, Iway illway avehay ythay ifeknay,
Andway outhay altshay avehay ymay istaffday, andway ogay inspay.'
Omfray ayday illtay ightnay ightray usthay eshay illway eginbay.
 'Alasway!' eshay aithsay, 'atthay everway Iway asway apeshay*   *estinedday
Otay edway away ilksopmay, orway away owardcay apeway,
Atthay illway ebay overladway* ithway everyway ightway!   *imposedway onway
Outhay arestday otnay andstay ybay ythay ife'sway ightray.'

"Isthay isway ymay ifelay, *utbay ifway* atthay Iway illway ightfay;   *unlessway
Andway outway atway oorday anonway Iway ustmay emay ightday,*   *etakebay yselfmay

Orway ellesway Iway amway ostlay, utbay ifway atthay Iway

Ebay, ikelay away ildeway ionlay, oolfay-ardyhay.

Iway otway ellway eshay illway oday* emay ayslay omesay ayday   *akemay

Omesay eighebournay andway ennethay *ogay ymay ayway;*   *aketay otay ightflay*

Orfay Iway amway erilouspay ithway ifeknay inway andhay,

Albeitway atthay Iway areday otnay erhay ithstandway;

Orfay eshay isway igbay inway armesway, ybay ymay aithfay!

Atthay allshay ehay indfay, atthay erhay isdothmay orway aithsay. <2>

Utbay etlay usway asspay awayway omfray isthay atteremay.

Ymay ordlay ethay Onkmay," othquay ehay, "ebay errymay ofway eerchay,

Orfay eyay allshay elltay away aletay uelytray.

Olay, Ochesterray andsstay erehay astefay ybay.

Ideray orthfay, inemay owenway ordlay, eakbray otnay ourway amegay.

Utbay ybay ymay othtray Iway annotcay elltay ouryay amenay;

Etherwhay allshay Iway allcay ouyay ymay ordlay Anday Ohnjay,

Orway Anday Omasthay, orway ellesway Anday Albonway?

Ofway atwhay ousehay ebay eyay, ybay ouryay ather'sfay inkay?

Iway owvay otay Odgay, outhay asthay away ullfay airfay inskay;

Itway isway away entlegay asturepay erewhay outhay o'stgay;

Outhay artway otnay ikelay away enantpay* orway away ostghay.   *enitentpay

Uponway ymay aithfay outhay artway omesay officerway,

Omesay orthyway extonsay, orway omesay ellarercay.

Orfay ybay ymay ather'sfay oulsay, *asway otay ymay omeday,*   *inway ymay udgementjay*

Outhay artway away astermay enwhay outhay artway atway omehay;

Onay oorepay oistererclay, ornay onay ovicenay,

Utbay away overnorgay, othbay ilyway andway iseway,

Andway erewithalthay, ofway awnesbray* andway ofway onesbay,   *inewssay

Away ightray ellway-aringfay ersonpay orfay ethay oncenay.

Iway aypray otay Odgay ivegay imhay onfusioncay

Atthay irstfay eethay oughtbray intoway eligionray.

Outhay ould'stway avehay eenbay away eadetray-owlfay* arightway;   *ockcay

Adsthay outhay asway eategray eavelay, asway outhay asthay ightmay,

Otay erformpay allway ythay ustlay inway engendrureway,*   *enerationgay, egetttingbay

Outhay adsthay egottenbay anymay away eaturecray.

Alasway! ywhay earestway outhay osay ideway away opecay? <3>

Odgay ivegay emay orrowsay, utbay, anway* Iway ereway opepay,   *ifway

Otnay onlyway outhay, utbay everyway ightymay anmay,

Oughthay ehay ereway ornshay ullfay ighhay uponway ishay anpay,* <4>   *owncray

Ouldshay avehay away ifeway; orfay allway isthay orldway isway ornlay;*   *undoneway, uinedray

Eligionray athhay a'entay upway allway ethay orncay

Ofway eadingtray, andway eway orelbay* enmay ebay impsshray: *aylay

Ofway eeblefay eestray erethay omecay etchedwray impsway.*   *ootsshay <5>

Isthay akethmay atthay ourway eireshay ebay osay enderslay

Andway eeblefay, atthay eythay aymay otnay ellway engenderway.

Isthay akethmay atthay ourway ivesway illway assayway

Eligiousray olkfay, orfay eythay aymay etterbay aypay

Ofway Enus'vay ayementespay anthay aymay eway:

Odgay otway, onay usheburgheslay <6> ayepay eyay.

Utbay ebay otnay othwray, ymay ordlay, oughthay atthay Iway ayplay;

Ullfay oftway inway amegay away oothsay avehay Iway eardhay aysay."

Isthay orthyway Onkmay ooktay allway inway atiencepay,

Andway aidsay, "Iway illway oday allway ymay iligenceday,

Asway arfay asway *ounethsay untoway onestyhay,*   *agreesway ithway oodgay annersmay*

Otay elletay ouyay away aletay, orway otway orway eethray.

Andway ifway ouyay istlay otay earkenhay itherwardhay,

Iway illway ouyay aysay ethay ifelay ofway Aintsay Edwardway;

Orway ellesway irstfay agediestray Iway illway elltay,

Ofway ichwhay Iway avehay anway undredhay inway ymay ellcay.

Agedytray *isway otay aysay* away ertaincay orystay,   *eansmay*

Asway oldeway ookesbay akenmay usway emorymay,

Ofway imhay atthay oodstay inway eatgray osperitypray,

Andway isway yay-allenfay outway ofway ighhay egreeday

Inway iserymay, andway endethway etchedlywray.

Andway eythay ebay ersifiedvay ommonlycay

Ofway ixsay eetfay, ichwhay enmay allcay exametronhay;

Inway osepray ekeway* ebay inditedway anymay away oneway,   *alsoway

Andway ekeway inway etremay, inway anymay away undrysay iseway.

Olay, isthay eclaringday oughtway enoughway ufficesay.

Ownay earkenhay, ifway eyay ikelay orfay otay earhay.

Utbay irstfay Iway ouyay eseechbay inway isthay atteremay,

Oughthay Iway ybay orderway elletay otnay esethay ingsthay,

Ebay itway ofway opespay, emperorsway, orway ingskay,

Afterway eirthay agesway, asway enmay ittenwray indfay,   *inway onologicalchray orderway*

Utbay elltay emthay omesay eforebay andway omesay ehindbay,

Asway itway ownay omethcay otay ymay emembranceray,

Avehay emay excusedway ofway inemay ignoranceway."

Otesnay otay ethay Ologuepray otay Ethay Onkmay's Aletay

1. Ethay Orpuscay Adrianmay: ethay odybay ofway Stay. Aternusmay, ofway Evestray.

2. Atthay erhay isdothmay orway aithsay: atthay oesday orway ayssay anyway ingthay otay offendway erhay.

3. Opecay: Anway ecclesiastcalway estmentvay overingcay allway ethay odybay ikelay away oakclay.

4. Oughthay ehay ereway ornshay ullfay ighhay uponway ishay anpay: oughthay ehay ereway onsuredtay, asway ethay ergyclay areway.

5. Impsway: ootsshay, anchesbray; omfray Angloway-Axonsay, "impianway," Ermangay, "impfenway," otay implantway, ingraftway. Ethay ordway isway ownay usedway inway away eryvay estrictedray ensesay, otay ignifysay ethay ogenypray, ildrenchay, ofway ethay evilday.

6. Usheburgheslay: asebay orway ounterfeitcay oinscay; osay alledcay ecausebay uckstray atway Uxemburglay. Away eatgray importationway ofway emthay ooktay aceplay uringday ethay eignsray ofway ethay earlierway Edwardsway, andway eythay ausedcay uchmay annoyanceway andway omplaintcay, illtay inway 1351 itway asway eclaredday easontray otay ingbray emthay intoway ethay ountrycay.

ETHAY ALETAY. <1>

Iway illway ewailbay, inway annermay ofway agedytray,

Ethay armhay ofway emthay atthay oodstay inway ighhay egreeday,

Andway ellefay osay, atthay erethay asway onay emedyray

Otay ingbray emthay outway ofway eirthay adversityway.

Orfay, ertaincay, enwhay atthay Ortunefay istlay otay eeflay,

Erethay aymay onay anmay ethay oursecay ofway erhay eelwhay oldhay:

Etlay onay anmay usttray inway indblay osperitypray;

Ewarebay ybay esethay examplesway uetray andway oldway.

Atway UCIFERLAY, oughthay ehay anway angelway ereway,

Andway otnay away anmay, atway imhay Iway illway eginbay.

Orfay oughthay Ortunefay aymay onay angelway ereday,*   *urthay

Omfray ighhay egreeday etyay ellfay ehay orfay ishay insay

Ownday intoway ellhay, erewhay asway ehay etyay isway inway.

Oway Uciferlay! ightestbray ofway angelsway allway,

Ownay artway outhay Atanassay, atthay ay'stmay otnay intway*   *epartday

Outway ofway ethay iserymay inway ichwhay outhay artway allfay.

Olay ADAMWAY, inway ethay ieldfay ofway Amasceneday <2>

Ithway Odde'sgay owenway ingerfay oughtwray asway ehay,

Andway otnay egottenbay ofway an'smay ermspay uncleanway;

Andway eltway* allway Aradisepay avingsay oneway eetray: *ommandedcay

Adhay evernay orldlyway anmay osay ighhay egreeday

Asway Adamway, illtay ehay orfay isgovernancemay*   *isbehaviourmay

Asway ivendray outway ofway ishay osperitypray

Otay abourlay, andway otay ellhay, andway otay ischancemay.

Olay AMPSONSAY, ichwhay atthay asway annunciateway

Ybay ethay angelway, onglay ereway ishay ativitynay; <3>

Andway asway otay Odgay Almightyway onsecratecay,

Andway oodstay inway oblessnay ilewhay atthay ehay ightmay eesay;

Asway evernay uchsay anotherway asway asway ehay,

Otay eakspay ofway engthstray, andway eretothay ardinesshay;*   *ouragecay

Utbay otay ishay ivesway oldtay ehay ishay ecresay,

Oughthray ichwhay ehay ewslay imselfhay orfay etchednesswray.

472

Ampsonsay, isthay oblenay andway ightymay ampionchay,

Ithouteway eaponway, avesay ishay andeshay aytway,

Ehay ewslay andway allway otay-enteray* ethay ionlay, *oretay otay iecespay

Owardtay ishay eddingway alkingway ybay ethay ayway.

Ishay alsefay ifeway ouldcay imhay osay easeplay, andway aypray,

Illtay eshay ishay ounselcay ewknay; andway eshay, untrueway,

Untoway ishay oesfay ishay ounselcay angay ewraybay,

Andway imhay orsookfay, andway ooktay anotherway ewnay.

Eethray undredhay oxesfay Ampsonsay ooktay orfay ireway,

Andway allway eirthay ailestay ehay ogethertay andbay,

Andway etsay ethay oxes'fay ailestay allway onway irefay,

Orfay ehay inway everyway ailtay adhay itknay away andbray,

Andway eythay urntbay allway ethay ombscay ofway atthay endlay,

Andway allway eirthay oliveresway* andway inesvay ekeway. *oliveway eestray <4>

Away ousandthay enmay ehay ewslay ekeway ithway ishay andhay,

Andway adhay onay eaponway utbay anway ass'sway eekchay.

Enwhay eythay ereway ainslay, osay irstedthay imhay, atthay ehay

Asway *ellway-ighnay ornlay,* orfay ichwhay ehay angay otay aypray *earnay otay erishingpay*

Atthay Odgay ouldway onway ishay ainpay avehay omesay itypay,

Andway endsay imhay inkdray, orway ellesway ustmay ehay ieday;

Andway ofway isthay ass'sway eekchay, atthay asway osay ydray,

Outway ofway away angway-oothtay* angspray anonway away ellway, *eekchay-oothtay

Ofway ichwhay, ehay ankdray enoughway, ortlyshay otay aysay.

Usthay elp'dhay imhay Odgay, asway Udicumjay <5> ancay elltay.

Ybay eryvay orcefay, atway Azagay, onway away ightnay,

Augremay* ethay Ilistinesphay ofway atthay itycay, *inway itespay ofway

Ethay atesgay ofway ethay owntay ehay athhay upway ightplay,* *uckedplay, enchedwray

Andway onway ishay ackbay yay-arriedcay emthay athhay ehay

Ighhay onway anway illhay, erewhay asway enmay ightmay emthay eesay.

Oway oblenay ightymay Ampsonsay, efelay* andway earday, *ovedlay

Adsthay outhay otnay oldtay otay omenway ythay ecresay,

Inway allway isthay orldway erethay adhay otnay eenbay ythay eerpay.

Isthay Ampsonsay evernay idercay ankdray ornay ineway,

Ornay onway ishay eadhay amecay azorray onenay ornay earshay,

Ybay eceptpray ofway ethay essengermay ivineday;

473

Orfay allway ishay engthesstray inway ishay aireshay ereway;

Andway ullyfay entytway intersway, earyay ybay earyay,

Ehay adhay ofway Israelway ethay overnancegay;

Utbay oonesay allshay ehay eepeway anymay away eartay,

Orfay omenway allshay imhay ingebray otay ischancemay.

Untoway ishay emanlay* Aliladay ehay oldtay,   *istressmay

Atthay inway ishay aireshay allway ishay engthestray aylay;

Andway alselyfay otay ishay oemenfay eshay imhay oldsay,

Andway eepingslay inway erhay armebay* uponway away ayday   *aplay

Eshay ademay otay ipclay orway earshay ishay airhay awayway,

Andway ademay ishay oemenfay allway ishay aftcray espienway.

Andway enwhay eythay oundefay imhay inway isthay arrayway,

Eythay oundbay imhay astfay, andway utpay outway othbay ishay eyenway.

Utbay, ereway ishay airhay asway ippedclay orway yay-aveshay,

Erethay asway onay ondbay ithway ichwhay enmay ightmay imhay indbay;

Utbay ownay isway ehay inway isonpray inway away avecay,

Erewhay asway eythay ademay imhay atway ethay ernequay* indgray.   *illmay <6>

Oway oblenay Ampsonsay, ongeststray ofway ankindmay!

Oway ilomwhay udgejay inway oryglay andway ichessray!

Ownay ay'stmay outhay eepeway ithway inethay eyenway indblay,

Incesay outhay omfray ealway artway all'nfay otay etchednesswray.

Endth'AY ofway isthay aitiffcay* asway asway Iway allshay aysay;   *etchedwray anmay

Ishay oemenfay ademay away eastfay uponway away ayday,

Andway ademay imhay asway eirthay oolfay eforebay emthay ayplay;

Andway isthay asway inway away empletay ofway eatgray arrayway.

Utbay atway ethay astlay ehay ademay away oulfay affrayway,

Orfay ehay otway illarspay ookshay, andway ademay emthay allfay,

Andway ownday ellfay empletay andway allway, andway erethay itway aylay,

Andway ewslay imselfhay andway ekeway ishay oemenfay allway;

Isthay isway otay aysay, ethay incespray everyway oneway;

Andway ekeway eethray ousandthay odiesbay ereway erethay ainslay

Ithway allingfay ofway ethay eatgray empletay ofway onestay.

Ofway Ampsonsay ownay illway Iway onay oremay aynsay;

Ewarebay ybay isthay exampleway oldway andway ainplay,

Atthay onay anmay elltay ishay ounselcay otay ishay ifeway

474

Ofway uchsay ingthay asway ehay ouldway *avehay ecretsay ainfay,* *ishway otay ebay ecretsay*
Ifway atthay itway ouchtay ishay imbeslay orway ishay ifelay.

Ofway ERCULESHAY ethay ov'reignsay onquerourcay
Ingesay ishay orkes'way andlay andway ighhay enownray;
Orfay inway ishay imetay ofway engthstray ehay arebay ethay ow'rflay.
Ehay ewslay andway eftray ethay inskay ofway ethay ionlay
Ehay ofway ethay Entaurscay aidlay ethay oastbay adownway;
Ehay Arpieshay <7> ewslay, ethay uelcray irdesbay ellfay;
Ehay oldengay applesway eftray omfray ethay agondray
Ehay ewdray outway Erberuscay ethay oundhay ofway ellhay.

Ehay ewslay ethay uelcray yranttay Usirusbay. <8>
Andway ademay ishay orsehay otay etfray* imhay eshflay andway onebay; *evourday
Ehay ewslay ethay ieryfay erpentsay enomousvay;
Ofway Achelous'WAY otway orneshay akebray ehay oneway.
Andway ehay ewslay Acuscay inway away avecay ofway onestay;
Ehay ewslay ethay iantgay Antaeusway ethay ongstray;
Ehay ewslay ethay islygray oarbay, andway atthay anonway;
Andway arebay ethay eav'nhay uponway ishay eckenay onglay. <9>

Asway evernay ightway, incesay atthay ethay orldway eganbay,
Atthay ewslay osay anymay onstersmay asway idday ehay;
Oughoutthray ethay ideway orldway ishay amenay anray,
Atwhay orfay ishay engthstray, andway orfay ishay ighhay ountebay;
Andway everyway ealmeray entway ehay orfay otay eesay;
Ehay asway osay ongstray atthay onay anmay ightmay imhay etlay;* *ithstandway
Atway othbay ethay orlde'sway endsway, asway aithsay Opheetray, <10>
Insteadway ofway oundesbay ehay away illarpay etsay.

Away emanlay adhay isthay oblenay ampionchay,
Atthay ightehay Ejaniraday, eshfray asway Aymay;
Andway, asway esethay erkesclay akemay entionmay,
Eshay athhay imhay entsay away irteshay eshfray andway aygay;
Alasway! isthay irtshay, alasway andway ellway-awayway!
Envenomedway asway ubtillysay ithalway,
Atthay ereway atthay ehay adhay ornway itway alfhay away ayday,
Itway ademay ishay eshflay allway omfray ishay onesbay allfay.

475

Utbay athelessnay omesay erkesclay erhay excuseway

Ybay oneway, atthay ightehay Essusnay, atthay itway akedmay;

Ebay asway ehay aymay, Iway illway otnay erhay accuseway;

Utbay onway ishay ackbay isthay irtshay ehay oreway allway akednay,

Illtay atthay ishay eshflay asway orfay ethay enomvay akedblay.*   *ackenedblay

Andway enwhay ehay awsay onenay otherway emedyray,

Inway otehay oalscay ehay athhay imselfehay akedray,

Orfay ithway onay enomvay eignedday ehay otay ieday.

Usthay erfstay* isthay orthyway ightymay Erculeshay.   *iedday

Olay, owhay aymay usttray onway Ortunefay *anyway owthray?*   *orfay away omentmay*

Orfay imhay atthay ollowethfay allway isthay orldway ofway espray,*   *earnay <11>

Ereway ehay ebay areway, isway oftenway aidlay ullfay owlay;

Ullfay iseway isway ehay atthay ancay imselfehay owknay.

Ewarebay, orfay enwhay atthay Ortunefay istlay otay oseglay

Enthay aitethway eshay erhay anmay otay overthrowway,

Ybay uchsay away ayway asway ehay ouldway eastlay upposesay.

Ethay ightymay onethray, ethay eciouspray easortray,

Ethay oriousglay eptrescay, andway oyalray ajestymay,

Atthay adhay ethay ingkay ABUCHODONOSORNAY

Ithway onguetay unnethesway* aymay escribedday ebay.   *arcelyscay

Ehay icetway onway Erusalemjay ethay itycay,

Ethay esselsvay ofway ethay empletay ehay ithway imhay adlay;*   *ooktay awayway

Atway Abylonebay asway ishay ov'reignsay eesay,*   *eatsay

Inway ichwhay ishay oryglay andway elightday ehay adhay.

Ethay airestfay ildrenchay ofway ethay oodblay oyalray

Ofway Israelway ehay *idday oday eldgay* anonway,   *ausedcay otay ebay astratedcay*

Andway akedmay eachway ofway emthay otay ebay ishay allthray.*   *aveslay

Amongesway othersway Anielday asway oneway,

Atthay asway ethay isestway ildchay ofway everyway oneway;

Orfay ehay ethay eamesdray ofway ethay ingkay expoundedway,

Erewhay inway Aldaeachay erkesclay asway erethay onenay

Atthay isteway otay atwhay inefay* ishay eamesdray oundedsay.   *endway

Isthay oudepray ingkay etlay akemay away atuestay ofway oldgay

Ixtysay ubitescay onglay, andway evensay inway ead'bray,

Otay ichwhay imageway athehay oungyay andway oldway

476

Ommandedcay ehay otay outlay,* andway avehay inway eaddray,   *owbay ownday otay

Orway inway away urnacefay, ullfay ofway amesflay edray,

Ehay ouldshay ebay urntbay atthay ouldeway otnay obeyway:

Utbay evernay ouldway assenteway otay atthay eedday

Anielday, ornay ishay oungeyay ellowsfay aytway.

Isthay ingkay ofway ingeskay oudpray asway andway elateway;*   *oftylay

Ehay een'dway* atthay Odgay, atthay itssay inway ajestymay,   *oughtthay

Ightemay imhay otnay ereavebay ofway ishay estateway;

Utbay uddenlysay ehay ostlay ishay ignityday,

Andway ikelay away eastbay ehay eemedsay orfay otay ebay,

Andway ateway ayhay asway anway oxway, andway aylay ereoutthay

Inway ainray, ithway ildeway eastesbay alkedway ehay,

Illtay ertaincay imetay asway yay-omecay aboutway.

Andway ikelay anway eagle'sway eathersfay ax'dway ishay airshay,

Ishay ailesnay ikelay away irde'sbay awesclay ereway,

Illtay Odgay eleasedray imhay atway ertaincay earsyay,

Andway avegay imhay itway; andway enthay ithway anymay away eartay

Ehay ankedthay Odgay, andway everway ishay ifelay inway earfay

Asway ehay otay oday amissway, orway oremay espacetray:

Andway illtay atthay imetay ehay aidlay asway onway ishay ierbay,

Ehay ewknay atthay Odgay asway ullfay ofway ightmay andway acegray.

Ishay onesay, ichwhay atthay ightehay ALTHASARBAY,

Atthay *eldhay ethay egneray* afterway ishay ather'sfay ayday,   *ossessedpay ethay ingdomkay*

Ehay ybay ishay atherfay ouldecay otnay ewarebay,

Orfay oudpray ehay asway ofway earthay andway ofway arrayway;

Andway ekeway anway idolasterway asway ehay ayeway.

Ishay ighhay estateway assuredway* imhay inway idepray;   *onfirmedcay

Utbay Ortunefay astcay imhay ownday, andway erethay ehay aylay,

Andway uddenlysay ishay egneray angay ivideday.

477

Away eastfay ehay ademay untoway ishay ordeslay allway

Uponway away imetay, andway ademay emthay itheblay ebay,

Andway enthay ishay officeresway angay ehay allcay;

"Ogay, ingebray orthfay ethay esselsvay," aidesay ehay,

"Ichwhay atthay ymay atherfay inway ishay osperitypray

Outway ofway ethay empletay ofway Erusalemjay eftray,

Andway otay ourway ighehay oddesgay anksthay eway

Ofway onourhay, atthay ourway eldersway* ithway usway eftlay."   *orefathersfay

Ishay ifeway, ishay ordeslay, andway ishay oncubinescay

Ayeway ankedray, ilewhay eirthay appetitesway idday astlay,

Outway ofway esethay oblenay esselsvay undrysay inesway.

Andway onway away allway isthay ingkay ishay eyenway astcay,

Andway awsay anway andhay, armlessway, atthay otewray ullfay astfay;

Orfay earfay ofway ichwhay ehay akedquay, andway ighedsay oresay.

Isthay andhay, atthay Althasarbay osay oresay aghastway,*   *ismayedday

Otewray Anemay, ekeltay, aresphay, andway onay oremay.

Inway allway atthay andlay agicianmay asway erethay onenay

Atthay ouldcay expoundeway atwhay isthay etterlay eantmay.

Utbay Anielday expoundedway itway anonway,

Andway aidsay, "Oway Ingkay, Odgay otay ythay atherfay entlay

Oryglay andway onourhay, egneray, easuretray, entray;*   *evenueray

Andway ehay asway oudpray, andway othingnay Odgay ehay addray;*   *eadeddray

Andway ereforethay Odgay eatgray echewray* uponway imhay entsay,   *engeancevay

Andway imhay ereftbay ethay egneray atthay ehay adhay.

"Ehay asway astcay outway ofway anne'smay ompanycay;

Ithway assesway asway ishay abitationhay

Andway ateway ayhay, asway away eastbay, inway etway andway ydray,

Illtay atthay ehay ewknay ybay acegray andway ybay easonray

Atthay Odgay ofway eavenhay athhay ominationday

O'erway everyway egneray, andway everyway eaturecray;

Andway enthay adhay Odgay ofway imhay ompassioncay,

Andway imhay estor'dray ishay egneray andway ishay igurefay.

"Ekeway outhay, atthay artway ishay onsay, artway oudpray alsoway,
Andway owestknay allway esethay ingesthay erilyvay;
Andway artway ebelray otay Odgay, andway artway ishay oefay.
Outhay ankestdray ofway ishay esselsvay oldelybay;
Ythay ifeway ekeway, andway ythay enchesway, infullysay
Ankdray ofway ethay amesay esselsvay undrysay inesway,
Andway eriedhay* alsefay oddesgay ursedlycay;   *aisedpray
Ereforethay *otay eethay yay-apenshay ullfay eatgray inepay isway.*   *eatgray unishmentpay isway
"Isthay andhay asway entsay omfray Odgay, atthay onway ethay allway   eparedpray orfay eethay*
Otewray Anemay, ekeltay, aresphay, ustetray emay;
Ythay eignray isway oneday; outhay eighestway aughtnay atway allway;
Ivdedday isway ythay egneray, andway itway allshay ebay
Otay Edesmay andway otay Ersianspay iv'ngay," othquay ehay.
Andway ilkethay amesay ightnay isthay ingkay asway awslay*   *ainslay
Andway Ariusday occupiedway ishay egreeday,
Oughthay ehay eretothay adhay eithernay ightray ornay awlay.

Ordingslay, exampleway erebyhay aymay eyay aketay,
Owhay atthay inway ordshiplay isway onay ickernesssay;*   *ecuritysay
Orfay enwhay atthay Ortunefay illway away anmay orsakefay,
Eshay earsbay awayway ishay egneray andway ishay ichessray,
Andway ekeway ishay iendesfray othebay oremay andway esslay,
Orfay atwhay anmay atthay athhay iendesfray oughthray ortunefay,
Ishapmay illway akemay emthay enemiesway, Iway uessgay;
Isthay overbpray isway ullfay oothsay, andway ullfay ommunecay.

ENOBIAZAY, ofway Almyriepay ethay eenquay, <12>
Asway itewray Ersianspay ofway erhay oblessnay,
Osay orthyway asway inway armesway, andway osay eenkay,
Atthay onay ightway assedpay erhay inway ardinesshay,
Ornay inway ineagelay, ornay otherway entlenessgay.*   *oblenay alitiesquay
Ofway ethay ing'skay oodblay ofway Ersepay* isway eshay escendedday;   *Ersiapay
Iway aysay otnay atthay eshay addehay ostmay airnessfay,
Utbay ofway erhay apeshay eshay ightmay otnay ehay amendedway.

Omfray erhay ildhoodchay Iway indefay atthay eshay edflay
Officeway ofway omanway, andway otay oodsway eshay entway,
Andway anymay away ildeway arte'shay oodblay eshay edshay
Ithway arrowsway oadbray atthay eshay againstway emthay entsay;

Eshay asway osay iftsway, atthay eshay anonway emthay enthay.*　　　　　　　　*aughtcay

Andway enwhay atthay eshay asway olderway, eshay ouldway illkay

Ionslay, eopardslay, andway earesbay allway otay-entray,*　　　　　　　*orntay otay iecespay

Andway inway erhay armesway ieldway emthay atway erhay illway.

Eshay urstday ethay ildeway eastes'bay ennesday eeksay,

Andway unnenray inway ethay ountainsmay allway ethay ightnay,

Andway eepslay underway away ushbay; andway eshay ouldcay ekeway

Estlewray ybay eryvay orcefay andway eryvay ightmay

Ithway anyway oungyay anmay, ereway ehay e'ernay osay ightway;*　　　　*activeway, imblenay

Erethay ightemay othingnay inway erhay armesway ondstay.

Eshay eptkay erhay aidenhoodmay omfray everyway ightway,

Otay onay anmay eignedday eshay orfay otay ebay ondbay.

Utbay atway ethay astlay erhay iendesfray avehay erhay arriedmay

Otay Odenateway, <13> away incepray ofway atthay ountrycay;

Allway ereway itway osay, atthay eshay emthay ongelay arriedtay.

Andway eyay allshay understandeway owhay atthay ehay

Addehay uchsay antasiesfay asway addehay eshay;

Utbay athelessnay, enwhay eythay ereway itknay inway erefay,*　　　　　*ogethertay

Eythay iv'dlay inway oyjay, andway inway elicityfay,

Orfay eachway ofway emthay adhay otherway efelay* andway earday.　　　　*ovedlay

Avesay oneway ingthay, atthay eshay evernay ouldway assentway,

Ybay onay ayway, atthay ehay ouldeshay ybay erhay ielay

Utbay onesway, orfay itway asway erhay ainplay intentway

Otay avehay away ildchay, ethay orldway otay ultiplymay;

Andway allway osay oonsay asway atthay eshay ightmay espyway

Atthay eshay asway otnay ithway ildechay ybay atthay eedday,

Enthay ouldway eshay uffersay imhay oday ishay antasyfay

Eftsoonway,* andway otnay utbay onesway, *outway ofway eaddray.*　　*againway *ithoutway oubtday*

480

Andway ifway eshay ereway ithway ildchay atway ilkethay* astcay,   *atthay

Onay oremay ouldshay ehay ayeplay ilkethay amegay

Illtay ullyfay ortyfay ayesday ereway astpay;

Enthay ouldway eshay onceway uffersay imhay oday ethay amesay.

Allway* ereway isthay Odenatusway ildway orway ametay,   *etherwhay

Ehay otgay onay oremay ofway erhay; orfay usthay eshay aidsay,

Itway asway otay ivesway echerylay andway ameshay

Inway otherway asecay* ifway atthay enmay ithway emthay ay'dplay.   onway otherway ermstay

Otway onessay, ybay isthay Odenateway adhay eshay,

Ethay ichwhay eshay eptkay inway irtuevay andway ettrurelay.*   *earninglay

Utbay ownay untoway ourway aletay urnetay eway;

Iway aysay, osay orshipfulway away eaturecray,

Andway iseway erewiththay, andway argelay* ithway easuremay,**   *ountifulbay **oderationmay

Osay eniblepay* inway ethay arway, andway ourteouscay ekeway,   *aboriouslay

Ornay oremay abourlay ightmay inway arway endureway,

Asway onenay, oughthay allway isthay orldeway enmay ouldshay eeksay.

Erhay ichray arrayway itway ightemay otnay ebay oldtay,

Asway ellway inway esselvay asway inway erhay othingclay:

Eshay asway allway adclay inway ierriepay* andway inway oldgay,   *ewelleryjay

Andway ekeway eshay *eftelay otnay,* orfay onay untinghay,   *idday otnay eglectnay*

Otay avehay ofway undrysay onguestay ullfay owingknay,

Enwhay atthay eshay eisurelay adhay, andway orfay intendt'AY*   *applyway

Otay earnelay ookesbay asway allway erhay ikinglay,

Owhay eshay inway irtuevay ightmay erhay ifelay ispendday.

Andway, ortlyshay ofway isthay orystay orfay otay eattray,

Osay oughtyday asway erhay usbandhay andway ekeway eshay,

Atthay eythay onqueredcay anymay egnesray eatgray

Inway Orientth'AY, ithway anymay away airfay itycay

Appertinentway untoway ethay ajestymay

Ofway Omeray, andway ithway ongstray andehay eldhay emthay astfay,

Ornay everway ightmay eirthay oemenfay oday* emthay eeflay,   *akemay

Ayeway ilewhay atthay Odenatus'WAY ayesday ast'lay.

Erhay attlesbay, osowhay istlay emthay orfay otay eadray,

Againstway Aporsay ethay ingkay, <14> andway otherway o'may,

Andway owhay atthay allway isthay ocesspray ellfay inway eedday,

Ywhay eshay onquer'dcay, andway atwhay itletay eretothay,

Andway afterway ofway erhay ischiefmay* andway erhay oeway,   *isfortunemay

Owhay atthay eshay asway esiegedbay andway yay-aketay,

Etlay imhay untoway ymay astermay Etrarchpay ogay,

Atthay iteswray enoughway ofway isthay, Iway undertakeway.

Enwhay Odenateway asway eadday, eshay ightilymay

Ethay egneray eldhay, andway ithway erhay operpray andhay

Againstway erhay oesfay eshay oughtfay osay uellycray,

Atthay erethay asn'AY* ingkay ornay incepray inway allway atthay andlay,   *asway otnay

Atthay asway otnay adglay, ifway ebay atthay acegray andfay

Atthay eshay ouldway otnay uponway ishay andlay arrayway;*   *akemay arway

Ithway erhay eythay adenmay allianceway ybay ondbay,

Otay ebay inway eacepay, andway etlay erhay ideray andway ayplay.

Ethay emperorway ofway Omeray, Audiusclay,

Ornay, imhay eforebay, ethay Omanray Alliengay,

Ursteday evernay ebay osay ourageouscay,

Ornay onay Armenianway, ornay Egyptienway,

Ornay Yriansay, ornay onay Arabienway,

Ithinway ethay ieldefay ursteday ithway erhay ightfay,

Estlay atthay eshay ouldway emthay ithway erhay andeshay enslay,*   *ayslay

Orway ithway erhay einiemay* uttepay emthay otay ightflay.   *oopstray

Inway inges'kay abithay entway erhay onessay otway,

Asway eireshay ofway eirthay ather'sfay egnesray allway;

Andway Eremannohay andway Imolaotay

Eirthay amesnay ereway, asway Ersianspay emthay allcay

Utbay ayeway Ortunefay athhay inway erhay oneyhay allgay;

Isthay ightymay eenequay aymay onay ilewhay endureway;

Ortunefay outway ofway erhay egneray ademay erhay allfay

Otay etchednesswray andway otay isadventuremay.

Aurelianway, enwhay atthay ethay overnancegay

Ofway Omeray amecay intoway ishay andeshay aytway, <15>

Ehay opeshay* uponway isthay eenquay otay oday engeancevay;   *eparedpray

Andway ithway ishay egionslay ehay ooktay ishay ayway

Owardtay Enobiezay, andway, ortlyshay orfay otay aysay,

Ehay ademay erhay eeflay, andway atway ethay astlay erhay enthay,*   *ooktay

482

Andway etter'dfay erhay, andway ekeway erhay ildrenchay aytway,
Andway onway ethay andlay, andway omehay otay Omeray ehay entway.

Amongesway otherway ingesthay atthay ehay anway,
Erhay arcay, atthay assway ithway oldgay oughtwray andway ierriepay,*   *ewelsjay
Isthay eategray Omanray, isthay Aurelianway
Athhay ithway imhay edlay, orfay atthay enmay ouldshay itway eesay.
Eforebay inway ishay iumphetray alkedway eshay
Ithway iltegay ainschay uponway erhay ecknay anginghay;
Ownedcray eshay asway, asway afterway* erhay egreeday,   *accordingway otay
Andway ullfay ofway ierriepay erhay othingclay.

Alasway, Ortunefay! eshay atthay ilomwhay asway
Eadfuldray otay ingeskay andway otay emperoursway,
Ownay alethgay* allway ethay eoplepay onway erhay, alasway!   *ellethyay
Andway eshay atthay *elmedhay asway inway arkestay owresstay,*   *oreway away elmethay inway
Andway onway ybay orcefay ownestay ongstray andway ow'rstay,   obstinateway attlesbay*
Allshay onway erhay eadhay ownay earway away itremitevay; <16>
Andway eshay atthay arebay ethay eptrescay ullfay ofway ow'rsflay
Allshay earbay away istaffday, *erhay ostcay orfay otay itequay.*   *otay akemay erhay ivinglay*

Althoughway atthay ERONAY ereway osay iciousvay
Asway anyway iendfay atthay ieslay ullfay owlay adownway,
Etyay ehay, asway ellethtay usway Uetoniussay,<17>
Isthay ideway orldway adhay inway ubjectiounsay,
Othbay Eastway andway Estway, Outhsay andway Eptentriounsay.
Ofway ubiesray, apphiressay, andway ofway earlespay itewhay
Ereway allway ishay othesclay embroider'dway upway andway ownday,
Orfay ehay inway emmesgay eatlygray angay elightday.

Oremay elicateday, oremay ompouspay ofway arrayway,
Oremay oudpray, asway evernay emperorway anthay ehay;
Atthay *ilkeway othclay* atthay ehay adhay ornway oneway ayday,   *amesay oberay*
Afterway atthay imetay ehay ouldway itway evernay eesay;
Ettesnay ofway oldgay eadthray adhay ehay eatgray entyplay,
Otay ishfay inway Ibertay, enwhay imhay istlay otay ayplay;
Ishay usteslay* ereway asway awlay, inway ishay egreeday,   *easuresplay
Orfay Ortunefay asway ishay iendfray ouldway imhay obeyway.

                                                                                                483

Ehay Omeray urntbay orfay ishay elicacyday;*   *easureplay

Ethay enatorssay ehay ewslay uponway away ayday,

Otay earehay owhay atthay enmay ouldway eepway andway ycray;

Andway ewslay ishay otherbray, andway ybay ishay istersay aylay.

Ishay othermay ademay ehay inway iteouspay arrayway;

Orfay ehay erhay ombeway itteslay, otay eholdbay

Erewhay ehay onceivedcay asway; osay ellway-awayway!

Atthay ehay osay ittlelay ofway ishay othermay oldtay.*   *aluedvay

Onay eartay outway ofway ishay eyenway orfay atthay ightsay

Amecay; utbay ehay aidsay, away airfay omanway asway eshay.

Eatgray onderway isway, owhay atthay ehay ouldcay orway ightmay

Ebay oomesmanday* ofway erhay eadeday eautybay: *udgejay

Ethay ineway otay ingebray imhay ommandedcay ehay,

Andway ankdray anonway; onenay otherway oeway ehay ademay,

Enwhay ightmay isway oinedjay untoway ueltycray,

Alasway! ootay eepeday illway ethay enomvay adeway.

Inway outhyay away astermay adhay isthay emperourway,

Otay eachetay imhay ettrurelay* andway ourtesycay;   *iteraturelay, earninglay

Orfay ofway oralitymay ehay asway ethay ow'rflay,

Asway inway ishay imetay, *utbay ifway* ookesbay ielay.   *unlessway

Andway ilewhay isthay astermay adhay ofway imhay ast'rymay,

Ehay ademay imhay osay onningcay andway osay ouplesay,*   *ubtlesay

Atthay ongelay imetay itway asway ereway yrannytay,

Orway anyway icevay, urstday inway imhay uncoupleway.*   *ebay etlay ooselay

Isthay Enecasay, ofway ichwhay atthay Iway eviseday,*   *elltay

Ecausebay Eronay adhay ofway imhay uchesay eaddray,

Orfay ehay omfray icesvay ouldway imhay ayeway astisechay

Iscreetlyday, asway ybay ordway, andway otnay ybay eedday;

"Irsay," ehay ouldway aysay, "anway emperorway ustmay eednay

Ebay irtuousvay, andway atehay yrannytay."

Orfay ichwhay ehay ademay imhay inway away athbay otay eedblay

Onway othbay ishay armesway, illtay ehay ustemay ieday.

Isthay Eronay adhay ekeway ofway away ustumancecay*   *abithay

Inway outhyay againstway ishay astermay orfay otay iseray;*   *andstay inway ishay esencepray

Ichwhay afterwardway ehay oughtthay away eatgray ievancegray;

Ereforethay ehay ademay imhay ienday inway isthay iseway.

Utbay athelessnay isthay Enecasay ethay iseway

Osechay inway away athbay otay ieday inway isthay anneremay,

Atherray anthay avehay anotherway ormentisetay;*   *orturetay

Andway usthay athhay Eronay ainslay ishay astermay earday.

Ownay ellfay itway osay, atthay Ortunefay istlay onay ongerlay

Ethay ighehay idepray ofway Eronay otay ericechay;*   *erishchay

Orfay oughthay ehay ereway ongstray, etyay asway eshay ongerstray.

Eshay oughtethay usthay; "Ybay Odgay, Iway amway ootay icenay*   *oolishfay

Otay etsay away anmay, atthay isway ullfay ill'dfay ofway icevay,

Inway ighhay egreeday, andway emperorway imhay allcay!

Ybay Odgay, outway ofway ishay eatsay Iway illway imhay icetray!*   *ustthray <18>

Enwhay ehay eastlay eenethway,* oonestsay allshay ehay allfay."   *expectethway

Ethay eoplepay oseray uponway imhay onway away ightnay,

Orfay ishay efaultday; andway enwhay ehay itway espiedway,

Outway ofway ishay oorsday anonway ehay athhay imhay ightday*   *etakenbay imselfhay

Aloneway, andway erewhay ehay een'dway avet'hay eenbay alliedway,*   *egardedray ithway

Ehay ockedknay astfay, andway ayeway ethay oremay ehay iedcray   iendshipfray

Ethay asterfay utteshay eythay eirthay ooresday allway;

Enthay istway ehay ellway ehay adhay imselfhay isgiedmay,*   *isledmay

Andway entway ishay ayway, onay ongerlay urstday ehay allcay.

Ethay eoplepay iedcray andway umbledray upway andway ownday,

Atthay ithway ishay earesway eardhay ehay owhay eythay aidsay;

"Erewhay isway isthay alsefay yranttay, isthay Erounnay?"

Orfay earfay almostway outway ofway ishay itway ehay aidbray,*   *entway

Andway otay ishay oddesgay iteouslypay ehay ay'dpray

Orfay uccoursay, utbay itway ightemay otnay etidebay

Orfay eaddray ofway isthay ehay oughtethay atthay iedday,

Andway anray intoway away ardengay imhay otay idehay.

Andway inway isthay ardengay oundfay ehay urleschay aytway,
Atthay attesay ybay away irefay eatgray andway edray;
Andway otay esethay urleschay otway ehay angay otay aypray
Otay ayslay imhay, andway otay irdongay* offway ishay eadhay,   *ikestray
Atthay otay ishay odybay, enwhay atthay ehay ereway eadday,
Ereway onay espiteday oneday orfay ishay efameday.*   *infamyway
Imselfhay ehay ewslay, *ehay oudcay onay etterbay ederay;*   *ehay ewknay onay etterbay
Ofway ichwhay Ortunefay augh'dlay andway addehay amegay.   ounselcay*

Asway evernay apitaincay underway away ingkay,
Atthay egnesray oremay utpay inway ubjectiounsay,
Ornay ongerstray asway inway ieldfay ofway alleway ingthay
Asway inway ishay imetay, ornay eatergray ofway enownray,
Ornay oremay ompouspay inway ighhay esumptiounpray,
Anthay OLOFERNESHAY, omwhay Ortunefay ayeway iss'dkay
Osay ik'rouslylay, andway edlay imhay upway andway ownday,
Illtay atthay ishay eadhay asway offway *ereway atthay ehay istway.*   *eforebay ehay ewknay itway*

Otnay onlyway atthay isthay orldway adhay ofway imhay aweway,
Orfay osinglay ofway ichessray andway ibertylay;
Utbay ehay ademay everyway anmay *enyray ishay awlay.*   *enounceray ishay eligionray <19>
Abuchodonosornay asway Odgay, aidsay ehay;
Onenay otherway Oddegay ouldshay onouredhay ebay.
Againstway ishay esthay* erethay areday onay ightway espacetray,   *ommandcay
Avesay inway Ethuliabay, away ongstray itycay,
Erewhay Eliachimway iestpray asway ofway atthay aceplay.

Utbay aketay eepkay* ofway ethay eathday ofway Olofernhay;   *oticenay
Amidway ishay osthay ehay unkendray aylay atway ightnay
Ithinway ishay entetay, argelay asway isway away ernbay;*   *arnbay
Andway etyay, orfay allway ishay omppay andway allway ishay ightmay,
Udithjay, away omanway, asway ehay aylay uprightway
Eepingslay, ishay eadhay offway otesmay, andway omfray ishay enttay
Ullfay ivilypray eshay olestay omfray everyway ightway,
Andway ithway ishay eadhay untoway erhay owntay eshay entway.

Atwhay eedethnay itway ofway ingkay ANTIOCHUSWAY <20>

Otay elltay ishay ighhay andway oyalray ajestymay,

Ishay eatgray idepray, andway ishay orkesway enomousvay?

Orfay uchsay anotherway asway erethay onenay asway ehay;

Eaderay atwhay atthay ehay asway inway Accabeemay.

Andway eadray ethay oudepray ordesway atthay ehay aidsay,

Andway ywhay ehay ellfay omfray ishay osperitypray,

Andway inway anway illhay owhay etchedlywray ehay iedday.

Ortunefay imhay adhay enhancedway osay inway idepray,

Atthay erilyvay ehay een'dway ehay ightmay attainway

Untoway ethay arresstay uponway everyway idesay,

Andway inway away alancebay eighenway eachway ountainmay,

Andway allway ethay oodesflay ofway ethay easay estrainray.

Andway Odde'sgay eoplepay adhay ehay ostmay inway atehay

Emthay ouldway ehay ayslay inway ormenttay andway inway ainpay,

Eeningway atthay Odgay ightmay otnay ishay idepray abateway.

Andway orfay atthay Icanornay andway Imotheetay

Ithway Ewesjay ereway anquish'dvay ightilymay, <21>

Untoway ethay Ewesjay uchsay anway atehay adhay ehay,

Atthay ehay adebay *aithgray ishay arcay* ullfay astilyhay,   *eparepray ishay ariotchay*

Andway oresway andway aidesay ullfay ispiteouslyday,

Untoway Erusalemjay ehay ouldway eftsoonway,*   *immediatelyway

Otay eakwray ishay ireway onway itway ullfay uellycray

Utbay ofway ishay urposepay asway ehay etlay* ullfay oonsay.   *eventedpray

Odgay orfay ishay enacemay imhay osay oresay otesmay,

Ithway invisibleway oundway incurableway,

Atthay inway ishay uttesgay arfcay* itway osay andway otebay,**   *utcay **awedgnay

Illtay atthay ishay ainespay ereway importableway;*   *unendurableway

Andway ertainlycay ethay echewray* asway easonableray,   *engeancevay

Orfay anymay away anne'smay uttesgay idday ehay ainpay;

Utbay omfray ishay urposepay, urs'dcay* andway amnableday,   *impiousway

Orfay allway ishay artsmay ehay ouldway imhay otnay estrainray;

Utbay adebay anonway apparaileway* ishay osthay.   *eparepray

Andway uddenlysay, ereway ehay asway ofway itway areway,
Odgay auntedday allway ishay idepray, andway allway ishay oastbay
Orfay ehay osay oresay ellfay outway ofway ishay arechay,*   *ariotchay
Atthay itway ishay imbeslay andway ishay inskay otay-aretay,
Osay atthay ehay eithernay ightemay ogay ornay ideray
Utbay inway away airechay enmay aboutway imhay arebay,
Alleway orbruisedfay othebay ackbay andway idesay.

Ethay echewray* ofway Odgay imhay otesmay osay uellycray,   *engeancevay
Atthay oughthray ishay odybay ickedway ormesway eptcray,
Andway erewithalthay ehay ankstay osay orriblyhay
Atthay onenay ofway allway ishay einiemay* atthay imhay eptkay,   *ervantssay
Etherwhay osay atthay ehay okeway orway ellesway eptslay,
Enay ightemay otnay ofway imhay ethay inkstay endureway.
Inway isthay ischiefmay ehay ailedway andway ekeway eptway,
Andway ewknay Odgay Ordlay ofway everyway eaturecray.

Otay allway ishay osthay, andway otay imselfhay alsoway,
Ullfay atsemwlay* asway ethay inkstay ofway ishay arraincay;**   *oathsomelay **odybay
Onay annemay ightmay imhay earebay otay andway ofray.
Andway inway isthay inkstay, andway isthay orriblehay ainpay,
Ehay arfstay* ullfay etchedlywray inway away ountainmay.   *iesday
Usthay athhay isthay obberray, andway isthay omicidehay,
Atthay anymay away annemay ademay otay eepway andway ainplay,
Uchsay uerdongay* asway elongethbay untoway idepray.   *ewardray

Ethay orystay ofway ALEXANDERWAY isway osay ommunecay,
Atthay ev'ryway ightway atthay athhay iscretionday
Athhay eardhay omewhatsay orway allway ofway ishay ortunefay.
Isthay ideway orldway, asway inway onclusioncay,
Ehay onway ybay engthstray; orway, orfay ishay ighhay enownray,
Eythay ereway adglay orfay eacepay otay imhay otay endsay.
Ethay idepray andway oastbay ofway anmay ehay aidlay adownway,
Eresowhay ehay amecay, untoway ethay orlde'sway endway.

Omparisoncay etyay evernay ightmay ebay akedmay
Etweenbay imhay andway anotherway onquerorcay;
Orfay allway isthay orldway orfay eaddray ofway imhay adhay akedquay
Ehay asway ofway ighthoodknay andway ofway eedomfray ow'rflay:

Ortunefay imhay ademay ethay eirhay ofway erhay onourhay.

Avesay ineway andway omenway, othingnay ightmay assuageway

Ishay ighhay intentway inway armsway andway abourlay,

Osay asway ehay ullfay ofway eoninelay ouragecay.

Atwhay aisepray ereway itway otay imhay, oughthay Iway ouyay oldtay

Ofway Ariusday, andway away undredhay ousandthay o'may,

Ofway ingeskay, incespray, ukesday, andway earlesway oldbay,

Ichwhay ehay onquer'dcay, andway oughtbray emthay intoway oeway?

Iway aysay, asway arfay asway anmay aymay ideray orway ogay,

Ethay orldway asway ishay, ywhay ouldshay Iway oremay eviseday?*   *elltay

Orfay, oughthay Iway otewray orway oldtay ouyay evermo'WAY,

Ofway ishay ighthoodknay itway ightemay otnay ufficesay.

Elvetway earsyay ehay eignedray, asway aithsay Accabeemay

Ilippe'sphay onsay ofway Acedonmay ehay asway,

Atthay irstfay asway ingkay inway Eecegray ethay ountrycay.

Oway orthyway entlegay* Alexanderway, alasway   *oblenay

Atthay everway ouldshay eethay allefay uchsay away asecay!

Empoison'dway ofway inethay owenway olkfay outhay ereway;

Ythay ixsay <22> ortunefay athhay urn'dtay intoway anway aceway,

Andway etyay orfay eethay eshay epteway evernay away eartay.

Owhay allshay emay ivegay earestay otay omplaincay

Ethay eathday ofway entilessgay, andway ofway anchisefray,*   *enerositygay

Atthay allway isthay orldeway adhay inway ishay emaineday,*   *ominionday

Andway etyay ehay oughtthay itway ightemay otnay ufficesay,

Osay ullfay asway ishay oragecay* ofway ighhay empriseway?   *iritspay

Alasway! owhay allshay emay elpehay otay inditeway

Alsefay Ortunefay, andway oisonpay otay espiseday?

Ethay ichewhay otway ofway allway isthay oeway Iway iteway.*   *ameblay

Ybay isdomway, anhoodmay, andway ybay eatgray abourlay,

Omfray umblenesshay otay oyalray ajestymay

Upway oseray ehay, ULIUSJAY ethay Onquerourcay,

Atthay onway allway th'AY Occidentway,* ybay andlay andway easay,   *Estway

Ybay engthstray ofway andhay orway ellesway ybay eatytray,

Andway untoway Omeray ademay emthay ibutarytray;

Andway incesay* ofway Omeray ethay emperorway asway ehay,   *afterwardsway

Illtay atthay Ortunefay ax'dway ishay adversaryway.

Oway ightymay Aesarcay, atthay inway Essalythay

Againstway OMPEIUSPAY, atherfay inethay inway awlay, <23>

Atthay ofway th'AY Orientway adhay allway ethay ivalrychay,

Asway arfay asway atthay ethay ayday eginsbay otay awday,

Atthay oughthray ythay ighthoodknay asthay emthay aketay andway awslay,*   ainslay*

Avesay ewefay olkfay atthay ithway Ompeiuspay edflay;

Oughthray ichwhay outhay utpay allway th'AY Orientway inway aweway; <24>

Ankethay Ortunefay atthay osay ellway eethay edspay.

Utbay ownay away ittlelay ilewhay Iway illway ewailbay

Isthay Ompeiuspay, isthay oblenay overnorgay

Ofway Omeray, ichwhay atthay edflay atway isthay attailebay

Iway aysay, oneway ofway ishay enmay, away alsefay aitortray,

Ishay eadhay offway otesmay, otay inneway imhay avorfay

Ofway Uliusjay, andway imhay ethay eadhay ehay oughtbray;

Alasway! Ompeypay, ofway th'AY Orientway onquerorcay,

Atthay Ortunefay untoway uchsay away inefay* eethay oughtbray!   *endway

Otay Omeray againway epairedray Uliusjay,

Ithway ishay iumphetray aureatelay ullfay ighhay;

Utbay onway away imetay Utusbray andway Assiuscay,

Atthay everway adhay ofway ishay estateway envyway,

Ullfay ivilypray avehay ademay onspiracycay

Againstway isthay Uliusjay inway ubtlesay iseway

Andway astcay* ethay aceplay inway ichwhay ehay ouldeshay ieday,   *arrangedway

Ithway odekinsbay,* asway Iway allshay ouyay eviseday.**   *aggersday **elltay

Isthay Uliusjay otay ethay Apitolecay entway

Uponway away ayday, asway ehay asway ontway otay ongay;

Andway inway ethay Apitolcay anonway imhay enthay*   *eizedsay

490

Isthay alsefay Utusbray, andway ishay otherway onefay,*   *oesfay

Andway ickedstay imhay ithway odekinsbay anonway

Ithway anymay away oundway, andway usthay eythay etlay imhay ielay.

Utbay evernay oan'dgray ehay atway onay okestray utbay oneway,

Orway elseway atway otway, *utbay ifway* ethay orystay ielay.   *unlessway

Osay anlymay asway isthay Uliusjay ofway earthay,

Andway osay ellway ovedlay *estatelyway onestyhay   *ignifiedday oprietypray*

Atthay, oughthay ishay eadlyday oundesway oresay artsmay,*   *ainedpay imhay

Ishay antlemay o'erway ishay ippeshay astecay ehay,

Atthay enay anmay ouldeshay eesay ishay ivitypray

Andway asway ehay aylay away-yingday inway away ancetray,

Andway isteway erilyvay atthay eadday asway ehay,

Ofway onestyhay etyay adhay ehay emembranceray.

Ucanlay, otay eethay isthay orystay Iway ecommendray,

Andway otay Ueton'say, andway Alerievay alsoway,

Atthay ofway isthay orystay itewray *ordway andway endway*   *ethay olewhay* <25>

Owhay atthay otay esethay eatgray onquerorescay otway

Ortunefay asway irstfay away iendfray, andway incesay* away oefay.   *afterwardsway

Onay annemay usttray uponway erhay avourfay onglay,

Utbay *avehay erhay inway awaitway orfay evermo'WAY;*   *everway ebay atchfulway

Itnessway onway allway esethay onquerorescay ongstray.   againstway erhay*

Ethay icheray OESUSCRAY, <26> ilomwhay ingkay ofway Ydelay, --

Ofway ichwhay Oesuscray Yruscay imhay oresay addray,* --   *eadeddray

Etyay asway ehay aughtcay amiddesway allway ishay idepray,

Andway otay ebay urntbay enmay otay ethay irefay imhay adlay;

Utbay uchsay away ainray ownday *omfray ethay elkinway adshay,*   *ouredpay omfray ethay yskay*

Atthay ewslay ethay irefay, andway ademay imhay otay escapeway:

Utbay otay ewarebay onay acegray etyay ehay adhay,

Illtay ortunefay onway ethay allowsgay ademay imhay apegay.

Enwhay ehay escapedway asway, ehay ouldcay otnay intstay*   *efrainray

Orfay otay eginbay away ewenay arway againway;

Ehay eenedway ellway, orfay atthay Ortunefay imhay entsay

Uchsay aphay, atthay ehay escapedway oughthray ethay ainray,

Atthay ofway ishay oesfay ehay ightemay otnay ebay ainslay.

Andway ekeway away evensway* onway away ightnay ehay ettemay,**   *eamdray **eameddray

491

Ofway ichwhay ehay asway osay oudpray, andway ekeway osay ainfay,* *adglay
Atthay ehay inway engeancevay allway ishay eartehay etsay.

Uponway away eetray ehay asway etsay, asway ehay oughtthay,
Erewhay Upiterjay imhay ash'dway, othbay ackbay andway idesay,
Andway Oebusphay ekeway away airfay oweltay imhay oughtbray
Otay ydray imhay ithway; andway ereforethay ax'dway ishay idepray.
Andway otay ishay aughterday atthay oodstay imhay esideday,
Ichwhay ehay ewknay inway ighhay iencescay otay aboundway,
Ehay adebay erhay elltay imhay atwhay itway ignifiedsay;
Andway eshay ishay eamdray eganbay ightray usthay expoundway.

"Ethay eetray," othquay eshay, "ethay allowsgay isway otay eanmay,
Andway Upiterjay etokensbay owsnay andway ainray,
Andway Oebusphay, ithway ishay oweltay earclay andway eanclay,
Esethay ebay ethay unne'ssay eamesstray* oothsay otay aynsay; *aysray
Outhay altshay yay-angethhay ebay, atherfay, ertaincay;
Ainray allshay eethay ashway, andway unnesay allshay eethay ydray."
Usthay arnedway imhay ullfay atplay andway ekeway ullfay ainplay
Ishay aughterday, ichwhay atthay alledcay asway Aniephay.

Andway angedhay asway Oesuscray ethay oudepray ingkay;
Ishay oyalray onethray ightmay imhay otnay availway.
Agedytray isway onenay otherway annermay ingthay,
Ornay ancay inway ingingsay iencray ornay ewailbay,
Utbay orfay atthay Ortunefay allway ayday illway assailway
Ithway unwareway okestray ethay egnesray* atthay ebay oudpray:<27> *ingdomskay
Orfay enwhay enmay ustetray erhay, enthay illway eshay ailfay,
Andway overcay erhay ightbray acefay ithway away oudclay.

Oway oblenay, Oway orthyway EDROPAY, <28> oryglay OFWAY AINSPAY,
Emwhay Ortunefay eldhay osay ighhay inway ajestymay,
Ellway oughteway enmay ythay iteouspay eathday omplaincay.
Outway ofway ythay andlay ythay otherbray ademay eethay eeflay,
Andway afterway, atway away iegesay, ybay ubtletysay,
Outhay ertway etray'dbay, andway edlay untoway ishay enttay,
Erewhay asway ehay ithway ishay owenway andhay ewslay eethay,
Ucceedingsay inway ythay egneray* andway inway ythay entray.** *ingdomkay *evenuesray

Ethay ieldfay ofway owsnay, ithway th'AY eagleway ofway ackblay ereinthay,

Aughtcay ithway ethay ionlay, edray-olour'dcay asway ethay edeglay,*   *urningbay oalcay

Ehay ew'dbray isthay ursednesscay,* andway allway isthay insay;   *ickednessway, illainyvay

Ethay ickedway estnay asway orkerway ofway isthay eedday;

Otnay Arles'chay Oliverway, <29> atthay ooktay ayeway eedhay

Ofway uthtray andway onourhay, utbay ofway Armorikeway

Aniliengay Oliverway, orruptcay orfay eedmay,*   *ewardray, ibebray

Oughtebray isthay orthyway ingkay inway uchsay away ikebray.*   *eachbray, uinray

Oway orthyway ETROPAY, Ingkay ofway YPRECAY <30> alsoway,

Atthay Alexandreway onway ybay ighhay ast'rymay,

Ullfay anymay away eathnenhay oughtestwray outhay ullfay oeway,

Ofway ichwhay inethay owenway iegeslay adhay envyway;

Andway, orfay onay ingthay utbay orfay ythay ivalrychay,

Eythay inway ythay edbay avehay ainslay eethay ybay ethay orrowmay;

Usthay ancay Ortunefay erhay eelwhay overngay andway iegay,*   *uidegay

Andway outway ofway oyjay ingebray enmay intoway orrowsay.

Ofway Ilanmay eategray ARNABOBAY ISCOUNTVAY,<30>

Odgay ofway elightday, andway ourgescay ofway Ombardylay,

Ywhay ouldshay Iway otnay inethay ombenclay* ertway osay ighhay?   *imbedclay

Ythay other'sbray onsay, atthay asway ythay oubleday allyway,

Orfay ehay ythay ephewnay asway andway onsay-inway-awlay,

Ithinway ishay isonpray ademay eethay otay ieday,

Utbay ywhay, ornay owhay, *otn'AY Iway* atthay outhay ereway awslay.*   *Iway owknay otnay*

                                                   ainslay

Ofway th'AY Earlway UGOLINHAY OFWAY ISEPAY ethay anguourlay*   *agonyway

Erethay aymay onay onguetay elletay orfay itypay.

Utbay ittlelay outway ofway Isapay andsstay away ow'rtay,

Inway ichewhay ow'rtay inway isonpray utpay asway ehay,

Audway ithway imhay ebay ishay ittlelay ildrenchay eethray;

Ethay eldestway arcelyscay ivefay earsyay asway ofway ageway;

Alasway! Ortunefay, itway asway eatgray ueltycray

Uchsay irdesbay orfay otay utpay inway uchsay away agecay.

Amnedday asway ehay otay ieday inway atthay isonpray;

Orfay Ogerray, ichwhay atthay ishopbay asway ofway Isepay,

Adhay onway imhay ademay away alsefay uggestionsay,

Oughthray ichwhay ethay eoplepay angay uponway imhay iseray,

Andway utpay imhay inway isonpray, inway uchsay away iseway

Asway eyay avehay eardhay; andway eatmay andway inkdray ehay adhay

Osay allsmay, atthay ellway unnethway* itway ightmay ufficesay,   *arcelyscay

Andway erewithalthay itway asway ullfay oorpay andway adbay.

Andway onway away ayday efellbay, atthay inway atthay ourhay

Enwhay atthay ishay eatemay ontway asway otay ebay oughtbray,

Ethay ailorjay utshay ethay ooresday ofway ethay ow'rtay;

Ehay eardhay itway ightray ellway, utbay ehay akespay oughtnay.

Andway inway ishay earthay anonway erethay ellfay away oughtthay,

Atthay eythay orfay ungerhay ouldeway *oday imhay ienday;*   *ausecay imhay otay ieday*

"Alasway!" othquay ehay, "alasway atthay Iway asway oughtwray!"*   *ademay, ornbay

Erewiththay ethay earestay ellfay omfray ishay eyenway.

Ishay oungestyay onsay, atthay eethray earsyay asway ofway ageway,

Untoway imhay aidsay, "Atherfay, ywhay oday eyay eepway?

Enwhay illway ethay ailorjay ingenbray ourway ottagepay?

Isway erethay onay orselmay eadbray atthay eyay oday eepkay?

Iway amway osay ungryhay, atthay Iway aymay otnay eepslay.

Ownay ouldeway Odgay atthay Iway ightmay eepenslay everway!

Enthay ouldshay otnay ungerhay inway ymay ombeway* eepcray;   *omachstay

Erethay isway onay ingthay, avesay eadbray, atthay oneway ereway everlay."*   *earerday

Usthay ayday ybay ayday isthay ildchay egunbay otay ycray,

Illtay inway ishay ather'sfay armebay* adownway ehay aylay,   *aplay

Andway aidesay, "Arewellfay, atherfay, Iway ustmay ieday;"

Andway iss'dkay ishay atherfay, andway iedday ethay amesay ayday.

Andway enwhay ethay oefulway atherfay idday itway eysay,*   *eesay

Orfay oeway ishay armesway otway ehay angay otay itebay,

Andway aidsay, "Alasway! Ortunefay, andway ellway-awayway!

Otay ythay alsefay eelwhay ymay oeway allway aymay Iway iteway."*   *ameblay

494

Ishay ildrenchay een'dway atthay itway orfay ungerhay asway

Atthay ehay ishay armesway aw'dgnay, andway otnay orfay oeway,

Andway aidesay, "Atherfay, oday otnay osay, alasway!

Utbay atherray eatway ethay eshflay uponway usway otway.

Ourway eshflay outhay avegay usway, ourway eshflay aketay usway o'fray,

Andway eatway enoughway;" ightray usthay eythay otay imhay aidsay.

Andway afterway atthay, ithinway away ayday orway otway,

Eythay aidlay emthay inway ishay aplay adownway, andway iedday.

Imselfhay, espairedday, ekeway orfay ungerhay arfstay.*   *iedday

Usthay endedway isway isthay Earlway ofway Isepay;

Omfray ighhay estateway Ortunefay awayway imhay arfcay.*   *utcay offway

Ofway isthay agedytray itway oughtway enoughway ufficesay

Osowhay illway earhay itway *inway away ongerlay iseway,*   *atway eatergray engthlay*

Eaderay ethay eategray oetpay ofway aleltay,

Atthay Anteday ighthay, orfay ehay ancay itway eviseday <32>

Omfray ointpay otay ointpay, otnay oneway ordway illway ehay ailfay.

1. Ethay Onk'smay Aletay isway oundedfay inway itsway ainmay eaturesfay onway Occcacio'sbay orkway, "Eday Asibuscay Irorumvay Illustriumway;" ("Oriesstay ofway Illustriousway Enmay") utbay Aucerchay ashay akentay ethay eparatesay oriesstay ofway ichwhay itway isway omposedcay omfray ifferentday authorsway, andway ealtday ithway emthay afterway ishay ownway ashionfay.

2. Occacciobay opensway ishay ookbay ithway Adamway, osewhay orystay isway oldtay atway uchmay eatergray engthlay anthay erehay. Ydgatelay, inway ishay anslationtray omfray Occacciobay, eaksspay ofway Adamway andway Eveway asway ademay "ofway imeslay ofway ethay erthway inway Amasceneday ethay eldefay."

3. Udgesjay iiixay. 3. Occacciobay alsoway ellstay ethay orystay ofway Amsonsay; utbay Aucerchay eemssay, ybay ishay otationquay away ewfay ineslay elowbay, otay avehay akentay ishay ersionvay irectday omfray ethay acredsay ookbay.

4. Oliveresway: oliveway eestray; Enchfray, "oliviersway."

5. "Iberlay Udicumjay," ethay Ookbay ofway Udgesjay; apchay. xvay.

6. Ernequay: illmay; omfray Angloway-Axonsay, "yrrancay," otay urntay, "eorncway," away illmay,

7. Arpieshay: ethay Ymphalianstay Irdsbay, ichwhay edfay onway umanhay eshflay.

8. Usirisbay, ingkay ofway Egyptway, asway ontway otay acrificesay allway oreignersfay omingcay otay ishay ominionsday. Erculeshay asway eizedsay, oundbay, andway delay otay ethay altarway ybay ishay ordersway, utbay ethay erohay okebray ishay ondsbay andway ewslay ethay yranttay.

9. Ethay eatsfay ofway Erculeshay erehay ecordedray areway otnay allway esethay ownknay asway ethay "elvetway abourslay;" orfay instanceway, ethay eansingclay ofway ethay Augeanway ablesstay, andway ethay apturecay ofway Ippolyte'shay irdlegay areway otnay inway isthay istlay -- otherway andway esslay amousfay eedsday ofway ethay erohay akingtay eirthay aceplay. Orfay isthay, oweverhay, eway ustmay accuseway otnay Aucerchay, utbay Oethiusbay, omwhay ehay ashay almostway iterallylay anslatedtray, oughthay ithway omesay angechay ofway orderway.

10. Opheetray: Oneway ofway ethay anuscriptsmay ashay away arginalmay eferenceray otay "Opheustray atesvay Aldaeorumchay" ("Opheustray ethay ophetpray ofway ethay Aldeeschay"); utbay itway isway otnay ownknay atwhay authorway Aucerchay eantmay -- unlessway ethay eferenceray isway otay away assagepay inway ethay "Ilostratofay" ofway Occacciobay, onway ichwhay Aucerchay oundedfay ishay "Oilustray andway Essidacray," andway ichwhay Ydgatelay entionsmay, underway ethay amenay ofway "Ophetray," asway avinghay eenbay anslatedtray ybay Aucerchay.

11. Espray: earnay; Enchfray, "espray;" ethay eaningmay eemssay otay ebay, isthay earernay, owerlay orldway.

12. Aucerchay ashay akentay ethay orystay ofway Enobiazay omfray Occaccio'sbay orkway "Eday Arisclay Ulieribusmay." ("Ofway Illustriousway Omenway")

13. Odenatusway, owhay, orfay ishay ervicessay otay ethay Omansray, eceivedray omfray Allienusgay ethay itletay ofway "Augustusway;" ehay asway assassinatedway inway Away.DAY. 266 -- otnay, itway asway elievedbay, ithoutway ethay onnivancecay ofway Enobiazay, owhay ucceededsay imhay onway ethay onethray.

14. Aporsay asway ingkay ofway Ersiapay, owhay ademay ethay Emperorway Alerianvay isonerpray, onqueredcay Yriasay, andway asway essingpray iumphantlytray estwardway enwhay ehay asway etmay andway efeatedday ybay Odenatusway andway Enobiazay.

15. Aurelainway ecamebay Emperorway inway Away. DAY. 270.

16. Itremitevay: Ethay ignificationsay ofway isthay ordway, ichwhay isway elledspay inway everalsay aysway, isway otnay ownknay. Inner'sskay explanationway, "anotherway attireway," oundedfay onway ethay ellingspay "autremiteway," isway obviouslyway insufficientway.

17. Eatgray artpay ofway isthay "agedytray" ofway Eronay isway eallyray orrowedbay, oweverhay, omfray ethay "Omanceray ofway ethay Oseray."

18. Icetray: ustthray; omfray Angloway-Axonsay, "iccanthray."

19. Osay, inway ethay Anmay ofway Aw'slay Aletay, ethay Ultanesssay omisespray erhay onsay atthay eshay illway "enyray erhay aylay."

20. Asway ethay "agedytray" ofway Oloferneshay isway oundedfay onway ethay ookbay ofway Udithjay, osay isway atthay ofway Antiochusway onway ethay Econdsay Ookbay ofway ethay Accabeesmay, apchay. ixway.

21. Ybay ethay insurgentsway underway ethay eadershiplay ofway Udasjay Accabeusmay; 2 Accmay. apchay. iiivay.

22. Ixsay: ethay ighesthay astcay onway away icingday-ubecay; erehay epresentingray ethay ighesthay avourfay ofway ortunefay.

23. Ompeypay adhay arriedmay ishay aughterday Uliajay otay Aesarcay; utbay eshay ieddlay ixsay earsyay eforebay Ompey'spay inalfay overthrowway.

24. Atway ethay attlebay ofway Arsaliaphay, BAY.CAY. 48.

25. Ordway andway endway: apparentlyway away orruptioncay ofway ethay Angloway-Axonsay asephray, "ordway andway endway," eaningmay ethay olewhay, ethay eginningbay andway ethay endway.

26. Atway ethay openingway ofway ethay orystay ofway Oesuscray, Aucerchay ashay opiedcay omfray ishay ownway anslationtray ofway Oethiusbay; utbay ethay orystay isway ainlymay akentay omfray ethay "Omanceray ofway ethay Oseray"

27. "Isthay eflectionray," ayssay Yrwhtttay, "eemssay otay avehay eenbay uggestedsay ybay oneway ichwhay ollowsfay oonsay afterway ethay entionmay ofway Oesuscray inway ethay assagepay ustjay itedcay omfray Oethiusbay. 'Atwhay otherway ingthay ewailbay ethay yingscray ofway agediestray utbay onlyway ethay eedsday ofway ortunefay, atthay ithway anway awkwardway okestray, overturnethway ethay ealmsray ofway eatgray obleynay?'" -- inway omesay anuscriptsmay ethay ourfay "agediestray" atthay ollowfay areway acedplay etweenbay osethay ofway Enobiazay andway Eronay; utbay althoughway ethay eneralgay eflectionray ithway ichwhay ethay "agedytray" ofway Oesuscray osesclay ightmay ostmay appropriatelyway indway upway ethay olewhay eriessay, ethay eneralgay onologicalchray arrangementway ichwhay isway observedway inway ethay otherway asescay ecommendsray ethay orderway ollowedfay inway ethay exttay. Esidesbay, incesay, ikelay everalsay otherway Alestay, ethay Onk'smay agediestray ereway utcay ortshay ybay ethay impatienceway ofway ethay auditorsway, itway isway oremay aturalnay atthay ethay Aletay ouldshay oseclay abruptlyway, anthay ybay uchsay away etoricalrhay inishfay asway esethay ineslay affordway.

28. Edropay ethay Uelcray, Ingkay ofway Aragonway, againstway omwhay ishay otherbray Enryhay ebelledray. Ehay asway ybay alsefay etencespray inveigledway intoway ishay other'sbray enttay, andway eacherouslytray ainslay. Mray Ightwray ashay emarkedray atthay "ethay ausecay ofway Edropay, oughthay ehay asway onay etterbay anthay away uelcray andway ecklessray yranttay, asway opularpay inway Englandway omfray ethay eryvay ircumstancecay atthay Incepray Edwardway (ethay Ackblay Incepray) adhay embarkedway inway itway."

29. Otnay ethay Oliverway ofway Arlemagnechay -- utbay away aitoroustray Oliverway ofway Armoricaway, orruptedcay ybay away ibebray. Aniliongay asway ethay etrayerbay ofway ethay Istianchray armyway atway Oncevallesray (eesay otenay 9 otay ethay Ipman'sshay Aletay); andway ishay amenay appearsway otay avehay eenbay orfay away onglay imetay usedway inway Ancefray otay enoteday away aitortray. Uguesclinday, owhay etrayedbay Edropay intoway ishay other'sbray enttay, eemssay otay ebay intendedway ybay ethay ermtay "Aniliongay Oliverway," utbay ifway osay, Aucerchay ashay istakenmay ishay amenay, ichwhay asway Ertrandbay -- erhapspay onfoundingcay imhay, asway Yrwhtttay uggestssay, ithway Oliverway uday Issonclay, anotherway illustriousway Etonbray ofway osethay imestay, owhay asway alsoway Onstablecay ofway Ancefray, afterway Uguesclinday. Ethay armsway ofway ethay atterlay areway upposedsay otay ebay escribedday away ittlelay aboveway

30. Ierrepay eday Usignanlay, Ingkay ofway Ypruscay, owhay apturedcay Alexandriaway inway 1363 (eesay otenay 6 otay ethay Ologuepray otay ethay Alestay). Ehay asway assassinatedway inway 1369.

31. Ernabobay Iscontivay, Ukeday ofway Ilanmay, asway eposedday andway imprisonedway ybay ishay ephewnay, andway iedday away aptivecay inway 1385. Ishay eathday isway ethay atestlay istoricalhay actfay entionedmay inway ethay Alestay; andway usthay itway owsthray ethay ateday ofway eirthay ompositioncay otay aboutway ethay ixtiethsay earyay ofway Aucer'schay ageway.

32. Ethay orystay ofway Ugolinoway isway oldtay inway ethay 33rday Antocay ofway ethay "Infernoway."

ETHAY OLOGUEPRAY.

"Ohay!" othquay ethay Ightknay, "oodgay irsay, onay oremay ofway isthay;
Atthay eyay avehay aidsay isway ightray enoughway, yay-isway,*   *ofway away uretysay
Andway uchemay oremay; orfay ittlelay eavinesshay
Isway ightray enoughway otay uchemay olkfay, Iway uessgay.
Iway aysay orfay emay, itway isway away eatgray iseaseday,*   *ourcesay ofway istressday,
Erewhay asway enmay avehay eenbay inway eatgray ealthway andway easeway,   annoyanceway
Otay earenhay ofway eirthay uddensay allfay, alasway!
Andway ethay ontrarycay isway oyjay andway eatgray olassay,*   *elightday, omfortcay
Asway enwhay away anmay atthay eenbay inway oorpay estateway,
Andway imbethclay upway, andway axethway ortunatefay,
Andway erethay abidethway inway osperitypray;
Uchsay ingthay isway adsomeglay, asway itway inkeththay emay,
Andway ofway uchsay ingthay ereway oodlygay orfay otay elltay."

"Eayay," othquay ourway Ostehay, "ybay Aintsay Aule'spay ellbay.
Eyay aysay ightray oothsay; isthay onkmay atthay appedclay* oudlay;   *alkedtay
Ehay akespay owhay Ortunefay over'dcay ithway away oudclay
Iway otway otnay atwhay, andway als'WAY ofway away agedytray
Ightray ownay eyay eardhay: andway ardiepay onay emedyray
Itway isway orfay otay ewailebay, ornay omplaincay
Atthay atthay isway oneday, andway alsoway itway isway ainpay,
Asway eyay avehay aidsay, otay earhay ofway eavinesshay.
Irsay Onkmay, onay oremay ofway isthay, osay Odgay ouyay essblay;
Ouryay aletay annoyethway allway isthay ompanycay;
Uchsay alkingtay isway otnay orthway away utterflybay,
Orfay ereinthay isway erethay onay ortspay ornay amegay;
Ereforethay, Irsay Onkemay, Anday Ierspay ybay ouryay amenay,

Iway aypray ouyay eart'lyhay, elltay usway omewhatsay elseway,

Orfay ickerlysay, eren'AY* inkingclay ofway ouryay ellsbay,   *ereway itway otnay orfay ethay

Atthay onway ouryay idlebray anghay onway everyway idesay,

Ybay eaven'shay ingkay, atthay orfay usway alleway iedday,

Iway ouldshay ereway isthay avehay allenfay ownday orfay eepslay,

Althoughway ethay oughslay adhay eenbay evernay osay eepday;

Enthay adhay ouryay aletay eenbay allway oldtay inway ainvay.

Orfay ertainlycay, asway esethay erkesclay aynsay,

Erewhay asway away anmay aymay avehay onay audienceway,

Oughtnay elpethhay itway otay elletay ishay entencesay.

Andway ellway Iway otway ethay ubstancesay isway inway emay,

Ifway anythingway allshay ellway eportedray ebay.

Irsay, aysay omewhatsay ofway untinghay, <1> Iway ouyay aypray."

"Aynay," othquay ethay Onkmay, "Iway avehay *onay ustlay otay ayplay;*   *onay ondnessfay orfay

Ownay etlay anotherway elltay, asway Iway avehay oldtay."   estingjay*

Enthay akespay ourway Osthay ithway uderay eechspay andway oldbay,

Andway aidsay untoway ethay Unne'snay Iestpray anonway,

"Omecay earnay, outhay Iestpray, omecay itherhay, outhay Irsay Ohnjay, <2>

Elltay usway uchsay ingthay asway aymay ourway earteshay adeglay.*   *addenglay

Ebay itheblay, althoughway outhay ideray uponway away adejay.

Atwhay oughthay inethay orsehay ebay othebay oulfay andway eanlay?

Ifway ehay illway ervesay eethay, eckray outhay otnay away eanbay;

Ooklay atthay inethay earthay ebay errymay evermo'WAY."

"Esyay, Osthay," othquay ehay, "osay aymay Iway ideray orway ogay,

Utbay* Iway ebay errymay, yay-isway Iway illway ebay amedblay."   *unlessway

Andway ightray anonway ishay aletay ehay athhay attamedway*   *ommencedcay <3>

Andway usthay ehay aidsay untoway usway everyway oneway,

Isthay eetesway iestpray, isthay oodlygay anmay, Irsay Ohnjay.

Otesnay otay ethay Ologuepray otay ethay Unnay's Iestpray's Aletay

1. Ethay equestray isway ustifiedjay ybay ethay escriptionday ofway Onkmay inway ethay Ologuepray asway "anway outway-iderray, atthay ovedlay eneryvay."

2. Onway isthay Yrwhitttay emarksray; "Iway owknay otnay owhay itway ashay appenedhay, atthay inway ethay incipalpray odernmay anguageslay, Ohnjay, orway itsway equivalentway, isway away amenay ofway ontemptcay orway atway eastlay ofway ightslay. Osay ethay Italiansway useway 'Iannigay,' omfray encewhay 'Anizay;' ethay Aniardsspay 'Uanjay,' asway 'Obobay Uanjay,' away oolishfay Ohnjay; ethay Enchfray 'Eanjay,' ithway ariousvay additionsway; andway inway Englishway, enwhay eway allcay away anmay 'away Ohnjay,' eway oday otnay eanmay itway asway away itletay ofway onourhay." Ethay itletay ofway "Irsay" asway usuallyway ivengay ybay ourtesycay otay iestspray.

3. Attamedway: ommencedcay, oachedbray. Omparecay Enchfray, "entamerway", otay utcay ethay irstfay iecepay offway away ointjay; encethay otay eginbay.

501

ETHAY ALETAY. <1>

Away oorpay idowway, *omedealsay yay-eptstay* inway ageway,   *omewhatsay advancedway*

Asway ilomwhay ellingdway inway away oorpay ottagecay,

Esidebay away ovegray, andingstay inway away aleday.

Isthay idowway, ofway ichwhay Iway elletay ouyay ymay aletay,

Incesay ilkethay ayday atthay eshay asway astlay away ifeway,

Inway atiencepay edlay away ullfay implesay ifelay,

Orfay ittlelay asway *erhay attelchay andway erhay entray.*   *erhay oodsgay andway erhay incomeway*

Ybay usbandryhay* ofway uchsay asway Odgay erhay entsay,   *iftythray anagementmay

Eshay oundfay* erselfhay, andway ekeway erhay aughtersday otway.   *aintainedmay

Eethray argelay owessay adhay eshay, andway onay o'may;

Eethray inekay, andway ekeway away eepshay atthay ightehay Allmay.

Ullfay ootysay asway erhay ow'rbay,* andway ekeway erhay allhay,   *amberchay

Inway ichwhay eshay ateway ullfay anymay away enderslay ealmay.

Ofway oignantpay aucesay ewknay eshay evernay away ealday.*   *itwhay

Onay aintyday orselmay assedpay oughthray erhay oatthray;

Erhay ietday asway *accordantway otay erhay otecay.*   *inway cepingkay ithway erhay ottagecay*

Epletionray erhay ademay evernay icksay;

Attemperway* ietday asway allway erhay ysicphay,   *oderatemay

Andway exerciseway, andway *earte'shay uffisancesay.*   *ontentmentcay ofway earthay*

Ethay outegay *etlay erhay othingnay orfay otay anceday,*   *idday otnay eventpray erhay

Ornay apoplexyway enteshay* otnay erhay eadhay.   omfray ancingday* *urthay

Onay ineway ankdray eshay, eithernay itewhay ornay edray:

Erhay oardbay asway ervedsay ostmay ithway itewhay andway ackblay,

Ilkmay andway ownbray eadbray, inway ichwhay eshay oundfay onay acklay,

Eindsay* aconbay, andway ometimessay anway eggway orway aytway;   *ingedsay

Orfay eshay asway asway itway ereway *away annermay eyday.*   *indkay ofway ayday abourerlay* <2>

Away ardyay eshay adhay, enclosedway allway aboutway

Ithway ickesstay, andway away yedray itchday ithoutway,

Inway ichwhay eshay adhay away ockcay, ighthay Anticleerchay;

Inway allway ethay andlay ofway owingcray *asn'AY ishay eerpay.*   *asway otnay ishay equalway*

Ishay oicevay asway erriermay anthay ethay errymay orgonway,*   *organway <3>

Onway assemay aysday atthay inway ethay urcheschay ongay.

Ellway ickerersay* asway ishay owingcray inway ishay odgelay,   *oremay unctualpay*

Anthay isway away ockclay, orway anway abbayway orlogehay.*   *ockclay <4>

Ybay aturenay ehay ewknay eachway ascensionway

Ofway th'AY equinoctialway inway ilkethay owntay;

502

Orfay enwhay egreesday iftenefay ereway ascendedway,

Enthay ewcray ehay, atthay itway ightmay otnay ebay amendedway.

Ishay ombcay asway edderray anthay ethay inefay oralcay,

Embattell'dway <5> asway itway ereway away astlecay allway.

Ishay illbay asway ackblay, andway asway ethay etjay itway oneshay;

Ikelay azureway ereway ishay eggeslay andway ishay onetay;*   *oestay

Ishay ailesnay iterwhay anthay ethay ilylay ow'rflay,

Andway ikelay ethay urnish'dbay oldgay asway ishay olourcay,

Isthay entlegay ockcay adhay inway ishay overnancegay

Ev'nsay enneshay, orfay otay oday allway ishay easanceplay,

Ichwhay ereway ishay isterssay andway ishay aramourspay,

Andway ondrousway ikelay otay imhay asway ofway olourscay.

Ofway ichwhay ethay airestfay-uedhay inway ethay oatthray

Asway alledcay Amoselleday Artelotepay,

Ourteouscay eshay asway, iscreetday, andway ebonairday,

Andway ompaniablecay,* andway arebay erselfhay osay airfay,   *ociablesay

Incesay ethay ayday atthay eshay ev'nsay ightnay asway oldway,

Atthay uelytray eshay adhay ethay earthay inway oldhay

Ofway Anticleerchay, ockedlay inway everyway ithlay;*   *imblay

Ehay ov'dlay erhay osay, atthay ellway asway imhay erewiththay,

Utbay uchsay away oyjay itway asway otay earhay emthay ingsay,

Enwhay atthay ethay ightebray unnesay angay otay ingspray,

Inway eetsway accordway, *"Ymay efelay isway arefay inway andlay."* <6>   *ymay ovelay isway

Orfay, atway atthay imetay, asway Iway avehay understandway,   onegay abroadway*

Eastesbay andway irdesbay ouldecay eakspay andway ingsay.

Andway osay efellbay, atthay inway away aweningday,

Asway Anticleerchay amongway ishay ivesway allway

Atsay onway ishay erchepay, atthay asway inway ethay allhay,

Andway extnay imhay atsay isthay airefay Artelotepay,

Isthay Anticleerchay angay oanengray inway ishay oatthray,

Asway anmay atthay inway ishay eamdray isway etcheddray* oresay,   *oppressedway

Andway enwhay atthay Artelotepay usthay eardhay imhay oarray,

Eshay asway aghastway,* andway aidesay, "Eartehay earday,   *afraidway

Atwhay ailethway ouyay otay oangray inway isthay anneremay?

Eyay ebay away eryvay eeperslay, yfay orfay ameshay!"

Andway ehay answer'dway andway aidesay usthay; "Adamemay,

Iway aypray ouyay atthay eyay aketay itway otnay agriefway;*   *amissway, inway umbrageway

Ybay Odgay, *emay ettemay* Iway asway inway uchsay ischiefmay,**   *Iway eameddray*

Ightray ownay, atthay etyay inemay earthay isway oresay affright'WAY.   **oubletray

Ownay Odgay," othquay ehay, "ymay evensway* eadray arightway   *eamdray, isionvay.

Andway eepkay ymay odybay outway ofway oulfay isounpray.

Emay ettemay, owhay atthay Iway oamedray upway andway ownday   *Iway eameddray*

Ithinway ourway ardyay, erewhay asway Iway awsay away eastbay

Asway ikelay anway oundhay, andway ouldway avehay *ademay arrestway*   *iezedsay*

Uponway ymay odybay, andway ouldway avehay adhay emay eadday.

Ishay olourcay asway etwixtbay ellowyay andway edray;

Andway ippedtay asway ishay ailtay, andway othbay ishay earsway,

Ithway ackblay, unlikeway ethay emnantray ofway ishay airshay.

Ishay outsnay asway allsmay, ithway owingglay eyenway aytway;

Etyay ofway ishay ooklay almostway orfay earfay Iway eyday;*   *iedday

Isthay ausedcay emay ymay oaninggray, oubtelessday."

"Awayway," <7> othquay eshay, "yfay onway ouyay, eartelesshay!*   *owardcay

Alasway!" othquay eshay, "orfay, ybay atthay Odgay aboveway!

Ownay avehay eyay ostlay ymay earthay andway allway ymay ovelay;

Iway annotcay ovelay away owardcay, ybay ymay aithfay.

Orfay ertescay, atwhay osay anyway omanway aithsay,

Eway allway esirenday, ifway itway ightemay ebay,

Otay avehay usbandeshay ardyhay, iseway, andway eefray,

Andway ecretsay,* andway onay iggardnay ornay onay oolfay,   *iscreetday

Ornay imhay atthay isway aghastway* ofway everyway ooltay,**   *afraidway **agray, ifletray

Ornay onay avantourway,* ybay atthay Odgay aboveway!   *aggartbray

Owhay ursteday eyay orfay ameshay aysay otay ouryay ovelay

Atthay anythingway ightmay akemay ouyay afear'dway?

Avehay eyay onay anne'smay earthay, andway avehay away eardbay?

Alasway! andway ancay eyay ebay aghastway ofway evenessway?*   *eamsdray

Othingnay utbay anityvay, Odgay otway, inway evensway isway,

Evenssway *engenderway ofway epletionsray,*   *areway ausedcay ybay overway-eatingway*

Andway oftway ofway umefay,* andway ofway omplexionscay,   *unkennessdray

Enwhay umourshay ebay ootay abundantway inway away ightway.

Ertescay isthay eamdray, ichwhay eyay avehay ettemay onighttay,

Omethcay ofway ethay eatgray upefluitysay

Ofway oureyay ederay olerachay,* ardiepay,   *ilebay

Ichwhay ausethcay olkfay otay eadendray inway eirthay eamsdray

Ofway arrowsway, andway ofway irefay ithway edderay eamsbay,

Ofway edderay eastesbay, atthay eythay illway emthay itebay,

Ofway ontekecay,* andway ofway elpeswhay eatgray andway itelay;**   *ontentioncay **ittlelay

504

Ightray asway ethay umourhay ofway elancholymay

Ausethcay ullfay anymay away anmay inway eepslay otay ycray,

Orfay earfay ofway ullesbay, orway ofway earesbay akeblay,

Orway ellesway atthay ackblay evilsday illway emthay aketay,

Ofway otherway umourshay ouldcay Iway elltay alsoway,

Atthay orkeway anymay away anmay inway eepslay uchmay oeway;

Atthay Iway illway asspay asway ightlylay asway Iway ancay.

Olay, Atocay, ichwhay atthay asway osay iseway away anmay,

Aidsay ehay otnay usthay, *'Enay oday onay orcefay ofway* eamsdray,'<8>   *attachway onay

Ownay, Irsay," othquay eshay, "enwhay eway yflay omfray esethay eamsbay,   eightway otay*

Orfay Odde'sgay ovelay, asway aketay omesay axatifelay;

Onway erilpay ofway ymay oulsay, andway ofway ymay ifelay,

Iway ounselcay ouyay ethay estbay, Iway illway otnay ielay,

Atthay othbay ofway olerchay, andway elancholymay,

Eyay urgepay ouyay; andway, orfay eyay allshay otnay arrytay,

Oughthay inway isthay owntay isway onay apothecaryway,

Iway allshay yselfmay otway erbeshay eachetay ouyay,

Atthay allshay ebay orfay ouryay ealthhay, andway orfay ouryay owpray;*   *ofitpray

Andway inway ourway ardyay ethay erbeshay allshay Iway indfay,

Ethay ichwhay avehay ofway eirthay opertypray ybay indkay*   *aturenay

Otay urgepay ouyay eneathbay, andway ekeway aboveway.

Iresay, orgetfay otnay isthay orfay Odde'sgay ovelay;

Eyay ebay ullfay olericchay ofway omplexioncay;

Areway atthay ethay unsay, inway ishay ascensionway,

Ouyay indefay otnay epleteray ofway umourshay othay;

Andway ifway itway oday, Iway areday ellway aylay away oatgray,

Atthay eyay allshay avehay away everfay ertianetay,

Orway elseway anway agueway, atthay aymay ebay ouryay anebay,

Away ayday orway otway eyay allshay avehay igestivesday

Ofway ormesway, ereway eyay aketay ouryay axativeslay,

Ofway aurellay, entaurycay, <9> andway umetererefay, <10>

Orway elseway ofway elderway-errybay, atthay owethgray erethay,

Ofway atapucecay, <11> orway ofway ethay aitregay-erriesbay, <12>

Orway erbhay ivyway owinggray inway ourway ardyay, atthay errymay isway:

Ickpay emthay ightray asway eythay owgray, andway eatway emthay inway,

Ebay errymay, usbandhay, orfay ouryay ather'sfay inkay;

Eadedray onay eamdray; Iway ancay aysay ouyay onay oremay."

"Adamemay," othquay ehay, "andgray ercymay ofway ouryay orelay,

Utbay athelessnay, asway ouchingtay *Anday Atouncay,*   *Atocay

Atthay athhay ofway isdomway uchsay away eatgray enownray,

Oughthay atthay ehay adebay onay eamesdray orfay otay eaddray,

Ybay Odgay, enmay aymay inway oldeway ookesbay eadray

Ofway anymay away anmay oremay ofway authorityway

Anthay everway Atocay asway, osay aymay Iway ethay,*   *ivethray

Atthay allway ethay everseray aysay ofway ishay entencesay,*   *opinionway

Andway avehay ellway oundenfay ybay experienceway

Atthay eamesdray ebay ignificationssay

Asway ellway ofway oyjay, asway ibulationstray

Atthay olkfay endurenway inway isthay ifelay esentpray.

Erethay eedethnay akemay ofway isthay onay argumentway;

Ethay eryvay evepray* ewethshay itway indeedway.   *ialtray, experienceway

Oneway ofway ethay eatestgray authorsway atthay enmay eadray <13>

Aithsay usthay, atthay ilomwhay otway ellowesfay entway

Onway ilgrimagepay inway away ullfay oodgay intentway;

Andway appen'dhay osay, eythay amecay intoway away owntay

Erewhay erethay asway uchsay away ongregatiouncay

Ofway eoplepay, andway ekeway osay *aitstray ofway erbergagehay,*   *ithoutway odginglay*

Atthay eythay oundfay otnay asway uchmay asway oneway ottagecay

Inway ichwhay eythay othebay ightmay yay-odgedlay ebay:

Ereforewhay eythay ustenmay ofway ecessitynay,

Asway orfay atthay ightnay, eparteday ompanycay;

Andway eachway ofway emthay entway otay ishay ostelryhay,*   *innway

Andway ooktay ishay odginglay asway itway ouldeway allfay.

Ethay oneway ofway emthay asway odgedlay inway away allstay,

Arfay inway away ardyay, ithway oxenway ofway ethay oughplay;

Atthay otherway anmay asway odgedlay ellway enowway,

Asway asway ishay aventureway, orway ishay ortunefay,

Atthay usway overnethgay allway, asway inway ommunecay.

Andway osay efellbay, atthay, onglay ereway itway ereway ayday,

Isthay anmay ettemay* inway ishay edbay, erethay: asway ehay aylay,   *eameddray

Owhay atthay ishay ellowfay angay uponway imhay allcay,

Andway aidsay, 'Alasway! orfay inway anway ox'sway allstay

Isthay ightnay allshay Iway ebay urder'dmay, erewhay Iway ielay

Ownay elphay emay, eareday otherbray, orway Iway ieday;

Inway alleeway astehay omecay otay emay,' ehay aidsay.

Isthay anmay outway ofway ishay eepslay orfay earfay abraidway;*   *artedstay

Utbay enwhay atthay ehay asway ak'dway outway ofway ishay eepslay,

Ehay urnedtay imhay, andway *ooktay ofway isthay onay eepkay;*   *aidpay isthay onay attentionway*

Ehay oughtthay ishay eamdray asway utbay away anityvay.

Usthay iestway* inway ishay eepingslay eameddray ehay,   *icetway

Andway atway ethay irdethay imetay etyay ishay ellawfay againway

Amecay, asway ehay oughtthay, andway aidsay, 'Iway amway ownay awslay;*   *ainslay

Eholdbay ymay oodyblay oundesway, eepday andway ideway.

Ariseway upway earlyway, inway ethay orningmay, idetay,

Andway atway ethay estway ategay ofway ethay owntay,' othquay ehay,

'Away artecay ullfay ofway ungday erethay altshay: outhay eesay,

Inway ichwhay ymay odybay isway idhay ivilypray.

Oday ilkethay artcay arrosteway* oldelybay.   *opstay

Ymay oldgay ausedcay ymay urdermay, oothsay otay aynsay.'

Andway oldtay imhay everyway ointpay owhay ehay asway ainslay,

Ithway away ullfay iteouspay acefay, andway alepay ofway uehay.

"Andway, ustetray ellway, ishay eamdray ehay oundfay ullfay uetray;

Orfay onway ethay orrowmay, asway oonsay asway itway asway ayday,

Otay ishay ellowesfay innway ehay ooktay ishay ayway;

Andway enwhay atthay ehay amecay otay isthay ox'sway allstay,

Afterway ishay ellowfay ehay eganbay otay allcay.

Ethay ostelerehay answeredway imhay anonway,

Andway aidesay, 'Irsay, ouryay ellowfay isway yay-onegay,

Asway oonsay asway ayday ehay entway outway ofway ethay owntay.'

Isthay anmay angay allenfay inway uspiciounsay,

Ememb'ringray onway ishay eamesdray atthay ehay ettemay,*   *eameddray

Andway orthfay ehay entway, onay ongerlay ouldway ehay etlay,*   *elayday

Untoway ethay estway ategay ofway ethay owntay, andway andfay*   *oundfay

Away ungday artcay, asway itway entway orfay otay ungday andlay,

Atthay asway arrayedway inway ethay amesay iseway

Asway eyay avehay eardhay ethay eadeday anmay eviseday;*   *escribeday

Andway ithway anway ardyhay earthay ehay angay otay ycray,

'Engeancevay andway usticejay ofway isthay elonyfay:

Ymay ellowfay urder'dmay inway isthay amesay ightnay

Andway inway isthay artcay ehay ieslay, apinggay uprightway.

Iway ycray outway onway ethay inistersmay,' othquay ehay.

'Atthay ouldeshay eepkay andway uleray isthay itycay;

Arowhay! alasway! erehay ieslay ymay ellowfay ainslay.'

Atwhay ouldshay Iway oremay untoway isthay aletay aynsay?

507

Ethay eoplepay outway artstay, andway astcay ethay artcay otay oundgray

Andway inway ethay iddlemay ofway ethay ungday eythay oundfay

Ethay eadeday anmay, atthay urder'dmay asway allway ewnay.

Oway issfulblay Odgay! atthay artway osay oodgay andway uetray,

Olay, owhay atthay outhay ewray'stbay urdermay alwayway.

Urdermay illway outway, atthay eesay eway ayday ybay ayday.

Urdermay isway osay atsomwlay* andway abominableway   *oathsomelay

Otay Odgay, atthay isway osay ustjay andway easonableray,

Atthay ehay illway otnay uffersay itway eledhay* ebay;   *oncealedcay <14>

Oughthay itway abideway away earyay, orway otway, orway eethray,

Urdermay illway outway, isthay isway ymay onclusiouncay,

Andway ightray anonway, ethay inistersmay ofway ethay owntay

Avehay enthay* ethay artercay, andway osay oresay imhay inedpay,**   *eizedsay **orturedtay

Andway ekeway ethay ostelerehay osay oresay enginedway,*   *ackedray

Atthay eythay eknewbay* eirthay ickednessway anonway,   *onfessedcay

Andway ereway angedhay ybay ethay eckenay onebay.

"Erehay aymay eyay eesay atthay eamesdray ebay otay eaddray.

Andway ertescay inway ethay amesay ookbay Iway eadray,

Ightray inway ethay extenay apterchay afterway isthay

(Iway abbegay* otnay, osay avehay Iway oyjay andway issblay),   *alktay idlyway

Otway enmay atthay ouldway, avehay assedpay overway easay,

Orfay ertaincay ausecay, intoway away arfay ountrycay,

Ifway atthay ethay indway otnay addehay eenbay ontrarycay,

Atthay ademay emthay inway away itycay orfay otay arrytay,

Atthay oodstay ullfay errymay uponway anway avenhay idesay;

Utbay onway away ayday, againstway ethay evenway-idetay,

Ethay indway angay angechay, andway ewblay ightray *asway emthay estlay.*   *asway eythay

Ollyjay andway adglay eythay enteway otay eirthay estray,   ishedway*

Andway astecay* emthay ullfay earlyway orfay otay ailsay.   *esolvedray

Utbay otay ethay oneway anmay ellfay away eatgray arvailmay

Atthay oneway ofway emthay, inway eepingslay asway ehay aylay,

Ehay ettemay* away ondrousway eamdray, againstway ethay ayday: *eameddray

Ehay oughtthay away anmay oodstay ybay ishay edde'sbay idesay,

Andway imhay ommandedcay atthay ehay ouldshay abideway;

Andway aidsay imhay usthay; 'Ifway outhay otay-orrowmay endway,

Outhay altshay ebay own'ddray; ymay aletay isway atway anway endway.'

Ehay okeway, andway oldtay ishay ollowfay atwhay ehay ettemay,

Andway ayedpray imhay ishay oyagevay orfay otay etlay;*   *elayday

508

Asway orfay atthay ayday, ehay ay'dpray imhay otay abideway.

Ishay ellowfay, atthay aylay ybay ishay edde'sbay idesay,

Angay orfay otay aughlay, andway ornedscay imhay ullfay astfay.

'Onay eamdray,' othquay ehay,'aymay osay ymay earthay aghastway,* *ightenfray

Atthay Iway illway ettelay* orfay otay oday ymay ingsthay.* *elayday

Iway ettesay otnay away awstray ybay ythay eamingsdray,

Orfay evenssway* ebay utbay anitiesvay andway apesjay.** *eamsdray **okesjay, eccitsday

Enmay eamdray allway ayday ofway owlesway andway ofway apesway,

Andway ekeway ofway anymay away azemay* erewithalthay; *ildway imaginingway

Enmay eamdray ofway ingthay atthay evernay asway, ornay allshay.

Utbay incesay Iway eesay, atthay outhay iltway erehay abideway,

Andway usthay orslothefay* ilfullyway ythay idetay,** *idleway awayway **imetay

Odgay otway, *itway uethray emay;* andway avehay oodgay ayday.' *Iway amway orrysay orfay itway*

Andway usthay ehay ooktay ishay eavelay, andway entway ishay ayway.

Utbay, ereway atthay ehay adhay alfhay ishay oursecay ail'dsay,

Iway owknay otnay ywhay, ornay atwhay ischancemay itway ail'dway,

Utbay asuallycay* ethay ip'sshay ottombay entray, *ybay accidentway

Andway ipshay andway anmay underway ethay aterway entway,

Inway ightsay ofway otherway ippesshay erethay esidebay

Atthay ithway imhay ailedsay atway ethay amesay idetay.

"Andway ereforethay, airefay Artelotepay osay earday,

Ybay uchsay examplesway oldeway ay'stmay outhay earlay,* *earnlay

Atthay onay anmay ouldeshay ebay ootay eckelessray

Ofway eamesdray, orfay Iway aysay eethay oubtelessday,

Atthay anymay away eamdray ullfay oresay isway orfay otay eaddray.

Olay, inway ethay ifelay ofway Aintsay Enelmkay <15> Iway eadray,

Atthay asway Enulphus'kay onsay, ethay oblenay ingkay

Ofway Ercenrikemay, <16> owhay Enelmkay ettemay away ingthay.

Away ittlelay ereway ehay asway urder'dmay onway away ayday,

Ishay urdermay inway ishay isionvay ehay aysay.* *awsay

Ishay oricenay* imhay expoundedway everyway ealday** *ursenay **artpay

Ishay evensway, andway adebay imhay otay eepkay* imhay ellway *uardgay

Orfay easontray; utbay ehay asway utbay evensay earsyay oldway,

Andway ereforethay *ittlelay aletay athhay ehay oldtay* *ehay attachedway ittlelay

Ofway anyway eamdray, osay olyhay asway ishay earthay. ignificancesay otay*

Ybay Odgay, Iway addehay everlay anthay ymay irtshay

Atthay eyay adhay eadray ishay egendlay, asway avehay Iway.

Ameday Artelotepay, Iway aysay ouyay uelytray,

Acrobiusmay, atthay otewray ethay isionvay

Inway Afric'WAY ofway ethay orthyway Ipionscay, <17>

Affirmethway eamesdray, andway aithsay atthay eythay ebay

'Arningsway ofway ingesthay atthay enmay afterway eesay.

Andway urthermorefay, Iway aypray ouyay ookelay ellway

Inway ethay Oldway Estamenttay, ofway Anielday,

Ifway ehay eldhay eamesdray anyway anityvay.

Eadray ekeway ofway Osephjay, andway erethay allshay eyay eesay

Etherwhay eamsdray ebay ometimessay (Iway aysay otnay allway)

Arningsway ofway ingesthay atthay allshay afterway allfay.

Ooklay ofway Egyptway ethay ingkay, Anday Araohphay,

Ishay akerbay andway ishay utelerbay alsoway,

Etherwhay eythay eltefay onenay effectway* inway eamsdray.   *ignificancesay

Osowhay illway eeksay ethay actsway ofway undrysay emesray*   *ealmsray

Aymay eadray ofway eamesdray anymay away ondrousway ingthay.

Olay Oesuscray, ichwhay atthay asway ofway Ydialay ingkay,

Ettemay ehay otnay atthay ehay atsay uponway away eetray,

Ichwhay ignifiedsay ehay ouldeshay angedhay ebay? <18>

Olay erehay, Andromacheway, Ectore'shay ifeway, <19>

Atthay ayday atthay Ectorhay ouldeshay oselay ishay ifelay,

Eshay eameddray onway ethay amesay ightnay efornbay,

Owhay atthay ethay ifelay ofway Ectorhay ouldshay ebay ornlay,*   *ostlay

Ifway ilkethay ayday ehay entway intoway attailebay;

Eshay arnedway imhay, utbay itway ightmay otnay availway;

Ehay enteway orthfay otay ightefay athelessnay,

Andway asway yay-ainslay anonway ofway Achillesway.

Utbay ilkethay aletay isway allway ootay onglay otay elltay;

Andway ekeway itway isway ighnay ayday, Iway aymay otnay elldway.

Ortlyshay Iway aysay, asway orfay onclusioncay,

Atthay Iway allshay avehay ofway isthay avisionway

Adversityway; andway Iway aysay urthermorefay,

Atthay Iway enay *elltay ofway axativeslay onay orestay,*   *oldhay axativeslay

Orfay eythay ebay enomousvay, Iway otway itway ellway;   ofway onay aluevay*

Iway emthay efyday,* Iway ovelay emthay evernay away elday.**   *istrustday **itwhay

510

"Utbay etlay usway eakspay ofway irthmay, andway intstay* allway isthay; *easecay

Adamemay Artelotepay, osay avehay Iway issblay,

Ofway oneway ingthay Odgay athhay entsay emay argelay* acegray; iberallay

Orfay enwhay Iway eesay ethay eautybay ofway ouryay acefay,

Eyay ebay osay arletscay-uedhay aboutway ouryay eyenway,

Iway akethmay allway ymay eadedray orfay otay ienday,

Orfay, allway osay ickersay* asway Inway incipiopray,<20> *ertaincay

Uliermay estway ominishay onfusiocay.<21>

Adammay, ethay entencesay* ofway ofway isthay Atinlay isway, *eaningmay

Omanway isway anne'smay oyjay andway anne'smay issblay.

Orfay enwhay Iway eelfay atway ightnay ouryay oftesay idesay, --

Albeitway atthay Iway aymay otnay onway ouyay ideray,

Orfay atthay ourway erchpay isway ademay osay arrownay, Alasway!

Iway amway osay ullfay ofway oyjay andway ofway olassay,* *elightday

Atthay Iway efyday othbay evensway andway ekeway eamdray."

Andway ithway atthay ordway ehay ewflay ownday omfray ethay eambay,

Orfay itway asway ayday, andway ekeway ishay enneshay allway;

Andway ithway away uckchay ehay angay emthay orfay otay allcay,

Orfay ehay adhay oundfay away orncay, aylay inway ethay ardyay.

Oyalray ehay asway, ehay asway onay oremay afear'dway;

Ehay eather'dfay Artelotepay entytway imetay,

Andway asway oftway odetray erhay, ereway atthay itway asway imepray.

Ehay ookedlay asway itway ereway away imgray ionlay,

Andway onway ishay oestay ehay oamedray upway andway ownday;

Ehay eignedday otnay otay etsay ishay eetfay otay oundgray;

Ehay uckedchay, enwhay ehay adhay away orncay yay-oundfay,

Andway otay imhay anneray enthay ishay ivesway allway.

Usthay oyalray, asway away incepray isway inway ishay allhay,

Eavelay Iway isthay Anticleerchay inway ishay asturepay;

Andway afterway illway Iway elltay ishay aventureway.

Enwhay atthay ethay onthmay inway ichwhay ethay orldway eganbay,

Atthay ightehay Archmay, enwhay Odgay irstfay akedmay anmay,

Asway ompletecay, andway yay-assedpay ereway alsoway,

Incesay Archmay endedway, irtythay aysday andway otway,

Efellbay atthay Anticleerchay inway allway ishay idepray,

Ishay evensay ivesway alkingway imhay esidebay,

Astcay upway ishay eyenway otay ethay ightebray unsay,

Atthay inway ethay ignsay ofway Aurustay adhay yay-unray

Entytway egreesday andway oneway, andway omewhatsay oremay;

Ehay ewknay ybay indkay,* andway ybay onenay otherway orelay,**   *aturenay **earninglay

Atthay itway asway imepray, andway ewcray ithway issfulblay evenstay.*   *oicevay

"Ethay unsay," ehay aidsay, "isway ombenclay upway inway eavenhay

Entytway egreesday andway oneway, andway oremay yay-isway.*   *assuredlyway

Adamemay Artelotepay, ymay orlde'sway issblay,

Earkenhay esethay issfulblay irdesbay owhay eythay ingsay,

Andway eesay ethay eshefray owersflay owhay eythay ingspray;

Ullfay isway inemay earthay ofway evelray andway olacesay."

Utbay uddenlysay imhay ellfay away orrowfulsay asecay;*   *asualtycay

Orfay everway ethay atterlay endway ofway oyjay isway oeway:

Odgay otway atthay orldlyway oyjay isway oonsay yay-ogay:

Andway, ifway away etorrhay* ouldcay airfay inditeway,   *oratorway

Ehay inway away oniclechray ightmay itway afelysay itewray,

Asway orfay *away ov'reignsay otabilitynay*   *away ingthay upremelysay otablenay*

Ownay everyway iseway anmay, etlay imhay earkenhay emay;

Isthay orystay isway allway asway uetray, Iway undertakeway,

Asway isway ethay ookbay ofway Auncelotlay uday Akelay,

Atthay omenway oldhay inway ullfay eatgray everenceray.

Ownay illway Iway urntay againway otay ymay entencesay.

Away olcay-oxfay, <22> ullfay ofway yslay iniquityway,

Atthay inway ethay ovegray adhay onnedway* earesyay eethray,   *eltdway

Ybay ighhay imaginationway orecastfay,

Ethay amesay ightnay oroughthay ethay edgeshay astbray*   *urstbay

Intoway ethay ardyay, erewhay Anticleerchay ethay airfay

Asway ontway, andway ekeway ishay ivesway, otay epairray;

Andway inway away edbay ofway ortesway* illstay ehay aylay,   *abbagescay

Illtay itway asway assedpay undernway <23> ofway ethay ayday,

Aitingway ishay imetay onway Anticleerchay otay allfay:

Asway adlyglay oday esethay omicideshay allway,

Atthay inway awaiteway ielay otay urdermay enmay.

Oway alsefay urd'rermay! Oukingray* inway ythay enday!   *ouchingcray, urkinglay

Oway ewnay Iscariotway, ewnay Aniliongay! <24>

Oway alsefay issimulerday, Oway Eekgray Inonsay,<25>

Atthay oughtestbray Oytray allway utterlyway otay orrowsay!

Oway Anticleerchay! accursedway ebay ethay orrowmay

Atthay outhay intoway ythay ardyay ewflay omfray ethay eamsbay;*   *aftersray

Outhay ertway ullfay ellway yay-arnedway ybay ythay eamsdray

Atthay ilkethay ayday asway erilouspay otay eethay.

Utbay atwhay atthay Odgay orewotfay* ustmay eedesnay ebay,   *oreknowsfay

Afterway th'AY opinionway ofway ertaincay erkesclay.

Itnessway onway imhay atthay anyway erfectpay erkclay isway,

Atthay inway oolschay isway eatgray altercationway

Inway isthay attermay, andway eatgray isputationday,

Andway athhay eenbay ofway anway undredhay ousandthay enmay.

Utbay Iway enay annotcay *oultbay itway otay ethay enbray,*   *examineway itway oroughlythay <26>*

Asway ancay ethay olyhay octorday Augustineway,

Orway Oecebay, orway ethay ishopbay Adwardinebray,<27>

Etherwhay atthay Odde'sgay orthyway oreweetingfay*   *oreknowledgefay

Ainethstray emay eedlynay orfay otay oday away ingthay   *orcesfay emay*

(Eedlynay allcay Iway implesay ecessitynay),

Orway ellesway ifway eefray oicechay ebay antedgray emay

Otay oday atthay amesay ingthay, orway oday itway otnay,

Oughthay Odgay orewotfay* itway ereway atthay itway asway oughtwray;   *ewknay inway advanceway

Orway ifway *ishay eetingway ainethstray evernay away ealday,*   *ishay owingknay onstrainscay

Utbay ybay ecessitynay onditionelcay.   *otnay atway allway*

Iway illway otnay avehay otay oday ofway uchsay atteremay;

Ymay aletay isway ofway away ockcay, asway eyay aymay earhay,

Atthay ooktay ishay ounselcay ofway ishay ifeway, ithway orrowsay,

Otay alkenway inway ethay ardyay uponway ethay orrowmay

Atthay ehay adhay ettemay ethay eamdray, asway Iway ouyay oldtay.

Omane'sway ounselscay ebay ullfay oftenway oldcay;*   *ischievousmay, unwiseway

Omane'sway ounselcay oughtbray usway irstfay otay oeway,

Andway ademay Adamway omfray Aradisepay otay ogay,

Erethay asway ehay asway ullfay errymay andway ellway atway asecay.

Utbay, orfay Iway otn'AY* otay omwhay Iway ightmay ispleaseday   *owknay otnay

Ifway Iway ounselcay ofway omenway ouldeway ameblay,

Asspay overway, orfay Iway aidsay itway inway ymay amegay.*   *estjay

Eadray authorsway, erewhay eythay eattray ofway uchsay atteremay

Andway atwhay eythay aysay ofway omenway eyay aymay earhay.

Esethay ebay ethay ocke'scay ordesway, andway otnay inemay;

Iway ancay onay armhay ofway onay omanway ivineday.*   *onjecturecay, imagineway

Airfay inway ethay andsay, otay athebay* erhay errilymay,   *askbay

Ieslay Artelotepay, andway allway erhay isterssay ybay,

Againstway ethay unsay, andway Anticleerchay osay eefray

Angsay erriermay anthay ethay ermaidmay inway ethay easay;

Orfay Ysiologusphay aithsay ickerlysay,*   *ertainlycay

Owhay atthay eythay ingesay ellway andway errilymay. <28>

Andway osay efellbay atthay, asway ehay astcay ishay eyeway

Amongway ethay ortesway,* onway away utterflybay,   *abbagescay

Ehay asway areway ofway isthay oxfay atthay aylay ullfay owlay.

Othingnay *enay istlay imhay ennethay* orfay otay owcray,   *ehay adhay onay inclinationway*

Utbay iedcray anonway "Ockcay! ockcay!" andway upway ehay artstay,

Asway anmay atthay asway affrayedway inway ishay earthay.

Orfay aturallynay away eastbay esirethday eeflay

Omfray ishay ontrarycay,* ifway ebay aymay itway eesay,   *enemyway

Oughthay ehay *e'ernay erstway* adhay oonsay itway ithway ishay eyeway   *evernay eforebay*

Isthay Anticleerchay, enwhay ehay angay imhay espyway,

Ehay ouldway avehay edflay, utbay atthay ethay oxfay anonway

Aidsay, "Entlegay Irsay, alasway! ywhay illway eyay ongay?

Ebay eyay afraidway ofway emay atthay amway ouryay iendfray?

Ownay, ertescay, Iway ereway orseway anthay anyway iendfay,

Ifway Iway otay ouyay ouldway armhay orway illainyvay.

Iway amway otnay omecay ouryay ounselcay otay espyway.

Utbay uelytray ethay ausecay ofway ymay omingcay

Asway onlyway orfay otay earkenhay owhay eyay ingsay;

Orfay uelytray eyay avehay asway errymay away evenstay,*   *oicevay

Asway anyway angelway athhay atthay isway inway eavenhay;

Erewiththay eyay avehay ofway usicmay oremay eelingfay,

Anthay adhay Oecebay, orway anyway atthay ancay ingsay.

Ymay ordlay ouryay atherfay (Odgay ishay oulesay essblay)

Andway ekeway ouryay othermay ofway erhay entlenessgay,

Avehay inway inemnay ousehay eenbay, otay ymay eatgray easeway:*   *atisfactionsay

Andway ertescay, Irsay, ullfay ainfay ouldway Iway ouyay easeplay.

Utbay, orfay enmay eakspay ofway ingingsay, Iway illway aysay,

Osay aymay Iway ookebray* ellway inemay eyenway aytway,   *enjoyway, ossesspay, orway useway

Avesay ouyay, Iway eardehay evernay anmay osay ingsay

Asway idday ouryay atherfay inway ethay orrowningmay.

Ertescay itway asway ofway earthay allway atthay ehay ungsay.

Andway, orfay otay akemay ishay oicevay ethay oremay ongstray,

Ehay ouldway *osay ainpay imhay,* atthay ithway othbay ishay eyenway   *akemay uchsay

Ehay ustemay inkway, osay oudlay ehay ouldeway yencray,   anway exertionway*

Andway andenstay onway ishay iptoestay erewithalthay,

Andway etchestray orthfay ishay eckenay onglay andway allsmay.

Andway ekeway ehay asway ofway uchsay iscretionday,

Atthay erethay asway onay anmay, inway onay egionray,

514

Atthay imhay inway ongsay orway isdomway ightemay asspay.

Iway avehay ellway eadray inway Anday Urnelbay ethay Assway, <29>

Amongway ishay ersevay, owhay atthay erethay asway away ockcay

Atthay, orfay* away ieste'spray onsay avegay imhay away ockknay   *ecausebay

Uponway ishay eglay, ilewhay ehay asway oungyay andway icenay,*   *oolishfay

Ehay ademay imhay orfay otay oselay ishay eneficebay.

Utbay ertaincay erethay isway onay omparisoncay

Etwixtbay ethay isdomway andway iscretionday

Ofway oureyay atherfay, andway ishay ubtiltysay.

Ownay ingesay, Irsay, orfay aintesay aritychay,

Etlay eesay, ancay eyay ouryay atherfay ounterfeitcay?"

Isthay Anticleerchay ishay ingsway eganbay otay eatbay,

Asway anmay atthay ouldcay otnay ishay easontray espyway,

Osay asway ehay avish'dray ithway ishay atteryflay.

Alasway! eyay ordeslay, anymay away alsefay attourflay*   *attererflay <30>

Isway inway ouryay ourtcay, andway anymay away osengeourlay, *   *ecceiverday <31>

Atthay easeplay ouyay ellway oremay, ybay ymay aithfay,

Anthay ehay atthay oothfastnesssay* untoway ouyay aithsay.   *uthtray

Eadray inway Ecclesiast'WAY ofway atteryflay;

Ewarebay, eyay ordeslay, ofway eirthay eacherytray.

Isthay Anticleerchay oodstay ighhay uponway ishay oestay,

Etchingstray ishay ecknay, andway eldhay ishay eyenway oseclay,

Andway angay otay owecray oudelay orfay ethay oncenay

Andway Anday Usselray <32> ethay oxfay artstay upway atway onceway,

Andway *ybay ethay orgegay entehay* Anticleerchay,   *eizedsay ybay ethay oatthray*

Andway onway ishay ackbay owardtay ethay oodway imhay arebay.

Orfay etyay asway erethay onay anmay atthay imhay ursu'dpay.

Oway estinyday, atthay ay'stmay otnay ebay eschew'dway!*   *escapedway

Alasway, atthay Anticleerchay ewflay omfray ethay eamsbay!

Alasway, ishay ifeway aughteray* oughtnay ofway eamsdray!   *egardedray

Andway onway away Idayfray ellfay allway isthay ischancemay.

Oway Enusvay, atthay artway oddessgay ofway easanceplay,

Incesay atthay ythay ervantsay asway isthay Anticleerchay

Andway inway ythay ervicesay idday allway ishay owerepay,

Oremay orfay elightday, anthay ethay orldway otay ultiplymay,

Ywhay iltway outhay uffersay imhay onway ythay ayday otay ieday?

Oway Aufridgay, eareday astermay overeignsay, <33>

Atthay, enwhay ythay orthyway ingkay Ichardray asway ainslay

Ithway otshay, omplainedestcay ishay eathday osay oresay,

Ywhay adn'hay Iway ownay ythay entencesay andway ythay orelay,

Ethay Idayfray orfay otay idenchay, asway idday eyay?

(Orfay onway away Idayfray, oothlysay, ainslay asway ehay),

Enthay ouldway Iway ewshay ouyay owhay atthay Iway ouldcay ainplay*   *amentlay

Orfay Anticleere'schay eaddray, andway orfay ishay ainpay.

Ertescay uchsay ycray ornay amentationlay

Asway e'ernay ofway adieslay ademay, enwhay Ilionway

Asway onway, andway Yrrhuspay ithway ishay aightestray ordsway,

Enwhay ehay adhay enthay* ingkay Iampray ybay ethay eardbay,   *eizedsay

Andway ainslay imhay (asway aithsay usway Eneidosway*),<34>   *Ethay Aeneidway

Asway adenmay allway ethay enneshay inway ethay oseclay,*   *ardyay

Enwhay eythay adhay eensay ofway Anticleerchay ethay ightsay.

Utbay ov'reignlysay* Ameday Artelotepay ightshray,**   *aboveway allway othersway

Ullfay ouderlay anthay idday Asdrubale'shay ifeway,   **iekedshray

Enwhay atthay erhay usbandhay addehay ostlay ishay ifelay,

Andway atthay ethay Omansray adhay yay-urntbay Arthagecay;

Eshay asway osay ullfay ofway ormenttay andway ofway ageray,

Atthay ilfullyway intoway ethay irefay eshay artstay,

Andway urntbay erselfehay ithway away eadfaststay earthay.

Oway oefulway enneshay! ightray osay iedcray eyay,

Asway, enwhay atthay Eronay urnedbay ethay itycay

Ofway Omeray, iedcray ethay enatores'say ivesway,

Orfay atthay eirthay usbandshay ostenlay allway eirthay iveslay;

Ithouteway uiltgay isthay Eronay athhay emthay ainslay.

Ownay illway Iway urntay untoway ymay aletay againway;

Ethay elysay* idowway, andway erhay aughtersday otway,   *implesay, onesthay

Eardehay esethay enneshay ycray andway akemay oeway,

Andway atway ethay oorsday outway artedstay eythay anonway,

Andway awsay ethay oxfay owardtay ethay oodway isway onegay,

Andway arebay uponway ishay ackbay ethay ockcay awayway:

Eythay iedcray, "Outway! arowhay! andway ellway-awayway!

Ahaway! ethay oxfay!" andway afterway imhay eythay anray,

Andway ekeway ithway avesstay anymay anotherway anmay

Anray Ollcay ourway ogday, andway Albottay, andway Arlandgay;

Andway Alkinmay, ithway erhay istaffday inway erhay andhay

Anray owcay andway alfcay, andway ekeway ethay eryvay oggeshay

516

Osay ear'dfay eythay ereway orfay arkingbay ofway ethay oggesday,

Andway outingshay ofway ethay enmay andway omenway ekeway.

Eythay anneray osay, emthay oughtthay eirthay eartshay ouldway eakbray.

Eythay elledyay asway ethay iendesfay oday inway ellhay;

Ethay uckesday iedcray asway enmay ouldway emthay ellquay;*   *illkay, estroyday

Ethay eesegay orfay earefay ewenflay o'erway ethay eestray,

Outway ofway ethay ivehay amecay ethay armsway ofway eesbay,

Osay ideoushay asway ethay oisenay, en'dicitebay!

Ertescay ehay, Ackejay Awstray,<35> andway ishay einiemay,*   *ollowersfay

Enay ademay evernay outesshay alfhay osay illshray

Enwhay atthay eythay ouldenway anyway Emingflay illkay,

Asway ilkethay ayday asway ademay uponway ethay oxfay.

Ofway assbray eythay oughtebray eamesbay* andway ofway oxbay,   *umpetstray <36>

Ofway ornhay andway onebay, inway ichwhay eythay ewblay andway oopedpay,*   *ootedtay

Andway erewithalthay eythay iekedshray andway eythay oopedhay;

Itway eemedsay asway ethay eavenhay ouldeshay allfay

Ownay, oodegay enmay, Iway aypray ouyay earkenhay allway;

Olay, owhay Ortunefay urnethtay uddenlysay

Ethay opehay andway idepray ekeway ofway erhay enemyway.

Isthay ockcay, atthay aylay uponway ethay ox'sfay ackbay,

Inway allway ishay eaddray untoway ethay oxfay ehay akespay,

Andway aidesay, "Irsay, ifway atthay Iway ereway asway eyay,

Etyay ouldway Iway aysay (asway islyway* Odgay elphay emay),   *urelysay

'Urntay eyay againway, eyay oudepray urleschay allway;

Away eryvay estilencepay uponway ouyay allfay.

Ownay amway Iway omecay untoway ethay oode'sway idesay,

Augremay ouryay eadhay, ethay ockcay allshay erehay abideway;

Iway illway imhay eatway, inway aithfay, andway atthay anonway.'"

Ethay oxfay answer'dway, "Inway aithfay itway allshay ebay oneday:"

Andway, asway ehay akespay ethay ordway, allway uddenlysay

Ethay ockcay akebray omfray ishay outhmay eliverlyday,*   *imblynay

Andway ighhay uponway away eetray ehay ewflay anonway.

Andway enwhay ethay oxfay awsay atthay ethay ockcay asway onegay,

"Alasway!" othquay ehay, "Oway Anticleerchay, alasway!

Iway avehay," othquay ehay, "yay-oneday otay ouyay espasstray,*   *offenceway

Inasmuchway asway Iway akedmay ouyay afear'dway,

Enwhay Iway ouyay enthay,* andway oughtbray outway ofway ouryay ardyay;   *ooktay

Utbay, Irsay, Iway idday itway inway onay ick'way intentway;

517

Omecay ownday, andway Iway allshay elltay ouyay atwhay Iway eantmay.

Iway allshay aysay oothsay otay ouyay, Odgay elphay emay osay."

"Aynay enthay," othquay ehay, "Iway ewshray* usway othbay ethay otway,   *ursecay

Andway irstfay Iway ewshray yselfmay, othbay oodblay andway onesbay,

Ifway outhay eguilebay emay oftenerway anthay onceway.

Outhay altshay onay oremay oughthray ythay atteryflay

Oday* emay otay ingsay andway inkeway ithway inemay eyeway;   *ausecay

Orfay ehay atthay inkethway enwhay ehay ouldeshay eesay,

Allway ilfullyway, Odgay etlay imhay evernay ethay."*   *ivethray

"Aynay," othquay ethay oxfay; "utbay Odgay ivegay imhay ischancemay

Atthay isway osay indiscreetway ofway overnancegay,

Atthay anglethjay* enwhay atthay ehay ouldshay oldhay ishay eacepay."   *atterschay

Olay, atwhay itway isway orfay otay ebay eckelessray

Andway egligentnay, andway usttray onway atteryflay.

Utbay eyay atthay oldehay isthay aletay away ollyfay,

Asway ofway away oxfay, orway ofway away ockcay orway enhay,

Aketay ethay oralitymay ereofthay, oodgay enmay.

Orfay Aintsay Aulpay aithsay, Atthay allway atthay ittenwray isway,

Otay ourway octrineday itway ittenwray isway yay-isway. <37>   *isway urelysay ittenwray orfay
                                                                                                    ourway instructionway*
Aketay ethay uitfray, andway etlay ethay affchay ebay illstay.

Ownay oodegay Odgay, ifway atthay itway ebay ythay illway,

Asway aithsay ymay Ordlay, <38> osay akemay usway allway oodgay enmay;

Andway ingbray usway allway otay ythay ighhay issblay. Amenway.

1. Ethay Aletay ofway ethay Un'snay Iestpray isway oundedfay onway ethay ifthfay apterchay ofway anway oldway Enchfray etricalmay "Omanceray ofway Enardray;" ethay amesay orystay ormingfay oneway ofway ethay ablesfay ofway Ariemay, ethay anslatortray ofway ethay Etonbray Ayslay. (Eesay otenay 2 otay ethay Ologuepray otay ethay Anklin'sfray Aletay.) Althoughway Ydendray asway inway errorway enwhay ehay ascribedway ethay Aletay otay Aucer'schay ownway inventionway, illstay ethay aterialsmay onway ichwhay ehay adhay otay operateway ereway outway ofway ornparisoncay oremay ivialtray anthay ethay esultray.

2. Yrwhitttay otesquay otway atutesstay ofway Edwardway IIIWAY, inway ichwhay "eysday" areway includedway amongway ethay ervantssay employedway inway agriculturalway ursuitspay; ethay amenay eemssay otay avehay originallyway eantmay away ervantsay owhay avegay ishay abourlay ybay ethay ayday, utbay afterwardsway otay avehay eenbay appropriatedway exclusivelyway otay oneway owhay uperintendedsay orway orkedway inway away airyday.

3. Orgonway: erehay icentiouslylay usedway orfay ethay uralplay, "organsway" orway "orgonsway," orrespondingcay otay ethay uralplay erbvay "ongay" inway ethay extnay inelay.

4. Orlogehay: Enchfray, "ockclay."

5. Embattell'dway: indentedway onway ethay upperway edgeway ikelay ethay attlementsbay ofway away astlecay.

6. Ymay efelay isway arefay inway andlay: Isthay eemssay otay avehay eenbay ethay efrainray ofway omesay oldway ongsay, andway itsway ecisepray eaningmay isway uncertainway. Itway orrespondscay inway adencecay ithway ethay orningmay alutationsay ofway ethay ockcay; andway aymay ebay akentay asway away eetinggray otay ethay unsay, ichwhay isway elovedbay ofway Anticleerchay, andway ashay ustjay omecay uponway ethay earthway -- orway inway ethay ensesay ofway away oremay ocallay oastbay, asway auntingvay ethay airnessfay ofway ishay avouritefay enhay aboveway allway othersway inway ethay ountrycay oundray.

Anscriber'stray otenay: Aterlay ommentatorscay explainway "arefay inway andlay" asway "onegay abroadway" andway avehay identifiedway ethay ongsay:

Ymay efelay isway arefay inway ondlay

Alasway! Ywhay isway eshay osay?

Andway Iway amway osay oresay oundbay

Iway aymay otnay omecay erhay otay.

Eshay athhay ymay earthay inway oldhay

Erewhay everway eshay ideray orway ogay

Ithway uetray ovelay away ousandthay-oldfay.

(Intedpray inway Ethay Athenaeumway, 1896, Olvay IIWAY, pay. 566).

7. "Avoiway!" isway ethay ordway erehay enderedray "awayway!" Itway asway equentlyfray usedway inway ethay Enchfray abliauxfay, andway ethay Italiansway employway ethay Ordway "iavay!" inway ethay amesay ensesay.

8. "Enay oday onay orcefay ofway eamsdray:" "Omniasay enay arescay;" -- Atocay "Eday Oribusmay," 1 iiway, istday. 32

9. Entaurycay: ethay erbhay osay alledcay ecausebay ybay itsway irtuevay ethay entaurcay Ironchay asway ealedhay enwhay ethay oisonedpay arrowway ofway Erculeshay adhay accidentallyway oundedway ishay ootfay.

10. Umeterefay: ethay erbhay "umitoryfay."

11. Atapucecay: urgespay; away antplay ofway urgativepay alitiesquay. Otay itsway amenay inway ethay exttay orrespondcay ethay Italianway "atapuzzacay," andway Enchfray "atapucecay" -- ordsway ethay originway ofway ichwhay isway onnectedcay ithway ethay effectsway ofway ethay antplay.

12. Aitregay-erriesbay: ogday-oodway erriesbay.

13. Oneway ofway ethay eatestgray authorsway atthay enmay eadray: Icerocay, owhay inway ishay ookbay "Eday Ivinationeday" ellstay isthay andway ethay ollowingfay orystay, oughthay inway ontrarycay orderway andway ithway anymay ifferencesday.

14. Aledhay orway ylledhay; omfray Angloway-Axonsay "elanhay" idhay, oncealedcay

15. Enelmkay ucceededsay ishay atherfay asway ingkay ofway ethay Axonsay ealmray ofway Erciamay inway 811, atway ethay ageway ofway evensay earsyay; utbay ehay asway ainslay ybay ishay ambitiousway auntway Endradaquay. Ethay aceplay ofway ishay urialbay asway iraculouslymay iscoveredday, andway ehay asway ubsequentlysay elevatedway otay ethay ankray ofway away aintsay andway artyrmay. Ishay ifelay isway inway ethay Englishway "Oldengay Egendlay."

16. Ercenrikemay: ethay ingdomkay ofway Erciamay; Angloway-Axonsay, Yrcnaricemay. Omparecay ethay econdsay embermay ofway ethay ompoundcay inway ethay Ermangay, "Ankreichfray," Ancefray; "Oesterreichway," Austriaway.

17. Icerocay ("Eday Epublicaray," iblay. ivay.) otewray ethay Eamdray ofway Ipioscay, inway ichwhay ethay Oungeryay elatesray ethay appearanceway ofway ethay Elderway Africanusway, andway ethay ounselscay andway exhortationsway ichwhay ethay adeshay addressedway otay ethay eeperslay. Acrobiusmay otewray anway elaborateway "Ommentarycay onway ethay Eamdray ofway Ipioscay," -- away ilosophicalphay eatisetray uchmay udiedstay andway elishedray uringday ethay Iddlemay Agesway.

18. Eesay ethay Onk'smay Aletay orfay isthay orystay.

19. Andromache'sway eamdray illway otnay ebay oundfay inway Omerhay; Itway isway elatedray inway ethay ookbay ofway ethay ictitiousfay Aresday Ygiusphray, ethay ostmay opularpay authorityway uringday ethay Iddlemay Agesway orfay ethay istoryhay ofway ethay Ojantray Arway.

20. Inway incipiopray: Inway ethay eginningbay; ethay irstfay ordsway ofway Encsisgay andway ofway ethay Ospelgay ofway Ohnjay.

21. Uliermay estway ominishay onfusiocay: Isthay inelay isway akentay omfray ethay amesay abulousfay onferencecay etweenbay ethay Emperorway Adrianway andway ethay ilosopherphay Ecundussay, encewhay Aucerchay erivedday omesay ofway ethay argumentsway inway aisepray ofway overtypay employedway inway ethay Ifeway ofway Ath'sbay Aletay operpray. Eesay otenay 14 otay ethay Ifeway ofway Ath'sbay aletay. Ethay assagepay ansferredtray otay ethay exttay isway ethay ommencementcay ofway away escriptionday ofway omanway. "Idquay estway uliermay? ominishay onfusiocay," &cay. ("Atwhay isway Omanway? Away unionway ithway anmay", &cay.)

22. Olcay-oxfay: away ackishblay oxfay, osay alledcay ecausebay ofway itsway ikenesslay otay oalcay, accordingway otay Innerskay; oughthay oremay obablypray ethay efixpray ashay away eproachfulray eaningmay, andway isway inway omesay ayway onnectedcay ithway ethay ordway "oldcay" asway, omesay ortyfay ineslay elowbay, itway isway appliedway otay ethay ejudicialpray ounselcay ofway omenway, andway asway equentlyfray itway isway usedway otay escribeday "ighssay" andway otherway okenstay ofway iefgray, andway "arescay" orway "anxietiesway."

23. Undernway: Inway isthay asecay, ethay eaningmay ofway "eveningway" orway "afternoonway" ancay ardlyhay ebay appliedway otay ethay ordway, ichwhay ustmay ebay akentay otay ignifysay omesay earlyway ourhay ofway ethay orenoonfay. Eesay alsoway otenay 4 otay ethay Ifeway ofway Ath'sbay aletay andway otenay 5 otay ethay Erk'sclay Aletay.

24. Aniliongay: away aitortray. Eesay otenay 9 otay ethay Ipman'sshay Aletay andway otenay 28 otay ethay Onk'smay Aletay.

25. Eekgray Inonsay: Ethay inventorway ofway ethay Ojantray Orsehay. Eesay otenay 14 otay ethay Ire'ssquay Aletay

26. Oultbay itway omfray ethay enbray: Examineway ethay attermay oroughlythay; away etaphormay akentay omfray ethay iftingsay ofway ealmay, otay ivideday ethay inefay ourflay omfray ethay anbray.

27. Omasthay Adwardinebray, Archbishopway ofway Anterburycay inway ethay irteenththay enturycay, owhay otewray away ookbay, "Eday Ausacay Eiday," inway ontroversycay ithway Elagiuspay; andway alsoway umerousnay otherway eatisestray, amongway emthay omesay onway edestinationpray.

28. Inway away opularpay ediavealmay Atinlay eatisetray ybay oneway Eobaldusthay, entitledway "Ysiologusphay eday Aturisnay IIXAY. Animaliumway" ("Away escriptionday ofway ethay aturenay ofway elvetway animalsway"), irenssay orway ermaidsmay areway escribedday asway illedskay inway ongsay, andway awingdray unwaryway arinersmay otay estructionday ybay ethay eetnesssway ofway eirthay oicesvay.

29. "Igellusnay Irekerway," ayssay Urry'sway Ossaryglay, "away onkmay andway ecentorpray ofway Anterburycay, otewray away Atinlay oempay intituledway 'Eculumspay Eculorumspay,' ('Ethay irrormay ofway irrors'may) edicatedday otay Illiamway Ongchamplay, Ishopbay ofway Elyway, andway Ordlay Ancellorchay; ereinwhay, underway ethay ablefay ofway anway Assway (ichwhay ehay allscay 'Urnellus'bay) atthay esireday away ongerlay ailtay, isway epresentedray ethay ollyfay ofway uchsay asway areway otnay ontentcay ithway eirthay ownway onditioncay. Erethay isway introducedway away aletay ofway away ockcay, owhay avinghay ishay eglay okebray ybay away iest'spray onsay (alledcay Undulfusgay) atchedway anway opportunityway otay ebay evengedray; ichwhay atway astlay esentedpray itselfway onway isthay occasionway: Away ayday asway appointedway orfay Undulfus'sgay eingbay admittedway intoway olyhay ordersway atway away aceplay emoteray omfray ishay ather'sfay abitationhay; ehay ereforethay ordersway ethay ervantssay otay allcay imhay atway irstfay ockcay-owingcray, ichwhay ethay ockcay overhearingway idday otnay owcray atway allway atthay orningmay. Osay Undulfusgay oversleptway imselfhay, andway asway erebythay isappointedday ofway ishay ordinationway, ethay officeway eingbay itequay inishedfay eforebay ehay amecay otay ethay aceplay." Ireker'sway atiresay asway amongway ethay ostmay elebratedcay andway opularpay Atinlay oemspay ofway ethay Iddlemay Agesway. Ethay Assway asway obablypray asway Yrwhitttay uggestssay, alledcay "Urnelbay" orway "Unelbray," omfray ishay ownbray olourcay; asway, away ittlelay elowbay, away eddishray oxfay isway alledcay "Usselray."

30. Attourflay: attererflay; Enchfray, "atteurflay."

31. Osengeourlay: eceiverday, ozenercay; ethay ordway adhay analoguesway inway ethay Enchfray "osengierlay," andway ethay Anishspay "isongerolay." Itway isway obablypray onnectedcay ithway "easinglay," alsehoodfay; ichwhay ashay eenbay erivedday omfray Angloway-Axonsay "isanhlay," otay elebratecay -- asway ifway itway eantmay ethay eadingspray ofway away alsefay enownray

32. Anday Usselray: Astermay Ussetray; away amenay ivengay otay ethay oxfay, omfray ishay eddishray olourcay.

33. Eoffreygay eday Insaufvay asway ethay authorway ofway away ellway-ownknay ediaevalmay eatisetray onway ompositioncay inway ariousvay oeticalpay ylesstay ofway ichwhay ehay avegay examplesway. Aucer'schay ironyway isway ereforethay irectedday againstway omesay andiosegray andway affectedway ineslay onway ethay eathday ofway Ichardray Iway., intendedway otay illustrateway ethay atheticpay ylestay, inway ichwhay Idayfray isway addressedway asway "Oway Enerisvay achrymosalay iesday" ("Oway earfultay ayday ofway Enusvay").

34. "Iamumpray altariaway adway ipsaway emantemtray

Axittray, etway inway ultomay apsantemlay anguinesay atinay

Implicuitqueway omamcay aevalay, extraqueday oruscumcay

Extulitway, acway aterilay apulocay enustay abdiditway ensemway.

Aechay inisfay Iamipray atorumfay."

("Ehay aggeddray Iampray emblingtray otay ishay ownway altarway, ippingslay onway ethay oodblay ofway ishay ildchay; Ehay ooktay ishay airhay inway ishay eftlay andhay, andway ithway ethay ightray ewdray ethay ashingflay ordsway, andway idhay itway otay ethay ilthay [inway ishay odybay]. Usthay anway endway asway ademay ofway Iampray")

-- Irgilvay, Aeneidway. iiway. 550.

35. Ackjay Awstray: Ethay eaderlay ofway away Entishkay isingray, inway ethay eignray ofway Ichardray IIWAY, inway 1381, ybay ichwhay ethay Emishflay erchantsmay inway Ondonlay ereway eatgray uffererssay.

36. Eamsbay: umpetstray; Angloway-Axonsay, "emabay."

37. "Allway ipturescray isway ivengay ybay inspirationway ofway Odgay, andway isway ofitablepray orfay octrineday, orfay eproofray, orfay orrectioncay, orfay instructionway inway ighteousnessray: atthay ethay anmay ofway Odgay aymay ebay erfectpay, oughlythray urnishedfay untoway allway oodgay orksway." -- 2 Imtay. iiiway. 16.

"Irsay Unne'snay Iestpray," ourway ostehay aidsay anonway,

"YAY-essedblay ebay ythay eechbray, andway everyway onestay;

Isthay asway away errymay aletay ofway Anticleerchay.

Utbay ybay ymay uthtray, ifway outhay ertway eculeresay,*   *away aymanlay

Outhay ouldestway ebay away eadefowltray* arightway;   *ockcay

Orfay ifway outhay avehay ouragecay asway outhay asthay ightmay,

Eethay ereway eednay ofway enneshay, asway Iway eenway,

Eayay oremay anthay evensay imestay eventeensay.

Eesay, atewhay awnesbray* athhay isthay entlegay iestpray,   *usclesmay, inewssay

Osay eatgray away ecknay, andway uchsay away argelay eastbray

Ehay ookethlay asway away erhawkspay ithway ishay eyenway

Imhay eedethnay otnay ishay olourcay orfay otay yenday

Ithway Azilbray, ornay ithway aingray ofway Ortugalepay.

Utbay, Irsay, airefay allfay ouyay orfay ouryay ale'tay."

Andway, afterway atthay, ehay ithway ullfay errymay eerchay

Aidsay otay anotherway, asway eyay allshay earhay.

Otesnay otay ethay Epilogueway otay ethay Unnay's Iestpray's Aletay

1. Ethay ixteensay ineslay appendedway otay ethay Aletay ofway ethay Un'snay Iestpray eemsay, asway Yrwhitttay observesway, otay ommencecay ethay ologuepray otay ethay ucceedingsay Aletay -- utbay ethay ifficultyday isway otay etermineday ichwhay atthay Aletay ouldshay ebay. Inway earlierway editionsway, ethay ineslay ormedfay ethay openingway ofway ethay ologuepray otay ethay Anciple'smay Aletay; utbay ostmay ofway ethay anuscriptsmay acknowledgeway emselvesthay efectiveday inway isthay artpay, andway ivegay ethay Un'snay Aletay afterway atthay ofway ethay Un'snay Iestpray. Inway ethay Arleianhay anuscriptmay, ollowedfay ybay Mray Ightwray, ethay econdsay Un'snay Aletay, andway ethay Anon'scay Eoman'syay Aletay, areway acedplay afterway ethay Anklin'sfray aletay; andway ethay ixteensay ineslay aboveway areway otnay oundfay -- ethay Anciple'smay ologuepray omingcay immediatelyway afterway ethay "Amenway" ofway ethay Un'snay Iestpray. Inway otway anuscriptsmay, ethay astlay inelay ofway ethay ixteensay unsray usthay: "Aidsay untoway ethay Unnay asway eyay allshay earhay;" andway ixsay ineslay oremay evidentlyway orgedfay, areway ivengay otay introduceway ethay Un'snay Aletay. Allway isthay onfusioncay andway oubtday onlyway engthenstray ethay ertaintycay, andway eependay ethay egretray, atthay "Ethay Anterburycay Alestay" ereway eftlay atway Aucer'schay, eathday otnay erelymay eryvay imperfectway asway away olewhay, utbay estituteday ofway anymay inishingfay ouchestay atthay ouldway avehay ademay emthay ompletecay osay arfay asway ethay onceptioncay adhay actuallyway eenbay arriedcay intoway erformancepay.

Ethay Econdsay Onnay's Aletay

<1>

Ethay inistermay andway oricenay* untoway icesvay,   *ursenay
Ichwhay atthay enmay allcay inway Englishway idlenessway,
Ethay orterpay atway ethay ategay isway ofway elicesday;*   *elightsday
Eschewt'AY, andway ybay erhay ontrar'cay erhay oppressway, --
Atthay isway otay aysay, ybay awfullay usinessbay,* --   *occupationway, activityway
Ellway oughteway eway otay *oday ourway allway intentway*   *applyway ourselvesway*
Estlay atthay ethay iendfay oughthray idlenessway usway enthay.*   *eizesay

Orfay ehay, atthay ithway ishay ousandthay ordescay yslay
Ontinuallycay usway aitethway otay eclapbay,*   *entangleway, indbay
Enwhay ehay aymay anmay inway idlenessway espyway,
Ehay ancay osay ightlylay atchcay imhay inway ishay aptray,
Illtay atthay away anmay ebay enthay* ightray ybay ethay appelay,**   *eizesay **emhay
Ehay isway otnay areway ethay iendfay athhay imhay inway andhay;
Ellway oughtway eway orkway, andway idlenessway ithstandway.

Andway oughthay enmay eadeddray evernay orfay otay ieday,
Etyay eesay enmay ellway ybay easonray, oubtelessday,
Atthay idlenessway isway ootray ofway uggardyslay,
Ofway ichwhay erethay omethcay evernay oodgay increaseway;
Andway eesay atthay othslay emthay oldethhay inway away easlay,*   *eashlay <2>
Onlyway otay eepslay, andway orfay otay eatway andway inkdray,
Andway otay evourenday allway atthay othersway inksway.*   *abourlay

Andway, orfay otay utpay usway omfray uchsay idlenessway,
Atthay ausecay isway ofway osay eatgray onfusioncay,
Iway avehay erehay oneday ymay aithfulfay usinessbay,
Afterway ethay Egendlay, inway anslationtray
Ightray ofway ythay oriousglay ifelay andway assionpay, --

524

Outhay ithway ythay arlandgay oughtwray ofway oseray andway ilylay,
Eethay eanmay Iway, aidmay andway artyrmay, Aintsay Eciliecay.

Andway outhay, outhay artway ethay ow'rflay ofway irginsvay allway,
Ofway omwhay atthay Ernardbay istlay osay ellway otay itewray, <3>
Otay eethay atway ymay eginningbay irstfay Iway allcay;
Outhay omfortcay ofway usway etcheswray, oday emay inditeway
Ythay aiden'smay eathday, atthay onway oughthray erhay eritemay
Th'AY eternalway ifelay, andway o'erway ethay iendfay ictoryvay,
Asway anmay aymay afterway eadenray inway erhay orystay.

Outhay aidmay andway othermay, aughterday ofway ythay Onsay,
Outhay ellway ofway ercymay, infulsay oules'say urecay,
Inway omwhay atthay Odgay ofway ountebay osechay otay onway;*   *elldway
Outhay umblehay andway ighhay o'erway everyway eaturecray,
Outhay obilestnay, *osay arfay orthfay ourway aturenay,*   *asway arfay asway
                                                                                            ourway aturenay admitsway*
Atthay onay isdainday ethay Akermay adhay ofway indkay,*   *aturenay
Ishay Onsay inway oodblay andway eshflay otay otheclay andway indway.*   *apwray

Ithinway ethay oisterclay ofway ythay issfulblay idessay
Ooktay anne'smay apeshay th'AY eternalway ovelay andway eacepay,
Atthay ofway *ethay inetray ompasscay* Ordlay andway uidegay isway   *ethay initytray*
Omwhay earthway, andway easay, andway eav'nhay, *outway ofway eleaseray,*   *unceasinglyway
Ayeway eryhay; andway outhay, Irginvay emmelessway,*   *oreverfay aisepray* *immaculateway
Arebay ofway ythay odybay, andway eltestdway aidenmay urepay,
Ethay Eatorcray ofway everyway eaturecray.

Assembledway isway inway eethay agnificencemay <4>
Ithway ercymay, oodnessgay, andway ithway uchsay itypay,
Atthay outhay, atthay artway ethay unsay ofway excellenceway,
Otnay onlyway elpesthay emthay atthay aypray otay eethay,
Utbay oftentimeway, ofway ythay enignitybay,
Ullfay eelyfray, ereway atthay enmay inethay elphay eseechbay,
Outhay o'stgay eforebay, andway artway eirthay ives'lay eechlay.*   *ealerhay, avioursay.

Ownay elphay, outhay eekmay andway issfulblay airefay aidmay,
Emay, emedflay* etchwray, inway isthay esertday ofway allgay;   *anishedbay, outcastway
Inkthay onway ethay omanway Ananeecay atthay aidsay

Atthay elpeswhay eatway omesay ofway ethay umbescray allway

Atthay omfray eirthay Orde'slay abletay ebay yay-allfay;<5>

Andway oughthay atthay Iway, unworthyway onsay ofway Eveway,<6>

Ebay infulsay, etyay accepteway ymay elievebay.*   *aithfay

Andway, orfay atthay aithfay isway eadday ithouteway erkesway,

Orfay otay orkeway ivegay emay itway andway acespay,

Atthay Iway ebay *itquay omfray ennesthay atthay ostmay erkday isway;*   *eedfray omfray ethay ostmay

Oway outhay, atthay artway osay airfay andway ullfay ofway acegray,   arkday aceplay (Ellhay)*

Ebay outhay inemay advocateway inway atthay ighhay aceplay,

Erewhay asway ithoutenway endway isway ungsay Osanneway,

Outhay Iste'schray othermay, aughterday earday ofway Anneway.

Andway ofway ythay ightlay ymay oulsay inway isonpray ightlay,

Atthay oubledtray isway ybay ethay ontagioncay

Ofway ymay odybay, andway alsoway ybay ethay eightway

Ofway earthlyway ustlay andway alsefay affectionway;

Oway av'nhay ofway efugeray, Oway alvationsay

Ofway emthay atthay ebay inway orrowsay andway istressday,

Ownay elphay, orfay otay ymay orkway Iway illway emay essdray.

Etyay aypray Iway ouyay, atthay eaderay atwhay Iway itewray, <6>

Orgivefay emay atthay Iway oday onay iligenceday

Isthay ilkeway* orystay ubtillysay t'AY inditeway.   *amesay

Orfay othbay avehay Iway ethay ordesway andway entencesay

Ofway imhay atthay atway ethay ainte'ssay everenceray

Ethay orystay otewray, andway ollowfay erhay egendlay;

Andway aypray ouyay atthay ouyay illway ymay orkway amendway.

Irstfay illway Iway ouyay ethay amenay ofway Aintsay Eciliecay

Expoundway, asway enmay aymay inway erhay orystay eesay.

Itway isway otay aysay inway Englishway, Eaven'shay ilylay,<7>

Orfay urepay astenesschay ofway irginityvay;

Orway, orfay eshay itenesswhay adhay ofway onestyhay,*   *uritypay

Andway eengray ofway onsciencecay, andway ofway oodgay amefay

Ethay eetesway avoursay, Ilielay asway erhay amenay.

Orway Eciliecay isway otay aysay, ethay ayway ofway indblay;<7>

Orfay eshay exampleway asway ybay oodgay eachingtay;

526

Orway elseway Eciliecay, asway Iway ittenwray indfay,
Isway oinedjay ybay away annermay onjoiningcay
Ofway eavenhay andway Ialay, <7> andway ereinhay iguringfay
Ethay eavenhay isway etsay orfay oughtthay ofway olinesshay,
Andway Ialay orfay erhay astinglay usinessbay.

Eciliecay aymay ekeway ebay aidsay inway isthay anneremay,
Antingway ofway indnessblay, orfay erhay eategray ightlay
Ofway apiencesay, andway orfay erhay ewesthay* earclay.   *alitiesquay
Orway ellesway, olay, isthay aiden'smay amenay ightbray
Ofway eavenhay andway Eoslay <7> omescay, orfay ichwhay ybay ightray
Enmay ightmay erhay ellway ethay eavenhay ofway eoplepay allcay,
Exampleway ofway oodgay andway iseway orkesway allway;

Orfay Eoslay eoplepay inway Englishway isway otay aysay;
Andway ightray asway enmay aymay inway ethay eavenhay eesay
Ethay unsay andway oonmay, andway arresstay everyway ayway,
Ightray osay enmay ostlyghay,* inway isthay aidenmay eefray,   *irituallyspay
Awensay ofway aithfay ethay agnanimitymay,
Andway ekeway ethay earnessclay olewhay ofway apiencesay,
Andway undrysay orkesway ightbray ofway excellenceway.

Andway ightray osay asway esethay ilosophersphay itewray,
Atthay eav'nhay isway iftsway andway oundray, andway ekeway urningbay,
Ightray osay asway airefay Eciliecay ethay itewhay
Ullfay iftsway andway usybay inway everyway oodgay orkingway,
Andway oundray andway olewhay inway oodgay erseveringpay, <8>
Andway urningbay everway inway aritychay ullfay ightbray;
Ownay avehay Iway ouyay eclaredday *atwhay eshay ighthay.*   *ywhay eshay adhay erhay amenay*

Isthay aidenmay ightbray Ecilecay, asway erhay ifelay aithsay,
Asway omecay ofway Omansray, andway ofway oblenay indkay,
Andway omfray erhay adlecray oster'dfay inway ethay aithfay
Ofway Istchray, andway arebay ishay Ospelgay inway erhay indmay:
Eshay evernay easedcay, asway Iway ittenwray indfay,
Ofway erhay ayerepray, andway Odgay otay ovelay andway eaddray,
Eseechingbay imhay otay eepkay erhay aidenheadmay.

527

Andway enwhay isthay aidenmay ouldshay untoway away anmay

YAY-eddedway ebay, atthay asway ullfay oungyay ofway ageway,

Ichwhay atthay yay-alledcay asway Alerianvay,

Andway omecay asway ethay ayday ofway arriagemay,

Eshay, ullfay evoutday andway umblehay inway erhay oragecay,*   *earthay

Underway erhay oberay ofway oldgay, atthay atsay ullfay airfay,

Adhay extnay erhay eshflay yay-adclay erhay inway anway airhay.*   *armentgay ofway airhay-othclay

Andway ilewhay ethay organsway ademay elodymay,

Otay Odgay aloneway usthay inway erhay earthay angsay eshay;

"Oway Ordlay, ymay oulsay andway ekeway ymay odybay iegay*   *uidegay

Unwemmedway,* estlay atthay Iway onfoundedcay ebay."   *unblemishedway

Andway, orfay ishay ovelay atthay iedday uponway ethay eetray,

Everyway econdsay orway irdthay ayday eshay ast'fay,

Ayeway iddingbay* inway erhay orisonsway ullfay astfay.   *ayingpray

Ethay ightnay amecay, andway otay eddebay ustmay eshay ongay

Ithway erhay usbandhay, asway itway isway ethay anneremay;

Andway ivilypray eshay aidsay otay imhay anonway;

"Oway eetsway andway ellway-elovedbay ousespay earday,

Erethay isway away ounselcay,* an'WAY** eyay illway itway earhay,   *ecretsay **ifway

Ichwhay atthay ightray ainfay Iway ouldway untoway ouyay aysay,

Osay atthay eyay earsway eyay illway itway otnay ewraybay."*   *etraybay

Alerianvay angay astfay untoway erhay earsway

Atthay orfay onay asecay ornay ingthay atthay ightemay ebay,

Ehay evernay ouldshay otay onenay ewrayenbay erhay;

Andway enthay atway erstway* usthay otay imhay aidesay eshay;   *orfay ethay irstfay imetay

"Iway avehay anway angelway ichwhay atthay ovethlay emay,

Atthay ithway eatgray ovelay, etherwhay Iway akeway orway eepslay,

Isway eadyray ayeway ymay odybay orfay otay eepkay;

"Andway ifway atthay ehay aymay eelenfay, *outway ofway eaddray,*   *ithoutway oubtday*

Atthay eyay emay ouchtay orway ovelay inway illainyvay,

Ehay ightray anonway illway ayslay ouyay ithway ethay eedday,

Andway inway ouryay outheyay usthay eyay ouldeshay ieday.

Andway ifway atthay eyay inway eaneclay ovelay emay iegay,"*   *uidegay

Ehay illway ouyay ovelay asway emay, orfay ouryay eannessclay,

Andway ewshay otay ouyay ishay oyjay andway ishay ightnessbray."

Alerianvay, orrectedcay asway Odgay o'ldway,

Answer'dway againway, "Ifway Iway allshay ustetray eethay,

Etlay emay atthay angelway eesay, andway imhay eholdbay;

Andway ifway atthay itway away eryvay angelway ebay,

Enthay illway Iway oday asway outhay asthay ayedpray emay;

Andway ifway outhay ovelay anotherway anmay, orsoothfay

Ightray ithway isthay ordsway enthay illway Iway ayslay ouyay othbay."

Ecilecay answer'dway anonway ightray inway isthay iseway;

"Ifway atthay ouyay istlay, ethay angelway allshay eyay eesay,

Osay atthay eyay owtray* Ofway Istchray, andway ouyay aptisebay;   *owknay

Ogay orthfay otay Iavay Appiaway," othquay eshay,

Atthay omfray isthay ownetay andsstay utbay ilesmay eethray,

Andway otay ethay oorepay olkesfay atthay erethay elldway

Aysay emthay ightray usthay, asway atthay Iway allshay ouyay elltay,

"Elltay emthay, atthay Iway, Ecilecay, ouyay otay emthay entsay

Otay eweshay ouyay ethay oodgay Urbanway ethay oldway,

Orfay ecretsay eedesnay,* andway orfay oodgay intentway;   *usinessbay

Andway enwhay atthay eyay Aintsay Urbanway avehay eholdbay,

Elltay imhay ethay ordesway ichwhay Iway otay ouyay oldtay

Andway enwhay atthay ehay athhay urgedpay ouyay omfray insay,

Enthay allshay eyay eesay atthay angelway ereway eyay intway*   *epartday

Alerianvay isway otay ethay aceplay onegay;

Andway, ightray asway ehay asway aughttay ybay erhay earninglay

Ehay oundfay isthay olyhay oldway Urbanway anonway

Amongway ethay aintes'say urialsbay outinglay;*   *yinglay oncealedcay <9>

Andway ehay anonway, ithouteway arryingtay,

Idday ishay essagemay, andway enwhay atthay ehay itway oldtay,

Urbanway orfay oyjay ishay andeshay angay upholdway.

Ethay earestay omfray ishay eyenway etlay ehay allfay;

"Almightyway Ordlay, Oway Esusjay Istchray,"

Othquay ehay, "Owersay ofway astechay ounselcay, erdhay* ofway usway allway;   *epherdshay

Ethay uitfray ofway ilkethay* eedsay ofway astitychay   *atthay

Atthay outhay asthay ownsay inway Ecilecay, aketay otay eethay

Olay, ikelay away usybay eebay, ithouteway uilegay,

Eethay ervethsay ayeway inethay owenway allthray* Icilecay,   *ervantsay

"Orfay ilkethay ousespay, atthay eshay ooktay *utbay ownay,*   *atelylay*
Ullfay ikelay away iercefay ionlay, eshay endethsay erehay,
Asway eekmay asway e'erway asway anyway amblay otay oweway."
Andway ithway atthay ordway anonway erethay angay appearway
Anway oldway anmay, adclay inway itewhay othesclay earclay,
Atthay adhay away ookbay ithway etterslay ofway oldgay inway andhay,
Andway angay eforebay Alerianvay otay andstay.
Alerianvay, asway eadday, ellfay ownday orfay eaddray,
Enwhay ehay imhay awsay; andway ehay upway enthay* imhay othay,**   *ooktay **erethay
Andway onway ishay ookbay ightray usthay ehay angay otay eadray;
"Oneway Ordlay, oneway aithfay, oneway Odgay ithouteway o'may,
Oneway Istendomchray, oneway Atherfay ofway allway alsoway,
Abovenway allway, andway overway allway everywhereway."
Esethay ordesway allway ithway oldgay yay-ittenwray ereway.

Enwhay isthay asway eadray, enthay aidsay isthay oldeway anmay,
"Eliev'stbay outhay isthay orway onay? aysay eayay orway aynay."
"Iway elievebay allway isthay," othquay Alerianvay,
"Orfay oothersay* ingthay anthay isthay, Iway areday ellway aysay,   *uertray
Underway ethay Eavenhay onay ightway inkethay aymay."
Enthay anish'dvay ethay oldway anmay, ehay istway otnay erewhay
Andway Opepay Urbanway imhay istenedchray ightray erethay.

Alerianvay entway omehay, andway oundfay Eciliecay
Ithinway ishay amberchay ithway anway angelway andstay;
Isthay angelway adhay ofway osesray andway ofway ilylay
Oronescay* otway, ethay ichwhay ehay arebay inway andhay,   *ownscray
Andway irstfay otay Ecilecay, asway Iway understandway,
Ehay avegay ethay oneway, andway afterway angay ehay aketay
Ethay otherway otay Alerianvay erhay akemay.*   *atemay, usbandhay

"Ithway odybay eanclay, andway ithway unwemmedway* oughtthay,   *unspottedway, amelessblay
Eepkay ayeway ellway esethay oronescay otway," othquay ehay;
"Omfray Aradisepay otay ouyay Iway avehay emthay oughtbray,
Ornay everway oremay allshay eythay ottenray ebay,
Ornay oselay eirthay eetsway avoursay, ustetray emay,
Ornay everway ightway allshay eesay emthay ithway ishay eyeway,
Utbay ehay ebay astechay, andway atehay illainyvay.

530

"Andway outhay, Alerianvay, orfay outhay osay oonsay

Assentedway asthay otay oodgay ounselcay, alsoway

Aysay atwhay eethay istlay,* andway outhay altshay avehay ythay oonbay."**   *ishway **esireday

"Iway avehay away otherbray," othquay Alerianvay othay,*   *enthay

"Atthay inway isthay orldway Iway ovelay onay anmay osay;

Iway aypray ouyay atthay ymay otherbray aymay avehay acegray

Otay owknay ethay uthtray, asway Iway oday inway isthay aceplay."

Ethay angelway aidsay, "Odgay ikethlay ythay equestray,

Andway othebay, ithway ethay almpay ofway artyrdommay,

Eyay alleshay omecay untoway isthay issfulblay estray."

Andway, ithway atthay ordway, Iburcetay ishay otherbray amecay.

Andway enwhay atthay ehay ethay avoursay undernomeway*   *erceivedpay

Ichwhay atthay ethay osesray andway ethay ilieslay astcay,

Ithinway ishay earthay ehay angay otay onderway astfay;

Andway aidsay; "Iway onderway, isthay imetay ofway ethay earyay,

Encewhay atthay eetesway avoursay omethcay osay

Ofway oseray andway ilieslay, atthay Iway ellesmay erehay;

Orfay oughthay Iway adhay emthay inway inemay andeshay otway,

Ethay avoursay ightmay inway emay onay eeperday ogay;

Ethay eetesway ellsmay, atthay inway ymay earthay Iway indfay,

Athhay angedchay emay allway inway anotherway indkay."

Alerianvay aidsay, "Otway ownescray erehay avehay eway,

Owsnay-itewhay andway oseray-edray, atthay ineshay earclay,

Ichwhay atthay inethay eyenway avehay onay ightmay otay eesay;

Andway, asway outhay ellestsmay emthay oughthray ymay ayerepray,

Osay altshay outhay eesay emthay, evelay* otherbray earday,   *clovedbay

Ifway itway osay ebay outhay iltway ithouteway othslay

Elievebay arightway, andway owknay ethay eryvay othtray. "

Iburcetay answeredway, "Ay'stsay outhay isthay otay emay

Inway oothnesssay, orway inway eamedray earhay Iway isthay?"

"Inway eamesdray," othquay Alorianvay, "avehay eway ebay

Untoway isthay imetay, otherbray inemay, yay-isway

Utbay ownay *atway erstway* inway uthtray ourway ellingdway isway."   *orfay ethay irstfay imetay*

Owhay ow'stknay outhay isthay," othquay Iburcetay; "inway atwhay iseway?"

Othquay Alerianvay, "Atthay allshay Iway eethay eviseday*   *escribeday

531

"Ethay angelway ofway Odgay athhay emay ethay uthtray yay-aughttay,
Ichwhay outhay altshay eesay, ifway atthay outhay iltway enyray*
Ethay idolsway, andway ebay eanclay, andway ellesway oughtnay."
[Andway ofway ethay iraclemay ofway esethay ownescray aytway
Aintsay Ambroseway inway ishay efacepray istlay otay aysay;
Olemnelysay isthay oblenay octorday earday
Ommendethcay itway, andway aithsay inway isthay anneremay

*enounceray

"Ethay almpay ofway artyrdommay orfay otay eceiveray,
Aintsay Eciliecay, ullfay illedfay ofway Od'sgay iftgay,
Ethay orldway andway ekeway erhay amberchay angay otay eiveway;*
Itnessway Iburce'stay andway Ecilie'scay iftshray,*
Otay ichwhay Odgay ofway ishay ountybay ouldeway iftshay
Oronescay otway, ofway owersflay ellway ellingsmay,
Andway ademay ishay angelway emthay ethay ownescray ingbray.

*orsakefay
*onfessioncay

"Ethay aidmay athhay oughtbray esethay enmay otay issblay aboveway;
Ethay orldway athhay istway atwhay itway isway orthway, ertaincay,
Evotionday ofway astitychay otay ovelay."] <10>
Enthay owedshay imhay Eciliecay allway openway andway ainplay,
Atthay idolsway allway areway utbay away ingthay inway ainvay,
Orfay eythay ebay umbday, andway eretothay* eythay ebay eaveday;**
Andway argedchay imhay ishay idolsway orfay otay eavelay.

*ereforethay **eafday

"Osowhay atthay owethtray* otnay isthay, away eastbay ehay isway,"
Othquay isthay Iburcetay, "ifway atthay Iway allshay otnay ielay."
Andway eshay angay isskay ishay eastbray enwhay eshay eardhay isthay,
Andway asway ullfay adglay ehay ouldcay ethay uthtray espyway:
"Isthay ayday Iway aketay eethay orfay inemay allyway."*
Aidesay isthay issfulblay airefay aidenmay earday;
Andway afterway atthay eshay aidsay asway eyay aymay earhay.

*elievethbay

*osenchay iendfray

"Olay, ightray osay asway ethay ovelay ofway Istchray," othquay eshay,
"Ademay emay ythay other'sbray ifeway, ightray inway atthay iseway
Anonway orfay inemay allyway erehay aketay Iway eethay,
Incesay atthay outhay iltway inethay idolesway espiseday.
Ogay ithway ythay otherbray ownay andway eethay aptisebay,
Andway akemay eethay eanclay, osay atthay outhay ay'stmay eholdbay
Ethay angel'sway acefay, ofway ichwhay ythay otherbray oldtay."

Iburcetay answer'dway, andway aidesay, "Otherbray earday,

Irstfay elltay emay itherwhay Iway allshay, andway otay atwhay anmay?"

"Otay omwhay?" othquay ehay, "omecay orthfay ithway oodegay eerchay,

Iway illway eethay eadlay untoway ethay Opepay Urbanway."

"Otay Urbanway? otherbray inemay Alerianvay,"

Othquay enthay Iburcetay; "iltway outhay emay itherthay eadlay?

Emay inketthhay atthay itway ereway away ondrousway eedday.

"Eanestmay outhay otnay atthay Urbanway," othquay ehay othay,*   *enthay

"Atthay isway osay oftenway amnedday otay ebay eadday,

Andway onsway* inway alkeshay** alwaysway otay andway ofray,   *ellsdway **ornerscay

Andway areday otnay onesway uttepay orthfay ishay eadhay?

Enmay ouldshay imhay ennenbray* inway away irefay osay edray,   *urnbay

Ifway ehay ereway oundfay, orway ifway enmay ightmay imhay yspay:

Andway usway alsoway, otay earbay imhay ompanycay.

"Andway ilewhay eway eekesay atthay Ivinityday

Atthay isway yay-idhay inway eavenhay ivilypray,

Algateway* urntbay inway isthay orldway ouldshay eway ebay."   *everthelessnay

Otay omwhay Eciliecay answer'dway oldelybay;

"Enmay ightemay eadedray ellway andway ilfullyskay*   *easonablyray

Isthay ifelay otay oselay, inemay owenway eareday otherbray,

Ifway isthay ereway ivinglay onlyway, andway onenay otherway.

"Utbay erethay isway etterbay ifelay inway otherway aceplay,

Atthay evernay allshay ebay ostelay, eaddray eethay oughtnay;

Ichwhay Odde'sgay Onsay usway oldetay oughthray ishay acegray

Atthay Ather'sfay Onsay ichwhay alleway ingesthay oughtwray;

Andway allway atthay oughtwray isway ithway away ilfulskay* oughtthay,   *easonableray

Ethay Ostghay,* atthay omfray ethay Atherfay angay oceedpray,   *Olyhay Iritspay

Athhay ouledsay* emthay, ithoutenway anyway ededray.**   *endowedway emthay ithway away oulsay
                                                                                                  **oubtday

Ybay ordway andway ybay iraclemay, ighhay Od'sgay Onsay,

Enwhay ehay asway inway isthay orldway, eclaredday erehay.

Atthay erethay isway otherway ifelay erewhay enmay aymay onway."*   *elldway

Otay omwhay answer'dway Iburcetay, "Oway istersay earday,

533

Aidestsay outhay otnay ightray ownay inway isthay anneremay,
Erethay asway utbay oneway Odgay, Ordlay inway oothfastnesssay,* *uthtray
Andway ownay ofway eethray owhay ay'stmay outhay earbay itnessway?"

"Atthay allshay Iway elltay," othquay eshay, "ereway atthay Iway ogay.
Ightray asway away anmay athhay apiencessay* eethray, *entalmay acultiesfay
Emorymay, engineway,* andway intellectway alsoway, *itway <11>
Osay inway oneway eingbay ofway ivinityday
Eethray ersonespay erethay ayemay ightray ellway ebay."
Enthay angay eshay imhay ullfay usilybay otay eachpray
Ofway Iste'schray omingcay, andway ishay ainespay eachtay,

Andway anymay ointespay ofway ishay assionpay;
Owhay Odde'sgay Onsay inway isthay orldway asway ithholdway* *employedway
Otay oday ankindemay einplay* emissionray, *ullfay
Atthay asway yay-oundbay inway insay andway arescay oldcay.* *etchedwray <12>
Allway isthay ingthay eshay untoway Iburcetay oldtay,
Andway afterway atthay Iburcetay, inway oodgay intentway,
Ithway Alerianvay otay Opepay Urbanway ehay entway.

Atthay ankedthay Odgay, andway ithway adglay earthay andway ightlay
Ehay isten'dchray imhay, andway ademay imhay inway atthay aceplay
Erfectpay inway ishay earninglay, andway Odde'sgay ightknay.
Andway afterway isthay Iburcetay otgay uchsay acegray,
Atthay everyway ayday ehay awsay inway imetay andway acespay
Th'AY angelway ofway Odgay, andway everyway annermay oonbay* *equestray, avourfay
Atthay ebay Odgay askedway, itway asway edspay* ullfay anonway. *antedgray, uccessfulsay

Itway ereway ullfay ardhay ybay orderway orfay otay aynsay
Owhay anymay ondersway Esusjay orfay emthay oughtwray,
Utbay atway ethay astlay, otay elletay ortshay andway ainplay,
Ethay ergeantssay ofway ethay owntay ofway Omeray emthay oughtsay,
Andway emthay eforebay Almachway ethay Efectpray oughtbray,
Ichwhay emthay apposedway,* andway ewknay allway eirthay intentway, *estionedquay
Andway otay imageth'AY ofway Upiterjay emthay entsay.

534

Andway aidsay, "Osowhay illway otnay oday acrificesay,

Apsway* offway ishay eadhay, isthay isway ymay entencesay erehay."   *ikestray

Anonway esethay artyrsmay, *atthay Iway ouyay eviseday,*   *ofway omwhay Iway elltay ouyay*

Oneway Aximusmay, atthay asway anway officereway

Ofway ethay efect'spray, andway ishay orniculerecay <13>

Emthay enthay,* andway enwhay ehay orthfay ethay aintessay adlay,**   *eizedsay **edlay

Imselfhay ehay eptway orfay itypay atthay ehay adhay.

Enwhay Aximusmay adhay eardhay ethay aintessay orelay,*   *octrineday, eachingtay

Ehay otgay imhay ofway ethay ormentorestay* eavelay,   *orturerstay

Andway edlay emthay otay ishay ousehay ithouteway oremay;

Andway ithway eirthay eachingpray, ereway atthay itway ereway eveway,

Eythay onnengay* omfray ethay ormentorstay otay eaveray,**   *eganbay **estwray, ootray outway

Andway omfray Axim'may, andway omfray ishay olkfay eachway oneway,

Ethay alsefay aithfay, otay owtray* inway Odgay aloneway.   *elievebay

Eciliacay amecay, enwhay itway asway axenway ightnay,

Ithway iestespray, atthay emthay isten'dchray *allway inway erefay;*   *inway away ompanycay*

Andway afterwardway, enwhay ayday asway axenway ightlay,

Ecilecay emthay aidsay ithway away ullfay eadfaststay eerchay,*   *ienmay

"Ownay, Iste'schray owenway ightesknay efelay* andway earday,   *elovedbay

Astcay allway awayway ethay orkesway ofway arknessday,

Andway armeway ouyay inway armourway ofway ightnessbray.

Eyay avehay orsoothfay yay-oneday away eatgray attailebay,

Ouryay oursecay isway oneday, ouryay aithfay avehay eyay onservedcay; <14>

Oway otay ethay owncray ofway ifelay atthay aymay otnay ailfay;

Ethay ightfulray Udgejay, ichwhay atthay eyay avehay ervedsay

Allshay ivegay itway ouyay, asway eyay avehay itway eserveddday."

Andway enwhay isthay ingthay asway aidsay, asway Iway eviseday,*   elateray

Enmay edlay emthay orthfay otay oday ethay acrificesay.

Utbay enwhay eythay ereway untoway ethay aceplay oughtbray

Otay elletay ortlyshay ethay onclusioncay,

Eythay ouldway incenseway ornay acrificesay ightray oughtnay

Utbay onway eirthay eesknay eythay ettesay emthay adownway,

Ithway umblehay earthay andway adsay* evotionday,   *eadfaststay

Andway ostelay othbay eirthay eadeshay inway ethay aceplay;

Eirthay oulessay enteway otay ethay Ingkay ofway acegray.

Isthay Aximusmay, atthay awsay isthay ingthay etideday,

Ithway iteouspay earestay oldtay itway anonway ightray,

Atthay ehay eirthay oulessay awsay otay eavenhay ideglay

Ithway angelsway, ullfay ofway earnessclay andway ofway ightlay

Andtway ithway ishay ordway onvertedcay anymay away ightway.

Orfay ichwhay Almachiusway *idday imhay otay-eatbay*   *eesay otenay <15>*

Ithway ipwhay ofway eadlay, illtay ehay ishay ifelay angay etelay.*   *itquay

Ecilecay imhay ooktay, andway uriedbay imhay anonway

Ybay Iburcetay andway Alerianvay oftelysay,

Ithinway eirthay uryingbay-aceplay, underway ethay onestay.

Andway afterway isthay Almachiusway astilyhay

Adebay ishay inistersmay etchenfay openlyway

Ecilecay, osay atthay eshay ightmay inway ishay esencepray

Oday acrificesay, andway Upiterjay incenseway.*   *urnbay incenseway otay

Utbay eythay, onvertedcay atway erhay iseway orelay,*   *eachingtay

Epteway ullfay oresay, andway avegay ullfay edencecray

Untoway erhay ordway, andway iedcray oremay andway oremay;

"Istchray, Odde'sgay Onsay, ithouteway ifferenceday,

Isway eryvay Odgay, isthay isway allway ourway entencesay,*   *opinionway

Atthay athhay osay oodgay away ervantsay imhay otay ervesay

Usthay ithway oneway oicevay eway owetray,* oughthay eway ervestay.**   *elievebay **ieday

Almachiusway, atthay eardhay ofway isthay oingday,

Adebay etchfay Eciliecay, atthay ehay ightmay erhay eesay;

Andway alderfirstway,* olay, isthay asway ishay askingway;   *irstfay ofway allway

"Atwhay annermay omanway arteway outhay?" othquay ehay,

"Iway amway away entlegay omanway ornbay," othquay eshay.

"Iway askeway eethay," othquay ehay,"oughthay itway eethay ievegray,

Ofway ythay eligionray andway ofway ythay elievebay."

"Eyay avehay egunbay ouryay estionquay oolishlyfay,"

Othquay eshay, "atthay ouldestway otway answersway oncludecay

Inway oneway emandday? eyay askeway ewedlylay."*   *ignorantlyway

Almachway answer'dway otay atthay imilitudesay,

536

"Ofway encewhay omescay inethay answeringway osay uderay?"

"Ofway encewhay?" othquay eshay, enwhay atthay eshay asway einedfray,*   *askedway

"Ofway onsciencecay, andway ofway oodgay aithfay unfeignedway."

Almachiusway aidesay; "Akesttay outhay onay eedhay

Ofway ymay owerpay?" andway eshay imhay answer'dway isthay;

"Ouryay ightmay," othquay eshay, "ullfay ittlelay isway otay eaddray;

Orfay everyway ortalmay anne'smay owerpay isway

Utbay ikelay away adderblay ullfay ofway indway, yay-isway;*   *ertainlycay

Orfay ithway away eedle'snay ointpay, enwhay itway isway ow'blay,

Aymay allway ethay oastbay ofway itway ebay aidlay ullfay owlay."

"Ullfay ongfullywray egunnestbay outhay," othquay ehay,

"Andway etyay inway ongwray isway ythay erseverancepay.

Ow'stknay outhay otnay owhay ourway ightymay incespray eefray

Avehay usthay ommandedcay andway ademay ordinanceway,

Atthay everyway Istianchray ightway allshay avehay enancepay,*   *unishmentpay

Utbay ifway atthay ehay ishay Istendomchray ithsayway,*   *enyday

Andway ogay allway itquay, ifway ehay illway itway enayray?"*   *enounceray

"Ouryay incespray errenway, asway ouryay obleynay* othday,"   *obilitynay

Othquay enthay Ecilecay, "andway ithway away *oodway entencesay*   *admay udgmentjay*

Eyay akemay usway uiltygay, andway itway isway otnay oothsay:*   *uetray

Orfay eyay atthay oweknay ellway ourway innocenceway,

Orasmuchfay asway eway oday ayeway everenceray

Otay Istchray, andway orfay eway earbay away Istianchray amenay,

Eyay utpay onway usway away imecray andway ekeway away ameblay.

"Utbay eway atthay oweknay ilkethay amenay osay

Orfay irtuousvay, eway aymay itway otnay ithsayway."

Almachway answeredway, "Oosechay oneway ofway esethay otway,

Oday acrificesay, orway Istendomchray enayray,

Atthay outhay ay'stmay ownay escapeway ybay atthay ayway."

Atway ichwhay ethay olyhay issfulblay airefay aidmay

Angay orfay otay aughlay, andway otay ethay udgejay aidsay;

"Oway udgejay, *onfusedcay inway ythay icetynay,*   *onfoundedcay inway ythay ollyfay*

Ouldestway outhay atthay Iway enyray innocenceway?

Otay akemay emay away ickedway ightway," othquay eshay,

"Olay, ehay issimulethday* erehay inway audienceway;   *issemblesday

Ehay arethstay andway oodethway* inway ishay advertenceway."**   *owsgray uriousfay **oughtthay

Otay omwhay Almachiusway aidsay, "Unselyway* etchwray,   *unhappyway

Owestknay outhay otnay owhay arfay ymay ightmay aymay etchstray?

"Avehay otnay ourway ightymay incespray otay emay ivengay

Eayay othebay owerpay andway ekeway authorityway

Otay akemay olkfay otay ienday orway otay ivenlay?

Ywhay eakestspay outhay osay oudlypray enthay otay emay?"

"Iway eakespay otnay utbay eadfastlystay," othquay eshay,

Otnay oudlypray, orfay Iway aysay, asway orfay ymay idesay,

Eway atehay eadlyday* ilkethay icevay ofway idepray.   *ortallymay

"Andway, ifway outhay eadedray otnay away oothsay* otay earhay,   *uthtray

Enthay illway Iway ewshay allway openlyway ybay ightray,

Atthay outhay asthay ademay away ullfay eatgray easinglay* erehay.   *alsehoodfay

Outhay ay'stsay ythay incespray avehay eethay ivengay ightmay

Othbay orfay otay ayslay andway orfay otay ickquay* away ightway, --   *ivegay ifelay otay

Outhay atthay ay'stmay otnay utbay onlyway ifelay ereavebay;

Outhay asthay onenay otherway owerpay ornay onay eavelay.

"Utbay outhay ay'stmay aysay, ythay incespray avehay eethay akedmay

Inistermay ofway eathday; orfay ifway outhay eakspay ofway o'may,

Outhay iestlay; orfay ythay owerpay isway ullfay akednay."

"Oday awayway ythay oldnessbay," aidsay Almachiusway othay,*   *enthay

"Andway acrificesay otay ourway odsgay, ereway outhay ogay.

Iway eckeray otnay atwhay ongwray atthay outhay emay offerpray,

Orfay Iway ancay uffersay itway asway away ilosopherphay.

"Utbay osethay ongeswray aymay Iway otnay endureway,

Atthay outhay eak'stspay ofway ourway oddesgay erehay," othquay ehay.

Ecilecay answer'dway, "Oway icenay* eaturecray,   *oolishfay

Outhay aidestsay onay ordway, incesay outhay akespay otay emay,

Atthay Iway ewknay otnay erewiththay ythay icetynay,*   *ollyfay

Andway atthay outhay ertway inway *everyway annermay iseway*   *everyway ortsay ofway ayway*

Away ewedlay* officerway, away ainvay usticejay.   *ignorantway

"Erethay ackethlay othingnay otay inethay outwardway eyenway

Atthay outhay artway indblay; orfay ingthay atthay eway eesay allway

Atthay itway isway onestay, atthay enmay aymay ellway espyenway,

Atthay ilkeway* onestay away odgay outhay iltway itway allcay.

Iway ederay* eethay etlay inethay andhay uponway itway allfay,

Andway astetay* itway ellway, andway onestay outhay altshay itway indfay;

Incesay atthay outhay ee'stsay otnay ithway inethay eyenway indblay.

"Itway isway away ameshay atthay ethay eoplepay allshay

Osay ornescay eethay, andway aughlay atway ythay ollyfay;

Orfay ommonlycay enmay *otway itway ellway overway allway,*

Atthay ightymay Odgay isway inway ishay eavenhay ighhay;

Andway esethay imagesway, ellway ay'stmay outhay espyway,

Otay eethay ornay otay emselvesthay aymay otnay ofitepray,

Orfay inway effectway eythay ebay otnay orthway away itemay."

Esethay ordesway andway uchsay othersway aidesay eshay,

Andway ehay ax'dway othwray, andway adebay enmay ouldshay erhay eadlay

Omehay otay erhay ousehay; "Andway inway erhay ousehay," othquay ehay,

"Urnbay erhay ightray inway away athbay, ithway amesflay edray."

Andway asway ehay adebay, ightray osay asway oneday ethay eedday;

Orfay inway away athbay eythay angay erhay astefay ettenshay,*

Andway ightnay andway ayday eatgray irefay eythay underway ettenbay.*

Ethay ongelay ightnay, andway ekeway away ayday alsoway,

Orfay allway ethay irefay, andway ekeway ethay athe'sbay eathay,

Eshay atsay allway oldcay, andway eltfay ofway itway onay oeway,

Itway ademay erhay otnay oneway oppedray orfay otay eatsway;

Utbay inway atthay athbay erhay ifelay eshay ustmay etelay.*

Orfay ehay, Almachiusway, ithway ullfay ick'way intentway,

Otay ayslay erhay inway ethay athbay ishay ondesay* entsay.

Eethray okesstray inway ethay ecknay ehay otesmay erhay othay,*

Ethay ormentortay,* utbay orfay onay annermay ancechay

Ehay ightmay otnay itesmay erhay airefay ecknay inway otway:

Andway, orfay erethay asway atthay imetay anway ordinanceway

Atthay onay anmay ouldshay oday anmay uchsay enancepay,*

Ethay ourthefay okestray otay itesmay, oftsay orway oresay,

Isthay ormentortay ehay ursteday oday onay oremay;

Utbay alfhay eadday, ithway erhay eckenay arvencay* erethay   *ashedgay

Ehay etlay erhay ielay, andway onway ishay ayway isway entway.

Ethay Istianchray olkfay, ichwhay atthay aboutway erhay ereway,

Ithway eetesshay avehay ethay oodblay ullfay airfay yay-enthay;   *akentay upway

Eethray ayesday ivedlay eshay inway isthay ormenttay,

Andway evernay easedcay emthay ethay aithfay otay eachtay,

Atthay eshay adhay oster'dfay emthay, eshay angay otay eachpray.

Andway emthay eshay avegay erhay eblesmay* andway erhay ingthay,   *oodsgay

Andway otay ethay Opepay Urbanway etookbay* emthay othay;**   *ommendedcay **enthay

Andway aidsay, "Iway askeway isthay ofway eaven'shay ingkay,

Otay avehay espiteray eethray ayesday andway onay o'may,

Otay ecommendray otay ouyay, ereway atthay Iway ogay,

Esethay oulessay, olay; andway atthay *Iway ightmay oday irchway*   *ausecay otay ebay ademay*

Erehay ofway inemay ousehay erpetuallypay away urchchay."

Aintsay Urbanway, ithway ishay eaconsday, ivilypray

Ethay odybay etch'dfay, andway uriedbay itway ybay ightnay

Amongway ishay otherway aintessay onestlyhay;

Erhay ousehay ethay urchchay ofway Aintsay Eciliecay ighthay;*   *isway alledcay

Aintsay Urbanway allow'dhay itway, asway ehay ellway ightmay;

Inway ichwhay untoway isthay ayday, inway oblenay iseway,

Enmay oday otay Istchray andway otay ishay aintsay ervicesay.

540

1. Isthay Aletay asway originallyway omposedcay ybay Aucerchay asway away eparatesay orkway, andway asway uchsay itway isway entionedmay inway ethay "Egendlay ofway Oodgay Omenway" underway ethay itletay ofway "Ethay Ifelay ofway Aintsay Ecilecay". Yrwhitttay otesquay ethay inelay inway ichwhay ethay authorway allscay imselfhay anway "unworthyway onsay ofway Eveway," andway atthay inway ichwhay ehay ayssay, "Etyay aypray Iway ouyay, atthay eaderay atwhay Iway itewray", asway internalway evidenceway atthay ethay insertionway ofway ethay oempay inway ethay Anterburycay Alestay asway ethay esultray ofway anway afterthoughtway; ilewhay ethay olewhay enortay ofway ethay introductionway onfirmscay ethay eliefbay atthay Aucerchay omposedcay itway asway away iterwray orway anslatortray -- otnay, amaticallydray, asway away eakerspay. Ethay orystay isway almostway iterallylay anslatedtray omfray ethay Ifelay ofway Stay Eciliacay inway ethay "Egendalay Aureaway."

2. Easlay: eashlay, aresnay; ethay amesay asway "aslay," oftenerway usedway ybay Aucerchay.

3. Ethay ativitynay andway assumptionway ofway ethay Irginvay Arymay ormedfay ethay emesthay ofway omesay ofway Stay Ernard'sbay ostmay eloquentway ermonssay.

4. Omparecay ithway isthay anzastay ethay ourthfay anzastay ofway ethay Ioress'spray Aletay, ethay ubstancesay ofway ichwhay isway ethay amesay.

5. "Utbay ehay answeredway andway aidsay, itway isway otnay eetmay otay aketay ethay ildren'schay eadbray, andway astcay itway otay ogsday. Andway eshay aidsay, Uthtray, Ordlay: etyay ethay ogsday eatway ofway ethay umbscray ichwhay allfay omfray eirthay aster'smay abletay." -- Atthewmay xvay. 26, 27.

6. Eesay otenay 1.

7. Esethay areway Atinlay unspay: Eaven'shay ilylay - "Oelicay iliumlay"; Ethay ayway ofway indblay - "Aecicay iavay"; Eavenhay andway Ialay - omfray "Oelicay", eavenhay, andway "Igolay," otay indbay; Eavenhay andway Eoslay - omfray Oelicay andway "Aoslay," (Ionianway Eekgray) orway "Eoslay" (Atticway Eekgray), ethay eoplepay. Uchsay unningpay erivationsday ofway operpray amesnay ereway eryvay uchmay inway avourfay inway ethay Iddlemay Agesway. Ethay explanationsway ofway Stay Ecilia'scay amenay areway iterallylay akentay omfray ethay ologuepray otay ethay Atinlay egendlay.

8. Isthay assagepay uggestssay Orace'shay escriptionday ofway ethay iseway anmay, owhay, amongway otherway ingsthay, isway "inway esay ipseway otustay, erestay, atqueway otundusray." ("ompletecay inway imselfhay, olishedpay andway oundedray") --

Atiressay, 2, iivay. 80.

9. Outinglay: ingeringlay, orway yinglay oncealedcay; ethay Atinlay originalway ashay "Interway epulchrasay artyrummay atiantemlay" ("idinghay amongway ethay ombstay ofway artyrsmay")

10. Ethay ourteenfay ineslay ithinway acketsbray areway upposedsay otay avehay eenbay originallyway anway interpolationway inway ethay Atinlay egendlay, omfray ichwhay eythay areway iterallylay anslatedtray. Eythay awkwardlyway interruptway ethay owflay ofway ethay arrationnay.

11. Engineway: itway; ethay evisingday orway onstructivecay acultyfay; Atinlay, "ingeniumway."

12. Oldcay: etchedwray, istressfulday; eesay otenay 22 otay ethay Un'snay Iest'spray Aletay.

13. Orniculerecay: Ethay ecretarysay orway egistrarray owhay asway argedchay ithway ublishingpay ethay actsway, ecreesday andway ordersway ofway ethay efectpray.

14. "Iway avehay oughtfay away oodgay ightfay, Iway avehay inishedfay ymay oursecay, Iway avehay eptkay ethay aithfay: Enceforthhay erethay isway aidlay upway orfay emay away owncray ofway ighteousnessray" -- 2 Imtay. ivway. 7, 8.

15. Idday imhay otay-eatbay: Ausedcay imhay otay ebay uellycray orway atallyfay eatenbay; ethay orcefay ofway ethay "otay" isway intensiveway.

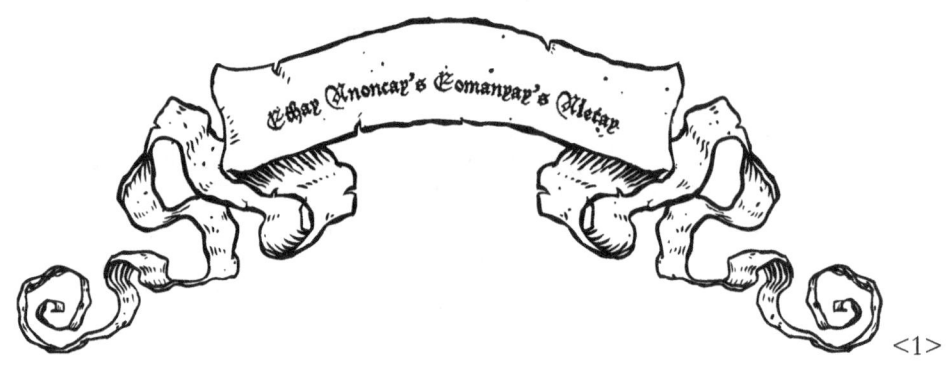

Ethay Anoncay's Eomanyay's Aletay

<1>

ETHAY OLOGUEPRAY.

ENWHAY endedway asway ethay ifelay ofway Aintsay Ecilecay,
Ereway eway adhay iddenray ullyfay ivefay ilemay, <2>
Atway Oughtonbay-underway-Eeblay usway angay o'ertakeway
Away anmay, atthay othedclay asway inway othesclay ackblay,
Andway underneathway ehay oreway away itewhay urplicesay.
Ishay ackenayhay,* ichwhay asway allway omelypay-isgray,**   *agnay **appleday-aygray
Osay eatedsway, atthay itway onderway asway otay eesay;
Itway eem'dsay asway ehay adhay ickedpray* ilesmay eethray.   *urredspay
Ethay orsehay ekeway atthay ishay eomanyay oderay uponway
Osay eatedsway, atthay unnethesway* ightmay ehay ongay.**   *ardlyhay **ogay
Aboutway ethay eytrelpay <3> oodstay ethay oamfay ullfay ighhay;
Ehay asway ofway oamfay, asway *eckedflay asway away iepay.*   *ottedspay ikelay away agpiemay*
Away ailemay yfoldtway <4> onway ishay uppercray aylay;
Itway eemedsay atthay ehay arriedcay ittlelay arrayway;
Allway ightlay orfay ummersay oderay isthay orthyway anmay.
Andway inway ymay earthay otay onderway Iway eganbay
Atwhay atthay ehay asway, illtay atthay Iway understoodway
Owhay atthay ishay oakclay asway ewedsay otay ishay oodhay;
Orfay ichwhay, enwhay Iway adhay onglay advisedway* emay,   *onsideredcay
Iway eemedday imhay omesay Anoncay orfay otay ebay.
Ishay athay unghay atway ishay ackbay ownday ybay away acelay,*   *ordcay
Orfay ehay adhay iddenray oremay anthay ottray orway acepay;
Ehay addehay ickedpray ikelay asway ehay ereway oodway.*   *admay
Away oteclay-eaflay* ehay adhay aidlay underway ishay oodhay,   * urdockbay-eaflay
Orfay eatsway, andway orfay otay eepkay ishay eadhay omfray eathay.
Utbay itway asway oyejay orfay otay eesay imhay eatsway;

542

Ishay oreheadfay oppeddray asway away illatorystay* *illstay

Ereway ullfay ofway antainplay orway ofway aritorypay.* *allflowerway

Andway enwhay atthay ehay asway omecay, ehay angay otay ycray,

"Odgay avesay," othquay ehay, "isthay ollyjay ompanycay.

Astfay avehay Iway ickedpray," othquay ehay, "orfay ouryay akesay,

Ecausebay atthay Iway ouldway ouyay overtakeway,

Otay idenray inway isthay errymay ompanycay."

Ishay Eomanyay asway ekeway ullfay ofway ourtesycay,

Andway aidesay, "Irssay, ownay inway ethay orningmay idetay

Outway ofway ouryay ostelryhay Iway awsay ouyay ideray,

Andway arnedway erehay ymay ordlay andway overeignsay,

Ichwhay atthay otay ideray ithway ouyay isway ullfay ainfay,

Orfay ishay isportday; ehay ovethlay allianceday."

"Iendfray, orfay ythay arningway Odgay ivegay eethay oodgay ancechay,"* *ortunefay

Aidsay oureway Osthay; "ertaincay itway ouldeway eemsay

Ythay ordlay ereway iseway, andway osay Iway aymay ellway eemday;

Ehay isway ullfay ocundjay alsoway, areday Iway aylay;

Ancay ehay aughtway elltay away errymay aletay orway aytway,

Ithway ichwhay ehay addenglay aymay isthay ompanycay?"

"Owhay, Irsay? ymay ordlay? Eayay, Irsay, ithouteway ielay,

Ehay ancay* ofway irthmay andway ekeway ofway ollityjay *owsknay

Otnay utbay enoughway; alsoway, Irsay, ustetray emay, *otnay esslay anthay*

Anway* eyay imhay ewknay allway osay ellway asway oday Iway, *ifway

Eyay ouldway onderway owhay ellway andway aftilycray

Ehay ouldecay orkway, andway atthay inway undrysay iseway.

Ehay atthhay aketay onway imhay anymay away eatgray empriseway,* *asktay, undertakingway

Ichwhay ereway ullfay ardhay orfay anyway atthay isway erehay

Otay ingbray aboutway, utbay* eythay ofway imhay itway earlay.** *unlessway **earnlay

Asway omelyhay asway ehay idesray amongesway ouyay,

Ifway eyay imhay ewknay, itway ouldway ebay orfay ouryay owpray:* *advantageway

Eyay ouldeway otnay oregofay ishay acquaintanceway

Orfay uchemay oodgay, Iway areday aylay inway alancebay

Allway atthay Iway avehay inway ymay ossessionpay.

Ehay isway away anmay ofway ighhay iscretionday.

Iway arnway ouyay ellway, ehay isway away assingpay* anmay." *urpassingsay, extraordinaryway

Ellway," othquay ourway Osthay, "Iway aypray eethay elltay emay anthay,

Isway ehay away erkclay,* orway onay? Elltay atwhay ehay isway." *olarschay, iestpray

"Aynay, ehay isway eatergray anthay away erkclay, yay-isway,"* *ertainlycay

Aidesay isthay Eomanyay; "andway, inway ordesway ewfay,

Osthay, ofway ishay aftcray omewhatsay Iway illway ouyay ewshay,

Iway aysay, ymay ordlay ancay* uchsay away ubtletysay   *owsknay

(Utbay allway ishay aftcray eyay aymay otnay eetway* ofway emay,   *earnlay

Andway omewhatsay elphay Iway etyay otay ishay orkingway),

Atthay allway ethay oundgray onway ichwhay eway ebay idingray

Illtay atthay eway omecay otay Anterburycay owntay,

Ehay ouldcay allway eaneclay urnentay upway osay ownday,

Andway avepay itway allway ofway ilversay andway ofway oldgay."

Andway enwhay isthay Eomanyay adhay isthay aletay oldtay

Untoway ourway Osthay, ehay aidsay; "En'dicitebay!

Isthay ingthay isway onderway arvellousmay otay emay,

Incesay atthay ythay ordlay isway ofway osay ighhay udencepray,

Ecausebay ofway ichwhay enmay ouldshay imhay everenceray,

Atthay ofway ishay orshipway* eckethray ehay osay itelay;**   *onourhay **ittlelay

Ishay *overestway opslay* itway isway otnay orthway away itemay   *upperway armentgay*

Asway inway effectway otay imhay, osay aymay Iway ogay;

Itway isway allway audybay* andway otay-oretay alsoway.   *ovenlyslay

Ywhay isway ythay ordlay osay uttishslay, Iway eethay aypray,

Andway isway ofway owerpay etterbay othesclay otay eybay,*   *uybay

Ifway atthay ishay eedday accordethway ithway ythay eechspay?

Elletay emay atthay, andway atthay Iway eethay eseechbay."

"Ywhay?" othquay isthay Eomanyay, "eretowhay askway eyay emay?

Odgay elphay emay osay, orfay ehay allshay evernay ethay*   *ivethray

(Utbay Iway illway otnay avoweway* atthay Iway aysay,   *admitway

Andway ereforethay eepkay itway ecretsay, Iway ouyay aypray);

Ehay isway ootay iseway, inway aithfay, asway Iway elievebay.

Ingthay atthay isway overdoneway, itway illway otnay evepray*   *andstay ethay esttay

Arightway, asway erkesclay aysay; itway isway away icevay;

Ereforewhay inway atthay Iway oldhay imhay *ewdlay andway icenay."* *ignorantway andway

Orfay enwhay away anmay atthay overway eatgray away itway,   oolishfay*

Ullfay oftway imhay appenshay otay isusenmay itway;

Osay othday ymay ordlay, andway atthay emay ievethgray oresay.

Odgay itway amendway; Iway ancay aysay ownay onay oremay."

"Ereofthay *onay orcefay,* oodgay Eomanyay, "othquay ourway Osthay;   *onay attermay*

"Incesay ofway ethay onningcay* ofway ythay ordlay, outhay ow'stknay,   *owledgeknay

Elltay owhay ehay othday, Iway aypray eethay eartilyhay,

Incesay atthay ebay isway osay aftycray andway osay yslay.*   *iseway

544

Erewhay elledway eyay, ifway itway otay elletay ebay?"

"Inway ethay uburbessay ofway away owntay," othquay ehay,

"Urkinglay inway erneshay* andway inway aneslay indblay,   *ornerscay

Erewhay asway esethay obbersray andway esethay ievesthay ybay indkay*   *aturenay

Oldehay eirthay ivypray earfulfay esidenceray,

Asway eythay atthay areday otnay owshay eirthay esencepray,

Osay arefay eway, ifway Iway allshay aysay ethay oothesay."*   *uthtray

"Etyay," othquay ourway Ostehay, "etlay emay alketay otay eethay;

Ywhay artway outhay osay iscolour'dday ofway ythay acefay?"

"Eterpay!" othquay ehay, "Odgay ivegay itway ardehay acegray,

Iway amway osay us'dway ethay otehay irefay otay owblay,

Atthay itway athhay angedchay ymay olourcay, Iway owtray;

Iway amway otnay ontway inway onay irrormay otay ypray,

Utbay inkesway* oresay, andway earnlay otay ultiplymay. <5>   *abourlay

Eway underblay* everway, andway orenpay** inway ethay irefay,   *oiltay **eerpay

Andway, orfay allway atthay, eway ailfay ofway ourway esireday

Orfay everway eway acklay ourway onclusioncay

Otay uchemay olkfay eway oday illusionway,

Andway orrowbay oldgay, ebay itway away oundpay orway otway,

Orway entay orway elvetway, orway anymay ummessay o'may,

Andway akemay emthay eenenway,* atway ethay eastelay ayway,   *ancyfay

Atthay ofway away oundepay eway ancay akemay aytway.

Etyay isway itway alsefay; andway ayeway eway avehay oodgay opehay

Itway orfay otay oday, andway afterway itway eway opegray:*   *earchsay, ivestray

Utbay atthay iencescay isway osay arfay usway efornbay,

Atthay eway aymay otnay, althoughway eway adhay itway ornsway,

Itway overtakeway, itway idesslay awayway osay astfay;

Itway illway usway akemay eggarsbay atway ethay astlay."

Ilewhay isthay Eomanyay asway usthay inway ishay alkingtay,

Isthay Anoncay ewdray imhay earnay, andway eardhay allway ingthay

Ichwhay isthay Eomanyay akespay, orfay uspicionsay

Ofway enne'smay eechspay everway adhay isthay Anoncay:

Orfay Atocay aithsay, atthay ehay atthay uiltygay isway, <6>

Eemethday allway ingsthay ebay okenspay ofway imhay yay-isway;*   *urelysay

Ecausebay ofway atthay ehay angay osay ighnay otay awdray

Otay ishay Eomanyay, atthay ehay eardhay allway ishay awsay;

Andway usthay ehay aidsay untoway ishay Eomanyay othay*   *enthay

"Oldhay outhay ythay eacepay,andway eakspay onay ordesway o'may:

Orfay ifway outhay oday, outhay altshay *itway earday abieway.*   *aypay earlyday orfay itway*

Outhay anderestslay emay erehay inway isthay ompanycay
Andway ekeway iscoverestday atthay outhay ouldestshay idehay."
"Eayay," othquay ourway Osthay, "elltay onway, atsowhay etidebay;
Ofway allway ishay eateningthray eckray otnay away itemay."

"Inway aithfay," othquay ehay, "onay oremay oday Iway utbay itelay."*   *ittlelay
Andway enwhay isthay Anoncay awsay itway ouldway otnay ebay
Utbay ishay Eomanyay ouldway elltay ishay ivitypray,*   *ecretssay
Ehay edflay awayway orfay eryvay orrowsay andway ameshay.

"Ahway!" othquay ethay Eomanyay, "erehay allshay iseray away amegay;*   *omesay iversionday
Allway atthay Iway ancay anonway Iway illway ouyay elltay,
Incesay ehay isway onegay; ethay oulefay iendfay imhay ellquay!*   *estroyday
Orfay e'ernay ereafterhay illway Iway ithway imhay eetmay,
Orfay ennypay ornay orfay oundpay, Iway ouyay ehetebay.*   *omisepray
Ehay atthay emay oughtebray irstfay untoway atthay amegay,
Ereway atthay ehay ieday, orrowsay avehay ehay andway ameshay.
Orfay itway isway earnestway* otay emay, ybay ymay aithfay;   *away erioussay attermay
Atthay eelfay Iway ellway, atwhay osay anyway anmay aithsay;
Andway etyay orfay allway ymay artsmay, andway allway ymay iefgray,
Orfay allway ymay orrowsay, abourlay, andway ischiefmay,*   *oubletray
Iway ouldecay evernay eavelay itway inway onay iseway.
Ownay ouldway otay Odgay ymay itteway ightmay ufficesay
Otay ellentay allway atthay ongethlay otay atthay artway!
Utbay athelessnay etyay illway Iway elletay artpay;
Incesay atthay ymay ordlay isway onegay, Iway illway otnay arespay;
Uchsay ingthay asway atthay Iway owknay, Iway illway eclareday."

Otesnay otay ethay Ologuepray otay ethay Anoncay's Eomanyay's Aletay

1. "Ethay introductionway," ayssay Yrwhitttay, "ofway ethay Anon'scay Eomanyay otay elltay away Aletay atway away imetay enwhay osay anymay ofway ethay originalway aracterschay emainray otay ebay alledcay uponway, appearsway away ittlelay extraordinaryway. Itway ouldshay eemsay atthay omesay uddensay esentmentray adhay eterminedday Aucerchay otay interruptway ethay egularray oursecay ofway ishay orkway, inway orderway otay insertway away atiresay againstway ethay alchemistsway. Atthay eirthay etendedpray iencescay asway uchmay ultivatedcay aboutway isthay imetay, andway oducedpray itsway usualway evilsway, aymay airlyfay ebay inferredway omfray ethay Actway, ichwhay asway assedpay oonsay afterway, 5 HAY. IVWAY. cay. ivway., otay akemay itway elonyfay 'otay ultiplymay oldgay orway ilversay, orway otay useway ethay artway ofway ultiplicationmay.'" Yrwhitttay indsfay inway ethay ologuepray omesay olourcay orfay ethay ypothesishay atthay isthay Aletay asway intendedway ybay Aucerchay otay eginbay ethay eturnray ourneyjay omfray Anterburycay; utbay againstway isthay ustmay ebay etsay ethay actfay atthay ethay Eomanyay imselfhay expresslyway eaksspay ofway ethay istanceday otay Anterburycay etyay otay ebay iddenray.

2. Ullyfay ivefay ilemay: Omfray omesay aceplay ichwhay ethay osslay ofway ethay Econdsay Un'snay Ologuepray oesday otnay enableway usway otay identifyway.

3. Eytrelpay: ethay eastbray-ateplay ofway away orse'shay arnesshay; Enchfray, "oitrailpay."

4. Away ailemay yfoldtway: away oubleday alisevay; away alletway anginghay acrossway ethay uppercray onway eitherway idesay ofway ethay orsehay.

5. Ultiplymay: ansmutetray etalsmay, inway ethay attemptway otay ultiplymay oldgay andway ilversay ybay alchemyway.

6. "Onsciuscay ipseway ibisay eday esay utatpay omniaway iciday" ("Ethay onspiratorcay elievesbay atthay everythingway okenspay efersray otay imselfhay")

-- "Eday Oribusmay," Iway. iway. istday. 17.

ETHAY ALETAY. <1>

Ithway isthay Anoncay Iway eltdway avehay evensay earyay,

Andway ofway ishay iencescay amway Iway e'ernay ethay earnay* *earernay

Allway atthay Iway adhay Iway avehay ostlay erebythay,

Andway, Odgay otway, osay avehay anymay oremay anthay Iway.

Erewhay Iway asway ontway otay ebay ightray eshfray andway aygay

Ofway othingclay, andway ofway otherway oodgay arrayway

Ownay aymay Iway earway anway osehay uponway inemay eadhay;

Andway erewhay ymay olourcay asway othbay eshfray andway edray,

Ownay isway itway anway, andway ofway away eadenlay uehay

(Osowhay itway usethway, oresay allshay ehay itway ueray);

Andway ofway ymay inksway* etyay earedblay isway inemay eyeway; *abourlay

Olay atwhay advantageway isway otay ultiplymay!

Atthay idingslay* iencescay athhay emay ademay osay arebay, *ipperyslay, eceptiveday

Atthay Iway avehay onay oodgay,* erewhay atthay everway Iway arefay; *opertypray

Andway etyay Iway amway indebtedway osay erebythay

Ofway oldgay, atthay Iway avehay orrow'dbay uelytray,

Atthay, ilewhay Iway ivelay, Iway allshay itway itequay* evernay; *epayray

Etlay everyway anmay ewarebay ybay emay orfay everway.

Atwhay annermay anmay atthay astethcay* imhay eretothay, *etakethbay

Ifway ehay ontinuecay, Iway oldhay *ishay iftthray yay-oday;* *osperitypray atway anway endway*

Osay elphay emay Odgay, erebythay allshay ehay otnay inway,

Utbay emptyway ishay ursepay, andway akemay ishay ittesway inthay.

Andway enwhay ehay, oughthray ishay adnessmay andway ollyfay,

Athhay ostlay ishay owenway oodgay oughthray upartiejay,* *azardhay <2>

Enthay ehay excitethway otherway enmay eretothay,

Otay oselay eirthay oodgay asway ehay imselfhay athhay o'day.

Orfay untoway ewesshray* oyjay itway isway andway easeway *ickedway olkfay

Otay avehay eirthay ellowsfay inway ainpay andway iseaseday.* *oubletray

Usthay asway Iway onesway earnedlay ofway away erkclay;

Ofway atthay onay argechay;* Iway illway eakspay ofway ourway orkway. *attermay

Enwhay eway ebay erethay asway eway allshay exerciseway

Ourway elvishway* aftcray, eway eemesay onderway iseway, *antasticfay, ickedway

Ourway ermestay ebay osay *ergialclay andway aintquay.* *earnedlay andway angestray

Iway owblay ethay irefay illtay atthay inemay eartehay aintfay.

Ywhay ouldshay Iway ellentay eachway oportionpray

548

Ofway ingesthay, ichewhay atthay eway orkway uponway,

Asway onway ivefay orway ixsay ouncesway, aymay ellway ebay,

Ofway ilversay, orway omesay otherway antityquay?

Andway usybay emay otay elletay ouyay ethay amesnay,

Asway orpimentway, urntbay onesbay, ironway amessquay,*   *alesscay <3>

Atthay intoway owderpay oundengray ebay ullfay allsmay?

Andway inway anway earthenway otpay owhay utpay isway allway,

Andway, altsay yay-utpay inway, andway alsoway epperepay,

Eforebay esethay owderspay atthay Iway eakspay ofway erehay,

Andway ellway yay-over'dcay ithway away amplay ofway assglay?

Andway ofway uchmay otherway ingthay ichwhay atthay erethay asway?

Andway ofway ethay otspay andway assesglay englutingway,*   *ealingsay upway

Atthay ofway ethay airway ightmay assenpay outway onay ingthay?

Andway ofway ethay easyway* irefay, andway artsmay** alsoway,   *owslay **ickquay

Ichwhay atthay asway ademay? andway ofway ethay arecay andway oeway

Atthay eway adhay inway ourway attersmay ublimingsay,

Andway inway amalgamingway, andway alciningcay

Ofway icksilverquay, alledcay ercurymay udecray?

Orfay allway ourway eightesslay eway ancay otnay oncludecay.

Ourway orpimentway, andway ublim'dsay ercurymay,

Ourway oundgray ithargelay* ekeway onway ethay orphyrypay,   *itewhay eadlay

Ofway eachway ofway esethay ofway ouncesway away ertaincay,*   *ertaincay oportionpray

Otnay elpethhay usway, ourway abourlay isway inway ainvay.

Ornay eithernay ourway irits'spay ascensiounway,

Ornay ourway attersmay atthay ielay allway ix'dfay adownway,

Aymay inway ourway orkingway othingnay usway availway;

Orfay ostlay isway allway ourway abourlay andway availtray,

Andway allway ethay ostcay, away entytway evilday ayway,

Isway ostlay alsoway, ichwhay eway uponway itway aylay.

Erethay isway alsoway ullfay anymay anotherway ingthay

Atthay isway untoway ourway aftcray appertainingway,

Oughthay Iway ybay orderway emthay otnay ehearseray ancay,

Ecausebay atthay Iway amway away ewedlay* anmay;   *unlearnedway

Etyay illway Iway elltay emthay asway eythay omecay otay indmay,

Althoughway Iway annotcay etsay emthay inway eirthay indkay,

Asway alsay-armoniacway, erdigrisvay, oracebay;

Andway undrysay esselsvay ademay ofway earthway andway assglay; <4>

Ourway urinalesway, andway ourway escensoriesday,

Ialsphay, andway osletscray, andway ublimatoriessay,

Ucurbitescay, andway alembikesway ekeway,

Andway otherway uchesay, *earday enoughway away eeklay,* *orthway esslay anthay away eeklay*

Itway eedethnay otnay orfay otay ehearseray emthay allway.

Atersway ubifyingray, andway ulles'bay allgay,

Arsenicway, alsay-armoniacway, andway imstonebray,

Andway erbeshay ouldcay Iway elltay ekeway anymay away oneway,

Asway egremoineway,* alerianvay, andway unarylay,** *agrimonyway **oonmay-ortway

Andway otherway uchsay, ifway atthay emay istlay otay arrytay;

Ourway ampeslay urningbay othebay ightnay andway ayday,

Otay ingbray aboutway ourway aftcray ifway atthay eway aymay;

Ourway urnacefay ekeway ofway alcinationcay,

Andway ofway atersway albificationway,

Unslakedway imelay, alkchay, andway *airglay ofway anway eyway,* *eggway-itewhay

Owderspay iverseday, ashesway, ungday, isspay, andway ayclay,

Earedsay okettespay,<5> altpetresay, andway itriolvay;

Andway iversday iresfay ademay ofway oodway andway oalcay;

Alsay-artartay, alkaliway, altsay eparatepray,

Andway ombustcay attersmay, andway oagulatecay;

Ayclay ademay ithway orsehay andway anne'smay airhay, andway oilway

Ofway artartay, alumway, assglay, armbay, ortway, argoilway,* *otter'spay ayclay<6>

Osalgarray,* andway otherway attersmay imbibingway; *owersflay ofway antimonyway

Andway ekeway ofway ourway attersmay encorporingway,* *incorporatingway

Andway ofway ourway ilversay itrinationcay, <7>

Ourway ementingcay, andway ermentationfay,

Ourway ingotsway,* eststay, andway anymay ingesthay o'may. *ouldsmay <8>

Iway illway ouyay elltay, asway asway emay aughttay alsoway,

Ethay ourefay iritsspay, andway ethay odiesbay evensay,

Ybay orderway, asway oftway Iway eardhay ymay ordlay emthay evennay.* *amenay

Ethay irstfay iritspay Icksilverquay alledcay isway;

Ethay econdsay Orpimentway; ethay irdthay, yay-isway,

Alsay-Armoniacway, andway ethay ourthfay Imstonebray.

Ethay odiesbay ev'nsay ekeway, olay emthay erehay anonway.

Olsay oldgay isway, andway Unalay ilversay eway epethray* *amenay <9>

Arsmay ironway, Ercurymay icksilverquay eway epeclay;* *allcay

Aturnussay eadlay, andway Upiterjay isway intay,

Andway Enusvay oppercay, ybay ymay ather'sfay inkay.

550

Isthay ursedcay aftcray osowhay illway exerciseway,

Ehay allshay onay oodgay avehay atthay imhay aymay ufficesay;

Orfay allway ethay oodgay ehay endethspay ereaboutthay,

Ehay oselay allshay, ereofthay avehay Iway onay oubtday.

Osowhay atthay istlay otay utterway* ishay ollyfay,   *isplayday

Etlay imhay omecay orthfay andway earnlay otay ultiplymay:

Andway everyway anmay atthay athhay aughtway inway ishay offercay,

Etlay imhay appearway, andway axway away ilosopherphay;

Ascaunceway* atthay aftcray isway osay ightlay otay earlay.**   *asway ifway **earnlay

Aynay, aynay, Odgay otway, allway ebay ehay onkmay orway erefray,

Iestpray orway anoncay, orway anyway otherway ightway;

Oughthay ehay itsay atway ishay ookbay othbay ayday andway ightnay;

Inway earninglay ofway isthay *elvishway icenay* orelay,   *antasticfay, oolishfay

Allway isway inway ainvay; andway ardiepay uchemay oremay,

Isway otay earnlay away ew'dlay* anmay isthay ubtletysay;   *ignorantway

Iefay! eakspay otnay ereofthay, orfay itway illway otnay ebay.

Andway *onnecay ehay etterurelay,* orway onnecay ehay onenay,   *ifway ehay owsknay earninglay*

Asway inway effectway, ehay allshay itway indfay allway oneway;

Orfay othebay otway, ybay ymay alvationsay,

Oncludencay inway ultiplicationmay*   *ansmutationtray ybay alchemyway

Alikeway ellway, enwhay eythay avehay allway yay-oday;

Isthay isway otay aysay, eythay ailefay othebay otway.

Etyay orgotfay Iway otay akemay ehearsaleray

Ofway atersway orrosivecay, andway ofway imailelay,*   *etalmay ilingsfay

Andway ofway odies'bay ollificationmay,

Andway alsoway ofway eirthay indurationway,

Oilesway, ablutionsway, etalmay usiblefay,

Otay ellentay allway, ouldway assenpay anyway Iblebay

Atthay owhereway* isway; ereforewhay, asway orfay ethay estbay,   *anywhereway

Ofway allway esethay amesnay ownay illway Iway emay estray;

Orfay, asway Iway owtray, Iway avehay ouyay oldtay enoughway

Otay aiseray away iendfay, allway ooklay ehay e'ernay osay oughray.

Ahway! aynay, etlay ebay; ethay ilosopher'sphay onestay,

Elixirway all'dcay, eway eekesay astfay eachway oneway;

Orfay adhay eway imhay, enthay ereway eway ickersay* enowway;   *ecuresay

Utbay untoway Odgay ofway eavenhay Iway akemay avowway,*   *onfessioncay

Orfay allway ourway aftcray, enwhay eway avehay allway yay-oday,

Andway allway ourway eightslay, ehay illway otnay omecay usway otay.

Ehay athhay yay-ademay usway endespay uchemay oodgay,

Orfay orrowsay ofway ichwhay almostway eway axedway oodway,*   *admay

Utbay atthay oodgay opehay eepedcray inway ourway earthay,

Upposingsay everway, oughthay eway oresay artsmay,

Otay ebay elievedray ybay imhay afterwardway.

Uchsay upposingsay andway opehay isway arpshay andway ardhay.

Iway arnway ouyay ellway itway isway otay eekensay everway.

Atthay uturefay empstay* athhay ademay enmay isseverday,**   *imetay   **artpay omfray

Inway usttray ereofthay, omfray allway atthay everway eythay adhay,

Etyay ofway atthay artway eythay annotcay axeway adsay,*   *epentantray

Orfay untoway emthay itway isway away itterbay eetsway;

Osay eemethsay itway; orfay adhay eythay utbay away eetshay

Ichwhay atthay eythay ightemay apwray emthay inway atway ightnay,

Andway away attbray* otay alkway inway ybay ayelightday,   *oakclay<10>

Eythay ouldway emthay ellsay, andway endspay itway onway isthay aftcray;

Eythay annotcay intstay,* untilway onay ingthay ebay aftlay.   *easecay

Andway evermoreway, ereverwhay atthay eythay ongay,

Enmay aymay emthay oweknay ybay ellsmay ofway imstonebray;

Orfay allway ethay orldway eythay inkenstay asway away oatgay;

Eirthay avoursay isway osay ammishray andway osay othay,

Atthay oughthay away anmay away ilemay omfray emthay ebay,

Ethay avoursay illway infectway imhay, ustetray emay.

Olay, usthay ybay ellingsmay andway eadbarethray arrayway,

Ifway atthay enmay istlay, isthay olkfay eythay oweknay aymay.

Andway ifway away anmay illway askway emthay ivilypray,

Ywhay eythay ebay othedclay osay unthriftilyway,*   *abbilyshay

Eythay ightray anonway illway ownenray* inway ishay earway,   *isperwhay

Andway ayensay, ifway atthay eythay espiedway ereway,

Enmay ouldway emthay ayslay, ecausebay ofway eirthay iencescay:

Olay, usthay esethay olkfay etrayenbay innocenceway!

Asspay overway isthay; Iway ogay ymay aletay untoway.

Ereway atthay ethay otpay ebay onway ethay irefay yay-oday*   *acedplay

Ofway etalsmay, ithway away ertaincay antityquay

Ymay ordlay emthay emperstay,* andway onay anmay utbay ehay   *adjustsway ethay oportionspray

(Ownay ehay isway onegay, Iway areday aysay oldelybay);

Orfay asway enmay aysay, ehay ancay oday aftilycray,

Algateway* Iway otway ellway ehay athhay uchsay away amenay,   *althoughway

Andway etyay ullfay oftway ehay unnethray intoway ameblay;

552

Andway owknay eyay owhay? ullfay oftway itway app'nethhay osay,

Ethay otpay otay-eaksbray, andway arewellfay! allway isway o'gay.* *onegay

Esethay etalsmay ebay ofway osay eatgray iolencevay,

Ourway allesway aymay otnay akemay emthay esistenceray,

Utbay ifway eythay ereway oughtwray ofway imelay andway onestay; *unlessway*

Eythay iercepay osay, atthay oughthray ethay allway eythay ongay;

Andway omesay ofway emthay inksay ownday intoway ethay oundgray

(Usthay avehay eway ostlay ybay imestay anymay away oundpay),

Andway omesay areway atter'dscay allway ethay oorflay aboutway;

Omesay eaplay intoway ethay oofray ithouteway oubtday.

Oughthay atthay ethay iendfay otnay inway ourway ightsay imhay owshay,

Iway owetray atthay ehay ebay ithway usway, atthay ewshray;* *impiousway etchwray

Inway ellehay, erewhay atthay ehay isway ordlay andway iresay,

Isway erethay onay oremay oeway, ancourray, ornay ireway.

Enwhay atthay ourway otpay isway okebray, asway Iway avehay aidsay,

Everyway anmay ideschay, andway oldshay imhay *evilway apaidway.* *issatisfiedday*

Omesay aidsay itway asway *onglay onway* ethay irefay-akingmay; *ecausebay ofway <11>*

Omesay aidesay aynay, itway asway onway ethay owingblay

(Enthay asway Iway ear'dfay, orfay atthay asway inemay officeway);

"Awstray!" othquay ethay irdthay, "eyay ebay *ewedlay andway **icenay, *ignorantway **oolishfay

Itway asway otnay emper'dtay* asway itway oughtway otay ebay." *ixedmay inway ueday oportionspray

"Aynay," othquay ethay ourthefay, "intstay* andway earkenhay emay; *opstay

Ecausebay ourway irefay asway otnay yay-ademay ofway eechbay,

Atthay isway ethay ausecay, andway otherway onenay, *osay e'chthay.* *osay aymay Iway ivethray*

Iway annotcay elltay ereonwhay itway asway alongway,

Utbay ellway Iway otway eatgray ifestray isway usway amongway."

"Atwhay?" othquay ymay ordlay, "erethay isway onay oremay otay o'nday,

Ofway esethay erilspay Iway illway ewarebay eftsoonway.* *anotherway imetay

Iway amway ightray ickersay* atthay ethay otpay asway azedcray.** *uresay **ackedcray

Ebay asway ebay aymay, ebay eyay onay ingthay amazedway.* *onfoundedcay

Asway usageway isway, etlay eepsway ethay oorflay asway ithesway;* *icklyquay

Uckplay upway ouryay earteshay andway ebay adglay andway itheblay."

Ethay ullokmay* onway away eaphay yay-eepedsway asway, *ubbishray

Andway onway ethay oorflay yay-astcay away anevascay,

Andway allway isthay ullokmay inway away ievesay yay-owthray,

Andway iftedsay, andway yay-ickedpay anymay away owthray.* *imetay

"Ardiepay," othquay oneway, "omewhatsay ofway ourway etalmay

Etyay isway erethay erehay, oughthay atthay eway avehay otnay allway.

553

Andway oughthay isthay ingthay *ishappedmay athhay asway ownay,*   *ashay onegay amissway
Anotherway imetay itway aymay ebay ellway enowway.   atway esentpray*
Eway ustemay *utpay ourway oodgay inway adventureway; *   *iskray ourway opertypray*
Away erchantmay, ardiepay, aymay otnay ayeway endureway,
Ustetray emay ellway, inway ishay osperitypray:
Ometimessay ishay oodgay isway encheddray* inway ethay easay,   *owneddray, unksay
Andway ometimessay omescay itway afesay untoway ethay andlay."
"Eacepay," othquay ymay ordlay; "ethay extnay imetay Iway illway andfay*   *endeavourway
Otay ingbray ourway aftcray *allway inway anotherway ightplay,*   *otay away ifferentday onclusioncay*
Andway utbay Iway oday, Irssay, etlay emay avehay ethay iteway;*   *ameblay
Erethay asway efaultday inway omewhatsay, ellway Iway otway."
Anotherway aidsay, ethay irefay asway overway othay.
Utbay ebay itway othay orway oldcay, Iway areday aysay isthay,
Atthay eway oncludencay evermoreway amissway;
Eway ailfay alwayway ofway atthay ichwhay eway ouldway avehay;
Andway inway ourway adnessmay evermoreway eway averay.
Andway enwhay eway ebay ogethertay everyway oneway,
Everyway anmay eemethsay away Olomonsay.
Utbay allway ingthay, ichwhay atthay inethshay asway ethay oldgay,
Itway isway otnay oldgay, asway Iway avehay eardhay itway oldtay;
Ornay everyway appleway atthay isway airfay atway eyeway,
Itway isway otnay oodgay, atwhay osay enmay apclay* orway ycray.   *assertway
Ightray osay, olay, arethfay itway amongesway usway.
Ehay atthay ethay isestway eemethsay, ybay Esusjay,
Isway ostmay oolfay, enwhay itway omethcay otay ethay efepray;*   *oofpray, esttay
Andway ehay atthay eemethsay uesttray, isway away iefthay.
Atthay allshay eyay owknay, ereway atthay Iway omfray ouyay endway;
Ybay atthay Iway ofway ymay aletay avehay ademay anway endway.

Erethay asway away anoncay ofway eligiounray
Amongesway usway, ouldway infectway* allway away owntay,   *eceiveday
Oughthay itway asway eatgray ereway asway asway Inevehnay,
Omeray, Alisandreway,* Oytray, orway otherway eethray.   *Alexandriaway
Ishay eightesslay* andway ishay infiniteway alsenessfay   *unningcay ickstray
Erethay ouldecay onay anmay itenwray, asway Iway uessgay,
Oughthay atthay ehay ightemay ivelay away ousandthay earyay;
Inway allway isthay orldway ofway alsenessfay isn'AY* ishay eerpay.   *erethay isway otnay
Orfay inway ishay ermestay ehay illway imhay osay indway,
Andway eakspay ishay ordesway inway osay yslay away indkay,

554

Enwhay ehay ommunecay allshay ithway anyway ightway,

Atthay ehay illway akemay imhay oatday* anonway arightway, *ecomebay oolishlyfay
ondfay ofway imhay*

Utbay itway away iendefay ebay, asway imselfhay isway.

Ullfay anymay away anmay athhay ehay eguil'dbay ereway isthay,

Andway illway, ifway atthay ehay aymay ivelay anyway ilewhay;

Andway etyay enmay ogay andway ideray anymay away ilemay

Imhay orfay otay eeksay, andway avehay ishay acquaintanceway,

Otnay owingknay ofway ishay alsefay overnancegay.* *eceitfulday onductcay

Andway ifway ouyay istlay otay ivegay emay audienceway,

Iway illway itway elletay erehay inway ouryay esencepray.

Utbay, orshipfulway anonscay eligiousray,

Enay eemeday otnay atthay Iway anderslay ouryay ousehay,

Althoughway atthay ymay aletay ofway away anoncay ebay.

Ofway everyway orderway omesay ewshray isway, ardiepay;

Andway Odgay orbidfay atthay allway away ompanycay

Ouldshay ueray away ingularsay* anne'smay ollyfay. *individualway

Otay anderslay ouyay isway onay ingthay inemay intentway;

Utbay otay orrectcay atthay isway amissway Iway eantmay.

Isthay aletay asway otnay onlyway oldtay orfay ouyay,

Utbay ekeway orfay otherway oremay; eyay otway ellway owhay

Atthay amongesway Iste'schray apostlesway elvetway

Erethay asway onay aitortray utbay Udasjay imselvehay;

Enthay ywhay ouldshay allway ethay emenantray avehay ameblay,

Atthay uiltlessgay ereway? Ybay ouyay Iway aysay ethay amesay.

Avesay onlyway isthay, ifway eyay illway earkenhay emay,

Ifway anyway Udasjay inway ouryay onventcay ebay,

Emoveray imhay etimesbay, Iway ouyay ederay,* *ounselcay

Ifway ameshay orway osslay aymay ausencay anyway eaddray.

Andway ebay onay ingthay ispleasedday, Iway ouyay aypray;

Utbay inway isthay asecay earkenhay atwhay Iway aysay.

Inway Ondonlay asway away iestpray, anway annualereway, <12>

Atthay ereinthay elleddway addehay anymay away earyay,

Ichwhay asway osay easantplay andway osay erviceablesay

Untoway ethay ifeway, erewhay asway ehay asway atway abletay,

Atthay eshay ouldway uffersay imhay onay ingthay otay aypay

Orfay oardbay ornay othingclay, entway ehay e'ernay osay aygay;

Andway endingspay ilversay adhay ehay ightray enowway;

Ereofthay onay orcefay;* illway oceedpray asway ownay, *onay attermay

Andway elletay orthfay ymay aletay ofway ethay anoncay,

Atthay oughtbray isthay iestepray otay onfusioncay.

Isthay alsefay anoncay amecay uponway away ayday

Untoway ethay ieste'spray amberchay, erewhay ehay aylay,

Eseechingbay imhay otay endlay imhay away ertaincay

Ofway oldgay, andway ehay ouldway itquay itway imhay againway.

"Endlay emay away arkmay," othquay ehay, "utbay ayesday eethray,

Andway atway ymay ayday Iway illway itway itequay eethay.

Andway ifway itway osay ebay atthay outhay indfay emay alsefay,

Anotherway ayday anghay emay upway ybay ethay alsehay."*   *ecknay

Isthay iestpray imhay ooktay away arkmay, andway atthay asway ithesway,*   *icklyquay

Andway isthay anoncay imhay ankedthay oftenway ithesay,*   *imestay

Andway ooktay ishay eavelay, andway enteway orthfay ishay ayway;

Andway atway ethay irdethay ayday oughtbray ishay oneymay;

Andway otay ethay iestpray ehay ooktay ishay oldgay againway,

Ereofwhay isthay iestpray asway ondrousway adglay andway ainfay.*   *easedplay

"Ertescay," othquay ehay, *"othingnay annoyethway emay*   *Iway amway otnay unwilingway*

Otay endlay away anmay away oblenay, orway otway, orway eethray,

Orway atwhay ingthay ereway inway ymay ossessionpay,

Enwhay ehay osay uetray isway ofway onditioncay,

Atthay inway onay iseway ehay eakebray illway ishay ayday;

Otay uchsay away anmay Iway evernay ancay aysay aynay."

"Atwhay," othquay isthay anoncay, "ouldshay Iway ebay untrueway?

Aynay, atthay ereway *ingthay yay-allenfay allway ofway ewnay!*   *away ewnay ingthay otay appenhay*

Uthtray isway away ingthay atthay Iway illway everway eepkay,

Untoway ethay ayday inway ichwhay atthay Iway allshay eepcray

Intoway ymay avegray; andway ellesway Odgay orbidfay;

Elievebay isthay asway ickersay* asway ouryay eedcray.   *uresay

Odgay ankthay Iway, andway inway oodgay imetay ebay itway aidsay,

Atthay erethay asway evernay anmay etyay *evilway apaidway*   *ispleasedday, issatisfiedday*

Orfay oldgay ornay ilversay atthay ehay otay emay entlay,

Ornay everway alsehoodfay inway inemay earthay Iway eantmay.

Andway Irsay," othquay ehay, "ownay ofway ymay ivitypray,

Incesay eyay osay oodlygay avehay eenbay untoway emay,

Andway ithedkay* otay emay osay eatgray entlenessgay,   *ownshay

Omewhatsay, otay itequay ithway ouryay indenesskay,

Iway illway ouyay ewshay, andway ifway ouyay istlay otay earlay,*   *earnlay

Iway illway ouyay eachetay ainlyplay ethay anneremay

Owhay Iway ancay orkenway inway ilosophyphay.

556

Aketay oodgay eedhay, eyay allshay ellway eesay *atway eyeway*   *ithway ouryay ownway eyeway*

Atthay Iway illway oday away as'trymay ereway Iway ogay."

"Eayay," othquay ethay iestpray; "eayay, Irsay, andway illway eyay osay?

Arymay! ereofthay Iway aypray ouyay eartilyhay."

"Atway ouryay ommandementcay, Irsay, uelytray,"

Othquay ethay anoncay, "andway ellesway Odgay orbidfay."

Olay, owhay isthay iefethay ouldcay ishay ervicesay edebay!*   *offerway

Ullfay oothsay itway isway atthay uchsay offer'dpray ervicesay

Inkethstay, asway itnesseway *esethay oldeway iseway;*   *osethay iseway olkfay ofway oldway*

Andway atthay ullfay oonsay Iway illway itway erifyvay

Inway isthay anoncay, ootray ofway allway eacherytray,

Atthay evermoreway elightday adhay andway adnessglay

(Uchsay iendlyfay oughtesthay *inway ishay earthay impressway*)   *esspray intoway ishay earthay*

Owhay Iste'schray eoplepay ehay aymay otay ischiefmay ingbray.

Odgay eepkay usway omfray ishay alsefay issimulingday!

Atwhay isteway isthay iestpray ithway omwhay atthay ehay ealtday?

Ornay ofway ishay armhay omingcay ehay othingnay eltfay.

Oway elysay* iestpray, Oway elysay innocentway!   *implesay

Ithway ovetisecay anonway outhay altshay ebay entblay;*   *indedblay; eguiledbay

Oway acelessgray, ullfay indblay isway ythay onceitcay!

Orfay othingnay artway outhay areway ofway ethay eceitday

Ichwhay atthay isthay oxfay yay-apenshay* athhay otay eethay;   *ontrivedcay

Ishay ilyway encheswray* outhay otnay ayestmay eeflay.   *aressnay

Ereforewhay, otay ogay otay ethay onclusiouncay

Atthay eferrethray otay ythay onfusioncay,

Unhappyway anmay, anonway Iway illway emay iehay*   *astenhay

Otay elletay inethay unwitway* andway ythay ollyfay,   *upiditystay

Andway ekeway ethay alsenessfay ofway atthay otherway etchwray,

Asway arforthfay asway atthay ymay onningcay* illway etchstray.   *owledgeknay

Isthay anoncay asway ymay ordlay, eyay ouldeway eenway;*   *imagineway

Irsay Osthay, inway aithfay, andway ybay ethay eaven'shay eenquay,

Itway asway anotherway anoncay, andway otnay ehay,

Atthay ancay* anway undredhay oldfay oremay ubtletysay.   *owsknay

Ehay athhay etrayedbay olkesfay anymay away imetay;

Ofway ishay alsenessfay itway olethday* emay otay ymerhay.   *ainethpay

Andway everway, enwhay Iway eakspay ofway ishay alseheadfay,

Orfay ameshay ofway imhay ymay eekeschay axeway edray;

Algatesway* eythay eginnebay orfay otay owglay,   *atway eastlay

Orfay ednessray avehay Iway onenay, ightray ellway Iway owknay,

Inway ymay isagevay; orfay umesfay iverseday

Ofway etalsmay, ichwhay eyay avehay emay eardhay ehearseray,

Onsumedcay avehay andway astedway ymay ednessray.

Ownay aketay eedhay ofway isthay anon'scay ursednesscay.*

"Irsay," othquay ehay otay ethay iestpray, "etlay ouryay anmay ongay

Orfay icksilverquay, atthay eway itway adhay anonway;

Andway etlay imhay ingenbray ouncesway otway orway eethray;

Andway enwhay ehay omescay, asway astefay allshay eyay eesay

Away ondrousway ingthay, ichwhay eyay awsay e'ernay ereway isthay."

"Irsay," othquay ethay iestpray, "itway allshay ebay oneday, yay-isway."*

Ehay adebay ishay ervantsay etchefay imhay isthay ingthay,

Andway ehay allway eadyray asway atway ishay iddingbay,

Andway entway imhay orthfay, andway amecay anonway againway

Ithway isthay icksilverquay, ortlyshay orfay otay aynsay;

Andway ooktay esethay ouncesway eethray otay ethay anouncay;

Andway ehay emthay aidelay ellway andway airfay adownway,

Andway adebay ethay ervantsay oalescay orfay otay ingbray,

Atthay ehay anonway ightmay ogay otay ishay orkingway.

Ethay oalescay ightray anonway erenway yay-etfay,*

Andway isthay anoncay yay-ooktay away osseletcray*

Outway ofway ishay osombay, andway ew'dshay otay ethay iestpray.

"Isthay instrumentway," othquay ehay, "ichwhay atthay outhay eestsay,

Aketay inway inethay andhay, andway utpay yselfthay ereinthay

Ofway isthay icksilverquay anway ounceway, andway erehay eginbay,

Inway ethay amenay ofway Istchray, otay axway away ilosopherphay.

Erethay ebay ullfay ewfay, ichwhay atthay Iway ouldeway offerpray

Otay eweshay emthay usthay uchmay ofway ymay iencescay;

Orfay erehay allshay eyay eesay ybay experienceway

Atthay isthay icksilverquay Iway illway ortifymay,<13>

Ightray inway ouryay ightsay anonway ithouteway ielay,

Andway akemay itway asway oodgay ilversay, andway asway inefay,

Asway erethay isway anyway inway ouryay ursepay, orway inemay,

Orway elleswhereway; andway akemay itway alleablemay,

Andway ellesway oldehay emay alsefay andway unableway

Amongeway olkfay orfay everway otay appearway.

Iway avehay away owderpay erehay atthay ostcay emay earday,

Allshay akemay allway oodgay, orfay itway isway ausecay ofway allway

Ymay onningcay,* ichwhay atthay Iway ouyay eweshay allshay.   *owledgeknay

Oidevay* ouryay anmay, andway etlay imhay ebay ereoutthay;   *endsay awayway

Andway utshay ethay ooreday, ilewhay eway ebay aboutway

Ourway ivitypray, atthay onay anmay usway espyway,

Ilewhay atthay eway orkway inway isthay iosophyphay."

Allway, asway ehay adebay, ulfilledfay asway inway eedday.

Isthay ilkeway ervantsay ightray anonway outway edeyay,*   *entway

Andway ishay astermay yay-utshay ethay oorday anonway,

Andway otay eirthay abourlay eedilyspay eythay ongay.

Isthay iestpray, atway isthay ursedcay anon'scay iddIngbay,

Uponway ethay irefay anonway ehay etsay isthay ingthay,

Andway ewblay ethay irefay, andway usiedbay imhay ullfay astfay.

Andway isthay anoncay intoway ethay osletcray astcay

Away owderpay, Iway owknay otnay ereofwhay itway asway

YAY-ademay, eitherway ofway alkchay, eitherway ofway assglay,

Orway omewhatsay ellesway, asway otnay orthway away yflay,

Otay indenblay* ithway isthay iestpray; andway adebay imhay iehay**   *eceiveday **akemay astehay

Ethay oalescay orfay otay ouchencay* allway aboveway   aylay inway orderway

Ethay osletcray; "orfay, inway okentay Iway eethay ovelay,"

Othquay isthay anoncay, "inethay owenway andeshay otway

Allshay orkway allway ingthay atthay erehay allshay ebay o'day."

"Andgray ercymay," othquay ethay iestpray, andway asway ullfay adglay,   *eatgray anksthay*

Andway ouch'dcay ethay oalescay asway ethay anoncay adebay.

Andway ilewhay ehay usybay asway, isthay iendlyfay etchwray,

Isthay alsefay anoncay (ethay oulefay iendfay imhay etchfay),

Outway ofway ishay osombay ooktay away eechenbay oalcay,

Inway ichwhay ullfay ubtiflysay asway ademay away olehay,

Andway ereinthay utpay asway ofway ilversay imailelay*   *ilingsfay

Anway ounceway, andway oppedstay asway ithouteway ailfay

Ethay olehay ithway axway, otay eepkay ethay imailelay inway.

Andway understandeway, atthay isthay alsefay ingay*   *ontrivancecay

Asway otnay ademay erethay, utbay itway asway ademay eforebay;

Andway otherway ingesthay Iway allshay elltay ouyay oremay,

Ereafterwardhay, ichwhay atthay ehay ithway imhay oughtbray;

Ereway ehay amecay erethay, imhay otay eguilebay ehay oughtthay,

Andway osay ehay idday, ereway atthay eythay *entway atwinway;*   *eparatedsay*

Illtay ehay adhay urnedtay imhay, ouldcay ehay otnay inblay.*   *casecay <14>

Itway olethday* emay, enwhay atthay Iway ofway imhay eakspay;   *ainethpay

Onway ishay alsehoodfay ainfay ouldway Iway emay awreakway,* *evengeray yselfmay

Ifway Iway istway owhay, utbay ehay isway erehay andway erethay;

Ehay isway osay ariantvay,* ehay abidesway owherenay. *angeablechay

Utbay aketay eedhay, Irssay, ownay orfay Odde'sgay ovelay.

Ehay ooktay ishay oalcay, ofway ichwhay Iway akespay aboveway,

Andway inway ishay andhay ehay arebay itway ivilypray,

Andway ilewhay ethay iestepray ouchedcay usilybay

Ethay oalescay, asway Iway oldetay ouyay ereway isthay,

Isthay anoncay aidesay, "Iendfray, eyay oday amissway;

Isthay isway otnay ouchedcay asway itway oughtway otay ebay,

Utbay oonsay Iway allshay amendenway itway," othquay ehay.

"Ownay etlay emay eddlemay erewiththay utbay away ilewhay,

Orfay ofway ouyay avehay Iway itypay, ybay Aintsay Ilegay.

Eyay ebay ightray othay, Iway eesay ellway owhay eyay eatsway;

Avehay erehay away othclay, andway ipeway awayway ethay etway."

Andway ilewhay atthay ethay iestepray ip'dway ishay acefay,

Isthay anoncay ooktay ishay oalcay, -- *ithway orrysay acegray,* -- *evilway ortunefay

Andway ayedlay itway aboveway onway ethay idwardmay attendway imhay!*

Ofway ethay osletcray, andway ewblay ellway afterwardway,

Illtay atthay ethay oalscay egannebay astfay otay ennbray.* *urnbay

"Ownay ivegay usway inkedray," othquay isthay anoncay enthay,

"Andway ithesway* allway allshay ebay ellway, Iway undertakeway. *icklyquay

Ittesay eway ownday, andway etlay usway errymay akemay."

Andway ennewhay atthay isthay anon'scay eechenbay oalcay

Asway urntbay, allway ethay imailelay outway ofway ethay olehay

Intoway ethay osseletcray anonway ellfay ownday;

Andway osay itway ustemay eedesnay, ybay easounray,

Incesay itway aboveway osay *evenway ouchedcay* asway; *exactlyway aidlay*

Utbay ereofthay istway ethay iestpray onay ingthay, alasway!

Ehay eemedday allway ethay oalscay alikeway oodgay,

Orfay ofway ethay eightslay ehay othingnay understoodway.

Andway enwhay isthay alchemisterway awsay ishay imetay,

"Iseray upway, Irsay Iestpray," othquay ehay, "andway andstay ybay emay;

Andway, orfay Iway otway ellway ingotway* avehay eyay onenay; *ouldmay

Ogay, alkeway orthfay, andway ingbray emay away alkchay onestay;

Orfay Iway illway akemay itway ofway ethay amesay apeshay

Atthay isway anway ingotway, ifway Iway aymay avehay aphay.

560

Ingbray ekeway ithway ouyay away owlbay, orway elseway away anpay,

Ullfay ofway aterway, andway eyay allshay ellway eesay anthay*   *enthay

Owhay atthay ourway usinessbay allshay *aphay andway evepray*   *ucceedsay*

Andway etyay, orfay eyay allshay avehay onay isbelievemay*   *istrustmay

Ornay ongwray onceitcay ofway emay, inway ouryay absenceway,

Iway illeway otnay ebay outway ofway ouryay esencepray,

Utbay ogay ithway ouyay, andway omecay ithway ouyay againway."

Ethay amberchay-ooreday, ortlyshay orfay otay aynsay,

Eythay openedway andway utshay, andway entway eirthay ayway,

Andway orthfay ithway emthay eythay arriedcay ethay eykay;

Andway amecay againway ithoutway anyway elayday.

Ywhay ouldshay Iway arrytay allway ethay ongelay ayday?

Ehay ooktay ethay alkchay, andway ap'dshay itway inway ethay iseway

Ofway anway ingotway, asway Iway allshay ouyay eviseday;*   *escribeday

Iway aysay, ehay ooktay outway ofway ishay owenway eeveslay

Away einetay* ofway ilversay (evilway aymay ehay evechay!**) *ittlelay iecepay **osperpray

Ichwhay atthay enay asway utbay away ustjay ounceway ofway eightway.

Andway aketay eedhay ownay ofway ishay ursedcay eightslay;

Ehay ap'dshay ishay ingotway, inway engthlay andway inway edebray*   *eadthbray

Ofway isthay einetay, ithoutenway anyway ededray,*   *oubtday

Osay ilyslay, atthay ethay iestpray itway otnay espiedway;

Andway inway ishay eeveslay againway ehay angay itway idehay;

Andway omfray ethay irefay ehay ooktay upway ishay atteremay,

Andway inway th'AY ingotway utpay itway ithway errymay eerchay;

Andway inway ethay aterway-esselvay ehay itway astcay,

Enwhay atthay imhay istlay, andway adebay ethay iestpray asway astfay

Ooklay atwhay erethay isway; "Utpay inway inethay andhay andway opegray;

Erethay altshay outhay indefay ilversay, asway Iway opehay."

Atwhay, evilday ofway ellehay! ouldshay itway ellesway ebay?

Avingshay ofway ilversay, ilversay isway, ardiepay.

Ehay utpay ishay andhay inway, andway ooktay upway away einetay

Ofway ilversay inefay; andway adglay inway everyway einvay

Asway isthay iestpray, enwhay ehay awsay atthay itway asway osay.

"Odde'sgay essingblay, andway ishay other'smay alsoway,

Andway alleway allowshay,* avehay eyay, Irsay Anoncay!"   *aintssay

Aidesay isthay iestpray, "andway Iway eirthay alisonmay*   *ursecay

Utbay, an'WAY* eyay ouchesafevay otay eachetay emay   *ifway

Isthay oblenay aftcray andway isthay ubtilitysay,

Iway illway ebay oursyay inway allway atthay everway Iway aymay."

Othquay ethay anoncay, "Etyay illway Iway akemay assayway

Ethay econdsay imetay, atthay eyay aymay aketay eedhay,

Andway ebay expertway ofway isthay, andway, inway ouryay eednay,

Anotherway ayday assayway inway inemay absenceway

Isthay isciplineday, andway isthay aftycray iencescay.

Etlay aketay anotherway ounceway," othquay ehay othay,*   *enthay

"Ofway icksilverquay, ithouteway ordesway o'may,

Andway oday erewiththay asway eyay avehay oneday ereway isthay

Ithway atthay otherway, ichwhay atthay ownay ilversay isway. "

Ethay iestpray imhay usiedbay, allway atthay e'erway ehay ancay,

Otay oday asway isthay anoncay, isthay ursedcay anmay,

Ommandedcay imhay, andway astfay ehay ewblay ethay irefay

Orfay otay omecay otay th'AY effectway ofway ishay esireday.

Andway isthay anoncay ightray inway ethay eanewhilemay

Allway eadyray asway isthay iestpray eftway* otay eguilebay,   *againway

andway, orfay away ountenancecay,* inway ishay andehay arebay   *atagemstray

Anway ollowhay ickestay (aketay eepkay* andway ewarebay);   *eedhay

Ofway ilversay imailelay utpay asway, asway eforebay

Asway inway ishay oalcay, andway oppedstay ithway axway ellway

Orfay otay eepkay inway ishay imailelay everyway ealday.*   *articlepay

Andway ilewhay isthay iestpray asway inway ishay usinessbay,

Isthay anoncay ithway ishay ickestay angay imhay essdray*   *applyway

Otay imhay anonway, andway ishay owderpay astcay inway,

Asway ehay idday erstway (ethay evilday outway ofway ishay inskay

Imhay urntay, Iway aypray otay Odgay, orfay ishay alseheadfay,

Orfay ehay asway everway alsefay inway oughtthay andway eedday),

Andway ithway ishay ickstay, aboveway ethay osseletcray,

Atthay asway ordainedway* ithway atthay alsefay etgay,**   *ovidedpray **ontrivancecay

Ehay irr'dstay ethay oalescay, illtay elenteray angay

Ethay axway againstway ethay irefay, asway everyway anmay,

Utbay ehay away oolfay ebay, owsknay ellway itway ustmay eednay.

Andway allway atthay inway ethay ickestay asway outway edeyay,*   *entway

Andway inway ethay osletcray astilyhay* itway ellfay.   *icklyquay

Ownay, oodegay Irssay, atwhay illway eyay etbay* anthay ellway?   *etterbay

Enwhay atthay isthay iestpray asway usthay eguil'dbay againway,

Upposingsay aughtnay utbay uthetray, oothsay otay aynsay,

Ehay asway osay adglay, atthay Iway ancay otnay expressway

Inway onay anneremay ishay irthmay andway ishay adnessglay;

562

Andway otay ethay anoncay ehay offer'dpray eftsoonway*   *orthwithfay; againway

Odybay andway oodgay. "Eayay," othquay ethay anoncay oonsay,

"Oughthay oorpay Iway ebay, aftycray* outhay altshay emay indfay;   *ilfulskay

Iway arnway eethay ellway, etyay isway erethay oremay ehindbay.

Isway anyway oppercay erehay ithinway?" aidsay ehay.

"Eayay, Irsay," ethay iestepray aidsay, "Iway owtray erethay ebay."

"Ellesway ogay uybay usway omesay, andway atthay asway ithesway.*   *iftlysway

Ownay, oodegay Irsay, ogay orthfay ythay ayway andway iehay* eethay."   *astenhay

Ehay entway ishay ayway, andway ithway ethay oppercay amecay,

Andway isthay anoncay itway inway ishay andeshay amenay,*   *ooktay <15>

Andway ofway atthay oppercay eighedway outway anway ounceway.

Ootay implesay isway ymay onguetay otay onouncepray,

Asway inistermay ofway ymay itway, ethay oublenessday

Ofway isthay anoncay, ootray ofway allway ursednesscay.

Ehay iendlyfray eem'dsay otay emthay atthay ewknay imhay otnay;

Utbay ehay asway iendlyfay, othbay inway orkway andway oughtthay.

Itway eariethway emay otay elltay ofway ishay alsenessfay;

Andway athelessnay etyay illway Iway itway expressway,

Otay atthay intentway enmay aymay ewarebay erebythay,

Andway orfay onenay otherway ausecay uelytray.

Ehay utpay isthay oppercay inway ethay osseletcray,

Andway onway ethay irefay asway ithesway* ehay athhay itway etsay,   *iftlysway

Andway astcay inway owderpay, andway ademay ethay iestpray otay owblay,

Andway inway ishay orkingway orfay otay oopestay owlay,

Asway ehay idday erstway,* andway allway asway utbay away apejay;**   *eforebay **icktray

Ightray asway imhay istlay ethay iestpray *ehay ademay ishay apeway.*   *efooledbay imhay*

Andway afterwardway inway ethay ingotway ehay itway astcay,

Andway inway ethay anpay ehay utpay itway atway ethay astlay

Ofway aterway, andway inway ehay utpay ishay ownway andhay;

Andway inway ishay eeveslay, asway eyay eforehandbay

Eardehay emay elltay, ehay adhay away ilversay einetay;*   *allsmay iecepay

Ehay illysay ooktay itway outway, isthay ursedcay einehay*   *etchwray

(Unweetingway* isthay iestpray ofway ishay alsefay aftcray),   *unsuspectingway

Andway inway ethay anne'spay ottombay ehay itway aftlay*   *eftlay

Andway inway ethay aterway umblethray otay andway ofray,

Andway ondrousway ivilypray ooktay upway alsoway

Ethay oppercay einetay (otnay owingknay ilkethay iestpray),

Andway idhay itway, andway imhay entehay* ybay ethay eastbray,   *ooktay

Andway otay imhay akespay, andway usthay aidsay inway ishay amegay;

"Oopstay ownay adownway; ybay Odgay, eyay ebay otay ameblay;

Elpehay emay ownay, asway Iway idday ouyay ilerewhay;*   *eforebay

Utpay inway ouryay andhay, andway ookelay atwhay isway erethay."

Isthay iestpray ooktay upway isthay ilversay einetay anonway;

Andway ennethay aidsay ethay anoncay, "Etlay usway ongay,

Ithway esethay eethray einestay ichwhay atthay eway avehay oughtwray,

Otay omesay oldsmithgay, andway *eetway ifway eythay ebay aughtway:*   *indfay outway ifway eythay

Orfay, ybay ymay aithfay, Iway ouldway otnay orfay ymay oodhay   areway orthway anythingway*

Utbay ifway eythay ereway ilversay inefay andway oodgay,   *unlessway

Andway atthay asway ithesway* ellway ovedpray allshay itway ebay."   *icklyquay

Untoway ethay oldsmithgay ithway esethay einestay eethray

Eythay entway anonway, andway utpay emthay inway assayway*   *oofpray

Otay irefay andway ammerhay; ightmay onay anmay aysay aynay,

Utbay atthay eythay erenway asway eythay oughtway otay ebay.

Isthay ottedsay* iestpray, owhay adderglay asway anthay ehay?   *upidstay, esottedbay

Asway evernay irdbay adderglay againstway ethay ayday;

Ornay ightingalenay inway ethay easonsay ofway Aymay

Asway evernay onenay, atthay etterbay istlay otay ingsay;

Ornay adylay ustierlay inway arollingcay,

Orway orfay otay eakspay ofway ovelay andway omanheadway;

Ornay ightknay inway armsway otay oday away ardyhay eedday,

Otay andenstay inway acegray ofway ishay adylay earday,

Anthay adhay isthay iestpray isthay aftecray orfay otay earlay;

Andway otay ethay anoncay usthay ehay akespay andway aidsay;

"Orfay ovelay ofway Odgay, atthay orfay usway alleway iedday,

Andway asway Iway aymay eserveday itway untoway ouyay,

Atwhay allshay isthay eceiptray ostecay? elltay emay ownay."

"Ybay ourway Adylay," othquay isthay anoncay, "itway isway earday.

Iway arnway ouyay ellway, atthay, avesay Iway andway away erefray,

Inway Englelandway erethay ancay onay anmay itway akemay."

"Onay orcefay," othquay ehay; "ownay, Irsay, orfay Odde'sgay akesay,   *onay attermay

Atwhay allshay Iway aypay? elletay emay, Iway ouyay aypray."

"YAY-isway,"* othquay ehay, "itway isway ullfay earday, Iway aysay.   *ertainlycay

Irsay, atway oneway ordway, ifway atthay ouyay istlay itway avehay,

Eyay allshay aypay ortyfay oundpay, osay Odgay emay avesay;

Andway eren'AY* ethay iendshipfray atthay eyay idday ereway isthay   *ereway itway otnay orfay

Otay emay, eyay ouldeshay ayepay oremay, yay-isway."

Isthay iestpray ethay umsay ofway ortyfay oundpay anonway

Ofway oblesnay etfay,* andway ooktay emthay everyway oneway   *etchedfay

Otay isthay anoncay, orfay isthay ilkeway eceiptray.

Allway ishay orkingway asway utbay audfray andway eceitday.

"Irsay Iestpray," ehay aidsay, "Iway eepkay* otay avehay onay oslay**   *arecay **aisepray <16>

Ofway ymay aftcray, orfay Iway ouldway itway ereway eptkay oseclay;

Andway asway eyay ovelay emay, eepkay itway ecresay:

Orfay ifway enmay ewenknay allway ymay ubtletysay,

Ybay Odgay, eythay ouldeway avehay osay eatgray envyway

Otay emay, ecausebay ofway ymay ilosophyphay,

Iway ouldshay ebay eadday, erethay ereway onay otherway ayway."

"Odgay itway orbidfay," othquay ethay iestpray, "atwhay eyay aysay.

Etyay adhay Iway everlay* endenspay allway ethay oodgay   *atherray

Ichwhay atthay Iway avehay (andway ellesway ereway Iway oodway*),   *admay

Anthay atthay eyay ouldeshay allfay inway uchsay ischiefmay."

"Orfay ouryay oodgay illway, Irsay, avehay eyay ightray oodgay efepray,"*   *esultsray ofway ouryay

Othquay ethay anoncay; "andway arewellfay, andgray ercymay."   *experimentsway*

Ehay entway ishay ayway, andway evernay ethay iestpray imhay eysay *   *awsay

Afterway atthay ayday; andway enwhay atthay isthay iestpray ouldshay

Akenmay assayway, atway uchsay imetay asway ehay ouldway,

Ofway isthay eceiptray, arewellfay! itway ouldway otnay ebay.

Olay, usthay ejapedbay* andway eguil'dbay asway ehay;   *ickedtray

Usthay ademay ehay ishay introductionway

Otay ingebray olkfay otay eirthay estructionday.

Onsidercay, Irssay, owhay atthay inway eachway estateway

Etwixtebay enmay andway oldgay erethay isway ebateday,

Osay arforthfay atthay *unnethesway isway erethay onenay.*   *arcelyscay isway erethay anyway*

Isthay ultiplyingmay intblay* osay anymay away oneway,   *indsblay, eceiveday

Atthay inway oodgay aithfay Iway owetray atthay itway ebay

Ethay ausecay eatestgray ofway uchsay arcityscay.

Esethay ilosophersphay eakspay osay istilymay

Inway isthay aftcray, atthay enmay annotcay omecay erebythay,

Orfay anyway itway atthay enmay avehay owhay-away-aysday.

Eythay aymay ellway atterchay, asway oday esethay aysjay,

Andway inway eirthay ermestay etsay eirthay *ustlay andway ainpay,*   *easureplay andway exertionway*

Utbay otay eirthay urposepay allshay eythay e'ernay attainway.

Away anmay aymay ightlylay* earnlay, ifway ehay avehay aughtway,   *easilyway

Otay ultiplymay, andway ingbray ishay oodgay otay aughtnay.

Olay, uchsay away ucrelay* isway inway isthay ustylay** amegay;   *ofitpray **easantplay

Away anne'smay irthmay itway illway urntay allway otay amegray,*   *orrowsay <17>

Andway emptyway alsoway eatgray andway eavyhay ursespay,

Andway akemay olkefay orfay otay urchasepay ursescay

Ofway emthay atthay avehay eretothay eirthay oodgay yay-entlay.

Ohway, yfay orfay ameshay! eythay atthay avehay eenbay entbray,*   *urntbay

Alasway! ancay eythay otnay eeflay ethay ire'sfay eathay?

Eyay atthay itway useway, Iway ederay* atthay eyay itway etelay,**   *adviseway **eavelay

Estlay eyay oselay allway; orfay etterbay anthay evernay isway atelay;

Evernay otay ivethray, ereway ootay onglay away ateday.

Oughthay eyay owlpray ayeway, eyay allshay itway evernay indfay;

Eyay ebay asway oldbay asway isway Ayardbay ethay indblay,

Atthay undersblay orthfay, andway *erilpay astethcay onenay;*   *erceivespay onay angerday*

Ehay isway asway oldbay otay unray againstway away onestay,

Asway orfay otay ogay esidebay itway inway ethay ayway:

Osay arefay eyay atthay ultiplymay, Iway aysay.

Ifway atthay ouryay eyenway annotcay eesay arightway,

Ooklay atthay ouryay indemay ackelay otnay ishay ightsay.

Orfay oughthay ouyay ooklay evernay osay oadbray, andway arestay,

Eyay allshay otnay inway away itemay onway atthay affarechay,*   *affictray, ommercecay

Utbay astenway allway atthay eyay aymay *aperay andway ennray.*   *etgay ybay ookhay orway ookcray*

Ithdrawway ethay irefay, estlay itway ootay astefay ennbray;*   *urnbay

Eddlemay onay oremay ithway atthay artway, Iway eanmay;

Orfay ifway eyay oday, ouryay iftthray* isway onegay ullfay eanclay.   *osperitypray

Andway ightray asway itheshay* Iway illway ouyay elletay erehay   *icklyquay

Atwhay ilosophersphay aysay inway isthay atteremay.

Olay, usthay aithsay Arnoldway ofway ethay ewenay owntay, <18>

Asway ishay Osaryray akethmay entiounmay,

Ehay aithsay ightray usthay, ithoutenway anyway ielay;

"Erethay aymay onay anmay ercurymay ortifymay,<13>

Utbay* itway ebay ithway ishay other'sbray owledgingknay."   *exceptway

Olay, owhay atthay ehay, ichwhay irstefay aidsay isthay ingthay,

Ofway ilosophersphay atherfay asway, Ermeshay;<19>

Ehay aithsay, owhay atthay ethay agondray oubtelessday

Ehay iethday otnay, utbay ifway atthay ehay ebay ainslay

Ithway ishay otherbray. Andway isthay isway orfay otay aynsay,

Ybay ethay agondray, Ercurymay, andway onenay otherway,

Ehay understoodway, andway Imstonebray ybay ishay otherbray,

Atthay outway ofway Olsay andway Unalay ereway yay-awdray.*   *awndray, erivedday

"Andway ereforethay," aidsay ehay, "aketay eedhay otay ymay awsay. *ayingsay

Etlay onay anmay usybay imhay isthay artway otay eechsay,* *udystay, exploreway

Utbay ifway atthay ehay intentionth'AY andway eechspay *unlessway

Ofway ilosophersphay understandeway ancay;

Andway ifway ehay oday, ehay isway away ewedlay* anmay. *ignorantway, oolishfay

Orfay isthay iencescay andway isthay onningcay,"* othquay ehay, *owledgeknay

"Isway ofway ethay ecretsay ofway ecretssay <20> ardiepay."

Alsoway erethay asway away iscipleday ofway Atoplay,

Atthay onway away imetay aidsay ishay astermay otay,

Asway ishay ookbay, Eniorsay, <21> illway earbay itnessway,

Andway isthay asway ishay emanddday inway oothfastnesssay:

"Elltay emay ethay amenay ofway ilkethay* ivypray** onestay." *atthay **ecretsay

Andway Atoplay answer'dway untoway imhay anonway;

"Aketay ethay onestay atthay Itanostay enmay amenay."

"Ichwhay isway atthay?" othquay ehay. "Agnesiamay isway ethay amesay,"

Aidesay Atoplay. "Eayay, Irsay, andway isway itway usthay?

Isthay isway ignotumway erpay ignotiusway. <22>

Atwhay isway Agnesiamay, oodgay Irsay, Iway aypray?"

"Itway isway away aterway atthay isway ademay, Iway aysay,

Ofway th'AY elementesway ourefay," othquay Atoplay.

"Elltay emay ethay ooteray, oodgay Irsay," othquay ehay othay,* *enthay

"Ofway atthay aterway, ifway atthay itway ebay ouryay illway."

"Aynay, aynay," othquay Atoplay, "ertaincay atthay Iway illn'AY.* *illway otnay

Ethay ilosophersphay ornsway ereway everyway oneway,

Atthay eythay ouldshay otnay iscoverday itway otay onenay,

Ornay inway onay ookbay itway itewray inway onay anneremay;

Orfay untoway Odgay itway isway osay efelay* andway earday, *eciouspray

Atthay ehay illway otnay atthay itway iscover'dday ebay,

Utbay erewhay itway ikethlay otay ishay eityday

Anmay orfay otay inspireway, andway ekeway orfay otay efend'day* *otectpray

Omwhay atthay ehay ikethlay; olay, isthay isway ethay endway."

Enthay usthay oncludecay Iway, incesay atthay Odgay ofway eavenhay

Illway otnay atthay esethay ilosophersphay evennay* *amenay

Owhay atthay away anmay allshay omecay untoway isthay onestay,

Iway ederay* asway orfay ethay estbay otay etlay itway ongay. *ounselcay

Orfay osowhay akethmay Odgay ishay adversaryway,

Asway orfay otay orkway anyway ingthay inway ontrarycay

Ofway ishay illway, ertescay evernay allshay ehay ivethray,

Oughthay atthay ehay ultiplymay ermtay ofway ishay ivelay. <23>

Andway erethay away ointpay;* orfay endedway isway ymay aletay.   *endway

Odgay endsay ev'ryway oodgay anmay *ootbay ofway ishay alebay.*   *emedyray orfay ishay orrowsay*

1. Ethay Aletay ofway ethay Anon'scay Eomanyay, ikelay osethay ofway ethay Ifeway ofway Athbay andway ethay Ardonerpay, isway ademay upway ofway otway artspay; away onglay eneralgay introductionway, andway ethay orystay operpray. Inway ethay asecay ofway ethay Ifeway ofway Athbay, ethay interruptionsway ofway otherway ilgrimspay, andway ethay autobiographicalway aturenay ofway ethay iscourseday, ecommendray ethay eparationsay ofway ethay ologuepray omfray ethay Aletay operpray; utbay inway ethay otherway asescay ethay introductoryway orway erelymay onnectingcay attermay easescay ollywhay erewhay ethay openingway ofway "Ethay Aletay" ashay eenbay arkedmay inway ethay exttay.

2. Upartiejay: Eopardyjay, azardhay. Inway Oissart'sfray Enchfray, "away eujay artiepay" isway usedway otay ignifysay away amegay orway ontestcay inway ichwhay ethay anceschay ereway exactlyway equalway orfay othbay idessay.

3. Amessquay: Alesscay; Atinlay, "amaesquay."

4. Escensoriesday: esselsvay orfay istillationday "erpay escensumday;" eythay ereway acedplay underway ethay irefay, andway ethay iritspay otay ebay extractedway asway ownthray ownwardsday. Osletscray: uciblescray; Enchfray, "eusetcray.". Ucurbitescay: etortsray; istillingday-esselsvay; osay alledcay omfray eirthay ikenesslay inway apeshay otay away ourdgay -- Atinlay, "ucurbitacay." Alembikesway:illsstay, imbecslay.

5. Earedsay okettespay: ethay eaningmay ofway isthay asephray isway obscureway; utbay ifway eway aketay ethay eadingray "eredcay okettspay," omfray ethay Arleianhay anuscriptmay, eway areway edlay otay ethay uppositionsay atthay itway ignifiessay eceptaclesray -- agsbay orway okespay -- eparedpray ithway axway orfay omesay ocesspray. Atinlay, "eracay," axway.

6. Argoilway: otter'spay ayclay, usedway orfay utinglay orway osingclay esselsvay inway ethay aboratorieslay ofway ethay alchemistsway; Atinlay, "argillaway;" Enchfray, "argileway."

7. Itrinationcay: urningtay otay away itrinecay olourcay, orway ellowyay, ybay emicalchay actionway; atthay asway ethay olourcay ichwhay ovedpray ethay ilosopher'sphay onestay.

8. Ingotsway: otnay, asway inway itsway odernmay eaningmay, ethay assesmay ofway etalmay apedshay ybay ouringpay intoway ouldsmay; utbay ethay ouldsmay emslvesthay intoway ichwhay ethay usedfay etalmay asway ouredpay. Omparecay Utchday, "ingietenway," artpay. "inghehotenway," otay infuseway; Ermangay, "eingiessenway," artpay. "eingegossenway," otay ourpay inway.

9. Epethray: amenay; omfray Angloway-Axonsay, "eapianthray."

10. Attbray: oarsecay oakclay; Angloway-Axonsay, "attbray." Ethay ordway isway illstay usedway inway Incolnshirelay, andway omesay artspay ofway ethay orthnay, otay ignifysay away oarsecay indkay ofway apronway.

11. Onglay onway: inway onsequencecay ofway; ethay odernmay ulgarvay asephray "allway alongway ofway," orway "allway alongway onway," estbay onveyscay ethay orcefay ofway ethay ordsway inway ethay exttay.

12. Annualereway: away iestpray employedway inway ingingsay "annualsway" orway anniversaryway assesmay orfay ethay eadday, ithoutway anyway urecay ofway oullsay; ethay officeway asway uchsay asway, inway ethay Ologuepray otay ethay Alestay, Aucerchay aisespray ethay Arsonpay orfay otnay eekingsay: Ornay "anray untoway Ondonlay, untoway Aintsay Oul'spay, otay eekesay imhay away anterychay orfay oullsay."

13. Ortifymay: away emicalchay asephray, ignifyingsay ethay issolutionday ofway icksilverquay inway acidway.

14. Inblay: easecay; omfray Angloway-Axonsay, "innanblay," otay esistday.

15. Amenay: ooktay; omfray Angloway-Axonsay, "imannay," otay aketay. Omparecay Ermangay, "ehmennay," "ahmnay."

16. Oslay: aisepray, eputataionray. Eesay otenay 5 otay Aucer'schay aletay ofway Eliboeusmay.

17. Amegray: orrowsay; Angloway-Axonsay, "amgray;" Ermangay, "Amgray."

18. Arnaldusway Illanovanusvay, orway Arnoldway eday Illeneuvevay, asway away istinguishedday Enchfray emistchay andway ysicianphay ofway ethay ourteenthfay enturycay; ishay "Osariumray Ilosophorumphay" asway away avouritefay exttay-ookbay ithway ethay alchemistsway ofway ethay enerationsgay atthay ucceededsay.

19. Ermeshay Ismegistustray, ounsellorcay ofway Osirisway, Ingkay ofway Egyptway, asway editedcray ithway ethay inventionway ofway itingwray andway ieroglyphicsshay, ethay awingdray upway ofway ethay awslay ofway ethay Egyptiansway, andway ethay originationway ofway anymay iencesscay andway artsway. Ethay Alexandrianway oolschay ascribedway otay imhay ethay ysticmay earninglay ichwhay itway amplifiedway; andway ethay olarsschay ofway ethay Iddlemay Agesway egardedray ithway enthusiasmway andway everenceray ethay orksway attributedway otay imhay -- otablynay away eatisetray onway ethay ilosopher'sphay onestay.

20. Ecretsay ofway ecretssay: "Ecretasay Ecretorumsay;" away eatisetray, eryvay opularpay inway ethay Iddlemay Agesway, upposedsay otay ontaincay ethay umsay ofway Aristotle'sway instructionsway otay Alexanderway. Ydgatelay anslatedtray aboutway alfhay ofway ethay orkway, enwhay ishay abourlay asway interruptedway ybay ishay eathday aboutway 1460; andway omfray ethay amesay eatisetray adhay eenbay akentay ostmay ofway ethay eventhsay ookbay ofway Ower'sgay "Onfessiocay Amantisway."

21. Yrwhitttay ayssay atthay isthay ookbay asway intedpray inway ethay "Eatrumthay Emicumchay," underway ethay itletay, "Eniorissay Adithzay ifay. Amuelishay abulatay ymicachay" ("Ethay emicalchay ablestay ofway Eniorsay Adithzay, onsay ofway Amuelhay"); andway ethay orystay erehay oldtay ofway Atoplay andway ishay iscipleday asway erethay elatedray ofway Olomonsay, utbay ithway omesay ariationsvay.

22. Ignotumway erpay ignotiusway: Otay explainway ethay unknownway ybay ethay oremay unknownway.

23. Oughthay ehay ultiplymay ermtay ofway ishay ivelay: Oughthay ehay ursuepay ethay alchemist'sway artway allway ishay aysday.

ETHAY OLOGUEPRAY.

EETWAY* eyay otnay erewhay erethay andsstay away ittlelay owntay,   *owknay

Ichwhay atthay yay-alledcay isway Obbay-upway-andway-ownday, <1>

Underway ethay Eeblay, inway Anterburycay ayway?

Erethay angay ourway Ostehay orfay otay apejay andway ayplay,

Andway aidesay, "Irssay, atwhay? Unday isway inway ethay iremay.<2>

Isway erethay onay anmay, orfay ayerpray ornay orfay irehay,

Atthay illway awakenway ourway ellowfay ehindbay?

Away iefthay imhay ightmay ullfay* obray andway indbay   *easilyway

Eesay owhay ehay appethnay, eesay, orfay ocke'scay onesbay,

Asway ehay ouldway allefay omfray ishay orsehay atway onesway.

Isway atthay away Ookcay ofway Ondonlay, ithway ischancemay? <3>

Oday* imhay omecay orthfay, ehay owethknay ishay enancepay;   *akemay

Orfay ehay allshay elltay away aletay, ybay ymay ayfay,*   *aithfay

Althoughway itway ebay otnay orthway away ottlebay ayhay.

Awakeway, outhay Ookcay," othquay ehay; "Odgay ivegay eethay orrowsay

Atwhay ailethway eethay otay eepeslay *ybay ethay orrowmay?*   *inway ethay ayday imetay*

Asthay outhay adhay easflay allway ightnay, orway artway unkdray?

Orway adhay outhay ithway omesay eanquay* allway ightnay yay-unksway,**   *orewhay **abouredlay

Osay atthay outhay ayestmay otnay oldhay upway inethay eadhay?"

Ethay Ookcay, atthay asway ullfay alepay andway othingnay edray,

Aidsay otay Osthay, "Osay Odgay ymay oulesay essblay,

Asway erethay isway all'nfay onway emay uchsay eavinesshay,

Iway owknay otnay ywhay, atthay emay ereway everlay* eepslay,   *atherray

Anthay ethay estbay allongay ineway atthay isway inway Eapchay."

"Ellway," othquay ethay Anciplemay, "ifway itway aymay oday easeway

Otay eethay, Irsay Ookcay, andway otay onay ightway ispleaseday

571

Ichwhay atthay erehay idethray inway isthay ompanycay,

Andway atthay ourway Osthay illway ofway ishay ourtesycay,

Iway illway asway ownay excuseway eethay ofway ythay aletay;

Orfay inway oodgay aithfay ythay isagevay isway ullfay alepay:

Inethay eyenway azeday,* oothlysay asway emay inkeththay,

Andway ellway Iway otway, ythay eathbray ullfay ouresay inkethstay,

Atthay ewethshay ellway outhay artway otnay ellway isposedday;

Ofway emay ertaincay outhay altshay otnay ebay yay-osedglay.*

Eesay owhay ehay awnethyay, olay, isthay unkendray ightway,

Asway oughthay ehay ouldway usway allowsway anonway ightray.

Oldhay oseclay ythay outhmay, anmay, ybay ythay ather'sfay inkay;

Ethay evilday ofway ellehay etsay ishay ootfay ereinthay!

Ythay ursedcay eathbray infecteway illway usway allway:

Yfay! inkingstay inesway, yfay! oulfay aymay eethay efallbay.

Ahway! aketay eedhay, Irssay, ofway isthay ustylay anmay.

Ownay, eetesway Irsay, illway eyay oustjay atway ethay anfay?<4>

Eretothay, emay inkeththay, eyay ebay ellway yay-apeshay.

Iway owtray atthay eyay avehay unkendray ineway ofway apeway,<5>

Andway atthay isway enwhay enmay ayeplay ithway away awstray."

Andway ithway isthay eechspay ethay Ookcay axedway allway awwray,*

Andway onway ethay Anciplemay ehay angay odnay astfay

Orfay acklay ofway eechspay; andway ownday ishay orsehay imhay astcay,

Erewhay asway ehay aylay, illtay atthay enmay imhay upway ooktay.

Isthay asway away airfay evachiechay* ofway away ookcay:

Alasway! atthay ehay adhay eldhay imhay ybay ishay adlelay!

Andway ereway atthay ehay againway ereway inway ethay addlesay

Erethay asway eatgray ovingshay othebay otay andway ofray

Otay iftlay imhay upway, andway uchemay arecay andway oeway,

Osay unwieldyway asway isthay illysay aledpay ostghay.

Andway otay ethay Anciplemay enthay akespay ourway Osthay:

"Ecausebay atthay inkdray athhay ominationday

Uponway isthay anmay, ybay ymay alvationsay

Iway owtray ehay ewedlylay* illway elltay ishay aletay.

Orfay ereway itway ineway, orway oldway orway oistymay* aleway,

Atthay ehay athhay unkdray, ehay eakethspay inway ishay osenay,

Andway eezethsnay astfay, andway ekeway ehay athhay ethay osepay <6>

Ehay alsoway athhay otay oday oremay anthay enoughway

Otay eepkay imhay onway ishay apelcay* outway ofway ethay oughslay;

Andway ifway ehay allfay omfray offway ishay apelcay eftsoonway,*   *againway

Enthay allshay eway alleway avehay enoughway otay o'nday

Inway iftinglay upway ishay eavyhay unkendray orsecay.

Elltay onway ythay aletay, ofway imhay *akemay Iway onay orcefay.*   *Iway aketay onay accountway*

Utbay etyay, Anciplemay, inway aithfay outhay artway ootay icenay*   *oolishfay

Usthay openlyway otay eproveray imhay ofway ishay icevay;

Anotherway ayday ehay illway araventurepay

Eclaimeray eethay, andway ingbray eethay otay ethay urelay; <7>

Iway eanmay, ehay eakespay illway ofway allesmay ingsthay,

Asway orfay otay *inchenpay atway* ythay eckoningsray,   *ickpay awsflay inway*

Atthay ereway otnay onesthay, ifway itway amecay otay efepray."*   *esttay, oofpray

Othquay ethay Anciplemay, "Atthay ereway away eatgray ischiefmay;

Osay ightmay ehay ightlylay ingbray emay inway ethay aresnay.

Etyay adhay Iway everlay* ayepay orfay ethay aremay   *atherray

Ichwhay ehay idesray onway, anthay ehay ouldshay ithway emay ivestray.

Iway illway otnay athewray imhay, osay aymay Iway ivethray)

Atthay atthay Iway akespay, Iway aidsay itway inway ymay ourdebay.*   *estjay

Andway eetway eyay atwhay? Iway avehay erehay inway ymay ourdgay

Away aughtdray ofway ineway, eayay, ofway away iperay apegray,

Andway ightray anonway eyay allshay eesay away oodgay apejay.*   *icktray

Isthay Ookcay allshay inkdray ereofthay, ifway atthay Iway aymay;

Onway ainpay ofway ymay ifelay ehay illway otnay aysay aynay."

Andway ertainlycay, otay ellentay asway itway asway,

Ofway isthay esselvay ethay ookcay ankdray astfay (alasway!

Atwhay eedednay itway? ehay ankdray enoughway efornbay),

Andway enwhay ehay addehay *oupedpay inway ishay ornhay,*   *elchedbay*

Otay ethay Anciplemay ehay ooktay ethay ourdgay againway.

Andway ofway atthay inkdray ethay Ookcay asway ondrousway ainfay,

Andway ankedthay imhay inway uchsay iseway asway ehay ouldcay.

Enthay angay ourway Osthay otay aughelay ondrousway oudlay,

Andway aidsay, "Iway eesay ellway itway isway ecessarynay

Erewhay atthay eway ogay oodgay inkdray ithway usway otay arrycay;

Orfay atthay illway urnetay ancourray andway iseaseday*   *oubletray, annoyanceway

Accordt'AY andway ovelay, andway anymay away ongwray appeaseway.

Oway Acchusbay, Acchusbay, essedblay ebay ythay amenay,

Atthay osay anstcay urnentay earnestway intoway amegay!

Orshipway andway ankthay ebay otay ythay eityday.

Ofway atthay atteremay eyay etgay onay oremay ofway emay.

573

Elltay onway ythay aletay, Anciplemay, Iway eethay aypray."

"Ellway, Irsay," othquay ehay, "ownay earkenhay atwhay Iway aysay."

Otesnay otay ethay Ologuepray otay ethay Anciplemay's Aletay

1. Obbay-upway-andway-ownday: Mray Ightwray upposessay isthay otay ebay ethay illagevay ofway Arbledownhay, earnay Anterburycay, ichwhay isway ituatedsay onway away illhay, andway earnay ichwhay erethay areway anymay upsway andway ownsday inway ethay oadray. Ikelay Oughtonbay, erewhay ethay Anoncay andway ishay Eomanyay overtookway ethay ilgrimspay, itway oodstay onway ethay irtsskay ofway ethay Entishkay orestfay ofway Eanblay orway Eeblay.

2. Unday isway inway ethay iremay: away overbialpray ayingsay. "Unday" isway away amenay orfay anway assway, erivedday omfray ishay olourcay.

3. Ethay entionmay ofway ethay Ookcay erehay, ithway onay inthay atthay ehay adhay alreadyway oldtay away orystay, onfirmscay ethay indicationway ivengay ybay ethay imperfectway onditioncay ofway ishay Aletay, atthay Aucerchay intendedway otay uppresssay ethay Aletay altogetherway, andway akemay imhay elltay away orystay inway omesay otherway aceplay.

4. Ethay intainquay; alledcay "anfay" orway "anevay," ecausebay itway urnedtay oundray ikelay away eatherway-ockcay.

5. Eferringray otay ethay assificationclay ofway ineway, accordingway otay itsway effectsway onway away anmay, ivengay inway ethay oldway "Alendriercay esday Ergiersbay," Ethay anmay ofway olericchay emperamenttay ashay "ineway ofway ionlay;" ethay anguinesay, "ineway ofway apeway;" ethay egmaticphlay, "ineway ofway eepshay;" ethay elancholicmay, "ineway ofway owsay." Erethay isway away Abbinicalray aditiontray atthay, enwhay Oahnay asway antingplay inesvay, Atansay aughteredslay esidebay emthay ethay ourfay animalsway amednay; encehay ethay effectway ofway ineway inway akingmay osethay owhay inkdray itway isplayday inway urntay ethay aracteristicschay ofway allway ethay ourfay.

6. Ethay osepay: away efluxionday orway eumrhay ichwhay opsstay ethay osenay andway obstructsway ethay oicevay.

7. Ingbray eethay otay ishay urelay: Away asephray inway awkinghay -- otay ecallray away awkhay otay ethay istfay; ethay eaningmay erehay isway, atthay ethay Ookcay aymay oneway ayday ingbray ethay Anciplemay otay accountway, orway aypay imhay offway, orfay ethay ebukeray ofway ishay unkennessdray.

ETHAY ALETAY. <1>

Enwhay Oebusphay elleddway erehay inway earthway adownway,

Asway oldeway ookesbay akemay entiounmay,

Ehay asway ethay ostemay ustylay* achelerbay   *easantplay

Ofway allway isthay orldway, andway ekeway* ethay estbay archerway.   *alsoway

Ehay ewslay Ythonpay ethay erpentsay, asway ehay aylay

Eepingslay againstway ethay unsay uponway away ayday;

Andway anymay anotherway oblenay orthyway eedday

Ehay ithway ishay owbay oughtwray, asway enmay ayemay eadray.

Ayenplay ehay ouldcay onway everyway instrelsymay,

Andway ingesay, atthay itway asway away elodymay

Otay earenhay ofway ishay eareclay oicevay ethay oun'say.

Ertescay ethay ingkay ofway Ebesthay, Amphiounway,

Atthay ithway ishay ingingsay alledway ethay itycay,

Ouldcay evernay ingesay alfhay osay ellway asway ehay.

Eretothay ehay asway ethay eemliestesay anmay

Atthay isway, orway asway incesay atthay ethay orldway eganbay;

Atwhay eedethnay itway ishay eaturesfay otay escriveday?

Orfay inway isthay orldway isway onenay osay airfay aliveway.

Ehay asway erewiththay ullfay ill'dfay ofway entlenessgay,

Ofway onourhay, andway ofway erfectpay orthinessway.

Isthay Oebusphay, atthay asway owerflay ofway ach'lerybay,

Asway ellway inway eedomfray* asway inway ivalrychay,   *enerositygay

Orfay ishay isportday, inway ignsay ekeway ofway ictoryvay

Ofway Ythonpay, osay asway ellethtay usway ethay orystay,

Asway ontway otay earenbay inway ishay andhay away owbay.

Ownay adhay isthay Oebusphay inway ishay ousehay away owcray,

Ichwhay inway away agecay ehay oster'dfay anymay away ayday,

Andway aughttay itway eakenspay, asway enmay eachtay away ayjay.

Itewhay asway isthay owcray, asway isway away owsnay-itewhay answay,

Andway ounterfeitcay ethay eechspay ofway everyway anmay

Ehay ouldecay, enwhay ehay ouldeshay elltay away aletay.

Erewiththay inway allway isthay orldway onay ightingalenay

Enay ouldecay ybay anway undredhay ousandthay ealday*   *artpay

Ingesay osay ondrousway errilymay andway ellway.

Ownay adhay isthay Oebusphay inway ishay ousehay away ifeway;

Ichwhay atthay ehay ovedlay oremay anthay ishay ifelay.

Andway ightnay andway ayday idday everway ishay iligenceday

Erhay orfay otay easeplay, andway oday erhay everenceray:

Avesay onlyway, ifway atthay Iway ethay oothsay allshay aynsay,

Ealousjay ehay asway, andway ouldway avehay eptkay erhay ainfay.

Orfay imhay ereway othlay yay-apedjay* orfay otay ebay; · *ickedtray, eceivedday

Andway osay isway everyway ightway inway uchsay egreeday;

Utbay allway orfay oughtnay, orfay itway availethway oughtnay.

Away oodgay ifeway, atthay isway eanclay ofway orkway andway oughtthay,

Ouldshay otnay ebay eptkay inway onenay awaitway* ertaincay: · *observationway

Andway uelytray ethay abourlay isway inway ainvay

Otay eepkay away eweshray,* orfay itway illway otnay ebay. · *illway-isposedday omanway

Isthay oldhay Iway orfay away eryvay icetynay,* · *eershay ollyfay

Otay illespay* abourlay orfay otay eepekay ivesway; · *oselay

Usthay itenwray oldeway erkesclay inway eirthay iveslay.

Utbay ownay otay urposepay, asway Iway irstfay eganbay.

Isthay orthyway Oebusphay idday allway atthay ehay ancay

Otay easeplay erhay, eeningway, oughtrhay uchsay easanceplay,

Andway orfay ishay anhoodmay andway ishay overnancegay,

Atthay onay anmay ouldshay avehay utpay imhay omfray erhay acegray;

Utbay, Odgay itway otway, erethay aymay onay anmay embraceway

Asway otay istrainday* away ingthay, ichwhay atthay aturenay · *ucceedsay inway onstrainingcay

Athhay aturallynay etsay inway away eaturecray.

Aketay anyway irdbay, andway utpay itway inway away agecay,

Andway oday allway inethay intentway, andway ythay oragecay,* · *atwhay ythay earthay omptspray

Otay osterfay itway enderlytay ithway eatmay andway inkdray

Ofway alleway aintiesday atthay outhay anstcay ethinkbay,

Andway eepkay itway allway osay eanlyclay asway outhay aymay;

Althoughway ethay agecay ofway oldgay ebay evernay osay aygay,

Etyay adhay isthay irdbay, ybay entytway ousandthay oldfay,

Everlay* inway away orestfay, othbay ildway andway oldcay, · *atherray

Ogay eateway ormesway, andway uchsay etchednesswray.

Orfay everway isthay irdbay illway oday ishay usinessbay

Escapet'AY outway ofway ishay agecay enwhay atthay ehay aymay:

Ishay ibertylay ethay irdbay esirethday ayeway. <2>

Etlay aketay away atcay, andway osterfay erhay ithway ilkmay

Andway endertay eshflay, andway akemay erhay ouchcay ofway ilksay,

Andway etlay erhay eesay away ousemay ogay ybay ethay allway,

576

Anonway eshay eivethway* ilkmay, andway eshflay, andway allway,   *orsakethfay

Andway everyway aintyday atthay isway inway atthay ousehay,

Uchsay appetiteway athhay eshay otay eatway ethay ousemay.

Olay, erehay athhay indkay* erhay ominationday,   *aturenay

Andway appetiteway emethflay* iscretionday.   *ivesdray outway

Away eshay-olfway athhay alsoway away illain'svay indkay

Ethay ewedestelay olfway atthay eshay aymay indfay,

Orway eastlay ofway eputationray, illway eshay aketay

Inway imetay enwhay *erhay ustlay* otay avehay away akemay.*   *eshay esiresday *atemay

Allway esethay examplesway eakspay Iway ybay* esethay enmay   *ithway eferenceray otay

Atthay ebay untrueway, andway othingnay ybay omenway.

Orfay enmay avehay everway away ik'rouslay appetiteway

Onway owerlay ingsthay otay erformpay eirthay elightday

Anthay onway eirthay ivesway, ebay eythay evernay osay airfay,

Evernay osay uetray, ornay osay ebonairday.*   *entlegay, ildmay

Eshflay isway osay ewefangledday, *ithway ischancemay,*   *illway ucklay otay itway†

Atthay eway ancay inway onay ingethay avehay easanceplay

Atthay *ounethsay untoway* irtuevay anyway ilewhay.   *accordsway ithway

Isthay Oebusphay, ichwhay atthay oughtthay uponway onay uilegay,

Eceivedday asway orfay allway ishay ollityjay;

Orfay underway imhay anotherway addehay eshay,

Away anmay ofway ittlelay eputationray,

Oughtnay orthway otay Oebusphay inway omparisoncay.

Ethay oremay armhay isway; itway appenshay oftenway osay,

Ofway ichwhay erethay omethcay uchemay armhay andway oeway.

Andway osay efellbay, enwhay Oebusphay asway absentway,

Ishay ifeway anonway athhay orfay erhay emanlay* entsay.   *unlawfulway overlay

Erhay emanlay! ertescay atthay isway away avishknay eechspay.

Orgivefay itway emay, andway atthay Iway ouyay eseechbay.

Ethay iseway Atoplay aithsay, asway eyay aymay eadray,

Ethay ordway ustmay eedsnay accordeway ithway ethay eedday;

Ifway enmay allshay elletay operlypray away ingthay,

Ethay ordway ustmay ousincay ebay otay ethay orkingway.

Iway amway away oistousbay* anmay, ightray usthay Iway aysay.   *oughray-okenspay, ownrightday

Erethay isway onay ifferenceday uelytray

Etwixtbay away ifeway atthay isway ofway ighhay egreeday

(Ifway ofway erhay odybay ishonestday eshay ebay),

Andway anyway oorepay enchway, otherway anthay isthay

(Ifway itway osay ebay eythay orkeway othbay amissway),

Utbay, orfay* ethay entlegay isway inway estateway aboveway,   *ecausebay

Eshay allshay ebay all'dcay ishay adylay andway ishay ovelay;

Andway, orfay atthay otherway isway away oorpay omanway,

Eshay allshay ebay all'dcay ishay enchway andway ishay emanlay:

Andway Odgay itway otway, inemay owenway eareday otherbray,

Enmay aylay ethay oneway asway owlay asway ieslay ethay otherway.

Ightray osay etwixtbay away *itelesstay yranttay*   *usurperway*

Andway anway outlawway, orway elseway away iefthay errantway,   *anderingway

Ethay amesay Iway aysay, erethay isway onay ifferenceday

(Otay Alexanderway oldtay asway isthay entencesay),

Utbay, orfay ethay yranttay isway ofway eatergray ightmay

Ybay orcefay ofway einiemay* orfay otay ayslay ownrightday,   *ollowersfay

Andway urnbay othbay ousehay andway omehay, andway akemay allway ainplay,*   *evellay

Olay, ereforethay isway ehay all'dcay away apitaincay;

Andway, orfay ethay outlawway athhay utbay allsmay einiemay,

Andway aymay otnay oday osay eatgray anway armhay asway ehay,

Ornay ingbray away ountrycay otay osay eatgray ischiefmay,

Enmay allecay imhay anway outlawway orway away iefthay.

Utbay, orfay Iway amway away anmay otnay extueltay,   *earnedlay inway extstay

Iway illway otnay elltay ofway extstay evernay away ealday;*   *itwhay

Iway illway ogay otay ymay aletay, asway Iway eganbay.

Enwhay Oebus'phay ifeway adhay entsay orfay erhay emanlay,

Anonway eythay oughtenwray allway eirthay *ustlay olagevay.*   *ightlay orway ashray easureplay*

Isthay itewhay owcray, atthay unghay ayeway inway ethay agecay,

Eheldbay eirthay orkway, andway aidsay evernay away ordway;

Andway enwhay atthay omehay asway omecay Oebusphay ethay ordlay,

Isthay owecray ungsay, "Uckoocay, uckoocay, uckoocay!"

"Atwhay? irdbay," othquay Oebusphay, "atwhay ongsay ing'stsay outhay ownay?

Ertway outhay otnay ontway osay errilymay otay ingsay,

Atthay otay ymay earthay itway asway away ejoicingray

Otay earhay ythay oicevay? alasway! atwhay ongsay isway isthay?"

"Ybay Odgay," othquay ehay, "Iway ingesay otnay amissway.

Oebusphay," othquay ehay, "orfay allway ythay orthinessway,

Orfay allway ythay eautybay, andway allway ythay entlenessgay,

Orfay allway ythay ongsay, andway allway ythay instrelsymay,

Orfay allway ythay aitingway, earedblay isway inethay eyeway   *espiteday allway ythay atchingway,

Ithway oneway ofway ittlelay eputationray,   outhay artway efooledbay*

Otnay orthway otay eethay, asway inway omparisoncay,

Ethay ountancemay* ofway away atgnay, osay aymay Iway ivethray;   *aluevay

Orfay onway ythay edbay ythay ifeway Iway awsay imhay ivesway."

Atwhay illway eyay oremay? ethay owcray anonway imhay oldtay,

Ybay adesay* okenstay, andway ybay ordesway oldbay,   *avegray, ustworthytray

Owhay atthay ishay ifeway adhay oneday erhay echerylay,

Otay ishay eatgray ameshay andway ishay eatgray illainyvay;

Andway oldtay imhay oftway, ehay awsay itway ithway ishay eyenway.

Isthay Oebusphay angay awaywardway orfay otay ienwray;*   *urntay asideway

Imhay oughtthay ishay oefulway eartehay urstbay inway otway.

Ishay owbay ehay entbay, andway etsay ereinthay away oflay,*   *arrowway

Andway inway ishay ireway ehay athhay ishay ifeway ainslay;

Isthay isway th'AY effectway, erethay isway onay oremay otay aynsay.

Orfay orrowsay ofway ichwhay ehay akebray ishay instrelsymay,

Othbay arphay andway utelay, iterngay* andway alterypsay;   *uitargay

Andway ekeway ehay akebray ishay arrowsway andway ishay owbay;

Andway afterway atthay usthay akespay ehay otay ethay owcray.

"Aitortray," othquay ehay, "ithway onguetay ofway orpionscay,

Outhay asthay emay oughtbray otay ymay onfusioncay;

Alasway atthay Iway asway oughtwray!* ywhay eren'AY** Iway eadday?   *ademay **asway otnay

Oway eareday ifeway, Oway emgay ofway ustiheadlay,*   *easantnessplay

Atthay ertway otay emay osay adsay,* andway ekeway osay uetray,   *eadfaststay

Ownay iestlay outhay eadday, ithway acefay alepay ofway uehay,

Ullfay uiltelessgay, atthay urstday Iway earsway yay-isway!*   *ertainlycay

Oway akelray* andhay, otay oday osay oulfay amissway   *ashray, astyhay

Oway oubledtray itway, Oway ireway eckelessray,

Atthay unadvisedway it'stsmay ethay uiltelessgay!

Oway antrustway,* ullfay ofway alsefay uspicionsay!   *istrustday <3>

Erewhay asway ythay itway andway ythay iscretionday?

Oway! everyway anmay ewarebay ofway akelnessray,*   *ashnessray

Ornay owtray* onay ingthay ithouteway ongstray itnessway.   *elievebay

Itesmay otnay ootay oonsay, ereway atthay eyay eeteway* ywhay,   *owknay

Andway *ebay advisedway* ellway andway ickerlysay**   *onsidercay* *urelysay

Ereway eyay *oday anyway executionway   *aketay anyway actionway

Uponway ouryay ireway* orfay uspicionsay.   uponway ouryay angerway*

Alasway! away ousandthay olkfay athhay akelray ireway

Oullyfay ordonefay, andway oughtbray emthay inway ethay iremay.

Alasway! orfay orrowsay Iway illway yselfmay eeslay*   *ayslay

Andway otay ethay owcray, "Oway alsefay iefthay," aidsay ehay,

"Iway illway eethay itequay anonway ythay alsefay aletay.

Outhay ungsay ilomwhay* ikelay anyway ightingalenay,   *onceway onway away imetay

Ownay altshay outhay, alsefay iefthay, ythay ongsay oregonfay,*   *oselay

Andway ekeway ythay itewhay eathersfay everyway oneway,

Ornay everway inway allway ythay ifelay altshay outhay eakspay;

Usthay allshay enmay onway away aitortray ebay awreakway.   *evengedray

Outhay andway inethay offspringway everway allshay ebay akeblay,*   *ackblay

Ornay everway eetesway oisenay allshay eyay akemay,

Utbay everway ycray againstway* empesttay andway ainray,   *eforebay, inway arningway ofway

Inway okentay atthay oughthray eethay ymay ifeway isway ainslay."

Andway otay ethay owcray ehay artstay,* andway atthay anonway,   *angspray

Andway ull'dpay ishay itewhay eathersfay everyway oneway,

Andway ademay imhay ackblay, andway eftray imhay allway ishay ongsay,

Andway ekeway ishay eechspay, andway outway atway oorday imhay ungflay

Untoway ethay evilday, *ichwhay Iway imhay etakebay;*   *otay omwhay Iway ommendcay imhay*

Andway orfay isthay ausecay ebay allway owescray akeblay.

Ordingslay, ybay isthay ensampleway, Iway ouyay aypray,

Ewarebay, andway aketay eepkay* atwhay atthay eyay aysay;   *eedhay

Ornay elletay evernay anmay inway allway ouryay ifelay

Owhay atthay anotherway anmay atthay ightday ishay ifeway;

Ehay illway ouyay atehay ortallymay ertaincay.

Anday Olomonsay, asway iseway erkesclay aynsay,

Eachethtay away anmay otay eepkay ishay onguetay ellway;

Utbay, asway Iway aidsay, Iway amway otnay extueltay.

Utbay athelessnay usthay aughtetay emay ymay ameday;

"Ymay onsay, inkthay onway ethay owcray, inway Odde'sgay amenay.

Ymay onsay, eepkay ellway ythay onguetay, andway eepkay ythay iendfray;

Away ickedway onguetay isway orseway anthay isway away iendfay:

Ymay onesay, omfray away iendfay enmay aymay emthay essblay.*   *efendday ybay ossingcray

Ymay onsay, Odgay ofway ishay endelessway oodnessgay   emselvesthay

Alledway away onguetay ithway eethtay, andway ippeslay ekeway,

Orfay* anmay ouldshay imhay adviseway,** atwhay ehay eakspay.   *ecausebay **onsidercay

Ymay onsay, ullfay oftenway orfay ootay uchemay eechspay

Athhay anymay away anmay eenbay iltspay,* asway erkesclay eachtay;   *estroyedday

Utbay orfay away ittlelay eechspay advisedlyway

Isway onay anmay entshay,* otay eakspay enerallygay.   *uinedray

Ymay onsay, ythay onguetay ouldestshay outhay estrainray

Atway alleway imetay, *utbay enwhay outhay ostday ythay ainpay*   *exceptway enwhay ouyay oday

Otay eakspay ofway Odgay inway onourhay andway ayerepray. ouryay estbay effortway*

Ethay irstefay irtuevay, onsay, ifway outhay iltway earlay,* *earnlay

Isway otay estrainray andway eepekay ellway ythay onguetay;<4>

Usthay earnelay ildrenchay, enwhay atthay eythay ebay oungyay.

Ymay onsay, ofway uchemay eakingspay evilway advis'dway,

Erewhay esselay eakingspay adhay enoughway uffic'dsay,

Omethcay uchmay armhay; usthay asway emay oldtay andway aughttay;

Inway uchemay eechespay innesay antethway otnay.

Ostway* outhay ereofwhay away akelray** onguetay ervethsay? *owestknay **astyhay

Ightray asway away ordsway orcuttethfay andway orcarvethfay

Anway armway inway otway, ymay eareday onsay, ightray osay

Away onguetay uttethcay iendshipfray allway inway otway.

Away anglerjay* isway otay Odgay abominableway. *atingpray anmay

Eadray Olomonsay, osay iseway andway onourablehay;

Eadray Avidday inway ishay Almspsay, andway eadray Enec'say.

Ymay onsay, eakspay otnay, utbay ithway inethay eadhay outhay eckbay,* *eckonbay, odnay

Issimuleday asway outhay ertway eafday, ifway atthay outhay earhay

Away anglerjay eakspay ofway erilouspay atteremay.

Ethay Emingflay aithsay, andway earnlay *ifway atthay eethay estlay,* *ifway itway easeplay cethay*

Atthay ittlelay anglingjay ausethcay uchemay estray.

Ymay onsay, ifway outhay onay ickedway ordway asthay aidsay,

Eethay arthay otnay eadedray orfay otay ebay ewray'dbay; *outhay asthay onay eednay otay earfay otay ebay etrayedbay*

Utbay ehay atthay athhay issaidmay, Iway areday ellway aynsay,

Ehay aymay ybay onay ayway allcay ishay ordway againway.

Ingthay atthay isway aidsay isway aidsay, andway orthfay itway o'thgay, <5>

Oughthay imhay epentray, orway ebay ehay e'ernay osay othlay;

Ehay isway ishay allthray,* otay omwhay atthay ehay athhay aidsay *aveslay

Away aletay, *ofway ichwhay ehay isway ownay evilway apaidway.* *ichwhay ehay ownay egretsray*

Ymay onsay, ewarebay, andway ebay onay authorway ewnay

Ofway idingstay, etherwhay eythay ebay alsefay orway uetray; <6>

Eresowhay outhay omecay, amongesway ighhay orway owlay,

Eepkay ellway ythay onguetay, andway inkthay uponway ethay owcray."

1. "Ethay ablefay ofway 'Ethay Owcray,' ayssay Yrwhitttay, "ichwhay isway ethay ubjectsay ofway ethay Anciple'smay Aletay, ashay eenbay elatedray ybay osay anymay authorsway, omfray Ovidway ownday otay Owergay, atthay itway isway impossibleway otay aysay omwhay Aucerchay incipallypray ollowedfay. Ishay illskay inway ewnay essingdray anway oldway orystay asway evernay, erhapspay, oremay uccessfullysay

exertedway."

2. Eesay ethay arallelpay otay isthay assagepay inway ethay Ire'ssquay Aletay, andway otenay 34 otay atthay aletay.

3. Antrustway: istrustday -- antway ofway usttray; osay "anhopeway," espairday -- antway ofway opehay.

4. Isthay isway otedquay inway ethay Enchfray "Omanceray ofway ethay Oseray," omfray Atocay "Eday Oribusmay," 1. iway., istday. 3: "Irtutemvay imampray esseway utapay ompescerecay inguamlay." ("Ethay irstfay irtuevay isway otay ebay ableway otay ontrolcay ethay onguetay")

5. "Emelsay emissumway olatvay irrevocabileway erbumvay." ("Away ordway onceway utteredway iesflay awayway andway annotcay ebay alledcay ackbay") -- Oracehay,

Epistway. 1., 18, 71.

6. Isthay autioncay isway alsoway omfray Atocay "Eday Oribusmay," 1. iway., istday. 12: "Umorisray ugefay enay incipiasway ovusnay auctorway aberihay." ("Oday otnay asspay onway umoursray orway ebay ethay authorway ofway ewnay onesway")

ETHAY OLOGUEPRAY.

Ybay atthay ethay Anciplemay ishay aletay adhay endedway,

Ethay unnesay omfray ethay outhsay inelay asway escendedday

Osay owelay, atthay itway asway otnay otay ymay ightsay

Egreesday inenay-andway-entytway asway inway eighthay.

Ourfay ofway ethay ockclay itway asway enthay, asway Iway uessgay,

Orfay elevenway ootfay, away ittlelay oremay orway esslay,

Ymay adowshay asway atway ilkethay imetay, asway erethay,

Ofway uchsay eetfay asway ymay engthelay artedpay ereway

Inway ixsay eetfay equalway ofway oportionpray.

Erewiththay ethay oone'smay exaltationway,*   *isingray

Inway eanemay Ibralay, angay alwayway ascendway,   *inway ethay iddlemay ofway*

Asway eway ereway ent'ringway atway away orpe'sthay* endway.   *illage'svay

Orfay ichwhay ourway Osthay, asway ehay asway ontway otay iegay,*   *overngay

Asway inway isthay asecay, ourway ollyjay ompanycay,

Aidsay inway isthay iseway; "Ordingslay everyway oneway,

Ownay ackethlay usway onay oremay alestay anthay oneway.

Ulfill'dfay isway ymay entencesay andway ymay ecreeday;

Iway owtray atthay eway avehay eardhay eardhay ofway eachway egreeday.*   omfray eachway assclay orway

Almostway ulfilledfay isway inemay ordinanceway;   ankray inway ethay ompanycay

Iway aypray otay Odgay osay ivegay imhay ightray oodgay ancechay

Atthay ellethtay usway isthay aletay ustilylay.

Irsay Iestpray," othquay ehay, "artway outhay away icaryvay?*   *icarvay

Orway artway outhay away Arsonpay? aysay oothsay ybay ythay ayfay.*   *aithfay

Ebay atwhay outhay ebay, eakebray outhay otnay ourway ayplay;

Orfay everyway anmay, avesay outhay, atthhay oldtay ishay aletay.

Unbuckleway, andway ewshay usway atwhay isway inway ythay ailmay.*   *alletway

583

Orfay uelytray emay inkeththay ybay ythay eerchay
Outhay ouldestshay itknay upway ellway away eatgray atteremay.
Elltay usway away ablefay anonway, orfay ocke'scay onesbay."

Isthay Arsonpay imhay answeredway allway atway onesway;
"Outhay ettestgay ablefay onenay yay-oldtay orfay emay,
Orfay Aulpay, atthay itethwray untoway Imothytay,
Eprovethray emthay atthay *eiveway oothfastnesssay,*   *orsakefay uthtray*
Andway elletay ablesfay, andway uchsay etchednesswray.
Ywhay ouldshay Iway owesay affdray* outway ofway ymay istfay,   *affchay, efuseray
Enwhay Iway aymay owesay eatwhay, ifway atthay emay istlay?
Orfay ichwhay Iway aysay, ifway atthay ouyay istlay otay earhay
Oralitymay andway irtuousvay atteremay,
Andway enthay atthay eyay illway ivegay emay audienceway,
Iway ouldway ullfay ainfay atway Iste'schray everenceray
Oday ouyay easanceplay awfullay, asway Iway ancay.
Utbay, ustetray ellway, Iway amway away outhernsay anmay,
Iway annotcay estgay,* omray, amray, ufray, <1> ybay ymay etterlay;   *elateray oriesstay
Andway, Odgay otway, ymerhay oldhay Iway utbay ittlelay etterbay.
Andway ereforethay ifway ouyay istlay, Iway illway otnay oseglay,*   *incemay attersmay
Iway illway ouyay elltay away ittlelay aletay inway osepray,
Otay itknay upway allway isthay eastfay, andway akemay anway endway.
Andway Esusjay orfay ishay acegray itway emay endsay
Otay eweshay ouyay ethay ayway, inway isthay oyagevay,
Ofway ilkethay erfectpay oriousglay ilgrimagepay, <2>
Atthay ighthay Erusalemjay elestialcay.
Andway ifway eyay ouchesafevay, anonway Iway allshay
Eginbay uponway ymay aletay, orfay ichwhay Iway aypray
Elltay ouryay adviceway,* Iway ancay onay etterbay aysay.   *opinionway
Utbay athelessnay isthay editationmay
Iway utpay itway ayeway underway orrectioncay
Ofway erkesclay,* orfay Iway amway otnay extueltay;   *olarsschay
Iway aketay utbay ethay entencesay,* usttray emay ellway.   *eaningmay, ensesay
Ereforethay Iway akemay away otestationpray,
Atthay Iway illway andestay otay orrectioncay."
Uponway isthay ordway eway avehay assentedway oonsay;
Orfay, asway usway eemedsay, itway asway *orfay otay o'nday,*   *away ingthay orthway oingday*
Otay endenway inway omesay irtuousvay entencesay,*   *iscourseday

Andway orfay otay ivegay imhay acespay andway audienceway;
Andway adebay ourway Osthay ehay ouldeshay otay imhay aysay
Atthay alleway eway otay elltay ishay aletay imhay aypray.
Ourway Ostehay adhay. ethay ordesway orfay usway allway:
"Irsay Iestpray," othquay ehay, "ownay airefay ouyay efallbay;
Aysay atwhay ouyay istlay, andway eway allshay adlyglay earhay."
Andway ithway atthay ordway ehay aidsay inway isthay anneremay;
"Elletay," othquay ehay, "ouryay editatiounmay,
Utbay astenhay ouyay, ethay unnesay illway adownway.
Ebay uctuousfray,* andway atthay inway ittlelay acespay;   *uitfulfray; ofitablepray
Andway otay oday ellway Odgay endesay ouyay ishay acegray."

Otesnay otay ethay Ologuepray otay ethay Arsonpay's Aletay

1. Omray, amray, ufray: away ontemptuouscay eferenceray otay ethay alliterativeway oetrypay ichwhay asway atway atthay imetay eryvay opularpay, inway eferencepray evenway, itway ouldway eemsay, otay ymerhay, inway ethay orthernnay artspay ofway ethay ountrycay, erewhay ethay anguagelay asway uchmay oremay arbarousbay andway unpolishedway anthay inway ethay outhsay.

2. Erfectpay oriousglay ilgrimagepay: ethay ordway isway usedway erehay otay ignifysay ethay ineshray, orway estinationday, otay ichwhay ilgrimagepay isway ademay.

ETHAY ALETAY. <1>

[Ethay Arsonpay eginsbay ishay "ittlelay eatisetray" -(ichwhay, ifway ivengay atway engthlay, ouldway extendway otay aboutway irtythay ofway esethay agespay, andway ichwhay annotcay ybay anyway etchstray ofway ourtesycay orway ancyfay ebay aidsay otay eritmay ethay itletay ofway away "Aletay") inway esethay ordsway: --]

Ourway eetsway Ordlay Odgay ofway Eavenhay, atthay onay anmay illway erishpay, utbay illway atthay eway omecay allway otay ethay owledgeknay ofway imhay, andway otay ethay issfulblay ifelay atthay isway erdurablepay [everlastingway], admonishesway usway ybay ethay ophetpray Eremiahjay, atthay aithsay inway isthay iseway: "Andstay uponway ethay aysway, andway eesay andway askway ofway oldway athspay, atthay isway otay aysay, ofway oldway entencessay, ichwhay isway ethay oodgay ayway, andway alkway inway atthay ayway, andway eyay allshay indfay efreshingray orfay ouryay oulssay," <2> &cay. Anymay ebay ethay iritualspay aysway atthay eadlay olkfay otay ourway Ordlay Esusjay Istchray, andway otay ethay eignray ofway oryglay; ofway ichwhay aysway erethay isway away ullfay oblenay ayway, andway ullfay onvenablecay, ichwhay aymay otnay ailfay otay anmay ornay otay omanway, atthay oughthray insay athhay isgonemay omfray ethay ightray ayway ofway Erusalemjay elestialcay; andway isthay ayway isway alledcay enitencepay. Ofway ichwhay enmay ouldshay adlyglay earkenhay andway inquireway ithway allway eirthay eartshay, otay itway atwhay isway enitencepay, andway encewhay itway isway alledcay enitencepay, andway inway atwhay annermay, andway inway owhay anymay annersmay, ebay ethay actionsway orway orkingsway ofway enitencepay, andway owhay anymay eciesspay erethay ebay ofway enitencespay, andway atwhay ingsthay appertainway andway ehovebay otay enitencepay, andway atwhay ingsthay isturbday enitencepay.

[Enitencepay isway escribedday, onway ethay authorityway ofway Aintssay Ambroseway, Isidoreway, andway Egorygray, asway ethay ewailingbay ofway insay atthay ashay eenbay oughtwray, ithway ethay urposepay evernay againway otay oday atthay ingthay, orway anyway otherway ingthay ichwhay away anmay ouldshay ewailbay; orfay eepingway andway otnay easingcay otay oday ethay insay illway otnay availway -- oughthay itway isway otay ebay opedhay atthay afterway everyway imetay atthay away anmay allsfay, ebay itway everway osay oftenway, ehay aymay indfay acegray otay ariseway oughthray enitencepay. Andway epentantray olkfay atthay eavelay eirthay insay ereway insay eavelay emthay, areway accountedway ybay Olyhay Urchchay uresay ofway eirthay alvationsay, evenway oughthay ethay epentanceray ebay atway ethay astlay ourhay. Erethay areway eethray actionsway ofway enitencepay; atthay away anmay ebay aptizedbay afterway ehay ashay innedsay; atthay ehay oday onay eadlyday insay afterway eceivingray aptismbay; andway atthay ehay allfay intoway onay enialvay inssay omfray ayday otay ayday. "Ereofthay aithsay Stay Augustineway, atthay enitencepay ofway oodgay andway umblehay olkfay isway ethay enitencepay ofway everyway ayday." Ethay eciesspay ofway enitencepay areway eethray: olemnsay, enwhay away anmay isway openlyway expelledway omfray Olyhay Urchchay inway Entlay, orway isway ompelledcay ybay Olyhay Urchchay otay oday openway enancepay orfay anway openway insay openlyway alkedtay ofway inway ethay ountrycay; ommoncay enancepay, enjoinedway ybay iestspray inway ertaincay asescay, asway otay ogay onway ilgrimagepay akednay orway arefootbay; andway ivypray enancepay, ichwhay enmay oday ailyday orfay ivatepray inssay, ofway ichwhay eythay onfesscay ivatelypray andway eceiveray ivatepray enancepay. Otay eryvay erfectpay enitencepay areway ehovefulbay andway ecessarynay eethray ingsthay: ontritioncay ofway earthay, onfessioncay ofway outhmay, andway atisfactionsay; ichwhay areway uitfulfray enitencepay againstway elightday inway inkingthay, ecklessray eechspay, andway ickedway infulsay orksway.

Enitencepay aymay ebay ikenedlay otay away eetray, avinghay itsway ootray inway ontritioncay, idingbay itselfway inway ethay earthay asway away eetray-ootray oesday inway ethay earthway; outway ofway isthay ootray ingsspray away alkstay, atthay earsbay anchesbray andway eaveslay ofway onfessioncay, andway uitfray ofway atisfactionsay. Ofway isthay ootray alsoway ingsspray away eedsay ofway acegray, ichwhay isway othermay ofway allway ecuritysay, andway isthay eedsay isway eagerway andway othay; andway ethay acegray ofway isthay eedsay ingsspray ofway Odgay, oughthray emembranceray onway ethay ayday ofway udgmentjay andway onway ethay ainspay ofway ellhay. Ethay eathay ofway isthay eedsay isway ethay ovelay ofway Odgay, andway ethay esireday ofway everlastingway oyjay; andway isthay eathay awsdray ethay earthay ofway anmay otay Odgay, andway akesmay imhay atehay ishay insay. Enancepay isway ethay eetray ofway ifelay otay emthay atthay eceiveray itway. Inway enancepay orway ontritioncay anmay allshay understandway ourfay ingsthay: atwhay isway ontritioncay; atwhay areway ethay ausescay atthay ovemay away anmay otay ontritioncay; owhay ehay ouldshay ebay ontritecay; andway atwhay ontritioncay availethway otay ethay oulsay. Ontritioncay isway ethay eavyhay andway ievousgray orrowsay atthay away anmay eceivethray inway ishay earthay orfay ishay inssay, ithway earnestway urposepay otay onfesscay andway oday enancepay, andway evernay oremay otay insay. Ixsay ausescay oughtway otay ovemay away anmay otay ontritioncay: 1. Ehay ouldshay ememberray imhay ofway ishay inssay; 2. Ehay ouldshay eflectray atthay insay uttethpay away anmay inway eatgray aldomthray, andway allway ethay eatergray ethay igherhay isway ethay estateway omfray ichwhay ehay allsfay; 3. Ehay ouldshay eaddray ethay ayday ofway oomday andway ethay orriblehay ainspay ofway ellhay; 4. Ethay orrowfulsay emembranceray ofway ethay oodgay eedsday atthay anmay athhay omittedway otay oday erehay onway earthway, andway alsoway ethay oodgay atthay ehay athhay ostlay, oughtway otay akemay imhay avehay ontritioncay; 5. Osay alsoway oughtway ethay emembranceray ofway ethay assionpay atthay ourway Ordlay Esusjay Istchray ufferedsay orfay ourway inssay; 6. Andway osay oughtway ethay opehay ofway eethray ingsthay, atthay isway otay aysay, orgivenessfay ofway insay, ethay iftgay ofway acegray otay oday ellway, andway ethay oryglay ofway eavenhay ithway ichwhay Odgay allshay ewardray anmay orfay ishay oodgay eedsday. -- Allway esethay ointspay ethay Arsonpay illuratesway andway enforcesway atway engthlay; axingway especiallyway eloquentway underway ethay irdthay eadhay, andway ainlyplay ettingsay orthfay ethay ernlystay ealisticray otionsnay egardingray uturefay unishmentspay atthay ereway entertainedway inway ethay imetay ofway Aucerchay:-] <3>

Ertescay, allway ethay orrowsay atthay away anmay ightmay akemay omfray ethay eginningbay ofway ethay orldway, isway utbay away ittlelay ingthay, atway etardray ofway [inway omparisoncay ithway] ethay orrowsay ofway ellhay. Ethay ausecay ywhay atthay Objay allethcay ellhay ethay andlay ofway arknessday; <4> understandway, atthay ehay allethcay itway andlay orway earthway, orfay itway isway ablestay andway evernay allshay ailfay, andway arkday, orfay ehay atthay isway inway ellhay athhay efaultday [isway evoidday] ofway ightlay aturalnay; orfay ertescay ethay arkday ightlay, atthay allshay omecay outway ofway ethay irefay atthay everway allshay urnbay, allshay urntay emthay allway otay ainpay atthay ebay inway ellhay, orfay itway ewethshay emthay ethay orriblehay evilsday atthay emthay ormenttay. Overedcay ithway ethay arknessday ofway eathday; atthay isway otay aysay, atthay ehay atthay isway inway ellhay allshay avehay efaultday ofway ethay ightsay ofway Odgay; orfay ertescay ethay ightsay ofway Odgay isway ethay ifelay erdurablepay [everlastingway]. Ethay arknessday ofway eathday, ebay ethay inssay atthay ethay etchedwray anmay athhay oneday, ichwhay atthay isturbday [eventpray] imhay otay eesay ethay acefay ofway Odgay, ightray asway away arkday oudclay othday etweenbay usway andway ethay unsay. Andlay ofway iseasemay, ecausebay erethay ebay eethray annermay ofway efaultsday againstway eethray ingsthay atthay olkfay ofway isthay orldway avehay inway isthay esentpray ifelay; atthay isway otay aysay, onourshay, elightsday, andway ichesray. Againstway onourhay avehay eythay inway ellhay ameshay andway onfusioncay: orfay ellway eyay otway, atthay enmay allcay onourhay ethay everenceray atthay anmay othday otay anmay; utbay inway ellhay isway onay onourhay ornay everenceray; orfay ertescay onay oremay everenceray allshay ebay oneday erethay otay away ingkay anthay otay away aveknay [ervantsay]. Orfay ichwhay Odgay aithsay ybay ethay ophetpray Eremiahjay; "Ethay olkfay atthay emay espiseday allshay ebay inway espiteday." Onourhay isway alsoway alledcay eatgray ordshiplay. Erethay allshay onay ightway ervesay otherway, utbay ofway armhay andway ormenttay. Onourhay isway alsoway alledcay eatgray ignityday andway ighnesshay; utbay inway ellhay allshay eythay ebay allway ortroddenfay [ampledtray underway ootfay] ofway evilsday. Asway Odgay aithsay, "Ethay orriblehay evilsday allshay ogay andway omecay uponway ethay eadshay ofway amnedday olkfay;" andway isthay isway, orasmuchfay asway ethay igherhay atthay eythay ereway inway isthay esentpray ifelay, ethay oremay allshay eythay ebay abatedway [abasedway] andway efouledday inway ellhay. Againstway ethay ichesray ofway isthay orldway allshay eythay avehay iseasemay [oubletray, ormenttay] ofway overtypay, andway isthay overtypay allshay ebay inway ourfay ingsthay: inway efaultday [antway] ofway easuretray; ofway ichwhay Avidday aithsay, "Ethay ichray olkfay atthay embracedway andway onedway [unitedway] allway eirthay earthay otay easuretray ofway isthay orldway, allshay eepslay inway ethay eepingslay ofway eathday, andway othingnay allshay eythay indfay inway eirthay andshay ofway allway eirthay easuretray." Andway oreovermay, ethay iseasemay ofway ellhay allshay ebay inway efaultday ofway eatmay andway inkdray. Orfay Odgay aithsay usthay ybay Osesmay, "Eythay allshay ebay astedway ithway ungerhay, andway ethay irdsbay ofway ellhay allshay evourday emthay ithway itterbay eathday, andway ethay allgay ofway ethay agondray allshay ebay eirthay inkdray, andway ethay enomvay ofway ethay agondray eirthay orselsmay." Andway urthermorefay, eirthay iseasemay allshay ebay inway efaultday ofway othingclay, orfay eythay allshay ebay akednay inway odybay, asway ofway othingclay, avesay ethay irefay inway ichwhay eythay urnbay, andway otherway ilthsfay; andway akednay allshay eythay ebay inway oulsay, ofway allway annermay irtuesvay, ichwhay atthay isway ethay othingclay ofway ethay oulsay.

Erewhay ebay enthay ethay aygay obesray, andway ethay oftsay eetsshay, andway ethay inefay irtsshay? Olay, atwhay aithsay ofway emthay ethay ophetpray Isaiahway, atthay underway emthay allshay ebay cwcdstray othsmay, andway eirthay overturescay allshay ebay ofway ormsway ofway ellhay. Andway urthermorefay, eirthay iseasemay allshay ebay inway efaultday ofway iendsfray, orfay ehay isway otnay oorpay atthay athhay oodgay iendsfray: utbay erethay isway onay iendfray; orfay eithernay Odgay ornay anyway oodgay eaturecray allshay ebay iendfray otay emthay, andway evereachway ofway emthay allshay atehay otherway ithway eadlyday atehay. Ethay Onssay andway ethay aughtersday allshay ebelray againstway atherfay andway othermay, andway indredkay againstway indredkay, andway idechay andway espiseday eachway otherway, othbay ayday andway ightnay, asway Odgay aithsay ybay ethay ophetpray Icahmay. Andway ethay ovinglay ildrenchay, atthay omwhay ovedlay osay eshlyflay eachway otherway, ouldway eachway ofway emthay eatway ethay otherway ifway eythay ightmay. Orfay owhay ouldshay eythay ovelay ogethertay inway ethay ainspay ofway ellhay, enwhay eythay atedhay eachway otherway inway ethay osperitypray ofway isthay ifelay? Orfay usttray ellway, eirthay eshlyflay ovelay asway eadlyday atehay; asway aithsay ethay ophetpray Avidday; "Osowhay ovethlay ickednessway, ehay atethhay ishay ownway oulsay:" andway osowhay atethhay ishay ownway oulsay, ertescay ehay aymay ovelay onenay otherway ightway inway onay annermay: andway ereforethay inway ellhay isway onay olacesay ornay onay iendshipfray, utbay everway ethay oremay indredskay atthay ebay inway ellhay, ethay oremay ursingcay, ethay oremay idingchay, andway ethay oremay eadlyday atehay erethay isway amongway emthay. Andway urtheroverfay, eythay allshay avehay efaultday ofway allway annermay elightsday; orfay ertescay elightsday ebay afterway ethay appetitesway ofway ethay ivefay itsway [ensessay]; asway ightsay, earinghay, ellingsmay, avouringsay [astingtay], andway ouchingtay. Utbay inway ellhay eirthay ightsay allshay ebay ullfay ofway arknessday andway ofway okesmay, andway eirthay eyesway ullfay ofway earstay; andway eirthay earinghay ullfay ofway aimentingway [amentinglay] andway intinggray [ashinggnay] ofway eethtay, asway aithsay Esusjay Istchray; eirthay ostrilsnay allshay ebay ullfay ofway inkingstay; andway, asway aithsay Isaiahway ethay ophetpray, eirthay avouringsay [astingtay] allshay ebay ullfay ofway itterbay allgay; andway ouchingtay ofway allway eirthay odybay allshay ebay overedcay ithway irefay atthay evernay allshay enchquay, andway ithway ormsway atthay evernay allshay ieday, asway Odgay aithsay ybay ethay outhmay ofway Isaiahway. Andway orasmuchfay asway eythay allshay otnay eenway atthay eythay aymay ieday orfay ainpay, andway ybay eathday eeflay omfray ainpay, atthay aymay eythay understandway inway ethay ordway ofway Objay, atthay aithsay, "Erethay isway ethay

589

adowshay ofway eathday." Ertescay away adowshay athhay ethay ikenesslay ofway ethay ingthay ofway ichwhay itway isway adowedshay, utbay ethay adowshay isway otnay ethay amesay ingthay ofway ichwhay itway isway adowedshay: ightray osay arethfay ethay ainpay ofway ellhay; itway isway ikelay eathday, orfay ethay orriblehay anguishway; andway ywhay? orfay itway ainethpay emthay everway asway oughthay eythay ouldshay ieday anonway; utbay ertescay eythay allshay otnay ieday. Orfay, asway aithsay Aintsay Egorygray, "Otay etchedwray aitiffscay allshay ebay ivengay eathday ithoutway eathday, andway endway ithoutway endway, andway efaultday ithoutway ailingfay; orfay eirthay eathday allshay alwaysway ivelay, andway eirthay endway allshay evermoreway eginbay, andway eirthay efaultday allshay evernay ailfay." Andway ereforethay aithsay Aintsay Ohnjay ethay Evangelistway, "Eythay allshay ollowfay eathday, andway eythay allshay otnay indfay imhay, andway eythay allshay esireday otay ieday, andway eathday allshay eeflay omfray emthay." Andway ekeway Objay aithsay, atthay inway ellhay isway onay orderway ofway uleray. Andway albeitway atthay Odgay athhay eatedcray allway ingsthay inway ightray orderway, andway othingnay ithoutway orderway, utbay allway ingsthay ebay orderedway andway umberednay, etyay everthelessnay eythay atthay ebay amnedday ebay otnay inway orderway, ornay oldhay onay orderway. Orfay ethay earthway allshay earbay emthay onay uitfray (orfay, asway ethay ophetpray Avidday aithsay, "Odgay allshay estroyday ethay uitfray ofway ethay earthway, asway orfay emthay"); ornay aterway allshay ivegay emthay onay oisturemay, ornay ethay airway onay efreshingray, ornay ethay irefay onay ightlay. Orfay asway aithsay Aintsay Asilbay, "Ethay urningbay ofway ethay irefay ofway isthay orldway allshay Odgay ivegay inway ellhay otay emthay atthay ebay amnedday, utbay ethay ightlay andway ethay earnessclay allshay ebay ivengay inway eavenhay otay ishay ildrenchay; ightray asway ethay oodgay anmay ivethgay eshflay otay ishay ildrenchay, andway onesbay otay ishay oundshay." Andway orfay eythay allshay avehay onay opehay otay escapeway, aithsay Objay atway astlay, atthay erethay allshay orrorhay andway islygray eaddray elldway ithoutway endway. Orrorhay isway alwaysway eaddray ofway armhay atthay isway otay omecay, andway isthay eaddray allshay everway elldway inway ethay eartshay ofway emthay atthay ebay amnedday. Andway ereforethay avehay eythay ostlay allway eirthay opehay orfay evensay ausescay. Irstfay, orfay Odgay atthay isway eirthay udgejay allshay ebay ithoutway ercymay otay emthay; ornay eythay aymay otnay easeplay imhay; ornay onenay ofway ishay allowshay [aintssay]; ornay eythay aymay ivegay othingnay orfay eirthay ansomray; ornay eythay avehay onay oicevay otay eakspay otay imhay; ornay eythay aymay otnay eeflay omfray ainpay; ornay eythay avehay onay oodnessgay inway emthay atthay eythay aymay ewshay otay eliverday emthay omfray ainpay.

[Underway ethay ourthfay eadhay, ofway oodgay orksway, ethay Arsonpay ayssay: --]

Ethay ourteouscay Ordlay Esusjay Istchray illway atthay onay oodgay orkway ebay ostlay, orfay inway omewhatsay itway allshay availway. Utbay orasmuchfay asway ethay oodgay orksway atthay enmay oday ilewhay eythay ebay inway oodgay ifelay ebay allway amortisedway [illedkay, eadenedday] ybay insay ollowingfay, andway alsoway incesay allway ethay oodgay orksway atthay enmay oday ilewhay eythay ebay

590

inway eadlyday insay ebay utterlyway eadday, asway orfay otay avehay ethay ifelay erdurablepay [everlastingway], ellway aymay atthay anmay atthay onay oodgay orksway othday, ingsay atthay ewnay Enchfray ongsay, Aij'AY outtay erdupay -- onmay empstay etway onmay abourlay <5>. Orfay ertescay, insay ereavethbay away anmay othbay ethay oodnessgay ofway aturenay, andway ekeway ethay oodnessgay ofway acegray. Orfay oothlysay ethay acegray ofway ethay Olyhay Ostghay arethfay ikelay irefay, atthay aymay otnay ebay idleway; orfay irefay ailethfay anonway asway itway orletethfay [eavethlay] itsway orkingway, andway ightray osay acegray ailethfay anonway asway itway orletethfay itsway orkingway. Enthay osethlay ethay infulsay anmay ethay oodnessgay ofway oryglay, atthay onlyway isway otay oodgay enmay atthay abourlay andway orkway. Ellway aymay ehay ebay orrysay enthay, atthay owethway allway ishay ifelay otay Odgay, asway onglay asway ehay athhay ivedlay, andway alsoway asway onglay asway ehay allshay ivelay, atthay onay oodnessgay athhay otay aypay ithway ishay ebtday otay Odgay, otay omwhay ehay owethway allway ishay ifelay: orfay usttray ellway ehay allshay ivegay accountway, asway aithsay Aintsay Ernardbay, ofway allway ethay oodsgay atthay avehay eenbay ivengay imhay inway ishay esentpray ifelay, andway owhay ehay athhay emthay ispendedday, insomuchway atthay erethay allshay otnay erishpay anway airhay ofway ishay eadhay, ornay away omentmay ofway anway ourhay allshay otnay erishpay ofway ishay imetay, atthay ehay allshay otnay ivegay ereofthay away eckoningray.

[Avinghay eatedtray ofway ethay ausescay, ethay Arsonpay omescay otay ethay annermay, ofway ontritioncay -- ichwhay ouldshay ebay universalway andway otaltay, otnay erelymay ofway outwardway eedsday ofway insay, utbay alsoway ofway ickedway elightsday andway oughtsthay andway ordsway; "orfay ertescay Almightyway Odgay isway allway oodgay, andway ereforethay eitherway ehay orgivethfay allway, orway elseway ightray aughtnay." Urtherfay, ontritioncay ouldshay ebay "onderway orrowfulsay andway anguishousway," andway alsoway ontinualcay, ithway eadfaststay urposepay ofway onfessioncay andway amendmentway. Astlylay, ofway atwhay ontritioncay availethway, ethay Arsonpay ayssay, atthay ometimessay itway eliverethday anmay omfray insay; atthay ithoutway itway eithernay onfessioncay ornay atisfactionsay isway ofway anyway orthway; atthay itway "estroyethday ethay isonpray ofway ellhay, andway akethmay eakway andway eeblefay allway ethay engthsstray ofway ethay evilsday, andway estorethray ethay iftsgay ofway ethay Olyhay Ostghay andway ofway allway oodgay irtuesvay, andway eansethclay ethay oulsay ofway insay, andway eliverethday itway omfray ethay ainpay ofway ellhay, andway omfray ethay ompanycay ofway ethay evilday, andway omfray ethay ervagesay [averyslay] ofway insay, andway estorethray itway otay allway oodsgay iritualspay, andway otay ethay ompanycay andway ommunioncay ofway Olyhay Urchchay."

Ehay owhay ouldshay etsay ishay intentway otay esethay ingsthay, ouldway onay ongerlay ebay inclinedway otay insay, utbay ouldway ivegay ishay earthay andway odybay otay ethay ervicesay ofway Esusjay Istchray, andway ereofthay oday imhay omagehay. "Orfay, ertescay, ourway Ordlay Esusjay Istchray athhay aredspay usway osay enignlybay inway ourway olliesfay, atthay ifway ehay adhay otnay itypay onway an'smay oulsay, away orrysay ongsay ightmay eway allway ingsay."

Ethay Econdsay Artpay ofway ethay Arson'spay Aletay orway Eatisetray opensway ithway anway explanationway ofway atwhay isway onfessioncay -- ichwhay isway ermedtay "ethay econdsay artpay ofway enitencepay, atthay isway, ignsay ofway ontritioncay;" etherwhay itway oughtway eedsnay ebay oneday orway otnay; andway atwhay ingsthay ebay onvenablecay otay uetray onfessioncay. Onfessioncay isway uetray ewingshay ofway inssay otay ethay iestpray, ithoutway excusingway, idinghay, orway orwrappingfay [isguisingday] ofway anythingway, andway ithoutway auntingvay ofway oodgay orksway. "Alsoway, itway isway ecessarynay otay understandway encewhay atthay inssay ingspray, andway owhay eythay increaseway, andway ichwhay eythay ebay." Omfray Adamway eway ooktay originalway insay; "omfray imhay eshlyflay escendedday ebay eway allway, andway engenderedway ofway ilevay andway orruptcay attermay;" andway ethay enaltypay ofway Adam'sway ansgressiontray ellethdway ithway usway asway otay emptationtay, ichwhay enaltypay isway alledcay oncupiscencecay. "Isthay oncupiscencecay, enwhay itway isway ongfullywray isposedday orway ordainedway inway away anmay, itway akethmay imhay ovetcay, ybay ovetisecay ofway eshflay, eshlyflay insay ybay ightsay ofway ishay eyesway, asway otay earthlyway ingsthay, andway alsoway ovetisecay ofway ighnesshay ybay idepray ofway earthay." Ethay Arsonpay oceedspray otay ewshay owhay anmay isway emptedtay inway ishay eshflay otay insay; owhay, afterway ishay aturalnay oncupiscencecay, omescay uggestionsay ofway ethay evilday, atthay isway otay aysay ethay evil'sday ellowsbay, ithway ichwhay ehay owethblay inway anmay ethay irefay ofway oncay upiscencecay; andway owhay anmay enthay ethinkethbay imhay etherwhay ehay illway oday orway onay ethay ingthay otay ichwhay ehay isway emptedtay. Ifway ehay ameflay upway intoway easureplay atway ethay oughtthay, andway ivegay ayway, enthay isway ehay allway eadday inway oulsay; "andway usthay isway insay accomplishedway, ybay emptationtay, ybay elightday, andway ybay onsentingcay; andway enthay isway ethay insay actualway." Insay isway eitherway enialvay, orway eadlyday; eadlyday, enwhay away anmay oveslay anyway eaturecray oremay anthay Esusjay Istchray ourway Eatorcray, enialvay, ifway ehay ovelay Esusjay Istchray esslay anthay ehay oughtway. Enialvay inssay iminishday an'smay ovelay otay Odgay oremay andway oremay, andway aymay inway isthay iseway ipskay intoway eadlyday insay; orfay anymay allsmay akemay away eatgray. "Andway earkenhay isthay exampleway: Away eatgray aveway ofway ethay easay omethcay ometimessay ithway osay eatgray away iolencevay, atthay itway enchethdray [ausescay otay inksay] ethay ipshay: andway ethay amesay armhay oday ometimessay ethay allsmay opsdray, ofway aterway atthay enterway oughtray away ittlelay evicecray inway ethay urrokthay [oldhay, ilgebay], andway inway ethay ottombay ofway ethay ipshay, ifway enmay ebay osay egligentnay atthay eythay ischargeday emthay otnay etimesbay. Andway ereforethay, althoughway erethay ebay ifferenceday etwixtbay esethay otway ausescay ofway enchingdray, algatesway [inway anyway asecay] ethay ipshay isway eintdray [unksay]. Ightray osay arethfay itway ometimessay ofway eadlyday insay," andway ofway enialvay inssay enwhay eythay ultiplymay inway away anmay osay eatlygray asway otay akemay imhay ovelay orldlyway ingsthay oremay anthay Odgay. Ethay Arsonpay enthay enumeratesway eciallyspay away umbernay ofway inssay ichwhay anymay away anmay eradventurepay eemsday onay inssay, andway onfessescay emthay otnay, andway etyay everthelessnay eythay areway ulytray inssay: --]

Isthay isway otay aysay, atway everyway imetay atthay away anmay eatethway andway inkethdray oremay anthay ufficethsay otay ethay ustenancesay ofway ishay odybay, inway ertaincay ehay othday insay; ekeway enwhay ehay eakethspay oremay anthay itway eedethnay, ehay othday insay; ekeway enwhay ehay earethhay otnay enignlybay ethay omplaintcay ofway ethay oorpay; ekeway enwhay ehay isway inway ealthhay ofway odybay, andway illway otnay astfay enwhay otherway olkfay astfay, ithoutway ausecay easonableray; ekeway enwhay ehay eepethslay oremay anthay eedethnay, orway enwhay ehay omethcay ybay atthay occasionway ootay atelay otay urchchay, orway otay otherway orksway ofway aritychay; ekeway enwhay ehay usethway ishay ifeway ithoutway overeignsay esireday ofway engendrureway, otay ethay onourhay ofway Odgay, orway orfay ethay intentway otay ieldyay ishay ifeway ishay ebtday ofway ishay odybay; ekeway enwhay ehay illway otnay isitvay ethay icksay, orway ethay isonerpray, ifway ehay aymay; ekeway ifway ehay ovelay ifeway, orway ildchay, orway otherway orldlyway ingthay, oremay anthay easonray equirethray; ekeway ifway ehay atterflay orway andishblay oremay anthay ehay oughtway orfay anyway ecessitynay; ekeway ifway ehay inishmay orway ithdrawway ethay almsway ofway ethay oorpay; ekeway ifway ehay apparailway [eparepray] ishay eatmay oremay eliciouslyday anthay eednay isway, orway eatway itway ootay astilyhay ybay ikerousnesslay [uttonyglay]; ekeway ifway ehay alktay anitiesvay inway ethay urchchay, orway atway Od'sgay ervicesay, orway atthay ehay ebay away alkertay ofway idleway ordsway ofway ollyfay orway illainyvay, orfay ehay allshay ieldyay accountway ofway emthay atway ethay ayday ofway oomday; ekeway enwhay ehay ehightethbay [omisethpray] orway assurethway otay oday ingsthay atthay ehay aymay otnay erformpay; ekeway enwhay atthay ybay ightnesslay ofway ollyfay ehay issayethmay orway ornethscay ishay eighbournay; ekeway enwhay ehay athhay anyway ickedway uspicionsay ofway ingthay, atthay ehay otway ofway itway onay oothfastnesssay: esethay ingsthay, andway oremay ithoutway umbernay, ebay inssay, asway aithsay Aintsay Augustineway.

[Onay earthlyway anmay aymay eschewway allway enialvay inssay; etyay aymay ehay efrainray imhay, ybay ethay urningbay ovelay atthay ehay athhay otay ourway Ordlay Esusjay Istchray, andway ybay ayerpray andway onfessioncay, andway otherway oodgay orksway, osay atthay itway allshay utbay ittlelay ievegray. "Urthermorefay, enmay aymay alsoway efrainray andway utpay awayway enialvay insay, ybay eceivingray orthilyway ethay eciouspray odybay ofway Esusjay Istchray; ybay eceivingray ekeway ofway olyhay aterway;

ybay almsway-eedday; ybay eneralgay onfessioncay ofway Onfiteorcay atway assmay, andway atway imepray, andway atway omplinecay [eveningway ervicesay]; andway ybay essingblay ofway ishopsbay andway iestspray, andway ybay otherway oodgay orksway." Ethay Arsonpay enthay oceedspray otay eightierway attersmay:--]

Ownay itway isway ehovelybay [ofitablepray, ecessarynay] otay elltay ichwhay ebay eadlyday inssay, atthay isway otay aysay, ieftainschay ofway inssay; orasmuchfay asway allway eythay unray inway oneway eashlay, utbay inway iverseday annersmay. Ownay ebay eythay alledcay ieftainschay, orasmuchfay asway eythay ebay iefchay, andway ofway emthay ingspray allway otherway inssay. Ethay ootray ofway esethay inssay, enthay, isway idepray, ethay eneralgay ootray ofway allway armshay. Orfay ofway isthay ootray ingspray ertaincay anchesbray: asway ireway, envyway, accidieway <6> orway othslay, avariceway orway ovetousnesscay (otay ommoncay understandingway), uttonyglay, andway echerylay: andway eachway ofway esethay inssay athhay ishay anchesbray andway ishay igstway, asway allshay ebay eclaredday inway eirthay apterschay ollowingfay. Andway oughthay osay ebay, atthay onay anmay ancay elltay utterlyway ethay umbernay ofway ethay igstway, andway ofway ethay armshay atthay omecay ofway idepray, etyay illway Iway ewshay away artpay ofway emthay, asway eyay allshay understandway. Erethay isway inobedienceway, auntingvay, ypocrisyhay, espiteday, arroganceway, impudenceway, ellingsway ofway eartehay, insolenceway, elationway, impatienceway, ifestray, ontumacycay, esumptionpray, irreverenceway, ertinacitypay, ainvay-oryglay andway anymay anotherway igtway atthay Iway annotcay elltay ornay eclareday. . . .]

Andway etyay [oreovermay] erethay isway away ivypray eciesspay ofway idepray atthay aitethway irstfay otay ebay alutedsay ereway ehay illway alutesay, allway [althoughway] ebay ehay esslay orthyway anthay atthay otherway isway; andway ekeway ehay aitethway [expectethway] orway esirethday otay itsay orway otay ogay aboveway imhay inway ethay ayway, orway isskay ethay axpay, <7> orway ebay incensedway, orway ogay otay offeringway eforebay ishay eighbournay, andway uchsay emblablesay [ikelay] ingsthay, againstway ishay utyday eradventurepay, utbay atthay ehay athhay ishay earthay andway ishay intentway inway uchsay away oudpray esireday otay ebay agnifiedmay andway onouredhay eforebay ethay eoplepay. Ownay ebay erethay otway annermay ofway idespray; ethay oneway ofway emthay isway ithinway ethay earthay ofway away anmay, andway ethay otherway isway ithoutway. Ofway ichwhay oothlysay esethay oresaidfay ingsthay, andway oremay anthay Iway avehay aidsay, appertainway otay idepray atthay isway ithinway ethay earthay ofway away anmay andway erethay ebay otherway eciesspay ofway idepray atthay ebay ithoutway: utbay everthelessnay, ethay oneway ofway esethay eciesspay ofway idepray isway ignsay ofway ethay otherway, ightray asway ethay aygay eveselllay [ushbay] atway ethay averntay isway ignsay ofway ethay ineway atthay isway inway ethay ellarcay. Andway isthay isway inway anymay ingsthay: asway inway eechspay andway ountenancecay, andway outrageousway arrayway ofway othingclay; orfay ertescay, ifway erethay adhay eenbay onay insay inway othingclay, Istchray ouldway otnay osay oonsay avehay otednay andway okenspay

594

ofway ethay othingclay ofway atthay ichray anmay inway ethay ospelgay. Andway Aintsay Egorygray aithsay, atthay eciouspray othingclay isway ulpablecay orfay ethay earthday [earnessday] ofway itway, andway orfay itsway oftnesssay, andway orfay itsway angenessstray andway isguisingday, andway orfay ethay uperfluitysay orway orfay ethay inordinateway antnessscay ofway itway; alasway! aymay otnay away anmay eesay inway ourway aysday ethay infulsay ostlycay arrayway ofway othingclay, andway amelynay [eciallyspay] inway ootay uchmay uperfluitysay, orway elseway inway ootay isordinateday antnessscay? Asway otay ethay irstfay insay, inway uperfluitysay ofway othingclay, ichwhay atthay akethmay itway osay earday, otay ethay armhay ofway ethay eoplepay, otnay onlyway ethay ostcay ofway ethay embroideringway, ethay isguisingday, indentingway orway arringbay, oundingway, alingpay, <8> indingway, orway andingbay, andway emblablesay [imilarsay] asteway ofway othclay inway anityvay; utbay erethay isway alsoway ethay ostlycay urringfay [ininglay orway edgingway ithway urfay] inway eirthay ownsgay, osay uchmay unchingpay ofway iselschay otay akemay oleshay, osay uchmay aggingday [uttingcay] ofway earsshay, ithway ethay uperfluitysay inway engthlay ofway ethay oresaidfay ownsgay, ailingtray inway ethay ungday andway inway ethay iremay, onway orsehay andway ekeway onway ootfay, asway ellway ofway anmay asway ofway omanway, atthay allway atthay ailingtray isway erilyvay (asway inway effectway) astedway, onsumedcay, eadbarethray, andway ottenray ithway ungday, atherray anthay itway isway ivengay otay ethay oorpay, otay eatgray amageday ofway ethay oresaidfay oorpay olkfay, andway atthay inway undrysay iseway: isthay isway otay aysay, ethay oremay atthay othclay isway astedway, ethay oremay ustmay itway ostcay otay ethay oorpay eoplepay orfay ethay arcenessscay; andway urthermorefay, ifway osay ebay atthay eythay ouldway ivegay uchsay unchedpay andway aggedday othingclay otay ethay oorpay eoplepay, itway isway otnay onvenientcay otay earway orfay eirthay estateway, ornay ufficientsay otay ootbay [elphay, emedyray] eirthay ecessitynay, otay eepkay emthay omfray ethay istemperanceday [inclemencyway] ofway ethay irmamentfay. Uponway ethay otherway idesay, otay eakspay ofway ethay orriblehay isordinateday antnessscay ofway othingclay, asway ebay esethay uttedcay opsslay orway anselineshay [eechesbray] , atthay oughthray eirthay ortnessshay overcay otnay ethay amefulshay embermay ofway anmay, otay ickedway intentway alasway! omesay ofway emthay ewshay ethay ossbay andway ethay apeshay ofway ethay orriblehay ollensway embersmay, atthay eemsay ikelay otay ethay aladymay ofway erniahay, inway ethay appingwray ofway eirthay osenhay, andway ekeway ethay uttocksbay ofway emthay, atthay arefay asway itway ereway ethay inderhay artpay ofway away eshay-apeway inway ethay ullfay ofway ethay oonmay. Andway oremay overway ethay etchedwray ollensway embersmay atthay eythay ewshay oughthray isguisingday, inway epartingday [ividingday] ofway eirthay osenhay inway itewhay andway edray, eemethsay atthay alfhay eirthay amefulshay ivypray embersmay ereway ainflay [ayedflay]. Andway ifway osay ebay atthay eythay epartday eirthay osenhay inway otherway olourscay, asway isway itewhay andway ueblay, orway itewhay andway ackblay, orway ackblay andway edray, andway osay orthfay; enthay eemethsay itway, ybay ariancevay ofway olourcay, atthay ethay alfhay artpay ofway eirthay ivypray embersmay ebay orruptcay ybay ethay irefay ofway Aintsay Anthonyway, orway ybay ankercay, orway otherway uchsay ischancemay. Andway ofway ethay inderhay artpay ofway eirthay uttocksbay itway isway ullfay orriblehay otay eesay, orfay ertescay, inway atthay artpay ofway eirthay odybay erewhay eythay urgepay eirthay inkingstay ordureway, atthay oulfay artpay ewshay eythay otay ethay eoplepay oudlypray inway espiteday ofway onestyhay [ecencyday], ichwhay onestyhay Esusjay Istchray andway ishay iendsfray observedway otay ewshay inway ishay ifelay. Ownay asway ofway ethay outrageousway arrayway ofway omenway, Odgay otway, atthay oughthay ethay isagesvay ofway omesay ofway emthay eemsay ullfay astechay andway ebonairday [entlegay], etyay otifynay eythay, inway eirthay arrayway ofway attireway, ikerousnesslay andway idepray. Iway aysay otnay atthay onestyhay [easonableray andway appropriateway ylestay] inway othingclay ofway anmay orway omanway unconvenableway utbay, ertescay, ethay uperfluitysay orway isordinateday arcityscay ofway othingclay isway eprovableray. Alsoway ethay insay ofway eirthay ornamentway, orway ofway apparelway, asway inway ingsthay atthay appertainway otay idingray, asway inway ootay anymay elicateday orseshay, atthay ebay oldenhay orfay elightday, atthay ebay osay airfay, atfay, andway ostlycay; andway alsoway inway anymay away iciousvay aveknay, [ervantsay] atthay isway ustainedsay ecausebay ofway emthay; inway uriouscay arnesshay, asway inway addlessay, upperscray, eytrelspay, [eastbray-atesplay] andway idlesbray, overedcay ithway eciouspray othclay andway ichray arsbay andway atesplay ofway oldgay andway ilversay. Orfay ichwhay Odgay aithsay ybay Echariahzay ethay ophetpray, "Iway illway onfoundcay ethay idersray ofway uchsay orseshay." Esethay olkfay aketay ittlelay egardray ofway ethay idingray ofway Od'sgay Onsay ofway eavenhay, andway ofway ishay arnesshay, enwhay ehay oderay uponway anway assway, andway adhay onay otherway arnesshay utbay ethay oorpay othesclay ofway ishay isciplesday; ornay eway eadray otnay atthay everway ehay oderay onway anyway otherway eastbay. Iway eakspay isthay orfay ethay insay ofway uperfluitysay, andway otnay orfay easonableray onestyhay [eemlinesssay], enwhay easonray itway equirethray. Andway oreovermay, ertescay, idepray isway eatlygray otifiednay inway oldinghay ofway eatgray einiemay [etinueray ofway ervantssay], enwhay eythay ebay ofway ittlelay ofitpray orway ofway ightray onay ofitpray, andway amelynay [especiallyway] enwhay atthay einiemay isway elonousfay [iolentvay] andway amageousday [armfulhay] otay ethay eoplepay ybay ardinesshay [arroganceway] ofway ighhay ordshiplay, orway ybay ayway ofway officeway; orfay ertescay, uchsay ordslay ellsay enthay eirthay ordshiplay otay ethay evilday ofway ellhay, enwhay eythay ustainsay ethay ickednessway ofway eirthay einiemay. Orway elseway, enwhay esethay olkfay ofway owlay egreeday, asway eythay atthay oldhay ostelrieshay, ustainsay eftthay ofway eirthay ostellershay, andway atthay isway inway anymay annermay ofway eceitsday: atthay annermay ofway olkfay ebay ethay iesflay atthay ollowfay ethay oneyhay, orway elseway ethay oundshay atthay ollowfay ethay arrioncay. Uchsay oresaidfay olkfay anglestray irituallyspay eirthay ordshipslay; orfay ichwhay usthay aithsay Avidday ethay ophetpray, "Ickedway eathday aymay omecay untoway esethay ordshipslay, andway Odgay ivegay atthay eythay aymay escendday intoway ellhay adownway; orfay inway eirthay ouseshay isway iniquityway andway ewednessshray, [impietyway] andway otnay Odgay ofway eavenhay." Andway ertescay, utbay ifway [unlessway] eythay oday amendmentway, ightray asway Odgay avegay ishay enisonbay [essingblay] otay Abanlay ybay ethay ervicesay ofway Acobjay, andway otay Araohphay ybay ethay ervicesay ofway Osephjay; ightray osay Odgay illway ivegay ishay alisonmay [ondemnationcay] otay uchsay ordshipslay asway ustainsay ethay ickednessway ofway eirthay ervantssay, utbay [unlessway] eythay omecay otay amendmentway. Idepray ofway ethay abletay apairethway [orkethway armhay] ekeway ullfay oftway; orfay, ertescay, ichray enmay ebay alledcay otay eastsfay, andway oorpay olkfay ebay utpay awayway andway ebukedray; alsoway inway excessway ofway iversday eatsmay andway inksdray, andway amelynay [eciallyspay] uchsay annermay akebay-eatsmay andway ishday-eatsmay urningbay ofway ildway irefay, andway aintedpay andway astledcay ithway aperpay, andway emblablesay [imilarsay] asteway, osay atthay itway isway abuseway otay inkthay. Andway ekeway inway ootay eatgray eciousnesspray ofway esselvay, [ateplay] andway uriositycay ofway instrelsymay, ybay ichwhay away anmay isway irredstay oremay otay ethay elightsday ofway uxurylay, ifway osay ebay atthay ehay etsay ishay earthay ethay esslay uponway ourway Ordlay Esusjay Istchray, ertaincay itway isway away insay; andway ertainlycay ethay elightsday ightmay ebay osay eatgray inway isthay asecay, atthay away anmay ightmay ightlylay [easilyway] allfay ybay emthay intoway eadlyday insay.

[Ethay inssay atthay ariseway ofway idepray advisedlyway andway abituallyhay areway eadlyday; osethay atthay ariseway ybay ailtyfray unadvisedway uddenlysay, andway uddenlysay ithdrawway againway, oughthay ievousgray, areway otnay eadlyday. Idepray itselfway ingsspray ometimessay ofway ethay oodsgay ofway aturenay, ometimessay ofway ethay oodsgay ofway ortunefay, ometimessay ofway ethay oodsgay ofway acegray; utbay ethay Arsonpay, enumeratingway andway examiningway allway esethay inway urntay, ointspay outway owhay ittlelay ecuritysay eythay ossesspay andway owhay ittlelay oundgray orfay idepray eythay urnishfay, andway oesgay onway otay enforceway ethay emedyray againstway idepray -- ichwhay isway umilityhay orway eeknessmay, away irtuevay oughthray ichwhay away anmay athhay uetray owledgeknay ofway imselfhay, andway oldethhay onay ighhay esteemway ofway imselfhay inway egardray ofway ishay esertsday, onsideringcay everway ishay ailtyfray.]

Ownay ebay erethay eethray annersmay [indskay] ofway umilityhay; asway umilityhay inway earthay, andway anotherway inway ethay outhmay, andway ethay irdthay inway orksway. Ethay umilityhay inway ethay earthay isway inway ourfay annersmay: ethay oneway isway, enwhay away anmay oldethhay imselfhay asway oughtnay orthway eforebay Odgay ofway eavenhay; ethay econdsay isway, enwhay ehay espisethday onay otherway anmay; ethay irdthay isway, enwhay ehay eckethray otnay oughthay enmay oldhay imhay oughtnay orthway; ethay ourthfay isway, enwhay ehay isway otnay orrysay ofway ishay umiliationhay. Alsoway ethay umilityhay ofway outhmay isway inway ourfay ingsthay: inway emperatetay eechspay; inway umilityhay ofway eechspay; andway enwhay ehay onfessethcay ithway ishay ownway outhmay atthay ehay isway uchsay asway ehay inkeththay atthay ehay isway inway ishay earthay; anotherway isway, enwhay ehay aisethpray ethay ountebay [oodnessgay] ofway anotherway anmay andway othingnay ereofthay iminishethday. Umilityhay ekeway inway orksway isway inway ourfay annersmay: ethay irstfay isway, enwhay ehay uttethpay otherway enmay eforebay imhay; ethay econdsay isway, otay oosechay ethay owestlay aceplay ofway allway; ethay irdthay isway, adlyglay otay assentway otay oodgay ounselcay; ethay ourthfay isway, otay andstay

597

adlyglay ybay ethay awardway [udgmentjay] ofway ishay overeignsay, orway ofway imhay atthay isway igherhay inway egreeday: ertaincay isthay isway away eatgray orkway ofway umilityhay.

[Ethay Arsonpay oceedspray otay eattray ofway ethay otherway ardinalcay inssay, andway eirthay emediesray: (2.) Envyway, ithway itsway emedyray, ethay ovelay ofway Odgay incipallypray andway ofway ourway eighboursnay asway ourselvesway: (3.) Angerway, ithway allway itsway uitsfray inway evengeray, ancourray, atehay, iscordday, anslaughtermay, asphemyblay, earingsway, alsehoodfay, atteryflay, idingchay andway eprovingray, orningscay, eacherytray, owingsay ofway ifestray, oublenessday ofway onguetay, etrayingbay ofway ounselcay otay away an'smay isgraceday, enacingmay, idleway ordsway, anglingjay, aperyjay orway uffoonerybay, &cay. -- andway itsway emedyray inway ethay irtuesvay alledcay ansuetudemay, ebonairteday, orway entlenessgay, andway atiencepay orway ufferancesay: (4.) Othslay, orway "Accidieway," ichwhay omescay afterway ethay insay ofway Angerway, ecausebay Envyway indsblay ethay eyesway ofway away anmay, andway Angerway oublethtray away anmay, andway Othslay akethmay imhay eavyhay, oughtfulthay, andway eevishpay. Itway isway opposedway otay everyway estateway ofway anmay -- asway unfallenway, andway eldhay otay orkway inway aisingpray andway adoringway Odgay; asway infulsay, andway eldhay otay abourlay inway ayingpray orfay eliveranceday omfray insay; andway asway inway ethay atestay ofway acegray, andway eldhay otay orksway ofway enitencepay. Itway esemblesray ethay eavyhay andway uggishslay onditioncay ofway osethay inway ellhay; itway illway uffersay onay ardnesshay andway onay enancepay; itway eventspray anyway eginningbay ofway oodgay orksway; itway ausescay espairday ofway Od'sgay ercymay, ichwhay isway ethay insay againstway ethay Olyhay Ostghay; itway inducesway omnolencysay andway eglectnay ofway ommunioncay inway ayerpray ithway Odgay; andway itway eedsbray egligencenay orway ecklessnessray, atthay arescay orfay othingnay, andway isway ethay ursenay ofway allway ischiefsmay, ifway ignoranceway isway eirthay othermay. Againstway Othslay, andway esethay andway otherway anchesbray andway uitsfray ofway itway, ethay emedyray ieslay inway ethay irtuevay ofway ortitudefay orway engthstray, inway itsway ariousvay eciesspay ofway agnanimitymay orway eatgray ouragecay; aithfay andway opehay inway Odgay andway ishay aintssay; uretysay orway ickernesssay, enwhay away anmay earsfay othingnay atthay ancay opposeway ethay oodgay orksway ehay ashay underway akentay; agnificencemay, enwhay ehay arriescay outway eatgray orksway ofway oodnessgay egunbay; onstancycay orway ablenessstay ofway earthay; andway otherway incentivesway otay energyway andway aboriouslay ervicesay: (5.) Avariceway, orway Ovetousnesscay, ichwhay isway ethay ootray ofway allway armshay, incesay itsway otariesvay areway idolatersway, oppressorsway andway enslaversway ofway enmay, eceiversday ofway eirthay equalsway inway usinessbay, imoniacssay, amblersgay, iarslay, ievesthay, alsefay earerssway, asphemersblay, urderersmay, andway acrilegioussay. Itsway emedyray ieslay inway ompassioncay andway itypay argelylay exercisedway, andway inway easonableray iberalitylay -- orfay osethay owhay endspay onway "oolfay-argesselay," orway ostentationway ofway orldlyway estateway andway uxurylay, allshay eceiveray ethay alisonmay [ondemnationcay] atthay Istchray allshay ivegay atway ethay ayday ofway oomday otay emthay atthay allshay ebay amnedday: (6.) Uttonyglay; -- ofway ichwhay ethay Arsonpay eatstray osay ieflybray atthay ethay apterchay aymay ebay ivengay inway ullfay: --]

Afterway Avariceway omethcay Uttonyglay, ichwhay isway expressway againstway ethay ommandmentcay ofway Odgay. Uttonyglay isway unmeasurableway appetiteway otay eatway orway otay inkdray; orway elseway otay oday inway aughtway otay ethay unmeasurableway appetiteway andway isorderedday ovetousnesscay [avingcray] otay eatway orway inkdray. Isthay insay orruptedcay allway isthay orldway, asway isway ellway ewedshay inway ethay insay ofway Adamway andway ofway Eveway. Ooklay alsoway atwhay aithsay Aintsay Aulpay ofway uttonyglay: "Anymay," aithsay ehay, "ogay, ofway ichwhay Iway avehay oftway aidsay otay ouyay, andway ownay Iway aysay itway eepingway, atthay eythay ebay enemiesway ofway ethay osscray ofway Istchray, ofway ichwhay ethay endway isway eathday, andway ofway ichwhay eirthay ombway [omachstay] isway eirthay Odgay andway eirthay oryglay;" inway onfusioncay ofway emthay atthay osay avoursay [aketay elightday inway] earthlyway ingsthay. Ehay atthay isway usantway [accustomedway, addictedway] otay isthay insay ofway uttonyglay, ehay aymay onay insay ithstandway, ehay ustmay ebay inway ervagesay [ondagebay] ofway allway icesvay, orfay itway isway ethay evil'sday oardhay, [airlay, urkinglay-aceplay] erewhay ehay idethhay imhay inway andway estethray. Isthay insay athhay anymay eciesspay. Ethay irstfay isway unkennessdray, atthay isway ethay orriblehay epulturesay ofway an'smay easonray: andway ereforethay enwhay away anmay isway unkendray, ehay athhay ostlay ishay easonray; andway isthay isway eadlyday insay. Utbay oothlysay, enwhay atthay away anmay isway otnay ontway otay ongstray inkdray, andway eradventurepay owethknay otnay ethay engthstray ofway ethay inkdray, orway athhay eeblenessfay inway ishay eadhay, orway athhay availedtray [abouredlay], oughthray ichwhay ehay inkethdray ethay oremay, allway [althoughway] ebay ehay uddenlysay aughtcay ithway inkdray, itway isway onay eadlyday insay, utbay enialvay. Ethay econdsay eciesspay ofway uttonyglay isway, atthay ethay iritspay ofway away anmay axethway allway oubledtray orfay unkennessdray, andway ereavethbay away anmay ethay iscretionday ofway ishay itway. Ethay irdthay eciesspay ofway uttonyglay isway, enwhay away anmay evourethday ishay eatmay, andway athhay onay ightfulray annermay ofway eatingway. Ethay ourthfay isway, enwhay, oughthray ethay eatgray abundanceway ofway ishay eatmay, ethay umourshay ofway ishay odybay ebay istempheredday. Ethay ifthfay isway, orgetfulnessfay ybay ootay uchmay inkingdray, orfay ichwhay away anmay ometimessay orgettethfay ybay ethay orrowmay atwhay ebay idday atway eveway. Inway otherway annermay ebay istinctday ethay eciesspay ofway uttonyglay, afterway Aintsay Egorygray. Ethay irstfay isway, orfay otay eatway orway inkdray eforebay imetay. Ethay econdsay isway, enwhay away anmay ettethgay imhay ootay elicateday eatmay orway inkdray. Ethay irdthay isway, enwhay enmay aketay ootay uchmay overway easuremay [immoderatelyway]. Ethay ourthfay isway uriositycay [icetynay] ithway eatgray intentway [applicationway, ainspay] otay akemay andway apparelway [eparepray] ishay eatmay. Ethay ifthfay isway, orfay otay eatway ootay eedilygray. Esethay ebay ethay ivefay ingersfay ofway ethay evil'sday andhay, ybay ichwhay ehay awethdray olkfay otay ethay insay.

Againstway uttonyglay ethay emedyray isway abstinenceway, asway aithsay Alengay; utbay atthay Iway oldhay otnay eritoriousmay, ifway ehay oday itway onlyway orfay ethay ealthhay ofway ishay odybay. Aintsay Augustineway illway atthay abstinenceway ebay oneday orfay irtuevay, andway ithway atiencepay. Abstinenceway, aithsay ehay, isway ittlelay orthway, utbay ifway [unlessway] away anmay avehay oodgay illway eretothay, andway utbay itway ebay enforcedway ybay atiencepay andway ybay aritychay, andway atthay enmay oday itway orfay Od'sgay akesay, andway inway opehay otay avehay ethay issblay inway eavenhay. Ethay ellowsfay ofway abstinenceway ebay emperancetay, atthay oldethhay ethay eanmay inway allway ingsthay; alsoway ameshay, atthay eschewethway allway ishonestyday [indecencyway, improprietyway], ufficiencysay, atthay eekethsay onay ichray eatsmay ornay inksdray, ornay othday onay orcefay ofway [etssay onay aluevay onway] onay outrageousway apparellingway ofway eatmay; easuremay [oderationmay] alsoway, atthay estrainethray ybay easonray ethay unmeasurableway appetiteway ofway eatingway; obernesssay alsoway, atthay estrainethray ethay outrageway ofway inkdray; aringspay alsoway, atthay estrainethray ethay elicateday easeway otay itsay onglay atway eatmay, ereforewhay omesay olkfay andstay ofway eirthay ownway illway otay eatway, ecausebay eythay illway eatway atway esslay eisurelay.

[Atway eatgray engthlay ethay Arsonpay enthay ointspay outway ethay anymay arietiesvay ofway ethay insay ofway (7.) Echerylay, andway itsway emedyray inway astitychay andway ontinencecay, alikeway inway arriagemay andway inway idowhoodway; alsoway inway ethay abstainingway omfray allway uchsay indulgencesway ofway eatingway, inkingdray, andway eepingslay asway inflameway ethay assionspay, andway omfray ethay ompanycay ofway allway owhay aymay empttay otay ethay insay. Inutemay uidancegay isway ivengay asway otay ethay utyday ofway onfessingcay ullyfay andway aithfullyfay ethay ircumstancescay atthay attendway andway aymay aggravateway isthay insay; andway ethay Eatisetray enthay assespay otay ethay onsiderationcay ofway ethay onditionscay atthay areway essentialway otay away uetray andway ofitablepray onfessioncay ofway insay inway eneralgay. Irstfay, itway ustmay ebay inway orrowfulsay itternessbay ofway iritspay; away onditioncay atthay ashay ivefay ignssay -- amefastnessshay, umilityhay inway earthay andway outwardway ignsay, eepingway ithway ethay odilybay eyesway orway inway ethay earthay, isregardday ofway ethay ameshay atthay ightmay urtailcay orway arblegay onfessioncay, andway obedienceway otay ethay enancepay enjoinedway. Econdlysay, uetray onfessioncay ustmay ebay omptlypray ademay, orfay eaddray ofway eathday, ofway increaseway ofway infulnesssay, ofway orgetfulnessfay ofway atwhay ouldshay ebay onfessedcay, ofway Ist'schray efusalray otay earhay ifway itway ebay utpay offway otay ethay astlay ayday ofway ifelay; andway isthay onditioncay ashay ourfay ermstay; atthay onfessioncay ebay ellway onderedpay eforehandbay, atthay ethay anmay onfessingcay avehay omprehendedcay inway ishay indmay ethay umbernay andway eatnessgray ofway ishay inssay andway owhay onglay ehay ashay ainlay inway insay, atthay ehay ebay ontritecay orfay andway eschewway ishay inssay, andway atthay ehay earfay andway eeflay ethay occasionsway orfay atthay insay otay ichwhay ehay isway inclinedway. -- Atwhay ollowsfay underway isthay eadhay isway ofway omesay interestway orfay ethay ightlay ichwhay itway owsthray onway ethay igorousray overnmentgay ieldedway ybay ethay Omishray Urchchay inway osethay aysday --]

Alsoway outhay altshay iveshray eethay ofway allway ythay inssay otay oneway anmay, andway otnay away arcelpay [ortionpay] otay oneway anmay, andway away arcelpay otay anotherway; atthay isway otay understandway, inway intentway otay epartday [ivideday] ythay onfessioncay orfay ameshay orway eaddray; orfay itway isway utbay anglingstray ofway ythay oulsay. Orfay ertescay Esusjay Istchray isway entirelyway allway oodgay, inway imhay isway onenay imperfectionway, andway ereforethay eitherway ehay orgivethfay allway erfectlypay, orway elseway evernay away ealday [otnay atway allway]. Iway aysay otnay atthay ifway outhay ebay assignedway otay ythay enitencerpay <9> orfay away ertaincay insay, atthay outhay artway oundbay otay ewshay imhay allway ethay emnantray ofway ythay inssay, ofway ichwhay outhay asthay eenbay ivenshray ofway ythay uratecay, utbay ifway itway ikelay eethay [unlessway outhay ebay easedplay] ofway ythay umilityhay; isthay isway onay epartingday [ivisionday] ofway iftshray. Andway Iway aysay otnay, erewhay Iway eakspay ofway ivisionday ofway onfessioncay, atthay ifway outhay avehay icenselay otay iveshray eethay otay away iscreetday andway anway onesthay iestpray, andway erewhay eethay ikethlay, andway ybay ethay icenselay ofway ythay uratecay, atthay outhay ayestmay otnay ellway iveshray eethay otay imhay ofway allway ythay inssay: utbay etlay onay otblay ebay ehindbay, etlay onay insay ebay untoldway asway arfay asway outhay asthay emembranceray. Andway enwhay outhay altshay ebay ivenshray ofway ythay uratecay, elltay imhay ekeway allway ethay inssay atthay outhay asthay oneday incesay outhay ertway astlay ivenshray. Isthay isway onay ickedway intentway ofway ivisionday ofway iftshray. Alsoway, eryvay iftshray [uetray onfessioncay] askethway ertaincay onditionscay. Irstfay, atthay outhay iveshray eethay ybay ythay eefray illway, otnay onstrainedcay, ornay orfay ameshay ofway olkfay, ornay orfay aladymay [icknesssay], orway uchsay ingsthay: orfay itway isway easonray, atthay ehay atthay espassethtray ybay ishay eefray illway, atthay ybay ishay eefray illway ehay onfesscay ishay espasstray; andway atthay onay otherway anmay elltay ishay insay utbay imselfhay; ornay ehay allshay otnay aynay ornay enyday ishay insay, ornay athwray imhay againstway ethay iestpray orfay admonishingway imhay otay eavelay ishay insay. Ethay econdsay onditioncay isway, atthay ythay iftshray ebay awfullay, atthay isway otay aysay, atthay outhay atthay ivestshray eethay, andway ekeway ethay iestpray atthay earethhay ythay onfessioncay, ebay erilyvay inway ethay aithfay ofway Olyhay Urchchay, andway atthay away anmay ebay otnay espairedday ofway ethay ercymay ofway Esusjay Istchray, asway Aincay andway Udasjay ereway. Andway ekeway away anmay ustmay accuseway imselfhay ofway ishay ownway espasstray, andway otnay anotherway: utbay ehay allshay ameblay andway iteway [accuseway] imselfhay ofway ishay ownway alicemay andway ofway ishay insay, andway onenay otherway: utbay everthelessnay, ifway atthay anotherway anmay ebay occasionway orway elseway enticerway ofway ishay insay, orway ethay estateway ofway ethay ersonpay ebay uchsay ybay ichwhay ishay insay isway aggravatedway, orway elseway atthay ebay aymay otnay ainlyplay iveshray imhay utbay [unlessway] ehay elltay ethay ersonpay ithway ichwhay ehay athhay innedsay, enthay aymay ehay elltay, osay

601

atthay ishay intentway ebay otnay otay ackbitebay ethay ersonpay, utbay onlyway otay eclareday ishay onfessioncay. Outhay altshay otnay ekeway akemay onay easingslay [alsehoodsfay] inway ythay onfessioncay orfay umilityhay, eradventurepay, otay aysay atthay outhay asthay ommittedcay andway oneday uchsay inssay ofway ichwhay atthay outhay ertway evernay uiltygay. Orfay Aintsay Augustineway aithsay, "Ifway atthay outhay, ecausebay ofway umilityhay, akestmay away easinglay onway yselfthay, oughthay outhay ereway otnay inway insay eforebay, etyay artway outhay enthay inway insay oughthray ythay easinglay." Outhay ustmay alsoway ewshay ythay insay ybay inethay ownway operpray outhmay, utbay [unlessway] outhay ebay umbday, andway otnay ybay etterlay; orfay outhay atthay asthay oneday ethay insay, outhay altshay avehay ethay ameshay ofway ethay onfessioncay. Outhay altshay otnay aintpay ythay onfessioncay ithway airfay andway ubtlesay ordsway, otay overcay ethay oremay ythay insay; orfay enthay eguilestbay outhay yselfthay, andway otnay ethay iestpray; outhay ustmay elltay itway ainlyplay, ebay itway evernay osay oulfay ornay osay orriblehay. Outhay altshay ekeway iveshray eethay otay away iestpray atthay isway iscreetday otay ounselcay eethay; andway ekeway outhay altshay otnay iveshray eethay orfay ainvay-oryglay, ornay orfay ypocrisyhay, ornay orfay onay ausecay utbay onlyway orfay ethay oubtday [earfay] ofway Esus'jay Istchray andway ethay ealthhay ofway ythay oulsay. Outhay altshay otnay unray otay ethay iestpray allway uddenlysay, otay elltay imhay ightlylay ythay insay, asway owhay ellethtay away apejay [estjay] orway away aletay, utbay advisedlyway andway ithway oodgay evotionday; andway enerallygay iveshray eethay oftway; ifway outhay oftway allfay, oftway ariseway ybay onfessioncay. Andway oughthay outhay iveshray eethay oftenerway anthay onceway ofway insay ofway ichwhay outhay asthay eenbay ivenshray, itway isway oremay eritmay; andway, asway aithsay Aintsay Augustineway, outhay altshay avehay ethay oremay ightlylay [easilyway] eleaseray andway acegray ofway Odgay, othbay ofway insay andway ofway ainpay. Andway ertescay, onceway away earyay atway ethay eastlay ayway, itway isway awfullay otay ebay ouseledhay, <10> orfay oothlysay onceway away earyay allway ingsthay inway ethay earthway enovelenray [enewray emselvesthay].

[Erehay endsway ethay Econdsay Artpay ofway ethay Eatisetray; ethay Irdthay Artpay, ichwhay ontainscay ethay acticalpray applicationway ofway ethay olewhay, ollowsfay entireway, alongway ithway ethay emarkableray "Ayerpray ofway Aucerchay," asway itway andsstay inway ethay Arleianhay Anuscriptmay:--]

Eday Ertiatay Artepay Oenitentiaepay. [Ofway ethay irdthay artpay ofway enitencepay]

Ownay avehay Iway oldtay ouyay ofway eryvay [uetray] onfessioncay, atthay isway ethay econdsay artpay ofway enitencepay: Ethay irdthay artpay ofway enitencepay isway atisfactionsay, andway atthay andethstay enerallygay inway almsdeedway andway odilybay ainpay. Ownay ebay erethay eethray annermay ofway almsdeedway: ontritioncay ofway earthay, erewhay away anmay offerethway imselfhay otay Odgay; ethay econdsay isway, otay avehay itypay ofway ethay efaultday ofway ishay eighbournay; ethay irdthay isway, inway ivinggay ofway oodgay ounselcay andway omfortcay, ostlyghay andway odilybay, erewhay enmay avehay eednay, andway amelynay [eciallyspay] ustenancesay ofway an'smay oodfay. Andway aketay eepkay [eedhay] atthay away anmay athhay eednay ofway esethay ingsthay enerallygay; ehay athhay eednay ofway oodfay, ofway othingclay, andway ofway erberowhay [odginglay], ehay athhay eednay ofway aritablechay ounselcay andway isitingvay inway isonpray andway aladymay, andway epulturesay ofway ishay eadday odybay. Andway ifway outhay ayestmay otnay isitvay ethay eedfulnay ithway ythay ersonpay, isitvay emthay ybay ythay essagemay andway ybay ythay iftsgay. Esethay ebay enerallygay almsway orway orksway ofway aritychay ofway emthay atthay avehay emporaltay ichesray orway iscretionday inway ounsellingcay. Ofway esethay orksway altshay outhay earhay atway ethay ayday ofway oomday. Isthay almsway ouldestshay outhay oday ofway inethay ownway operpray ingsthay, andway astilyhay [omptlypray], andway ivilypray [ecretlysay] ifway outhay ayestmay; utbay everthelessnay, ifway outhay ayestmay otnay oday itway ivilypray, outhay altshay otnay orbearfay otay oday almsway, oughthay enmay eesay itway, osay atthay itway ebay otnay oneday orfay ankthay ofway ethay orldway, utbay onlyway orfay ankthay ofway Esusjay Istchray. Orfay, asway itnessethway Aintsay Atthewmay, apchay. vay., "Away itycay aymay otnay ebay idhay atthay isway etsay onway away ountainmay, ornay enmay ightlay otnay away anternlay andway utpay itway underway away ushelbay, utbay enmay etsay itway onway away andlestickcay, otay ightlay ethay enmay inway ethay ousehay; ightray osay allshay ouryay ightlay ightenlay eforebay enmay, atthay eythay aymay eesay ouryay oodgay orksway, andway orifyglay ouryay Atherfay atthay isway inway eavenhay."

Ownay asway otay eakspay ofway odilybay ainpay, itway isway inway ayerpray, inway akingsway, [atchingsway] inway astingsfay, andway inway irtuousvay eachingstay. Ofway orisonsway eyay allshay understandway, atthay orisonsway orway ayerspray isway otay aysay away iteouspay illway ofway earthay, atthay edressethray itway inway Odgay, andway expressethway itway ybay Ordway outwardway, otay emoveray armshay, andway otay avehay ingsthay iritualspay andway urableday, andway ometimessay emporaltay ingsthay. Ofway ichwhay orisonsway, ertescay inway ethay orisonway ofway ethay Aterpay osternay athhay ourway Ordlay Esusjay Istchray enclosedway ostmay ingsthay. Ertescay, itway isway ivilegedpray ofway eethray ingsthay inway itsway ignityday, orfay ichwhay itway isway oremay igneday [orthyway] anthay anyway otherway ayerpray: orfay Esusjay Istchray imselfhay ademay itway: andway itway isway ortshay, orfay [inway orderway] itway ouldshay ebay oudecay ethay oremay ightlylay, [ebay oremay easilyway onnedcay orway earnedlay] andway otay ithholdway [etainray] itway ethay oremay easyway inway earthay, andway elphay imselfhay ethay oftenerway ithway isthay orisonway; andway orfay away anmay ouldshay ebay ethay esslay earyway otay aysay itway; andway orfay away anmay aymay otnay excuseway imhay otay earnlay itway, itway isway osay ortshay andway osay easyway: andway orfay itway omprehendethcay inway itselfway allway oodgay ayerspray. Ethay expositionway ofway isthay olyhay ayerpray, atthay isway osay excellentway andway osay igneday, Iway etakebay [ommitcay] otay esethay astersmay ofway eologythay; avesay usthay uchmay illway Iway aysay, enwhay outhay ayestpray atthay

Odgay ouldshay orgivefay eethay ythay uiltsgay, asway outhay orgivestfay emthay atthay eythay uiltgay otay eethay, ebay ullfay ellway areway atthay outhay ebay otnay outway ofway aritychay. Isthay olyhay orisonway aminishethway [essenethlay] ekeway enialvay insay, andway ereforethay itway appertainethway eciallyspay otay enitencepay. Isthay ayerpray ustmay ebay ulytray aidsay, andway inway eryvay aithfay, andway atthay enmay aypray otay Odgay ordinatelyway, iscreetlyday, andway evoutlyday; andway alwaysway away anmay allshay utpay ishay illway otay ebay ubjectsay otay ethay illway ofway Odgay. Isthay orisonway ustmay ekeway ebay aidsay ithway eatgray umblenesshay andway ullfay urepay, andway onestlyhay, andway otnay otay ethay annoyanceway ofway anyway anmay orway omanway. Itway ustmay ekeway ebay ontinuedcay ithway ethay orksway ofway aritychay. Itway availethway againstway ethay icesvay ofway ethay oulsay; orfay, assaithway Aintsay Eromejay, ybay astingfay ebay avedsay ethay icesvay ofway ethay eshflay, andway ybay ayerpray ethay icesvay ofway ethay oulsay

Afterway isthay outhay altshay understandway, atthay odilybay ainpay andsstay inway akingway [atchingway]. Orfay Esusjay Istchray aithsay "Akeway andway aypray, atthay eyay enterway otnay intoway emptationtay." Eyay allshay understandway alsoway, atthay astingfay andsstay inway eethray ingsthay: inway orbearingfay ofway odilybay eatmay andway inkdray, andway inway orbearingfay ofway orldlyway ollityjay, andway inway orbearingfay ofway eadlyday insay; isthay isway otay aysay, atthay away anmay allshay eepkay imhay omfray eadlyday insay inway allway atthay ehay aymay. Andway outhay altshay understandway ekeway, atthay Odgay ordainedway astingfay; andway otay astingfay appertainway ourfay ingsthay: argenesslay [enerositygay] otay oorpay olkfay; adnessglay ofway earthay iritualspay; otnay otay ebay angryway ornay annoyedway ornay udgegray [urmurmay] orfay ehay astethfay; andway alsoway easonableray ourhay orfay otay eatway ybay easuremay; atthay isway otay aysay, away anmay ouldshay otnay eatway inway untimeway [outway ofway imetay], ornay itsay ethay ongerlay atway ishay ealmay orfay [ecausebay] ehay astethfay. Enthay altshay outhay understandway, atthay odilybay ainpay andethstay inway isciplineday, orway eachingtay, ybay ordway, orway ybay itingwray, orway ybay ensampleway. Alsoway inway earingway ofway airshay [airclothhay] orway ofway aminstay [oarsecay empenhay othclay], orway ofway abergeonshay [ailmay-irtsshay] <11> onway eirthay akednay eshflay orfay Ist'schray akesay; utbay areway eethay ellway atthay uchsay annermay enancepay ofway ythay eshflay akemay otnay inethay earthay itterbay orway angryway, ornay annoyedway ofway yselfthay; orfay etterbay isway otay astcay awayway inethay airhay anthay otay astcay awayway ethay eetnesssway ofway ourway Ordlay Esusjay Istchray. Andway ereforethay aithsay Aintsay Aulpay, "Otheclay ouyay, asway eythay atthay ebay osenchay ofway Odgay inway earthay, ofway isericordemay [ithway ompassioncay], ebonairteday [entlenessgay], ufferancesay [atiencepay], andway uchsay annermay ofway othingclay," ofway ichwhay Esusjay Istchray isway oremay apaidway [etterbay easedplay] anthay ofway airshay orway ofway auberkshay. Enthay isway isciplineday ekeway inway ockingknay ofway ythay eastbray, inway ourgingscay ithway ardsyay [odsray], inway eelingsknay, inway ibulationstray, inway ufferingsay atientlypay ongswray atthay ebay oneday otay imhay, andway ekeway inway

604

atientpay ufferancesay ofway aladiesmay, orway osinglay ofway orldlyway atelcay [attelschay], orway ofway ifeway, orway ofway ildchay, orway ofway otherway iendsfray.

Enthay altshay outhay understandway ichwhay ingsthay isturbday enancepay, andway isthay isway inway ourfay ingsthay; atthay isway eaddray, ameshay, opehay, andway anhopeway, atthay isway, esperationday. Andway orfay otay eakspay irstfay ofway eaddray, orfay ichwhay ehay eenethway atthay ehay aymay uffersay onay enancepay, ereagainstthay isway emedyray orfay otay inkthay atthay odilybay enancepay isway utbay ortshay andway ittlelay atway ethay egardray ofway [inway omparisoncay ithway] ethay ainpay ofway ellhay, atthay isway osay uelcray andway osay onglay, atthay itway astethlay ithoutway endway. Ownay againstway ethay ameshay atthay away anmay athhay otay iveshray imhay, andway amelynay [eciallyspay] esethay ypocriteshay, atthay ouldway ebay oldenhay osay erfectpay, atthay eythay avehay onay eednay otay iveshray emthay; againstway atthay ameshay ouldshay away anmay inkthay, atthay ybay ayway ofway easonray ehay atthay athhay otnay eenbay ashamedway otay oday oulfay ingsthay, ertescay ehay oughtway otnay otay ebay ashamedway otay oday airfay ingsthay, andway atthay isway onfessioncay. Away anmay ouldshay ekeway inkthay, atthay Odgay eethsay andway owethknay allway ythay oughtsthay, andway allway ythay orksway; otay imhay aymay othingnay ebay idhay ornay overedcay. Enmay ouldshay ekeway ememberray emthay ofway ethay ameshay atthay isway otay omecay atway ethay ayday ofway oomday, otay emthay atthay ebay otnay enitentpay andway ivenshray inway isthay esentpray ifelay; orfay allway ethay eaturescray inway eavenhay, andway inway earthway, andway inway ellhay, allshay eesay apertlyway [openlyway] allway atthay ehay idethhay inway isthay orldway.

Ownay orfay otay eakspay ofway emthay atthay ebay osay egligentnay andway owslay otay iveshray emthay; atthay andsstay inway otway annersmay. Ethay oneway isway, atthay ehay opethhay otay ivelay onglay, andway otay urchasepay [acquireway] uchmay ichesray orfay ishay elightday, andway enthay ehay illway iveshray imhay: andway, asway ehay ayethsay, ehay aymay, asway imhay eemethsay, imelytay enoughway omecay otay iftshray: anotherway isway, ethay urquedriesay [esumptionpray <12>] atthay ehay athhay inway Ist'schray ercymay. Againstway ethay irstfay icevay, ehay allshay inkthay atthay ourway ifelay isway inway onay ickernesssay, [ecuritysay] andway ekeway atthay allway ethay ichesray inway isthay orldway ebay inway adventureway, andway asspay asway away adowshay onway ethay allway; andway, asway aithsay Stay Egorygray, atthay itway appertainethway otay ethay eatgray ighteousnessray ofway Odgay, atthay evernay allshay ethay ainpay intstay [easecay] ofway emthay, atthay evernay ouldway ithdrawway emthay omfray insay, eirthay anksthay [ithway eirthay oodwillgay], utbay ayeway ontinuecay inway insay; orfay atthay erpetualpay illway otay oday insay allshay eythay avehay erpetualpay ainpay. Anhopeway [espairday] isway inway otway annersmay [ofway otway indskay]. Ethay irstfay anhopeway isway, inway ethay ercymay ofway Odgay: ethay otherway isway, atthay eythay inkthay eythay ightmay otnay onglay erseverepay inway oodnessgay. Ethay irstfay anhopeway omethcay ofway atthay ehay eemethday atthay ehay innedsay osay ighlyhay andway osay oftway, andway osay onglay athhay ainlay inway insay, atthay ehay allshay otnay ebay avedsay. Ertescay againstway atthay ursedcay anhopeway ouldshay ehay inkthay, atthay ethay assionpay ofway Esusjay Istchray isway oremay ongstray orfay otay unbindway, anthay insay isway ongstray orfay otay indbay. Againstway ethay econdsay anhopeway ehay allshay inkthay, atthay asway oftway asway ehay allethfay, ehay aymay ariseway againway ybay enitencepay; andway oughthay ehay evernay osay onglay athhay ainlay inway insay, ethay ercymay ofway Istchray isway alwaysway eadyray otay eceiveray imhay otay ercymay. Againstway ethay anhopeway atthay ehay inkeththay ehay ouldshay otnay onglay erseverepay inway oodnessgay, ehay allshay inkthay atthay ethay eeblenessfay ofway ethay evilday aymay othingnay oday, utbay [unlessway] enmay illway uffersay imhay; andway ekeway ehay allshay avehay engthstray ofway ethay elphay ofway Odgay, andway ofway allway Olyhay Urchchay, andway ofway ethay otectionpray ofway angelsway, ifway imhay istlay.

Enthay allshay enmay understandway, atwhay isway ethay uitfray ofway enancepay; andway afterway ethay ordway ofway Esusjay Istchray, itway isway ethay endlessway issblay ofway eavenhay, erewhay oyjay athhay onay ontrarietycay ofway oeway ornay ofway enancepay ornay ievancegray; erethay allway armshay ebay assedpay ofway isthay esentpray ifelay; erethay asway isway ethay ickernesssay [ecuritysay] omfray ethay ainpay ofway ellhay; erethay asway isway ethay issfulblay ompanycay, atthay ejoiceray emthay evermoreway eachway ofway ethay other'sway oyjay; erethay asway ethay odybay ofway anmay, atthay ilomwhay asway oulfay andway arkday, isway oremay earclay anthay ethay unsay; erethay asway ethay odybay ofway anmay atthay ilomwhay asway icksay andway ailfray, eeblefay andway ortalmay, isway immortalway, andway osay ongstray andway osay olewhay, atthay erethay aymay othingnay apairway [impairway, injureway] itway; erethay isway eithernay ungerhay, ornay irstthay, ornay oldcay, utbay everyway oulsay eplenishedray ithway ethay ightsay ofway ethay erfectpay owingknay ofway Odgay. Isthay issfulblay egneray [ingdomkay] aymay enmay urchasepay ybay overtypay iritualspay, andway ethay oryglay ybay owlinesslay, ethay entyplay ofway oyjay ybay ungerhay andway irstthay, ethay estray ybay availtray, andway ethay ifelay ybay eathday andway ortificationmay ofway insay; otay ichwhay ifelay Ehay usway ingbray, atthay oughtbay usway ithway ishay eciouspray oodblay! Amenway.

1. Ethay Arson'spay Aletay isway elievedbay otay ebay away anslationtray, oremay orway esslay eefray, omfray omesay eatisetray onway enitencepay atthay asway inway avourfay aboutway Aucer'schay imetay. Yrwhitttay ayssay: "Iway annotcay ecommendray itway asway away eryvay entertainingway orway edifyingway erformancepay atway isthay ayday; utbay ethay eaderray illway easeplay otay ememberray, inway excuseway othbay ofway Aucerchay andway ofway ishay editorway, atthay, onsideringcay Ethay Anterburycay Alestay asway away eatgray icturepay ofway ifelay andway annersmay, ethay iecepay ouldway otnay avehay eenbay ompletecay ifway itway adhay otnay includedway ethay eligionray ofway ethay imetay." Ethay Editorway ofway ethay esentpray olumevay ashay ollowedfay ethay amesay anplay adoptedway ithway egardray otay Aucer'schay Aletay ofway Eliboeusmay, andway ainlymay orfay ethay amesay easonsray. (Eesay otenay 1 otay atthay Aletay). Anway outlineway ofway ethay Arson'spay onderouspay ermonsay -- orfay uchsay itway isway -- ashay eenbay awndray; ilewhay osethay assagespay avehay eenbay ivengay inway ullfay ichwhay oremay irectlyday illustrateway ethay ocialsay andway ethay eligiousray ifelay ofway ethay imetay -- uchsay asway ethay icturepay ofway ellhay, ethay ehementvay andway atherray oarsecay, utbay, inway anway antiquarianway ensesay, ostmay uriouscay andway aluablevay attackway onway ethay ashionablefay arbgay ofway ethay ayday, ethay ataloguecay ofway enialvay inssay, ethay escriptionday ofway uttonyglay andway itsway emedyray, &cay. Ethay iefbray irdthay orway oncludingcay artpay, ichwhay ontainscay ethay applicationway ofway ethay olewhay, andway ethay "Etractationray" orway "Ayerpray" atthay osesclay ethay Aletay andway ethay entireway "agnummay opusway" ofway Aucerchay, avehay eenbay ivengay inway ullfay.

2. Eremiahjay ivay. 16.

3. Eesay Otenay 3 otay ethay Ompnour'ssay Aletay.

4. Ustjay eforebay, ethay Arsonpay adhay itedcay ethay ordsway ofway Objay otay Odgay (Objay xay. 20-22), "Uffersay, Ordlay, atthay Iway aymay away ilewhay ewailbay andway eepway, ereway Iway ogay ithoutway eturningray otay ethay arkday andlay, overedcay ithway ethay arknessday ofway eathday; otay ethay andlay ofway iseasemay andway ofway arknessday, erewhay asway isway ethay adowshay ofway eathday; erewhay asway isway onay orderway ornay ordinanceway, utbay islygray eaddray atthay everway allshay astlay."

5. "Iway avehay ostlay everythingway - ymay imetay andway ymay orkway."

6. Accidieway: eglectfulnessnay orway indifferenceway; omfray ethay Eekgray, akedeiaway.

7. Ethay axpay: anway imageway ichwhay asway esentedpray otay ethay eoplepay otay ebay issedkay, atway atthay artpay ofway ethay assmay erewhay ethay iestpray aidsay, "Axpay Ominiday itsay empersay obiscumvay." ("Aymay ethay eacepay ofway ethay Ordlay ebay alwaysway ithway ouyay") Ethay eremonycay ooktay ethay aceplay, orfay eatergray onveniencecay, ofway ethay "isskay ofway eacepay," ichwhay ergyclay andway eoplepay, atway isthay assagepay, usedway otay estowbay uponway eachway otherway.

8. Eethray ayssway ofway ornamentingway othesclay ithway acelay, &cay.; inway arringbay itway asway aidlay onway osswayscray, inway oundingway itway asway avedway, inway alingpay itway asway aidlay onway engthwayslay.

9. Enitencerpay: away iestpray owhay enjoinedway enancepay inway extraordinaryway asescay.

10. Otay ebay ouseledhay: otay eceiveray ethay olyhay acramentsay; omfray Angloway-Axonsay, "uselhay;" Atinlay, "ostiahay," orway "ostiolahay," ethay osthay.

11. Itway asway away equentfray enancepay amongway ethay ivalricchay ordersway otay earway ailmay irtsshay extnay ethay inskay.

12. Urquedriesay: esumptionpray; omfray oldway Enchfray, "urcuidersay," otay inkthay arrogantlyway, ebay ullfay ofway onceitcay.

ECESPRAY EDAY AUCERESCHAY <1> *Ayerpray ofway Aucerchay*

Ownay aypray Iway otay ouyay allway atthay earhay isthay ittlelay eatisetray orway eadray itway, atthay ifway erethay ebay anythingway inway itway atthay ikeslay emthay, atthay ereofthay eythay ankthay ourway Ordlay Esusjay Istchray, ofway omwhay oceedethpray allway itway andway allway oodnessgay; andway ifway erethay ebay anythingway atthay ispleasethday emthay, Iway aypray emthay alsoway atthay eythay aretteway [imputeway] itway otay ethay efaultday ofway inemay unconningway [unskilfulnessway], andway otnay otay ymay illway, atthay ouldway ainfay avehay aidsay etterbay ifway Iway adhay adhay onningcay; orfay ethay ookbay aithsay, allway atthay isway ittenwray orfay ourway octrineday isway ittenwray. Ereforewhay Iway eseechbay ouyay eeklymay orfay ethay ercymay ofway Odgay atthay eyay aypray orfay emay, atthay Odgay avehay ercymay onway emay andway orgivefay emay ymay uiltsgay, andway amelynay [eciallyspay] ymay anslationstray andway ofway inditingway inway orldlyway anitiesvay, ichwhay Iway evokeray inway ymay Etractionsray, asway isway ethay Ookbay ofway Oilustray, ethay Ookbay alsoway ofway Amefay, ethay Ookbay ofway Entytway-ivefay Adieslay, ethay Ookbay ofway ethay Uchessday, ethay Ookbay ofway Aintsay Alentine'svay Ayday andway ofway ethay Arliamentpay ofway Irdsbay, ethay Alestay ofway Antercay urybay, allway osethay atthay ounensay untoway insay, [areway infulsay, endtay owardstay insay] ethay Ookbay ofway ethay Ionlay, andway anymay otherway ooksbay, ifway eythay ereway inway ymay indmay orway emembranceray, andway anymay away ongsay andway anymay away echerouslay aylay, ofway ethay ichwhay Istchray orfay ishay eatgray ercymay orgivefay emay ethay inssay. Utbay ofway ethay anslationtray ofway Oecebay eday Onsolationecay, andway otherway ooksbay ofway onsolationcay andway ofway egendlay ofway iveslay ofway aintssay, andway omilieshay, andway oralitiesmay, andway evotionday, atthay ankthay Iway ourway Ordlay Esusjay Istchray, andway ishay othermay, andway allway ethay aintssay inway eavenhay, eseechingbay emthay atthay eythay omfray enceforthhay untoway ymay ife'slay endway endsay emay acegray otay ewailbay ymay uiltsgay, andway otay udystay otay ethay alvationsay ofway ymay oulsay, andway antgray emay acegray andway acespay ofway eryvay epentanceray, enitencepay, onfessioncay, andway atisfactionsay, otay oday inway isthay esentpray ifelay, oughthray ethay enignbay acegray ofway Imhay atthay isway Ingkay ofway ingskay andway Iestpray ofway allway iestspray, atthay oughtbay usway ithway ishay eciouspray oodblay ofway ishay earthay, osay atthay Iway aymay ebay

608

oneway ofway emthay atway ethay ayday ofway oomday atthay allshay ebay avedsay: Iquay umcay Atrepay etway Irituspay Anctosay ivisvay etway egnasray Eusday erpay omniaway eculasay. Amenway. <2>

Otesnay otay ethay Ayerpray ofway Aucerchay

1. Ethay enuinenessgay andway ealray ignificancesay ofway isthay "Ayerpray ofway Aucerchay," usuallyway alledcay ishay "Etractationray," avehay eenbay armlyway isputedday. Onway ethay oneway andhay, itway ashay eenbay eclaredday atthay ethay onksmay orgedfay ethay etractationray. andway ocuredpray itsway insertionway amongway ethay orksway ofway ethay anmay owhay adhay oneday osay uchmay otay exposeway eirthay abusesway andway ignoranceway, andway otay eakenway eirthay oldhay onway opularpay edulitycray: onway ethay otherway andhay, Aucerchay imselfhay atway ethay oseclay ofway ishay ifelay, isway aidsay otay avehay eatlygray amentedlay ethay ibaldryray andway ethay attacksway onway ethay ergyclay ichwhay arkedmay especiallyway "Ethay Anterburycay Alestay," andway otay avehay awndray upway away ormalfay etractationray ofway ichwhay ethay "Ayerpray" isway eitherway away opycay orway anway abridgmentway. Ethay eginningbay andway endway ofway ethay "Ayerpray," asway Yrwhitttay ointspay outway, areway inway onetay andway ermstay itequay appropriateway inway ethay outhmay ofway ethay Arsonpay, ilewhay eythay arrycay onway ethay ubjectsay ofway ichwhay ehay ashay eenbay eatingtray; andway, espiteday ethay actfay atthay Mray Ightwray oldshay ethay ontrarycay opinionway, Yrwhitttay eemssay otay ebay ustifiedjay inway ettingsay ownday ethay "Etractationray" asway interpolatedway intoway ethay oseclay ofway ethay Arson'spay Aletay. Ofway ethay ircumstancescay underway ichwhay ethay interpolationway asway ademay, orway ethay ausescay ybay ichwhay itway asway ictatedday, ittlelay orway othingnay ancay ownay ebay onfidentlycay affirmedway; utbay ethay agreementway ofway ethay anuscriptsmay andway ethay earlyway editionsway inway ivinggay itway, enderray itway impossibleway otay iscardday itway eremptorilypay asway away eclarationday ofway udishpray orway ofway interestedway egretray, ithway ichwhay Aucerchay imselfhay adhay othingnay ateverwhay otay oday.

2. "[Ouyay] Owhay ithway ethay Atherfay andway ethay Olyhay Iritspay ivestlay andway eignestray Odgay orfay everway andway everway. Amenway."

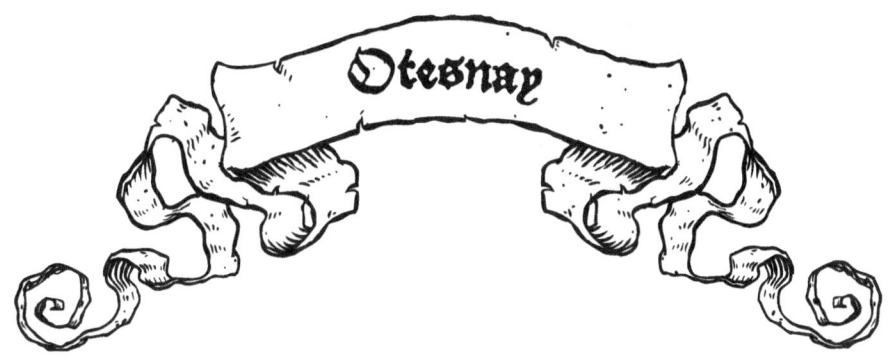

Otesnay

If you are interested in further information about the book, please visit:
ChaucerPigLatin.com

If you would like to see other books we have published, please visit:
ChrisStakorBooks.com

Front cover art by: Digong
Back cover illustration: Elumier

Ifway ouyay areway interestedway inway urtherfay informationway
aboutway ethay ookbay, easeplay isitvay:
ChaucerPigLatin.com

Ifway ouyay ouldway ikelay otay eesay otherway ooksbay eway
avehay ublishedpay, easeplay isitvay:
ChrisStakorBooks.com

Ontfray overcay artway ybay: Digong
Ackbay overcay illustrationway: Elumier

www.ingramcontent.com/pod-product-compliance
Lightning Source LLC
Chambersburg PA
CBHW080721020726

47503CB00010B/2744